詳解 組織再編会計 Q&A

第5版

公認会計士
布施伸章 [著]

清文社

改訂にあたって

　本書の初版は、2011年3月に発行され、既に13年が経過しました。初版では、主として「共通支配下の取引の会計処理」を取り扱っていましたが、その後、読者のご要望を踏まえて、組織再編会計全般を取り扱うこととし、現在に至っています。

　初版以来、会計基準の文言だけではわかりづらく難解といわれる組織再編の会計処理について、ポイントとなる考え方を中心に、図表や仕訳例を用いるなどして、できるだけ平易に解説することを心がけてきました。

　本書では、第4版で十分に記載できなかった事項をはじめ、いくつかの論点をより丁寧に記述するとともに、主として、次の見直しを行いました。

・現物配当の会計処理（2024年に手当されたパーシャルスピンオフの会計処理を含む）に関する記載（特に株主の会計処理）を充実させたこと
・組織再編会計に関連する税効果会計の改正が行われるなど、税効果会計そのものの理解も重要と考えられることから、組織再編関係に関連する税効果会計を【参考】として追加したこと
・第4版までの質問項目や筆者が度々相談を受ける実務上の論点を踏まえて、Q&Aの追加や関連する記載内容をより充実させたこと

　本書が、実務に携わる皆様にとって、少しでもお役に立てたとすれば、何よりの喜びです。

　本書の執筆にあたっては、公認会計士 長沼洋佑氏及び公認会計士 波多野伸治氏から各論点に関する多数のご指摘・助言をいただき、多大なご協力をいただきました。また、本書の刊行にあたっては、清文社編集部の方々の大変なご尽力をいただきました。この場を借りて厚く御礼申し上げます。

2024年7月1日

布施　伸章

はじめに

　我が国の組織再編に関する会計基準は、「企業結合に係る会計基準」（平成15年10月31日 企業会計審議会）、「事業分離等に関する会計基準」及び「企業結合会計基準及び事業分離等会計基準に関する適用指針」（平成17年12月27日 企業会計基準委員会（ASBJ））の公表により体系的に整備され、これらの会計基準は平成18年4月1日以後実施される企業結合等から適用されています。

　その後、組織再編に関する会計基準は、主として、国際的な会計基準とのコンバージェンスを図るため、3度の改正が行われています。また、現在も、のれんの取扱い（のれんの償却を継続するかどうか）を含む現行会計基準の改正に関する検討が行われています。ASBJのプロジェクト計画表（2010年12月17日現在）によれば、改正会計基準は平成23年3月末までに公開草案、平成23年6月末までに最終基準として公表される予定です。

　筆者は、平成15年8月から3年間、ASBJに出向し、組織再編に関する会計基準の開発に携わる機会をいただきました。会計基準の開発にあたり、もっとも難しい領域はグループ内の組織再編の会計処理、すなわち共通支配下の取引の会計処理でした。また、所属法人に帰任後は数多くの組織再編に関する相談対応を行ってきましたが、もっとも多くの相談項目は共通支配下の取引の会計処理です。

　このため、本書では、2008年に刊行された「企業再編　法律・会計・税務と評価」（清文社）に記載した会計に関する事項のうち、共通支配下の取引の会計処理を中心に取り上げ、できるだけ平易に解説することを目指しました。共通支配下の取引の会計処理を理解するためには、以下の5つの組織再編のパターンをおさえることが大切です。いずれも完全親子会社関係にある組織再編ですが、これらは実務上も頻繁に行われる組織再編であるとともに、共通支配下の取引の会計処理の基本形となります。

（合併の会計処理）
　①　親会社と100％子会社との合併
　②　100％子会社同士の合併
（会社分割の会計処理）
　③　単独新設分割（100％子会社の設立）
　④　現物配当（100％子会社が行う孫会社株式の現物配当）
　⑤　100％子会社が行う分割型の会社分割（兄弟会社の設立）

　実務では、上記以外の組織再編も行われますが、結局は①から⑤の組合せと考えられるものが大半です。このため、本書では、Q&A形式を取り入れ、類似する他の組織再編スキームとの参照をしやすくしています。

　なお、完全親子会社関係にある組織再編では、実務上、対価の受け渡しが行われない場合も多く見受けられますが、そのような場合には株主資本の変動について特別な取扱いがありますので、この点もおさえておくことが必要です。

　また、共通支配下の取引のうち完全親子会社関係以外の組織再編の会計処理、すなわち、少数株主が存在する場合の共通支配下の取引の会計処理については、のれん（又は負ののれん）及び持分変動差額の発生原因とその計算の仕組みを理解することが大切です。本書では、これらの理解に資するため、最上位の親会社と少数株主が存在する子会社との合併などを第8章で取り上げています。

　本書は、上述のとおり、共通支配下の取引の基本的な会計処理を中心に取り扱っていますので、組織再編に関する法律面や税務面、さらに第三者間の組織再編に関する会計処理について、より詳しい内容にご関心のある方は、「企業再編　法律・会計・税務と評価」（清文社）もご参照ください。

　組織再編に関する会計基準はボリュームも多く、また難解ですが、本書が組織再編の会計処理、特にグループ内の組織再編の会計処理の理解を深めるための一助になれば幸いです。

　なお、文中意見にわたる部分は、筆者の責任においてその考え方を示したものであり、筆者が所属する法人又は委員等を務める団体の見解を示すものではないことをお断りします。

最後になりますが、本書の執筆にあたっては有限責任監査法人トーマツのパートナー阿部光成氏、シニアマネジャー長沼洋佑氏、同 清水恭子氏、シニアスタッフ川口桂子氏、同 鈴木真都佳氏から多大なご協力をいただきました。また、本書の刊行にあたっては清文社の橋詰守氏に多大なるご尽力をいただきました。この場を借りて厚くお礼申し上げます。

　平成23年2月吉日

　　　　　　　　　　　　　　　　　　　　　　　　　　　布施　伸章

第 5 版 詳解 組織再編会計 Q&A

[目次]

改訂にあたって

はじめに

第1章 組織再編会計の総論

- **Q1-1** 組織再編に関する会計処理の全体像 ……………………………2
- **Q1-2** 企業結合に関する会計処理の全体像 ……………………………10
- **Q1-3** 事業の取得と資産の取得 ……………………………19
- **Q1-4** 企業結合会計基準、事業分離等会計基準、連結会計基準の適用関係 ……22
- **Q1-5** 複数の取引が1つの企業結合等を構成している場合の会計処理 ……24
- **Q1-6** 会社法会計と組織再編に関する会計基準との関係 ……28
- **Q1-7** 組織再編に関する会計基準で明記されていない取引の会計処理 ……36

第2章 取得の会計処理

- **Q2-1** 取得の会計処理の手順と概要 ……………………………40
- **Q2-2** 取得企業の決定 ……………………………43
- **Q2-3** 取得原価の算定——株式を対価とした一括取得 ……52
- **Q2-4** 取得原価の算定——株式を対価とした段階取得 ……56
- **Q2-5** 取得原価の算定——条件付取得対価 ……61
- **Q2-6** 企業結合の会計処理と別個の取引としての会計処理 ……71
- **Q2-7** 取得原価の算定——新株予約権を対価とした取得 ……74
- **Q2-8** 取得関連費用の会計処理 ……77
- **Q2-9** 株式交付費の会計処理 ……81
- **Q2-10** 取得原価の配分の概要 ……83
- **Q2-11** 取得原価の配分——資産及び負債の識別 ……86

Q2-12	取得原価の配分——資産及び負債の測定	94
Q2-13	企業結合日における税効果の処理	108
Q2-14	暫定的な会計処理	115
Q2-15	のれんの会計処理	121
Q2-16	負ののれんの会計処理	140
Q2-17	取得企業の増加資本の会計処理	144
Q2-18	みなし取得日と損益計算書との関係	147
Q2-19	株式移転(又は逆取得)の会計処理	151

第3章 共同支配企業の形成の会計処理

| Q3-1 | 共同支配企業の形成の識別 | 170 |
| Q3-2 | 共同支配企業の形成の会計処理 | 178 |

第4章 分離元企業の会計処理

Q4-1	分離元企業の個別財務諸表上の会計処理	184
Q4-2	分離元企業の連結財務諸表上の会計処理	194
Q4-3	分離元企業の会計処理と分離先企業の企業結合の会計上の分類	209
Q4-4	分離先企業の企業結合が取得と判定された場合の分離元企業の連結財務諸表上で計上されるのれんの取扱い	212
Q4-5	分離先企業の企業結合が取得とされた場合の被取得企業の株主(分離元企業)の持分法適用上の会計処理	216
Q4-6	受取対価が現金等の財産と分離先企業の株式である場合の会計処理	219

第5章 結合当事企業の株主の会計処理

- **Q5-1** 被結合企業の株主の個別財務諸表上の会計処理 ……226
- **Q5-2** 被結合企業の株主の連結財務諸表上の会計処理 ……234
- **Q5-3** 結合企業の株主の会計処理 ……250
- **Q5-4** 子会社の組織再編の結果として投資先の株式がその他有価証券に分類された場合の会計処理 ……256
- **Q5-5** 支配獲得後に投資先の利益剰余金を原資とした配当金を受領した株主の会計処理 ……259
- **Q5-6** 分割型の会社分割が実施された場合の分割会社とその株主の会計処理 ……264
- **Q5-7** 子会社株式を現物配当した場合の配当実施会社とその株主の会計処理 ……271
- **Q5-8** パーシャルスピンオフが実施された場合の配当実施会社とその株主の会計処理 ……277
- **Q5-9** 現金以外の財産(子会社株式等を除く)の分配を受けた場合の株主と配当実施会社の会計処理 ……286

第6章 共通支配下の取引等の会計処理の全般的事項

- **Q6-1** 共通支配下の取引等の会計処理の概要 ……294
- **Q6-2** 共通支配下の取引の概要 ……297
- **Q6-3** 子会社の判定(連結範囲)と共通支配下の取引との関係 ……301
- **Q6-4** 共通支配下の取引(簿価処理)と事業分離会計(投資の清算と継続)との関係 ……305
- **Q6-5** 非支配株主との取引の概要 ……308
- **Q6-6** 非支配株主との取引の範囲――兄弟会社間で実施した組織再編の会計処理 ……317

第7章 完全親子会社関係にある会社間の合併

- **Q 7-1** 親会社と100%子会社との合併 … 322
- **Q 7-2** 親会社と100%子会社との合併（買収直後の子会社との合併） … 336
- **Q 7-3** 子会社（存続会社）と親会社との合併 … 340
- **Q 7-4** 100%子会社同士の合併（対価あり） … 346
- **Q 7-5** 100%子会社同士の合併（対価なし） … 356
- **Q 7-6** 共通支配下の取引における合併の場合で対価が支払われないときの会計処理 … 359
- **Q 7-7** 連結財務諸表上の帳簿価額——結合企業が連結財務諸表を作成していない場合 … 364
- **Q 7-8** 連結財務諸表上の帳簿価額——親会社がIFRS会計基準により連結財務諸表を作成している場合 … 366
- **Q 7-9** 連結財務諸表上の帳簿価額——子会社が孫会社を吸収合併した場合の考え方 … 370
- **Q 7-10** 支配獲得後に追加取得し、完全子会社とした後に吸収合併した場合の会計処理 … 375

第8章 完全親子会社関係にある会社間の会社分割・現物出資・現物配当

- **Q 8-1** 単独新設分割（100%子会社の設立） … 380
- **Q 8-2** 事業売却を目的として単独新設分割を行い、その子会社株式を譲渡した場合の会計処理 … 387
- **Q 8-3** 親会社の事業を100%子会社に移転させる会社分割（対価あり） … 391
- **Q 8-4** 親会社の事業を100%子会社に移転させる会社分割（対価なし） … 396
- **Q 8-5** 事業又は資産の現物出資による100%子会社の設立と債権の現物出資（DES） … 402
- **Q 8-6** 子会社株式又は関連会社株式の100%子会社への現物出資 … 407
- **Q 8-7** 現物出資の会計処理と株式交換の会計処理との比較 … 410

Q 8-8	100％子会社が行う孫会社株式の現物配当	412
Q 8-9	在外子会社が在外孫会社株式を親会社に現物配当した場合の会計処理	427
Q 8-10	100％子会社が所有する事業又は資産の現物配当	429
Q 8-11	100％子会社が行う分割型の会社分割（兄弟会社の設立）	432
Q 8-12	100％子会社の事業を親会社に移転する会社分割（対価あり）	443
Q 8-13	100％子会社の事業を親会社に移転する会社分割（対価なし）	446
Q 8-14	100％子会社の事業を親会社に移転する分割型の会社分割	452
Q 8-15	100％子会社の事業を他の100％子会社へ移転する会社分割（対価あり）	457
Q 8-16	100％子会社の事業を他の100％子会社へ移転する会社分割（対価なし）	461
Q 8-17	現物資産の受入れと持分の受入れとの会計処理の比較	465

第9章　完全親子会社関係にある会社間の事業譲渡・譲受

Q 9-1	親会社の事業を100％子会社に移転する事業譲渡・譲受	474
Q 9-2	100％子会社の事業を親会社に移転する事業譲渡・譲受	478
Q 9-3	100％子会社の事業を他の100％子会社に移転する事業譲渡・譲受	481

第10章　完全親子会社関係にある会社間の株式移転・株式交換

Q 10-1	親会社が孫会社を完全子会社とする株式交換	486
Q 10-2	子会社と他の子会社との株式交換（兄弟会社同士の株式交換）	491
Q 10-3	単独株式移転	497

第11章 完全親子会社関係にある会社間の株式の売買

- **Q11-1** 親会社が100％子会社に他の子会社株式を売却する取引 ……… 502
- **Q11-2** 親会社が100％子会社から孫会社株式を取得する取引 ……… 508

第12章 完全親子会社関係以外の企業集団内で行われた組織再編

- **Q12-1** 最上位の親会社と非支配株主が存在する子会社との合併 ……… 514
- **Q12-2** 最上位の親会社と非支配株主が存在する子会社との株式交換 ……… 523
- **Q12-3** 最上位の親会社と非支配株主が存在する子会社との株式移転 ……… 531
- **Q12-4** 非支配株主が存在する子会社同士の合併 ……… 541
- **Q12-5** 親会社の事業を非支配株主が存在する子会社に移転する会社分割 ……… 548
- **Q12-6** 親会社と非支配株主が存在する子会社との株式交換（対価：現金） ……… 555
- **Q12-7** 株式交換又は株式移転直前に子会社が自己株式を保有している場合の取扱い ……… 558
- **Q12-8** 株式交付の会計処理 ……… 563

第13章 共通支配下の取引等における税効果会計

- **Q13-1** 親会社と債務超過子会社との合併に係る税効果の処理 ……… 570
- **Q13-2** 子会社間の事業譲渡/事業譲受に係る税効果の処理 ……… 587
- **Q13-3** 会社分割に係る税効果の処理の全般的事項 ……… 591
- **Q13-4** 会社分割に係る税効果の処理（会計：投資継続/税務：適格） ……… 595
- **Q13-5** 会社分割に係る税効果の処理（会計：投資継続/税務：非適格） ……… 600
- **Q13-6** 会社分割に係る税効果の処理（会計：投資清算/税務：適格…共通支配下以外） ……… 608
- **Q13-7** 会社分割に係る税効果の処理（会計：投資清算/税務：非適格） ……… 611
- **Q13-8** 分割型の会社分割の処理（会計：投資継続/税務：非適格） ……… 612

第14章 共通支配下の取引等に関するその他の論点

- **Q14-1** 未実現損益の調整対象とされた諸資産の移転を伴う組織再編 ……… 616
- **Q14-2** 自己株式の取扱い ……… 622

第15章 子会社株式の取得及び売却に関する会計処理

- **Q15-1** 段階取得(支配獲得)の会計処理——関連会社株式・その他有価証券から子会社株式 ……… 628
- **Q15-2** 追加取得(支配継続)の会計処理——子会社株式から子会社株式 ……… 635
- **Q15-3** 一部売却(支配継続)の会計処理——子会社株式から子会社株式 ……… 642
- **Q15-4** 一部売却(支配喪失)の会計処理——子会社株式から関連会社株式・その他有価証券 ……… 658
- **Q15-5** 取得関連費用(付随費用)の会計処理 ……… 670
- **Q15-6** 親会社の持分変動に係るその他の包括利益累計額の会計処理 ……… 675
- **Q15-7** 支配獲得後の親会社の持分変動に係る連結財務諸表上の税金費用の会計処理 ……… 685

第16章 組織再編に関する表示及び開示

- **Q16-1** 組織再編に関する表示 ……… 696
- **Q16-2** 組織再編に関する開示の全般的事項 ……… 699
- **Q16-3** 取得による企業結合が行われた場合の注記 ……… 707
- **Q16-4** 共同支配企業の形成の注記 ……… 716
- **Q16-5** 共通支配下の取引等の注記 ……… 718
- **Q16-6** 事業分離における分離元企業の注記 ……… 723
- **Q16-7** 子会社の企業結合の注記(結合当事企業の株主) ……… 727
- **Q16-8** 企業結合・事業分離等に関する重要な後発事象等の注記 ……… 729

第17章 日本基準と国際会計基準との比較

Q17-1 組織再編に関する日本基準と国際会計基準との比較 ……………………732

※本書の内容は、2024年（令和6年）7月1日現在の法令等によっています。

[法令等凡例]

企業結合会計基準	企業結合に関する会計基準
事業分離等会計基準	事業分離等に関する会計基準
適用指針	企業結合会計基準及び事業分離等会計基準に関する適用指針
連結会計基準	連結財務諸表に関する会計基準
連結範囲適用指針	連結財務諸表における子会社及び関連会社の範囲の決定に関する適用指針
資本連結実務指針	連結財務諸表における資本連結手続に関する実務指針
持分法会計基準	持分法に関する会計基準
持分法実務指針	持分法会計に関する実務指針
税効果会計基準	税効果会計に係る会計基準
税効果適用指針	税効果会計に係る会計基準の適用指針
法人税等会計基準	法人税、住民税及び事業税等に関する会計基準
回収可能性適用指針	繰延税金資産の回収可能性に関する適用指針
連結納税実務対応報告（その1）	連結納税制度を適用する場合の税効果会計に関する当面の取扱い（その1）
金融商品会計基準	金融商品に関する会計基準
金融商品会計実務指針	金融商品会計に関する実務指針
金融商品会計Q&A	金融商品会計に関するQ&A
時価算定会計基準	時価の算定に関する会計基準
時価開示適用指針	金融商品の時価等の開示に関する適用指針
自己株式会計基準	自己株式及び準備金の額の減少等に関する会計基準
自己株式適用指針	自己株式及び準備金の額の減少等に関する会計基準の適用指針
配当適用指針	その他資本剰余金の処分による配当を受けた株主の会計処理
株主資本等変動計算書適用指針	株主資本等変動計算書に関する会計基準の適用指針
減損会計基準	固定資産の減損に係る会計基準
減損会計適用指針	固定資産の減損に係る会計基準の適用指針
外貨建会計基準	外貨建取引等会計処理基準
外貨建会計実務指針	外貨建取引等の会計処理に関する実務指針
収益認識会計基準	収益認識に関する会計基準
過年度遡及会計基準	重要な会計方針、会計上の変更及び誤謬の訂正に関する会計基準
1株当たり利益会計基準	1株当たり当期純利益に関する会計基準

連結キャッシュ・フロー実務指針	連結財務諸表におけるキャッシュ・フロー計算書の作成に関する実務指針
四半期会計基準	四半期財務諸表に関する会計基準
四半期会計適用指針	四半期財務諸表に関する会計基準の適用指針
中間会計基準	中間財務諸表に関する会計基準
中間会計適用指針	中間財務諸表に関する会計基準の適用指針
関連当事者会計基準	関連当事者の開示に関する会計基準
関連当事者会計基準適用指針	関連当事者の開示に関する会計基準の適用指針
監査証明府令	財務諸表等の監査証明に関する内閣府令
財規	財務諸表等規則
財規ガイドライン	財務諸表等規則ガイドライン
連結財規	連結財務諸表規則
連結財規ガイドライン	連結財務諸表規則ガイドライン
企業会計原則	企業会計原則
国際財務報告基準／IFRS	国際財務報告基準
会社法	会社法
会社計算規則	会社計算規則
金商法	金融商品取引法
法人税法施行令	法人税法施行令
法人税基本通達	法人税基本通達

第1章

組織再編会計の総論

●本章の内容
- Q1-1 組織再編に関する会計処理の全体像 ··· 2
- Q1-2 企業結合に関する会計処理の全体像 ··· 10
- Q1-3 事業の取得と資産の取得 ·· 19
- Q1-4 企業結合会計基準、事業分離等会計基準、連結会計基準の適用関係 ········ 22
- Q1-5 複数の取引が1つの企業結合等を構成している場合の会計処理 ············· 24
- Q1-6 会社法会計と組織再編に関する会計基準との関係 ······························ 28
- Q1-7 組織再編に関する会計基準で明記されていない取引の会計処理 ············· 36

Q1-1 組織再編に関する会計処理の全体像

組織再編の会計には、企業結合会計や事業分離会計があると聞きます。これらの組織再編の個別財務諸表上の会計処理の概要を教えてください。

A 組織再編の会計は、企業結合会計、事業分離会計及び関係する株主（結合当事企業の株主）の会計の3つから構成されます。ここでは、会社分割を例にして個別財務諸表上の会計処理の概要を説明します。

なお、連結財務諸表上の会計処理は、国際的な会計基準とのコンバージェンスの観点から、重要な経済的事象として"支配"を重視し、個別財務諸表上の会計処理とは異なる部分があります。この点に関しては、Q2-4（取得原価の算定：段階取得の場合）、Q4-2（分離元企業の連結財務諸表上の会計処理）などもあわせてご参照ください。

≪企業結合会計基準と事業分離等会計基準との関係≫
（会社分割の場合——個別財務諸表に関する部分について）

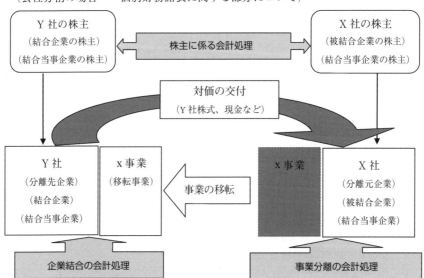

注：事業分離会計では、分離元企業、分離先企業という用語を使用することが多く、企業結合会計や関係する株主の会計では、結合企業、被結合企業、結合当事企業という用語を使用することが多い。

1. 企業結合会計

Y社（結合企業）はX社からx事業を受け入れるとともに、その対価として自社の株式をX社（被結合企業）に交付するものとします。この場合、Y社には企業結合会計基準が適用されることになります。

企業結合会計では、企業結合を「取得」「共同支配企業の形成」「共通支配下の取引」のいずれかに分類したうえで、それぞれの分類ごとに会計処理を定めています。もし、この企業結合が企業集団内の組織再編である「共通支配下の取引」として分類された場合には、Y社はx事業の受入れに際してX社における適正な帳簿価額を基礎とした会計処理が求められます。また、この企業結合が独立第三者間の取引であれば「取得」か「共同支配企業の形成」のいずれかに分類されます。そして、前者に分類された場合には、Y社はx事業の受入れに際して時価を基礎とした会計処理が求められ、後者に分類された場合には、Y社はx事業の受入れに際してX社における適正な帳簿価額を基礎とした会計処理が求められます（Q1-2参照）。

2. 事業分離会計

X社（分離元企業（分割会社））は、x事業を切り出し、これをY社（分離先企業（承継会社））に移転させ、その対価としてY社の株式を受け取るものとします。この場合、X社では事業分離等会計基準（事業分離会計）が適用されることになります。

事業分離会計の主要な論点は、分離元企業はどのような場合に事業移転に伴う損益を認識するかという点です。この点に関し、事業分離等会計基準では、一般に事業の成果をとらえる際の「投資の清算」と「投資の継続」という概念に基づき、実現損益を認識するかどうかを考えています（事業分離等会計基準74項）。

例えば、事業分離の受取対価が現金であれば、X社（分離元企業）では、x事業を売却したことになりますので、x事業に対する投資は清算され、事業の移転損益（売却損益）を計上することになります。

他方、事業分離の受取対価がY社株式である場合には、X社は分離先企業であるY社を子会社化するなど事業を売却したとはいえないケースもあります（例えば、Y社の企業規模に比して移転されたx事業の規模が大きく、Y社がX社に多くの株式を発行した結果、X社がY社の発行済株式の過半数を保有することとなる場合（逆取得）が考えられる）。このような場合、x事業はX社から分離されるものの、X社は受け取ったY社株式（子会社株式）を通じて、依然としてx事業に対する投資は継続していると考えられますので、事業の移転損益を認識することは適当ではありません。

事業分離等会計基準では、受取対価の種類に基づき、「投資の清算」と「投資の継続」の判断を行うものとしています（Q4-1参照）。

3．結合当事企業の株主に係る会計

ある組織再編が行われると、分離元企業や結合企業のみならず、結合当事企業の株主の会計処理にも留意する必要があります。図表のような会社分割の場合には、結合当事企業の株主は、会社分割の前後で株式の交換は行われませんが、このような場合であっても個別財務諸表上の会計処理が必要になるときがあります。

結合当事企業の株主の会計の主要な論点は、投資先の組織再編が行われた結果、株主はどのような場合に損益を認識するかという点です。結合当事企業の株主の会計は、事業分離における分離元企業の会計と同様、「投資の清算」と「投資の継続」の概念に基づき会計処理することになります（Q5-1参照）。

解 説

◾️ 企業結合会計の適用範囲

「企業結合」とは、ある企業又はある企業を構成する事業と他の企業又は他の企業を構成する事業とが1つの報告単位に統合されることをいいます（企業結合会計基準5項）。このように、企業結合の対象を企業を構成する事業にまで

拡げているため、企業と企業との結合である合併のほか、企業とある企業の一部門（事業）を結合する現物出資や吸収分割なども企業結合に含まれることになります。

また、企業結合を報告単位レベルでの統合の意味で用いているため、合併のように事業体レベルでの統合の場合（結合企業が事業を直接的に受け入れる企業結合）だけでなく、子会社株式の取得のように、子会社が連結範囲に含まれることにより親会社と同一の報告単位に統合される場合（親会社が他の会社の事業を子会社株式という持分の形で間接的に受け入れる企業結合）も企業結合に含まれることになります。

なお、企業結合会計基準では、支配の獲得を企業結合の要件としていないため、企業結合には、共同支配企業とよばれる企業体を形成する取引や、親会社がすでに支配を獲得している子会社を吸収合併する場合など、企業集団内における組織再編行為も含まれることになります。

これらの特徴を踏まえ、代表的な組織再編が企業結合に該当するか、また、それが企業結合会計基準の対象となるかを整理すると、以下のようになります。

≪企業結合と企業結合会計基準の適用関係≫

	組織再編の形式	企業結合か	企業結合会計基準の対象か	コメント
①	合併	Yes	Yes	企業と企業とが1つの報告単位に統合される。
②	共同新設分割	Yes	Yes	事業と事業とが1つの報告単位に統合される。
③	株式交換により、ある企業が他の企業（第三者）を完全子会社とした場合	Yes	Yes	連結財務諸表上、企業と企業が1つの報告単位に統合される。 なお、個別財務諸表上は報告単位の統合はないものの、企業の支配を獲得しているため「取得」に該当する（企業結合会計基準9項）。

④	単独株式移転による持株会社の設立や単独新設分割による子会社の設立	No	Yes	企業結合には該当しないが、共通支配下の取引に係る会計処理に準じて処理する（企業結合会計基準118項）。
⑤	親会社が子会社を株式交換により完全子会社とした場合	No	Yes	連結財務諸表上、もともと報告単位は1つであり、企業結合には該当しない。ただし、企業結合会計基準では、親会社が非支配株主から子会社株式を取得する取引を非支配株主との取引として会計処理を定めている（企業結合会計基準45項、46項）。
⑥	現金を対価として、ある企業（第三者）の株式を取得して子会社化した場合	Yes	Yes	連結財務諸表上、ある企業と他の企業が1つの報告単位に統合されるので、企業結合に該当する。 なお、個別財務諸表上は報告単位の統合はないものの、企業の支配を獲得しているため「取得」に該当する（企業結合会計基準9項）。

2 事業分離等会計基準の適用範囲

事業分離等会計基準は、以下のように、事業分離における分離元企業の会計処理等に適用されます（事業分離等会計基準9項）。

	適用対象	備考
①	事業分離における分離元企業の会計処理	会社分割における分割会社の会計処理や事業譲渡における譲渡企業の会計処理など
②	資産を移転し移転先の企業の株式を受け取る場合（①に該当する場合を除く）の移転元企業の会計処理	資産の現物出資を行った場合の出資者の会計処理など

③	共同支配企業の形成及び共通支配下の取引以外の企業結合における結合当事企業の株主に係る会計処理	取得とされた企業結合における結合当事企業の株主（被結合企業又は結合企業の株主）の会計処理。 なお、共同支配企業の形成及び共通支配下の取引における分離元企業の会計処理（又は考え方）については、企業結合と一体の関係にあることから、企業結合会計基準及び適用指針において定められている（例えば、共同支配企業の形成に該当した場合の分離元企業（共同支配投資企業）の会計処理は企業結合会計基準39項で定められている）。
④	分割型の会社分割（※）における当該分割会社の株主の会計処理	
⑤	株主が現金以外の財産の分配を受けた場合の株主の会計処理	現物配当を受けた株主の会計処理

※：分割型の会社分割とは、分離元企業（分割会社）がある事業を分離先企業（承継会社又は新設会社）に移転し、移転に係る対価である当該承継会社又は新設会社の株式を事業分離日に直接、分割会社の株主に交付する吸収分割又は新設分割をいう。
会社計算規則では、分割型の会社分割を吸収型と新設型に分けて定義している。

「分割型新設分割」…新設分割のうち、新設分割計画において会社法763条12号又は765条1項8号に掲げる事項を定めたものであって、新設分割会社が当該事項についての定めに従い新設型再編対価の全部を当該新設分割会社の株主に対して交付するものをいう（会社計算規則2条3項50号）（Q8-11参照）。

「分割型吸収分割」…吸収分割のうち、吸収分割契約において会社法758条8号又は760条7号に掲げる事項を定めたものであって、吸収分割会社が当該事項についての定めに従い吸収型再編対価の全部を当該吸収分割会社の株主に対して交付するものをいう（会社計算規則2条3項40号）。

なお、事業分離等会計基準では、分割型の会社分割は「会社分割」とこれにより受け取った「承継会社又は新設会社の株式の分配」という2つの取引と考えているため（事業分離等会計基準63項）、分割型の会社分割の会計処理は、配当財産が株式（子会社株式・関連会社株式）となる場合の配当実施会社及び配当受領会社の会計処理とも密接に関係している（Q5-6、Q5-7参照）。

なお、事業分離の方法としては、上記のように分離元企業が有していた事業を直接切り出す方法のほか、持分の譲渡による方法もあります。

例えば、子会社株式の全部を譲渡する、あるいは子会社の株式を一部譲渡して子会社以外とする場合（売却後の所有株式が関連会社株式又はその他有価証券に該当する場合）には、連結財務諸表に計上された事業（資産及び負債）が他の企業に移転されることがあり、事業分離に該当することになります。株式の譲渡による事業分離については、連結会計基準で取り扱われています（連結会計基準29項）。

【参考】組織再編全般に関する用語の整理

- 「企業結合」とは、ある企業又はある企業を構成する事業と他の企業又は他の企業を構成する事業とが1つの報告単位に統合されることをいう（企業結合会計基準5項）。ここで、「企業」とは、会社及び会社に準ずる事業体（外国におけるこれらに相当するものを含む）をいう（企業結合会計基準4項、事業分離等会計基準2-2項）。なお、連結範囲適用指針28項では、会社に準ずる事業体に該当するものとして、「資産の流動化に関する法律」に基づく特定目的会社、「投資信託及び投資法人に関する法律」に基づく投資法人、投資事業組合、海外における同様の事業を営む事業体、パートナーシップその他これらに準ずる事業体で営利を目的とする事業体が示されている。
- 「事業」とは、企業活動を行うために組織化され、有機的一体として機能する経営資源をいう（企業結合会計基準6項、事業分離等会計基準3項）。
- 「結合当事企業」とは、企業結合に係る企業をいい、このうち、他の企業又は他の企業を構成する事業を受け入れて対価（現金等の財産や自社の株式）を支払う企業を「結合企業」、当該他の企業を「被結合企業」という。また、企業結合によって統合された1つの報告単位となる企業を「結合後企業」という（企業結合会計基準13項、事業分離等会計基準7項）。
- 「事業分離」とは、ある企業を構成する事業を他の企業（新設される企業を含む）に移転することをいう（事業分離等会計基準4項）。事業分離は、会社分割や事業譲渡、現物出資等の形式をとり、分離元企業が、その事業を分離先企業に移転し対価を受け取る。分離元企業から移転された事業と分離先企業（た

だし、新設される企業を除く）とが1つの報告単位に統合されることになる場合の事業分離は、企業結合でもある。この場合には、分離先企業は結合企業に当たり、事業分離日と企業結合日とは同じ日となる（事業分離等会計基準62項）。

- 「**分離元企業**」とは、事業分離において、当該企業を構成する事業を移転する企業をいう（事業分離等会計基準5項）。
- 「**分離先企業**」とは、事業分離において、分離元企業からその事業を受け入れる企業（新設される企業を含む）をいう（事業分離等会計基準6項）。
- 「**企業結合日**」とは、被取得企業若しくは取得した事業に対する支配が取得企業に移転した日、又は結合当事企業の事業のすべて若しくは事実上すべてが統合された日をいい、会社法における組織再編の効力が発生する日と同じ日となる。適用指針では、企業結合日を、合併の場合には合併期日、会社分割の場合には分割期日、株式交換の場合には株式交換日、株式移転の場合には株式移転日と記載している（適用指針31項）。なお、新設合併等の予定日が休日のためにやむを得ず合併等の効力発生日がずれた場合で、かつ、当事者が休日分の損益を新設会社に帰属することを合意している場合には、法的な効力発生日にかかわらず、新設合併等の予定日を企業結合日とみなすことは容認されるものと考える。
- 「**企業結合年度**」とは、企業結合日の属する事業年度をいう（企業結合会計基準15項）。
- 「**事業分離日**」とは、分離元企業の事業が分離先企業に移転されるべき日をいい、通常、事業分離を定める契約書等に記載され、会社分割の場合は分割期日、事業譲渡の場合は譲渡期日となる。
- 「**事業分離年度**」とは、事業分離日の属する事業年度をいう（事業分離等会計基準8項）。

Q1-2 企業結合に関する会計処理の全体像

企業結合会計における結合企業の会計処理の考え方を教えてください。

A 企業結合会計基準では、企業結合の経済的実質、すなわち、企業結合の会計上の分類（取得、共同支配企業の形成、共通支配下の取引）ごとに、適用すべき会計処理を使い分けることとしています。

組織再編が企業集団内で行われた場合には、共通支配下の取引に該当し、基本的には適正な帳簿価額を基礎とした会計処理が行われます。

他方、ある企業結合が独立企業間で行われた場合には、合弁会社の設立のうち一定の要件を満たすもの（「共同支配企業の形成」）を除き、「取得」となります。「取得」の会計処理は時価を基礎として行われることになます。

「共同支配企業の形成」に該当した場合には、共同支配企業（合弁会社）は適正な帳簿価額を基礎として会計処理します。

解説

1 企業結合の会計上の分類

組織再編の法形式は、合併、会社分割、事業譲受、現物出資による受入れのように結合企業が企業又は事業を直接統合する方法のほか、株式交換、株式移転、株式交付、子会社株式の現金による取得など株式（持分）を通じて企業を間接的に統合する方法があります。

企業結合会計基準では、このような法形式、あるいは企業又は事業の直接・間接統合の区別により会計処理を定めるのではなく、企業結合の経済的実質、すなわち、企業結合の会計上の分類（取得、共同支配企業の形成、共通支配下の取引）ごとに、適用すべき会計処理を使い分けることとしています。ここでは、"支配"という概念が非常に重要になります。

注：適用指針では、実務の便宜の観点から、企業結合の会計上の分類ごとの会計処理を、

≪企業結合の会計上の分類と結合企業に適用される会計処理≫

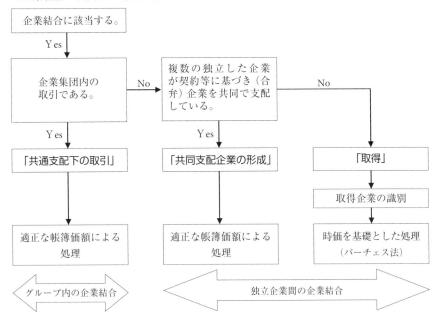

組織再編の形式ごとに定めている。これは、2003年（平成15年）公表の企業結合会計基準の要請に基づくものである（2003年企業結合会計基準四3.(1)）。

したがって、企業結合の会計処理を行うためには、最初に、企業結合の会計上の分類のいずれに該当するのかを検討しなければなりません。

2 企業結合の会計上の分類と結合企業に適用される会計処理

企業結合の会計上の分類を識別するに当たっては、まず、ある企業結合が独立企業間で行われたのか、それとも企業集団内（グループ内）で行われたのかを識別する必要があります。

ある企業結合が親会社と子会社、子会社と子会社など企業集団内で行われた場合には、共通支配下の取引に該当し、基本的には移転元の適正な帳簿価額を

基礎とした会計処理が行われます（第6章以降参照）。

　他方、ある企業結合が独立企業間で行われた場合には、合弁会社の設立のうち一定の要件を満たすもの（「共同支配企業の形成」）を除き、「取得」となります。「取得」と判定された場合には、結合当事企業のうち、いずれかの企業を取得企業（いわゆる買収者）として識別しなければなりません。「取得」の会計処理は時価を基礎として行われることになります（第2章及び第15章参照）。

　「共同支配企業の形成」に該当した場合には、共同支配企業（合弁会社）は適正な帳簿価額を基礎として会計処理します。また、共同支配投資企業（合弁会社の株主）の個別財務諸表上の会計処理は適正な帳簿価額を基礎として処理し、連結財務諸表上は、当該投資に関して持分法を適用することになります（第3章参照）。

【参考1】関連する用語の整理

- 「**共通支配下の取引**」とは、結合当事企業（又は事業）のすべてが、企業結合の前後で同一の株主により最終的に支配され、かつ、その支配が一時的ではない場合の企業結合をいう。親会社と子会社の合併及び子会社同士の合併は、共通支配下の取引に含まれる（企業結合会計基準16項）。なお、会社計算規則2条3項36号の「共通支配関係」（二以上の者（人格のないものを含む）が同一の者に支配（一時的な支配を除く）をされている場合又は二以上の者のうちの一の者が他のすべての者を支配している場合における当該二以上の者に係る関係をいう）と「共通支配下の取引」の「共通支配下」とは同義と考えられる。
- 「**企業集団**」とは、支配従属関係にある2つ以上の企業からなる集団をいう（連結会計基準1項）。
- 「**共同支配**」とは、複数の独立した企業が契約等に基づき、ある企業を共同で支配することをいう（企業結合会計基準8項）。
- 「**共同支配企業**」とは、複数の独立した企業により共同で支配される企業をいい、「共同支配企業の形成」とは、複数の独立した企業が契約等に基づき、当該共同支配企業を形成する企業結合をいう（企業結合会計基準11項）。
- 「**共同支配投資企業**」とは、共同支配企業を共同で支配する企業をいう（企業

結合会計基準 12 項)。

- 「**支配**」とは、ある企業又は企業を構成する事業の活動から便益を享受するために、その企業又は事業の財務及び経営方針を左右する能力を有していることをいう（企業結合会計基準 7 項）。
- 「**取得**」とは、ある企業が他の企業又は企業を構成する事業に対する支配を獲得することをいう（企業結合会計基準 9 項）。会社計算規則 2 条 3 項 35 号の「支配取得」（会社が他の会社（当該会社と当該他の会社が共通支配下関係にある場合における当該他の会社を除く）又は当該他の会社の事業に対する支配を得ることをいう）は、他の条文で使用されている「取得」という用語と区別するために定義された用語と考えられ、企業結合会計基準の「取得」と同義と考えられる。

　なお、2003 年 10 月 31 日に企業会計審議会から公表された企業結合に係る会計基準では、「取得とは、ある企業が他の企業（被取得企業）又は企業を構成する事業に対する支配を獲得して１つの報告単位となることをいう。」とされ、企業結合が取得の要件とされていたが、2008 年（平成 20 年）改正により、取得の定義から「企業結合」の要件が削除された。

- 「**取得企業**」とは、ある企業又は企業を構成する事業を取得する企業をいい、当該取得される企業を「被取得企業」という（企業結合会計基準 10 項）。

　なお、組織再編の形式が会社分割（共同新設分割又は吸収分割）の場合には、取得企業としては、分離先企業における分離元企業から移転された事業自体を指すことがある（適用指針 32-5 項、Q2-2 **2** 参照）。

- 「**非支配株主持分**」とは、子会社の資本のうち親会社に帰属しない部分をいう（連結会計基準 26 項）。子会社の資本は、子会社の個別貸借対照表上の純資産の部における株主資本及び評価・換算差額等と評価差額からなる（連結会計基準 23 項(2)）。
- 「**親会社**」とは、他の企業の財務及び営業又は事業の方針を決定する機関（株主総会その他これに準ずる機関をいう。以下「意思決定機関」という）を支配している企業をいい、「子会社」とは、当該他の企業をいう。親会社及び子会社又は子会社が、他の企業の意思決定機関を支配している場合における当該他の企業も、その親会社の子会社とみなす（連結会計基準 6 項）。

【参考2】国際的な会計基準への収れんと組織再編会計基準の改正

　2006年（平成18年）から適用された組織再編に関する会計基準は、2008年（平成20年）と2013年（平成25年）の2度にわたり、大幅な改正が行われている。これらの改正は、主としてEU（欧州連合）による会計基準の同等性評価と、ASBJとIASBとの「東京合意」の枠組みの中で行われたものであるので、これらの内容をまとめて概観する。

(1) EUによる会計基準の同等性評価
　EUは2005年からEU域内の上場企業の連結財務諸表について国際財務報告基準（IFRS会計基準）の適用を義務付け、同市場での資金調達を行うEU域外企業に対してIFRS会計基準又はそれと同等な会計基準の適用を義務付けた。IFRS会計基準との同等性評価の具体的な検討は、欧州証券規制当局委員会（CESR）が実施し、2005年7月に米国、カナダ、日本の会計基準を対象に「第三国基準の同等性評価に関する技術的助言」を公表した。同報告書では、日本基準は全体としてIFRS会計基準と同等と評価されたものの、26項目の追加開示等の補完措置が必要であることが指摘された。補完措置には、補完計算書（仮定計算ベースの要約財務諸表）の作成と追加開示があり、特に実務上の負担が重い補完計算書の作成には、企業結合における持分プーリング法適用の禁止など3項目が含まれていた。

(2) わが国の取組みと「東京合意」
　ASBJは、2005年3月からIASBとの共同プロジェクトを開始し、両会計基準の相違点の縮小を進め、またCESRから示された補完措置項目について差異の解消に向けた作業を加速し、追加開示が最小限となるよう取り組むとの方針を示した。このように、IASBとのコンバージェンス・プロジェクト、EUによる同等性の評価などを契機に、ASBJは、在外子会社の会計方針の統一、ストック・オプションの費用化などの会計基準を公表した。
　そして2007年8月に、2005年3月から開始している日本基準とIFRS会計基準のコンバージェンスを加速化することの合意（東京合意）が行われた。「東京合意」では、同等性評価に関連してCESRが技術的助言により補完措置を提案している項目について2008年までに解消するか会計基準が代替可能となるよう結論を得ること、さらに、これまで両者で識別されてきた日本基準とIFRS会

計基準との間の差異のうち、残りの差異については 2011 年 6 月 30 日までに解消を図ることが合意され、目標期限が新たに設定された。

ASBJ は 2007 年 12 月に東京合意を踏まえたプロジェクト計画表を公表した。当該計画表では、以下のように 3 つに区分して、コンバージェンスに取り組むことが記載された。

区分	検討項目
1. 短期 EU による同等性評価に関連するプロジェクト項目	企業結合（STEP1）、棚卸資産（後入先出法）、会計方針の統一（関連会社）、固定資産（減損）、無形資産（研究費・開発費）、工事契約、資産除去債務、退職給付（割引率その他）、金融商品（時価開示）、投資不動産
2. 中期 既存の差異に係るプロジェクト項目	セグメント情報開示、企業結合（STEP2）、過年度遡及修正
3. 中長期 IASB/FASB の覚書（MOU）に関連するプロジェクト項目	連結の範囲、財務諸表の表示（業績報告）、収益認識、負債と資本の区分、金融商品（現行基準の見直し）

☐：企業結合に関連する項目を示している。
注：企業結合は、EU 同等性評価項目を対象とする STEP1（持分プーリング法、株式の交換日、負ののれん、少数株主持分、段階取得、外貨建てのれんの換算）とそれ以外の差異解消を対象とする STEP2（IASB・FASB の企業結合フェーズⅡプロジェクト、のれんの償却）に区分されている。

(3) EU による会計基準の同等性評価の結論

上記のような日本の取組の結果、EU の欧州委員会は、2008 年（平成 20 年）12 月、会計基準の同等性評価の最終決定を行い、日本の会計基準については、米国会計基準とともに、EU において採用されている国際会計基準と同等であると発表された。

(4) 組織再編に関する会計基準の主要な改正

組織再編に関する会計基準は、2006 年（平成 18 年）から適用されているが、上記のとおり、2007 年（平成 19 年）の「東京合意」に基づき、国際的な会計基準への収れんを図るため、重要な改正が次の 2 段階で行われている。

I　2008年改正−企業結合STEP1−短期コンバージェンス・プロジェクト

	項　目	改正前	改正後	備　考
①	持分プーリング法の廃止及び取得企業の決定方法	第三者間の企業結合を経済実態に応じて「取得」（パーチェス法）と「持分の結合」（持分プーリング法（※））に分けて、別々の会計処理を適用	「持分の結合」のうち、共同支配企業の形成以外の企業結合は取得（パーチェス法）に一本化され、持分プーリング法は廃止。なお、連結上、共同支配企業に対する投資は通常の持分法を適用する。	Q2-2参照
		取得企業の決定は、「取得」と「持分の結合」とを識別する規準と整合した形で行う。	国際的な会計基準の取得企業の識別と同様の規準	Q2-2参照
②	株式の交換の場合における取得原価の算定方法	原則として、企業結合の主要条件が合意されて公表された日（合意公表日）前の合理的な期間における株価を基礎として算定	原則として、企業結合日における株価を基礎として算定	Q2-3参照
③	段階取得における取得原価の会計処理	支配を獲得するに至った個々の取引ごとの原価の合計額をもって算定（既取得持分は帳簿価額による評価）。	連結財務諸表上、支配を獲得するに至った個々の取引すべての企業結合日における時価をもって算定（既取得持分の簿価との差額は損益）。なお、個別財務諸表上の取扱いは変更なし。	Q2-4、Q15-1参照
④	負ののれんの会計処理	正の値であるのれんと対称的に、規則的な償却（20年以内）を行う。	一時の利益とする。	Q2-16参照
⑤	企業結合により受け入れた研究開発の途中段階の成果の会計処理等	取得原価の一部を研究開発費等（ソフトウェアを含む）に配分した場合には、当該金額を配分時に費用処理	取得原価の一部を研究開発費等に配分して費用処理する会計処理を廃止（無形資産に計上する）。なお、関連して無形資産の識別要件も明確化。	Q2-11参照

	項　目			
⑥	外貨建てのれんの換算（在外子会社の資本連結の際に生じたのれんの換算）	親会社の通貨である円貨額で固定されていると考え、為替相場の変動による影響を受けない。	在外子会社の現地通貨で発生したものとみて決算日の為替相場で換算。	Q2-15 参照

※：持分プーリング法とは、すべての結合当事企業の資産、負債及び資本を、それぞれの適切な帳簿価額で引き継ぐ方法をいう。

Ⅱ　2013年改正－企業結合STEP2－中期コンバージェンス・プロジェクト

	項　目	改正前	改正後	備　考
①	少数株主持分（非支配株主持分）の取扱い	少数株主持分と呼称 少数株主との取引によって生じた親会社持分の変動による差額をのれん（又は負ののれん）又は損益とする。	非支配株主持分と呼称 非支配株主持分との取引によって生じた親会社の持分変動による差額を資本剰余金とする。	Q6-5 参照
②	企業結合に係る取得関連費用の会計処理	企業結合に直接要した支出額のうち、取得の対価性が認められる外部のアドバイザー等に支払った特定の報酬・手数料等は、取得原価に含める。	取得関連費用は、発生した事業年度の費用として処理する。 なお、個別財務諸表上の子会社株式の取得原価の算定については変更なし。	Q2-8、Q15-5 参照
③	暫定的な会計処理の確定が企業結合年度の翌年度に行われた場合	暫定的な会計処理の確定が行われた年度の会計処理とする（損益影響額を、確定年度の特別損益（前期損益修正）に計上し、比較情報には取得原価の配分額の見直しを反映させない）。	企業結合年度に当該確定が行われたかのように会計処理（企業結合日におけるのれん（又は負ののれん）の額に取得原価が再配分されたものとして処理し、比較情報にその見直しを反映）。	Q2-14 参照

　なお、のれんについては、国際的な会計基準と同様に非償却とすべきかどうかについて審議を続けてきたが、2013年改正会計基準においても償却処理を継続することとされた（Q2-15 **3**[3]【参考2】も参照のこと）。

このほか、子会社に対する支配を喪失した場合の残存の投資に係る会計処理、全部のれん方式の採用の可否、条件付取得対価の取扱い、企業結合に係る特定勘定の取扱い等については、国際的な会計基準との整合性を図ることに否定的な意見が多いことから、2013年改正会計基準の対象とはせず、継続検討課題とされている。

Q1-3 事業の取得と資産の取得

取引の対象が「事業」の場合と「資産グループ」の場合とでは、会計処理にどのような差異がありますか。

A 購入取引の対象が事業の場合にはのれん（又は負ののれん）が計上されますが、資産グループの場合にはのれんは生じないなど、財の購入取引においては両者の会計処理に違いがあります。

他方、財の売却取引の場合には、取引の対象が事業であっても資産グループであっても、基本的に同様の会計処理となります。

解 説

1 事業の定義

「事業」とは、企業活動を行うために組織化され、有機的一体として機能する経営資源をいいます（企業結合会計基準6項、事業分離等会計基準3項）。

取引の対象が事業か資産かの判断は、この定義に照らして検討することになりますが、事業は組織化され、有機的一体として機能するわけですから、多くの場合、個々の資産（有形・無形資産、材料など）の単なる合計より価値があり、またそれらの経営資源を活用するための管理・運営の仕組み（戦略的経営プロセス、営業プロセス、資源管理プロセスなど）が必要になりますので、人的資源を伴うことが一般的です。

2 企業結合会計との関係—事業の受入れと資産の受入れの会計処理

取引の対象となる財が、事業の定義を満たさないことから企業結合会計が適用されない場合には、「資産（又は資産グループ）の取得」として会計処理されます。

この場合、当該資産を取得した企業は、以下のように会計処理することにな

るものと考えられます。なお、ここでは、第三者間取引を前提としており、寄附金や受贈益などの問題はないものとします。
① 個別の資産(無形資産を含む)及び負債を識別し、認識する。
② (事業には該当しない)資産及び負債のグループの取得原価は、原則として、購入日における各資産・負債の時価に基づき、個々の識別可能な資産及び負債に配分する。

このように、取得原価の総額を受け入れた資産・負債にすべて配分することになるため、のれん(又は負ののれん)は生じないことになります(企業結合会計基準98項参照)。

このほか、資産(グループ)の取得と事業の取得(企業結合)には、以下の相違があります。

項　目	取引の対象	
	資産(グループ)	事業
付随費用	資産(例えば、棚卸資産や有形固定資産)の取得における取引費用は、取得した資産の取得原価の一部として資産化される。	企業結合に関する取得関連費用は、当該費用が発生した年度の費用として処理される(Q2-8参照)。
税効果の適用時期 (繰延税金資産・負債の認識時期)	資産・負債の受入れ時に繰延税金資産又は負債を認識することは、通常ない(会計期間末に存在する一時差異に関して税効果会計を適用する)。	繰延税金資産又は負債は、企業結合日における一時差異について認識される(共通支配下の取引のうち、分離元企業において移転事業に対する投資が継続している場合を除く。なお、「投資の継続」に該当する場合にも、資産の取得とは異なる取扱いとなる(Q13-3 ❷ ❸ 参照))。
負債の扱い (偶発債務等)	偶発債務が存在していても、企業会計原則注解18の要件を満たさないものは引当金計上されない。	同左。 ただし、偶発債務等のうち一定の要件を満たしたものは「企業結合に係る特定勘定」として負債計上される(Q2-11参照)。

3 事業分離会計との関係—事業の分離と資産の分離の会計処理

　企業結合会計では、前述のとおり、結合企業が受け入れる財が事業か資産かにより、のれん（又は負ののれん）が生じるかどうかなど、大きな相違があります。

　他方、事業分離会計では、その主要論点は移転損益を認識するかどうかという点であり、その判定は「受取対価の種類」に基づき行われ、移転対象となる財が事業か資産かの区別は移転損益を認識するかどうかの判断要素ではありません。事業分離会計では、"資産"の現物出資を行った出資者の会計処理は"事業"の移転を行った分離元企業の会計処理に準じるとしているように（事業分離等会計基準31項、114項）、移転対象となる財が事業であっても資産であっても、原則として会計処理には影響を与えないように定めています（Q8-5 **1** 参照）。

Q1-4 企業結合会計基準、事業分離等会計基準、連結会計基準の適用関係

組織再編に関する会計基準には、企業結合会計基準と事業分離等会計基準のほかに、連結会計基準があります。これらの会計基準の適用関係はどのようになっていますか。

A 組織再編に適用すべき主な会計基準としては、企業結合会計基準、事業分離等会計基準及び連結会計基準があります。従来は企業結合会計基準は、合併、株式交換、株式移転、会社分割、事業譲渡・譲受、現物出資等に対して適用され、連結会計基準は、現金を対価とした子会社株式の取得に対して適用されるものとされていました。

2008年（平成20年）改正の連結会計基準においては、上記のような区別をする必要性が乏しくなってきたことから、連結会計基準は連結財務諸表を作成する場合の会計処理及び開示を定め（連結会計基準1項、4項）、連結会計基準に定めのない事項については、以下のように、企業結合会計基準や事業分離等会計基準の定めに従うこととされました（Q16-2 **4** 参照）。

- 連結貸借対照表の作成に関する会計処理における企業結合及び事業分離等に関する事項のうち、連結会計基準に定めのない事項については、企業結合会計基準や事業分離等会計基準の定めに従って会計処理する（連結会計基準19項及び60項）。
- 当期において、新たに子会社を連結に含めることとなった場合や子会社株式の追加取得及び一部売却等があった場合には、注記事項についても、企業結合会計基準や事業分離等会計基準で定められた注記事項を開示する（連結会計基準（注15）及び74項）。

Q1-4 企業結合会計基準、事業分離等会計基準、連結会計基準の適用関係

なお、連結会計基準では、連結財務諸表の作成に当たっての会計処理及び開示に関する事項全般を対象としているため、支配獲得時の資本連結手続（企業結合が行われたときの会計処理）や支配獲得後の資本連結手続以外にも、連結財務諸表作成における一般原則（連結範囲、連結決算日、親会社及び子会社の会計処理の原則及び手続など）、連結財務諸表の作成手続（債権債務の相殺消去、連結会社相互間の取引高の消去、未実現損益の消去など）、注記事項（連結範囲、決算期の異なる子会社、会計処理の原則及び手続等）などが定められています。

Q1-5 複数の取引が1つの企業結合等を構成している場合の会計処理

A社は上場会社B社の支配を目的として公開買付け（TOB）を実施し、B社株式の80％を取得しました。その後、A社は非上場となったB社と株式交換を行い、最終的にはすべての株式を取得しました。

この場合、A社はTOBと株式交換を一体の取引として会計処理すべきでしょうか。

A　A社としては当初からB社を100％子会社とすることを目的としていたとしても、当該取引に関係する当事者間でB社をA社の100％子会社とすることに関し、事前に合意されていたわけではありませんので、原則として、A社はTOBと株式交換等をそれぞれ別々の取引として会計処理、具体的にはTOBにより支配を獲得したときの投資額と取得した持分との差額をのれんとして処理し、その後、株式交換等により非支配株主から株式を追加取得したときに生じた差額を資本剰余金として処理することになると考えます。

ただし、例えば、A社が公開買付届出書に一定の記載をし、TOBが成立した場合にはB社の残りの株式を非支配株主から買い取ることが義務と考えられるときは、支配獲得時の処理と一体の取引として会計処理、具体的には残りの株式を取得するときに生じる差額をのれん（又は負ののれん）として処理することが適当と考えます。

解説

1 一体取引とみるかどうかの考え方

企業結合会計基準5項及び事業分離等会計基準4項では、複数の取引が1つの企業結合又は事業分離を構成している場合には、それらを一体として取り

扱うものとしています。また、企業結合会計基準66項及び事業分離等会計基準62項では、通常、複数の取引が一事業年度内に完了する場合には一体として取り扱うことが適当であると考えられるが、1つの企業結合又は事業分離を構成しているかどうかは状況によって異なるため、当初取引時における当事者間の意図や当該取引の目的等を勘案し、実態に応じて判断することとなるとしています。

資本連結実務指針7-3項では、「当初取引時における当事者間の意図」など企業結合会計基準66項の趣旨を踏まえて、「複数の取引が行われる場合、通常、取引の手順に従って、それぞれの取引について会計処理が行われる。複数の取引が一体として取り扱われるかどうかは、事前に契約等により複数の取引が一つの企業結合等を構成しているかどうかなどを踏まえ、取引の実態や状況に応じて判断するものと考えられる。」と定められています。したがって、そのポイントは以下の2点になると考えられます。

① 原則は、取引の手順に従って、それぞれ別々の取引として会計処理する。
② 事前に契約等により複数の取引を一体の取引として処理すべき状況が存在しないかどうかを検討する。

①の取扱いは、ある目的を達成するために、関連性のある組織再編が段階的に行われていたとしても、第三者間で行われている場合には、それぞれの時点で合理的な取引条件でなされているものと想定されることから、会計上もその順序に従って処理することが、一連の組織再編の実態を適切に表すことが多いと考えられるためと思われます。

②の取扱いは、株主等の取引当事者間で事前に契約等により1つの企業結合等を構成していると判断されるような場合には、個々の取引に着目した会計処理よりも、一連の取引を一体として扱うことが経済実態を反映すると考えられるためと思われます。取引の一体性について、事前に契約等により明確な場合は必ずしも多くはないと考えられるため、②に該当するかどうかは判断が必要になります。

実務では、ある企業の株式の過半数を取得する場合、残りの株式の扱い(非

支配株主が保有する株式の扱い）も同時に検討されることが多いと思われますが、残りの株式を有利な固定価格で買い取る権利を有している場合には、残りの株式の取扱いも、事実上、当初の株式の取得時点で合意していると評価できることがあり、一体処理として扱われる可能性が高いと思われます。他方、残りの株式の買取りに関して単に優先買取権があるというだけでは、追加取得の判断は事後的に行われることになるため、別々の取引として扱われる可能性が高くなると思われます。このほか、追加取得の相手が当初取得の相手と同じ場合には、両者が異なる第三者の場合に比べて、一体取引として扱われる可能性は高いと思われますし、取引価格の調整、売戻し、買戻しの有無や取引ごとにみたときの経済合理性なども踏まえ、総合的に判断することが求められることになると考えます（※）。

> ※：例えば、組織再編が2段階で行われる場合、1回目の取引終了時点では当事者間で有利・不利が生じるが、2回目の取引を実行することにより、全体として有利・不利が解消されるとすれば、2つの取引は事前に当事者間の合意があると考えられ、取引の実質を適切に財務諸表に表すためには、これらは一体の取引として会計処理すべきと考えられる。

このほか、公開買付け（TOB）とスクイーズアウト（特別支配株主の株式等売渡請求制度、株式併合、現金対価株式交換など）の実施により、公開買付者（取得企業）が対象会社を完全子会社とすることがあります。この場合、取得企業がTOB成立後に未取得の株式を追加取得する取引は、当初取得と一体の取引なのか（差額はのれんとして処理）、それとも別個の取引なのか（差額は資本剰余金の増減として処理）が論点となります（Q6-5参照）。

TOBの実施に当たっては、公開買付者は公開買付届出書を提出することになりますが、その届出書に記載される買付け等の目的として対象会社を完全子会社とする旨、そして公開買付後の組織再編等の方針（いわゆる二段階買収に関する事項）として公開買付成立後、未取得の株式のすべての取得を目的としたスクイーズアウトの実施を予定している旨を記載している場合があります。このような場合には、公開買付成立後は、公開買付者は未取得株式の買取は義務であり、対象会社の非支配株主はその意思にかかわらず保有株式の売却が求

められることになるため、取得企業の当初取引時の意図を重視して一体取引として扱うことが適当と考えます。

なお、会計基準では、「通常、複数の取引が一事業年度内に完了する場合には一体として取り扱うことが適当である」との記述がありますが、これはあくまで例示と考えられます。したがって、複数の取引が一事業年度内に行われたときは一体取引として会計処理を行い、事業年度を越えれば別々の取引として会計処理する、というような画一的な判断は適当ではないと考えられます。

2 一体取引とされた場合の会計処理

複数の取引が1つの企業結合等を構成しているものとして一体として取り扱われる場合、支配獲得後に追加取得した持分に係るのれん（別々の取引とされた場合には、資本剰余金として処理される額）については、支配獲得時にのれんが計上されていたものとして算定し、追加取得時までののれんの償却相当額を追加取得時に一括して費用として計上することになります（資本連結実務指針7-4項）。

例えば、第1四半期に60％の株式を取得して支配を獲得し連結子会社とし、同一事業年度内の第3四半期に20％の株式を追加取得した場合（子会社に対する持分比率は80％）で、当該取引が一体のものとして取り扱われたときは、追加取得時の差額については、支配獲得時（第1四半期の60％の株式取得時）にのれんが計上されていたものとして、第3四半期から、第1四半期及び第2四半期の償却分も含めて償却計算を行うことになります（資本連結実務指針66-4項）。

Q1-6 会社法会計と組織再編に関する会計基準との関係

組織再編に関する会計処理及び表示は、企業結合会計基準や事業分離等会計基準などに定めがありますが、会社計算規則にものれんや株主資本に関する定めがあります。会計基準に準拠していれば、会社計算規則にも準拠していることになりますか。

A 　組織再編に関する会計処理及び表示は、企業結合会計基準や事業分離等会計基準に従えば、会社計算規則の規定も同時に満たすことになります。なお、組織再編により増加する株主資本の内訳項目（資本金、準備金、剰余金）については、もともと会社法が定めるべき事項ですので、会計基準では会社法の規定に従うことを求めています。この点に関しては、Q2-17における増加資本に関する定め方などをご参照ください。

また、企業結合会計基準等では、組織再編に関する会計処理及び表示のほか、開示（注記事項）についても詳細に定めていますが、会社法上は、組織再編に関する開示についての具体的な注記の規定がないので（会社計算規則98条参照）、会計基準で定められた注記事項の多くは、会社法では記載不要となります。

ただし、上場会社など多数の利害関係者がいる場合には、重要性の程度を考慮のうえ、「その他の注記」（会社計算規則116条）としての記載の要否を検討する必要があると考えられます。この点に関してはQ16-2 **7**をご参照ください。

解説

1 会社法が会計を規制する目的

会社法が株式会社の会計を規制する目的としては、以下の2つがあげられます。
① 株主及び会社債権者への情報提供
② 剰余金の分配規制

会社法では、情報提供を目的とする部分（会計処理や表示）については、独自の規律を設けることなく、会計慣行を会社法及び会社計算規則で取り入れています。他方、剰余金の分配規制に関する部分については、会社法固有の領域の問題として会社法及び会社計算規則において厳格に規定しています（例えば、分配可能額に関する規律及びこれに関連する払込資本の内訳に関する規律等）。

【参考1】会計基準の開発手続と会社法との関係

2001年（平成13年）に財務会計基準機構（FASF）が設立され、企業会計基準委員会（ASBJ）が設置されて以降、会計基準の開発は、まず、ASBJが情報提供としてあるべき会計基準を検討し、次に会社法会計では、情報提供面においては公正なる会計慣行の1つである会計基準を省令にて取り入れるとともに、剰余金分配規制の観点から、改めて省令にて分配規制を定める仕組みとなっている。

例えば、パーチェス法の適用により生じるのれんについては、情報提供の観点からは公正な会計慣行により算定されたのれんの額を計算書類の1項目として受け入れたうえで（会社計算規則11条及び3条）、剰余金の分配規制の観点からは、一定ののれんの額を分配可能額から控除するものとされている（会社計算規則158条1号）。

ASBJでは、企業会計基準の開発に当たり会社法会計との調整が必要になると考えられる場合には、法務省担当官に企業会計基準委員会又は専門委員会にオブザーバーとしての参加を依頼し、連携を図っている。

【参考2】剰余金の分配規制の定め方の変遷

分配可能額は、貸借対照表上の純資産の額を基礎として算定されるが、平成14年（2002年）商法改正前までは、その算定方法はすべて法律で定められていた。このため、会社の純資産の額が変動（増加）するような会計基準を開発する場合には、その変動額を利益の配当限度額に含めることが適当であるときを除き、事実上、法律の改正が必要となっていた（※）。

その後、平成14年改正により、剰余金分配規制の一部（純資産から控除すべき額の一部）が省令委任された。具体的には、会社法では461条2項で分配可

能額を定め、さらに会計基準の改正に迅速に対応できるよう、その一部が法務省令（会社計算規則）に委任された。このため、新たに会社の純資産の額が増加するような会計基準が開発されても、その増加額を分配可能額に含めるべきでないと判断される場合には、法律の改正ではなく省令の改正により手当することが可能となった。

> ※：例えば、金融商品会計基準（2000年（平成12年）4月1日以後開始事業年度から適用）の導入時には、資産を時価評価したことにより増加した純資産額を利益の配当限度額から控除するために、商法290条1項6号が新設されている。

2 一般に公正妥当と認められる企業会計の慣行

会社法431条は、「株式会社の会計は、一般に公正妥当と認められる企業会計の慣行に従うものとする。」と定めています。

ここで、「一般に公正妥当と認められる企業会計の慣行」とは、主として企業会計審議会が定めた「企業会計原則」その他の会計基準やASBJが公表した会計基準も「一般に公正妥当と認められる企業会計の慣行」に含まれるものと考えられます。

なお、会社法会計では株式会社の規模、業種、株主構成などによって「一般に公正妥当と認められる企業会計の慣行」は複数同時に存在し得るものと考えられており、例えば、会計監査人の監査を受けていない中小企業においては、日本公認会計士協会、日本税理士会連合会、日本商工会議所及び企業会計基準委員会の連名で公表されている「中小企業の会計に関する指針」（※）も「一般に公正妥当と認められる企業会計の慣行」に該当するものと解されます[1]。

> ※：「中小企業の会計に関する指針」4項では、同会計指針の適用対象は、以下を除く株式会社とされている。以下の株式会社は、公認会計士又は監査法人の監査を受けるため、ASBJ等が開発した会計基準に基づき計算書類（財務諸表）を作成することが想定されているためである。
> ① 金融商品取引法の適用を受ける会社並びにその子会社及び関連会社

---

1) 相澤哲、岩崎友彦「新会社法の解説（10）株式会社の計算等」『旬刊商事法務 No. 1746』（2005.11.5）商事法務研究会、27ページ

② 会計監査人を設置する会社（大会社以外で任意で会計監査人を設置する株式会社を含む）及びその子会社

3 会社計算規則の規定の解釈

会社計算規則3条では、「この省令の用語の解釈及び規定の適用に関しては、一般に公正妥当と認められる企業会計の基準その他の企業会計の慣行をしん酌しなければならない。」と規定されています。

この規定は会社計算規則の規定を理解するうえで大変重要です。例えば、会社計算規則で「○○として算定すべき場合」と規定されている場合には、ある種の会計事象に関して、企業会計の慣行を斟酌して、適切に適用しなければならないことになります。

このほか、会社計算規則11条では「会社は、吸収型再編、新設型再編又は事業の譲受けをする場合において、適正な額ののれんを資産又は負債として計上することができる。」、12条では「会社は、吸収分割、株式交換、新設分割、株式移転又は事業の譲渡の対価として株式又は持分を取得する場合において、当該株式又は持分に係る適正な額の特別勘定を負債として計上することができる。」と規定されていますが、この「適正な額」あるいは「できる」は、企業結合会計基準が適用される会社にあっては、当該会計基準に照らして解釈することになります。例えば、企業結合会計基準では負ののれんは発生時に利益に計上され、負債計上は禁止されているため、企業結合会計基準が適用される会社にあっては負ののれんの「適正な額」はゼロと解釈されます。

4 平成21年改正の会社計算規則

平成21年（2009年）3月27日に公布された「会社法施行規則、会社計算規則等の一部を改正する省令」（平成21年法務省令第7号）は、平成20年（2008年）12月にASBJから公表された企業結合会計基準の改正事項に対応したものですが、あわせて会社計算規則と公正な会計慣行とのあるべき役割分担についても以下のように検討され、条文構成が変更されています。基本的には前記

■の考え方に基づいているものと考えられます。
　①　組織再編等を行う場合に会計上当然定めるべきものである以下の事項に関しては、会社計算規則において、その算定に関する基本的な事項のみを規定する（すなわち、会社法・会社計算規則は、以下の事項に関し、会計慣行に従って算定された額を受け入れることになる）。
　　・のれんの額
　　・株式に係る特別勘定の額
　　・組織再編等によって変動する株主資本等（資本金、資本剰余金及び利益剰余金）の総額
　②　会社法独自の概念である資本金、準備金（資本準備金及び利益準備金）及び剰余金（その他資本剰余金及びその他利益剰余金）の計上に関しては、会社計算規則において、組織再編等によって変動する株主資本等（資本金、資本剰余金及び利益剰余金）の範囲内で、その内訳について、どのような計上の仕方が許されるのかを詳細に規定する。

　なお、この改正は、旧会社計算規則における規律の実質をおおむね維持しつつ、企業結合会計基準等の改正にも柔軟に対応することができるように、もっぱら条文の合理化を図るものであるとされています[2]。

5 会社計算規則における組織再編に際しての株主資本の取扱い

　組織再編に伴い変動する株主資本に関する会社計算規則の定めを整理すると、以下のようになります。会社計算規則では、組織再編を吸収型再編と新設型再編に分け、企業結合の会計上の分類ごとに株主資本等（資本金、資本剰余金及び利益剰余金）の変動額を定めています。

　株主資本の変動に関する企業結合会計基準の定めと会社計算規則の定めは密接な関係にあるため、本書では、次章以降の具体的な会計処理の解説の中で、

---

[2] 大野晃宏、小松岳志、渋谷亮、黒田裕、和久友子「会社法施行規則、会社計算規則等の一部を改正する省令の解説―平成21年法務省令第7号―」『旬刊商事法務 No. 1862』（2009.4.5）商事法務研究会、5ページ

会社計算規則の定めとの関係を記載しています。

＜吸収型再編＞

	取得 （逆取得を除く）	共通支配下の取引	共同支配企業の形成 /逆取得	企業結合会計基準 の対象外
現物出資	（時価処理：払込資本） 14条1項2号柱書	（簿価処理：払込資本） 14条1項2号イ	（簿価処理：払込資本） 14条1項2号ロ	（時価処理：払込資本） 14条1項2号柱書（※1、3）
吸収合併	（時価処理：払込資本） 35条1項1号	（簿価処理：払込資本） 35条1項2号 （※4） ────────── （簿価処理：株主資本承継） 36条1項 36条2項(無対価)	（簿価処理：払込資本） 35条1項3号 ────────── （簿価処理：株主資本承継） 36条1項	－
吸収分割	（時価処理：払込資本） 37条1項1号	（簿価処理：払込資本） 37条1項3号 （※5） ────────── （簿価処理：株主資本承継） 38条1項 （分割型吸収分割） 38条2項(無対価)	（簿価処理：払込資本） 37条1項4号	（時価処理：払込資本） 37条1項2号 （※2、3）
株式交換	（時価処理：払込資本） 39条1項1号	（簿価処理：払込資本） 39条1項2号 （※6）	（簿価処理：払込資本） 39条1項3号	－
株式交付（※8）	（時価処理：払込資本） 39条の2第1項1号	（簿価処理：払込資本） 39条の2第1項2号（※7）	（簿価処理：払込資本） 39条の2第1項3号	－

※1：14条1項2号イかっこ書によって除外されるものを含む。
※2：37条1項3号かっこ書によって除外されるものを含む。
※3：共通支配下関係にある会社間の取引であっても、企業結合会計基準等における「事業」に該当しない財産が現物出資又は吸収分割の対象となる場合である。

※4：非支配株主との取引（最上位の親会社と子会社との合併）については、35条1項2号かっこ書、同項1号を参照
※5：非支配株主との取引（子会社から最上位の親会社への移転）については、37条1項3号かっこ書、同項1号を参照
※6：非支配株主との取引（最上位の親会社と子会社との株式交換）については、39条1項2号かっこ書、同項1号を参照
※7：非支配株主との取引（最上位の親会社と子会社との株式交付）については、39条の2第1項2号かっこ書、同項1号を参照
※8：株式交付の定義から、子会社化することが要件とされているが、この「子会社」（株式交付子会社）は、会計上の実質支配力基準に基づくものではなく、議決権基準によって定めることとされている（会社法施行規則4の2、3③一）。これは実質支配力基準によると判断の余地が生じることがあり、法律関係の混乱を回避するためである。

なお、上記のとおり、株式交付は子会社化が要件とされているため、子会社にならない範囲で株式を取得したり、既に（議決権基準で）子会社である会社の株式を追加取得する場合には、当該制度を利用できない。他方で、会計上は共通支配下の取引に該当する場合であっても、（実質支配力基準では子会社に該当するが）議決権基準では子会社に該当しない会社の株式を親会社が追加取得する場合や兄弟会社同士の組織再編では、株式交付制度を利用することができる（Q12-8参照）。このほか、株式交付親会社が小規模、株式交付子会社が大規模な会社であり、株式交付親会社の株主の大部分を株式交付子会社の株式の譲渡者が占める場合（逆取得）にも株式交付制度の利用が想定される。

＜新設型再編＞

	取　得 （逆取得を除く）	共通支配下の取引	共同支配企業の形成 /逆取得	企業結合会計基準の対象外
現物出資	（時価処理：払込資本） 43条1項2号柱書	（簿価処理：払込資本） 43条1項2号イ	（簿価処理：払込資本） 43条1項2号ロ	（時価処理：払込資本） 43条1項2号柱書（※1、2）
新設合併	＜第1法＞ 取得会社対応（簿価処理：払込資本） 45条1項1号 被取得会社対応（時価処理：払込資本） 45条1項2号 ＜第2法＞ 取得会社対応（簿価処理：株主資本承継）	＜第1法＞ （簿価処理：すべての会社が払込資本） 46条1項、2項2号（※3） ＜第2法＞ （簿価処理：払込資本と株主資本承継の混合） 46条1項、2項	48条により45条、46条及び47条の定めによる。	

新設合併	45条3項1号、47条 被取得会社対応（時価処理：払込資本） 45条3項2号、45条1項柱書・2号	1号（株主資本承継）、2号（払込資本）（※3） <第3法> （簿価処理：すべての会社が消滅会社の株主資本承継） 47条1項 <無対価の場合> （簿価処理：株主資本承継） 47条2項		－
単独新設分割	－	（簿価処理：払込資本） 49条 - - - - - - - - （簿価処理：株主資本承継） 50条（分割型新設分割）	－	（時価処理：払込資本） 49条1項かっこ書き（※2）
株式移転	取得会社対応 （簿価処理：払込資本） 52条1項3号 被取得会社対応 （時価処理：払込資本） 52条1項1号	（簿価処理：払込資本） 52条1項2号 （※4）	（簿価処理：払込資本） 52条1項3号	－

注：共同新設分割については、単独新設分割後に、新設合併を行うものと仮定して処理する（51条）。

※1：43条1項2号イかっこ書きによって除外されるものを含む。

※2：共通支配下関係にある会社間の取引であっても、企業結合会計基準等における「事業」に該当しない財産が現物出資又は新設分割の対象となる場合である。

※3：非支配株主との取引（最上位の親会社と子会社との新設合併）については、46条1項かっこ書きを参照。

※4：非支配株主との取引（最上位の親会社と子会社との株式移転）については、52条1項2号かっこ書きを参照。

Q1-7 組織再編に関する会計基準で明記されていない取引の会計処理

実務で実施される組織再編には様々な手法があり、さらに税法や会社法などの制度改正の影響もあり、時代とともにその手法も変化しています。もともと組織再編に関する会計基準は組織再編の手法のすべてに対応できるように開発されたものではないと思いますが、ある組織再編に対して適用すべき具体的な会計基準の定めが明らかでない場合には、どのように会計処理をすべきでしょうか。

A ある組織再編が実施され、それに適用すべき組織再編に関する会計基準の定めが存在しない場合もあります。これは組織再編に関する会計基準に限らず、会計基準全般に当てはまります。

このような場合、取引の本質を見極め、会計基準の枠組みや趣旨を勘案のうえ、適用すべき会計処理を選択することになります。またその選択が財務諸表に重要な影響を及ぼす場合には、重要な会計方針の1つとして財務諸表に注記することも必要になります。

解説

1 会計基準等の定めが明らかでない場合の一般的事項

会計処理の対象となる会計事象や取引に関連する会計基準等の定めが明らかでない場合には、財務諸表利用者が財務諸表作成基礎を理解するため、重要性が乏しいものを除き、その会計処理の概要を示すことが求められています（過年度遡及会計基準4-2項～4-5項、44-4項、Q16-2 **1** 参照）。

関連する会計基準等の定めが明らかでない場合には、以下が含まれます。
・特定の会計事象等に対して適用し得る具体的な会計基準等の定めが存在しない場合（例えば、関連する会計基準等が存在しない新たな取引や経済事

象が出現した場合）
・対象とする会計事象等自体に関して適用される会計基準等については明らかではないものの、参考となる既存の会計基準等がある場合

2 実施された組織再編に関する会計基準等の定めが明らかでない場合の対応

　わが国では2003年（平成15年）に企業会計審議会から企業結合会計基準が公表され、2005年（平成17年）に企業会計基準委員会から事業分離等会計基準及び適用指針が公表されました。これらの会計基準は、会社法や税法に先行して開発されたものであり、その後の会社法や税法の改正も含め、会計基準の開発時には想定をしていなかった組織再編が実施されたり、また、組織再編の手法は時代とともに高度化・複雑化される傾向にあります。会計基準もそれに応じた改正を繰り返していますが、そのすべてに対応できるものではありません。

　このため、ある組織再編が実施された場合、上記 **1** のとおり、具体的な会計基準の定めが存在しないときや適用される会計基準は存在しないものの参考となる会計基準等があるときも考えられます。このほか、組織再編が一連の取引として実施された場合には、その取引の実態をどのようにみるのかによっても、適用すべき会計基準の規定が異なることもあります。

　ある組織再編に直接適用すべき会計基準が存在しない場合には、その取引の本質を見極めるとともに参考となる既存の会計基準の趣旨を踏まえて、実態に応じた会計処理を検討し選択すること、そして、それが重要であれば重要な会計方針として財務諸表に適切に注記することが必要になります。

【参考】監査基準の改訂に関する意見書（2002年（平成14年）1月25日企業会計審議会）
　2020年（令和2年）にASBJは過年度遡及会計基準を改正し、会計基準等の定めが明らかでない場合の財務諸表への開示に関する取扱いを明らかにしました。もっとも2002年（平成14年）改正の監査基準では、同会計基準と同様の

定めが既に設けられており、監査人側のルールではあるものの実務上は一定の役割を果たしてきたといえます。監査基準の定めは、同会計基準の本質的な内容を端的に表現しているため、参考としてご紹介します。

監査基準の改訂について（抜粋）
三　主な改訂点とその考え方
9　監査意見及び監査報告書
(1)　適正性の判断
　①　…（略）…
　②　監査人が財務諸表の適正性を判断するに当たり、実質的に判断する必要があることを示した。監査人は、経営者が採用した会計方針が会計基準のいずれかに準拠し、それが単に継続的に適用されているかどうかのみならず、その会計方針の選択や適用方法が会計事象や取引の実態を適切に反映するものであるかどうかを判断し、その上で財務諸表における表示が利用者に理解されるために適切であるかどうかについても評価しなければならない。
　③　会計方針の選択や適用方法が会計事象や取引の実態を適切に反映するものであるかの判断においては、会計処理や財務諸表の表示方法に関する法令又は明文化された会計基準やその解釈に関わる指針等に基づいて判断するが、その中で、会計事象や取引について適用すべき会計基準等が明確でない場合には、経営者が採用した会計方針が当該会計事象や取引の実態を適切に反映するものであるかどうかについて、監査人が自己の判断で評価しなければならない。また、会計基準等において詳細な定めのない場合も、会計基準等の趣旨を踏まえ、同様に監査人が自己の判断で評価することとなる。新しい会計事象や取引、例えば、複雑な金融取引や情報技術を利用した電子的な取引についても、経営者が選択し、適用した会計方針がその事象や取引の実態を適切に反映するものであるかどうかを監査人は自己の判断で評価しなければならない。
　　　なお、財務諸表において収益の認識等の重要な会計方針が明確に開示されることも必要である。

第 2 章

取得の会計処理

●本章の内容
- Q2-1 取得の会計処理の手順と概要 ……………………………………… 40
- Q2-2 取得企業の決定 …………………………………………………… 43
- Q2-3 取得原価の算定──株式を対価とした一括取得 ………………… 52
- Q2-4 取得原価の算定──株式を対価とした段階取得 ………………… 56
- Q2-5 取得原価の算定──条件付取得対価 ……………………………… 61
- Q2-6 企業結合の会計処理と別個の取引としての会計処理 …………… 71
- Q2-7 取得原価の算定──新株予約権を対価とした取得 ……………… 74
- Q2-8 取得関連費用の会計処理 …………………………………………… 77
- Q2-9 株式交付費の会計処理 ……………………………………………… 81
- Q2-10 取得原価の配分の概要 ……………………………………………… 83
- Q2-11 取得原価の配分──資産及び負債の識別 ………………………… 86
- Q2-12 取得原価の配分──資産及び負債の測定 ………………………… 94
- Q2-13 企業結合日における税効果の処理 ………………………………… 108
- Q2-14 暫定的な会計処理 …………………………………………………… 115
- Q2-15 のれんの会計処理 …………………………………………………… 121
- Q2-16 負ののれんの会計処理 ……………………………………………… 140
- Q2-17 取得企業の増加資本の会計処理 …………………………………… 144
- Q2-18 みなし取得日と損益計算書との関係 ……………………………… 147
- Q2-19 株式移転（又は逆取得）の会計処理 ……………………………… 151

Q2-1 取得の会計処理の手順と概要

企業結合が「取得」とされた場合の会計処理の概要を教えてください。

A 　企業結合が取得と判定された場合には、パーチェス法が適用されます（企業結合会計基準17項）。パーチェス法とは、被取得企業から受け入れる資産及び負債の取得原価を、原則として、対価として交付する現金及び株式等の時価とする方法をいいます（適用指針29項）。

取得企業は、被取得企業の経営成績及びキャッシュ・フローの状況を企業結合日（又はみなし取得日）から取得企業の損益計算書、株主資本等変動計算書及びキャッシュ・フロー計算書に取り込むことになります（適用指針31項）。

取得の会計処理は、以下の手順で行われます。
① 取得企業の決定（買収者は誰か？）
② 取得原価の算定（買収者は企業又は事業をいくらで買収したか？）
③ 取得原価の配分（買収により受け入れた個々の資産・負債に付すべき帳簿価額（時価）及びのれん（又は負ののれん）はいくらか？）

解説

取得の会計処理の概要を理解するため、吸収合併が行われた場合で、存続会社が取得企業となる一般的なケースで取得の会計処理をみてみます。

【設例】パーチェス法の会計処理――合併の場合

〈前提〉
- Y社（存続会社）はX社（消滅会社）を吸収合併した。
- 取得企業の決定規準に照らして検討した結果、取得企業はY社（存続会社）とされた。
- Y社がX社の株主に交付したY社株式の時価(合併効力発生日の時価)1,000

- Y社がX社から受け入れた資産及び負債（諸資産）の時価（合併効力発生日の時価）800
  なお、X社の合併直前の資産及び負債の差額（帳簿価額ベース）は500である。
- Y社が支払った合併に要した支出額10

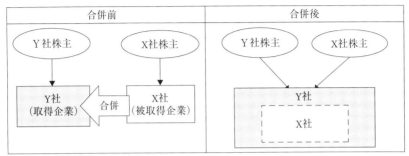

＜Y社（取得企業：存続会社）の合併仕訳＞

(借)	諸　資　産（時価）	800	(貸)	払　込　資　本（※）（時価）	1,000
	の　れ　ん（差額）	200			
	費　　　　用	10		現　　　　金	10

※：払込資本の内訳項目（資本金、資本準備金、その他資本剰余金）は会社法の規定による。

≪取得企業の会計処理のイメージ≫

B　取得原価の配分	A　取得原価の算定
対　象：識別可能資産・負債 配分額：企業結合日の時価 （企業結合会計基準28項）	取得の対価の企業結合日の時価 （企業結合会計基準23項）
A-Bがプラスの場合（借方差額） ＝のれん 20年以内の効果の及ぶ期間にわたって、定額法等により規則的に償却（企業結合会計基準32項）	A-Bがマイナスの場合（貸方差額） ＝負ののれん 負ののれんが生じた事業年度の利益として処理（企業結合会計基準33項）

取得の会計処理は、Y社（取得企業）は合併の対価として交付する財（Y社株式）を時価で測定し、X社から受け入れる資産及び負債を、（消滅会社が付し

ていた帳簿価額にかかわりなく）時価で測定して受け入れ、差額として"のれん"を算定することになります。

　また、交付した財が取得企業の株式の場合には、払込資本を交付した株式の時価で増加させ、その内訳項目は会社法の規定に従うことになります。

　なお、企業結合に要した支出額（取得関連費用）は、発生した年度の費用として会計処理します。

Q2-2 取得企業の決定

X社とY社は対等の精神に基づき合併することを決議しました。合併の条件は以下の方向で検討中ですが、取得企業はどちらの会社になるのでしょうか。

① 契約締結時の時価総額はX社が550億円、Y社が450億円で、合併後の総体としての株主の議決権比率は時価総額を反映しておおむね55：45になることが想定されている。
② Y社の社長（創業者）はY社株式の51％を保有しており、合併後会社の株式の20％超を個人で保有することが見込まれている。
③ 取締役の人数はX社とY社から同数選出する予定である。

A ①については、取得企業はX社、②については取得企業はY社となる可能性を示唆していますが、最終的には合併に関する事実関係を企業結合会計基準18項から22項に照らして検討し、それら複数の要素を総合的に勘案して取得企業を決定することになります。

このように取得企業の決定には重要な判断が伴いますので、取得企業を決定するに至った主な根拠は、注記により開示することになります（企業結合会計基準49項(1)）。

解説

1 取得企業の決定

企業結合が取得と判定された場合には、いずれかの結合当事企業を取得企業として決定しなければなりません。

取得企業の決定方法は次のとおりです（企業結合会計基準18項から22項）。

(1) 連結会計基準の考え方により取得企業を決定する。

これには、結合後企業に支配株主が存在するとき、当該株主により企業

結合前から支配されていた結合当事企業（子会社）を取得企業とすることが含まれる（適用指針32項、**2**参照）。
(2) 連結会計基準の考え方によってどの結合当事企業が取得企業となるかが明確ではない場合には、以下の要素を考慮して取得企業を決定する。
  ① 主な対価の種類が現金等の場合……取得企業は、通常、現金を引き渡す企業（結合企業）
  ② 主な対価の種類が結合企業の株式の場合……取得企業は、通常、当該株式を交付する企業（結合企業）
    ただし、主な対価の種類が結合企業の株式の場合には、逆取得（株式を交付した企業（結合企業）が発行済株式の過半数を被結合企業に保有され、結合企業が支配されることとなる企業結合など）に該当することもあるため、以下のような要素（例示）を総合的に勘案する。
    ア　総体としての株主が占める相対的な議決権比率の大きさ
      結合後企業の議決権比率のうち最も大きい割合を占めている総体としての株主がいた結合当事企業が、通常、取得企業となる。この判定は、各結合当事企業に多数の株主がいても、各企業が1人の株主に株式のすべてを保有されているものとみなして議決権比率の大きさを考えるというものである。なお、結合後企業の議決権比率を判断するに当たっては、議決権の内容や自社株式オプションなどの潜在的な議決権の存在についても考慮することになる。
    イ　最も大きな議決権比率を有する株主の存在
      結合後企業の最も大きな割合を有する株主又は株主グループのいた結合当事企業が、通常、取得企業となる（当該株主又は株主グループ以外には重要な議決権比率を有していないとき（関連会社にあたる程度にまで議決権比率を有しているような株主又は株主グループが他には存在しないとき（適用指針32-3項））を前提とする）。
    ウ　取締役等を選解任できる株主の存在
      結合後企業の取締役会その他これに準ずる機関（重要な経営事項の

意思決定機関）の構成員の過半数を選任又は解任できる株主又は株主グループのいた結合当事企業が、通常、取得企業となる。

　エ　取締役会等の構成

　　結合当事企業の役員若しくは従業員である者又はこれらであった者が、結合後企業の取締役会その他これに準ずる機関（重要な経営事項の意思決定機関）を事実上支配する場合の当該役員又は従業員のいた結合当事企業が、通常、取得企業となる。

　オ　株式の交換条件

　　企業結合前における株式の時価を超えるプレミアムを支払った場合（株式の交換比率の算定に当たり、企業結合の主要条件が合意された日などの企業結合前における株式の市場価格（株価）に加えて、支配する対価としてのプレミアムが反映されている場合（適用指針32-4項））、その結合当事企業が、通常、取得企業となる。

③　結合当事企業の相対的な規模

　相対的な規模（例えば、総資産額、売上高あるいは純利益）が著しく大きい結合当事企業が、通常、取得企業となる。

④　その企業結合を最初に提案した企業

　結合当事企業が3社以上である場合の取得企業の決定に当たっては、上記に加えて、いずれの企業がその企業結合を最初に提案したかについても考慮する。

2 会社分割における取得企業の取扱い

　組織再編の形式が会社分割（共同新設分割又は吸収分割）の場合には、分離先企業における分離元企業から移転された「事業」自体を取得企業と考えることがあります（適用指針32-5項参照）。

　例えば、A社とB社が共同新設分割によりそれぞれa事業とb事業を移転して新設会社Y社を設立し、Y社はA社の子会社となったものとします。この場合、結合後企業（Y社）に支配株主（A社）が存在するので、当該株主に

より企業結合前から支配されていた結合当事企業（移転されたa事業）を取得企業（b事業を被取得企業）として、パーチェス法を適用することになります（**1**(1)参照）。

【参考】連結会計基準と企業結合会計基準の「支配」の概念

連結会計基準も企業結合会計基準も「支配」の概念を用いているが（連結会計基準6項、7項等、企業結合会計基準7項等）、(2)の2つのケースをもとに、その関係を整理してみる。

(1) 会計基準の定め
〈企業結合会計基準〉

> 「取得」とは、ある企業が他の企業又は企業を構成する事業に対する支配を獲得することをいう（企業結合会計基準9項）。
> そして、「支配」とは、ある企業又は企業を構成する事業の活動から便益を享受するために、その企業又は事業の財務及び経営方針を左右する能力を有していることをいうとされ（企業結合会計基準7項）、「取得企業」（ある企業又は企業を構成する事業を取得する企業）の決定方法は、上記**1**のとおり、企業結合会計基準18項から22項に定められている。

〈連結会計基準〉

> 「親会社」とは、他の企業の財務及び営業又は事業の方針を決定する機関（株主総会その他これに準ずる機関をいう。以下「意思決定機関」という）を支配している企業をいう（連結会計基準6項）。
> そして、「他の企業の意思決定機関を支配している企業」とは、次のフローチャートのように判定することになる（連結会計基準7項）。

Q2-2　取得企業の決定

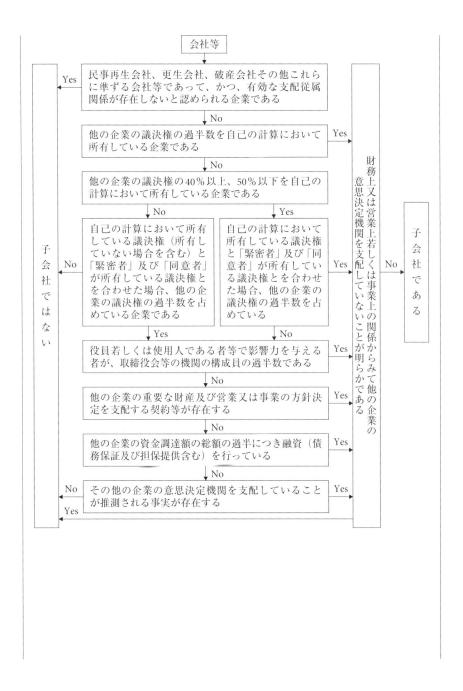

(2) ケースによる比較

ケース1　連結会計基準における支配関係が成立し、企業結合会計基準でも支配を獲得する場合

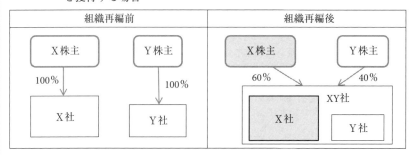

　ケース1は、X社とY社が企業結合を行い、結合後企業（XY社）の株式の60％をX株主が保有するケースである。連結会計基準では、X株主が結合後企業の支配を獲得するため、Y社を含む結合後企業はX株主の子会社と判定される。企業結合会計基準でも、結合後企業に支配株主（X株主）が存在するため、連結会計基準の考え方に従い、結合当事企業のうちX社が取得企業と判定され、連結会計基準と企業結合会計基準の「支配」は一致することになる。

ケース2　連結会計基準では支配関係は成立していないが、企業結合会計基準では支配を獲得する場合

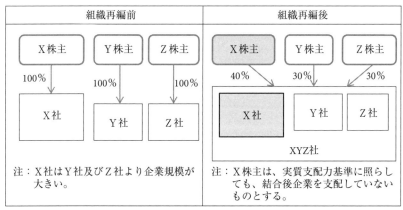

　ケース2は、X社、Y社及びZ社が企業結合を行ったものの、結合当事企業の株主のうち結合後企業の株式の過半数を保有する者が存在しないケースであ

る。連結会計基準では、結合当事企業の株主のうち結合後企業（XYZ社）に対する支配を獲得する者がいないため、結合後企業は特定の株主の子会社と判定されることはない。他方、企業結合会計基準では、第三者間の企業結合は、共同支配企業の形成に該当する場合を除き、いずれかの結合当事企業が支配を獲得したものとして扱う必要があり、通常、このようなケースでは、結合当事企業のうち企業規模が大きいX社が取得企業と判定されることになると思われる。

　このように、連結会計基準の支配は、株主（投資元）のレベルで考えるもので、株式の過半数を保有するなど一定の要件を満たした場合に限り支配を獲得したものとされる。一方、企業結合会計基準の支配は、連結会計基準の考え方を包含するとともに、（企業それ自体が支配獲得の判定対象となるため）結合当事企業レベルでも考えるもので、関連する諸要因を考慮のうえ、結合当事企業のうち、いずれか1つを取得企業とするという相対的な支配を含むものといえる。

3 取得企業の決定根拠の開示

　2008年（平成20年）改正前の企業結合会計基準では、「取得」と「持分の結合」の識別規準に対応して、取得企業の判断規準にも優先順位がありました。

　現行会計基準では、上記のとおり、複数の要素を総合的に勘案して取得企業を決定することとされているため、「取得による企業結合が行われた場合の注記」において「取得企業を決定するに至った主な根拠」等を開示することが求められています（企業結合会計基準49項(1)）（Q16-3 **1** 参照）。

【参考】2008年改正前の企業結合会計基準における取得企業の決定規準

　2008年改正前の企業結合会計基準では、「共同支配企業の形成」及び「共通支配下の取引」以外の企業結合のうち、次の要件のすべてを充たすものは「持分の結合」と判定し、「持分の結合」と判定されなかったものは「取得」と判定するとされていた。

① 企業結合に際して支払われた対価のすべてが、原則として、議決権のある株式であること（対価要件）

② 結合後企業に対して各結合当事企業の株主が総体として有することになっ

た議決権比率が等しいこと（議決権比率要件）
③　議決権比率以外の支配関係を示す一定の事実が存在しないこと（その他の支配要件）

　そして、取得企業の決定は、上記の取得と持分の結合とを識別する規準と整合した形で行うこととされていた。すなわち、「対価要件」で取得と判定された場合には当該対価を支出した企業を取得企業とし、「議決権比率要件」で取得と判定された場合には議決権比率が大きいと判定された結合当事企業を取得企業とし、さらに、「その他の支配要件」で取得と判定された場合には当該要件によって支配を獲得したとされた結合当事企業を取得企業とするものとされていた。

　現行の企業結合会計基準では、取得企業は複数の要素（例示）を総合的に勘案して決定するため、取得企業の決定にあたり改正前の規定も参考となる場合があると考えられる。なお、現行会計基準では、上記①及び③は、共同支配企業の形成の判定要件である企業結合会計基準37項及び（注7）（注8）に引き継がれている（Q3-1 **2** [3][4]参照）。

　このほか、2008年改正前の適用指針においては、議決権比率要件に関し、例えば、以下の定めがあり、状況によっては参考になる場合があると考えられる。

3．議決権比率要件の取扱い
(2) 議決権比率の算定基礎となる各結合当事企業の議決権数の計算方法
　16．企業結合の合意成立日における各結合当事企業の議決権数は、それぞれ次のように算定する。[設例2]
　　議決権数＝(行使し得る議決権の総数(第17項参照)－調整議決権数(第18項参照))×株式の交換比率＋企業結合日に増加することが予定されている議決権数(第15項ただし書き参照)

　　なお、結合当事企業が、企業結合の合意成立日後に株主となった者に対して当該企業結合に関する議決権の行使を認めた場合には、当該議決権数を企業結合の合意成立日における各結合当事企業の議決権数に含めることとする。
　17．行使し得る議決権の総数とは、当該企業結合を承認する株主総会において行使し得るものと認められている総株主の議決権の数をいい、議決権のない自己株式、相互持合株式、単元未満株式は含まれない（日本公認会計士協会 監査委員会報告第60号「連結財務諸表における子会社及び関連会社の範囲の決定に関する監査上の取扱い」2(1)参照）。(※)

また、結合当事企業が種類株式を発行している場合の行使し得る議決権の総数には、議決権のある株式（第10項参照）以外の種類株式は含めないことに留意する必要がある（第347項参照）。
18. 調整議決権数とは、企業結合の合意成立日においては議決権を有するものの、企業結合後は結合後企業に対する議決権が法律上行使できなくなることが明らかな株式に係る議決権の数をいう（第346項参照）。

　　例えば、組織再編の形式が吸収合併の場合には、次の株式に係る議決権が調整議決権数に含まれる。
⑴　吸収合併存続会社が保有する吸収合併消滅会社の株式に係る議決権数（抱合せ株式）
⑵　吸収合併消滅会社が保有する吸収合併存続会社の株式に係る議決権数（合併後の自己株式）

⑴については吸収合併消滅会社における行使し得る議決権の総数から、⑵については吸収合併存続会社における行使し得る議決権数から、それぞれ控除する。

※：現行ルールでは、連結範囲適用指針5項が該当する。

Q2-3 取得原価の算定──株式を対価とした一括取得

X社（取得企業）は、Y社（被取得企業）を吸収合併し、対価としてY社の株主にX社の株式を交付しました。なお、X社は合併前にY社株式を保有していません。

この場合の取得原価の算定はどのように行いますか。

X社（取得企業：存続会社）は、合併対価として交付する株式の企業結合日における時価で取得原価を算定します（企業結合会計基準23項）。

解説

1 基本原則

被取得企業又は取得した事業の取得原価は、原則として、取得の対価（支払対価）となる財の企業結合日における時価で算定します。

支払対価が現金以外の財又は株式の交付の場合には、支払対価となる財の時価と被取得企業又は取得した事業の時価のうち、より高い信頼性をもって測定可能な時価で算定します（企業結合会計基準23項）。

2 株式の交換（新株の発行又は自己株式の処分）による企業結合の場合

[1] 市場価格のある取得企業の株式が交付される場合

市場価格のある取得企業の株式が取得の対価として交付される場合には、取得の対価となる財の時価は、原則として、企業結合日における株価を基礎として算定されます（企業結合会計基準24項）。

> 【参考1】企業結合日の時価とみなし取得日の時価
>
> 株式交換や株式移転など株式の取得により、ある会社を子会社化した場合には、実務上、みなし取得日が使用されることがある（連結会計基準（注5））（Q2-18参照）。この場合、取得企業は受け入れる資産及び負債にみなし取得日の時価を付すため、支払対価の測定もみなし取得日の時価を使用することになる（適用指針117項、126項）。

> 【参考2】企業結合日における時価
>
> 企業結合が取得とされた場合には、「取得原価の算定」は、「原則として、企業結合日における株価を基礎にして算定」（企業結合会計基準24項）し、「取得原価の配分」（Q2-10参照）は、「企業結合日時点において識別可能なもの（識別可能資産及び負債）の企業結合日時点の時価を基礎として、…配分する」（企業結合会計基準28項）とされており、いずれも「企業結合日の時価」が基礎となる。
>
> 合併等の企業結合の効力の発生は、効力発生日の午前零時となるため（例えば、合併の効力発生日を4月1日と定めた場合には、3月31日から4月1日に日付が変わる午前零時に効力が発生する）、企業結合日の株価（時価）とは、効力発生時である午前零時の時価と考えられるが、実務上は、効力発生日直前の株価（合併の効力発生日が4月1日であれば3月31日の終値）とされているものと考えられる。
>
>> 注：2019年7月に時価算定会計基準が公表される前の適用指針38項では、企業結合日の株価については金融商品会計実務指針60項（取引価格の終値を優先適用）に準じる旨が定められており、企業結合日の株価として企業結合日の終値（前述の例では4月1日の終値）で算定されることもあったが、時価算定会計基準の公表にあわせて同実務指針60項が削除されたため、適用指針38項の参照規定も削除されている。

[2] 市場価格がない取得企業の株式が交付される場合

❶ 取得企業が非公開企業で被取得企業が公開企業の場合

取得企業が非公開企業、被取得企業が公開企業の場合の取得の対価の算定は、原則として、被取得企業株式の市場価格に基づいて取得の対価を算定します（適用指針356項なお書き）。

❷ 非公開企業同士の株式交換の場合

(1) 原則法

　非公開企業同士の株式交換においても、取得企業の株式が交付された場合の取得の対価は、原則として、当該株式の企業結合日における時価により算定します（適用指針38項）。ここで、株式の交換比率を算定する目的で算定された価額（例えば、株式の交換比率の算定に際して、固定資産の評価額は固定資産税評価額とするなど双方合意のもとで一定の前提を置いた価額としている場合）であっても、被取得企業又は取得した事業の時価や取得の対価となる財の時価に適切に調整しており、かつ企業結合日までに重要な変動が生じていないと認められる場合には、取得の対価とすることができます（適用指針39項）。

　交付された株式の企業結合日における時価により取得の対価を算定した場合には、取得原価の算定と取得原価の配分とは別個の手続として行われるため、通常、のれん（又は負ののれん）が生じることになります。

　なお、金融商品会計基準81-2項では、（時価算定会計基準の時価の定義の見直し後も2019年改正前の金融商品会計基準の考え方を踏襲し）「市場価格のない株式等に関しては、たとえ何らかの方式により価額の算定が可能としても、それを時価とはしない」とされていますが、これは期末における評価を前提とした定めと考えられるので、取引価額の測定である取得の対価の算定においては、企業結合日における時価を用いることが合理的であるとされています（適用指針356項）。

(2) 容認法

　非公開企業同士の株式の交換において、企業結合会計上の測定値として妥当と認められる時価純資産が算定されている場合には、その時価純資産額を基礎にして被取得企業の時価を算定することも合理的であると考えられるため、被取得企業から受け入れた識別可能資産及び負債の企業結合日の時価を基礎とした正味の評価額をもって評価することもできます。

　この方法によった場合には、取得原価の算定と取得原価の配分が一体の手続となるため、のれん（又は負ののれん）は発生しません（適用指針38項なお書き、

357項)。

(3) 取得企業の株式以外の財産が交付された場合

　企業結合の対価として、取得企業が自社の株式以外の財産を交付した場合には、当該交付した財産の時価と企業結合日の前日における適正な帳簿価額との差額を損益に計上します（適用指針81項、389項）。

(4) 子会社が親会社株式を交付した場合（いわゆる三角合併などの場合）

　子会社が親会社株式を支払対価として他の企業と企業結合する場合（いわゆる三角合併などの場合）には、次のように会計処理します（適用指針82項、390項）。

　① 個別財務諸表上の会計処理

　　処理交付された親会社株式の時価と企業結合日の前日における適正な帳簿価額との差額を損益に計上する。

　② 連結財務諸表上の会計処理

　　個別財務諸表において計上された損益を、連結財務諸表上は資本取引として自己株式処分差額に振り替え、資本剰余金に加減する（自己株式等会計基準9項、10項、12項参照）。

Q2-4 取得原価の算定──株式を対価とした段階取得

X社（取得企業）は、Y社（被取得企業）を吸収合併し、対価としてY社の株主にX社の株式を交付しました。なお、X社はY社と資本・業務提携をしており、合併前にY社株式の10％を保有していました。

この場合の取得原価の算定はどのように行いますか。

A 合併前に取得企業が被取得企業の株式（関連会社株式又はその他有価証券に分類）を保有している場合のように、取得が複数の取引により達成された場合（以下「段階取得」という）には、被取得企業の取得原価は、個別財務諸表上は、支配を獲得するに至った個々の取引ごとの原価の合計額により算定しますが、連結財務諸表上は、支配を獲得するに至った個々の取引すべての企業結合日における時価をもって算定します。

このように、連結財務諸表上は、既保有株式に企業結合日における時価を付すことになるため、取得原価との差額は、段階取得に係る損益として特別損益に計上されることになります。

解説

❶ 段階取得が行われた場合の会計処理に関する全般的事項

企業結合（現金対価の買収、合併、株式交換、株式移転、株式交付など）が行われる前から、取得企業が資本提携などにより被取得企業の株式を保有している場合があります。このように取得が複数の取引により達成される場合（段階取得）には、取得企業は被取得企業の取得原価の算定を、次のように行います（企業結合会計基準25項、89項、90項、適用指針46-2項）。

[1] 個別財務諸表上の会計処理

支配を獲得するに至った個々の取引ごとの原価の合計額をもって、被取得企

業の取得原価とします。

[2] 連結財務諸表上の会計処理

支配を獲得するに至った個々の取引すべての企業結合日における時価をもって、被取得企業の取得原価を算定します。例えば、合併後に取得企業である存続会社が連結財務諸表を作成する場合の被取得企業株式の取得原価は、取得企業（存続会社）が合併に伴い交付する取得企業の株式の時価と合併直前の被取得企業（消滅会社）の株式の時価を合算して算定されます（適用指針46-2項）。

≪段階取得を行っている場合の取得原価の算定（合併の場合）≫

	区　分	個別財務諸表上の扱い	連結財務諸表上の扱い
①	新たに交付する取得企業株式	取得企業株式の時価（※1）	
②	既に保有している被取得企業株式	帳簿価額（※2）	被取得企業株式の時価（※1）
合計		取得原価	

※1：時価はいずれも合併効力発生日の時価
※2：適用指針46項では、以下の事項が留意的に記載されている。
・被取得企業の株式をその他有価証券に分類し、期末に時価による評価替えを行っていても、被取得企業の株式の帳簿価額は時価評価前の価額となる。
・被取得企業の株式に対して投資損失引当金を計上している場合には、当該金額を控除して算定する。
・被取得企業の株式を合併の効力発生日前に減損処理している場合には、減損処理後の帳簿価額となる。

この結果、当該被取得企業の取得原価（合併効力発生日の時価で算定）と、支配を獲得するに至った個々の取引ごとの原価の合計額との間に差額が生じますが、この差額は当期の段階取得に係る損益（特別損益）として処理されます。また、これに見合う金額は、個別財務諸表において計上されたのれん（又は負ののれん）の修正として処理されます。

投資会社が持分法適用関連会社と企業結合した場合には、支配を獲得するに至った個々の取引ごとの原価は持分法による評価額を指す（企業結合会計基準25項(2)なお書き）ため、その場合には、企業結合日直前の被取得企業の株式（関

連会社株式）の持分法による評価額（関連会社株式に含めて処理されているのれんの未償却残高、未実現損益に関する修正額が含まれる）と企業結合日の時価との差額が、当期の段階取得に係る損益として処理されます。

上記のとおり、段階取得が行われた場合の被取得企業の取得原価は、個別財務諸表上は「投資の継続」、連結財務諸表上は「投資の清算」の考え方により算定されますが、この点に関しては、Q15-1 **3** もあわせてご参照ください。

【設例】 段階取得が行われた場合の合併の会計処理

〈前提〉
- X社（取得企業）は、Y社株式（被取得企業）の10％を保有している。
- X社はY社を吸収合併した（合併効力発生日のY社諸資産の時価150）。
- X社が保有するY株式の取得原価10、合併効力発生日の時価15
- X社が合併効力発生日にY社株主に交付したX社株式の時価総額180
- X社は子会社を有しており、連結財務諸表を作成している。

≪X社の個別財務諸表上の合併の会計処理≫

（借）諸　資　産（時価）	150	（貸）Y　社　株　式（原価）	10
の　れ　ん（差額）	40	払　込　資　本（時価）	180

≪X社の連結財務諸表上の合併の会計処理（仕訳イメージ）≫

（借）Y　社　株　式（時価）	15	（貸）Y　社　株　式（原価）	10
		段階取得損益（差額）	5
（借）諸　資　産（時価）	150	（貸）Y　社　株　式（時価）	15
の　れ　ん（差額）	45	払　込　資　本（時価）	180

上段：投資の清算の会計処理が行われ、段階取得損益が生じる。
下段：Y社の取得原価は企業結合日の時価（15（10％）＋180（90％））で算定される。個別財務諸表と比べて、のれんが段階取得損益（5）と同額増加する。
注：上記の会計処理は、個別上の仕訳と対比するため、最初に既保有株式に関する「投資の清算」の処理を行った場合を示している。個別財務諸表の会計処理に以下の処理を追加しても同様である（適用指針［設例4］参照）。

（借）の　れ　ん	5	（貸）段階取得損益	5

2 段階取得が行われた場合の既保有株式の時価

段階取得となる合併が行われた場合、適用指針46-2項では「取得の対価は、取得企業が交付する取得企業の株式の時価（第38項参照）と吸収合併直前の被取得企業の株式の時価（第38項に準じて算定）を合算して算定」するとされています。

この「吸収合併直前の被取得企業の株式の時価」は、被取得企業が上場しており、市場価格がある場合には、時価算定会計基準11項（1）のレベル1のインプット（時価の算定日において、企業が入手できる活発な市場における同一の資産又は負債に関する相場価格であり調整されていないもの）に該当することになるので、通常、効力発生日の株価を調整せずに時価算定することになると思われます。

また被取得企業が非上場の場合には、被取得企業の株式の時価の算定に当たっては、個々の状況により様々な評価技法の利用が考えられますが、上場株式との比較では非流動性ディスカウントが加味され、支配獲得時の取引価格との比較では支配プレミアムが除かれるなど、一定の調整が行われることが考えられます。

いずれにしても、既保有株式の時価の算定結果は、段階取得損益及びのれん（又は負ののれん）の金額に影響を与えるため、特に非上場企業（被取得企業）と重要な企業結合を行う場合には、公正価値評価専門家の関与の検討が必要になると考えられます（Q2-11 **1**[3]❷参照）。

3 既保有株式の付随費用に関する連結財務諸表上の会計処理

段階取得により支配を獲得する場合、連結財務諸表上、支配獲得前から保有していた株式にも支配獲得日の時価が付されるため、当該会社の株式の取得原価に含まれていた付随費用は、段階取得に係る損益に含めて処理されることになります（資本連結実務指針8項）。

4 連結財務諸表上の税効果の会計処理

　段階取得が実施されると、連結財務諸表上、既保有株式について、子会社への投資の個別貸借対照表上の価額（取得原価で評価）と連結貸借対照表上の価額（支配獲得時の時価で評価）との間に差額が生じることになります（企業結合会計基準25項、連結会計基準62項）。

　また、**3**のとおり、付随費用に関する会計処理が、連結財務諸表上と個別財務諸表上とで異なることになるため、子会社への投資の個別貸借対照表上の価額と連結貸借対照表上の価額との間に差額が生じることになります。

　これらの差額は、連結財務諸表固有の一時差異に該当し（税効果適用指針107項(1)(2)）、税効果適用指針22項又は23項に従って税効果の会計処理を行うことになります（なお、親会社が段階取得の対象となった子会社を吸収合併した場合には、子会社株式が消滅するため、連結財務諸表固有の一時差異も存在しないことになる）。

5 段階取得が実施され、連結財務諸表を作成しない場合の開示

　合併が行われる前から存続会社（取得企業）が消滅会社（被取得企業）の株式（関連会社株式又はその他有価証券として分類）を保有しており、合併後は存続会社が連結財務諸表を作成しない場合であっても、連結財務諸表を作成したときと同様の事項（段階取得に係る損益相当額、個別貸借対照表及び個別損益計算書に及ぼす影響額）を、取得とされた企業結合の注記事項として開示することになります（Q16-3 **3** 参照）。

　なお、当該注記は企業結合年度の翌年度以降においても、影響額の重要性が乏しくなった場合を除き、継続的に開示し、企業結合年度の翌年度以降に連結財務諸表を作成することとなった場合には、影響額の重要性が乏しくなった場合を除き、当該差額を反映した連結財務諸表を作成することになります（以上、企業結合会計基準51項、財規8条の19）。

Q2-5 取得原価の算定──条件付取得対価

X社（取得企業：3月決算）は、Y社の100％子会社であるZ社（被取得企業：3月決算）の株式のすべてを×1年4月1日に現金800で取得しました。取得時のZ社の諸資産の時価は500です。

株式譲渡契約には、Z社の×2/3期のEBITDA（利払前・税引前・減価償却前利益）が300以上の場合には、X社は旧株主であるY社に追加対価として200を支払う旨の条項があり、×2年3月末現在で、Z社のEBITDAが300を超えることが確実な状況となっています。

X社の株式取得時と×2/3期の会計処理はどのようになりますか。

A 企業結合契約において、対象会社の企業結合契約締結後の将来の業績により、企業結合日後に企業結合の対価を追加的に交付又は引き渡すことが定められる場合があります。

企業結合会計基準ではこの取得対価を条件付取得対価と定義したうえで、条件付取得対価の交付が確実となり、その時価が合理的に決定可能となった時点で、支払対価を取得原価として追加的に認識するとともに、のれん又は負ののれんを追加的に認識することを定めています。

個別財務諸表上の会計処理	連結財務諸表上の会計処理
×1年4月1日（取得時）	
子会社株式 800　現　金 800	諸　資　産 500　現　金 800 の　れ　ん 300
×2年3月期（条件付取得対価の交付が確実になった時点）	
子会社株式 200　未 払 金 200	の　れ　ん 200　未 払 金 200 のれん償却額（※） 100　の　れ　ん 100

※：のれんの償却期間は5年とする。

追加的に認識するのれんは、企業結合日（×1/4/1）時点で認識されたものと仮定して会計処理する。したがって、取得年度ののれんの償却額は100（＝（300＋200）／5年）となる。

なお、のれんの追加認識が企業結合年度の翌年度以降となった場合には、それ以前の年度に対応する償却額及び減損損失額は、（比較情報に反映させる）遡及処理で

はなく、追加認識した事業年度の損益として処理する（企業結合会計基準（注4）、適用指針［設例5］参照）。
注：条件付取得対価は、既に取得済の持分の取引価額の調整（対価の追加支払又は返還）であり、持分比率の変動（株式の追加取得又は返還）を伴うものではない。

解説

1 条件付取得対価

　条件付取得対価とは、企業結合契約において定められるものであって、企業結合契約締結後の将来の特定の事象又は取引の結果に依存して、企業結合日後に追加的に交付される若しくは引き渡される又は返還される取得対価をいいます（企業結合会計基準（注2））。

　企業買収の実務では、企業結合契約の中で、一定の業績（例えば1年から3年程度の売上高やEBITDA等）の達成／不達成、一定の事実の発生（新薬の認可取得など研究開発プロジェクトのマイルストーンの達成など）により、買収対価が増額又は減額される条項を付した買収、すなわちアーンアウト条項を付した買収が実施されることがあります。買収の価格交渉では、対象企業又は事業の将来の業績見込みが売手と買手（取得企業）との間で大きく異なることがありますが、アーンアウト条項を付けることにより、買手にとってはリスク回避の有効な方法になりうるなど、案件成立の可能性が高まることがあります。

2 条件付取得対価の会計処理

　企業結合会計基準では、条件付取得対価の会計処理として、将来の業績に依存する条件付取得対価と特定の株式又は社債の市場価格に依存する条件付取得対価を定めています。

[1] 将来の業績に依存する条件付取得対価
　条件付取得対価が企業結合契約締結後の将来の業績に依存する場合とは、被

取得企業又は取得した事業の企業結合契約締結後の特定事業年度における業績の水準に応じて、取得企業が対価を追加で交付する若しくは引き渡す又は対価の一部の返還を受ける条項がある場合等をいいます（企業結合会計基準（注3））。

条件付取得対価が企業結合契約締結後の将来の業績に依存する場合において、対価を追加的に交付する又は引き渡すときには、条件付取得対価の交付又は引渡しが確実となり、その時価が合理的に決定可能となった時点で、支払対価を取得原価として追加的に認識するとともに、のれんを追加的に認識する又は負ののれんを減額します（企業結合会計基準47項(1)）。

また、条件付取得対価が企業結合契約締結後の将来の業績に依存する場合において、対価の一部が返還されるときには、条件付取得対価の返還が確実となり、その時価が合理的に決定可能となった時点で、返還される対価の金額を取得原価から減額するとともに、のれんを減額する又は負ののれんを追加的に認識します（企業結合会計基準47項(1)）。

追加的に認識する又は減額するのれん又は負ののれんは企業結合日時点で認識又は減額されたものと仮定して計算し、追加認識又は減額する事業年度以前に対応する償却額及び減損損失額は損益として処理します（企業結合会計基準（注4）、適用指針［設例5］参照）。

　　※：適用指針47項では、条件付取得対価は、その追加的な交付若しくは引渡し又は返還が「企業結合日後に行われるものに限定される」とされている。これは、2003年10月に企業会計審議会から公表された「企業結合に係る会計基準」では、取得原価を「原則として、その企業結合の主要条件が合意されて公表された日前の合理的な期間における株価を基礎にして算定」すると定められていたことから、企業結合契約締結後、企業結合日までの間に支払うべき対価の条件が変更された場合には、条件付取得対価に該当せず、取得原価を算定し直すことを明確にするための規定と考えられる。取得原価の算定が企業結合日の時価で算定されることとなった現行会計基準のもとでは、特別な意味を持つものではないと考えられる。

[2] 特定の株式又は社債の市場価格に依存する条件付取得対価

条件付取得対価が特定の株式又は社債の市場価格に依存する場合とは、特定の株式又は社債の特定の日又は期間の市場価格に応じて当初合意した価額に維

持するために、取得企業が追加で株式又は社債を交付する条項がある場合等をいいます（企業結合会計基準（注5））。

条件付取得対価が特定の株式又は社債の市場価格に依存する場合には、条件付取得対価の交付又は引渡しが確実となり、その時価が合理的に決定可能となった時点で、次の処理を行います（企業結合会計基準27項(2)、適用指針47項、適用指針［設例5］参照）。

① 追加で交付可能となった条件付取得対価を、その時点の時価に基づき認識する。
② 企業結合日現在で交付している株式又は社債をその時点の時価に修正し、当該修正により生じた社債プレミアムの減少額又はディスカウントの増加額を将来にわたって規則的に償却する。

3 被取得企業の売主から、被取得企業の資産・負債に関する補償金として対価を受領した場合の会計処理

被取得企業の売主から、被取得企業の資産・負債に関する補償金として対価を受領する取引は、企業結合日後に現金等の財産が返還される取得対価に該当したとしても、通常、それは企業結合日に存在する事実に起因したものであって「企業結合契約締結後の将来の特定の事象又は取引の結果に依存」したものではないと解されるので、条件付取得対価の会計処理には該当しないと考えられます。

ただし、本書では、売主から対価が返還される取引であることを踏まえ、条件付取得対価の項で記載することとします。

[1] 売主から被取得企業の資産・負債に関連して補償金を受領する場合

取得企業は、企業結合日に存在する被取得企業の資産又は負債の全部又は一部に関連して、企業結合日後に企業結合契約で定められた補償金を受領する場合があります[3]。

このような場合として、次のようなケースが考えられます。

① 被取得企業の特定の資産・負債に関連した偶発事象や不確実性の結果について、売手が買手（取得企業）に対し、契約上補償する場合（※1）（いわゆる補償資産の取得）

※1：例えば、被取得企業の訴訟の結果や特定の税金の不確実性が解消したときに、取得企業に移転されたこれらの負債が特定の金額を超過しないことを売手が保証し、超過した場合にはその額を売手が負担（対価を返還）することが考えられる。

② 被取得企業の資産・負債に関連して、売手が買手に対して表明保証する場合（※2）

※2：企業買収の実務では、売手が買手に対し、契約の締結日等において、対象企業や事業に関する財務、税務や法務等に関する一定の事項が、真実かつ正確であることを表明し、その内容を保証することがあり、これを表明保証という。買手は、通常、買収に先立って、専門家による対象企業の買収調査（デュー・デリジェンス）を実施し、対象企業の財務や法務等の内容を把握するが、短期間の調査ですべての問題点を把握することは困難なため、契約書に表明保証条項を定めることが一般的である。
表明保証に違反した場合、契約の解除、売買代金の調整、表明保証違反の当事者（売手）への補償請求ができる等の条項が規定される。

[2] 補償資産に関する会計処理

企業結合日に存在する被取得企業の資産又は負債の全部又は一部に関連した

---

3) 本書では、補償金の受領主体とその会計処理について、次の前提を置いている。
(1) 補償金の受領主体
　買手（取得企業）が買収対象企業の株式すべてを取得する組織再編において、売手に表明保証違反等があった場合の補償金の支払先を、契約上、買手にするのか、それとも対象会社にするのかという検討項目が考えられるが、本書では買手に支払われる場合を前提とする。
(2) 受領した補償金の会計処理
　買手が売手から受領した補償金の会計処理は、次の2つの方法が考えられる。
　① 子会社株式の取得価額の減額（取得対価の返金）とする。
　② 損害賠償金の受領として収益に計上し、子会社株式の評価を見直す。
　いずれの会計処理を採用するのかは企業結合契約の内容も踏まえて判断することが考えられるが、いずれにせよ、対象事業で想定されていた価値の毀損を原因として補償金を受領する以上、収益のみが計上される処理は適切ではないと考える（②の処理を採用する場合には、原則として、収益と同額の評価損を計上することが適当である）。本書では①の会計処理を前提とする。
　なお、受領した補償金が多額になる場合には、財務諸表に一定の注記をすることが考えられる（②の処理を採用した場合には収益と費用を相殺表示したうえで、注記する方法も考えられる）。

補償については、企業結合日における取得原価の配分手続（Q2-10など）と関係があります。

例えば、被取得企業が訴訟を抱えており、企業結合契約の中で、売手が買手（取得企業）に対して500を超えるすべての損失を補償することに合意して、買収価額が決定されたとします。そして、取得企業は企業結合日における当該訴訟に関する債務を企業会計原則注解18に従い600と見積った場合には、企業結合日の会計処理において、引当金600を計上するとともに、売手から補償されるであろう金額100（売手からの回収可能性に問題がないものとする）を資産に計上することが適当と考えます[4]。また、企業結合日においては合理的な見積りができないとして引当金の計上をしなかったものの、その後、当該負債の見積りが可能となり、引当金を600計上した場合には、当該引当金を計上したタイミングで、受領するであろう補償金100を資産に計上することが適当と考えます。これは取得原価の配分手続に含まれ、暫定的な会計処理（Q2-14参照）の対象になると考えます。

なお、暫定的な会計処理の対象期間（企業結合日から1年以内）経過後に、企業会計原則注解18に従い引当金の計上額を見直しし（新規の計上を含む）、対応する資産計上額を調整した結果、両者に差額が生じた場合には、企業結合日の会計処理に反映させるのではなく、見直しした年度の損益として処理することになると考えます。

そして、買手が売手から補償金を受領した場合には、引当金に対応して計上した資産の回収として処理することになると考えます。

---

[4] 一定の事実（訴訟関連の債務）が確定した場合には、買手は売手に対して請求権の行使が契約上可能であるため、訴訟債務が合理的に見積可能であるときは、それに対応した請求可能額（回収可能性を考慮）を資産計上することは合理的と考えられる。

Q2-5 取得原価の算定——条件付取得対価

【設例】企業結合日に存在する特定負債に関して補償金を受領した場合の会計処理

〈前提〉
- A社はX氏からB社の株式のすべてを500で取得した。
- B社の諸資産（簡便化のため現金のみとする）の時価（＝簿価）は400、負債は0であるが、B社は係争案件を抱えている。
- 買収価額500の合意に当たり、係争案件でB社が敗訴した場合でも200を超える賠償額は、売手のX氏が負担することとし、その超過額を買手のA社に返金することが企業結合契約の中で定められている（すなわち、A社グループが負担する賠償金は200が上限となり、それを前提として買収価額が500と決定された）。

〈支配獲得日の状況〉
- A社はB社の訴訟に係る支払額を300と見積り、B社の個別及びA社の連結ともに引当金を300計上した。

〈企業結合の翌年度の状況〉
- B社は係争案件で賠償金400を支払うこととなり、A社は契約に基づき、X氏から200（＝400－200）を受領した。

〈会計処理〉
注：連結会計基準10項では、連結財務諸表は、親会社及び子会社が一般に公正妥当と認められる企業会計の基準に準拠して作成した個別財務諸表を基礎として作成しなければならないとされている。以下の会計処理は、必ずしも個別財務諸表を基礎としているわけではなく、また、前述のとおり、本設例に関する会計処理（特に個別上の処理）は複数考えられるため、他の会計処理を否定するものではない。

被取得企業B社（個別上の処理）	取得企業A社（個別又は連結上の処理）
企業結合日の会計処理	
・B社試算表イメージ（引当金計上前） 現　　金　400　　引　当　金　　　0 　　　　　　　　　　資　本　金　400 　　　　　　　　　　利益剰余金　　　0 　　　　400　　　　　　　　　　　400	・A社連結上の会計処理のイメージ（補償資産考慮前） 現　　金　400　　引　当　金　300 の　れ　ん　400　　現　　金　500

・係争案件に関する引当金の計上

| 賠償繰入額 | 300 | 引　当　金 | 300 |

・B社試算表イメージ（引当金計上後）

現　　　金	400	引　当　金	300
		資　本　金	400
		利益剰余金	▲300
	400		400

・補償資産（X氏への請求権）の計上

A社グループは、売手のX氏との企業結合契約において、B社の訴訟に係る損失額が200に限定されることを前提に買収価額は500で合意している。

会計上、買収の実質を表すためには、訴訟引当額が一定額（200）を超えた場合には、当該引当金を計上した年度において、その超過額をX氏への請求権（回収可能性を考慮）として資産計上することが適切である。

ただし、X氏への請求権は、買手であるA社が保有しており、B社の請求権（識別可能資産）ではない。この結果、当該請求権は、通常の取得原価の配分手続（Q2-10参照）では認識できないため、次のように連結精算表で処理することが考えられる。

・連結精算表上での請求権の計上

| X氏請求権 | 100 | の　れ　ん | 100 |

・A社連結上の会計処理のイメージ（補償資産考慮後）

現　　　金	400	引　当　金	300
X氏請求権	100	現　　　金	500
の　れ　ん	300		

・訴訟に関する支払先300と補償金の回収先100は異なるため、連結上は、負債と資産を両建てで計上する。
・X氏に対する債権の回収可能性は評価額に反映させる（ここでは債権の回収可能性に問題はないものとする）。

企業結合年度の翌年度の会計処理（賠償金支払とX氏からの補償金の受領の会計処理）

・損害賠償金の支払いと引当金の取崩し

| 賠償損失 | 400 | 現　　　金 | 400 |
| 引　当　金 | 300 | 賠償損失 | 300 |

・A社個別上の会計処理

| 現　　　金 | 200 | B社株式 | 200 |

A社がX氏から受領した補償金200は、

・B社試算表のイメージ

現　　金	0	引　当　金	0
		資　本　金	400
		利益剰余金	▲400
	0		0

買収価額決定に織り込まれた合意事項であり、B社株式の取得原価を調整（減額）することが適当である。

・X氏からの補償金受領に関する連結上の会計処理

現　　金	200	X氏請求権	100
		賠　償　損　失	100

　現金200の回収は、企業結合年度（前期）に連結手続で計上したX氏に対する債権100の回収と、企業結合年度に見積計上した引当金を超える損失額の回収となる（B社の個別上、賠償損失100が計上されているが、最終的にはX氏が負担するため、連結上は賠償損失を消去する）。

・P社の連結上の会計処理の累計

現金（※2）	0	引　当　金	0
X氏請求権	0	現金（※1）	300
のれん（※3）	300		
	300		300

※1：300＝当初支払500－補償金受領200
※2：0＝当初現金400－賠償金支払400
※3：300＝企業結合日ののれん300（償却省略）

[3] 表明保証に関する会計処理

　取得企業が受け入れた資産又は負債に関して、表明保証条項に反する状況が確認された場合には、企業結合日から1年以内であれば、暫定的な会計処理として（暫定的な会計処理を行っていない場合は暫定的な会計処理に準じて）、企業結合日の識別可能資産・負債の評価を見直し（企業結合日の会計処理に反映）、当該期間経過後であれば、企業結合日の会計処理ではなく、当該状況が確認された年度の損益として会計処理することになると考えます。また、売手に対す

る請求額は、売手と補償額に関する合意が成立し、その回収（対価の返還）が確実となるまでは、通常、資産計上することは困難と考えられます。

なお、暫定的な会計処理の対象期間経過後における対価の返還（補償金の受領）の会計処理は、企業結合の会計処理というより、購入した資産に瑕疵のあることが後日判明し、補償金を受領した場合の会計処理（※）と同様に扱うことになると考えます。

> ※：購入した資産に瑕疵があった場合には、正常品と交換される場合のほか、瑕疵の程度に応じて購入代金が返金される場合もある。後者の場合、過年度に購入した資産であっても、購入日において取得価額が減額処理されたものと仮定し、見直しの結果生じた差額は、瑕疵が判明した年度の損益として会計処理することが一般的と思われる。なお、返金額を取得原価の減額とせず、一時の収益として認識することは、通常、適切ではないと考えられる。このようなケースでは、対応する資産の価値がそれだけ低いと考えられるためである。

4 条件付取得対価による企業結合が行われた場合の開示

条件付取得対価による企業結合が行われた場合には、「取得による企業結合が行われた場合の注記」として、企業結合契約に規定された条件付取得対価の内容及び当該年度以降の会計処理方針を記載することになります（財規8条の17第1項8号、企業結合会計基準49項(3)①）。

なお、**3**[2]のような補償資産に関する契約があり、それが重要な場合には、追加情報として、条件付取得対価に関する注記事項に準じた開示を行うことが必要と考えられます。

Q2-6 企業結合の会計処理と別個の取引としての会計処理

X社は、Y社株式のすべてを、Y社の100％株主であり、経営者である甲氏から取得しました。

株式譲渡契約には、Y社の×2/3期のEBITDA（利払前・税引前・減価償却前利益）が300以上の場合には、X社は追加で売主（甲氏）に対価を200支払う旨の条項があります。またY社は、現状、甲氏の経営手腕に依存していることから、X社は、買収後2年間は甲氏がY社の経営を行うことを想定しています。

この場合、一定の業績が達成された場合に甲氏に支払われる対価200は、条件付取得対価として会計処理することになりますか。

A 取得企業が、企業結合後も被取得企業の役職員となる売却株主と条件付支払の契約を締結した場合には、その契約の性質により、条件付対価として会計処理（企業結合の会計処理に含める）する場合と企業結合とは別個の取引として会計処理（企業結合後の報酬として会計処理）する場合があります。

契約の性質は、当該契約に条件付支払の条項が盛り込まれた背景や理由、誰が当該取引を主導したか等を踏まえて検討することになりますが、条件付支払の相手方当事者の勤務が条件とされている場合には、通常、企業結合とは別個の取引として、企業結合後の報酬として処理することになると考えます。

解説

1 企業結合の会計処理に含める取引とそれ以外の取引との区別

企業結合の会計処理は、事業移転に関する会計処理であり、取得企業は、被取得企業（又はその株主）に移転された対価とそれと引き換えに受け入れた被取得企業の資産及び負債のみを会計処理の対象としなければなりません。した

がって、仮に企業結合契約の中で定められた事項であっても、企業結合の交換対象としたもの以外が含まれている場合には、取得企業は企業結合の会計処理から除外して、別途、適切な会計処理を行う必要があります。

企業結合の会計処理に含まれるかどうかの判断の結果は、次のように企業結合の会計処理及びその後の年度の損益に重要な影響を及ぼすことがあります。

【設例】 追加対価を企業結合の一部として処理する場合と別個の取引として処理する場合

〈前提〉
- 被取得企業から受け入れる諸資産の時価300
- 売主(＝現経営者)に支払う対価は700であるが、200は2年間にわたり分割して支払う。
- 被取得企業の経営は、現経営者が引き続き2年間行うことが想定されている。
- 企業結合後、被取得企業の経営者は、別途、役員報酬を受領する。
- のれんは10年償却とする。

企業結合の会計処理とする場合 (分割払200を企業結合の対価とする)	企業結合とは別個の会計処理とする場合 (分割払200を2年間の役員報酬とする)
企業結合年度	
諸 資 産 300　現　　　金 500 の れ ん 400　未 払 金 200	諸 資 産 300　現　　　金 500 の れ ん 200
企業結合の翌年度	
のれん償却額 40　の れ ん 40 未 払 金 100　現　　　金 100	のれん償却額 20　の れ ん 20 役 員 報 酬 100　現　　　金 100
のれん未償却残高　360	のれん未償却残高　180

2 会計処理に関する基本的な考え方

企業結合の取引の一部として会計処理すべきかどうかの考え方は、以下のように整理することができます。

　①　主として取得企業が被取得企業(又はその株主)のために対価を支払っ

たと考えられる場合

　被取得企業（又はその株主）にとっては、引き渡した企業又は事業の対価としての性質があると考えられるため、企業結合における交換取引の一部として企業結合の会計処理に含める。
② 主として取得企業が取得企業又は結合後企業のために対価を支払ったと考えられる場合

　取得企業（結合後企業）の便益のために支払ったものと考えられるため（企業結合後のサービス提供に係る代金の一部としての性格がある）、企業結合とは別個の取引として会計処理する。

　この判断に当たっては、取引の背景や理由、取引の主導者、取引の時期なども踏まえることが考えられます。

3 企業結合後も被取得企業の役職員となる売却株主に対する条件付支払の契約

　企業結合後も被取得企業の役職員となる売却株主に対する条件付支払の契約が、企業結合における条件付対価となるのか、又は別個の取引となるのかは、契約の性質に依存します。

　契約の性質の検討に当たっては、様々な要素を考慮することになりますが、特に、企業結合後の勤務が必要とされている条件付対価契約は、通常、企業結合後の勤務に対する報酬と考えられ、逆に、退職しても支払額が変動しない条件付支払の契約は、報酬ではなく追加的な企業結合の対価と考えられます。

　このほか、売却株主の中に企業結合後も被取得企業の役職員として勤務する者としない者がいる場合において、それらの者に対する支払いが、企業結合後の業績に応じて同一の算定式により変動するのであれば、それは旧株主としての地位に対する対価（売却した株式の対価の調整）であり、条件付取得対価と考えられますが、そうでない場合には役職員の勤務に対する対価が含まれると考えられるため、調整が必要になると考えられます。

Q2-7　取得原価の算定——新株予約権を対価とした取得

X社（取得企業）はY社を吸収合併しました。合併前にY社は資金調達を目的とした新株予約権を発行していました。X社は合併に当たり、Y社の株主にはX社の株式を交付し、Y社の新株予約権者にはX社の新株予約権を交付しました。この場合、X社が交付した新株予約権の会計処理はどのようになりますか。

A　X社がY社の新株予約権者に対して、Y社の新株予約権と引き換えに、X社の新株予約権を交付した場合には、当該新株予約権に合併効力発生日の時価を付し、企業結合の取得原価に含めることになります。

解説

1 取得企業が新株予約権等を交付したときの会計処理

消滅会社が新株予約権を発行している場合、当該新株予約権は合併の効力発生日に消滅することになりますが（会社法750条4項）、存続会社は、当該新株予約権に代わる存続会社の新株予約権又は現金に関する事項を、合併契約において定めることになります（会社法749条1項4号及び5号）。

企業結合が取得とされた場合において、取得企業が、新株予約権等を交付したときは、次のように時価で測定された新株予約権を取得原価に含めることになります（適用指針50項）。

(1) 被取得企業の株主に対して、被取得企業の株式と引き換えに、取得企業の新株予約権を交付したとき

　　取得の対価として処理し、組織再編の効力発生日の時価により新株予約権を増加させる。

(2) 被取得企業の新株予約権者に対して、被取得企業の新株予約権と引き換えに、取得企業の新株予約権又は現金を交付したとき

当該新株予約権(組織再編の効力発生日の時価)又は現金は取得原価に含める。

《存続会社(取得企業)が、合併対価として、新株予約権を交付したときの会計処理》

新株予約権の交付先	会計処理	取得原価の測定
消滅会社の株主	取得の対価(取得原価)	合併効力発生日の時価
消滅会社の新株予約権者	取得原価	合併効力発生日の時価(※)

※:消滅会社の新株予約権者に対して、存続会社の新株予約権を交付する際に交付した新株予約権の時価と消滅会社が付していた新株予約権の帳簿価額との差異が重要でないと見込まれるときには、当該帳簿価額をもって交付した新株予約権の帳簿価額とすることができる(適用指針50項(2))。

2 逆取得となる合併において、消滅会社(取得企業)の新株予約権者に存続会社(被取得企業)の新株予約権を交付した場合

　合併が逆取得となる場合、存続会社は、消滅会社の適正な帳簿価額を引き継ぐことになります。このため、会計上は、新株予約権の法的な取扱いにかかわらず、存続会社は、合併効力発生日において、消滅会社の新株予約権の適正な帳簿価額をいったん引き継いだうえで、存続会社が自社の新株予約権を交付した場合には、存続会社が交付した新株予約権は消滅会社の新株予約権の適正な帳簿価額を付すこととなり、存続会社が現金を交付した場合には、その差額を損益に計上することになります(適用指針361項)。

3 取得企業が被取得企業の報酬(ストック・オプション制度)を置き換える場合

　適用指針50項で規定されている取得企業が新株予約権を交付した場合の会計処理は、企業結合の対価として新株予約権を交付したときを前提としているものと考えられます。もし、取得企業が、被取得企業の役職員が保有する新株予約権を取得企業の新株予約権と交換する場合(被取得企業の報酬制度に組み込まれたストック・オプション制度を取得企業のストック・オプション制度に置き換える場合)には、ストック・オプション等に関する会計基準で定められる「ストッ

ク・オプションに係る条件変更の会計処理」を参考にして、交付した新株予約権の時価を次の2つに合理的に按分し、会計処理することになると考えます。
・企業結合前の勤務に帰属する被取得企業の報酬部分
　　→被取得企業に関する移転された対価の一部となる代替報酬の部分であり、企業結合の対価として処理（適用指針50項）
・企業結合後の勤務に関する報酬の部分
　　→企業結合後の報酬費用として処理

Q2-8 取得関連費用の会計処理

企業結合時に発生する取得関連費用(外部のアドバイザー等に支払った特定の報酬・手数料等)はどのように会計処理することになりますか。

A 2013年(平成25年)改正の企業結合会計基準により、企業結合における取得関連費用の会計処理は、下図のようになりました。この取扱いは、企業結合の会計上の分類が「取得」のほか「共通支配下の取引等(非支配株主との取引)」の場合にも同様に適用されることになります。

≪取得関連費用(付随費用)の会計処理≫

組織再編のパターン	個別財務諸表	連結財務諸表
事業の間接的な受入れ(現金対価、株式交換、株式移転、株式交付等による子会社株式の取得)	子会社株式の取得原価(※)(企業結合会計基準45項(注11)、企業結合会計基準94項、金融商品会計実務指針56項)	発生した年度の費用(資本連結実務指針46-2項)
事業の直接的な受入れ(合併、会社分割等)	発生した年度の費用(企業結合会計基準26項)	発生した年度の費用(企業結合会計基準26項)

※:取得関連費用のうち付随費用は子会社株式の取得原価に含められるが、それ以外の取得関連費用は発生した年度の費用として処理される。

取得関連費用のうち付随費用は、2013年改正前までは企業結合の取得原価に含めて処理され、結果として、のれんの償却を通して複数年にわたり損益に計上されてきましたが(又は一時の利益となる負ののれんの減少要因)、改正後は、個別財務諸表における子会社株式の取得原価に含まれる付随費用を除き、発生時にすべて費用処理されることとなります。

また、子会社株式の取得に係る付随費用の会計処理が個別財務諸表上と連結財務諸表上とで異なることから、子会社株式を売却した場合、連結財務諸表上は、付随費用に関する部分について個別財務諸表で計上された子会社株式売却損益を修正することが必要になります。

解説

1 企業結合における取得関連費用（付随費用を含む）の取扱い

2013年改正の企業結合会計基準では、取得関連費用（外部のアドバイザー等に支払った特定の報酬・手数料等）は発生した年度の費用として処理することとされ（企業結合会計基準26項）、また、主要な取得関連費用の内容及び金額の注記が求められることとなりました（企業結合会計基準49項(3)④、Q16-3参照）。

2 個別財務諸表上の子会社株式の取得原価の算定における付随費用の取扱い

個別財務諸表における子会社株式の取得原価は、金融商品会計基準及び金融商品会計実務指針に従って算定することになります（企業結合会計基準94項）。金融商品会計実務指針56項では、金融資産（デリバティブを除く）の取得時における付随費用（支払手数料等）は、取得した金融資産の取得価額に含めることとされており（経常的に発生する費用で、個々の金融資産との対応関係が明確でない付随費用は、取得価額に含めないことができる）、また、金融商品会計Q&AのQ15-2では、個別財務諸表における子会社株式の取得原価には、購入手数料その他、その有価証券の購入のために直接要した費用を含めることとされています。

子会社株式の取得原価に含める付随費用（支払手数料等）は、改正前企業結合会計基準26項の「取得とされた企業結合に直接要した支出額のうち、取得の対価性が認められる外部のアドバイザー等に支払った特定の報酬・手数料等」（※）が相当するものと考えられます。

　※：取得原価に含める支出額とは、次の(1)及び(2)を満たしたものをいう（2013年改正前適用指針48項）。
　(1) 企業結合に直接要した支出額
　　企業結合を成立させるために取得企業が外部のアドバイザー（例えば投資銀行のコンサルタント、弁護士、公認会計士、不動産鑑定士等の専門家）に支払った交渉や株式の交換比率の算定に係る特定の報酬・手数料等をいう。社内の人件費（例え

ば社内のプロジェクト・チームの人員に係る人件費）等は、これに含まれない。
(2) 取得の対価性が認められるもの

現実に契約に至った企業結合に関連する支出額のことをいう。したがって、契約に至らなかった取引や単なる調査に関連する支出額は、企業結合に直接要した費用であっても取得原価に含めることはできない。

上記のように、
・買収を成立させるために外部の専門家等に支出したもの（社内経費は含まれない）
・契約成立に至った案件に関するもの
・単なる調査に関する支出額は該当しないこと

といった定めを踏まえると、買手側の個別財務諸表上は、買収対象企業を具体的に選定した時点以降の外部専門家等に支出した費用を仮払金等として資産計上することになると考えます（仮払金等は買収成立時に子会社株式の取得原価に振り替え、成立に至らないことが判明した時点で費用処理）。

なお、連結財務諸表上は、役務の提供を受けた時点で費用処理されることになると考えます。

【参考1】取得関連費用に関する会計基準の改正の背景

2013年改正前の企業結合会計基準では、上記のとおり、取得とされた企業結合に直接要した支出額のうち、取得の対価性が認められる外部のアドバイザー等に支払った特定の報酬・手数料等は取得原価に含め、それ以外の支出額は発生時の事業年度の費用とされていた。これは、取得はあくまで等価交換取引であるとの考え方を重視し、取得企業が等価交換の判断要素として考慮した支出額に限って取得原価に含めることとしたためである。

他方、国際的な会計基準では、当該取得関連費用は、事業の売主と買主の間の公正な価値での交換の一部ではなく、企業結合とは別の取引と考えられること、取得関連費用のうち直接費が取得原価に含まれる一方で間接費は除かれる点が不整合であること等の理由から、発生した年度の費用として取り扱っている。

2013年改正会計基準では、国際的な会計基準に基づく財務諸表との比較可能性を改善する観点や取得関連費用のどこまでを取得原価の範囲とするかという実務上の問題点を解消するため、取得関連費用は発生した年度の費用として処理することとされた（企業結合会計基準94項）。

なお、個別財務諸表上の子会社株式の取得原価の算定における付随費用の取扱いは、金融商品会計基準で定められている事項であること、付随費用を取得原価

に含める論拠も上記のとおり合理的であること、個別財務諸表の取扱いは国際的な会計基準との比較可能性の問題とは異なることから、これまでの会計処理が継続されることとなった。

【参考2】法人税法における有価証券の取得価額の取扱い

購入した有価証券の取得価額には、購入手数料その他その有価証券の購入のために要した費用を含めることとされている（法人税法施行令119条）。なお、その他その有価証券の購入のために要した費用には、有価証券を取得するために要した通信費、名義書換料の額を含めないことができるとされている（法人税基本通達2-3-5）。

3 取得関連費用と付随費用との関係

2013年改正の企業結合会計基準26項における取得関連費用には間接費も含まれるものと考えられることから（企業結合会計基準94項）、取得関連費用には、上記 2 の付随費用より広い範囲の支出が含まれるものと考えられます（金融商品会計Q&AのQ15-2）。

Q2-9 株式交付費の会計処理

X社は、Y社を株式交換により子会社化し、資本金の増加に伴う登録免許税などを支払いました。このような企業結合に伴う株式交付費用はどのように処理しますか。

A 企業結合の際の株式の交付に伴い発生する費用（登録免許税、証券会社への業務委託手数料等）は、企業結合の対価というよりは、支払対価の種類に影響される財務的な活動としての性格が強い支出と考えられるため、取得原価には含めず、株式交付費として会計処理することになります。

解説

企業規模の拡大のためにする資金調達などの財務活動（組織再編の対価として株式を交付する場合を含む）に係る株式交付費（新株の発行又は自己株式の処分に係る費用）は、企業会計原則注解（注15）に示されている繰延資産（既に代価の支払いが完了し又は支払義務が確定し、これに対応する役務の提供を受けたにもかかわらず、その効果が将来にわたって発現するものと期待される費用）に該当し、会社が採用した繰延資産の処理方法に従い、次のいずれかの方法により会計処理します（適用指針49項）。

・株式交付費として会計処理（支出時に費用処理（営業外費用））
・繰延資産に計上し、株式交付のときから3年以内（月数按分など）に定額法により償却

なお、現行の国際的な会計基準では、株式交付費は、資本取引に付随する費用として、資本から直接控除することとされていますが、わが国では、次の理由から、株式交付費は費用として処理されることになります。

・株式交付費は株主との資本取引に伴って発生するものであるが、その対価は株主に支払われるものではないこと

- 株式交付費は社債発行費と同様、資金調達を行うために要する支出額であり、財務費用としての性格が強いと考えられること
- 資金調達の方法は会社の意思決定によるものであり、その結果として発生する費用もこれに依存することになる。したがって、資金調達に要する費用を会社の業績に反映させることが投資家に有用な情報を提供することになると考えられること

Q2-10 取得原価の配分の概要

取得とされた合併において、取得原価の配分はどのように行いますか。

A 取得原価は、被取得企業から取得した資産及び引き受けた負債のうち企業結合日時点において識別可能なもの（識別可能資産及び負債）の企業結合日時点の時価を基礎として、当該資産及び負債に対して企業結合日以後1年以内に配分します（企業結合会計基準28項）。この手続を「取得原価の配分」といいます。

解説

1 取得原価の配分手続の概要

　取得原価の配分とは、被取得企業から受け入れた事業の中から、取得企業において資産又は負債として計上すべきもの（識別可能資産及び負債）を特定したうえで、それら識別可能資産及び負債に企業結合日の時価を割り当てる手続のことをいいます。したがって、取得原価の配分手続のポイントは、識別可能資産・負債の範囲とそれらに付す時価の算定方法になります。

　識別可能資産及び負債の範囲は、取得企業が「それらに対して対価を支払って取得した場合、原則として、我が国において一般に公正妥当と認められる企業会計の基準の下で認識されるものに限定」されます（企業結合会計基準99項）。

　企業結合会計基準では、わが国に無形資産に関する包括的な会計基準が存在しないため、企業結合時の無形資産の識別要件を定めるとともに、「研究開発の途中段階の成果」も識別可能資産として資産計上を求め、さらに負債の特徴（一般に支払義務がある）を満たさない場合でも、一定の要件を満たす場合には「企業結合に係る特定勘定」として負債計上を求めるなど、これらの資産・負債を識別可能資産・負債の範囲に含めるものとしています。

　なお、「対価を支払って取得した場合」とされている点については、後述の

無形資産の識別の考え方（当該無形資産を受け入れることが企業結合の目的の1つとされていた場合など、その無形資産が企業結合における対価計算の基礎に含められていたような場合には、当該無形資産を計上する）の基礎となっています（Q2-11 **1**[2]参照）。

次に識別可能資産及び負債の算定は、「企業結合日時点の時価を基礎」として行います。もっとも識別可能資産・負債のすべてに時価を付すわけではなく、企業結合日において他の会計基準の考え方に従い算定する項目もあります。例えば、確定給付制度による退職給付引当金（連結財務諸表の場合は「退職給付に係る負債」）は、企業結合日において、受け入れた制度ごとに退職給付に関する会計基準に基づいて算定した退職給付債務及び年金資産の正味の価額で測定します（適用指針67項）。また、繰延税金資産・負債についても、合併、会社分割等の場合には、取得企業は、企業結合日において、取得した事業から生じる一時差異等に係る税金の額を、将来の事業年度において回収又は支払いが見込まれない額を除き、繰延税金資産又は繰延税金負債として計上します（適用指針71項）。このような取扱いが設けられているのは、仮に退職給付に関する債務や繰延税金資産及び負債を、企業結合日の時価で受け入れたとしても、企業結合日後の決算では、（企業結合で受け入れた資産・負債に関する特別な定めがない限り）関連する会計基準の定めに従って会計処理を行うことになるため、企業結合日の時価との差額が損益に計上されるなど適切な結果が得られないためです。

このほか重要性の考え方は当然に存在し、時価との差異が重要でない場合には時価の代替値として被取得企業で付された「適正な帳簿価額」によることが認められています。

なお、取得原価の配分は、連結会計基準が定めている「子会社の資産及び負債の評価」（支配獲得日において、子会社の資産及び負債のすべてを支配獲得日の時価により評価する方法（全面時価評価法）（連結会計基準20項））に相当します（Q15-1 **1** 参照）。

2 取得企業が受け入れる資産・負債の帳簿価額と被取得企業の帳簿価額との関係

　取得の会計処理においては、取得企業は、被取得企業の財務諸表で認識されていなかった何らかの資産及び負債を認識する可能性があり（Q2-11参照）、また、取得企業は被取得企業から受け入れた資産・負債に対して、被取得企業で付されていた帳簿価額ではなく企業結合日の時価を付すこととなります（Q2-12参照）。

　つまり、概念的には、取得の会計処理では、企業結合前の被取得企業における適正な帳簿価額との関係が切断されることを意味します。この点は、取得原価の配分手続を理解するうえで重要な事項となります。

　　注：Q2-12 **2** の取得原価の配分額の簡便的な取扱いは、あくまで重要性を踏まえた実務上の取扱いである。

【参考】企業結合前に被取得企業で認識されていたのれんの取扱い

　被取得企業の財務諸表にのれんが計上されている場合、取得企業では、当該のれんを承継するかどうか、あるいは当該のれんの償却期間を継続するかどうか、といった疑問が生じるかもしれない。しかし、取得の会計処理においては、被取得企業の帳簿価額との関係が切断されるので、被取得企業の財務諸表で計上されていたのれんを考慮する必要はなく、それが取得企業において識別可能な資産（分離して譲渡可能な無形資産など）に該当しなければ、結果として企業結合日に差額として算定されるのれんに包含されることになる（Q15-1 **2**【参考】参照）。

　このほか、取得企業は、被取得企業の帳簿価額の存在が前提となるその他有価証券評価差額金や退職給付債務に係る未認識項目なども承継できないことになる。

第2章　取得の会計処理

Q2-11　取得原価の配分——資産及び負債の識別

取得原価の配分における資産及び負債の識別の考え方を教えてください。

A　識別可能資産及び負債の範囲は、被取得企業の企業結合日前の貸借対照表において計上されていたかどうかにかかわらず、企業がそれらに対して対価を支払って取得した場合、原則として、わが国において一般に公正妥当と認められる企業会計の基準のもとで認識されるものに限定されます（企業結合会計基準99項）。

したがって、例えば、被取得企業が無形資産を内部開発し、その関連コストを費用処理したため財務諸表において資産として認識されていなかった場合でも、取得企業は識別可能な無形資産（例えば、特許権や顧客との関係）を認識することがあります。

解説

取得原価の配分における資産及び負債の識別で、実務上、特に論点となるものは、無形資産の識別と企業結合に係る特別勘定の識別となります。

1　無形資産の識別

[1]　無形資産の識別要件

被取得企業から受け入れた資産に法律上の権利など分離して譲渡可能な無形資産が含まれる場合には、当該無形資産は識別可能なものとして取り扱い、取得原価を配分することが求められます（企業結合会計基準29項、100項）。ここで「分離して譲渡可能な無形資産」とは、受け入れた資産を譲渡する意思が取得企業にあるか否かにかかわらず、企業又は事業と独立して売買可能なものをいい、そのためには、当該無形資産の独立した価格を合理的に算定できなければならないとされています（適用指針59項）。

≪法律上の権利・分離して譲渡可能な無形資産の例示≫

要　件	備　考
「法律上の権利」 （適用指針 58 項）	「法律上の権利」とは、特定の法律に基づく知的財産権（知的所有権）等の権利をいう。特定の法律に基づく知的財産権（知的所有権）等の権利には、産業財産権（特許権、実用新案権、商標権、意匠権）、著作権、半導体集積回路配置、商号、営業上の機密事項、植物の新品種等が含まれる。
「分離して譲渡可能」 （適用指針 367 項）	分離して譲渡可能な無形資産であるか否かは、対象となる無形資産の実態に基づいて判断すべきであるが、例えば、ソフトウェア、顧客リスト、特許で保護されていない技術、データベース、研究開発活動の途中段階の成果（最終段階にあるものに限らない）等についても分離して譲渡可能なものがある点に留意する。

注：上記は識別可能な無形資産の例示であって、当該例示に該当すれば無形資産として識別することを求める意図ではなく、■[2]等を踏まえて識別することになる。

[2] 企業結合の目的とされた無形資産

　無形資産の識別要件は2008年(平成20年)改正で見直しが行われており、「平成20年改正会計基準では、当該無形資産が識別可能なものであれば、原則として識別して資産計上することを求めることとした（第28項及び第29項参照）。したがって、例えば、当該無形資産を受け入れることが企業結合の目的の1つとされていた場合など、その無形資産が企業結合における対価計算の基礎に含められていたような場合には、当該無形資産を計上することとなる。」（傍点は筆者）とされています（企業結合会計基準100項）。

　この点に関しASBJが2013年6月28日に公表した「無形資産に関する検討経過の取りまとめ」によれば、「無形資産が企業結合における対価計算の基礎に含められていたような場合には、当該無形資産を計上することとなる」（企業結合会計基準100項）との規定は、「平成20年の企業結合会計基準等の改正において、識別可能なものであれば企業結合における対価計算の基礎に含められていなかった無形資産であっても資産計上が求められることとなり、財務諸表作成者に過度の負担を強いるおそれがあるのではないかという意見に配慮し

たもの」(40項)とされています。

そして、適用指針59-2項では、「特定の無形資産に着目して企業結合が行われた場合など、企業結合の目的の1つが特定の無形資産の受入れであり、その無形資産の金額が重要になると見込まれる場合には、当該無形資産は分離して譲渡可能なものとして取り扱う。」と定め、このような場合には、「取得企業は、利用可能な独自の情報や前提等を基礎に一定の見積方法(第53項参照)を利用し、あるいは外部の専門家も関与するなどして、通常、取締役会その他の会社の意思決定機関において、当該無形資産の評価額に関する多面的かつ合理的な検討を行い、それに基づいて企業結合が行われたと考えられる。」とされています(適用指針367-2項)。

これらを踏まえると、「分離して譲渡可能な無形資産」として、当該無形資産に取得原価を配分することが求められるケースとは、取得企業が被取得企業の無形資産の取得を企業結合の目的の1つとし、その評価額に関する検討が行われているような場合であり、それ以外の場合には、積極的に無形資産を識別し、取得原価を配分することまでは求められていないものと考えられます(積極的に識別可能な無形資産を調査し、取得原価を配分することは認められます)。

【参考】会計基準開発時における無形資産の識別と評価に関する状況

わが国の企業結合会計基準は、2003年(平成15年)10月に企業会計審議会から、適用指針は、2005年(平成17年)12月に企業会計基準委員会から公表され、2006年(平成18年)4月1日以後実施される企業結合から適用されている。

わが国では企業結合会計基準により、はじめて対価として交付される株式の時価により企業結合の取得原価を算定することが認められ(それまでは受け入れた資産・負債の時価で取得原価が算定され、「差額のれん」という概念がなかった)、のれんと区分して無形資産を識別し、評価するという実務はほとんど存在しなかった。

この点に関して、適用指針365項では、わが国においては、無形資産に係る

> 包括的な会計基準が存在しないため、無形資産に関連する会計基準及び現在の実務慣行（筆者注：企業結合以外の局面も含む当時の慣行）を参考にして無形資産に関する取扱いを示しており、今後、無形資産に関する会計基準が整備された時点で、適用指針の関連箇所は見直されることがあり得るとされている。
> 　また、適用指針370項では、企業結合によって受け入れた、いわゆるブランドについて、のれんと区分して無形資産として認識可能かどうかという論点が記載されており、当時は、コーポレート・ブランド（企業又は企業の事業全体のブランド）の場合には、無形資産として計上することは通常困難であるとの認識であった（なお、無形資産として取得原価を配分する場合には、事業から独立したコーポレート・ブランドの合理的な価額を算定でき、かつ、分離可能性があるかどうかについて留意する必要がある、とされている）。この点については、その後の無形資産の評価実務や国際的な会計基準との整合性などの観点も考慮に入れつつ、分離して譲渡可能な無形資産であるか、企業結合の対価計算の基礎に含められていたかどうか（企業結合の目的とされていたかどうか）などに照らして検討することが適当と考えられる。

[3] 開示との関係

❶ 企業結合の目的との整合性

　企業買収は、被取得企業の顧客基盤、技術、ブランドの取得といった目的をもって実行されるものです。無形資産の識別に当たっては、財務諸表利用者への説明内容との整合性（例えば組織再編に関するプレスリリースや「取得による企業結合が行われた場合の注記」における「企業結合を行った理由」（Q16-3参照）の記載）にも留意する必要があると考えます。

❷ 「監査上の主要な検討事項」での記載

　2018年7月に公表された「監査基準の改訂に関する意見書」により、上場会社の金融商品取引法上の監査報告書には「監査上の主要な検討事項」（当年度の財務諸表の監査の過程で監査役等と協議した事項のうち、職業的専門家として当該監査において特に重要であると判断した事項）(Key Audit Matters、以下「KAM」という）の記載区分が設けられ、KAMの内容、監査人がKAMであると決定

した理由及び監査における監査人の対応が記載されることになりました（2021年3月決算に係る財務諸表の監査から適用）。

組織再編の会計処理やのれん・無形資産の評価といった項目は、これまで監査法人がKAMとして取り上げてきた最も多い項目の1つといえます。今後、重要な組織再編が行われた場合には、

・財務諸表作成責任のある会社は、公正価値測定に関する専門家を利用して、識別可能な無形資産等の認識及び測定を行う
・財務諸表の監査責任のある監査人は、その結果を、別途、適切な公正価値評価専門家を利用して監査手続を実施する

といった枠組みが実務に定着するものと考えられます。

【参考】2008年（平成20年）改正における無形資産の識別要件の見直しの経緯及び検討過程

2003年（平成15年）に企業会計審議会で設定された「企業結合に係る会計基準」（2008年改正前企業結合会計基準）では、「取得した資産に法律上の権利又は分離して譲渡可能な無形資産が含まれる場合には、取得原価を当該無形資産等に配分することができる。」（傍点は筆者）とされ「法律上の権利又は分離して譲渡可能」として識別可能と判断された無形資産であっても、無形資産として資産計上するかどうかは、取得企業が任意に決定できると解されることもあった。

2008年改正の企業結合会計基準では、「受け入れた資産に法律上の権利など分離して譲渡可能な無形資産が含まれる場合には、当該無形資産は識別可能なものとして取り扱う。」（傍点は筆者）（企業結合会計基準29項）とされ、容認規定は廃止された（※1）。

他方で、「法律上の権利」に該当すれば、直ちに識別可能な無形資産として個別に識別して会計処理することが求められると、個別に識別すべき無形資産の範囲が2008年改正前の実務に比べ著しく広がる可能性があったため、2008年改正企業結合会計基準では、無形資産の識別可能性の判断要件を「法律上の権利など分離して譲渡可能」な場合とし、「法律上の権利」に該当するかどうかという形式的な判断のみによらず、実質的に分離して譲渡可能かどうかによって判断することとされた（※2）。

※1：2008年改正では、2008年までの国際会計基準審議会（IASB）との短期コンバー

ジェンス・プロジェクトとして掲げた企業結合に関する会計処理（持分プーリング法による会計処理の廃止のほか、企業結合により受け入れた研究開発の途中段階の成果について資産計上を求める改正などが含まれている。Q1-2【参考2】参照）の見直しを行っている。研究開発の途中段階の成果について資産計上を求める以上、識別可能要件を満たしている無形資産についても、その計上に選択肢を残すべきではないと判断された。

※2：2008年改正は、基本的に上記の短期コンバージェンス・プロジェクトとして掲げた項目に限定した改正であり、研究開発の途中段階の成果に関する項目以外の無形資産会計全体の見直しを行うこと（実務を大きく変えること）は意図されていなかった。なお、無形資産の識別に関する改正の経緯等については、季刊会計基準第24号（2009年3月号）（財務会計基準機構）「企業会計基準第21号「企業結合に関する会計基準」等の解説」（専門研究員小堀一英、研究員小林和正 共著）112頁も参照されたい。

2 研究開発の途中段階の成果の識別

　企業結合により受け入れた研究開発の途中段階の成果について、識別可能性の要件を満たす限り（当該無形資産を受け入れることが企業結合の目的の1つとされていた場合など、その無形資産が企業結合における対価計算の基礎に含められていたような場合）、その企業結合日における時価に基づいて資産として計上することが求められます（企業結合会計基準101項）。

　この場合、当該資産は企業のその後の使用実態に基づき、有効期間にわたって償却処理されることになりますが、その研究開発が完成するまでは、当該無形資産の有効期間は開始せず、償却は行わないことに留意する必要があります（適用指針367-3項）。

　なお、取得企業が企業結合日後も当該研究開発を継続した場合に支出される金額は、研究開発費会計基準で開発費の資産計上が認められていないため、発生時にすべて費用処理することになります。

3 企業結合に係る特定勘定の識別

　取得後に発生することが予測される特定の事象に対応した費用又は損失であって、その発生の可能性が取得の対価の算定に反映されている場合には、負

債(「企業結合に係る特定勘定」)として認識することになります(企業結合会計基準30項)。

　このような会計処理を行う理由は、企業結合の条件交渉の過程で、被取得企業に関連して発生する可能性のある将来の費用又は損失が取得の対価に反映されている場合(取得の対価がそれだけ減額されている場合)には、被取得企業が企業結合日前に当該費用又は損失を負担したと考えられるので、これらの費用等を企業結合日以後の取得企業の業績に反映させない方が取得企業の投資原価の回収計算を適切に行うことができると考えられるためです(適用指針372項)。

　ここで「取得後に発生することが予測される特定の事象に対応した費用又は損失」とは、企業結合日において一般に公正妥当と認められる企業会計の基準(ただし、当該企業結合に係る特定勘定に適用される基準を除く)の下で認識される識別可能負債に該当しないもののうち、企業結合日後に発生することが予測され、被取得企業に係る特定の事象に対応した費用又は損失(ただし、識別可能資産への取得原価の配分額に反映されていないものに限る)をいいます(適用指針63項)。

　また、「取得の対価の算定に反映されている場合」とは、次のいずれかの要件を満たしている場合をいいます(適用指針64項)。

① 当該事象及びその金額が契約条項等(結合当事企業の合意文書)で明確にされていること
② 当該事象が契約条項等で明確にされ、当該事象に係る金額が取得の対価(株式の交換比率など)の算定に当たり重視された資料に含まれ、当該事象が反映されたことにより、取得の対価が減額されていることが取得企業の取締役会議事録等により確認できること
③ 当該事象が取得の対価の算定に当たって考慮されていたことが企業結合日現在の事業計画等により明らかであり、かつ当該事象に係る金額が合理的に算定されること(ただし、この場合には、のれんが発生しない範囲で評価した額に限る)

　これらの要件を踏まえると、一般に株式の交換を伴う企業結合(合併、株式

交換、株式移転など）の場合に「企業結合に係る特定勘定」を認識することは考えづらく、現金を対価とした企業結合（相対の交渉となる事業譲受や株式の取得など）のうち、極めて限定されたケースになるものと考えられます。

　なお、当該負債は、原則として、固定負債として表示し、その主な内容及び金額を連結貸借対照表及び個別貸借対照表に注記します（企業結合会計基準30項）。また、企業結合に係る特定勘定の取崩益が生じた場合には、原則として、特別利益に計上し、重要性が乏しい場合を除き、その内容を連結損益計算書及び個別損益計算書に注記することになります（適用指針303項）（Q16-1 **3** 参照）。

Q2-12　取得原価の配分——資産及び負債の測定

取得原価の配分における資産及び負債の測定の考え方を教えてください。

A　識別可能資産及び負債への取得原価の配分額は、企業結合日における次の時価を基礎として算定するものとされています（企業結合会計基準102項、103項、適用指針53項）。

ここで「時価」とは、公正な評価額であり、通常、それは観察可能な市場価格をいい、市場価格が観察できない場合には、合理的に算定された価額をいう、とされています（企業結合会計基準14項）。

解説

1 合理的に算定された価額

合理的に算定された価額による場合には、市場参加者が利用するであろう情報や前提等が入手可能である限り、それらに基礎を置くこととし、そのような情報等が入手できない場合には、見積りを行う企業が利用可能な独自の情報や前提等に基礎を置くものとされています。すなわち、市場参加者の目線をできる限り踏まえるが、それができない場合には取得企業の目線で時価を算定する、という流れになります。

合理的に算定された価額は、一般に、以下の見積方法などが考えられ、資産の特性等により、これらのアプローチを併用又は選択して算定することになります（減損会計適用指針28項(2)）。

　ア　コスト・アプローチとは、同等の資産を取得するのに要するコストをもって評価する方法をいい、例えば、原価法が該当します。

　イ　マーケット・アプローチとは、同等の資産が市場で実際に取引される価格をもって評価する方法をいい、例えば、取引事例比較法が該当します。

ウ　インカム・アプローチとは、同等の資産を利用して将来における期待される収益をもって評価する方法をいい、例えば、収益還元法や割引将来キャッシュ・フロー法が該当します。

なお、退職給付引当金（連結財務諸表上は「退職給付に係る負債」）など個々の識別可能資産及び負債については、一般に公正妥当と認められる企業会計の基準において示されている時価等の算定方法が利用されることとなります（適用指針 53 項）。

これは、例えば退職給付債務を時価で算定しても、企業結合年度末には退職給付会計基準に従って当該債務を算定することとなり、算定方法の違いから生じた差額が企業結合年度以降の損益に計上されることを避けるためです。

2 取得原価の配分額の簡便的な取扱い

適用指針には、取得原価の配分額の算定における簡便的な取扱いが示されています。具体的には、次のいずれの要件も満たす場合には、被取得企業の適正な帳簿価額を基礎として取得原価の配分額を算定できるとされています（適用指針 54 項）。

①　被取得企業が、企業結合日の前日において、一般に公正妥当と認められる企業会計の基準に従って資産及び負債の適正な帳簿価額を算定していること

②　①の帳簿価額と企業結合日の当該資産又は負債の時価との差異が重要でないと見込まれること

【参考１】取得原価の算定及び取得原価の配分における時価

わが国の時価の算定について定めた会計基準としては、2019 年 7 月に ASBJ から公表された「時価の算定に関する会計基準」がある。時価算定基準は、IFRS13 号「公正価値測定」の定めを基本的にすべて取り入れたものであるが（時価算定会計基準 24 項）、その適用範囲は金融商品会計基準における金融商品と

棚卸資産評価会計基準におけるトレーディング目的で保有する棚卸資産とされ、金融商品以外の資産及び負債を適用範囲に含めていない（時価算定会計基準3項）。したがって、組織再編に伴い金融商品の受け渡しが行われ、組織再編に関する会計基準においてその金融商品を「時価」で測定することとされている場合には、時価算定会計基準が適用されるが、非金融商品の受け渡しに関しては、企業結合会計基準における時価の考え方が適用されることになる。

もっとも企業結合会計基準で定められた時価は、上記のとおり「公正な評価額」であり、それは時価算定会計基準の時価（「時価」とは、算定日において市場参加者間で秩序ある取引が行われると想定した場合の、当該取引における資産の売却によって受け取る価格又は負債の移転のために支払う価格をいう）と重要な差異はないと考えられる。

なお、企業結合会計基準では、時価算定に関して時価算定会計基準のような詳細な定めは存在しないものの、非金融資産が重要な場合には、実務上、公正価値評価に関する専門家が関与することが想定されるため、時価の算定方法やその算定結果は、一定の幅に収まるものと考えられる。

【参考2】取得の会計処理と会計方針の統一

企業結合における会計方針の統一の考え方は次のようになると考えられる。

① 原則的な考え方

取得企業は、時価で評価された被取得企業の資産・負債を受け入れたうえで、取得企業の会計方針は、企業結合日から連結会計基準17項及び監査・保証実務委員会実務指針第56号「親子会社間の会計処理の統一に関する当面の監査上の取扱い」に準じることになる。すなわち、同一環境下で行われた同一の性質の取引等には、取得企業及び被取得企業が採用する会計処理の原則及び手続は、原則として、統一することになる。会計方針は、通常、取得企業の方針に統一することになると考えられるが、被取得企業で採用されていた会計処理の原則及び手続が、結合後企業の財政状態及び経営成績をより適切に表示すると判断される場合には、取得企業が被取得企業の会計方針に統一することもあり得る。

② 被取得企業の帳簿価額により資産・負債を受け入れた場合の考え方

取得企業は、後述のとおり、一定の場合には、被取得企業の「適正な帳簿価

額」により資産・負債を受け入れることが認められているが、この適正な帳簿価額は、時価の代替値として許容されているものであり、企業結合日後に被取得企業から受け入れた資産・負債に関し、会計方針の変更が行われることは想定されていないと考えられる。このため、ここでいう「適正な帳簿価額」とは、原則として、被取得企業が取得企業の会計方針に統一するために一定の修正を行った後の帳簿価額を指すものと考えられる。

3 主な資産及び負債等への取得原価の配分額(例示)

以下では、主要な資産及び負債について、取得原価の配分額の算定に関する基本的な考え方を記載します。なお、上記 2 のように、被取得企業の適正な帳簿価額と時価との差異が重要でないと見込まれる場合には、被取得企業の適正な帳簿価額を時価とみなすことができます。

[1] 有価証券

区　　分	時　　価
市場価格のある有価証券	企業結合日の「市場価格」（※） したがって、被取得企業におけるその他有価証券評価差額金を取得企業で引き続きその他有価証券評価差額金とすることはできない。
市場価格のない有価証券	企業結合日の「合理的に算定された価額」

※：例えば、合併の効力発生日が4月1日の場合、企業結合日（合併の効力発生日）の株価とは日付が変わった4月1日午前零時の株価（実務上は、通常、3月31日の終値）を指すものと解される。

実務上、市場価格のない株式について時価（合理的な価額）を算定するかどうかは、例えば、以下の点を考慮することが考えられます。
・市場価格のない株式の帳簿価額の重要性
・市場価格のない株式の帳簿価額と当該株式の発行会社の直近の簿価純資産（重要な含み損益があればそれを考慮後）を基礎として算定した持分相当額との差異の重要性

合併に当たり、被取得企業が保有する子会社株式や関連会社株式を時価評価しないと多額ののれんの発生が見込まれる場合には、時価評価の必要性は高いわけですが、特に、当該子会社等を含んだ組織再編がさらに予定されているときや当該子会社等が属するセグメントが異なるときは、それぞれの子会社株式等の時価を適切に算定することが重要になります（Q2-15 **2**、Q7-2【参考】参照）。

なお、被取得企業（消滅会社）が取得企業（存続会社）の株式（合併後の自己株式）を保有している場合の会計処理は、Q14-2【参考】を参照してください。

[2] 金銭債権（受取手形及び売掛金、貸付金、未収入金等）

対象金融資産から発生する将来キャッシュ・フローを割り引いた現在価値

〈一般的な留意事項〉
　・短期の金銭債権については、割引計算を行う必要はない。

・被取得企業で金銭債権に対して引当金を個別に設定しており、その純額を時価とみなせる場合であっても、その債権と引当金を総額で承継することはできない（金銭債権に付すべき帳簿価額は当該引当金を控除した額となる）。なお、被取得企業で企業結合日前に計上されていた一般債権に対する合理的な貸倒見積高（いわゆる一般貸倒引当金）については、企業結合により取得した金銭債権の評価額から控除せず、取得企業が算定した合理的な貸倒見積高として、当該貸倒引当金を承継することは許容されるものと考える。

[3] 棚卸資産

区　分	時　価
製品及び商品	見積販売価格から販売費用及び類似した製品及び商品の利益率を基礎として算定した合理的な販売利益の合計を控除した額
仕掛品	製品の見積販売価格から、完成までの製造費用、販売費用及び類似した製品の利益率を基礎として算定した合理的な販売利益及び製造利益の合計を控除した額
原材料	再調達原価

≪棚卸資産の時価算定のイメージ≫

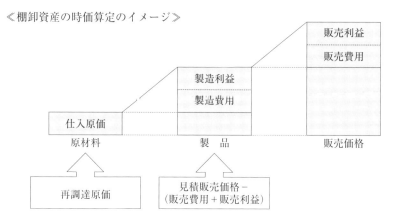

棚卸資産の時価は、企業結合日現在の状況とするための努力ないし成果を含んだものとなります。したがって、棚卸資産（製品・仕掛品）の企業結合日の時価には、通常、それまでの成果としての被取得企業における製造利益相当額

を含んだ額となりますが、販売利益相当額については、企業結合後の取得企業の成果として取得企業の損益に反映させるべきものであるため、企業結合日の時価には含まれません。このため、製品等の時価の算定に当たっては、見積販売価格から、合理的な販売利益及び販売費用を控除することが適当です。

また、一般に、被取得企業における棚卸資産の帳簿金額を時価とみなすことは、被取得企業における製造利益相当額が反映されていないので、適当ではありません。製品の時価（取得原価の配分額）を低くすると、差額で算定されるのれんは増加しますが、あるべき額より低く評価された棚卸資産は短期間で販売され利益が多く計上される一方、のれんは償却を通して長期にわたり費用計上されるため、その後の損益の帰属年度にも影響があります。特に付加価値が高く製造段階での利益率が高い棚卸資産への取得原価の配分に当たっては、留意する必要があります。

なお、取得企業の貸借対照表には、被取得企業の棚卸資産の帳簿価額とは異なる金額で棚卸資産が計上されるものの、取得企業では、企業結合日後も被取得企業で使用されていた棚卸資産受払システムを利用するため、そのシステムの単価をそのまま使用することがあります。このような場合、両者の差額については、関連する棚卸資産の利益率や回転期間などその特徴を踏まえたグルーピングを行い、それぞれを一括して調整計算する方法も考えられます。

[4] 有形固定資産

区　分	時　価	備　考
不動産	「不動産鑑定評価基準」（国土交通省）に基づく評価額又は不動産鑑定士の鑑定評価額	重要性が乏しい不動産については、一定の評価額（いわゆる実勢価格や査定価格など）や適切に市場価格を反映していると考えられる指標（土地の公示価格や路線価など）を基礎に算定した評価額（減損会計適用指針90項）とすることができる。

その他の有形固定資産	コスト・アプローチ、マーケット・アプローチ、インカム・アプローチによる評価額、あるいは資産の特性等によりこれらのアプローチを併用又は選択した評価額（減損会計適用指針 109 項）	重要性が乏しいその他の有形固定資産については、重要性が乏しい不動産と同様に取り扱うことができる（減損会計適用指針 90 項）。
企業結合後、直ちに売却が予定されている有形固定資産	当該有形固定資産の時価から処分費用見込額を控除した額	

注1：有形固定資産の時価算定については、日本公認会計士協会会計制度委員会研究資料第4号「時価の算定に関する研究資料〜非金融商品の時価算定〜」5.(1)及び(2)が参考になる。

注2：有形固定資産も企業結合日の時価で測定されるため、帳簿価額の存在が前提となる被取得企業における有形固定資産の減価償却累計額や減損損失累計額を取得企業において承継することはできない（重要性がない場合を除く）。この場合、減価償却システムとの調整が必要になることが考えられるが、減価償却累計額等の取扱いに関し、一定の合理的な仮定を置きつつ調整計算する方法も考えられる。

【参考】時価が一義的に定まりにくい資産への配分額の特例

　被取得企業から受け入れた資産に大規模工場用地や近郊が開発されていない郊外地のように時価が一義的には定まりにくい資産が含まれ、これを評価することにより、負ののれんが多額に発生することが見込まれる場合には、「その金額を当該固定資産等に合理的に配分した評価額も、ここでいう合理的に算定された時価であると考える」（企業結合会計基準 103 項）とされ、当該資産に対する取得原価の配分額は、負ののれんが発生しない範囲で評価した額とすることができる（適用指針 55 項）とされている（Q2-16 **2**②参照）。このような取扱いが設けられたのは、企業結合条件の交渉過程で当該資産はもともと低く評価されていたと考えられるので、当該資産の評価を改めて行う意義は見出しづらいためである。

　もっとも、時価が一義的に定まりにくい資産であっても、取得企業は企業結合条件の交渉過程で、利用可能な独自の情報や前提など合理的な基礎に基づき、一定の評価を行っていることもあるため、当該資産の価額が取得の対価の算定に当たり考慮されている場合には、その価額を取得原価の配分額とすることとなり（適

用指針55項)、当該資産を備忘価額で評価することは適当ではない。

なお、当該取扱いは、時価が一義的に定まりにくい資産に限定したものであり、負ののれんが生じるからといって、合理的な評価が可能である資産についてまで、当該取扱いを適用することは認められない（適用指針364項）。

[5] 無形資産

> コスト・アプローチ、マーケット・アプローチ、インカム・アプローチによる評価額、あるいは資産の特性等により、これらのアプローチを併用又は選択した評価額（合理的な評価額）

取得原価の配分後（ただし、無形資産への取得原価の配分前）において、負ののれんの計上が見込まれる場合には、識別可能な無形資産への取得原価の配分については、慎重な検討が必要になると考えます。

なお、会計上、合併等が「取得」とされ、無形資産を識別する一方、税務上は適格組織再編に該当する場合（すなわち税務上、当該無形資産は認識されない）には、識別された無形資産の額が将来加算一時差異となり、繰延税金負債の計上が求められる点に留意する必要があります（繰延税金負債を計上すると、差額で算定されるのれんが増加することになる）。

【参考】無形資産の評価方法

無形資産の評価方法のうち、インカム・アプローチは、コスト・アプローチやマーケット・アプローチと異なり大半の種類の無形資産に適用できる評価方法である。インカム・アプローチは、無形資産の価値を当該無形資産によって生み出される経済的便益の現在価値によって計算する方法である。この方法により評価する場合には、評価対象となる無形資産が生み出す利益（キャッシュ・フロー）を企業又は事業が生み出す利益（キャッシュ・フロー）から抽出することが必要になるが、その方法の違いから、さらに以下のような評価方法に分類される。

① 超過収益法

企業又は事業の利益から評価対象となる無形資産以外から生み出される利益を控除することで、対象資産からもたらされる利益を抽出し、その割引現在価値により時価を算定する方法である。

評価対象無形資産から生み出される利益は、評価対象無形資産と同時に使用される運転資本、有形固定資産、当該無形資産以外の無形資産が生み出す利益を当該無形資産が帰属する事業部門の利益やキャッシュ・フローから控除した残余利益として計算される。この事業利益から控除する評価対象無形資産以外の貢献資産に係る期待利益はキャピタルチャージといわれ、各貢献資産に適用される期待収益率は、所有リスクに応じて、運転資本、有形固定資産、無形資産の順に高くなることが一般的である。

この結果、例えば、ある無形資産が識別されたとしても、その収益性が低く、キャピタルチャージを超える将来キャッシュ・フローが生み出されないと判断されれば、その無形資産の評価額は0となる。

② ロイヤルティ免除法

評価対象となる無形資産の所有者が、当該資産の使用を第三者より許可されたものと仮定した場合に、所有者が第三者に対して支払うであろうロイヤルティが免除されたものとしてロイヤルティコスト削減効果の割引現在価値により時価を算定する方法である。

ロイヤルティは、マーケットから導き出される数値を前提としているため、マーケット・アプローチに分類されることもある。

③ 利益差分法

評価対象無形資産がある場合とない場合の利益の差額を無形資産が生み出す利益とみなし、その割引現在価値により時価を算定する方法である。

実務では、市場関連無形資産（ブランド（商標、商号）、販売権など）、顧客関連無形資産（顧客リスト、顧客基盤など）、技術関連無形資産（特許権、ソフトウェア、仕掛研究開発等）が識別されるケースが多い。このうちブランドについては、製品売上高に類似商標のライセンス供与の際に採用されるロイヤルティレートを使用し当該ブランドが供与されたという前提をおいて支払いが想定されるロイヤルティコストを算定して評価したり（ロイヤルティ免除法）、顧客との関係については、取得時に存在する既存顧客からの将来収益（顧客の減少率を考慮）から、運転資本、有形固定資産などの期待利益を控除した超過収益力の割引現在価値として評価する（超過収益法）などの実務がある。

以上の点については、日本公認会計士協会経営研究調査会研究報告第57号「無

形資産の評価実務―M&A会計における評価とPPA業務―」(2016年6月) 及び会計制度委員会研究資料第4号「時価の算定に関する研究資料～非金融商品の時価算定～」(2013年7月) 5.(3)及び(4)が参考になる。

[6] 金銭債務(支払手形及び買掛金、長期債務(借入金等)、未払金等)

負債を決済するための要支払金額を適切な現在の利子率で割り引いた現在価値

〈一般的な留意事項〉
・短期の金銭債務については、割引計算を行う必要はない。
・負債の現在価値を算定する場合、資産の現在価値と同様に、以下の要素を考慮する必要がある。
　ア　将来のキャッシュ・フロー(元本、利回り等に基づき算定)
　イ　割引率(リスクフリーレート、信用リスク)

[7] 確定給付制度による退職給付関係

確定給付制度による退職給付引当金(連結財務諸表の場合は「退職給付に係る負債」)は、企業結合日において、受け入れた制度ごとに退職給付に関する会計基準に基づいて算定した退職給付債務及び年金資産の正味の価額(適用指針67項)

〈一般的な留意事項〉
・被取得企業における未認識項目を取得企業で引き続き未認識項目とすることはできない。
・退職給付債務は、原則として、企業結合日において受け入れる従業員分について、企業結合日の計算基礎に基づいて数理計算した退職給付債務となる。なお、退職給付債務は、企業結合日前の一定日における被取得企業が計算した退職給付債務を基礎に、取得企業が適切に調整して算定した額を用いることができる。その場合の計算は、退職給付に関する会計基準の適

- 用指針6項に従って行う。
- 被取得企業の退職給付制度について、制度の改訂が予定されている場合であっても、退職給付債務に関する測定は、企業結合日における適切な諸条件に基づいて行う。なお、当該制度の改訂による影響が、取得の対価の算定に反映されているなど一定の要件を満たす場合には、「企業結合に係る特定勘定」として取得原価の配分の対象となる。
- 被取得企業の従業員に関する退職一時金や割増退職金の支払い等が予定されている場合で、当該金額が取得の対価の算定に反映されているなど一定の要件を満たす場合には、「企業結合に係る特定勘定」として取得原価の配分の対象となる。取得の対価の算定に反映されていない場合には、識別可能負債として認識することはできず、結果としてのれん（又は負ののれん）として処理されることになる。

[8] 偶発債務（偶発損失引当金）

> 企業結合日において引当金の要件（企業会計原則注解18）を満たす場合には、取得企業が合理的に見積った金額

〈一般的な留意事項〉
- 偶発損失引当金は取得原価の暫定的な会計処理の対象とすることができる。ただし、暫定的な配分期間終了時までに偶発損失の金額を合理的に見積ることができない場合には、偶発損失引当金として取得原価を配分することはできず、結果として負ののれん（又はのれんの減額）として認識することとなる。
- 企業結合日において引当金の要件を満たさない場合であっても、結合当事者間の合意により当該金額が取得の対価に反映されているなど、一定の要件を満たす場合には、「企業結合に係る特定勘定」として取得原価の配分対象となる。

[9] 引当金（退職給付引当金等、偶発債務引当金を除く）

> 企業結合日において引当金の要件（企業会計原則注解18）を満たしている場合には、取得企業が合理的に見積った金額

〈一般的な留意事項〉

- 被取得企業が企業結合日直前に企業会計原則注解18の要件を満たした引当金を計上している場合には、当該金額を基礎として取得原価を配分することができる。
- 債権等の資産の評価に関する引当金は、対象債権等の時価に反映されているため、引当金を計上することはできない。

[10] ヘッジ会計関連項目

> 被取得企業でヘッジ会計を適用していた否かにかかわらず、取得した資産又は引き受けた債務（デリバティブを含む）は、金融商品会計基準に従って算定した時価（適用指針68項）（適用指針［設例7］）

〈一般的な留意事項〉

- 被取得企業においてヘッジ会計が適用されており、繰延ヘッジ損失及び繰延ヘッジ利益が計上されていても、取得企業はそれらを引き継ぐことはできない。
- 取得企業が受け入れた資産・負債に関してヘッジ会計を適用する場合は、被取得企業においてヘッジ会計が適用されていたか否かにかかわらず、取得企業は企業結合日において新たにヘッジ指定を行うものとする。キャッシュ・フローを固定するヘッジ取引とする場合には、企業結合日に取得原価が配分されたデリバティブの時価相当額を前受利息等に振り替え、ヘッジ対象が損益として実現する期間の損益として処理する。
    注：繰延ヘッジ損益を取得企業においても引き続き計上することは、取得原価の配分に当たり、被取得企業が有していたデリバティブを時価評価しないことになり適当で

はない。このような処理によると、企業結合日におけるデリバティブに係る受払相当額がのれんの算定に考慮されないことになり、結果として、受払相当額がのれんの償却を通して損益に計上されてしまうことになる。このため、デリバティブを時価評価して、受払相当額をヘッジ対象に対応させて損益を認識することが必要となる。

【参考】借手のリースに係る使用権資産及びリース負債への取得原価の配分

ASBJは、リースに関するわが国の会計基準を国際的な会計基準と整合的なものとするため、2023年（令和5年）5月に「リースに関する会計基準」の改正案等の一連の公開草案を公表した。改正案では、主としてリースの借手の会計処理の改正が検討されており、現行リース会計基準との比較においては、これまで賃貸借処理（オフバランス処理）とされてきたオペレーティング・リースを含むすべてのリースが、使用権モデルに基づき、使用権資産とリース負債としてオンバランスされることになる。

公開草案では、被取得企業がリースの借手である場合の取得原価の配分手続について特段触れられていないが、リース会計基準適用後は、おおむね次のようになるものと考えられる（最終基準では適用指針でその取扱いが明らかになることが考えられるため、留意が必要である）。

・リース負債は、被取得企業から取得したリースが企業結合日現在で新規のリースであったかのように残りの借手のリース料の現在価値で算定する。
・使用権資産はリース負債と同額で算定する。ただし、リースが企業結合日の市場の条件と異なる場合（有利又は不利となる場合）には、使用権資産の額を調整する（一般原則に従い重要性がない市場条件の調整は不要）。なお、借地権に係る権利金等がある場合には、リース負債に当該権利金等の時価を加減した額を基礎として使用権資産の額を算定する。
・少額リース及びリース期間が企業結合日から12か月以内であるリースについては使用権資産及びリース負債を計上しないことができる。
・前記 **2** と同様、一定の要件を満たす場合には、取得原価の配分額の簡便的な取扱いに準じた処理は認められる。

Q2-13 企業結合日における税効果の処理

X社（取得企業：決算日は3月末）は×2年4月1日（企業結合日）にY社（被取得企業）を吸収合併します。この場合、X社は合併直前の×2年3月31日の決算に当たり、Y社の課税所得も考慮して繰延税金資産を計上することはできますか。

また、X社が企業結合日にY社から受け入れる資産・負債に係る将来減算一時差異についての繰延税金資産の回収可能性の考え方はどのようになりますか。

A X社の合併直前の×2年3月31日の決算においては、合併を前提としない（Y社の課税所得を考慮しない）X社単独の収益力に基づく課税所得の十分性等により繰延税金資産の回収可能性を判断します。したがって、合併による課税所得の増加などの影響は、企業結合年度から反映されることになります。

また、X社では、企業結合日（×2年4月1日）に税効果の処理を行う必要があります（暫定的な会計処理の対象となる）。繰延税金資産の回収可能性の検討に当たり、過去の業績等に基づいて将来年度の課税所得を見積る場合には、被取得企業であるY社の過年度の業績等をX社の既存事業に係るものと合算して検討することになります。

解説

❶ 合併など事業を直接受け入れる場合の税効果の取扱い

[1] 企業結合日の会計処理

組織再編の形式が、事業を直接取得することとなる合併、会社分割等の場合には、取得企業は、企業結合日において、被取得企業又は取得した事業から生じる一時差異等（取得原価の配分額（繰延税金資産及び繰延税金負債を除く）と課

税所得計算上の資産及び負債の金額との差額、並びに取得企業に引き継がれる被取得企業の税務上の繰越欠損金等）に係る税金の額を、将来の事業年度において回収又は支払いが見込まれない額を除き、繰延税金資産又は繰延税金負債として計上することになります（適用指針71項、回収可能性の判断についてはQ13-1 **【参考3】** 参照）。

[2] 企業結合日における繰延税金資産の回収可能性の考え方

繰延税金資産の回収可能性の判断に関する留意点は以下のとおりです（適用指針75項）。

① 取得企業の収益力に基づく一時差異等加減算前課税所得等により判断し、企業結合による影響は、企業結合年度から反映させる。

② 将来年度の課税所得の見積額による繰延税金資産の回収可能性を過去の業績等に基づいて判断する場合には、企業結合年度以後、取得した企業又は事業に係る過年度の業績等を取得企業の既存事業に係るものと合算した上で課税所得を見積る。

≪繰延税金資産の回収可能性に関する課税所得の考え方≫

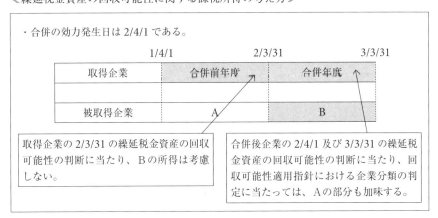

[3] のれんに対する税効果

のれん（又は負ののれん）は取得原価の配分残余であるため、のれん（又は負

のれん）に対する税効果は認識しないとされています（適用指針72項）。

　なお、税務上、適格要件を満たさない組織再編（非適格組織再編）が行われた場合には、税務上ののれんに相当する資産調整勘定又は差額負債調整勘定が生じることになりますが、適用指針では、税務上ののれんに対する税効果を認識（その全額を一時差異とみて、適用指針71項に基づき繰延税金資産又は繰延税金負債を計上）した後で会計上ののれんを認識し、会計上ののれんについては税効果を認識しないことになります（適用指針378-3項）（※）。この点については、以下の【設例】もご参照ください。

　※：上記のとおり、わが国の会計基準では、非適格組織再編に該当する場合、会計上ののれんに対して税効果を認識せず、税務上ののれん全額が一時差異を構成するものとして取り扱われている。一方、国際的な会計基準では、原則として、会計上ののれんと税務上ののれんとを対応させて一時差異とし税効果を認識していることから、コンバージェンスの観点を踏まえ、これを見直すことも検討された。
　この点に関し、ASBJから2009年（平成21年）7月に公表された「企業結合会計の見直しに関する論点の整理」では、法人税法における「資産調整勘定」「差額負債調整勘定」は、その後、対象となる事業そのものを処分したとしても一時に損金又は益金算入されることなく規則的に償却されるものであることから、その性格は会計上ののれんと必ずしも同じものではなく、これらを会計上ののれんに対応する税務上ののれんとして取り扱うことは適当ではないとし、適用指針を見直す必要性は乏しいとされている（同論点整理128項）。

【設例】取得とされた合併が非適格組織再編に該当する場合の税効果の処理

〈前提〉
- X社（取得企業）（決算日は3月31日）は、Y社（被取得企業）を4月1日に吸収合併した。
- Y社の株主に交付したX社株式の合併効力発生日の時価は1,000である。
- X社が、Y社から受け入れた諸資産の時価は500（税務上の受入価額も500）である。
- 当該合併は、税務上、非適格組織再編に該当し、資産調整勘定が500発生した。資産調整勘定は5年均等償却である。
- 会計上ののれんは10年で償却する。
- X社における繰延税金資産の回収可能性は問題ないものとする。

Q2-13　企業結合日における税効果の処理

・実効税率は30%である。

X社の合併の効力発生日（4/1）のB/S（合併よる変動部分のみ抜粋）

科　目	会計	税務	科　目	会計	税務
諸　資　産	500	500	払込資本（※）	1,000	1,000
資産調整勘定	–	500			
繰延税金資産	150	–			
の れ ん	350	–			
	1,000	1,000		1,000	1,000

※：「会計」欄は資本金・資本剰余金を示し、「税務」欄は資本金等の額を示している。
・資産調整勘定（500）に対する繰延税金資産の計上150（＝500×30%）
・のれんは取得原価の配分残余（資産調整勘定に係る繰延税金資産の認識後）となるため、350（＝取得原価1,000－（諸資産500＋繰延税金資産150））となる。なお、のれんに対する税効果は調整しない（適用指針72項）。

合併の効力発生日の属する事業年度末（翌年3/31）以後ののれん及び税効果の処理

摘　要	前半5年		後半5年	
	借方	貸方	借方	貸方
会計上ののれんの償却	のれん償却額（※1）　35	のれん　35	のれん償却額（※1）　35	のれん　35
資産調整勘定の償却に係る税効果の調整	法人税等調整額　30	繰延税金資産（※2）　30	仕訳なし	

※1：のれん償却額35 ＝ 350／10年
※2：繰延税金資産の取崩額30 ＝ 100（＝500／5年）×30%

X社のP/L：のれん償却前利益を毎年100とした場合

科　目	前半5年	後半5年
のれん償却前利益	100	100
のれん償却額	△35	△35
税引前当期純利益	65	65
法人税、住民税及び事業税	（※1）0	（※2）△30
法人税等調整額	△30　△30	0　△30
当期純利益	35	35

※1：(のれん償却前利益100－資産調整勘定償却額100)×30％＝0
※2：(のれん償却前利益100－資産調整勘定償却額0)×30％＝30
注：税金費用と税引前当期純利益の比率は、46％（＝30／65）と実効税率30％より16％（金額ベースで11）高い。これはのれん（償却額）に対する税効果（35×30％＝11）を調整していないためである。

2 株式交換又は株式移転により株式を取得する場合の個別財務諸表上の税効果の取扱い

　株式交換の場合で、株式交換完全親会社（取得企業）が取得した子会社株式に係る一時差異（取得のときから生じていた一時差異に限る）に関する税効果は認識しないものとされ、税効果の原則的な処理に対する特例が定められています（適用指針115項、税効果適用指針8項(1)ただし書き、(2)②)。

　ただし、予測可能な期間に当該子会社株式を売却する予定がある場合（一部売却で売却後も子会社又は関連会社にとどまる予定の場合には売却により解消する部分の一時差異に限る）、又は売却その他の事由により当該子会社株式がその他有価証券として分類されることとなる場合には、当該一時差異に対する税効果を認識することになります（Q2-19 2 [1]❷参照）。

　これは、以下の理由によります（適用指針404項）。

① 継続保有を前提として新規に子会社株式を取得したにもかかわらず、税効果を通じて株式の取得時に損益（法人税等調整額）を認識することは適当ではないと考えられること（※）

※：株式交換が、会計：取得、税務：適格となる場合には、株式交換の効力発生日に子会社株式に係る将来加算一時差異が多額に発生することがある（子会社株式の会計上の簿価（時価）＞税務上の簿価の場合）。税効果会計の適用に当たり、将来加算一時差異については、原則として、繰延税金負債の計上が求められるため、株式交換年度において、会計上は損益を認識していないにもかかわらず、多額の税金費用（法人税等調整額）のみが発生することが考えられる。適用指針115項では、このような会計処理を避けるため、一定の要件を満たす場合には、子会社株式に生じている一時差異については税効果を認識しないものとされた。
なお、組織再編に関しては、会計と税務がそれぞれ別の体系で処理されるため、上

記のように取引当初からそれぞれの簿価が異なり税効果の取扱いが論点となることが多い。他方、組織再編以外の取引においては、通常、取引当初の会計と税務の簿価は一致するため、このような論点が生じるケースはほとんどない。

② 親会社が子会社株式の売却時期を決定でき、かつ予測可能な将来期間に子会社株式の売却を行う意思がない場合は税効果を認識しないこととしている連結財務諸表における税効果の取扱いと整合させるため

なお、株式交換後に当該子会社株式に生じた一時差異は、通常の税効果会計の取扱いによることになります。

また、株式移転において、株式移転設立完全親会社が取得した子会社株式（株式移転完全子会社の株式）に係る一時差異（取得のときから生じていた一時差異に限る）に係る税効果の取扱いについても上記と同様です（適用指針123項）。

【設例】株式交換の税効果会計（会計：取得、税務：適格）

〈前提〉
- X社（取得企業）はY社（被取得企業）を株式交換により完全子会社化した。当該株式交換は取得と判定され、パーチェス法を適用して会計処理する。
- X社が取得したY社株式の取得原価は1,000である（Y社株主に交付した株式交換日のX社株式の時価は1,000）。
- 当該株式交換は、税務上、適格組織再編に該当する。X社が取得したY社株式の税務上の取得原価は400である。
- 実効税率は30％である。

〈会計処理〉
X社（株式交換完全親会社）の個別財務諸表上の会計処理

| (借) 子 会 社 株 式 1,000 (貸) 払 込 資 本 1,000 |

- 交付株式の時価（1,000）により、子会社株式の取得原価を算定する。
- 将来加算一時差異が600（＝会計上の簿価1,000－税務上の簿価400）発生するが、X社がY社株式を継続保有する場合には、繰延税金負債を認識しない。
  なお、X社がY社株式のすべてを売却する予定がある場合には、以下の会計処理を行う（適用指針115項）。

(借)法人税等調整額　　　180　(貸)繰延税金負債　　　180
　　繰延税金負債：180＝600×30%

Q2-14 暫定的な会計処理

上場会社Ａ社（決算日：３月末）はＢ社を×１年１月１日に吸収合併しましたが、合併の会計処理に当たりＢ社の諸資産の時価の算定に多くの時間が必要と見込まれています。この場合、Ａ社の年度決算（×１年３月31日）では、どのように会計処理すればよいでしょうか。

A 　企業結合会計基準では、識別可能資産及び負債を特定し、それらに対して取得原価を配分する作業は、企業結合日以後の決算前に完了すべきであるものの、それが困難な状況も考えられることから、暫定的な会計処理を行うことを認めています。

このため、Ａ社は×1/3/31の年度決算においては、その時点で入手可能な合理的な情報等に基づき暫定的な会計処理を行い、制度上は合併効力発生日から１年以内に追加的に入手した情報等に基づき配分額を確定させることになります。

このケースのように、暫定的な会計処理の確定が企業結合年度の翌年度に行われる場合には、企業結合年度の翌年度においては、企業結合年度にその確定が行われたかのように会計処理します。また、Ａ社が比較情報を開示する場合には、比較情報となる企業結合年度の財務諸表（×1/3/31期）にも遡及して取得原価の配分額の見直しを反映させることになります。

なお、暫定的な会計処理を行っている場合及び暫定的な会計処理の確定を行った場合には、一定の注記が求められます。

解説

1 暫定的な会計処理及びその確定処理の概要

企業結合日以後の決算（四半期決算を含む）において、取得原価の配分が完了していなかった場合は、その時点で入手可能な合理的な情報等に基づき暫定

的な会計処理を行い、その後追加的に入手した情報等に基づき配分額を確定させることになります（企業結合会計基準（注6））。取得原価の配分は企業結合日以後1年以内に行う必要があることから（企業結合会計基準28項）、暫定的な会計処理ができる期間もこれと同じになります。

したがって、企業結合日が、年度決算の直前となる場合であっても、配分作業が完了した時点で初めて会計処理を行うのではなく、その年度決算の時点で入手可能な合理的な情報等に基づき暫定的な会計処理を行う必要があります（企業結合会計基準104項）（Q2-10 **2** 参照）。

暫定的な会計処理の確定により取得原価の配分額を見直した場合には、企業結合日における当初の企業結合の会計処理に遡及して反映させることになるため、結果として、差額として算定される企業結合日ののれん（又は負ののれん）の額も変動することになります（適用指針70項）。

なお、暫定的な会計処理の確定が、企業結合年度ではなく企業結合年度の翌年度において行われた場合には、企業結合年度に当該確定が行われたかのように会計処理を行います。具体的には、金商法に基づく開示など企業結合年度の翌年度の財務諸表とあわせて企業結合年度の財務諸表（比較情報）を表示する場合には、比較情報に暫定的な会計処理の規定による取得原価の配分額の見直しを反映させることになります（例えば減価償却費や他の損益の額）（企業結合会計基準（注6）、適用指針70項）（Q16-3 **1** 参照）。

なお、暫定的な会計処理の見直しによる遡及処理は、過年度の財務諸表の訂正ではないので、会計方針の変更と同様、当期の財務諸表で開示される比較情報に反映させるのみで、訂正報告書は提出しません。

2 暫定的な会計処理の対象

暫定的な会計処理の対象は、取得原価の配分額の算定、すなわち、取得した識別可能資産・負債（結果として被取得企業における非支配株主持分の額にも影響を与える場合がある）であり、取得原価の算定、すなわち、被取得企業（の株主）に交付した対価や段階的に達成された企業結合における取得企業が保有してい

た被取得企業の株式の時価の算定は対象外となります。

また、「識別可能資産及び負債を特定し、それらに対して取得原価を配分する作業は、企業結合日以後の決算前に完了すべきであるが、それが困難な状況も考えられる」（企業結合会計基準104項）とされていることから、識別可能資産・負債の中でも、繰延税金資産及び繰延税金負債（後述 **4** 参照）のほか、土地、無形資産、偶発債務に係る引当金など、実務上、取得原価の配分額の算定が困難な項目に限られることになります。

ただし、企業結合日以後最初に到来する取得企業の決算日までの期間が短い場合など、被取得企業から受け入れた識別可能資産及び負債への取得原価の配分額が確定しない場合も想定されるので、このような場合には、被取得企業から受け入れた資産及び引き受けた負債のすべてを暫定的な会計処理の対象とすることができます（適用指針69項）。

3 暫定的な会計処理において考慮すべき情報

暫定的な会計処理は、企業結合日時点に存在する識別可能資産及び負債の企業結合日時点の時価の算定に関するものとなります。すなわち、企業結合日時点で存在する事実関係及び状況に関する追加的な情報を、測定期間内（企業結合日から1年以内）に取得企業が入手した場合に行う会計処理となります。

取得企業は、企業結合日後に入手した情報が結果的に暫定的な金額の見直し対象となるかどうか（企業結合日の会計処理の調整）、又は企業結合日後に発生した事象かどうか（企業結合日の会計処理の調整対象ではない）について、関連する要因を考慮する必要があります。一般に企業結合日直後に入手された情報は、数カ月後に入手された情報より企業結合日時点で存在した状況を反映している可能性が高くなります。例えば、企業結合日時点で算定された暫定的な時価と著しく異なる金額で企業結合日から近い日に売却された資産については、暫定的な金額の見直しが必要になる可能性があります。

逆に、企業結合日後の事象から生じる資産又は負債の変動（例えば、企業結合日後の研究開発プロジェクトにおけるマイルストーンの到達により、仕掛中の開

発費（無形資産）の評価が高まった場合）は、暫定的な会計処理の対象とすることはできません。

4 繰延税金資産及び繰延税金負債への取得原価の配分

企業結合日に認識された繰延税金資産及び繰延税金負債への取得原価の配分額の見直し（見直しの影響は企業結合日ののれんに加減）は、次の2つの場合があります（適用指針73項）。

① 暫定的な会計処理の対象としていた識別可能資産及び負債の取得原価への配分額の見直しに伴うもの（一時差異の変動によるもの）
② 将来年度の課税所得の見積りの変更等による繰延税金資産の回収見込額の見直しによるもの

企業結合における取得原価の再配分の対象となるかどうかは、企業結合日後に追加的に入手した情報等が企業結合日に存在していた事実及び状況を示す内容であるかどうかによることになります。適用指針では、②の繰延税金資産の回収見込額の見直しが取得原価の配分額の見直しに該当するのは、その見直し内容が明らかに企業結合年度における繰延税金資産の回収見込額の見直しと考えられる場合や、企業結合日に存在していた事実及び状況に関して、その後追加的に入手した情報等に基づき繰延税金資産の回収見込額の見直しを行う場合に限るとしています（適用指針73項、379項）。

繰延税金資産の回収見込額の見直しが、企業結合日に存在していた事実及び状況を示す内容であると認められない場合は、当該見直しによる損益影響額はその見直しを行った事業年度の損益（法人税等調整額）に計上することになります（以上、適用指針379-2項）。

5 四半期・中間財務諸表への反映

企業結合に係る暫定的な会計処理が確定した四半期・中間連結会計期間においては、企業結合会計基準（注6）に準じて、年度の取扱いと同様、企業結合日の属する四半期・中間連結会計期間に遡って当該確定が行われたかのように

会計処理を行います（四半期会計基準 10-4 項、21-4 項、中間会計基準 15 項、30 項）。

6 暫定的な会計処理及びその確定処理に関する注記事項

[1] 年度財務諸表

　暫定的な会計処理を行っている場合には、「取得による企業結合が行われた場合の注記」において、取得原価の配分が完了していない場合は、その旨及びその理由を開示する必要があります（企業結合会計基準 49 項）。なお、繰延税金資産及び繰延税金負債に対する取得原価の配分額も暫定的な会計処理の対象となりますが、税効果会計の注記（繰延税金資産及び繰延税金負債の発生原因別の主な内訳）にあわせて記載することができます（適用指針 306 項）（Q16-3 **1** 参照）。

　また、企業結合年度の翌年度において、暫定的な会計処理の確定に伴い、取得原価の当初配分額に重要な見直しがなされた場合には、当該見直しがなされた事業年度において、その見直しの内容及び金額を注記することになります（企業結合会計基準 49-2 項）（Q16-3 **1** 参照）。これは、暫定的な会計処理の確定により、のれんや受け入れた資産、引き受けた負債の金額に重要な変動が生じることとなり、公表済みの前年度の財務諸表（四半期・中間財務諸表を含む）との関係でどのような見直しが行われたかの情報は有用であるためです（企業結合会計基準 126-3 項）。

　なお、当該企業結合年度の翌年度の財務諸表とあわせて表示する企業結合年度の財務諸表の 1 株当たり当期純利益、潜在株式調整後 1 株当たり当期純利益及び 1 株当たり純資産は、当該見直しが反映された後の金額により算定することになります（1 株当たり利益会計基準 30-6 項）。

[2] 四半期・中間財務諸表

　四半期・中間財務諸表においても、年度決算と同様、以下の注記が必要となります（四半期会計適用指針 66 項(2)②、中間会計適用指針 48 項(2)②）。

- 暫定的な会計処理により算定されている場合はその旨
- 暫定的な会計処理の確定した四半期・中間会計期間においてはその旨
- 暫定的な会計処理の確定に伴い、四半期・中間会計期間の四半期・中間財務諸表と併せて表示される前年度の財務諸表及び前年度における対応する期間の四半期・中間財務諸表に、暫定的な会計処理の確定による取得原価の配分額の重要な見直しが反映されている場合には、その見直しの内容及び金額

　なお、開示対象期間の1株当たり四半期・中間純損益及び潜在株式調整後1株当たり四半期・中間純利益は、暫定的な会計処理の確定による取得原価の配分額の見直しが反映された後の金額により算定することになります（四半期会計適用指針107-2項、中間会計適用指針42項）。

Q2-15　のれんの会計処理

取得の会計処理で生じた"のれん"は、どのように会計処理するのでしょうか。

A　のれんは、取得原価と識別可能資産・負債への取得原価の配分額との差額（取得原価の方が大きいとき）として算定されますが、その基本的な性格は被取得企業の超過収益力といえます。

のれんは、無形固定資産に計上し、20年以内のその効果の及ぶ期間にわたって、定額法その他の合理的な方法により規則的に償却し、その償却額は販売費及び一般管理費に計上します。

また、のれんの未償却残高は、減損処理の対象となりますので、減損の兆候が存在するかどうかについても、留意する必要があります。

解説

❶ のれんの会計処理

のれんは、取得の会計処理において、取得原価が、受け入れた資産及び引き受けた負債に配分された純額を上回る場合の、その超過額となります（企業結合会計基準31項）。このように、のれんは、企業買収の取得原価（投資原価）と被取得企業から受け入れた個々の資産・負債に付した時価（配分額）との「差額」として算定されますが、その主たる性格は超過収益力であると考えられます。

この点について、適用指針381項では、「取得企業は、被取得企業との企業結合に当たって、受け入れる資産及び引き受ける負債の純額を超える何らかの価値（例えば、被取得企業の継続企業としての要素の価値や企業結合により期待されるシナジーなど）を見出し、それに対して自社の株式等の対価を支払ったと考えられる。」（傍点は筆者挿入）と記載されています。

[のれんに関する会社法の規定]

　会社計算規則11条では、会社は、吸収型再編（吸収合併、吸収分割及び株式交換をいう）、新設型再編（新設合併、新設分割及び株式移転をいう）又は事業の譲受けをする場合において、適正な額ののれんを資産として計上することができるとされています。「適正な額」は、会計慣行に従って定められるものであるため（会社計算規則3条）、企業結合会計基準に従って算定されたのれんの額は、会社法上もそのまま計上されることになります。

【参考1】国際財務報告基準（IFRS会計基準）におけるのれんの構成要素

　国際財務報告基準では、資産の要件を満たすのれんには、以下の2つの構成要素が含まれるとし、これを総称してコアのれんと表現している（国際財務報告基準第3号「企業結合」BC313、BC316参照）。

① 被取得企業の既存の事業における継続企業要素（※）の公正価値
　※：これは、被取得企業が内部創出した、又は以前の企業結合で被取得企業が取得した、企業結合以前に存在しているのれんを反映したものである。継続企業要素は、当該純資産を別々に取得しなければならなかったとした場合に予想されるよりも高い収益率を、確立された事業が純資産の集合体に対して稼得する能力を表すものである。当該価値は、当該事業の純資産の相乗効果及びその他の便益（例えば、独占的利益を得る能力や、法的及び取引コストの両面からの潜在的な競争者の市場への参入に対する障壁を含む、市場の不完全性に関する要因など）から生じる。

② 取得企業と被取得企業の純資産及び事業を結合することにより期待される相乗効果及びその他の便益（※）の公正価値
　※：これは、被取得企業と取得企業のどちらにも関係しており、事業を結合することで期待される相乗効果を反映したものである。当該相乗効果及びその他の便益は、企業結合ごとに特有のものであり、異なる企業結合では異なる相乗効果が創出され、したがって、異なる価値が創出されることになる。

2 のれんの配分

　企業結合により取得した事業の単位が複数の場合には、のれんの帳簿価額を合理的な基準（取得時の時価比率など）に基づき分割します。のれんの帳簿価

額を分割し帰属させる事業の単位は、取得の対価がおおむね独立して決定され、かつ、取得後も内部管理上独立した業績報告が行われる単位であり、それは通常、資産グループよりは大きいものの、開示対象セグメントの基礎となる事業区分と同じか小さい単位となります（減損会計基準二8、注解（注9）（注10）、減損適用指針131項）。

分割されたそれぞれののれんに「減損の兆候」がある場合の「減損損失の認識の判定」方法には、原則法（のれんが帰属する事業に関連する複数の資産グループにのれんを加えた、より大きな単位で行う方法）と容認法（のれんの帳簿価額を各資産グループに配分する方法（合理的な基準で配分できる場合））があります。

なお、資本連結実務指針22項では、「のれん又は負ののれん（純額）が発生する企業結合において、契約等により取得の対価がおおむね独立して決定されており、かつ、内部管理上独立した業績報告が行われる単位が明確である場合は、当該業績報告が行われる単位ごとにそれを分解してのれん又は負ののれんを算定し、処理する。」とされています。1つの企業結合でのれんと負ののれんが同時に認識されることは、通常、ありませんが、上記のように限定的なケースでは、のれんと負ののれんが同時に認識されることがあります。

減損会計への対応やセグメント情報の開示との関係は上記のとおりですが、個別財務諸表の作成に当たっては、のれんを被取得企業の子会社など会社単位に配分することが必要になることもありますので、留意する必要があります（以下の【設例】参照）。

【設例】子会社を有する企業を被取得企業として吸収合併した場合の会計処理

〈前提〉
・X社（取得企業）はP社（被取得企業）を吸収合併した。X社は、P社を被取得企業としてパーチェス法を適用する。
・P社には100％子会社S社がある（以下、P社及びS社をあわせて「P社グループ」という）。
・X社のP社グループ買収に係る取得原価は2,000、P社グループの識別可

能な資産・負債（正味）の時価は1,000と算定され、連結上、のれんが1,000発生した（5年償却）。

なお、買収時に入手した評価書によれば識別可能資産・負債（正味）の時価はP社単体帰属分1,800（S社株式の時価1,600と他の諸資産200の合計）、S社帰属分が800、のれん価値を含む各社の株式の時価はP社2,000（S社株式の時価1,600を含む）、S社1,600であった。
・P社の個別貸借対照表上のS社株式の簿価は800である。
・最近3年間のX社の平均的な利益はゼロ、P社グループ各社の平均的な利益はP社100、S社400であり、今後3年の利益計画もほぼ同様である。

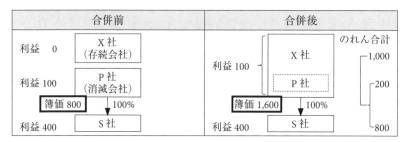

X社では合併時にP社の資産として受け入れるS社株式への取得原価の配分額を、P社の個別上の簿価800ではなく、S社株式の時価1,600とする必要がある（Q2-12 **3**[1]、Q7-2【参考】参照）。この結果、合併後のX社では、のれんが200（＝2,000－1,800）認識され、のれん償却費40（＝200／5年）を加味した利益見込額は60（＝（X社0＋P社100）－40）となる。

もし、S社株式への取得原価の配分額を、P社の個別上の簿価800とすると、合併後のX社で認識されるのれんは800（＝1,600－800）増加して1,000となり、のれん償却額200（＝1,000／5年）もすべて合併後のX社が負担することになる（合併後のX社の個別上の利益見込額は△100＝（（X社0＋P社100）－200）となる）。これは明らかに経済実態を適切に表していないことになる。

なお、設例では、P社及びS社それぞれの企業価値評価がなされていることを前提としているが、もし、企業価値評価がP社グループ全体で行われ、P社及びS社のそれぞれの評価が示されていないような場合であっても、グループ全体で算定されたのれん1,000を、取得時において入手可能なデータ（例えば、各社の過去実績や買収時に検討した事業計画等）を勘案し、P社に200（20％）、S社に800（80％）配分し償却するなど、のれんを合理的な方法により配分することが適当である。これは会社単位の配分のみならず、減損判定の基礎とな

> る資産のグルーピング単位への配分についても同様である。

3 のれんの償却

　のれんは、資産に計上し、20年以内のその効果の及ぶ期間にわたって、定額法その他の合理的な方法により規則的に償却し、その償却額は販売費及び一般管理費の区分に表示することになります（企業結合会計基準32項、47項）。

　これは、主として、以下の理由によるものです（企業結合会計基準105項、適用指針380項）。

- のれんの非償却による自己創設のれんの実質的な資産計上を防ぐため
- のれんが超過収益力を表わすとみると、競争の進展によって通常はその価値が減価するにもかかわらず、のれんを償却しなければ、競争の進展に伴うのれんの価値の減価の過程を無視することになるため
- のれんの効果の及ぶ期間及びその減価のパターンを合理的に予測することが困難であったとしても、「規則的な償却を行う」方法には一定の合理性があると考えられるため
- のれんは投資原価の一部であり、企業結合の成果たる収益と、その対価の一部を構成する投資消去差額の償却という費用の対応を可能とするため

[1] 償却開始時の会計処理

　のれんの償却に関する留意事項は次のとおりです（適用指針76項）。

① 　のれんの償却開始時期は、企業結合日又は支配獲得日となる。なお、みなし取得日（適用指針117項、121項また書き）による場合には、当該みなし取得日が四半期首であるときには、償却開始は四半期首からであり、四半期末であるときには翌四半期首からとなり、通常、それは子会社の損益計算書が連結される期間と一致する（資本連結実務指針31-2項）。この点に関しては、Q2-18もあわせて参照されたい。

② 　のれんを企業結合日に全額費用処理し、これを特別損失に計上すること

は禁止されている。これは、のれんに資産価値があると考えられるにもかかわらず、その価値が消滅したものとして会計処理することは、過度の保守主義に該当し、のれんはその効果の及ぶ期間にわたり償却するとしている企業結合会計基準の定めに反するためである（適用指針381項）。
③　のれんの償却額は販売費及び一般管理費に計上することとし、減損処理以外の事由でのれんの償却額を特別損失に計上することはできない。これは、企業結合後の収益が営業収益に計上される限り、のれんを含む投資原価の償却分も営業費用に計上し、投資原価の回収状況を営業損益として表示することが企業結合会計基準の趣旨に合致するものと考えられるからである（適用指針380項）。
④　のれんの金額に重要性が乏しい場合には、当該のれんが生じた事業年度の費用として処理することができるが（企業結合会計基準32項）、その場合の費用の表示区分は販売費及び一般管理費とする。
⑤　関連会社と企業結合したことにより発生したのれんは、持分法による投資評価額に含まれていたのれん（持分法会計基準11項）の未償却部分と区別せず、企業結合日から新たな償却にわたり償却する（適用指針76項）。連結財務諸表上、持分の追加取得により関連会社から子会社となったときは、既存持分について投資の清算の処理が行われ（過去の帳簿価額との関係は切断される）、過去の投資持分も含めて新規の投資として会計処理されるためである（Q15-1 **2**【参考】参照）。

[2] のれんの償却期間

　のれんは、子会社又は業績報告が行われる単位（資本連結実務指針22項）の実態に基づいた適切な償却期間を決定しなければなりません（資本連結実務指針30項）。この際、のれんの償却期間及び償却方法は、企業結合ごとに取得企業が決定します。これは企業結合ごとにのれんの発生原因が異なるためです（適用指針380項）。

　のれんの償却期間に関し、適用指針では以下の記載があります[5]。

① 償却の基礎となる資産の有効期間は、売却による回収額と利用による回収額が等しくなると考えられる時点までの期間であり、それは資産に含まれるのれんの価値が消滅するまでの期間を見積っていることにほかならない（適用指針 381 項(2)）。
② 実務上、のれんの償却期間の決定に当たり、企業結合の対価の算定の基礎とした投資の合理的な回収期間を参考にすることも可能である（適用指針 382 項）。

[3] のれんの償却方法

のれんは、「定額法その他の合理的な方法により規則的に償却する」ことになりますが、通常、定額法により償却されています。一般に、企業又は事業の

---

5) 2014 年 7 月に、ASBJ、欧州財務報告諮問グループ（EFRAG）及びイタリアの会計基準設定主体（OIC）は、のれんの会計処理と開示のあり方に関するグローバルな議論に寄与するために、ディスカッション・ペーパー「のれんはなお償却しなくてよいか—のれんの会計処理及び開示」を同団体により結成されたリサーチ・グループの見解として共同で公表している。本ペーパーでは、国際財務報告基準ではのれんは非償却とされているが、のれんは効果が発現すると見込まれる期間にわたり償却すべきであるという包括的な原則を設け（84 項 (a)）、償却期間を決定する際に、企業は通常、以下の諸要因を考慮することになるというガイダンスを示すことを提案している（同項 (c)）。
① 取得した事業が単独の事業としてより高い収益率を稼得すると取得企業が見込む予想期間
② 取得企業と被取得企業の純資産及び事業の結合により生じるシナジーや他の便益が実現する期間
③ 企業結合に係る投資の予想回収期間
　回収期間自体は償却期間の定義を満たさず、企業は償却期間を決定する際に適切な調整を行うことが必要となる。なお、企業は通常、投資回収期間に関して深い議論及び分析を行っており、これは超過収益力が減少する期間を見積るための良い出発点になるとの意見が紹介されている（81 項 (a)）。
④ 主たる識別可能な長期性有形資産（無形資産を含む）である主要な資産の耐用年数（又は資産のグループの加重平均耐用年数）

①は継続企業要素の公正価値、②は事業を統合することにより期待される相乗効果、③は上記本文 (2) ②に対応するものである。そして④は取得した事業が特定の資産に大きく依存し、超過収益力が減少する期間と当該特定資産の耐用年数との間に相関関係がある場合には有効である。のれんの償却期間の検討に当たっては、市場環境（市場規模、成長率）や国内・海外の競争状況（ないし参入障壁）などにも留意しつつ決定することになると考えられる。
上記の提案内容は、わが国ののれんの償却期間の決定に当たり、参考になるものと考えられる。

取得による便益の実際の消費パターンを予測することは困難ですが、定額法により規則的な償却を行うことにより、全体として償却額の期間配分は適切なものになると考えられます。

【参考2】公開草案「企業結合－開示、のれん及び減損」（IFRS3号及びIAS36号の修正案）

　国際会計基準審議会（IASB）は、2024年3月、公開草案「企業結合―開示、のれん及び減損」（IFRS3号及びIAS36号の修正案）を公表した。

1. 公開草案の概要

　IFRS3号の修正案では、わが国で最も関心が高かったのれんの会計処理について、現行の「減損のみのモデル」を維持するものとされているが（IASBは、のれんの償却を再導入するかどうか等については、さらなる検討はしないことを決定している）、財務諸表利用者のニーズに応えるため、以下のように開示の充実の提案を行っている。なお、これらの情報は財務諸表の注記として開示することが提案されている。

IFRS3号の修正提案	概　要
①　開示目的の追加	以下の情報を開示する。 ・企業結合の対価の合意に際して企業結合から期待している便益 ・「戦略的な企業結合」について、企業結合から期待している便益がどの程度まで獲得されつつあるか
②　開示要求の追加 ア　企業結合の業績に関する情報（※1）	戦略的な企業結合のそれぞれについて、経営幹部（IAS24号で定義）によりレビューされている次の情報の開示 ・取得年度：取得日における主要目的及び関連する目標 ・取得年度及びその後の報告期間：上記の主要目的・関連目標がどの程度満たされつつあるか（レビューされている実際の業績情報、実際の業績が主要目的・関連目標を満たしつつあるのかどうかの記述）（※2）
（開示が要求される企業結合の範囲） ―戦略的な企業結合	「戦略的な企業結合」とは、次のいずれかの企業結合をいう。 （a）直近事業年度において、被取得企業の営業損益（絶対値）が取得企業の連結営業損益（絶対値）の10％以上又は被取得企業の収益が取得企業の連結収益の10％以上

	(b) 取得したすべての資産（のれんを含む）について、取得企業の直近の連結財政状態計算書の総資産の帳簿価額の10％以上 (c) 当該企業結合の結果として、取得企業が新たに大規模な事業分野又は営業地域に参入
イ　期待されるシナジーに関する定量的情報（※1）	期待されるシナジーの各区分（例：収益シナジー、原価シナジー、他の各種シナジー）について、以下を開示する。 ・期待されるシナジーの金額 ・シナジーを達成するためのコスト ・シナジーからの便益が開始すると見込まれる時期及び持続期間の見込み（シナジーからの便益が有期限／期限不確定と見込まれるのかの明示） なお、「期待されるシナジー」の定義は設けられていない。
③　既存の開示要求の変更	・企業結合の主な理由等の説明を企業結合の戦略的根拠の開示へ置き換え ・当期に発生したすべての企業結合について、取得日が期首であったとした場合の結合後企業の収益及び<u>純損益</u>を、収益及び<u>営業損益</u>に修正　など

※1：企業結合の業績に関する情報及び期待されるシナジーの定量的情報の開示の一部について、商業上の機密や訴訟リスクの観点から、特定の状況において免除することが提案されている。

※2：これらの情報は、取得企業の経営幹部がレビューしている限り開示することになる。ただし、取得年度において経営幹部がレビューを行っておらず、その計画がない場合にはその理由、当該レビューを取得年度後2期目の事業年度末より前に停止している場合にはその理由の開示等が求められる。

IAS36号の修正提案	概　要
①　のれんの資金生成単位（CGU）への配分の明確化	減損テストの有効性の改善として、以下の提案がなされている。 ・のれんが配分されるCGUは、まず、のれんに関連した事業を内部でモニタリングしている企業内の最小のレベルとする。そのうえで、事業セグメントが最大のレベルとなる（のれんはデフォルトとして事業セグメントのレベルで配分するものではない）。
②　のれんを含んだCGUが含まれる報告セグメントの開示	・のれんが配分されたCGUを含んでいる報告セグメントの開示

③ 使用価値の算定に関する減損テストの変更	減損テストのコスト及び複雑性の低減の観点から、以下の修正を行う。 ・IAS36号では、使用価値の計算に含めることが認められるキャッシュ・フローの制限として、企業が未だ確約していない将来のリストラクチャリング、資産の性能の改善又は資産の拡張があるが、これを削除 ・IAS36号では、税引前のキャッシュ・フロー及び税引前の割引率の使用が要求されているが、これを削除	

なお、IFRS3号修正案は、発行日以後の企業結合に将来に向かって適用することとされている（早期適用は認められる）。

2.「減損のみモデル」を維持するに至る検討過程

2020年3月に公表されたディスカッション・ペーパー「企業結合－開示、のれん及び減損」（DP）におけるIASBの予備的見解は、減損のみのモデルを維持するというものであったが、DPに対するコメント提出者の見解は、のれんの償却を再導入することを望む意見も多く、分かれていた。

IASBは、減損のみモデルを維持すると決定したのは、のれんの償却の再導入を正当化する説得力のある論拠（利用者が企業結合に関して受け取る情報を著しく改善するか、コストを著しく低減させるかなどを検討）がなかったためと説明している（減損のみモデルが制度として定着している以上、どちらのモデルが望ましいのかではなく、モデルを変更する説得力のある論拠があるかどうかが重要）。

また、IASBは、のれんの会計処理に関する見解が分かれる主な理由として、以下の見解が異なるためと考えたとされている。

・のれんは主として減耗性資産である

　　この見解は、のれんの事後の会計処理の目的はのれんの価値の着実な減少及び費消を反映することであるとされており、償却を基礎とするモデルが最も適切となる。

・のれんは耐用年数を確定できない資産である

　　この見解は、のれんの事後の会計処理の目的は、時の経過により一貫性のない形で発生する事象により価値が減少することを反映することであるとされており、減損のみのモデルが最も適切となる。

そして、こうした見解の相違について、IASBは、のれんが残余として測定される独特の資産であることや、のれんの性質が取引ごとに異なり、減耗性のある

構成要素と耐用年数を確定できない構成要素の両方で構成される場合があると考えられるため、見解の隔たりが収束する可能性は低いと結論付けたとされている。

なお、減損のみのモデルを維持するという決定に当たっては、多くの IASB メンバーは、IFRS 会計基準と米国会計基準との間のコンバージェンスを維持することの重要性を強調したとされている。

> 注：米国財務会計基準審議会（FASB）は、償却モデルの可能性についてプロジェクトを設けて検討していたが、2022 年 6 月にそれまでの当該ボードでの議論をレビューし、プロジェクトの優先度を引き下げてテクニカル・アジェンダから削除することを決定していた。

3. 公開草案に対する ASBJ のコメント検討の状況

ASBJ では、公開草案に対するコメントの検討を行っている（コメント期限は 2024 年 7 月）。本書を執筆している 2024 年 6 月時点では、主に以下の検討がなされている。

- 「企業結合の業績に関する情報の開示」と「シナジーに関する定量的情報の開示」については、財務諸表利用者の情報ニーズに沿ったものであるが、財務諸表の注記ではなく、企業の事業戦略の説明に寄せて財務諸表外で開示することが相応しいと考える。
- ASBJ の見解である「のれんの償却の再導入」が提案されなかったことは残念であるが、ASBJ としては引き続きのれんの償却の再導入が必要と考えている。公開草案では減損のみのアプローチの枠組みが基本的に維持されているため、減損テストにおけるシールディング効果の課題（**【参考 3】** 1.(2)参照）は残り続け、のれんに係る費用認識の遅れの課題は解消されないと考えているためである。そして、のれんの残高は長年にわたり積み上がり続けてきており、今後、財務諸表の有用性（特に、財政状態計算書の有用性）が低下していく可能性があることを懸念している。

なお、公開草案では、のれんの典型的な要素であるシナジーについて持続期間の開示を提案しているが、これはのれんの耐用年数が、通常は見積可能であることを想定していると考えられ、のれんの償却を再導入しない論拠と整合していないように見えるとの検討もなされている。

【参考3】IASB が公表した討議資料「企業結合－開示、のれん及び減損」の概要とそれに対する ASBJ のコメント

【参考2】で記載したとおり、2024年3月に公開草案「企業結合－開示、のれん及び減損」（IFRS3 号及び IAS36 号の修正案）が公表されているものの、現行会計基準の課題とそれに対する ASBJ の考え方の理解は重要であるため、以下、2020年3月に公表された討議資料「企業結合－開示、のれん及び減損」とそれに対する ASBJ のコメントの概要を記載する。

1. 討議資料「企業結合－開示、のれん及び減損」の概要
(1) 「企業結合－開示、のれん及び減損」の概要

IASB は 2020年3月、のれんと減損のリサーチ・プロジェクトの一環として、討議資料「企業結合－開示、のれん及び減損」（DP）を公表した。IASB は、2015年に IFRS 第 3 号「企業結合」の適用後レビュー（PIR）・レポートを公表している（IASB は、新基準や既存基準に対する重要な修正のそれぞれについて、その適用から通常 2 年後にレビューを実施する）。プロジェクトでは、適用後レビューで識別されたのれんの事後の会計処理などの論点を審議し、DP では、以下の IASB の予備的見解が含まれている。

なお、下表では公開草案における取扱いを併記している。

	討議資料における主要検討課題と IASB の予備的見解	公開草案における取扱い
①	企業結合に関する開示の改善 ・企業結合の目的及びその後の成果を理解するのに役立つ情報の開示を企業に求める	企業結合の業績に関する情報や期待されるシナジーに関する定量的情報等の開示 【参考2】1. 参照
②	のれんの会計処理の改善 ・のれんの減損テストモデルは変更しない（ヘッドルーム・アプローチは採用しない）	同左 なお、のれんの資金生成単位（CGU）への配分の明確化はなされた。 【参考2】1. 参照
	・のれんの償却は行わない。	同左
	・使用価値算定における要求事項の一部を改訂する（簡素化）	使用価値の算定に関する減損テストの変更 【参考2】1. 参照
③	その他の論点 ・企業結合時における無形資産の認識要件は変更しない	同左

(2) のれんの会計処理の改善（減損テストモデルの改善、償却の再導入の可否）

　利害関係者からは、現行モデル（IAS 第 36 号「資産の減損」）で認識される減損損失は"too little, too late"（少なすぎる、遅すぎる）であるとして、のれんの減損テストの有効性に関する懸念が示されたが、IASB は、その原因として、以下の 2 点を指摘した。
① 経営者が予想する将来キャッシュ・フローが過度に楽観的である（この点について IASB は、監査人及び規制当局によって適切に対処されることが最善と考えている）。
② 取得した事業が、結合した既存事業の持つヘッドルーム（のれんを含んだ資金生成単位（CGU）で判定する減損テストにおいて、他の資産の含み益や未認識の自己創設のれん等、CGU の回収可能価額が帳簿価額を上回る余裕部分）によって、のれんが、減損から「シールド」されている（覆い隠されている）。→シールディング効果

≪企業結合後、取得事業（被取得企業）が取得企業の既存事業に結合され、減損テストが一体として行われる場合≫

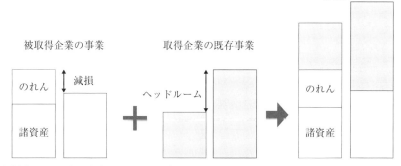

注：被取得企業の業績が低迷し、帳簿価額（のれんを含む）が回収可能価額を下回っていても、同じ資金生成単位（CGU）に属する取得企業の既存の事業の回収可能価額が帳簿価額を上回っている場合には、CGU 全体としては回収可能価額が帳簿価額を上回ることがあり、減損損失は計上されないことになる。

　②については、シールディング効果の影響が軽減される減損テストの設計（ヘッドルーム・アプローチ）が議論されたが、合理的なコストで減損テストの有効性を大幅に改善することは不可能であるという予備的見解に至っている。また、のれんは他の資産と一緒に減損テストを実施する必要があるため、シールディング

効果を除去することはできないことも指摘している。

このように、IASBは、減損テストを合理的なコストで大幅に改善できないと結論付けたため、のれんの償却を再導入するかどうかを検討したが、償却が財務報告を大幅に改善することになるという説得力のある証拠がないとして、IASBは減損のみモデルを維持すべきとの予備的な見解に至った（14名のボードメンバーのうち賛成は8名という僅差）。

(3) 開示の充実

上記のとおり、IASBは、のれんの減損損失が"too little, too late"などのれんの会計処理に懸念が示されていたものの、現行の減損テストモデル（減損のみモデル）を維持することを予備的見解とした。他方で、IASBは、企業結合に関する開示の改善（取得日時点においては、企業結合の戦略的根拠、企業結合の目的、目的の達成度をモニタリングする指標の開示、取得日後においては、その目的に対する成果の開示などが含まれる）により、買収の成果に関する財務諸表利用者のニーズに応える提案を行っている。

2. 討議資料「企業結合-開示、のれん及び減損」に対するASBJのコメント

ASBJは、2020年12月に討議資料「企業結合-開示、のれん及び減損」に対してコメントレターを提出した。当該コメントでは、IASBの予備的見解である、現行の「減損のみモデル」に反対し、のれんに対して「償却を伴う減損アプローチ」を適用すべきとしている。

当該コメントレターには、おおむね以下の内容が含まれている。

- のれんは主として超過収益力を表す資産で、耐用年数が有限の減耗性資産（※）である。
  ※：有限の減耗資産であるという点については、以下の見解も示している。
    - 市場における競争優位を与える源泉は健全な競争環境下では時間の経過とともに失われ、将来のリターンを生み出す知識やプロセスも環境の変化や人材の入れ替わりに対応して改善や調整が必要と考えられるため、それらを表章するのれんが永続的に効果を有することはない。
    - 企業は、通常、被取得企業の事業などについて幅広い情報の入手と十分な分析を行ったうえで取得を行うか否かを決定するため、のれんの耐用年数の見積りは可能である。
- のれんの費消を反映する償却費を、取得後に稼得する収益に対応させ、各期の当期純利益に反映させることで、投資者に取得後の成果に係る有用な情報が提供できる。

- "too little, too late"の課題が生じる原因として、のれんの減損損失に係るシールディング効果による構造的な原因が大きいが、その解決には「減損のみモデル」では対応できず、のれんの償却が役立つ。
- のれんの償却期間は、「将来の正味キャッシュ・インフローが企業結合により増加すると見込まれる期間」に基づくべきである。その期間は、経営者の見積りによるべきであるが、"too little, too late"の課題を解決することとのバランスを考慮して、10年を上限（※）とすることを提案する。
  ※：中小企業向けIFRSの償却の要求事項及び米国会計基準における非公開企業向けの償却オプションでは、上限として10年が示され実務で運用されている。
- 2017年にわが国のアナリストに対して行った調査では、財務諸表利用者の分析手法は様々であり、分析の目的によって、（償却費を足し戻して分析する場合のほか）償却費を含んだ情報を用いる場合が一定程度存在している。また、現在、償却費を足し戻している財務諸表利用者は、減損損失も足し戻しているため、「償却を伴う減損アプローチ」を採用しても大きなコストを要せず償却費の調整は可能である。

なお、DPでは企業結合の開示の改善を主要な検討事項として取り扱っているが、ASBJは、プロジェクトの進め方として、次の提案を行っている。
- PIRで指摘された課題のうち、優先度が高いとされたのれんの事後の会計処理の検討を優先すること
- 現行の企業結合の開示に改善の余地はあるものの、IASBが提案した開示には、財務諸表作成者や監査人も懸念を示しているほか、企業の戦略や成果の分析に係る情報など財務諸表本表の補足を超えるものが含まれており、"too little, too late"の課題の解決とは別に議論を進めること

4 のれんの減損

のれんの未償却残高は、減損処理の対象となり、減損会計基準二8及び減損会計適用指針の51項から54項及び131項から133項に従って減損処理を行います（資本連結実務指針33項）。特に、次の場合には、企業結合年度においても減損の兆候が存在すると考えられるときがあるとされています（企業結合会計基準109項）。

① 取得原価のうち、のれんやのれん以外の無形資産に配分された金額が相対的に多額になる場合
② 被取得企業の時価総額を超えて多額のプレミアムが支払われた場合や、取得時に明らかに識別可能なオークション又は入札プロセスが存在していた場合

なお、のれんの減損損失を認識すべきであるとされた場合には、減損損失として測定された額を特別損失に計上することになります。

5 在外子会社株式の取得等により生じたのれんの会計処理

在外子会社株式の取得等により生じたのれんは、在外子会社等の財務諸表項目が外国通貨で表示されている場合には、当該外国通貨で把握し、当該在外子会社等の他の資産と同様、決算日の為替相場により換算します（のれんの本質を超過収益力と考えた場合には、のれんは在外子会社に存在する資産と考えることもできる）。

また、外国通貨で把握されたのれんの当期償却額については、在外子会社等の他の費用と同様に換算（原則として期中平均相場による円換算額）することになります（外貨建会計基準三3）（適用指針77-2項、382-2項）。

なお、上記は親会社における連結財務諸表作成上の取扱いであり、在外子会社の個別財務諸表に当該のれんを計上する必要はありません（適用指針382-2項）。

6 のれんの一時償却（追加的な償却）

のれんの減損処理のほか、資本連結実務指針32項では、のれんの一時償却の処理を定めています。

> 注：のれんの一時償却は減損会計基準が設定される前から定められていた規定であるが、減損会計基準の定めによるのれんの減損処理は資本連結実務指針の定めによるのれんの一時償却より優先的に適用されるものと考える。子会社の株価の大幅な下落や業績の悪化は、子会社に対する企業価値・のれんの価値の毀損を示唆し、「減損の兆候」を伴うことも考えられる。減損会計基準適用後においても資本連結実務指針

32項が定められているのは、のれんの減損テストを実施してもなお、のれんの帳簿価額が維持される場合には、個別財務諸表上の子会社株式の減損処理後の帳簿価額と連結財務諸表上の評価額との平仄をとるためと考えられる。

〈前提〉
- P社は上場会社S社の株式の60％を100で取得した（S社株式の帳簿価額は100）。
- 買収時のS社の資本（60％持分相当）は30であり、のれんが70計上された。
- 買収後のS社の株価は下落し、P社はS社株式を50まで減損処理した（減損損失50）。
- 減損処理したときのP社の資本（60％持分相当）は取得時と同じ30、のれんの未償却残高は40であった。

この場合、子会社ごとののれんの純借方残高について、親会社の個別財務諸表上、子会社株式の簿価（100）を減損処理したことにより、減損処理後の簿価（50）が連結財務諸表上の子会社の資本の親会社持分額（30）とのれん未償却額（借方）（40）との合計額（70）を下回った場合には、株式取得時に見込まれた超過収益力等の減少を反映するために、子会社株式の減損処理後の簿価（50）と、連結財務諸表上の子会社の資本の親会社持分額とのれん未償却額（借方）との合計額（70）との差額（20）のうち、のれん未償却額（借方）（40）に達するまでの金額（20）についてのれん純借方残高から控除し、連結損益計算書にのれん償却額（20）として計上することになります。

≪子会社の株式を個別上減損処理した場合の連結上の会計処理のイメージ≫

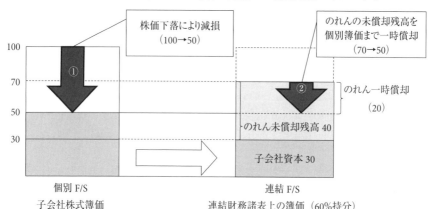

なお、中間期末及び四半期末(年度末を除く)において、親会社の個別財務諸表上、市場価格のある子会社株式の簿価を減損処理したことに伴い、連結財務諸表上、当該子会社に係るのれんを償却した場合において、親会社の個別財務諸表上、年度決算や年度決算までのその後の中間・四半期決算において、子会社株式の減損の追加計上又は戻入処理(※)が行われたときは、連結財務諸表上、当該追加計上又は戻入処理を考慮後の子会社株式の簿価に基づき、中間期末及び四半期末に行ったのれんの償却を見直すものとされています(資本連結実務指針32項)。

※:四半期・中間期末における有価証券の減損処理に当たっては、四半期・中間切放し法と四半期・中間洗替法のいずれかの方法を選択適用することができる。なお、年度決算では、四半期・中間洗替法を採用して減損処理を行った場合には、当該評価損戻入れ後の帳簿価額と年度末の時価等を比較して減損処理の要否を判断することとなる(四半期会計適用指針4項、中間会計適用指針4項)。なお、中間期末における有価証券の減損処理について、第1四半期の末日において切放し法を適用したものとして中間期末において切放し法を適用することが経過措置として認められており、四半期報告制度の見直し後も従前の会計方針を継続することが可能とされている(中間会計適用指針62項)。

この方法によるのれんの償却額(のれんの一時償却)は、のれんの減損処理とは異なるものですが、その性格を踏まえると、特別損失として計上すること

は可能と考えます。なお、減損損失計上時に必要となる注記は不要となりますが、損益計算書の特別損失の内訳等として注記することが考えられます（Q16-1 **1** 参照）。

> **【参考】ASBJ の検討テーマ（のれんの一時償却と減損会計との整理）**
>
> 現行のルールでは、上記のとおり、資本連結実務指針の定めにより上場子会社株式等を個別財務諸表上減損した場合には、連結財務諸表上、当該のれんの一時償却が必要となるが、減損会計基準・適用指針では、のれんは、減損の兆候の有無を確認し、兆候がある場合には、減損損失の認識の判定を行い、減損損失の測定を行うことになる。
>
> この点に関し、2016年11月にASBJから公表された「現在開発中の会計基準に関する今後の計画」によれば、基準諮問会議（2016年3月開催）からの提言を受け、資本連結実務指針等に定められる連結財務諸表におけるのれんの追加的な償却処理について、子会社株式及び関連会社株式の減損とのれんの減損の関係を踏まえ検討することが予定されている。
>
> なお、基準諮問会議において、提案者からは上場子会社及び関連会社については、グループ会社であるがゆえに、財務諸表等の情報や将来の収益見通し等を入手することが可能であり、マーケット・アプローチ（株価）以外の、インカムアプローチ（DCF法）を用いて、企業実態に合わせた企業価値評価を行うことが可能であり、IFRSとの整合性などを踏まえると、上場子会社に関するのれんの減損については、資本連結実務指針32項を削除し、減損会計基準に基づき判定すべきとの提案がなされている。

7 表示及び注記

のれんは無形固定資産の区分に表示し、のれんの当期償却額は販売費及び一般管理費の区分に表示します（企業結合会計基準47項）（Q16-1 **1** 参照）。

また、「取得による企業結合が行われた場合の注記」において、発生したのれんの金額、発生原因、償却方法及び償却期間を注記することとされています（企業結合会計基準49項(4)④）（Q16-3 **1** 参照）。

Q2-16 負ののれんの会計処理

取得の会計処理で生じた負ののれんはどのように会計処理するのでしょうか。

A 負ののれんは、取得原価と識別可能資産・負債への取得原価の配分額との差額(取得原価の方が小さいとき)として算定されますが、その基本的な性格は、割安購入益(バーゲン・パーチェス)といえます。

負ののれんが生じると見込まれる場合には、本当に割安購入であるかどうか(資産の過大計上や負債の過小計上ではないかどうか)を確かめる必要があるため、取得企業は、まず、識別可能資産・負債への取得原価の配分が適切に行われているかどうかを再検討し、それでもなお負ののれんが生じる場合には、当該負ののれんが生じた事業年度の利益(特別利益)として処理することになります。

解説

1 負ののれんの会計処理

負ののれんが生じると見込まれる場合には、取得企業は、まず、すべての識別可能資産及び負債(企業結合に係る特定勘定を含む)が把握されているか、また、それらに対する取得原価の配分が適切に行われているかどうかを見直したうえで、それでもなお取得原価が受け入れた資産及び引き受けた負債に配分された純額を下回り、負ののれんが生じる場合には、当該負ののれんが生じた事業年度の利益(特別利益)として処理することになります(企業結合会計基準33項、資本連結実務指針30項)。

負ののれんを一時の利益とするのは、負ののれんは発生原因が特定できないものを含む算定上の差額としてすべて一時に利益認識することとしている国際的な会計基準の考え方(のれんは資産として計上されるべき要件を満たしているものの、負ののれんは負債として計上されるべき要件を満たしていないことによる帰

結と考えられる）を斟酌したものです（企業結合会計基準111項）。

なお、負ののれんが生じると見込まれる額に重要性が乏しい場合には、上記の処理を行わずに、当該下回る額を当期の利益として処理することができます（企業結合会計基準33項、48項）。

[負ののれんに関する会社法の規定]

会社計算規則11条では、会社は、吸収型再編（吸収合併、吸収分割及び株式交換をいう）、新設型再編（新設合併、新設分割及び株式移転をいう）又は事業の譲受けをする場合において、適正な額ののれんを負債として計上することができるとされています。ただし、負債に計上されるのれんの「適正な額」は、会計慣行に従って定められるものであるため（会社計算規則3条）、企業結合会計基準が適用される会社（会計監査の対象となる会社など）にあっては、「適正な額」は常にゼロとなり、負ののれんを負債に計上することはできないことになります。

---

2 負ののれんの会計処理の留意事項

負ののれんの会計処理に当たり、次の事項に留意する必要があります（適用指針78項）。

① 関連会社と企業結合したことにより発生した負ののれんは、連結会計基準64項なお書きにより、持分法による投資評価額に含まれていたのれん（持分法会計基準11項）の未償却部分と相殺し、のれん（又は負ののれん）が新たに計算される。連結財務諸表上、持分の追加取得により関連会社から子会社となったときは、既存持分について投資の清算の処理が行われ（過去の帳簿価額との関係は切断される）、過去の投資持分も含めて新規の投資として会計処理されるためである。

② 時価が一義的には定まりにくい土地をはじめとした固定資産等が識別可能資産に含まれている場合において、負ののれんが多額に生じることが見込まれるときには、その金額を当該固定資産等に合理的に配分する（した

がって、負ののれんが減少する）ことがある（企業結合会計基準103項）（Q2-12 **3**[4]【参考】参照）。

③　暫定的な会計処理（企業結合会計基準28項）（Q2-14参照）が継続している期間においては、「すべての識別可能資産及び負債（企業結合に係る特定勘定を含む）が把握されているか、また、それらに対する取得原価の配分が適切に行われているかどうか」といった見直しが完了しているわけではない。特に、取得原価の配分に関する見直し作業が一定程度進捗していない場合（決算直前に企業を買収したため、取得原価の配分作業に十分な時間が確保できない場合や、暫定的な負ののれんの額が大幅に変動する（特に減少する）可能性がある場合）には、その差額（暫定的な負ののれん）は、いわば未決算勘定に近い性格を有する場合もあると考えられる。このような場合には、一時の利益として処理すべき「負ののれん」の額といえるかどうか、暫定的な会計処理の注記は適切かどうかなどの検討が必要になるとが考えられる。

④　無形資産を認識することにより負ののれんが増加又は発生する場合には、無形資産の評価の妥当性については慎重に判断する必要がある。また、事業譲受など現金を対価とする相対売買において負ののれんが生じる場合には、資産評価が過大となっていないか（将来計画が楽観的でないか）、負債が過小となっていないかを、特に慎重に検討する必要があると考えられる。

3 在外子会社株式の取得等により生じた負ののれんの会計処理

連結財務諸表上、在外子会社株式の取得等により生じた負ののれんは、外国通貨で把握され、その処理額は取得時又は発生時の為替相場で換算し、負ののれんが生じた事業年度の利益として処理します（外貨建会計実務指針40項）。

負ののれんは、のれんのように子会社に存在するものではなく、購入側（親会社）に生じた割安購入益であるため、取得時又は発生時の為替相場で換算することになります（決算時の為替相場で換算替えされることはない）。

4 負ののれんの表示

　負ののれんは、原則として、特別利益に表示します（企業結合会計基準48項）（Q16-1 **2** 参照）。

　また、「取得による企業結合が行われた場合の注記」において、負ののれん発生益の金額及び発生原因を注記することとされています（企業結合会計基準49項(4)④）（Q16-3 **1** 参照）。

Q2-17 取得企業の増加資本の会計処理

X社はY社を吸収合併し、合併対価としてY社の株主にX社株式を交付しました。この場合のX社の増加する資本はどのように会計処理しますか。

A 合併が取得とされた場合、存続会社X社が交付する株式の時価で払込資本を増加させ、その増加する払込資本の内訳（資本金、資本準備金、その他資本剰余金）は会社法の定めに従うことになります。この取扱いは、合併対価として新株を発行したときも自己株式を処分したときも同じです。

また、取得とされた株式の交付を伴う組織再編（会社分割、株式交換、株式移転）についても同じ取扱いとなります。

なお、以上の点に関しては、Q1-6もご参照ください。

解説

❶ 取得企業が新株を発行した場合の会計処理

企業結合の対価として、取得企業が新株を発行した場合には、払込資本（資本金又は資本剰余金）の増加として会計処理します。増加すべき払込資本の内訳項目（資本金、資本準備金又はその他資本剰余金）は、会社法の規定に基づき決定します（適用指針79項）。

❷ 取得企業が自己株式を処分した場合の会計処理

企業結合の対価として、取得企業が自己株式を処分した場合（新株の発行を併用した場合を含む）には、増加すべき株主資本の額（自己株式の処分の対価の額。新株の発行と自己株式の処分を同時に行った場合には、新株の発行と自己株式の処分の対価の合計額）から処分した自己株式の帳簿価額を控除した額を払込資本の増加（当該差額がマイナスとなる場合にはその他資本剰余金の減少）として会計

処理します。増加すべき払込資本の内訳項目（資本金、資本準備金又はその他資本剰余金）は、会社法の規定に基づき決定します（適用指針80項）。

なお、自己株式を単独で処分した場合（新株を1株も発行していない場合）には、自己株式処分差益があっても資本金や資本準備金を増加させることはできませんが（その処分差額はその他資本剰余金の増減で処理される）、組織再編の対価として自己株式のみを交付した場合（新株を1株も発行していない場合）には、株主資本等変動額がプラスであれば（交付した自己株式の時価がその自己株式の帳簿価額を上回っているとき）、資本金、資本準備金を増加させることができます。

［増加資本に関する会社法の規定（合併の場合）］

会社計算規則では、合併により変動する株主資本等（存続会社において合併により変動する貸借対照表上の株主資本に係る項目のうち、自己株式を除いた資本金、資本剰余金及び利益剰余金の総体を指す概念）の総額（以下「株主資本等変動額」という）の算定に関する基本的な事項を定め、その詳細を公正な会計慣行に委ねています。

具体的には、吸収合併の対価に存続会社の株式が含まれており、当該合併が支配取得に該当する場合（逆取得の場合を除く）には、吸収型再編対価時価（交付する存続会社の株式の時価）又は吸収型再編対象財産の時価（適用指針38項なお書きで算定された被取得企業から受け入れた識別可能資産及び負債の時価を基礎とした正味の評価額）を基礎として株主資本等変動額を算定することを定めています（会社計算規則35条1項1号）。ここで、「基礎として算定する方法」とは、自己株式の帳簿価額が株主資本等変動額の算定に当たって控除されるといった、会計上必要となる様々な調整を含むものとして解釈されます。[6]

次に、会社計算規則では、会社法独自の概念である資本金、準備金（資本準備金及び利益準備金）及び剰余金（その他資本剰余金及びその他利益剰余金）の計上に関して、株主資本等変動額の範囲内で、その内訳を規定しています。具体的には、株主資本等変動額の範囲内で、吸収合併契約の定めに従い資本金及び資本剰余

---

[6] 大野晃宏、小松岳志、渋谷亮、黒田裕、和久友子「会社法施行規則、会社計算規則等の一部を改正する省令の解説―平成21年法務省令第7号―」『旬刊商事法務 No. 1862』（2009.4.5）商事法務研究会、8ページ

金のみを増加することとし、利益剰余金を変動させることはできないという原則的な処理を規定しています（会社計算規則35条2項）。つまり、株主資本等変動額がプラスである限り、払込資本の内訳項目（資本金、資本準備金及びその他資本剰余金）を自由に定めることが認められているため、吸収合併契約において、増加する資本金及び資本準備金をゼロと定めれば、増加する払込資本の全額をその他資本剰余金とすることができます。

　なお、株主資本等変動額がゼロ未満という例外的な場合には、そのゼロ未満の額（取得の場合には、自己株式処分差損に起因する部分から構成される）について、その他資本剰余金を減少させることが規定されています（会社計算規則35条2項ただし書き）。

Q2-18　みなし取得日と損益計算書との関係

P社（決算期：3月）は、5月末に外国企業であるS社（決算期：12月）の株式のすべてを取得し、同社を子会社としました。P社は、連結財務諸表の作成にあたり、みなし取得日を6/30とし、S社の12月決算の数値を本決算に取り込む予定です。

この場合、P社の第1四半期（6/30）以降の決算において、S社の財務諸表をどのように取り込めばよいでしょうか。

A　P社はみなし取得日である6/30（第1四半期）からS社のB/Sを連結することになります。ただし、S社のP/Lの連結は、同社の業績の取込み期間が連結決算日と3カ月ずれていることを踏まえ、P社の第3四半期（10/1–12/31）からS社の7/1から9/30までの期間を連結することになります。したがって、P社の第1四半期（6/30）と第2四半期（中間期：9/30）は、S社のB/Sのみの連結となります。

なお、のれんの償却は、S社のP/Lを連結したとき（第3四半期）から行うことになります。

解説

１ のれんの償却開始時期（みなし取得日を使用し、子会社の決算期が異なる場合）

のれんの償却開始時期は、原則として、支配獲得日からとなり、通常、それは子会社の損益計算書が連結される期間と一致することになります（資本連結実務指針31–2項）。

しかし、みなし取得日（※）が認められていること（連結会計基準（注5））、子会社の決算日と連結決算日とが異なり、その差異が3カ月を超えない場合には、子会社の決算日現在の財務諸表に基づき連結決算を行うことができると

されていること（連結会計基準（注 4））から、支配獲得日を開始日とする期間が、子会社の損益計算書が連結される期間とならない場合があります。この場合には、のれんの償却開始時期は、子会社の損益計算書が連結される期間に合わせて決定することになります（資本連結実務指針 62-2 項）。

※：支配獲得日、株式の取得日又は売却日等が子会社の決算日以外の日である場合には、当該日の前後いずれかの決算日に支配獲得、株式の取得又は売却等が行われたものとみなして処理することができるとされている（連結会計基準（注 5））。

注：企業会計基準委員会（ASBJ）は、2024 年 3 月、上場会社等が半期報告書制度に基づき作成する中間財務諸表に適用する中間会計基準及びその適用指針を公表した（金商法上、四半期報告制度は廃止されたものの、上場会社は東証規則に基づき第 1・第 3 四半期の四半期財務諸表の公表が義務付けられているため、四半期会計基準及びその適用指針は存続している）。

中間会計基準の開発に当たっては、改正金商法成立日から施行日までの期間が短期間であり、会計処理の見直しによる企業の実務負担が生じないよう従来の四半期での実務が継続して適用可能となる取扱いを定めている（中間会計基準 BC8 項参照）。この中で、「みなし取得日又はみなし売却日」に関する決算日には四半期決算日を含むかどうかが議論された（改正金商法では四半期報告書制度が廃止されるため、金商法上廃止される四半期決算日を中間会計基準においてみなし取得日として認めるかどうか）。

最終的には、この決算日には、期首、中間会計期間の末日又はその他の適切に決算が行われた日を含むとされ（中間会計基準 20 項）、四半期会計基準において認められていた四半期決算日を引き続きみなし取得日として適用可能であることが明らかにされている（中間会計基準 BC18 項）。

2 設例による解説

【設例】 子会社損益計算書の合算期間とのれんの償却開始時期

〈前提〉
- P 社は 5 月末に S 社株式のすべてを取得し、子会社とした。
- みなし取得日（支配獲得日）を 6 月末とした。
- P 社の決算期は 3 月であり、S 社の決算期は 12 月である。
- P 社の年度決算では S 社の 12 月末の財務諸表に基づき連結財務諸表を作成する。

Q2-18 みなし取得日と損益計算書との関係

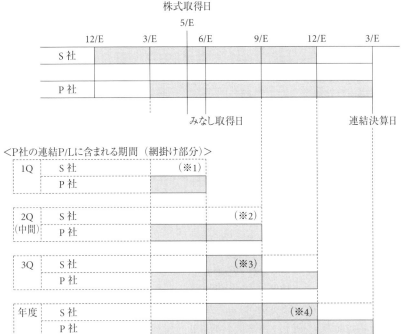

※1：第1四半期末（6月末）では、P社はS社の6月末のB/Sのみを連結する。この場合、P社は暫定的な会計処理を行うことができる（企業結合日が、（年度又は四半期）決算の直前となる場合であっても、配分作業が完了した時点で初めて会計処理を行うのではなく、その年度決算の時点で入手可能な合理的な情報等に基づき暫定的な会計処理を行う必要がある（企業結合会計基準104項）（Q2-14 **1** 参照））。なお、のれんの償却は、以下のとおりP/Lを連結する第3四半期からであるが、負ののれんが生じた場合には、投資元に生じた割安購入益であるため、第1四半期の特別利益に計上することになる（なお、暫定処理を行っている期間においては利益計上は慎重に行うことが求められる場合がある（Q2-16 **2** ③参照））。

※2：第2四半期（中間期）末（9月末）では、第1四半期と同様、P社はS社の6月末のB/Sのみを連結する。暫定的な会計処理を行っている場合には、第2四半期末までに合理的な情報を追加的に入手できれば、第1四半期で取り込んだB/Sを見直すことがある（企業結合会計基準（注6））。

※3：第3四半期末（12月末）では、P社はS社の9月末のB/Sを連結するとともに、S社の7/1から9/30までの期間のP/L及びC/Fを連結する。のれんの償却も

損益計算書が連結される第3四半期から行う。なお、企業結合日から1年以内であり、暫定的な会計処理は可能である。
※4：年度末（3月末）では、P社はS社の12月末のB/Sを連結するとともに、S社の7/1から12/31までの期間のP/L及びC/Fを連結する。なお、企業結合日から1年以内であり、暫定的な会計処理は可能である。

【参考】親会社と子会社の決算日の統一

　連結財務諸表の作成に当たり、子会社を買収した当初は、親会社と子会社の決算日が相違しているものの、その後、子会社の決算体制が整ったことから、原則どおり、子会社の決算日を連結決算日に統一する場合がある。このような、連結子会社の事業年度等に関する事項の変更（連結子会社による仮決算から正規の決算への変更を含む）は、会計方針の変更には該当しないので、子会社の業績の取込み期間について遡及適用する必要はない。
　この場合、連結子会社の決算期変更により、連結子会社の事業年度の月数が連結会計期間の月数と異なる場合の処理方法については、以下のいずれかの方法によることとなり、その旨及びその内容を連結財務諸表に注記することになる。
① 剰余金で調整する方法
② 損益計算書を通して調整する方法
　これらの点に関しては、2010年（平成22年）9月30日公表の「「連結財務諸表の用語、様式及び作成方法に関する規則等の一部を改正する内閣府令（案）」等に対するパブリックコメントの概要及びそれに対する金融庁の考え方」の金融庁の考え方、及び日本公認会計士協会 会計制度委員会研究報告第14号「比較情報の取扱いに関する研究報告（中間報告）」（2012年（平成24年）5月15日）のQ5及びQ6もあわせて参照されたい。

Q2-19 株式移転(又は逆取得)の会計処理

上場会社A社（取得企業）は、上場会社B社（被取得企業）と株式移転により共同持株会社HD社を設立しました。株式移転が行われた場合、HD社が作成する個別財務諸表において、B社株式（被取得企業株式）の取得原価をどのように算定することになりますか。

A B社株式の取得原価の算定に当たり、取得の対価となる財の時価は、株式移転完全子会社（被取得企業B社）の株主が株式移転設立完全親会社（結合後企業HD社）に対する実際の議決権比率と同じ比率を保有するのに必要な数の株式移転完全子会社（取得企業A社）の株式を、株式移転完全子会社（取得企業A社）が交付したものとみなして算定します。

したがって、HD社が保有することとなるB社株式（被取得企業株式）の取得原価は、A社株式（取得企業株式）の時価を基礎として算定されることになります。

解説

1 逆取得とは

組織再編に際し、株式を交付した企業が取得企業とならない場合を逆取得といいます（企業結合会計基準79項、適用指針112項）。

逆取得となる組織再編には、存続会社が被取得企業（消滅会社が取得企業）となる吸収合併や株式交換完全親会社が被取得企業となる株式交換（株式交換完全子会社が取得企業となる株式交換）などが該当します。

このほか、株式移転による共同持株会社の設立も、株式を交付する株式移転設立完全親会社（持株会社）が取得企業となることはないため（取得企業はいずれかの株式移転完全子会社となる）、逆取得と同様の取扱いとなります。

以下の解説では、逆取得となる組織再編のうち、最も事例が多いと考えられ

る株式移転の場合のポイントについて記載します。

2 株式移転が行われた場合の個別財務諸表上の会計処理

[1] 株式移転設立完全親会社の会計処理

❶ 取得企業の決定

　株式移転による企業結合が取得とされた場合には、取得企業の決定規準（Q2-2参照）に従い、いずれかの完全子会社を取得企業として取り扱うことになります（適用指針120項）。すなわち、持株会社は完全親会社になりますが、取得企業（及び被取得企業）になることはなく、会計上は、いわば箱のような存在として取り扱われることになります。

❷ 子会社株式の取得原価の算定

　完全親会社が保有することとなる完全子会社株式（取得企業株式及び被取得企業株式）の取得原価は、それぞれ次のように算定します（適用指針121項）。

　ア　取得企業株式の取得原価

　　株式移転日の前日における完全子会社（取得企業）の（個別財務諸表上の）適正な帳簿価額による株主資本の額に基づいて算定します。

　イ　被取得企業株式の取得原価

　　取得の対価に付随費用を加算して算定します。取得の対価の具体的な算定方法は、企業結合会計基準24項、適用指針38項等（Q2-3参照）に準じて算定し、付随費用の取扱いは、金融商品会計実務指針56項（Q2-8、Q15-5参照）に従って算定します。

　　ここで、取得の対価となる財の時価は、完全子会社（被取得企業）の株主が完全親会社（結合後企業）に対する実際の議決権比率と同じ比率を保有するのに必要な数の完全子会社（取得企業）の株式を、完全子会社（取得企業）が交付したものとみなして算定します（企業結合会計基準（注1））。この点については、以下の【参考1】をご参照ください。

Q2-19 株式移転(又は逆取得)の会計処理

≪持株会社(完全親会社)の被取得企業株式の取得に関する個別財務諸表上の会計処理のイメージ≫

(借)	子会社株式(時価)	200	(貸)	払込資本(時価)	200
(借)	子会社株式	10	(貸)	現金(付随費用)(※)	10

※:通常、完全子会社(取得企業)が、株式移転前に付随費用を支払っているので、持株会社にとっては、取得企業が立替払いした費用の精算となる。

≪持株会社(完全親会社)の被取得企業株式に係る部分の連結財務諸表上の会計処理のイメージ≫

(借)	諸資産(時価)	150	(貸)	子会社株式(時価)	200
	のれん(差額)	50			
(借)	利益剰余金(※)	10	(貸)	子会社株式	10

※:取得関連費用は、通常、株式移転前に取得企業が支払っていることが想定される。そして、取得関連費用のうち付随費用については、株式移転前の取得企業の個別財務諸表においては、持株会社に請求するため仮払金等の資産に計上され、連結財務諸表においては、既に費用処理されていることが想定される。
株式移転後に持株会社が作成する連結財務諸表は、株式移転前の取得企業の連結財務諸表を承継することになるので、上記の投資と資本の消去に当たり、子会社株式の取得原価に含まれる付随費用部分については、利益剰余金の期首残高を調整するように会計処理を記載している。

なお、会計上は被取得企業株式を時価で評価するものの税務上は適格組織再編に該当した場合のように、完全親会社が受け入れた子会社株式(取得企業及び被取得企業の株式)に係る一時差異(取得のときから生じていたものに限る)についての税効果は、原則として認識しません(適用指針123項)。この点については、Q2-13 **2** をご参照ください。

【参考1】株式移転設立完全親会社における被取得企業株式の取得の対価の算定

株式移転による組織再編が行われた場合の被取得企業株式の取得の対価の算定にあたっては、組織再編に伴う株式の交換比率ないし交付株式数がどのように決定されるのかを理解することが大切である。ここでは、以下の2つのケースを比較してみることとする。

① A社（取得企業）はB社（被取得企業）を株式交換により完全子会社化
② A社（取得企業）はB社（被取得企業）と株式移転により共同持株会社を設立

合併、株式交換、株式移転といった組織再編の形式にかかわらず、上場会社同士の組織再編が行われた場合の株式の交換比率は、市場価格（時価総額）に近い比率となることが多い。このため、以下の設例では、組織再編前の時価総額の比率に従い株式の交換比率が決定されたものとする。

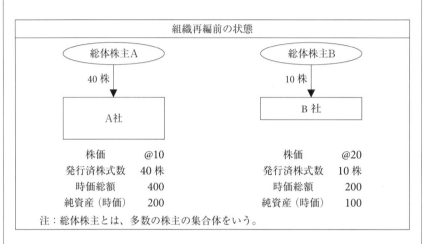

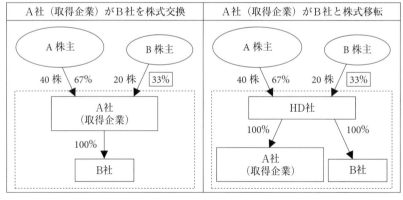

	<取得企業の株主への株式の交付> ・株式移転比率：A株式1株につきHD株式1株 　株式移転後も取得企業A社の株式数を継続するため、A株式1株につきHD株式1株を割り当てるものとする。したがって、A社株式とHD株式の株価は同じとなる。
<被取得企業の株主への株式の交付> ・株式交換比率：B株式1株につきA株式2株 　B社株主はB株式と引き換えにA株式が割り当てられる。その割当株数は、株式交換前のB社の時価総額（200）又はA社とB社の時価総額の比率（2：1）を維持するようにA株式が20株割り当てられる。 ・200（B社の時価総額）／10（A社株価）＝20株 ・40株（A社株主が保有するA社株式数）×1/2（時価総額比）＝20株	<被取得企業の株主への株式の交付> ・株式移転比率：B株式1株につきHD株式2株 　B社株主はB株式と引き換えにHD株式が割り当てられる。その割当株数は、株式移転前のB社の時価総額（200）又はA社とB社の時価総額の比率（2：1）を維持するようにHD株式が20株割り当てられる。 ・200（B社の時価総額）／10（HD社株価）＝20株 ・40株（A社株主が保有するHD社株式数）×1/2（時価総額比）＝20株

　上記の株式交換と株式移転は、図表中の▨▨の中の経済的実態は同じであるため、会計上も完全親会社が保有する被取得企業株式の取得の対価は同額となるように算定する。

　上記の設例を企業結合会計基準（注1）及び適用指針121項(2)に当てはめれば、「取得の対価となる財の時価（200）は、完全子会社（被取得企業）のB社株主が完全親会社（結合後企業）HD社に対する実際の議決権比率（33％）と同じ比率を保有するのに必要な数の完全子会社（取得企業）A社の株式（20株、＠10）を、完全子会社（取得企業）A社が交付したものとみなして算定する。」ことになる。

> **【参考2】株式の交換比率の決定方法**
>
> 　実務上、結合当事企業は、株式の交換比率の決定に当たって、それぞれ、フィナンシャル・アドバイザー（FA）を任命し、株式の交換比率の算定を依頼することになる。
> 　株式の交換比率の算定方法としては、市場株価平均法（算定基準日の株価、算定基準日から遡る1カ月間、3カ月間及び6カ月間等の終値平均株価など）、類似会社比較法（各社の比較可能な上場類似会社が複数存在し、類似会社比較による株式価値の類推が可能な場合）、ディスカウンテッド・キャッシュ・フロー法（DCF法）（将来の事業活動の状況を評価に反映するため）などが利用され、通常、その結果は評価レンジで示される。
> 　そして結合当事企業は、FAによる算定結果を参考に、それぞれ各社の財務の状況、資産の状況、将来の見通し等の要因を総合的に勘案し、株式の交換比率について協議を行い、決定することになる。

　ウ　増加資本の会計処理

　　完全親会社の増加すべき株主資本は、払込資本（資本金又は資本剰余金）とし、増加すべき払込資本の内訳項目（資本金、資本準備金又はその他資本剰余金）は、会社法の規定に基づき決定します（適用指針122項）。

[2] 株式移転完全子会社（取得企業又は被取得企業）の個別財務諸表上の会計処理

　完全子会社（取得企業又は被取得企業）は、株主が完全親会社となるだけで、特段の会計処理は不要です。

　ただし、株式移転直前に結合当事企業が株式の持合いをしている場合や自己株式を保有している場合（後述 **4** 及び **5** を参照）など、株式等の交換がある場合には、会計処理が必要になります。

3 株式移転が行われた場合の連結財務諸表上の会計処理

　株式移転による企業結合が取得とされた場合の資本連結の手続は、連結会計

基準に従って会計処理することになります（適用指針124項）。

個別財務諸表上の被取得企業株式の取得原価には、付随費用が含まれていますが、連結財務諸表上は当該金額を取得関連費用として発生時の費用として処理することになります（企業結合会計基準26項、資本連結実務指針8項）。

連結財務諸表上の資本金は完全親会社の資本金とし（財務諸表提出会社の資本金と連結財務諸表上の資本金を一致させる）、これと株式移転直前の完全子会社（取得企業）の資本金が異なる場合には、その差額を資本剰余金に振り替えることになります（適用指針125項）。

なお、完全親会社が作成する連結財務諸表は、株式移転前の取得企業の連結財務諸表が継続しているように作成しますので（ただし、比較情報は存在しないものとされている。後述の【参考4】を参照）、連結財務諸表上の純資産の部の利益剰余金等は株式移転前の取得企業の利益剰余金を承継することになります（適用指針［設例15］参照）。

　　注：株式移転と株式交換は経済的実態が同じであるため、それぞれの組織再編後に作成される連結財務諸表は同様のものとなる。

4 株式移転直前に結合当事企業が株式の持合いをしている場合の会計処理

［1］個別財務諸表上の会計処理

株式移転直前に完全子会社が他の完全子会社の株式を保有している場合、株式移転に伴い当該株式は完全親会社株式に引き換えられることになります。

❶ 株式移転設立完全親会社の会計処理

ア　株式移転完全子会社（取得企業）の株式の取得原価

　　結合当事企業間で株式の持合いがあった場合の完全親会社の会計処理は、適用指針では特に記載されていませんので、原則どおり、完全子会社株式（取得企業株式）の取得原価については、（株式の持合いの有無にかかわらず）株式移転日の前日における完全子会社（取得企業）の適正な帳簿価額による株主資本の額に基づいて算定することになります。

イ　株式移転完全子会社（被取得企業）の株式の取得原価

　株式移転前から完全子会社（取得企業）が他の完全子会社（被取得企業）の株式を保有している場合には、完全親会社は、取得企業が既に保有している部分（持合株式相当部分）とそれ以外に分け、前者については、株式移転前に完全子会社（取得企業）が付していた他の完全子会社株式（被取得企業株式）の適正な帳簿価額を付し、後者（実質的な新規取得相当部分）については、原則どおり、時価を基礎として会計処理することになると考えられます。

　持合い株式相当部分については、上記アの完全子会社株式（取得企業株式）の取得原価の算定に当たり、同社の株主資本に持合株式相当部分が含まれており、それが適正な帳簿価額で算定されていること、また、完全親会社は被取得企業株式を会社設立時に一括して取得するものの、段階取得となる株式交換の場合の会計処理と比較すると、会計上は、株式移転前から取得企業が保有していた被取得企業株式を完全親会社が先行取得していたものとみなして会計処理することが整合的と考えられるためです（個別財務諸表上は投資の継続の会計処理）。

　なお、完全親会社の連結財務諸表上の会計処理を規定した適用指針124項(2)①なお書きでは、「株式移転完全子会社（取得企業）が株式移転日の前日に他の株式移転完全子会社（被取得企業）となる企業の株式を保有していた場合、株式移転日の時価に基づく額を取得原価に加算し、その時価と適正な帳簿価額との差額は、当期の段階取得に係る損益として処理される」（傍点は筆者）とされ、株式移転前から取得企業が保有していた被取得企業株式に相当する額については、完全親会社の個別財務諸表上、取得企業の適正な帳簿価額で評価することが前提とされています。

❷　株式移転完全子会社（取得企業）の会計処理

　完全子会社（取得企業）が、他の完全子会社株式（被取得企業株式）と交換に受け取った完全親会社株式の取得原価は、他の完全子会社株式の適正な帳簿価

額を付すことになります（適用指針123–3項）。

❸ 株式移転完全子会社（被取得企業）の会計処理

完全子会社（被取得企業）が他の完全子会社株式（取得企業株式）を保有し、これをその他有価証券として分類していた場合にも適正な帳簿価額を基礎として会計処理を行うものと考えられます。

これは、企業結合に伴うその他有価証券からその他有価証券（親会社株式）への振替えであり、株式移転前の投資は親会社株式を通じて継続しているものと考えられ、また、結合当事企業の株主の会計処理は、投資先企業が被取得企業となっても、被取得企業の株主は、投資は継続しているものとして会計処理することとされているためです（事業分離等会計基準131項から135項参照）。

[2] 連結財務諸表上の会計処理

完全子会社（取得企業）が株式移転日の前日に他の完全子会社（被取得企業）株式をその他有価証券として保有していた場合、株式移転日の時価に基づく額を取得原価に加算し、その時価と適正な帳簿価額との差額は、当期の段階取得に係る損益として処理します。

株式移転前に取得企業が被取得企業を持分法適用関連会社としていた場合には、株式移転日の前日の被取得企業の株式（関連会社株式）の持分法による評価額と株式移転日の時価との差額は、当期の段階取得に係る損益として処理します（適用指針124項(2)①なお書き）。

以上のように、先行取得株式については、連結財務諸表上は投資の清算処理が行われます（Q2-4参照）。

また、完全子会社が受け取った完全親会社株式は、子会社においては資産となりますが、連結財務諸表上は、自己株式として資本から控除することになります。このため、取得企業が保有する完全親会社株式は適正な帳簿価額で自己株式に振り替え、被取得企業が保有する完全親会社株式は、（個社における帳簿価額ではなく）株式移転時の時価で自己株式に振り替えることになります（完

全親会社では完全子会社（被取得企業）に交付する株式を時価で評価したうえで払込資本を増加させているので、連結財務諸表上の払込資本の増加額は純額ではゼロとなる）。

5 株式移転直前に結合当事企業が自己株式を保有している場合の会計処理

株式移転の直前に結合当事企業である完全子会社（取得企業及び被取得企業）が自己株式を保有している場合、会社法上、完全親会社は、株式移転日に当該自己株式（子会社株式）を取得し、これと引き換えに対価（親会社株式など）を完全子会社に交付しなければなりません。

[1] 個別財務諸表上の会計処理
❶ 株式移転設立完全親会社の会計処理

株式移転直前に完全子会社（取得企業及び被取得企業）が自己株式を保有しており、株式移転日において、完全親会社が当該自己株式（子会社株式）の取得と引き換えに完全子会社に対して自社の株式（親会社株式）を交付した場合、完全親会社が（追加）取得する子会社株式の取得原価は、交付した完全親会社株式の時価に基づいて算定します（適用指針238-2項参照）。

❷ 株式移転完全子会社（取得企業及び被取得企業）の会計処理

自己株式と引き換えに受け入れた親会社株式の取得原価は、完全親会社が付した子会社株式の取得原価（すなわち、交付された親会社株式の時価）を基礎として算定します。また、親会社株式の取得原価と自己株式の帳簿価額との差額は、自己株式処分差額としてその他資本剰余金に計上します（適用指針238-3項参照）。

上記の会計処理は、共通支配下の取引の項で定められていますが、以下の理由（適用指針447-3項）から、その適用は共通支配下の取引に限定された定めではないものと考えられます。

① 親会社は、子会社が保有する自己株式と親会社株式を交換するが、子会社では事前に自己株式を消却することが可能であることを踏まえれば、当該株式移転と（自己株式の交換取引は）一体の取引として捉える必要はなく、会計上は、共通支配下の取引として簿価を基礎として会計処理する必然性はないこと。
② 子会社にとっては、当該株式移転により、資本控除されている自己株式が親会社株式という資産に置き換わり（資本取引の対象から損益取引の対象に変わり）、その連続性はなくなることになる。このため、子会社が受け入れる親会社株式の帳簿価額に自己株式の帳簿価額を付すのではなく、新たに受け入れる親会社株式の取得原価を基礎として処理することによって、株式移転後の子会社の損益を適切に算定することができること。

[2] 連結財務諸表上の会計処理

完全親会社は、完全子会社が保有する完全親会社株式（連結財務諸表上の自己株式）の帳簿価額（株式移転時の時価で評価されている）で自己株式に振り替えることになります（適用指針238-2項参照）。

第2章 取得の会計処理

【設例】株式移転前に結合当事企業が株式の持合い及び自己株式を保有している場合の会計処理

株式移転前	株式移転後
＜前提となる基礎データ＞	（株式移転比率） ・A社株式1株につきHD株式1株割当 ・B社株式1株につきHD株式2株割当

	A社	B社
発行済株式数	48株	12株
外部発行数	40株	10株
（うち持合い）	（4株）	（1株）
自己株式数	8株	2株
株　価	@10	@20

	A社	B社	HD社
発行済株式数	48株	12株	72株
外部発行数	48株	12株	72株
（うち持合い）	－	－	（18株※）
自己株式数	－	－	－
株　価			@10

※：HD社株式のうち、持合株式18株は連結財務諸表の観点からは自己株式となる。

株式移転前：
A株主 →36株④→ A社（取得企業）[A株8株⑦／B株1株②]
B株主 →9株①→ B社
A社 ←A株4株⑤／B株2株⑨← B社

株式移転後：
A株主 →36株→ HD社 ←18株← B株主
HD社 →10株⑧／48株③→ A社（取得企業）[HD株8株／HD株2株]
HD社 →12株／8株→ B社 [HD株4株⑥／HD株4株⑩]

【持合株式等の会計処理】

＜個別財務諸表上の会計処理＞
(1) B社（被取得企業）株式（外部発行9株、持合株式1株（自己株式を除く））とHD株式との交換

A社（取得企業）の会計処理	HD社の会計処理
－	B株式9株①　　　180　払込資本（※1）180
HD株式2株③5　B株式1株②（※2）5	B株式1株②（※3）5　払込資本　　　　5

※1：HD社は、B株主に対してHD株式（@10）を18株（B株主1株に対しHD株式を2株）交付する。
※2：A社が保有するB社株式の株式移転日の前日の適正な帳簿価額は5（@5）とする。
※3：先行取得株式についてはA社の適正な帳簿価額5（@5）を付す。

(2) A社（取得企業）株式（外部発行36株、持合株式4株（自己株式を除く））とHD株式との交換

B社（被取得企業）の会計処理		HD社の会計処理	
－		A株式36株④180	払込資本　（※2）180
HD株式4株⑥8	A株式4株⑤（※1）8	A株式4株⑤　20	払込資本　（※2）　20

※1：B社が保有するA社株式の株式移転日の前日の適正な帳簿価額は8（@2）とする。
※2：株式移転直前のA社の簿価株主資本の額は200（@5）とする。

＜連結財務諸表上の会計処理＞

・B社株式（持合株式1株）の時価評価替（段階取得の会計処理）

HD社の会計処理			
B　株　式　　　　　1株　20		B　株　式②　　　　1株　5	
		段階取得損益　　　　（※）　15	

※：A社が保有するB社株式の株式移転日の前日の適正な帳簿価額は5（@5）であるが、株式移転日の時価は20（＝B社株式と交換されたHD株式の時価は20（＝@10×2株））である。
連結財務諸表上、投資の清算の会計処理を行うため、株式移転日の時価に基づく額（20）と適正な帳簿価額（5）との差額（15）は、当期の段階取得に係る損益として処理する（適用指針124項(2)①）。

・自己株式への振替

HD社の連結財務諸表上の会計処理			
自　己　株　式　　　　　　5		H　D　株　式（A社保有：2株）③　5	
自　己　株　式　　　　　　40		H　D　株　式（B社保有：4株）⑥　40	

A社及びB社が保有するHD株式は、連結財務諸表上の自己株式に該当する。HD社の連結財務諸表作成に当たり、被取得企業であるB社が保有する資産（HD社株式を含む）・負債は株式移転日の時価で評価されるため、自己株式に振り替える金額も株式移転日の時価（40＝4株×@10）となる点に留意する必要がある（A社（取得企業）保有のHD株式はA社の帳簿価額（5）により自己株式に振替）。

【自己株式の会計処理】

＜個別財務諸表上の会計処理＞

(1) A社株式（自己株式8株）とHD株式との交換

A社（取得企業）の会計処理	HD社の会計処理
HD株式8株⑧（※2）80　A株式8株（※1）⑦40 　　　　　　　　　　　自己株処分差額40	A株式8株⑦　80　払込資本　（※2）　80

※1：A社が保有するA社株式（自己株式）の簿価は40（@5）とする。
※2：A社株式（取得企業）の時価を基礎として算定された交付株式（HD株式）の時価は@10である。

(2) B社株式（自己株式2株）とHD株式との交換

B社（被取得企業）の会計処理	HD社の会計処理
HD株式4株⑩（※2）40　B株式2株（※1）⑨8 　　　　　　　　　　　自己株処分差額32	B株式2株⑨　40　払込資本　（※2）　40

※1：B社が保有するB社株式（自己株式）の簿価は8（@4）とする。
※2：A社株式（取得企業）の時価を基礎として算定された交付株式（HD株式）の時価は@10である。

＜連結財務諸表上の会計処理＞

HD社の連結財務諸表上の会計処理			
自　己　株　式　　　　　　　　80	HD　株　式（A社保有：8株）⑧　80
自　己　株　式　　　　　　　　40	HD　株　式（B社保有：4株）⑩　40

　連結財務諸表上、上記(1)及び(2)の仕訳のように、HD社の払込資本が120（時価）増加し、A社及びB社が保有するHD株式を120（時価）で受け入れ、これを連結財務諸表上の自己株式として資本から控除することになる。結果として、連結純資産の額には影響がない。

【参考3】完全子会社が取得した完全親会社株式（持株会社株式）の持株会社への移転

　自己株式を保有したまま株式移転をしたり、持合株式を保有している会社が株式移転をすると完全子会社では持株会社株式を保有することになる。実務上、これを解消するために、完全子会社では持株会社株式の現物配当等を行うことがある。
　この場合、持株会社株式は子会社から親会社への移転となるため、持株会社で

は、共通支配下の取引として連結財務諸表上の帳簿価額（取得企業から配当を受ける場合には適正な帳簿価額）（Q8-10 **2**[2]参照）で持株会社株式をいったん資産に準じて受け入れるとともに、引き換えられたものとみなされる完全子会社株式の帳簿価額を減少させ（通常、完全子会社の（連結）簿価株主資本で按分（Q8-10 **2**[1]、Q8-8 **2**[1]参照））、その差額を損益に計上することになる（受け入れた自己株式は直後に資本から控除）。

【参考4】株式移転後に結合当事企業（株式移転設立完全親会社／株式移転完全子会社）間で行われる配当金の処理

配当財産が金銭である場合の株主側の会計処理は、企業会計基準適用指針第3号「その他資本剰余金の処分による配当を受けた株主の会計処理」（配当適用指針）に従うことになる。

配当適用指針では、配当の対象となる株式が売買目的有価証券以外の場合、すなわち、子会社株式、関連会社株式又はその他有価証券の場合には、原則として、支払側の配当原資に従って以下のように会計処理するものとしている（配当適用指針3項、10項、11項）。

支払側の配当原資		配当の性格		株主の会計処理
その他利益剰余金（留保利益）	＝	投資成果の分配	⇒	受取配当金で処理
その他資本剰余金（払込資本）	＝	投資の払戻し	⇒	投資勘定の減額処理

他方、支払側の配当原資に従って受取側が会計処理しても、投資成果の分配と投資そのものの払戻しを整合的に処理できない場合があるとし、以下の場合には、一定の補正を行うことがあるとしている（Q5-5 **2**[1]参照）。

① 配当原資は資本剰余金であるが、株主は受取配当金として処理すべき場合

払込資本を原資とする配当金であっても、配当受領額を収益に計上することが明らかに合理的である場合―例えば、投資先企業を結合当事企業とした企業再編が行われた場合において、結合後企業からの配当に相当する留保利益が当該企業再編直前に投資先企業において存在し、当該留保利益を原資とするものと認められる配当（ただし、配当を受領した株主が、当該

第2章　取得の会計処理

企業再編に関して投資先企業の株式の交換損益を認識していない場合に限る）（配当適用指針5項(2)）
② 配当原資は利益剰余金であるが、株主は投資勘定の減額として処理すべき場合
留保利益を原資とする配当金を受取配当金として計上すると、明らかに合理性を欠くと考えられる場合は、有価証券の帳簿価額を減額する（配当適用指針17項）

以上を踏まえると、結合当事企業の受取配当に関する会計処理は以下のようになると考えられる。

(1) 株式移転設立完全親会社が株式移転完全子会社から受領する配当金の会計処理

完全親会社が付した完全子会社の株式の帳簿価額には、それが取得企業株式であれ被取得企業株式であれ、株式移転時に完全子会社に存在していた留保利益が含まれている。したがって、利益剰余金を原資とした配当であっても、株式移転時に存在していた留保利益を原資としている場合には、原則として、投資の払戻しに該当することになる（株式移転後に増加した留保利益を原資としている場合には、受取配当金となる）（Q5-5 **2**[2]参照）。

≪完全親会社が保有する完全子会社株式の取得原価と当該子会社の純資産との関係≫

		株式移転完全子会社		株式移転設立完全親会社
取得企業	子会社	資　　本　　金		取得企業株式の取得原価 ・取得企業の簿価株主資本により算定。
		利　益　剰　余　金		
被取得企業	子会社	資　　本　　金		被取得企業株式の取得原価 ・交付株式の時価により算定。 ・当該時価は、被取得企業グループとしての評価となるため、被取得企業株式の取得原価には、被取得企業の子会社等の純資産も含まれることになる。
		利　益　剰　余　金		
	孫会社	資　　本　　金		
		利　益　剰　余　金		
	連結修正	時　価　評　価　差　額		
		の　　れ　　ん		

完全親会社（持株会社）は完全子会社（事業子会社）に対する投資会社として当該会社に対する経営管理を主たる事業としている。そして、その成果として配当金を受領することとなるが、それは持株会社の主たる事業に関する収益であり、配当受領額（多額になることが想定される）を売上高に計上することが一般的である。

　この点を踏まえると、持株会社が受領した配当金が投資成果の分配に該当するのかどうかの判断は、投資先企業の株式をその他有価証券として保有する会社（通常、投資先の情報は限定的であり、受領する配当金も少額な場合が多い）よりも慎重に検討する必要があると考えられる。特に株式移転後に完全子会社が重要な損失を計上している場合や株式移転時に存在していた完全子会社の留保利益を配当を通して多額に回収しているような場合には、配当原資が利益剰余金であっても、完全親会社では投資の払戻しとして処理すべき場合があるため、留意する必要がある（配当適用指針13項(1)参照）。

(2) **株式移転完全子会社が株式移転設立完全親会社から受領する配当金の会計処理**

① 株式移転直前に保有していた他の結合当事企業株式（持合株式）に割り当てられた完全親会社株式に係る配当金

　完全子会社が、株式移転前に他の完全子会社の株式（関連会社株式又はその他有価証券）を保有し、これが完全親会社の株式（その他有価証券）に交換された場合には、完全子会社における当該株式に関する投資は継続しているものと考えるため、株式の交換損益は認識されない。

　このため、配当適用指針5項(2)に従い、投資先企業（他の完全子会社）を結合当事企業とした企業再編（株式移転）が行われた場合において、結合後企業（完全親会社）からの配当に相当する留保利益が当該企業再編直前に投資先企業（他の完全子会社）において存在し、当該留保利益を原資とするものと認められる場合には、その他資本剰余金を原資とした配当であっても、受取配当金として処理することができる。

② 株式移転直前に保有していた自己株式に割り当てられた完全親会社株式に係る配当金

　完全子会社が自己株式と引き換えに受け取った完全親会社の株式の帳簿価額は、時価により算定されており、新規の投資と考えられる（なお、完全親会社の株式の割当の対象となった自己株式は、完全子会社にとって、もともと資産

でもない)。

　このため、完全子会社が受領した配当金のうち、完全親会社の株式移転後の留保利益を原資としたものである場合には、受取配当金として処理することになる。もっとも、完全親会社の設立時の株主資本は、すべて払込資本とされているため、完全親会社に利益剰余金が存在するとすれば、それは株式移転後に生じたものであるため、完全親会社の配当原資に従って処理することになる。

第3章

共同支配企業の形成の会計処理

●本章の内容
- Q3-1 共同支配企業の形成の識別 ……170
- Q3-2 共同支配企業の形成の会計処理 ……178

Q3-1 共同支配企業の形成の識別

X社とY社は共同で合弁会社Z社を設立しました。Z社に対する議決権比率はX社：Y社＝50：50であり、Z社はまさに両社によって共同支配されている状況にあると考えられます。この場合、Z社の設立は共同支配企業の形成に該当することになりますか。

A 「共同支配企業の形成」に該当するかどうかの判定に当たり、議決権比率はその要件ではなく、会計基準で定められた4つの要件で判定することになります。このうち、特に、共同支配となる契約（共同支配企業の重要な経営事項は共同支配投資企業の同意が必要される旨の規定）を締結していることが重要です。

解 説

1 共同支配企業の形成とは

「共同支配企業」とは、複数の独立した企業により共同で支配される企業をいい、「共同支配企業の形成」とは、複数の独立した企業が契約等に基づき、当該共同支配企業を形成する企業結合をいいます（企業結合会計基準11項）。ここで「共同支配」とは、複数の独立した企業が契約等に基づき、ある企業を共同で支配することをいいます（企業結合会計基準8項）。また、「共同支配投資企業」とは、共同支配企業を共同で支配する企業をいいます（企業結合会計基準12項）（Q3-2のイメージ図参照）。なお、共同支配企業は共同支配投資企業の関連会社となります（財規8条6項4号、会社計算規則2条4項4号）。

2 共同支配企業の形成の判定要件

ある企業結合を共同支配企業の形成と判定するためには、共同支配投資企業となる企業が、複数の独立した企業から構成されていること（独立企業要件）

及び共同支配となる契約等を締結していること（契約要件）に加え、「対価要件」と「その他の支配要件」を同時に満たすことが必要となります（企業結合会計基準37項、適用指針175項）。

[1] 契約要件

> 共同支配投資企業となる企業が共同支配となる契約等を締結していること（適用指針175項(2)）

「共同支配企業の形成か否かの判定については、共同支配となる契約等を締結していることが必要」（企業結合会計基準76項）とされ、議決権比率による判定を行わない代わりに共同支配となる契約等の有無により判定することとされています。このため、契約要件は共同支配企業の形成の判定に当たり本質的な要件と考えられ、契約書等の記載を踏まえ、実質的な判定を行う必要があります（適用指針424項）。

共同支配企業の形成の判定に当たり、契約要件を満たすためには、契約等は文書化されており、次のすべて（以下のAとBの両方）が規定されていなければなりません（適用指針178項）。

なお、当該文書は、合弁事業基本契約書、株主間協定書、株主間の覚書、共同支配企業の定款等の様々な名称・形態があります（適用指針428項）。

> A　共同支配企業の事業目的が記載され、当該事業遂行における各共同支配投資企業の重要な役割分担が取り決められていること（適用指針178項(1)）

独立した企業同士が共同支配企業を形成する場合には、共同支配企業の事業目的を明確にしたうえで、各共同支配投資企業は、通常、共同支配企業における重要な役割分担に関する取決めを行い、それぞれ技術、営業網、人的資源、資金等の経営資源を拠出することが想定されます。このため、適用指針では、共同支配となる契約等には、共同支配企業の事業の目的及び各企業の当該事業遂行における重要な役割分担に関する取決めが明記されていることが必要であ

るとしています。

なお、各共同支配投資企業の重要な役割分担が契約書に記載されていても、実態が伴っていない場合には本要件を満たしたことにはなりません。

> B ・共同支配企業の経営方針及び財務に係る重要な経営事項の決定は、すべての共同支配投資企業の同意が必要とされていること（適用指針 178 項(2)）
> 又は
> ・重要な経営事項を共同支配企業の意思決定機関で決議する前に、すべての共同支配投資企業の事前承認が必要である旨の規定があること（適用指針 179 項）

共同支配企業の形成の判定要件から議決権比率要件が排除されていること及びいずれの企業も単独ではその支配を獲得しないという共同支配の形態から、共同支配企業の重要な経営事項の決定は、多数決による議決ではなく、すべての共同支配投資企業の同意が必要となります（適用指針 426 項）。

重要な経営事項とは、一般に取締役会及び株主総会の決議事項とされるものをいい、例えば、予算及び事業計画、重要な人事、多額の出資、多額の資金調達・返済、第三者のための保証、株式の譲渡制限、取引上重要な契約、重要資産の取得・処分、事業の拡大又は撤退等があげられます。

実務上、共同支配企業に該当するかどうかの判断に当たっては、すべての共同支配投資企業の同意が必要となる「重要な経営事項」の範囲及びその同意の仕方をどのように考えるのかが重要になります。共同支配企業の事業目的は、複数の共同支配投資企業間で事前に定められており、それを適切に遂行することが期待されているため、一般に事業活動全般に関わる事項（予算及び事業計画）の同意の在り方は重要となりますが、その実態面（業務執行への関与の程度、追加資金が必要となったときの負担割合、一定事由が生じたときの持分の買取条件など）も含めて多面的な検討が必要になると考えます。

共同支配企業の経営に対する各共同支配投資企業の関与の仕方は、原則として、同じであることが必要なため、共同支配企業へ投資する企業のうち、ある重要な経営事項の決議の際に賛成しなくとも積極的に反対しない限りはその決

議事項につき賛成したものとみなすこととされた企業は、他の企業に比べ、共同支配企業への経営の関与の仕方が異なると考えられ、原則として、契約要件を満たしたことにはなりません。

ただし、各共同支配投資企業は、共同支配企業の事業遂行に対してそれぞれ異なる役割を担っている場合が想定されるため、そのような取扱いが、当該共同支配投資企業の役割とは関連性の薄い経営事項に関するものに限られることなどが契約等により確認できる場合には、共同支配企業の経営への関与の仕方が異なるとはいえないと考えられるため、契約要件を満たすものとして取り扱うこととされています（適用指針178項なお書き、427項）。

【参考】共同支配企業に対する各企業の議決権比率が相違している場合の取扱い

企業結合会計基準では、合弁会社に対する議決権比率が異なっていても、共同支配となる契約を締結するなど4つの要件を満たしている場合には、すべての株主（共同支配投資企業）が合弁会社（共同支配企業）に対する意思決定の関与の仕方は同等であるものとして、共同支配企業の形成とされる。共同支配となる契約を締結する場合には、議決権比率も同じであることが多いが、必ずしもそのようにならない場合もある。

＜議決権比率は異なるが共同支配となる契約を締結する場合の例＞
- X社は製造及び販売を、Y社は製造技術の提供を主な役割として合弁会社を設立
- 合弁会社に対する議決権比率はX：Y＝70：30（Y社の資金力は乏しい）
- 合弁会社はY社からの技術提供がない限り、目的とする製品の製造はできない。

このような場合において、Y社の合弁会社に対する意思決定への関与の仕方を同等とするため、合弁会社の重要な経営事項は、議決権比率によることなく、X社及びY社の合意が必要である旨の契約を締結することが考えられる。

議決権比率の大小は、通常、投資資金の回収にも影響があるが、共同支配企業に対する投資資金の回収は、配当による回収のみならず、共同支配企業との取引による回収（例えば、ある共同支配投資企業が共同支配企業とライセンス契約を締結し、その使用料によりリターンを得る場合）など様々な形態が考えられる。

企業結合会計基準及び適用指針では、共同支配となる契約を締結するなど、あくまで合弁会社（共同支配企業）に対する意思決定の関与の仕方は同等であることが必要で、共同支配企業に対する持分割合が相違することをもって共同支配企業の形成に該当しないという取扱いとはしていない（適用指針421項）。

［2］ 独立企業要件

共同支配投資企業となる企業は、複数の独立した企業から構成されていること（適用指針175項(1)）

共同支配企業の形成の判定に当たり、共同支配企業へ投資する企業とその子会社、緊密な者及び同意している者は単一企業とみなすとされています。

したがって、企業集団内で合弁会社が設立される場合など、ある合弁会社に投資する企業がその子会社、緊密な者及び同意している者のみから構成されている場合には、共同支配企業の形成には該当しません（適用指針177項、423項）。

［3］ 対価要件

企業結合に際して支払われた対価のすべてが、原則として、議決権のある株式であること（適用指針175項(3)）

共同支配企業の形成の判定に当たり、「議決権のある株式」とは、株主総会において、契約要件（適用指針178項(2)及び179項）で規定されている重要な経営事項に関する議決権が制限されていない株式をいいます（適用指針180項）。

また、共同支配投資企業に交付する共同支配企業の株式の議決権の内容について、差異（優劣）を設けることは共同支配の趣旨に反すると考えられるため、共同支配企業の形成に該当するためには、共同支配投資企業となるすべての企業に対し、議決権に関して同一の権利内容を有する株式を交付する必要があります（適用指針429項）。

企業結合会計基準（注7）では、形式的には議決権のある株式を交付してい

ても、実質的には議決権のある株式以外の財産を交付していると認められる場合には、対価要件を満たさないものとするため、以下の対価要件の判定の前提を定めています（適用指針429-2項）。

対価要件の判定の前提（企業結合会計基準（注7）及び適用指針180-2項）

　企業結合に際して支払われた対価のすべてが、原則として、議決権のある株式であると認められるためには、同時に次の要件のすべてが満たされなければならない。
(1) 企業結合が単一の取引で行われるか、又は、原則として、一事業年度内に取引が完了する。
(2) 交付株式の議決権の行使が制限されない。
(3) 企業結合日において対価が確定している。
(4) 交付株式の償還又は再取得の取決めがない。
(5) 株式の交換を事実上無効にするような結合当事企業の株主の利益となる財務契約がない。
　　なお、これには、交付株式を担保とする貸付保証契約や一方の結合当事企業の株主に実質的に一定の利回りを保証するような契約等が含まれる。
(6) 企業結合の合意成立日前1年以内に、当該企業結合を目的として自己株式を受け入れていない。
　　ここで、企業結合の合意成立日とは、企業結合に関する契約書を承認する株主総会において議決権を行使できる株主が確定する日をいう。なお、企業結合を目的として自己株式を受け入れるとは、自己株式の受入れを当該企業結合の目的としていることが内部文書等により明らかな場合をいう。
　　また、一方の結合当事企業が他の結合当事企業の株式を受け入れる行為も同様に取り扱う。

---

[4] その他の支配要件

> (1)から(3)以外に支配関係を示す一定の事実が存在しないこと（適用指針175(4)項）

　企業結合会計基準（注8）及び適用指針181項では、次のいずれにも該当し

ない場合には、支配関係を示す一定の事実が存在しないものとするとしています。

(1) いずれかの結合当事企業の役員若しくは従業員である者又はこれらであった者が、結合後企業の取締役会その他これに準ずる機関（重要な経営事項の意思決定機関）を事実上支配している。

　事実上支配しているかどうかについては、構成員の過半数を占めているかどうかが重要な判断要素として考えられるため、企業結合日において、次のすべての人数等を勘案して判定する。ただし、企業結合日において構成員の変更が予定されている場合や構成員の間に緊密な関係がある場合などには、それらについても加味して判定する。

① 委員会設置会社の場合には、取締役の人数。なお、結合後企業に執行役会等、重要な経営事項に関する意思決定機関が設置された場合には、その構成員の人数。

② ①以外の会社の場合、取締役の人数。なお、結合後企業に常務会、経営会議等、重要な経営事項の意思決定機関が設置された場合には、その構成員の人数。

　ただし、いずれかの企業の役員等が代表取締役（又は代表執行役）や常勤取締役（又は執行役）の大半を占めるなど、重要な経営事項の意思決定機関において、主として業務執行に携わる役員の割合が大幅に異なる場合には、の実態を踏まえて判定する。

(2) 重要な財務及び営業の方針決定を支配する契約等により、結合当事企業のうち、いずれかの企業が他の企業より有利な立場にある。

　例えば、次のような株式が企業結合日に存在する場合には、保有者の属性、潜在株式又は種類株式の発行の経緯及び現実的な議決権の行使可能性等を踏まえ、当該株式の存在と効果を考慮して、本要件を実質的に判定する。

① 共同支配投資企業となる企業のうち、特定の企業に発行している潜在株式

② 拒否権を行使できる株式（会社法108条1項8号）

(3) 企業結合日後2年以内にいずれかの結合当事企業が投資した大部分の事業を処分する予定がある。

　「大部分の事業を処分」に該当するかどうかは、共同支配企業の売上、利益及びキャッシュ・フロー並びに資産及び負債に与える影響を勘案して判断す

る。なお、企業結合日後2年以内にいずれかの共同支配投資企業となる企業の大部分の事業を関連会社に移転する予定がある場合又は大部分の事業を分離して関連会社とする予定がある場合には、大部分の事業の処分に該当するものとして取り扱う。

また、「処分する予定」とは、いずれかの共同支配投資企業となる企業が投資した大部分の事業を処分する計画が、企業結合の一環として、あらかじめ、当該企業の取締役会等の意思決定機関で決定されている場合をいう。

3 一般投資企業が含まれる場合における共同支配企業の形成の判定

共同支配投資企業となる企業の有する議決権の合計が、共同支配企業となる結合後企業の議決権の過半数を占めており、かつ、共同支配投資企業となる企業が前記の4つの要件のすべてを満たす場合には、共同支配企業へ投資する企業の中に一般投資企業（※）が含まれていても、当該企業結合は共同支配企業の形成に該当するものとして取り扱うものとされています(適用指針176項)。

※：一般投資企業とは、次のいずれかに該当する企業をいう（適用指針176項）。
① 共同支配となる契約等を締結していないが共同支配企業へ投資する企業
② 共同支配となる契約等を締結し、共同支配企業へ投資する企業の役割が契約書に明示されていても、事実上、共同支配企業の重要な役割を担っていないと認められる当該企業

なお、共同支配となる契約等を締結し、共同支配投資企業の役割が契約書に明示されていても、実態が伴っていないと認められる企業は一般投資企業として取り扱われることになる（適用指針425項）。

これは共同支配企業の株主の中には、主として資金調達の役割を担うのみで、経営に関与することを目的としていないものが存在する場合（一般投資企業にとっては純投資を目的としている場合）もあり得ることから、このような株主が存在することのみをもって、共同支配企業の形成に該当しないと判定することは適当ではないと考えたためです（適用指針422項）。

Q3-2 共同支配企業の形成の会計処理

X社及びY社は合弁会社Z社を設立し、Z社の設立は共同支配企業の形成に該当するものとします。この場合、共同支配企業であるZ社の会計処理、その株主である共同支配投資企業であるX社及びY社の個別財務諸表上及び連結財務諸表上の会計処理はどのようになりますか。

A Z社の設立が共同支配企業の形成にされた場合には、それは「持分の結合」(企業結合会計基準68項、71項)に当たるため、個別財務諸表上は、X社、Y社及びZ社すべてが移転元の適正な帳簿価額を基礎とした会計処理を行うことになります。

また、X社及びY社が作成する連結財務諸表上は、Z社への投資に対して持分法を適用します。このため、例えば、X社は、移転事業(x事業)に対する持分の減少について持分変動差額(特別損益)を計上し、合弁会社が合弁相手から受け入れた事業(y事業)に対する持分の増加についてのれん(又は負ののれん)を計上することになります。

解説

共同支配企業の形成は、各共同支配投資企業の子会社同士が合併することにより形成される場合や、各共同支配投資企業が共同新設分割により形成される場合があります。

ここでは、各共同支配投資企業による共同新設分割によって共同支配企業が形成された場合を前提に記載します。

≪共同支配企業の形成のイメージ≫

```
┌─────────────┐          ┌─────────────┐
│ 共同支配投資企業 │          │ 共同支配投資企業 │
│    X社       │          │    Y社       │
└──────┬──────┘          └──────┬──────┘
       │    ┌──────────────┐    │
       └───▶│ 共同支配となる契約 │◀───┘
            └──────┬───────┘
                   │
                   ▼
        ┌──────────────────────┐
        │  共同支配企業  Z社     │
        │ ┌────────┐ ┌────────┐ │
        │ │ x事業  │ │ y事業  │ │
        │ └────────┘ └────────┘ │
        └──────────────────────┘
```

　X社とY社は共同支配契約を締結のうえ、それぞれX事業とY事業を分離し、合弁会社を設立した。

1 共同支配企業の個別財務諸表上の会計処理

　独立第三者間の企業結合は、「共同支配企業の形成」に該当しない限り「取得」とされます。取得とされた場合、結合当事企業のいずれかの企業（取得企業）が他の企業（被取得企業）の支配を獲得したものとされ、仮に合弁会社に対する議決権比率が50：50であっても、共同支配企業に該当しない限り、いずれかの企業（又は事業）が取得企業となり、時価を基礎とした会計処理が求められます。

　他方、共同支配企業の形成に該当すれば、合弁会社に対する議決権比率にかかわらず、個別財務諸表上は「持分の結合」として扱われることとなり、共同支配企業は、資産及び負債を企業結合直前に共同支配投資企業で付されていた適正な帳簿価額により計上することになります（企業結合会計基準38項、116項）。また、移転された資産及び負債の差額のうち、移転事業に係る株主資本相当額を払込資本（資本金又は資本剰余金）として処理し、増加すべき払込資本の内訳項目（資本金、資本準備金又はその他資本剰余金）は、会社法の規定に基づき決定します（適用指針193項）。

なお、共同支配企業の形成が各共同支配投資企業の子会社同士の合併による場合には、共同支配企業の株主資本項目を次のように処理します（適用指針185項）。

① 原則的な会計処理

共同支配企業（存続会社）は消滅会社の合併効力発生日の前日の適正な帳簿価額による株主資本の額を払込資本（資本金又は資本剰余金）として会計処理する。増加すべき払込資本の内訳項目（資本金、資本準備金又はその他資本剰余金）は、会社法の規定に基づき決定する。

② 認められる会計処理

共同支配企業（存続会社）は消滅会社の合併効力発生日の前日の資本金、資本準備金、その他資本剰余金、利益準備金及びその他利益剰余金の内訳科目を、そのまま引き継ぐ。

2 共同支配投資企業の会計処理

[1] 個別財務諸表上の会計処理

共同支配投資企業が受け入れる共同支配企業株式の取得原価は、移転事業に係る株主資本相当額から移転事業に係る繰延税金資産及び繰延税金負債を控除して算定します（企業結合会計基準39項(1)、適用指針196項）。共同支配企業の形成とされた場合には、対価として受領する株式が関連会社株式に該当するため、移転元（共同支配投資企業）では「投資の継続」の会計処理を行うことになり、事業の移転損益は認識されません（Q4-1 **3** 参照）。

[2] 連結財務諸表上の会計処理

連結財務諸表上、共同支配投資企業は、共同支配企業に対する投資について持分法を適用します（企業結合会計基準39項(2)、適用指針197項）。したがって、共同支配投資企業は、連結財務諸表上、共同支配企業形成時に、以下の①から持分変動差額、②からのれん（又は負ののれん）が認識されることになります（Q4-2 **1**[3]参照）。

① 移転事業に対する共同支配投資企業（分離元企業）の持分の減少（≒移転事業の一部売却）
② 共同支配企業（分離先企業）に対する分離元企業の持分の増加（≒分離先企業の持分の取得）

3 共同支配企業の株主に一般投資企業が存在する場合の会計処理

ある企業結合が共同支配企業の形成と判定された場合において、共同支配企業の株主の中に一般投資企業（適用指針176項（※））（Q3-1 3 参照）が含まれているときは、次のように会計処理します（適用指針188項）。

[1] 共同支配企業の個別財務諸表上の会計処理

共同支配企業が一般投資企業から取得した事業(資産及び負債)に対して、パーチェス法を適用します。

[2] 合弁会社の株主（一般投資企業）の会計処理

合弁会社の株主のうち、一般投資企業の共同支配企業の形成時（企業結合時）の会計処理は、分離先企業における企業結合が取得とされたときの分離元企業の会計処理(会社分割により合弁会社が設立された場合)に従うことになります（適用指針199項（100項から103項））（Q4.1、Q4.2参照）。

なお、合併により合弁会社が設立された場合には、結合当事企業の株主の会計処理に従うことになります（適用指針191項）。

※：共同支配企業に共同支配投資企業とその子会社が投資している場合の当該子会社の取扱い

共同支配企業に共同支配投資企業の子会社も投資しているが、当該子会社自身は共同支配となる契約等を締結していないことがあるかもしれない。しかし、このことをもって当該子会社を一般投資企業として取り扱うと、実質的に当該子会社は共同支配投資企業と一体であるにもかかわらず、共同支配企業の形成時に子会社では事業の移転損益を計上することが可能となる場合がある。このため、ある共同支配投資企業の子会社が、同一の共同支配企業に投資している場合には、当該子会社も共同支配投資企業とみなすことになる（適用指針198項、434項）。

4 共同支配投資企業における注記事項等

[1] 共同支配企業への投資の表示

共同支配投資企業は、共同支配企業に対する投資（共同支配企業株式）を次のように表示します（適用指針301項）（Q16-1 **5** 参照）。
① 個別財務諸表上、関係会社株式等の適切な科目をもって表示する。
② 連結財務諸表上、投資有価証券等の適切な科目をもって表示し、当該投資額を連結貸借対照表に注記する。

[2] 共同支配投資企業における注記事項

共同支配投資企業は、企業結合年度において重要な共同支配企業の形成がある場合には、「共同支配企業の形成の注記」において、以下の事項を注記します（企業結合会計基準54項（52項(1)及び(2)））（Q16-4参照）。
① 企業結合の概要
　結合当事企業又は対象となった事業の名称及びその事業の内容、企業結合日、企業結合の法的形式、結合後企業の名称、取引の目的を含む取引の概要、共同支配企業の形成と判定した理由
② 実施した会計処理の概要

第4章

分離元企業の会計処理

●本章の内容
- Q4-1 分離元企業の個別財務諸表上の会計処理 ……184
- Q4-2 分離元企業の連結財務諸表上の会計処理 ……194
- Q4-3 分離元企業の会計処理と分離先企業の企業結合の会計上の分類 ……209
- Q4-4 分離先企業の企業結合が取得と判定された場合の分離元企業の連結財務諸表上で計上されるのれんの取扱い ……212
- Q4-5 分離先企業の企業結合が取得とされた場合の被取得企業の株主(分離元企業)の持分法適用上の会計処理 ……216
- Q4-6 受取対価が現金等の財産と分離先企業の株式である場合の会計処理 ……219

Q4-1 分離元企業の個別財務諸表上の会計処理

事業分離における分離元企業の個別財務諸表上の会計処理の考え方を教えてください。

A X社（分離元企業（分割会社））は、x事業を切り出し、これをY社（分離先企業（承継会社））に移転させ、その対価としてY社の株式を受け取るものとします。この場合、X社では事業分離等会計基準（事業分離会計）が適用されることになります。

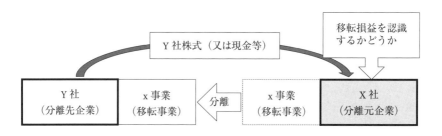

事業分離会計の主要な論点は、分離元企業はどのような場合に事業移転に伴う損益を認識するかという点です。この点に関し、事業分離等会計基準では、一般に事業の成果をとらえる際の「投資の清算」と「投資の継続」という概念に基づき、実現損益を認識するかどうかを考えています（事業分離等会計基準74項）。

事業分離等会計基準では、受取対価の種類に基づき、「投資の清算」と「投資の継続」の判断を行うものとしています。

≪個別財務諸表上の投資の清算と投資の継続の考え方≫

区分	移転損益を認識するか	受取対価の種類（※）
投資の清算	認識する	現金、その他有価証券に分類される株式（子会社株式又は関連会社株式以外の財）
投資の継続	認識しない	子会社株式又は関連会社株式

※：受取対価が現金等の財産と分離先企業の株式である場合の考え方は、Q4-6を参照されたい。

解説

1 投資の継続と投資の清算

　組織再編会計は、企業結合、事業分離及び結合当事企業の株主に係る会計処理から構成されますが、これらの組織再編の会計処理は、一般に事業の成果をとらえる際に用いられる「投資の継続・清算」の概念に基づき、統一的に会計処理が定められています（事業分離等会計基準69項）（※）。

　この投資の継続・清算という概念は、投資が実際に続いているのか終了したのかということではなく、会計上の利益計算において観念的に用いられている考え方であり、その概念は、実現概念に通ずるものとされています。これまで実現概念の本質については、様々な議論が繰り返されてきましたが、投資から得られる成果がその主要なリスクから解放されたかどうかに着目する考え方は、比較的有力なものと考えられています。

　事業投資の利益に係る計算においては、将来の環境変化や経営者の努力に成果の大きさが左右されなくなった場合や、企業が従来負っていた成果の変動性（すなわち事業投資のリスク）を免れるようになった場合には、投資は清算されたものとみなされ、事業投資の成果は確定したものと考えられます（事業分離等会計基準71項）。

　　※：企業結合会計基準では、「持分の継続・非継続」という概念に基づいて会計処理が定められている。これは企業結合では、取引の対象が企業それ自体となる場合があるため、1つ目線を上げて「総体としての株主」（多数の株主を1つの束（1人の株主）とみる）にとって「投資が継続しているか」で判断せざるを得ないときがあるために考えられたもので、その概念の根底にある考え方は「投資の継続・清算」の概念である（事業分離等会計基準69項、74項）。

　分離元企業の会計処理及び結合当事企業の株主に係る会計処理を投資の継続・清算の概念によって整理すると、次のようになります（事業分離等会計基準70項）。

区　分	会計処理	取　引
投資の清算	いったん投資を清算したとみて移転損益や交換損益を認識するとともに、改めて時価にて投資を行ったものとして処理	売却や異種資産の交換
投資の継続	これまでの投資がそのまま継続しているとみて、移転損益や交換損益を認識しない。	同種資産の交換

　この投資の継続・清算の概念を、会計基準で取り入れるにあたっては、具体的に明確な事実として観察可能な要件を定める必要があります。この点、2003年(平成15年)に公表された企業結合会計基準では、企業結合における「持分の継続」を「対価の種類」と「支配」という2つの観点から判断するものとされていました。

　しかし、事業分離の場合には、移転損益が認識されるかどうかが論点となるため、分離元企業の会計処理も、企業結合会計と同様に、投資の継続・清算という概念に基づいて考えるものの、観察可能な具体的要件については、他の会計基準の考え方との整合性を踏まえると、対価が移転した事業と異なるかどうかという「対価の種類」は該当するものの、「支配」については必ずしも該当しないものと考え、後述のとおり、「対価の種類」で投資の継続・清算を判断することとされました(事業分離等会計基準75項)。

　なお、事業分離の対価が現金の場合には、通常、投資の清算に該当し、移転損益を認識することになりますが、実現概念や投資のリスクからの解放という考え方に照らして判断することも必要です。例えば、買戻しの条件が付されている事業分離や重要な継続的関与によって、移転した事業に係る成果の変動性を従来と同様に負っていると考えられる場合には、投資は清算されておらず、移転損益を認識することはできないこととなります(事業分離等会計基準76項、2(5)参照)。

2 投資の清算

[1] 会計処理の概要

　移転した事業に関する投資が清算されたとみる場合には、その事業を分離先

Q4-1 分離元企業の個別財務諸表上の会計処理

企業に移転したことにより受け取った対価となる財の時価と、移転した事業に係る株主資本相当額(移転した事業に係る資産及び負債の移転直前の適正な帳簿価額による差額から、当該事業に係る評価・換算差額等及び新株予約権を控除した額をいう)との差額を移転損益として認識するとともに、改めて当該受取対価の時価にて投資を行ったものとして会計処理します。

現金など、移転した事業と明らかに異なる資産を対価として受け取る場合には、投資が清算されたとみなされます(事業分離等会計基準10項(1)、14項から16項及び23項)。移転した事業と明らかに異なる資産には、現金等の財産や、下図のように、分離元企業(X社)にとって「その他有価証券」に分類される分離先企業(Y社)の株式が該当します。なお、投資の清算についてはQ15-1 **3** もあわせてご参照ください。

≪分離先企業(Y社)が分離元企業(X社)の子会社又は関連会社以外となる場合≫

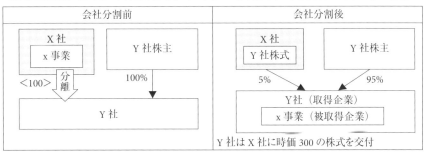

＜＞内は移転事業の簿価を示す。

X社(分離元企業)の会計処理					
(借) Y 社 株 式 (その他有価証券)	時価	300	(貸) 移 転 諸 資 産 移 転 損 益	簿価 差額	100 200

☐：会計処理の基礎となる金額

[2] 現金等の財産

現金等の財産とは、移転した事業と明らかに異なる資産が該当し、分離先企業の支払能力に左右されない資産や、分離先企業の支払能力の影響を受けるも

のの、代金回収条件が明確かつ妥当であり、回収が確実と見込まれる資産が含まれます（適用指針95項なお書き）。

[3] 受取対価の時価の算定

現金以外の資産等が受取対価とされる場合の受取対価の時価は、受取対価となる財の時価と移転した事業の時価のうち、より高い信頼性をもって測定可能な時価で算定します（事業分離等会計基準12項、適用指針92項）。

市場価格のある分離先企業の株式が受取対価とされる場合には、受取対価となる財の時価は、事業分離日の株価を基礎として算定します（事業分離等会計基準第13項、適用指針93項）。

分離先企業の株式などの受取対価又は移転した事業のいずれについても、市場価格がないこと等により公正な評価額を合理的に算定することが困難と認められる場合には、次のいずれかを用いて算定された額を受取対価の額とすることができます（適用指針94項）。

① 事業分離日の前日における分離先企業の識別可能な資産及び負債の時価に基づく正味の評価額のうち、受取対価相当額
② 事業分離日の前日における移転した事業に係る分離元企業の識別可能な資産及び負債の時価に基づく正味の評価額

識別可能な個々の資産及び負債の時価について、市場価格がないこと等により公正な評価額を合理的に算定することが困難と認められる場合には、該当する資産及び負債について、その適正な帳簿価額を用いることができます。

[4] 移転した事業に係る適正な帳簿価額

分離元企業において、事業分離により移転した事業に係る資産及び負債の帳簿価額は、事業分離日の前日において一般に公正妥当と認められる企業会計の基準に準拠した適正な帳簿価額のうち、移転する事業に係る金額を合理的に区分して算定することになります（事業分離等会計基準10項）。移転した事業に関する投資が清算されたとみる場合には、移転損益を適切に算定するためです。

したがって、分離元企業は、重要な会社分割などの場合には、事業分離日の前日に決算又は仮決算を行い、適正な帳簿価額を確定させる必要があります（事業分離等会計基準77項、後述**3**[2]も参照のこと）。

なお、適正な帳簿価額には、時価（又は再評価額）をもって貸借対照表価額としている場合の当該価額及び対応する評価・換算差額等の各内訳科目（その他有価証券評価差額金、繰延ヘッジ損益及び土地再評価差額金）の額が含まれることになります（適用指針89項）。

[5] 移転事業に対する継続的関与

一般的な売却や交換と同じように、次のような分離元企業の継続的関与（分離元企業が、移転した事業又は分離先企業に対して、事業分離後も引き続き関与すること）があり、それが重要であるため、分離元企業が移転した事業に係る成果の変動性を従来と同様に負っている場合には、現金等の財産を受け取ったときであっても、投資が清算されたとはみなされず、移転損益を認識することはできないことに留意する必要があります（事業分離等会計基準10項(1)、適用指針96項(1)）。

① 移転した事業に対し買戻しの条件が付されている場合
② 移転した事業から生ずる財貨又はサービスの長期購入契約により当該事業のほとんどすべてのコスト（当該事業の取得価額相当額を含む）を負担する場合

≪移転事業に対する継続的関与の度合いと会計処理・開示の関係≫

移転事業に対する継続的関与の度合い	移転損益を認識できるか	会計処理・開示
重要	できない	移転した事業を裏付けとする金融取引として処理する（事業分離等会計基準76項なお書）
重要ではない	できる	継続的関与の主な概要を注記する（事業分離等会計基準28項(5)）（Q16-6 **1** 参照）
軽微	できる	

継続的関与が重要かどうかについては、実現概念や投資のリスクからの解放（投資から得られる成果がその主要なリスクから解放され、投資の成果が確定したものといえるかどうか）という考え方に照らして実質的に判断することになります（事業分離等会計基準76項）。

[6] 事業分離に要した支出額の会計処理

事業分離に要した支出額は、分離元企業において、発生時の事業年度の費用として処理します（事業分離等会計基準11項）。通常の売却に要した支出額は発生時の費用として処理するためです（事業分離等会計基準79項）。

もっとも、事業分離の対価が分離先企業の株式の場合には、事業の売却と分離先企業の持分（子会社株式等）の取得とが一体として行われることになるため、適用指針では、分離元企業の個別財務諸表上、分離先企業から交付された株式等の取得原価は、取得の対価に付随費用を加算して算定し、付随費用の取扱いについては金融商品会計実務指針に従うものとされています（適用指針91項、Q2-8、Q15-5参照）。

したがって、事業分離に関連して発生する支出額は、原則として費用処理したうえで、旧適用指針48項に相当する取得に直接要した支出額（Q2-8参照）に該当するものがあれば、それを個別上は子会社株式等の取得原価に含めることになります。分離元企業がアドバイザーに支払う費用としては、分離事業に関する財務諸表作成委託業務や、分離先企業に関する財務調査費用などがありますが、後者の費用を取得に直接要した支出額に該当するものとして、子会社株式等の取得原価に算入することが考えられます。

3 投資の継続

[1] 会計処理の概要

移転した事業に関する投資がそのまま継続しているとみる場合、移転損益を認識せず、その事業を分離先企業に移転したことにより受け取る資産の取得原価は、移転した事業に係る株主資本相当額に基づいて算定することになります。

Q4-1 分離元企業の個別財務諸表上の会計処理

　子会社株式や関連会社株式となる分離先企業の株式のみを対価として受け取る場合には、当該株式を通じて、移転した事業に関する事業投資を引き続き行っていると考えられることから、当該事業に関する投資が継続しているとみなされます（事業分離等会計基準10項(2)、17項から22項）。

　移転事業に対する「投資の継続」と判定された場合には、下図のように、分離元企業（X社）が受け取った分離先企業（Y社）の株式（子会社株式）は、移転したX事業の適正な帳簿価額に基づいて算定されることになり、個別財務諸表上、事業の移転損益は発生しません。

≪分離先企業（Y社）が分離元企業（X社）の子会社となる場合≫

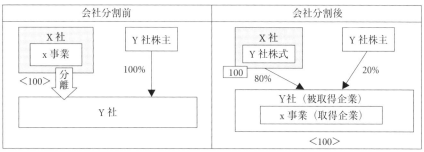

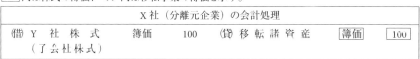

　なお、連結財務諸表上は、移転した事業に関する投資が継続している場合であっても、事業移転後の分離先企業が分離元企業の関連会社となるときは、減少持分に対応した損益（持分変動差額）を認識することになります（分離先企業が分離元企業の子会社となるときは、分離元企業の連結財務諸表上は、資本剰余金を変動させることになる）。この点については、Q12-5 **2** をご参照ください。

[2] 移転した事業に係る適正な帳簿価額

　分離元企業において、事業分離により移転した事業に係る資産及び負債の帳簿価額は、事業分離日の前日において一般に公正妥当と認められる企業会計の基準に準拠した適正な帳簿価額のうち、移転する事業に係る金額を合理的に区分して算定することになります（事業分離等会計基準10項）。このため、分離元企業は、重要な会社分割などの場合には、事業分離日の前日に決算又は仮決算を行い、適正な帳簿価額を確定させる必要があります（事業分離等会計基準77項）。

　なお、適正な帳簿価額には、時価（又は再評価額）をもって貸借対照表価額としている場合の当該価額及び対応する評価・換算差額等の各内訳科目（その他有価証券評価差額金、繰延ヘッジ損益及び土地再評価差額金）の額が含まれることになります（適用指針89項）。

　上記の適正な帳簿価額の算定に当たり、投資が継続しているとみる場合には、事業分離日において分離元企業の帳簿価額が分離先企業に引き継がれるため、次のように事業分離が行われないものと仮定して、一般に公正妥当と認められる企業会計の基準を適用することになります（適用指針90項）。

　ア　繰延税金資産の回収可能性

　　　移転する事業に係る繰延税金資産の回収可能性を検討するに当たり、収益力に基づく課税所得等により判断する場合には、事業分離が行われないものと仮定したときの将来年度の課税所得の見積額による（適用指針107項参照）（Q13-3参照）。

　イ　固定資産の減損処理

　　　移転する事業に係る固定資産の減損の検討に当たり、将来キャッシュ・フローを見積る場合には、事業分離が行われないものと仮定したときの経済的残存使用年数による。

　ウ　確定給付制度による退職給付関係

　　　移転する事業に係る退職給付引当金（退職給付に係る負債）は、退職給付制度の終了の例外として、事業分離が行われないものと仮定した場合の

適正な帳簿価額による。

以上の点についてはQ7-4 **2** もご参照ください。

[3] 事業分離に要した支出額の会計処理

　事業分離に要した支出額は、発生時の事業年度の費用として処理します（事業分離等会計基準11項）。これは、事業分離によって受け取る対価を構成しないと考えられるためです（事業分離等会計基準79項）。

Q4-2 分離元企業の連結財務諸表上の会計処理

X社はS事業を第三者であるY社に移転し、事業移転後のY社を60％子会社としました（逆取得）。X社の個別財務諸表上は受取対価が子会社株式のため「投資の継続」として簿価を基礎とした会計処理が行われますが、連結財務諸表上はどのように処理することになりますか。

A　X社の連結財務諸表上、移転したS事業に対するX社持分の減少に関して資本剰余金を増減させ、Y社に対するX社持分の増加に関してのれん（又は負ののれん）を計上することになります。

解説

1 第三者への事業分離

[1] 事業分離の連結財務諸表上の会計処理の基本的な考え方

連結財務諸表上の事業分離に関する定めは、会計基準の文言だけから理解することは難しいため、以下の設例をベースに持分の交換に関する図表をみながら全般的な枠組みを考えてみます。

【設例】第三者に対して事業を移転した場合の分離元企業の連結財務諸表の考え方

〈前提〉
- X社（分離元企業）は、資本関係のないY社（分離先企業）にS事業を移転した。
- 移転するS事業の簿価は600、時価は1,500とする。
- Y社の組織再編前の時価（Y社株式の時価）は1,000、純資産の時価は800とする。
- Y社は、移転されたS事業の対価として600株を発行した（組織再編後のY社の発行済株式1,000株に対するX社の保有比率は60％）。

≪組織再編のイメージ≫

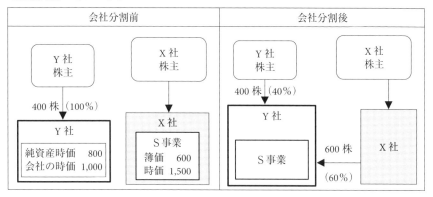

この取引では、X社はS事業をY社に移転しますが、事業移転後はY社株式の60％を保有することになり、経済的には以下の持分の等価交換と考えることができます。

---
① S事業（移転事業）に対するX社（分離元企業）の持分の減少
　→事業の移転（処分）（100％→60％）：時価600（＝1,500×40％）の移転
② 事業分離前のY社（分離先企業）に対するX社（分離元企業）の持分の増加
　→分離先企業の持分の取得（0％→60％）：時価600（＝1,000×60％）の受入れ

この取引の会計処理について、事業分離等会計基準17項や適用指針98項で定めていますが、これを図表で表すと、次のようになります。

≪事業分離における持分の交換≫

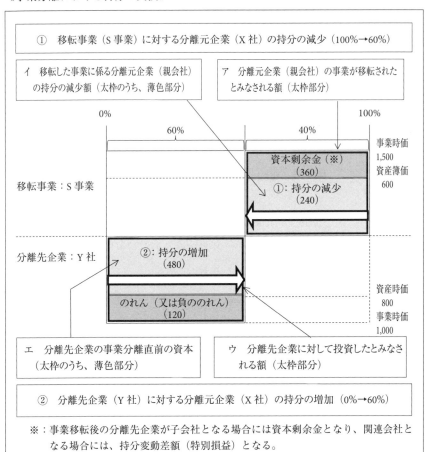

経済的には右上の太枠（①）（S事業の40％持分の時価（600＝1,500×40％））を移転する代わりに、左下の太枠（ウ）（Y社の60％持分の時価（600＝1,000×60％））を受領するという交換取引を前提に、会計処理上は、右上の太枠（時価）に対応する帳簿価額（②）（240＝600×40％）との差額（360）、言い換えれば移

転事業に係る含み損益を資本剰余金として処理し、左下の太枠（時価）に対応する純資産の時価（エ）（480＝800×60％）との差額（120）を（パーチェス法を適用したうえで）のれん（又は負ののれん）として処理することとされています。

以上が適用指針98項(2)②の原則法による会計処理の説明です。

なお、同項(2)②のただし書きでは「共同新設分割による子会社の設立のように、子会社となる分離先企業の個別財務諸表上、被取得企業の事業を取得し、のれん（又は負ののれん）が計上されている場合には、分離先企業（子会社）の個別財務諸表に計上されているのれん（又は負ののれん）を連結財務諸表上もそのまま計上することができる。」とのれんの計上方法に関する容認法が定められています（※）。この点については Q4-4 をご参照ください。

※：本設例は、吸収分割による組織再編であり、承継会社 Y 社が被取得企業となる「逆取得」に該当するため、Y 社の個別財務諸表上、S 事業の資産・負債を X 社で付された帳簿価額で受け入れることとなり、のれんは発生しない。このため、X 社が作成する連結財務諸表上、原則法によりのれん（120）を計上することになる。

同様の経済的効果を作り出す組織再編としては、X 社が S 事業を単独新設分割で切り出し、S 社（取得企業）を存続会社として Y 社（被取得企業）を吸収合併する方法も考えられる。この場合には、合併は「取得」と判定され、合併後の S 社の個別財務諸表上、Y 社の資産・負債に対してパーチェス法が適用されることになり、のれんが 200（＝1,000－800）計上される。この場合には、X 社が作成する連結財務諸表上、のれんの計上方法について、原則法（のれん：120）と容認法（のれん 200）の選択ができることになる。なお、容認法による場合には、原則法に比べて非支配持分が 80 大きくなる。

会計基準では事業分離後の分離先企業の会社分類（子会社、関連会社、それ以外）に応じて異なる会計処理を定めています。また事業分離前から事業移転先の株式を分離元企業が保有している場合があります。このため、以下、それぞれのケースごとに会計処理を記載します。

[2] 分離先企業が子会社となる場合

事業分離により分離先企業が新たに分離元企業の子会社となる場合、分離元企業（親会社）の連結財務諸表上、以下のように会計処理します（事業分離等

会計基準17項)。

① 移転事業に対する分離元企業の持分の減少

以下の差額を資本剰余金に計上します。

ア　分離元企業（親会社）の事業が移転されたとみなされる額
イ　移転した事業に係る分離元企業（親会社）の持分の減少額

---

② 分離先企業（子会社）に対する分離元企業の持分の増加

以下の差額をのれん（又は負ののれん）として処理します。

ウ　分離先企業に対して投資したとみなされる額（取得事業の時価）
エ　ウに対応する分離先企業の事業分離直前の資本（取得事業に対応した資産・負債の時価）

　また、分離元企業は事業分離前に分離先企業の株式（関連会社株式又はその他有価証券として分類）を保有している場合があります。この場合には追加取得による支配の獲得に該当することになるため（分離先企業株式が関連会社株式又はその他有価証券から子会社株式）、段階取得の会計処理により事業分離前から保有している分離先企業の株式については「投資の清算」の会計処理を行うことになります。

　具体的には、「ウ　分離先企業に対して投資したとみなされる額」は、分離元企業が追加的に受け取った分離先企業の株式の取得原価（移転された事業の簿価株主資本により算定）と事業分離前に有していた分離先企業の株式の支配獲得時（事業分離日）の時価との合計額とし、当該時価と、その適正な帳簿価額との差額（その他有価証券としていた場合）又はその持分法評価額との差額（関連会社株式としていた場合）を、当期の段階取得に係る損益として処理します。そして、既存持分についても時価評価された後の「ウ　分離先企業に対して投資したとみなされる額」と、「エ　ウに対応する分離先企業の事業分離直前の資本」との差額をのれん（又は負ののれん）として処理します（事業分離等会計基準18項(2)）。

　なお、投資の清算については、Q15-1 **3** もあわせてご参照ください。

Q4-2　分離元企業の連結財務諸表上の会計処理

　以下では、分離先企業が分離元企業の子会社となる場合（逆取得）で、事業分離前に分離先企業の株式を分離元企業が保有しているときの「段階取得に係る損益」と「のれん」の算定について、具体例で説明します（適用指針の［設例11-3］も参照されたい）。なお、分離元企業では、移転事業に関する時価と簿価との差額を資本剰余金に計上することになります。

【設例】段階取得に係る損益とのれんの算定

〈前提〉
・P社はY社株式の10%を保有している（簿価13）。
・P社はS事業をY社に移転し、Y社株式の70%を追加取得した（P社はY社を80%子会社とした）。
・事業分離直前のY社の（のれん価値を含む事業の）時価は200、諸資産の時価は150である。

≪段階取得に係る損益の算定≫
　既存保有株式（10%）であるその他有価証券は、「投資の清算」の処理を行うことになる（10%→0%、売却処理のイメージ）。
　したがって、「段階取得に係る損益」は、以下の①と②の差額7と算定される。

①	事業分離日直前のY社株式の時価	20…事業分離直前のY社の時価 200×10%
②	Y社株式（10%）の帳簿価額	13
	差　引	7

≪のれんの算定≫
　既存保有株式については、上記のように「投資の清算」処理を行ったため、Y社に対するP社の持分は、当該事業分離時に一括して取得されたものとして会計処理する（0%→80%のイメージ）。
　したがって、のれんは、以下の①と②の差額40と算定される。

①	事業分離日直前のY社の時価	160…事業分離直前のY社の時価 200×80%
②	事業分離直前のY社の諸資産の時価	120…事業分離直前のY社の諸資産の時価 150×80%
	差　引	40

[3] 分離先企業が関連会社となる場合

　事業分離により分離先企業が新たに分離元企業の関連会社となる場合（共同支配企業の形成の場合は含まれない。（※））、分離元企業の連結財務諸表上、持分法適用において、次のように処理します（事業分離等会計基準20項）。

　なお、分離先企業が分離元企業の関連会社となる場合において、当該移転事業が被取得企業となるときの持分法の適用については、Q4-5もご参照ください。

> ※：事業分離等会計基準では、「共同支配企業の形成の場合は含まれない。」とされているが、2008年（平成20年）改正により、共同支配投資企業は共同支配企業に対する投資に対して持分法を適用することとされたため、連結財務諸表上の会計処理は、結果として、共同支配企業の形成の場合も同様の会計処理となる（Q3-2 **2**[2]参照）。

① 移転した事業に係る分離元企業の持分の減少額

　　以下の差額を、持分変動差額として処理します。

ア　分離元企業の事業が移転されたとみなされる額
イ　移転した事業に対する分離元企業の持分の減少額

　　分離元企業は移転事業に対する支配を喪失するため、上記差額は「資本剰余金」ではなく「持分変動差額」として処理されます。

② 分離先企業（関連会社）に係る分離元企業の持分の増加額

　　以下の差額を、のれん（又は負ののれん）として処理します。

ウ　分離先企業に対して投資したとみなされる額
エ　ウに対応する分離先企業の事業分離直前の資本（関連会社に係る分離元企業の持分の増加額）

　ただし、①と②のいずれかの金額に重要性が乏しいと考えられる場合には、重要性のある他の金額に含めて処理することができます。

　なお、事業分離前に分離元企業は分離先企業の株式を有し、その他有価証券としており、事業分離により分離先企業が新たに分離元企業の関連会社となる場合（分離先企業株式がその他有価証券から関連会社株式）には、部分時価評価

法を適用することとなり、分離先企業の株式を受け取った取引ごとに「ウ　分離先企業に対して投資したとみなされる額」の合計と、その取引ごとに対応する分離先企業の資本の合計との間に生じる差額を、のれん（又は負ののれん）として処理します（事業分離等会計基準21項）。

　また、事業分離前に分離元企業は分離先企業の株式を有し関連会社株式としており、事業分離により分離先企業の株式（関連会社株式）を追加取得した場合（分離先企業株式が関連会社株式から関連会社株式）、「ウ　分離先企業に対して（追加）投資したとみなされる額」と、「エ　ウに対応する分離先企業の事業分離直前の資本」（追加取得持分）との間に生じる差額を、のれん（又は負ののれん）として処理します（事業分離等会計基準22項）。

≪事業分離における持分の交換≫

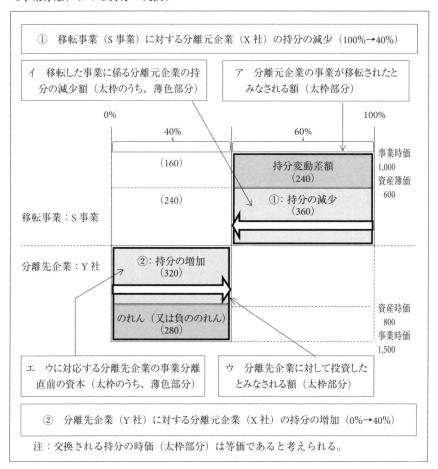

【参考】事業分離後の分離先企業が関連会社となる場合の関連会社株式の連結財務諸表上の会計処理

上図のとおり、分離元企業X社、分離先企業Y社に事業を移転し、Y社株式の40％を取得したものとする（Y社はX社の関連会社となる）。この場合、分離元企業X社は、移転されたS事業に対する投資（Y社株式）について「投資の継続」とみるか「投資の清算」とみるのかにより、以下の2つの会計処理が考えられる。

① 「投資の継続」とみる考え
　Y社株式との交換が行われたのは移転事業の60％相当額（アの「分離元企業の事業が移転されたものとみなされる額」）であり、損益（持分変動損益）は移転事業の60％相当額に対応して発生するが（240＝(1,000−600)×60％）、移転事業の40％相当額の投資は、関連会社株式（Y社株式）を通じて依然として継続しており（Y社株式との交換は行われていない）、分離元企業における帳簿価額（連結財務諸表上の評価額）を継続する。つまり、取引の対象は、アの600（＝1,000×60％）とウの600（＝1,500×40％）との交換ということになる。

② 「投資の清算」とみる考え
　Y社株式との交換が行われたのは移転事業すべてであり（移転事業に対する支配を喪失したため、損益は移転事業の100％に対して発生（400＝(1,000−600)×100％））、同時に事業移転後のY社株式の40％を新規に取得したものとして会計処理する。つまり、取引の対象は、移転するS事業の時価1,000（＝1,000×100％）と移転事業を含む事業分離後のY社株式の時価2,500（＝1,500＋1,000）の40％である1,000との交換ということになる。

　わが国の事業分離等会計基準では、受取対価が子会社株式又は関連会社株式の場合には「投資の継続」として会計処理することとしているため、①の会計処理が採用されている。なお、国際会計基準（IFRS会計基準）では支配・非支配により判断することになるため、②の会計処理が採用されている。

[4] 分離先企業が子会社や関連会社以外となる場合

　分離先企業が子会社や関連会社以外となる場合（対価として受け取る分離先企業の株式が「その他有価証券」として分類される場合）には「投資の清算」に該当するため、分離元企業の個別財務諸表上、原則として、移転損益が認識されます。また、分離先企業の株式の取得原価は、移転した事業に係る時価又は当該分離先企業の株式の時価のうち、より高い信頼性をもって測定可能な時価に基づいて算定されます（事業分離等会計基準23項）。

2 企業集団内での事業分離（共通支配下の取引）

[1] 子会社に対する事業分離

事業分離前に分離元企業は分離先企業の株式を有し子会社株式としており、事業分離により分離先企業の株式（子会社株式）を追加取得した場合、分離元企業（親会社）の連結財務諸表上、以下の差額を資本剰余金として処理します（事業分離等会計基準19項）（Q12-5 2 参照）。

① 移転した事業に係る分離元企業（親会社）の持分の減少額
② 追加取得により、子会社に係る分離元企業（親会社）の持分の増加額（追加取得持分）

≪子会社に事業分離した場合のイメージ≫

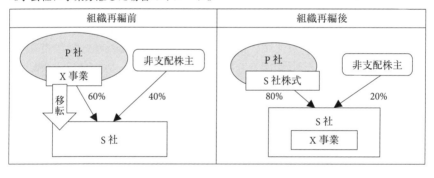

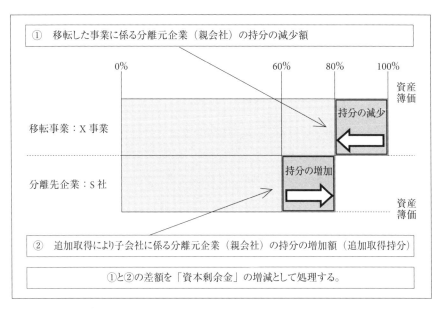

子会社への事業分離は共通支配下の取引に該当します。また、2013年（平成25年）改正により、非支配株主との取引によって生じた親会社の持分変動による差額は資本剰余金として処理することとされました。

このため、第三者への事業分離と異なり、移転事業や追加取得持分の時価を算定する必要はなく、また、のれん（又は負ののれん）や持分変動差額が生じることもありません。

[2] 子会社が企業集団内の他の子会社に事業分離した場合

❶ 分離先企業が分離元企業の子会社となる場合の分離元企業における連結財務諸表上の会計処理

分離元企業である子会社が連結財務諸表を作成する場合には、内部取引を消去したうえで、分離先企業の会社区分に基づき、以下の差額を資本剰余金に計上します（適用指針254-4項(1)）。

> ア　取得した子会社株式の取得原価（移転事業に係る株主資本相当額に基づいて算定）
> イ　アに対応する分離先企業の事業分離直後の資本（企業結合日における適正な帳簿価額による子会社となる分離先企業の資本に事業分離により増加する分離元企業の持分比率を乗じた額）

上記の差額は、時価ではなく、帳簿価額を基礎として算定することになります。

なお、個別財務諸表上の会計処理は、Q8-15をご参照ください。

≪子会社が他の子会社に事業を移転した場合（S2社はS1社の子会社となる場合）≫

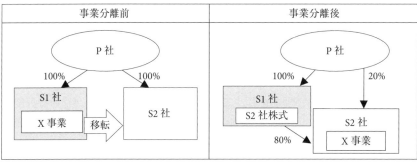

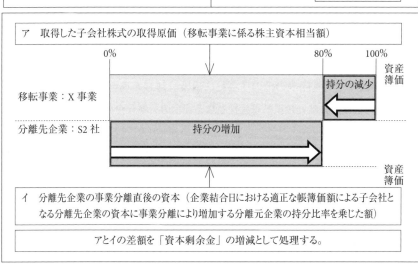

❷ **分離先企業が分離元企業の関連会社となる場合の分離元企業における連結財務諸表上の会計処理**

分離先企業が企業集団内の他の子会社に事業を移転し、分離先企業が分離元企業の関連会社となる場合となる場合（事業分離後も他の子会社は依然として最上位の親会社の子会社に該当）には、❶に準じて算定された差額を、持分変動差額として処理します（適用指針254-4項(2)）。

当該差額は、企業集団内の取引から生じたものですが、分離元企業にとっては移転事業に対する支̇配̇を喪失したため、分離元企業が作成する連結財務諸表上は、（資本剰余金ではなく）持分変動差額で処理することになります。

なお、❶又は❷の事業分離において結合当事企業となる子会社（S1社又はS2社）に非支配株主が存在し、親会社（結合当事企業の株主）の子会社に対する持分が変動する場合には、親̇会̇社̇が̇作̇成̇す̇る̇連̇結̇財̇務̇諸̇表̇に̇お̇い̇て̇は̇、支配関係が継続する中での持分の変動であるため、当該「差額」をいずれも資本剰余金として処理することになります。

❸ 分離元企業に関する会計処理の要約

分離元企業の個別財務諸表上及び連結財務諸表上の会計処理を要約すると、以下のようになります。

≪分離元企業における移転事業に関する会計処理≫

分離先企業		個別	連結	
分離前	分離後	移転損益	分離先企業持分（増加持分）	移転事業持分（減少持分）
<第三者（関連会社を含む）への事業分離>				
－	子会社	×	のれん	資本剰余金
その他	子会社	×	のれん（※）	資本剰余金
関連会社	子会社	×	のれん（※）	資本剰余金
－	関連会社	×	のれん	持分変動差額
その他	関連会社	×	のれん	持分変動差額
関連会社	関連会社	×	のれん	持分変動差額
－	その他	○	－	売却損益

その他	その他	○	-	売却損益
＜企業集団内の事業分離＞					
子会社	子会社	×		資本剰余金

〔上表の見方〕 例えば、最初の段は、事業分離前においては分離元企業は分離先企業の株式を保有していないが、事業分離により当該分離先企業が子会社となるケースを示している。

　なお、分離元企業における移転事業は被結合企業（又は結合企業）の100％子会社と経済的実態として同じであるため、上表は被結合企業（又は結合企業）の株主の会計処理（被結合企業（又は結合企業）が子会社の場合）の図表と整合的なものとなっている（Q5-2 **4** の図表及びQ5-3 **4** の図表参照）。

・「個別」の「移転損益」欄の×は移転損益を認識しないことを示す（○は移転損益を認識）。
・「連結」の「分離先企業持分」欄、「移転事業持分」欄は、「差額」の処理を示している。「差額」は時価を基礎として算定される場合と簿価を基礎として算定される場合がある。
※：段階取得損益の認識（個別簿価（その他）又は持分法評価額（関連会社）と時価との差額）

Q4-3 分離元企業の会計処理と分離先企業の企業結合の会計上の分類

当社（X社）はx事業をY社に会社分割により移転し、対価としてY社株式を受領しました。この会社分割により当社はY社株式の発行済株式の20%を保有することとなり、Y社株式は関連会社株式に該当します。他方、Y社における企業結合は取得とされ、x事業はパーチェス法により会計処理されています。

このように移転事業が分離先企業Y社において取得とされた場合（移転事業が被取得企業とされた場合）でも、分離元企業では、移転事業に対する投資は依然として継続しているものとして会計処理するのでしょうか。

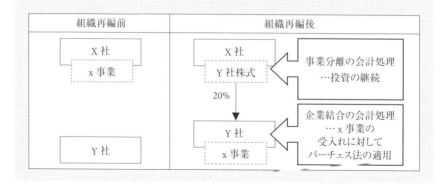

A 分離元企業であるX社の会計処理（x事業に対する投資は継続）は、分離先企業であるY社の会計処理（パーチェス法の適用：x事業は被取得企業となりY社に支配される）によって影響を受けるものではありません。

すなわち、事業分離等会計基準では、結合企業（分離先企業）における企業結合が取得とされた場合であっても、分離元企業は必ずしも移転損益を認識するわけではなく、また、結合当事企業の株主が交換損益を認識するわけではないという考え方にたっています（事業分離等会計基準72項）。

解説

　分離先企業における企業結合の会計上の分類が、逆取得、共同支配企業の形成に該当する会社分割が行われた場合には、分離元企業が事業分離の対価として受け取る株式は、通常、子会社株式又は関連会社株式に該当するため、分離元企業にとって移転事業に対する投資は継続しているものとみなされます。

　他方、分離先企業における企業結合の会計上の分類が、取得に該当する場合には、分離元企業においては、投資が清算されたものとみなされるときと、投資は継続しているものとみなされるときがあります。

　例えば、下図の組織再編において、Y社における企業結合の会計上の分類が「取得」とされれば、Y社は受け入れたx事業に対してパーチェス法を適用することになりますが、X社が受け取るY社株式が関連会社株式に該当する場合には、分離元企業においては、投資が継続しているものとみなされるので、X社において移転損益は計上されないことになります。

　これは、企業結合においては、総体としての株主（多数の株主を１つの束とみる）にとって投資が継続（持分が継続）しているかどうかをみていますが（取得企業の持分は継続しているが、被取得企業の持分はその継続が断たれたとみなされる）、事業分離における分離元企業や株主の会計処理は、（総体としての株主ではなく）個々の企業・株主の観点で投資の継続・清算を判断するためです。この点については、一般的な売買や交換取引においてもみられるもので、各企業の会計処理は、個々の企業の判断によって行われているため、取引の相手企業の会計処理と常に対称となるわけではありません。

Q4-3 分離元企業の会計処理と分離先企業の企業結合の会計上の分類

≪第三者間における企業結合の会計処理と事業分離の会計処理との関係≫

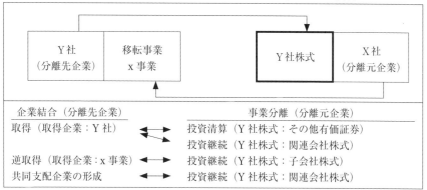

注：企業結合が共同支配企業の形成となる場合であっても、分離元企業が一般投資企業に該当する場合（適用指針199項）には、投資が清算されたものとして取り扱われる。

Q4-4 分離先企業の企業結合が取得と判定された場合の分離元企業の連結財務諸表上で計上されるのれんの取扱い

A社とB社は、それぞれa事業とb事業を共同新設分割により切り出し、Y社を設立しました。

Y社はA社の80％子会社となったため、取得企業はa事業となり、Y社の個別財務諸表上、受け入れたb事業に対して、のれんが50計上されています。

A社が連結財務諸表を作成するに際して、新設会社Y社で計上されているのれんの額をどのように取り込めばよいでしょうか。

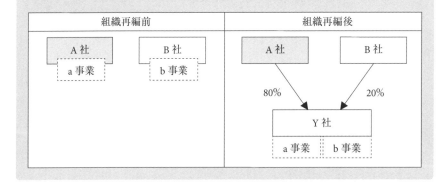

A A社（分離元企業）の連結財務諸表上、Y社設立に伴うのれんの計上額は、子会社の個別財務諸表に計上されているのれん（50）をそのまま計上する方法と、そのうち、親会社の持分相当額（40＝50×80％）を計上する方法のいずれの方法も認められます。

解説

共同新設分割による子会社の設立のように、子会社となる分離先企業の個別財務諸表上、被取得企業の事業に対してパーチェス法が適用され、のれん（又は負ののれん）が生じる場合には、分離元企業が作成する連結財務諸表上、当

該のれんに関して、以下の2つの会計処理が認められます(適用指針98項(2)ただし書き、396項、適用指針[設例11-2])。

　原則法…子会社の個別財務諸表に計上されているのれんのうち、親会社の持分相当額を連結財務諸表に計上する方法

　容認法…子会社の個別財務諸表に計上されているのれんを連結財務諸表上もそのまま計上する方法

【設例】　共同新設分割が取得とされた場合の分離元企業の連結財務諸表上の会計処理

〈前提〉
- 共同新設分割により、分離元企業(分割会社)A社はa事業(当該事業に係る諸資産の適正な帳簿価額480、当該事業に係る諸資産の時価600、当該事業の時価800)を新設会社Y社に移転し、A社はY社を子会社(持分比率80%)とした。
- B社はb事業(当該事業に係る諸資産の適正な帳簿価額100、当該事業に係る諸資産の時価150、当該事業の時価200)を新設会社Y社に移転し、B社はY社を関連会社(持分比率20%)とした。

※：組織再編の形式が会社分割(共同新設分割又は吸収分割)の場合の取得企業とは、分離元企業から移転された事業自体を指す(適用指針32-5項)。

[1] Y社(新設会社)の個別財務諸表上の会計処理

　Y社は、受け入れたb事業(被取得企業)に対してパーチェス法を適用して

会計処理します。

Y社（結合企業）の個別財務諸表上の会計処理
（借）　b 事業資産　（時価）　　150　　（貸）　払　込　資　本　（時価）　　200 　　　　の　れ　ん　（差額）　　　50

[2] 分離元企業A社の連結財務諸表上の会計処理（のれんの額の算定）

A社の連結財務諸表上、のれんの計上額については、以下の2つの会計処理が認められます。

会計処理方法	のれんの額	根　　拠	のれん償却額の取扱い
原則法 （親会社の持分相当額）	40	・A社はb事業の資産（及び負債）を支配することとなるが、のれんは80％しか買い入れていない（Y社に対するA社の持分は80％である）。	のれん計上額40は親会社持分に対応するものであるため、その償却額は非支配株主持分に負担させない。
容認法 （子会社の個別上の計上額）	50	・A社の連結財務諸表上、パーチェス法の適用による取得原価を200とみれば、これと識別可能な資産・負債に配分された額150との差額50がのれんとなる。これは企業結合会計基準の考え方に従っている。 ・この場合、のれんは有償取得されているので、当該のれんは親会社の持分について計上した額から推定して計上された「全部のれん」とは異なる。	のれん計上額50は、分離先企業で計上されたものであり、非支配株主持分にも対応した部分が含まれているため、その償却額の一部は非支配株主持分に負担させる（のれん及びその償却額は分離先企業の個別財務諸表に反映されており、A社の連結財務諸表上、そのまま取り込む）。

Q4-4 分離先企業の企業結合が取得と判定された場合の分離元企業の連結財務諸表上で計上されるのれんの取扱い

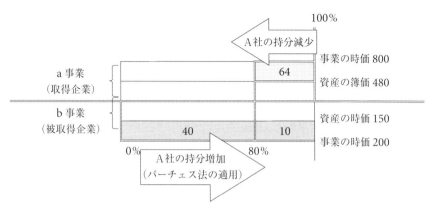

なお、のれんの計上額についていずれの方法を採用しても、A社の連結財務諸表上、移転事業に係る持分の減少について資本剰余金を64（＝(800－480)×20％）増加させることになります。この点については、Q12-5 **2** をご参照ください。

第4章　分離元企業の会計処理

Q4-5　分離先企業の企業結合が取得とされた場合の被取得企業の株主（分離元企業）の持分法適用上の会計処理

　B社とA社は、それぞれb事業とa事業を切り出し、合弁会社Y社（B社20％：A社80％）を設立しました。Y社は個別財務諸表上、b事業を被取得企業としてパーチェス法を適用しています。

　B社は連結財務諸表の作成に当たり、関連会社となるY社を持分法により取り込むことになりますが、Y社の個別上で計上されているのれんはb事業に対するものです（すなわちB社が切り出した事業に対するもので、B社にとっては自己の持分に関するのれんが計上されている）。このような場合、B社はY社株式に対してどのように持分法を適用したら良いでしょうか（Q4-4の設例におけるB社が作成する連結財務諸表上の会計処理）。

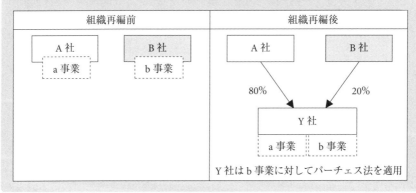

A　B社がY社株式（関連会社株式）に持分法を適用する場合には、B社にとって新たに取得した持分であるa事業を時価評価したうえでのれんを算定し、また移転したb事業から持分変動差額が生じることになります。

　他方、Y社の個別財務諸表では、b事業を被取得企業としてパーチェス法を適用しており（のれんはb事業から生じている）、a事業は（時価評価されず）A社で付された帳簿価額がそのまま継続しています。

　このため、B社がY社株式に対して持分法を適用するためには、Y社の個

Q4-5　分離先企業の企業結合が取得とされた場合の被取得企業の株主（分離元企業）の持分法適用上の会計処理

別財務諸表に一定の調整を加える必要があります。

解　説

Q4-4の【設例】のように、新設会社Y社がA社の子会社となる場合、取得企業はa事業となることから、A社が作成する連結財務諸表上の会計処理とY社が作成する個別財務諸表上の会計処理は、ともに受け入れたb事業に対してパーチェス法を適用するという点で整合的です（資産・負債の時価評価の対象はいずれもb事業であり、のれんもb事業から生じる）。

他方、B社の連結財務諸表上、Y社株式（関連会社株式）に対する持分法の適用に当たっては、B社にとっての持分の取得はa事業（20％相当）に対するものであることから、資産・負債の時価評価及びのれんの算定は、あくまでa事業を対象として行うことになります。また、B社が認識する持分変動差額も切り出した事業であるb事業から生じることになります。したがって、以下の図表のように、Y社の個別財務諸表とB社の連結財務諸表（持分法）において、のれんの算定対象事業等を修正する必要があることに留意する必要があります。

	Y社（新設会社）個別財務諸表	A社（取得企業の株主）連結財務諸表	B社（被取得企業の株主）連結財務諸表（持分法）
のれん	b事業（100％）	b事業（80％／100％）	a事業（20％）
持分変動差額	－	a事業（20％）	b事業（80％）

なお、Q4-4の【設例】を前提とした場合のY社株式に対する会計処理のイメージは以下のようになります。

B社の個別財務諸表上の会計処理（事業移転時：投資継続）				
(借)　Y　社　株　式（関連会社株式）　100		(貸)　移 転 諸 資 産（※）		100

※：移転されたb事業の適正な帳簿価額（100）

B社の連結財務諸表上の会計処理(事業移転時／Y社当期利益の取込み／のれん償却)				
㈵ Y 社 株 式	80	㈷	持分変動差額（※1）	80
Y 社 株 式	10		持分法投資損益（※2）	10
持分法投資損益（※3）	8		Y 社 株 式	8

※1：移転されたb事業の時価と簿価との差額のうち移転割合を乗じた額（80＝(200
－100)×80％）
なお、B社は、事業移転時にa事業に係るのれんを算定する（40＝(800－600)
×20％）。

※2：当期利益の取り込みはY社の個別財務諸表上の当期利益に、例えば以下の調整を
行った後の利益となる（上記仕訳の10はイメージ）。
・b事業資産・負債の時価評価に関連する損益（減価償却費等）の戻し
・b事業から生じたのれん償却額の戻し
・a事業資産・負債の時価評価に関連する損益（減価償却費等）の追加

※3：持分法適用に当たりa事業から生じたのれん40の償却8（5年償却とする）

Q4-6 受取対価が現金等の財産と分離先企業の株式である場合の会計処理

X社は、会社分割によりx事業（簿価200）をY社に移転し、対価としてY社株式と現金150を受領しました。当該会社分割後のY社は、X社の関連会社に該当します。この場合のX社の個別財務諸表上の会計処理はどのようになりますか。

A ご質問の会社分割は、事業移転後のY社が関連会社となり、共通支配下の取引には該当しないため、以下の仕訳のように、受け取った現金等の財産は時価150で計上しますが、Y社株式（関連会社株式）の取得原価は、投資の継続の考え方に従い、移転事業に係る簿価200と受け取った現金等の財産の額150との差額50で算定し、移転損益は認識しないことになります。

(借) 現　　　　金 (時価) 150　(貸) 移 転 諸 資 産 (簿価) 200
　　　関連会社株式 (差額)　50

解説

1 会計処理の概要

事業分離等会計基準では、「受取対価が現金等の財産と分離先企業の株式である場合」の分離元企業の会計処理を、事業分離後の分離先企業の会社区分に応じて、次のように定めています（事業分離等会計基準24～26項、適用指針104～106項）。

事業分離後の分離先企業の区分		会計処理の概要
子会社（分離先企業が子会社となる場合又は子会社に事業を移転した場合）	個別	共通支配下の取引として（又は準じて）、分離元企業が受け取った現金等の財産は、移転前に付された適正な帳簿価額により計上する。 この結果、当該価額が移転事業に係る株主資本相当額を上回る場合には、当該差額を移転利益として認識し（分離先企業の株式の取得原価はゼロ）、下回る場合には、当該差額を分離先企業の株式の取得原価とする。 　　現　金　等（簿価）／移転諸資産（簿価）（注） 　　子会社株式（差額）（※） ※：現金等＞移転諸資産の場合には、差額を移転利益とする。
	連結	移転利益は、連結会計基準における未実現損益の消去に準じて処理する。 当該取引の結果生じる差額は、分離元企業が新たに子会社となる場合にはのれん（又は負ののれん）と資本剰余金に区分して処理し、子会社に事業分離する場合には資本剰余金とする。 なお、事業分離前に分離先企業の株式をその他有価証券又は関連会社株式として保有していた場合には、当該株式に係る時価と簿価との差額を段階取得に係る損益として認識する。
関連会社（分離先企業が新たに関連会社となる場合や関連会社に事業を移転した場合）	個別	分離元企業で受け取った現金等の財産は、時価により計上する。 この結果、当該時価が移転事業に係る株主資本相当額を上回る場合には、当該差額を移転利益として認識し（分離先企業の株式の取得原価はゼロ）、下回る場合には、当該差額を分離先企業の株式の取得原価とする。 　　現　金　等（時価）／移転諸資産（簿価）（注） 　　関連会社株式（差額）（※） ※：現金等＞移転諸資産の場合には、差額を移転利益とする。

	連結	移転利益は、持分法会計基準における未実現損益の消去に準じて処理する。 当該取引の結果生じる差額は、のれん（又は負ののれん）と持分変動差額に区分して処理する。
上記以外 （その他有価証券）	個別	現金等の財産及び分離先企業の株式を時価により計上し、移転事業に係る株主資本相当額との差額を移転損益として認識する。 現　金　等　（時価）／移転諸資産（簿価） その他有価証券（時価）／移　転　損　益（差額）

注：移転事業に係る株主資本相当額がマイナス（事業分離前に分離先企業の株式を有していた場合には、まず、当該分離先企業の株式の適正な帳簿価額を充て、これを超えることとなったマイナス金額）の場合には、当該マイナスの額を当該分離先企業の株式の評価的な勘定として「組織再編により生じた株式の特別勘定」等、適切な科目をもって負債に計上する（適用指針395項、Q8-1 **3**参照）。なお、上記のとおり、受け取った現金等の財産の額（分離先企業が子会社の場合は移転前に付された適正な帳簿価額、分離先企業が関連会社の場合は時価）と等しい金額については、移転利益として認識する。

2 受取対価が現金等の財産と分離先企業の株式である場合の会計処理の考え方

① 分離先企業が新たに子会社となる場合や子会社へ事業を移転した場合

　事業分離の受取対価が現金等の財産と分離先企業の株式である場合の会計処理は、様々な考え方が議論されましたが（事業分離等会計基準105〜108項、110項参照）、最終的には、まず受取対価である現金等の財産の額を、共通支配下の取引の考え方を適用して算定することとされました（事業分離等会計基準109項）。

　具体的には次のようになります。

〈個別財務諸表上の取扱い〉

　企業結合会計基準における共通支配下の取引の会計処理の定めに従い、分離元企業が受け取った現金等の財産は、移転前に付された適正な帳簿価額により計上する。

　そして、分離元企業が受け取った現金等の財産の価額が、移転事業に係る

株主資本相当額を上回る場合には、当該差額を移転利益として認識する。これは、分離先企業の株式（子会社株式）を受け取っていることや共通支配下の取引であることから積極的に損益を認識するわけではないが、移転した事業と明らかに異なる現金等の財産も受け取っているため、子会社株式の保有以外に重要な継続的関与（Q4-1 **2**[5]）がない限り、移転利益とするという考えによるものである。

逆に、分離元企業が受け取った現金等の財産の価額が、移転した事業に係る株主資本相当額を下回る場合に生じる差額は、共通支配下の取引の会計処理の定めに従い、分離先企業の株式の取得原価とする。なお、この場合には、移転損失は生じないこととなるが、事業分離直前に移転した事業に係る資産及び負債の適正な帳簿価額を算定するに当たって、分離元企業は、減損損失等を適切に計上する必要があることに留意する。また、適正な帳簿価額を算定するために計上された減損損失等は、分離元企業の連結財務諸表上、消去される内部取引に該当しない（以上、事業分離等会計基準109項）。

〈連結財務諸表上の取扱い〉

連結財務諸表上は、移転利益を、連結会計基準における未実現損益の消去に準じて処理する。また、子会社に係る分離元企業の持分の増加額と移転した事業に係る分離元企業の持分の減少額との間に生じる差額は、分離先企業が新たに子会社となる場合には、のれん（又は負ののれん）と資本剰余金に区分して処理し、子会社に事業分離する場合には資本剰余金として処理する（事業分離等会計基準109-2項）。

② 分離先企業が新たに関連会社となる場合や関連会社に事業を移転した場合

〈個別財務諸表上の取扱い〉

現金等の財産と分離先企業の株式（関連会社株式）を受取対価とする事業分離の場合には、投資は継続しているとの考え方に基づくものの、共通支配下の取引に該当しないため、分離元企業が受け取った現金等の財産は、原則として、時価で計上する。

この結果、現金等の財産の時価が、移転事業に係る株主資本相当額を上回る場合には、当該差額を移転利益として認識する（受け取った分離先企業の株式の取得原価はゼロとする）（事業分離等会計基準110項）。

　逆に、分離元企業が受け取った現金等の財産の価額が、移転した事業に係る株主資本相当額を下回る場合には、投資継続の考え方に従い、当該差額を受け取った分離先企業の株式の取得原価とする。したがって移転損失は生じないこととなるが、事業分離後の分離先企業が子会社となる場合と同様、減損損失等を適切に計上する必要があることに留意する。

〈連結財務諸表上の取扱い〉

　連結財務諸表上は、移転利益を、持分法会計基準における未実現損益の消去に準じて処理する。また、関連会社に係る分離元企業の持分の増加額と移転した事業に係る分離元企業の持分の減少額との間に生じる差額は、原則として、のれん（又は負ののれん）と持分変動差額に区分して処理する。

③　分離先企業が子会社、関連会社及び共同支配企業以外となる場合

　分離先企業の株式がその他有価証券に分類される場合には、投資の清算の考え方に従い、分離元企業は、受領した現金等の財産と分離先企業の株式は時価で計上し、移転損益を認識する。

3 別個の取引と一体取引の判断

　事業分離の対価が現金等の財産と分離先企業の株式となる取引は、対価が現金となる取引と対価が株式となる取引が別個に実施されたものと考える方が、取引の実質を表している場合もあると考えられます。実務上、上記の定めに従った会計処理と別個の取引と擬制して会計処理を行った結果が大きく異なる場合には、その取引の本質を見極めて会計処理を検討することが適当と考えます。

第5章

結合当事企業の株主の会計処理

● 本章の内容

- Q5-1 被結合企業の株主の個別財務諸表上の会計処理 ……… 226
- Q5-2 被結合企業の株主の連結財務諸表上の会計処理 ……… 234
- Q5-3 結合企業の株主の会計処理 ……… 250
- Q5-4 子会社の組織再編の結果として投資先の株式がその他有価証券に分類された場合の会計処理 ……… 256
- Q5-5 支配獲得後に投資先の利益剰余金を原資とした配当金を受領した株主の会計処理 ……… 259
- Q5-6 分割型の会社分割が実施された場合の分割会社とその株主の会計処理 ……… 264
- Q5-7 子会社株式を現物配当した場合の配当実施会社とその株主の会計処理 ……… 271
- Q5-8 パーシャルスピンオフが実施された場合の配当実施会社とその株主の会計処理 ……… 277
- Q5-9 現金以外の財産（子会社株式等を除く）の分配を受けた場合の株主と配当実施会社の会計処理 ……… 286

Q5-1 被結合企業の株主の個別財務諸表上の会計処理

X社は100％子会社であるS社を有しています。今般、S社（消滅会社）はY社（存続会社）に吸収合併されました。この場合、S社の株主であるX社は、保有していたS社株式（被結合企業株式）がY社株式（結合企業株式）に交換されますが、X社（被結合企業の株主）の個別財務諸表上の会計処理はどのようになりますか。

A　被結合企業（消滅会社）の株主の会計処理は、事業分離会計と同様、受取対価の種類に対応して、「投資の継続」と「投資の清算」の会計処理を使い分けることになります。

したがって、合併後のY社がX社の子会社又は関連会社に該当する場合（子会社株式→子会社株式・関連会社株式の場合）には、投資は継続しているものとされ、個別財務諸表上、損益は認識されません。

また、合併後のY社がX社の子会社又は関連会社に該当しない場合（子会社株式→その他有価証券の場合）には、投資は清算されたものとされ、個別財務諸表上、株式の交換損益を認識することになります。

解説

１ 被結合企業の株主に係る会計処理の考え方

組織再編の形式が、吸収合併、株式交換及び株式移転の場合には、被結合企業（消滅会社、株式交換完全子会社、株式移転完全子会社）の株主が所有していた株式は、結合企業（存続会社、株式交換完全親会社、株式移転設立完全親会社）の株式に引き換えられることになります。前述のとおり、被結合企業の株主に係る会計処理の主要な論点は、株式の交換に伴い交換損益を認識するかどうか、となります。

事業分離等会計基準では、結合当事企業の株主の会計処理と分離元企業の会

計処理とが整合的になるように、事業分離会計で用いられた「投資の継続」と「投資の清算」の概念に基づき会計処理を定めています。

これは、以下の理由によります（事業分離等会計基準73項）。

① 事業分離における分離元企業（事業分離前は移転事業の100％を所有）と、100％子会社を被結合企業とする企業結合における当該被結合企業の株主（親会社）とでは、経済的効果が実質的に同じであると考えられるため。この点に関しては、下図の スキームA と スキームB をご参照ください。

② 被結合企業の株主が親会社である場合には、被結合企業が100％子会社の場合でも、100％子会社以外の子会社の場合でも整合的に会計処理することが適当と考えられるため。

このように、結合当事企業の株主に係る会計処理は、組織再編の経済的効果が同じであれば、会計上も同様の結果が得られるように定められています。

なお、分離元企業は、事業分離前に分離先企業の株式を保有している場合もありますが、これは、組織再編前に被結合企業（移転事業）の株式に加え、結合企業（分離先企業）の株式を保有している場合に相当することになります。

このように、事業分離会計と結合当事企業の株主の会計処理とは密接な関係にあります。

【参考】分離元企業の会計処理と被結合企業の株主の会計処理との関係

分離元企業の会計処理と被結合企業の株主の会計処理との関係と考えるため、吸収分割における分割会社（分離元企業） スキームA と子会社が消滅会社となる合併が行われた場合の親会社（被結合企業の株主） スキームB との比較を行う。

≪X社（分離元企業）の会計処理──事業分離会計≫

スキームA　吸収分割によりX社がx事業をY社に移転した場合

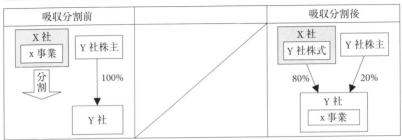

X社（分離元企業）の会計処理
(借) Y 社 株 式　　簿価　(貸) x 事 業 資 産　　簿価 　　（子会社株式）

☐：会計処理の基礎となる金額

注：X社は、子会社株式を受領したため、「投資の継続」の会計処理を行う。

≪X社（結合当事企業の株主）の会計処理──結合当事企業の株主の会計≫

スキームB　X社は単独新設分割により100%子会社を設立（100%子会社株式を受領）し、その直後に、Y社が当該100%子会社を吸収合併する（X社（被結合企業の株主）は100%子会社株式がY社株式と交換される）。

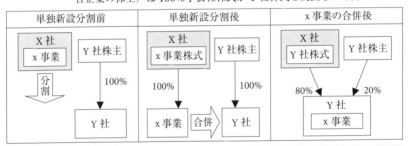

X社（結合当事企業の株主）の会計処理
（上段：x事業の単独新設分割、下段：Y社（存続会社）とx事業（消滅会社）との合併）
(借) x̶ ̶事̶ ̶業̶ ̶株̶ ̶式̶　　簿価　(貸) x 事 業 資 産　　簿価 　　（̶子̶会̶社̶株̶式̶）
(借) Y 社 株 式　　簿価　(貸) x̶ ̶事̶ ̶業̶ ̶株̶ ̶式̶　　簿価 　　（子会社株式）　　　　　　　（̶子̶会̶社̶株̶式̶）

☐：会計処理の基礎となる金額

注：X社が保有する株式は、子会社株式から子会社株式への交換であり、「投資の継続」の会計処理を行う。

> 上記のとおり、x事業をY社に直接移転することとなる吸収分割と、x事業をいったん100％子会社として切り出し、その直後にY社が当該子会社を吸収合併する取引は、X社（前者は分離元企業としての立場、後者は被結合企業の株主としての立場）における経済的効果はまったく同じである。このため、移転事業に対する分離元企業の会計処理と、投資先が企業結合した場合の被結合企業の株主の会計処理とは、同様の結果が得られるように会計処理が定められている。

2 投資の清算

　被結合企業に関する投資が清算されたとみる場合、被結合企業の株式と引き換えに受け取った対価となる財の時価と、被結合企業の株式に係る企業結合直前の適正な帳簿価額との差額を交換損益として認識するとともに、改めて当該受取対価の時価にて投資を行ったものとして会計処理します。

　投資先の子会社又は関連会社を消滅会社とした合併が行われ、合併後の投資先企業が子会社又は関連会社に該当しなくなった場合（子会社株式・関連会社株式→その他有価証券）や対価として現金等の財産（現金など、被結合企業の株式と明らかに異なる資産）を受領した場合には「投資の清算」に当たります（事業分離等会計基準32項(1)）。

　また、受取対価が市場価格のある結合企業の株式（その他有価証券に分類）となる場合には、企業結合日の株価を基礎として受取対価の時価を算定することになります（事業分離等会計基準34項）。

　なお、投資の清算については、Q15-1 **3** もあわせてご参照ください。

≪被結合企業(X社)の株主が受け取る結合企業の株式(Y社株式)がその他有価証券となる場合≫

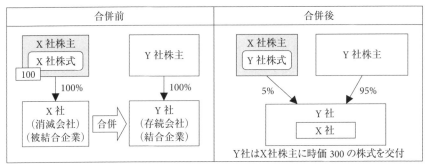

☐内は、株式の簿価を示す。

X社(被結合企業)の株主の会計処理
(借) Y 社 株 式　　　　時価 300　　(貸) X 社 株 式　　簿価 100
(その他有価証券)　　　　　　　　　　　交 換 損 益　　差額 200

☐：会計処理の基礎となる金額
注：X社株主は、保有していたX社株式(子会社株式)が組織再編によりY社株式(その他有価証券)に交換されたため、投資の清算に該当し、株式の交換損益を認識する。

なお、投資先の企業結合後においても、被結合企業の株主の継続的関与(被結合企業の株主が、結合後企業に対して、企業結合後も引き続き関与すること)があり、それが重要であることによって、交換した株式に係る成果の変動性を従来と同様に負っている場合には、投資は清算されたとみなされず、交換損益は認識されません(事業分離等会計基準32項(1)ただし書き、Q4-1 **2**[5]参照)。

3 投資の継続

被結合企業に関する投資がそのまま継続しているとみる場合、交換損益を認識せず、被結合企業の株式と引き換えに受け取る資産の取得原価は、被結合企業の株式に係る適正な帳簿価額に基づいて算定することになります。

被結合企業が子会社や関連会社の場合において、当該被結合企業の株主が、子会社株式や関連会社株式となる結合企業の株式のみを対価として受け取る場

合には、当該引き換えられた結合企業の株式を通じて、被結合企業（子会社や関連会社）に対する事業投資を引き続き行っていると考えられることから、当該被結合企業に関する投資は継続しているとみなされます（事業分離等会計基準32項(2)）。

≪被結合企業（X社）の株主が受け取る結合企業の株式が子会社株式等になる場合≫

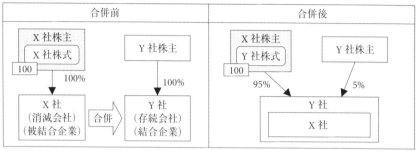

☐内は、株式の簿価を示す

X社（被結合企業）の株主の会計処理
(借) Y 社 株 式　簿価 100　(貸) X 社 株 式　簿価 100 　　（子会社又は関連会社株式）

☐：会計処理の基礎となる金額
注：X社株主は、保有していたX社株式（子会社株式）が組織再編によりY社株式（子会社株式）に交換されるが、依然として投資は継続しているため、株式の交換損益は認識しない。

このほか、被結合企業の株式を投資先の企業結合前からその他有価証券に分類していた場合で、結合後企業の株式もその他有価証券に分類されるとき（その他有価証券からその他有価証券）には、被結合企業の株主にとって、その投資の性格に変化はないとみて投資の継続に該当するものとし、被結合企業の株主は株式の交換損益を認識しないものとされています（事業分離等会計基準43項、135項）。

> **【参考】その他有価証券に分類される株式同士の交換（企業結合による場合とそれ以外の場合）**
>
> 　投資先の企業結合ではなく、個別の取引でA社株式（その他有価証券）とB社株式（その他有価証券）との交換が行われた場合には、交換の前後において、その株式がいずれもその他有価証券に分類されたとしても、異種の資産を受け取ったものとみて（投資の清算に該当）、通常、交換損益が認識される（事業分離等会計基準135項）。
>
> 　投資先の企業結合の場合には、被結合企業の株主は、当該被結合企業を含む結合後企業の株式（その他有価証券）の保有を通じた投資を引き続き行っており、また、被結合企業の株式がその他有価証券に分類されている場合には、当該被結合企業の株主自身の積極的な意思によるものとはいえないという点で、単純な株式同士の交換とは異なることになる。

≪組織再編により被結合企業の株式の交換が行われた場合の投資の継続／清算の整理≫

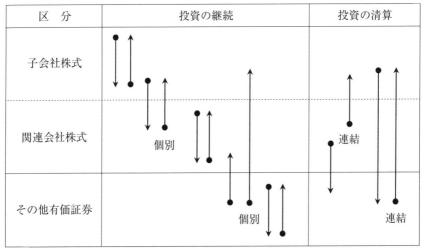

　　注：●の位置は、交換前の被結合企業株式の区分を表す。
　　　　↑の位置は、交換後の結合企業株式の区分を表す。

　上記のように、原則として、受取対価が子会社株式又は関連会社株式の場合及びその他有価証券→その他有価証券の場合には「投資継続」、受取対価がその他有価証券の場合（その他有価証券→その他有価証券を除く）には「投資清算」となる。

ただし、Q5-2のように、支配を重視する国際的な会計基準との整合性の観点から、関連会社株式又はその他有価証券から子会社株式へと持分比率が増加し、支配を獲得した場合には、連結財務諸表上の会計処理に限り「投資清算」となる。

なお、上表において、被結合企業の株式の持分比率が増加する（↑が上向き）場合には、投資元企業は被結合企業の株式に加えて、結合企業の株式を保有していることが想定されている。

Q5-2　被結合企業の株主の連結財務諸表上の会計処理

P社の100％子会社であるS社は、X社（第三者）に吸収合併され、P社が保有していたS社株式（被結合企業の株式）はX社株式（結合企業の株式）に引き換えられました。合併後のX社はP社の関連会社（持分比率30％）に該当します。

この場合、P社（被結合企業の株主）の個別財務諸表上は、受取対価が関連会社株式となりますので「投資の継続」の会計処理が行われ、株式の交換損益は計上されませんが、連結財務諸表上はどのように会計処理することになりますか。

A　P社の連結財務諸表上、被結合企業（S社）に対する持分の減少（100％→30％）に関して持分変動差額（特別損益）を計上し、結合企業（X社）に対する持分の増加（0％→30％）に関してのれん（又は負ののれん）を計上することになります。

解説

1 被結合企業の株主の会計処理と分離元企業の会計処理との関係

事業分離における分離元企業と、100％子会社を被結合企業とする企業結合における当該被結合企業の株主（親会社）とでは、経済的効果が実質的に同じであることから、事業分離等会計基準では、これらは同じ結果が得られるように会計処理を定めています（事業分離等会計基準73項、Q5-1 **1** ①参照）。

また、被結合企業の株式をすべて保有している場合（被結合企業が100％子会社の場合）と整合性を保つように、被結合企業の株式のすべては保有していないものの子会社である場合（被結合企業が100％子会社以外の子会社の場合）において、被結合企業の株主に係る会計処理を考慮することが適当とされています（事業分離等会計基準122項）。

したがって、基本的には、被結合企業の株主の連結財務諸表上の会計処理は、Q4-2の分離元企業の会計処理における「移転事業」を「被結合企業」、「分離元企業」を「被結合企業の株主」、「分離先企業」を「結合企業」と読み替えることができます。

なお、被結合企業の株主の会計処理は、分離元企業の会計処理と異なり、企業結合前から保有する被結合企業の株式は、100％子会社の株式のみならず、100％子会社以外の子会社株式や関連会社株式、その他有価証券に分類されることもあるので、そのパターンは分離元企業のそれより多くなります（Q5-2 **4** 参照）。

以下の解説では、主として、投資先企業が消滅会社となる合併が行われた場合を前提としますが、投資先企業が株式交換完全子会社となる株式交換や株式移転完全子会社となる株式移転の場合も同様となります。

2 投資先企業が第三者に吸収合併された場合

[1] 子会社を被結合企業とした企業結合（子会社が消滅会社となる合併）

子会社を被結合企業とする企業結合により、被結合企業の株式（子会社株式）が結合企業の株式のみと引き換えられ、当該被結合企業の株主（親会社）の持分比率が減少する場合、親会社の連結財務諸表上、事業分離における分離元企業の会計処理（事業分離等会計基準17項から23項（ただし共通支配下の取引となる19項を除く））に準じて、以下のように会計処理を行います（事業分離等会計基準38項）。

❶ 子会社株式から子会社株式（投資継続）

子会社を被結合企業とする企業結合により、結合後企業が被結合企業の株主の新たな子会社となる場合（※）、被結合企業の株主（親会社）は、連結財務諸表上、事業分離における分離元企業の会計処理（適用指針98項及び99項）に準じて、次のように処理します。

※：ここでは、第三者間で行われた企業結合を前提としている。同一企業集団内の他の

会社との企業結合が行われた場合の会計処理は後述の**3**で記載している。

≪子会社を被結合企業とする企業結合（子会社株式（100％）→子会社株式（60％））≫

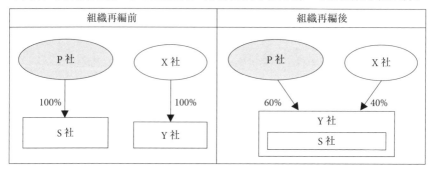

親会社の持分の減少に関する以下の差額を資本剰余金に計上します（適用指針273(2)）。

① 被結合企業に係る株主（親会社）の持分の減少額
　　…下図右上の薄い灰色部分（イ）
② 結合後企業に係る株主（親会社）の持分の増加額（企業結合直前の結合企業の時価のうち、被結合企業の株主の持分比率の増加に対応する金額）
　　…下図の左下太枠部分（ウ）であり、これは右上太枠部分（ア）と一致

なお、被結合企業の株主（親会社）は、結合企業を取得することになるため、親会社の持分の増加に関する②の部分について、連結財務諸表上、パーチェス法を適用することになり、結果として、②の部分からのれん（又は負ののれん）が生じることになります。

具体的には、分離先企業が子会社となる場合（Q 4-2 **1**[2]参照）に準じて処理します。

Q5-2 被結合企業の株主の連結財務諸表上の会計処理

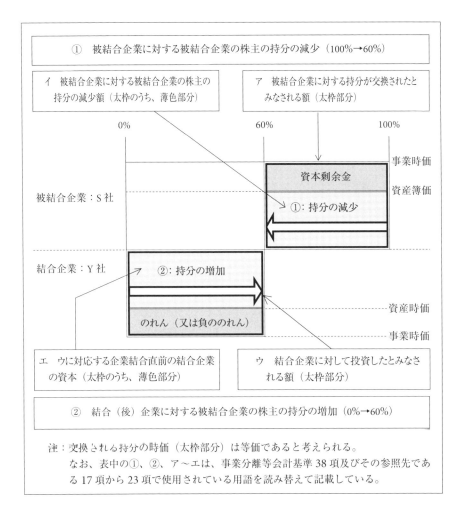

❷ 子会社株式から関連会社株式（投資継続）

　子会社を被結合企業とする企業結合により、結合後企業が関連会社となる場合、被結合企業の株主（親会社）は、連結財務諸表上、事業分離における分離元企業の会計処理（適用指針100項から102項）に準じて、これまで連結していた被結合企業の株式については、持分法へ修正したうえで、次のように会計処理します（適用指針275項(2)）。

≪子会社を被結合企業とする企業結合(子会社株式(100％)→関連会社株式(30％))≫

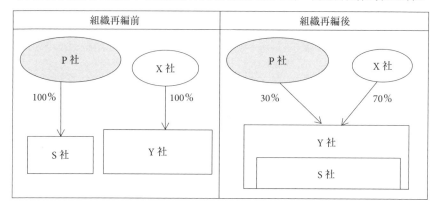

① 被結合企業に対する被結合企業の株主の持分の減少

　以下の差額を、持分変動差額として処理します。

> ア　被結合企業に対する持分が交換されたとみなされる額(交換された被結合企業の時価に減少したその株主の持分比率を乗じた額であり、以下の②ウの結合企業に対して投資したとみなされる額と同額となる)
> イ　被結合企業に対する被結合企業の株主の持分の減少額

② 結合企業に対する被結合企業の株主の持分の増加

　以下の差額を、のれん(又は負ののれん)として処理します。

> ウ　結合企業に対して投資したとみなされる額(企業結合直前の結合企業の時価に増加する被結合企業の株主の持分比率を乗じた額)
> エ　ウに対応する企業結合直前の結合企業の資本(原則として、部分時価評価法の原則法により、資産及び負債を時価評価した後の評価差額を含む)

Q5-2 被結合企業の株主の連結財務諸表上の会計処理

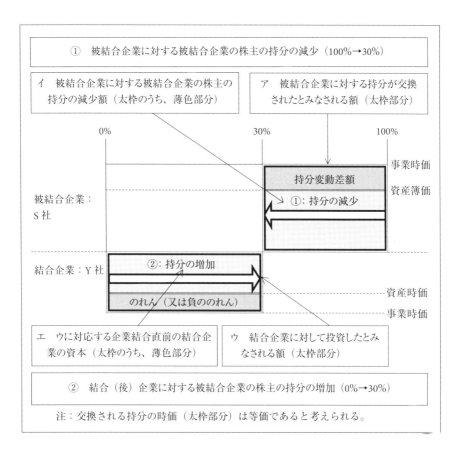

> 【参考】投資先企業が吸収合併された後に残存する株式の会計処理
>
> P社は100％子会社S社を有していたが、今般、S社は第三者であるY社に吸収合併され、合併後のY社はP社の30％関連会社になったものとする。この場合、P社（被結合企業の株主）は合併後のY社に対する投資（合併前から保有していたS社に対する30％持分）について「投資の継続」とみるか「投資の清算」とみるのかにより、以下の2つの会計処理が考えられる。
> ① 「投資の継続」とみる場合
>   P社は、消滅会社S社（被結合企業）の70％について持分の交換がなされたものとして会計処理するが（交換損益はS社に対する持分の70％相当額から発生）、30％相当額については、投資は継続しており持分の交換は行われていないと考え、P社における帳簿価額（連結財務諸表上の評価額）を継続する。
> ② 「投資の清算」とみる場合
>   P社は、消滅会社S社（被結合企業）の100％について持分の交換がなされたものとして会計処理し（交換損益はS社に対する持分の100％から発生）、同時にS社の30％持分を新規に取得したものとして会計処理する。すなわち、当該合併後も保有し続けている旧S社持分（30％相当額）については、支配を喪失したことにより投資の性格が変わったもの（異種資産に交換されたもの）とみなして売却損益を計上するとともに、新規投資としてのれん（又は負ののれん）を新たに計上することになる。
> わが国の事業分離等会計基準では、受取対価が子会社株式又は関連会社株式の場合には「投資の継続」として会計処理することとしているため、①の会計処理が採用されている。

❸ 子会社株式からその他有価証券（投資の清算）

子会社を被結合企業とする企業結合により、結合後企業が子会社や関連会社、共同支配企業以外となる場合には、「投資の清算」に該当し、被結合企業の株主は、連結財務諸表上、事業分離における分離元企業の会計処理（適用指針103項）に準じて、これまで連結していた被結合企業の株式は、個別貸借対照表上の帳簿価額（結合後企業の株式の時価又は被結合企業の株式の時価のうち、より高い信頼性をもって測定可能な時価）をもって評価することになります（適用

指針276項)。すなわち、結合企業の株式(その他有価証券)は時価で処理され、被結合企業株式の連結財務諸表上の帳簿価額との差額が株式の交換損益として処理されます。

[2] 関連会社を被結合企業とした企業結合（関連会社が消滅会社となる合併）
❶ 関連会社株式から関連会社株式（持分減少の場合）（投資継続）

　関連会社を被結合企業とする企業結合により、当該被結合企業の株主の持分比率は減少するが、結合後企業が引き続き当該被結合企業の株主の関連会社である場合、被結合企業の株主の連結財務諸表上、持分法適用において、次のように会計処理します（事業分離等会計基準40項(2)、適用指針277項(2)）。
　①　被結合企業に対する被結合企業の株主の持分の減少
　　　次の差額を、持分変動差額として処理します。

ア　被結合企業の株式が交換されたとみなされる額（被結合企業の時価のうちその株主の持分の減少額であり、以下の②ウの被結合企業に対する持分が交換されたとみなされる額と同額となる）
イ　被結合企業に対する被結合企業の株主の持分の減少額（被結合企業の株式に係る企業結合直前の適正な帳簿価額に減少した被結合企業の持分比率を乗じた額）
----

　②　結合（後）企業に対する被結合企業の株主の持分の増加
　　　次の差額を、のれん（又は負ののれん）として処理します。

ウ　被結合企業に対する持分が交換されたとみなされる額（企業結合直前の結合企業の時価に増加する被結合企業の株主の持分比率を乗じた額）
エ　ウに対応する企業結合直前の結合企業の資本（原則として、部分時価評価法の原則法により、資産及び負債を時価評価した後の評価差額を含む。関連会社となる結合後企業に係る被結合企業の株主の持分の増加額（※））
　※：持分法適用において、「関連会社となる結合後企業に係る被結合企業の株主の持分の増加額」は、持分法会計基準及び持分法実務指針の追加取得の処理に従い、企業結合直前の結合企業の資本に増加する被結合企業の株主の持分比率を乗じた額として算定される。
----

❷ 関連会社株式からその他有価証券（投資清算）

　関連会社を被結合企業とする企業結合により、結合後企業が当該被結合企業の株主の関連会社に該当しないこととなる場合、「投資の清算」に該当し、被結合企業の株主の連結財務諸表上、これまで持分法を適用していた被結合企業の株式は、個別貸借対照表上の帳簿価額（結合後企業の株式の時価又は被結合企業の株式の時価のうち、より高い信頼性をもって測定可能な時価）をもって評価することになります（事業分離等会計基準41項(2)、適用指針278項(2)）。すなわち、結合企業の株式（その他有価証券）は時価で処理され、被結合企業株式の持分法による投資評価額との差額が株式の交換損益として処理されます。

❸ 関連会社株式から関連会社株式（持分増加の場合）（投資継続）又は子会社株式（投資清算）

　下図のように、ある企業（P社）が関連会社を2社（A1社（50%）とA2社（20%））を有しており、A1社がA2社を吸収合併すると、被結合企業（A2社）の株主としての持分比率が増加（20%→35%）し、結合企業（A1社）の株主としての持分比率は減少（50%→35%）しますが、次のように会計処理します（事業分離等会計基準42項、適用指針279項(2)）。

① 結合後企業（A1社）に対する被結合企業の株主としての持分の増加（関連会社株式→関連会社株式又は子会社株式）（20%→35%）

　　結合後企業が関連会社となる場合には持分法適用会社の株式の追加取得に準じて会計処理し（のれん（又は負ののれん）が発生する）、子会社となる場合には段階取得により関連会社が連結子会社になった場合における連結手続に準じて会計処理する（先行取得株式については「投資の清算」に該当するため段階取得に係る損益を認識するとともに、のれん（又は負ののれん）が発生する）。

② 結合後企業（A1社）に対する結合企業の株主としての持分の減少（関連会社株式→関連会社株式）（50%→35%）

　　結合後企業が関連会社となる場合には、関連会社の時価発行増資等にお

ける投資会社の会計処理に準じて行う（関連会社株式→関連会社株式となるため、差額は持分変動差額として処理する）。

ただし、①と②のいずれかの金額に重要性が乏しいと考えられる場合には、重要性のある他の金額に含めて処理することができます。

≪関連会社同士の合併≫

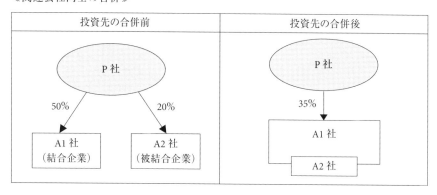

第5章 結合当事企業の株主の会計処理

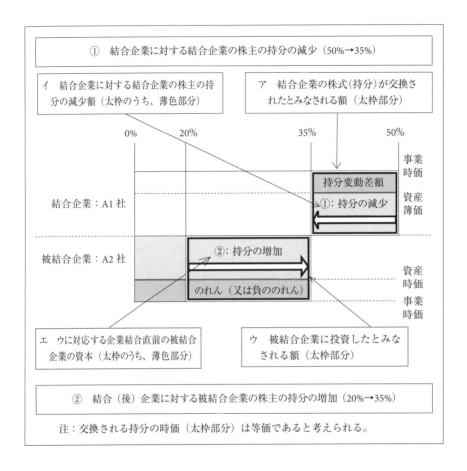

[3] 一般の投資先を被結合企業とした企業結合（一般の投資先が消滅会社となる合併）

子会社や関連会社以外の投資先を被結合企業とした企業結合が行われた場合の被結合企業の株主が作成する連結財務諸表の会計処理は、以下のようになります。

❶ その他有価証券からその他有価証券（投資継続）

子会社や関連会社以外の投資先を被結合企業とする企業結合が行われ、結合

後企業が引き続き、子会社株式や関連会社株式にも該当しない場合、被結合企業の株主の個別財務諸表上、交換損益は認識されず、結合後企業の株式の取得原価は、引き換えられた被結合企業の株式に係る企業結合直前の適正な帳簿価額に基づいて算定します（事業分離等会計基準43項、適用指針280項、Q5-1 **3** 参照）。

❷ その他有価証券から関連会社株式（投資継続）

　子会社や関連会社以外の投資先を被結合企業とする企業結合において、企業結合前に、被結合企業の株主が被結合企業の株式に加え結合企業の株式（子会社株式又は関連会社株式）も有していること（結合当事企業の双方の株式を保有）から、当該被結合企業の株主としての持分比率が増加（結合企業の株主としての持分比率は減少）し、結合後企業が当該株主の関連会社となる場合の連結財務諸表上の会計処理は、次のようになります（事業分離等会計基準44項、適用指針281項(2)）。

　① 被結合企業に対する被結合企業の株主の持分の増加（その他有価証券→関連会社株式）

　　　段階取得による持分法の適用に準じて会計処理する。

　② 結合企業に対する結合企業の株主の持分の減少（関連会社株式又は子会社株式→関連会社株式）

　　　関連会社の時価発行増資等における投資会社の会計処理に準じ、持分変動差額を認識する。

❸ その他有価証券から子会社株式（投資清算）

　子会社や関連会社以外の投資先を被結合企業とする企業結合において、企業結合前に、被結合企業の株主が被結合企業の株式に加え結合企業の株式（子会社株式）も有していること（結合当事企業の双方の株式を保有）から、当該被結合企業の株主としての持分比率が増加（結合企業の株主としての持分比率は減少）し、結合後企業が当該株主の子会社となる場合の連結財務諸表上の会計処理は、

次のようになります（事業分離等会計基準44項、適用指針281-2項(2)）。

① 被結合企業に対する被結合企業の株主の持分の増加（その他有価証券→子会社株式）

段階取得による連結手続に準じて会計処理する。

なお、当該結合企業の株式の取得原価は企業結合日の時価に基づくこととなり、その時価と適正な帳簿価額との差額は、当期の段階取得に係る損益として処理する。

② 結合企業に対する結合企業の株主の持分の減少（子会社株式→子会社株式）

子会社の時価発行増資等における親会社の会計処理に準じ、持分変動による差額を資本剰余金の増減として処理する。

3 投資先企業が同一企業集団の他の企業に吸収合併された場合

子会社同士が合併した場合、親会社は、下図のように、被結合企業の株主（S2社の株主）と結合企業の株主（S1社の株主）という2つの立場を有することになります。

≪子会社同士の合併のイメージ≫

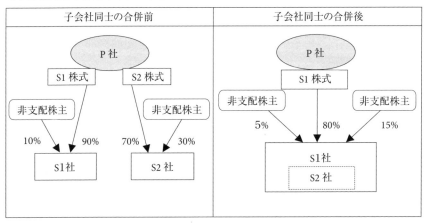

事業分離等会計基準では、子会社同士の合併について、以下のように定めています。

① 被結合企業の株主の会計処理として子会社に対する持分が減少した場合と増加した場合の会計処理（事業分離等会計基準38項、39項）
② 結合企業の株主の会計処理として子会社に対する持分が減少した場合と増加した場合の会計処理（事業分離等会計基準48項）

これらの組織再編は共通支配下の取引に該当し、その会計処理はいずれも子会社に事業分離した場合の分離元企業（親会社）の会計処理（事業分離等会計基準19項）に従うものとされています。具体的には、親会社の連結財務諸表上、以下の差額を資本剰余金として処理します。

> ア 被結合企業（S2社）に対する親会社の持分の減少額（又は増加額）
> イ 結合企業（S1社）に対する親会社の持分の増加額（又は減少額）

したがって、投資先が第三者と企業結合した場合と異なり、被結合企業や結合企業に対する持分の時価を算定する必要はなく、また、のれん（又は負ののれん）や持分変動差額が生じることもありません（Q12-4 **3** 参照）。

4 被結合企業の株主に関する会計処理の要約

被結合企業の個別財務諸表上及び連結財務諸表上の会計処理を要約すると、以下のようになります。ここでは、合併が行われた場合の消滅会社の株主（被結合企業の株主）の会計処理を想定しています。

《投資先（被結合企業）が企業結合した場合の事業分離等会計基準との対応表》

被結合企業株式	結合企業株式 （受取対価）	区分	事業分離等会計基準	適用指針	継続/清算
<投資先の企業結合により持分比率減少>					
子会社	子会社	個別	38	17(1)等	273(1)等	投資継続
		連結	38	17(2)等	273(2)等	投資継続
	関連会社	個別	38	20(1)等	275(1)	投資継続
		連結	38	20(2)等	275(2)	投資継続
	その他	個別 連結	38	23	276(1) 276(2)	投資清算

関連会社	関連会社	個別	40(1)		277(1)	投資継続
		連結	40(2)		277(2)	投資継続
	その他	個別	41(1)		278(1)	投資清算
		連結	41(2)		278(2)	投資清算
その他	その他	個別	43		280	投資継続
<投資先の企業結合により持分比率増加←被結合企業の株式に加え結合企業の株式も保有>						
子会社	子会社	個別 連結	39		272	投資継続
関連会社	子会社	個別	42		279(1)	投資継続
		連結	42		279(2)	投資清算
	関連会社	個別 連結	42		279(1) 279(2)	投資継続
その他	子会社	個別	44		281-2(1)	投資継続
		連結	44		281-2(2)	投資清算
	関連会社	個別	44		281(1)	投資継続
		連結	44		281(2)	投資継続

≪被結合企業の株主に係る会計処理(合併が行われた場合の消滅会社の株主の会計処理)≫

合併前 保有株式	合併後 保有株式		個別 交換損益		連結 持分変動	
被結合 企業 (消滅会社)	結合企業 (存続会社)	結合後企業	被結合 株式	結合 株式	被結合企業 持分	結合企業 持分
<第三者が関係した企業結合>						
子会社	–	子会社	×	–	資本剰余金	のれん
子会社	その他	子会社	×	×	資本剰余金	のれん(※)
子会社	関連会社	子会社	×	×	資本剰余金	のれん(※)
子会社	–	関連会社	×	–	持分変動差額	のれん
子会社	その他	関連会社	×	×	持分変動差額	のれん
子会社	関連会社	関連会社	×	×	持分変動差額	のれん
子会社	–	その他	○	–	売却損益	–
子会社	その他	その他	○	×	売却損益	–
関連会社	子会社	子会社	×	×	のれん(※)	資本剰余金
関連会社	–	関連会社	×	–	持分変動差額	のれん
関連会社	その他	関連会社	×	×	持分変動差額	のれん
関連会社	関連会社	関連会社	×	×	のれん/持分変動	持分変動/のれん
関連会社	子会社	関連会社	×	×	のれん	持分変動差額
関連会社	–	その他	○	–	売却損益	–

関連会社	その他	その他	○	×	売却損益	−
その他	子会社	子会社	×	×	のれん（※）	資本剰余金
その他	関連会社	関連会社	×	×	のれん	持分変動差額
その他	−	その他	×	−	−	−
その他	その他	その他	×	×	−	−
<企業集団内の企業結合>						
子会社	子会社	子会社	×	×	資本剰余金	

〔上表の見方〕例えば、最初の段は、ある会社の子会社（消滅会社）と資本関係のない第三者（存続会社）との合併が行われた場合で、合併後の会社が消滅会社の株主の子会社となる場合の会計処理を示している。このケースでは、被結合企業の株主は、被結合企業（子会社）に対する持分は常に減少し、結合企業（株式保有のない第三者）に対する持分は常に増加することになる。

ここで、連結財務諸表上は、子会社同士の合併（共通支配下の取引）を除き、被結合企業（又は結合企業）に対する持分が増加するときは「のれん」を認識し、被結合企業（又は結合企業）に対する持分が減少するときは、資本剰余金（子会社→子会社の場合）又は持分変動差額（子会社又は関連会社→関連会社の場合）を認識することになる。なお、子会社同士の合併の場合には、増減差額を資本剰余金として処理する。

・「個別」の「交換損益」欄の×は交換損益を認識しないことを示す（○は交換損益を認識）。
・「連結」の「被結合企業持分」欄、「結合企業持分」欄は、「差額」の処理を示している。「差額」は時価を基礎として算定される場合と簿価を基礎として算定される場合がある。
※：段階取得損益の認識（個別簿価（その他）又は持分法評価額（関連会社）と時価との差額）

第5章　結合当事企業の株主の会計処理

> ## Q5-3　結合企業の株主の会計処理
>
> 　P社は100%子会社S社を有しています。今般、S社（存続会社）は第三者であるA社を吸収合併し、合併後のS社はP社の60%子会社となりました。この場合、P社のS社株式に関する個別財務諸表上及び連結財務諸表上の会計処理はどのようになりますか。

A　　P社の個別財務諸表上、S社株式（結合企業株式）については子会社株式→子会社株式となり、投資の継続に該当しますので、会計処理は不要です（損益は認識しません）。

　また、P社の連結財務諸表上、S社（結合企業）に対する持分の減少（100%→60%）について資本剰余金を増減させます。なお、A社に対する持分の増加（10%→60%）についてはのれん（又は負ののれん）を計上します。

解説

1 結合企業の株主に係る会計処理の考え方

　組織再編の形式が、吸収合併及び株式交換の場合には、結合企業（存続会社、株式交換完全親会社）の株主が所有していた株式は、他の会社の株式に引き換えられることはありません。しかしながら、個々の株主にとっては、企業結合により、被結合企業の株主が新たに結合企業の株主となっても、引き続き結合企業の株主であっても、企業結合による経済的効果は実質的に同じと考えられます（この点については、以下の【参考】をご参照ください）。

　このため、事業分離等会計基準では、結合企業の株主は、保有している結合企業の株式が直接引き換えられることはないものの、その会計処理は、個別財務諸表上及び連結財務諸表上ともに被結合企業の株主に係る会計処理（分離元企業の会計処理）に準じて行うこととしています（事業分離等会計基準48項、140項）。したがって、株式の交換損益を認識するかどうかは「投資の清算」

と「投資の継続」の概念により判断することになります。なお、以下では、結合企業の株主の会計処理として「投資の清算」と「投資の継続」の考え方を改めて記載します。

【参考】被結合企業の株主と結合企業の株主の会計処理との関係

　事業分離等会計基準では、結合当事企業の株主の会計処理は被結合企業の株主の会計処理に準じることが規定されている。この点について、2つのケースをみることとする。

ケース1：P社の100％子会社S社が資本関係のない第三者（Y社）と合併し、合併後の会社が依然としてP社の子会社となる場合

≪子会社が資本関係のない第三者と合併した場合のイメージ≫

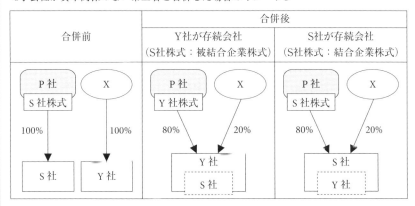

　この場合、P社はY社が存続会社（S社が消滅会社）となれば「被結合企業の株主」となり、S社が存続会社（Y社が消滅会社）となれば「結合企業の株主」となるが、どちらの会社が存続会社となっても合併後の会社に対するP社の持分は同じである（経済的実態は同じ）。

ケース2：P社の100％子会社S社と、A社（P社も10％出資）とが合併し、合併後の会社がP社の子会社となる場合

《子会社が第三者（株式保有関係あり）と合併した場合のイメージ》

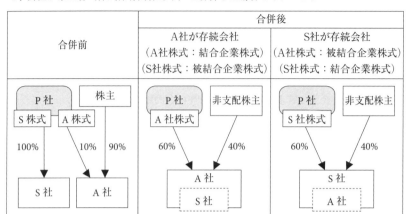

　この場合、A社が存続会社（S社が消滅会社）となれば、P社が保有するS社株式は「被結合企業の株式」、A社株式は「結合企業の株式」となり、S社が存続会社（A社が消滅会社）となれば、被結合企業の株式と結合企業の株式は逆となる。どちらの会社が存続会社となっても合併後の会社に対するP社の持分は同じである（経済的実態は同じ）。

　事業分離等会計基準では、上記の経済的実態を踏まえ、P社が作成する個別財務諸表及び連結財務諸表は、P社が「被結合企業の株主」となっても「結合企業の株主」となっても、同じ結果が得られるように会計処理を定めている。したがって、結合企業の株主の会計処理は、Q5-2（被結合企業の株主の連結財務諸表上の会計処理）に記載されている「被結合企業」を「結合企業」、「結合企業」を「被結合企業」として読み替えることもできることになる。

2 投資の清算

　投資先の子会社又は関連会社を存続会社とした合併が行われ、合併後の投資先企業が子会社又は関連会社に該当しなくなった場合（子会社株式又は関連会社株式→その他有価証券）には「投資の清算」に該当します。

　この場合には、株式の引き換えは行われなくても、会計上は、個別財務諸表上、企業結合前の結合企業の株式の適正な帳簿価額を減少させたうえで、当該株式の帳簿価額を企業結合日の時価により算定し、両者の差額を交換損益（特別損益）として計上することになります。

≪投資先企業の合併により、結合企業の株主（Y社株主）が保有する株式（Y社株式）が子会社株式からその他有価証券になる場合≫

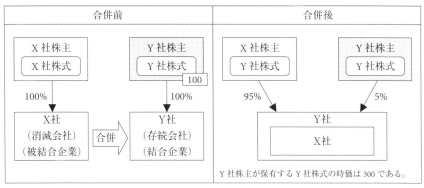

□内は、株式の簿価を示す。

Y社（結合企業）の株主の個別財務諸表上の会計処理			
(借) Y 社 株 式　時価 300	(貸) Y 社 株 式	簿価	100
（その他有価証券）	交 換 損 益	差額	200

□：会計処理の基礎となる金額

注：Y社が保有する株式は、投資先企業の組織再編後も引き換えは行われないが、子会社株式からその他有価証券に分類されることとなったため、投資の清算に該当し、株式の交換損益を認識する。

3 投資の継続

　投資先の子会社又は関連会社を存続会社とした合併が行われ、合併後も当該投資先が引き続き子会社又は関連会社に該当する場合（子会社株式又は関連会社株式→子会社株式又は関連会社株式）や子会社又は関連会社以外を存続会社とした合併が行われ、合併後も子会社又は関連会社に該当しない場合（その他有価証券→その他有価証券）は「投資の継続」に該当します。この場合、結合企業の株主は、個別財務諸表上の会計処理は不要です。

≪投資先企業の合併後も結合企業の株主(Y社株主)が保有する株式(Y社株式)が引き続き子会社株式となる場合≫

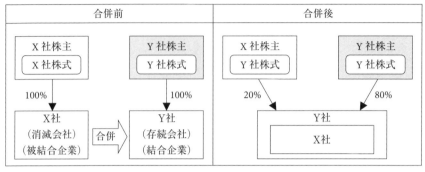

Y社(結合企業)の株主の個別財務諸表上の会計処理
仕　訳　な　し

4 結合企業の株主に関する会計処理の要約

　結合企業の個別財務諸表上及び連結財務諸表上の会計処理を要約すると、以下のようになります。ここでは、合併が行われた場合の存続会社の株主(結合企業の株主)の会計処理を想定しています。

≪結合企業の株主に係る会計処理(合併が行われた場合の存続会社の株主の会計処理)≫

合併前保有株式		合併後保有株式	個別交換損益		連結持分変動	
結合企業 (存続会社)	被結合企業 (消滅会社)	結合後企業	結合株式	被結合株式	結合企業持分	被結合企業持分
＜第三者が関係した企業結合＞						
子会社	－	子会社	×	－	資本剰余金	のれん
子会社	その他	子会社	×	×	資本剰余金	のれん(※)
子会社	関連会社	子会社	×	×	資本剰余金	のれん(※)
子会社	－	関連会社	×	－	持分変動差額	のれん
子会社	その他	関連会社	×	×	持分変動差額	のれん
子会社	関連会社	関連会社	×	×	持分変動差額	のれん
子会社	－	その他	○	－	売却損益	－
子会社	その他	その他	○	×	売却損益	－
関連会社	子会社	子会社	×	×	のれん(※)	資本剰余金

Q5-3 結合企業の株主の会計処理

関連会社	－	関連会社	×	－	持分変動差額	のれん
関連会社	その他	関連会社	×	×	持分変動差額	のれん
関連会社	関連会社	関連会社	×	×	のれん/持分変動	持分変動/のれん
関連会社	子会社	関連会社	×	×	のれん	持分変動差額
関連会社	－	その他	○	－	売却損益	－
関連会社	その他	その他	○	×	売却損益	－
その他	子会社	子会社	×	×	のれん（※）	資本剰余金
その他	関連会社	関連会社	×	×	のれん	持分変動差額
その他	－	その他	×	－		
その他	その他	その他	×	×		
<企業集団内の企業結合>						
子会社	子会社	子会社	×	×	資本剰余金	

〔上表の見方〕例えば、最初の段は、ある会社の子会社（存続会社）と資本関係のない第三者（消滅会社）との合併が行われた場合で、合併後の会社が存続会社の株主の子会社となる場合の会計処理を示している。このケースでは、結合企業の株主は、結合企業（子会社）に対する持分は常に減少し、被結合企業（株式保有のない第三者）に対する持分は常に増加することになる。

ここで、連結財務諸表上は、子会社同士の合併（共通支配下の取引）を除き、結合企業（又は被結合企業）に対する持分が増加するときは「のれん」を認識し、結合企業（又は被結合企業）に対する持分が減少するときは、資本剰余金（子会社→子会社の場合）又は持分変動差額（子会社又は関連会社→関連会社の場合）を認識することになる。なお、子会社同士の合併の場合には、増減差額を資本剰余金として処理する。

・「個別」の「交換損益」欄の×は交換損益を認識しないことを示す（○は交換損益を認識）。
・「連結」の「結合企業持分」欄、「被結合企業持分」欄は、「差額」の処理を示している。「差額」は時価を基礎として算定される場合と簿価を基礎として算定される場合がある。

※：段階取得損益の認識（個別簿価（その他）又は持分法評価額（関連会社）と時価との差額）

Q5-4 子会社の組織再編の結果として投資先の株式がその他有価証券に分類された場合の会計処理

当社は事業の再構築を進めており、次のいずれかの方法により100％子会社S社を連結対象外とする予定です。
① S社の株式の90％を第三者であるX社に売却（売却後、当社はS社株式の10％を保有）。
② S社と第三者であるX社の100％子会社Y社との合併（S社は消滅会社となり、合併後、当社はY社（存続会社）株式の10％を保有）。

上記取引の実施後は、当社は各社の株式の10％を保有するのみで、保有株式はいずれも子会社株式から「その他有価証券」に分類されます。このように保有株式が子会社株式→その他有価証券となり「投資の清算」と考えられるので、いずれの場合にも 組織再編実施時に損益を認識し、その時点の時価をその他有価証券の新たな取得原価として処理することになるのでしょうか。

A ①の子会社株式の売却取引は金融商品会計基準が適用されるため、（売却持分（90％）については売買損益が生じますが）残存持分（10％）となるその他有価証券は 帳簿価額により振り替えられ、損益は認識されません。

他方、②の投資先企業の企業結合により投資先企業の株式がその他有価証券となった場合には、事業分離等会計基準が適用され、投資の清算として株式の交換損益が認識されます（すべての株式が交換されたものとされるため、損益は100％ベースで認識される）。

Q5-4 子会社の組織再編の結果として投資先の株式がその他有価証券に分類された場合の会計処理

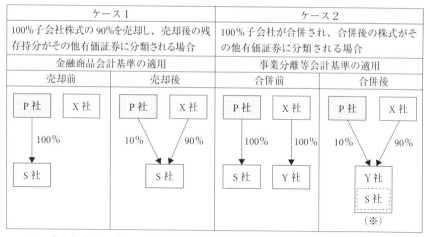

※：存続会社がY社であってもS社であっても、P社ではY社（又はS社）株式は、時価評価され、交換損益が認識される。

解説

1 子会社株式又は関連会社株式を一部売却し、残存持分がその他有価証券に分類された場合の会計処理

個別財務諸表上は、金融商品会計基準に従い、子会社株式又は関連会社株式の売却により持分比率が減少し、子会社株式又は関連会社株式に該当しなくなった場合（子会社株式又は関連会社株式→その他有価証券）には、帳簿価額をもってその他有価証券の区分に振り替えることになります（金融商品会計実務指針89項）。

連結財務諸表上は、残存する投資（その他有価証券）は、個別貸借対照表上の帳簿価額をもって評価します（帳簿価額には付随費用が含まれる）。また、連結株主資本等変動計算書上の利益剰余金の区分に、連結除外に伴う利益剰余金減少高（又は増加高）等その内容を示す適当な名称をもって投資の修正額を計上します（資本連結実務指針46項、Q15-4 2 参照）。

2 投資先企業(子会社又は関連会社)の企業結合により、企業結合後の投資先持分が子会社株式又は関連会社株式に該当しなくなった場合(その他有価証券に分類された場合)の会計処理

　事業分離等会計基準では、投資先の子会社又は関連会社を存続会社とした合併が行われ、合併後の投資先企業が子会社又は関連会社に該当しなくなった場合(子会社株式又は関連会社株式→その他有価証券)には、株式の交換が行われているかどうかにかかわりなく「投資の清算」として株式の交換損益を認識することになります(適用指針288項又は290項)。

　これは、株主が株式の一部を売却し持分比率が減少した場合と、投資先の企業が他の企業又は事業を受け入れたことに伴い持分比率が減少した場合とは、必ずしも同じ状況ではないと考え、子会社又は関連会社の企業結合により、子会社株式又は関連会社株式に該当しなくなった場合には、異種の資産と引き換えられたものとみなして、交換損益を認識することとしたためです(事業分離等会計基準129項)。

Q5-5 支配獲得後に投資先の利益剰余金を原資とした配当金を受領した株主の会計処理

P社は第三者であるX氏からS社のすべての株式を100で取得し、100％子会社としました。支配獲得時のS社の純資産の内訳は資本金50、利益剰余金50でした。

P社は、実質的な投資額の軽減と、グループの資金効率を高めるため、支配獲得直後にS社から配当金50を受領しました（配当原資は利益剰余金）。この場合、P社が受領した配当金は、S社の利益剰余金を原資としたものであるため、受取配当金として処理することはできますか。

A P社が配当としてS社から受領した50は、S社株式の取得時点でS社に存在していた純資産を原資としたものであることが明らかであり、P社にとっては投資成果の受取りではなく、投資の払戻しに該当します。したがって、配当原資にかかわらず、P社は受領した配当金を子会社株式の減額として処理する必要があります。

解説

1 配当財産が現金の場合の会計処理の概要

配当財産が現金の場合、株主は、原則として支払側の配当原資（利益剰余金／資本剰余金）に従って会計処理します。したがって、留保利益であるその他利益剰余金から配当を受けたときは、投資成果の受取りとして受取配当金で処理し、払込資本であるその他資本剰余金から配当を受けたときは、投資の払戻しとして配当対象である有価証券の帳簿価額から減額することになります（配当適用指針3項）。

支配側の配当原資		株主の会計処理
留保利益（その他利益剰余金）	→	受取配当金
払込資本（その他資本剰余金）	→	投資の減額

ただし、本質的には支払側の配当の原資（利益剰余金／資本剰余金）により、自動的に受取側の会計処理（投資成果の受取り又は投資の払戻し）が決定されるわけではなく、配当財産が現金の場合であっても、一定の場合には、上記とは異なる取扱いが定められています（配当適用指針15項、17項、Q2-19 **5** 【参考4】参照）。配当適用指針では、これまでの会計慣行や実務への配慮等から分配側の配当原資に従って、配当金を受領する株主の会計処理と連動させるという一種の割り切りをしたうえで、そのような対応では明らかに弊害があるような場合については、実態に応じて修正することを求めています。

2 組織再編実施後に現金配当が行われた場合に留意すべき取引

組織再編が実施された後に、配当適用指針の原則法（支払側の配当原資に従って会計処理する方法）を適用すると適切な結果が得られないケースとして、次のような取引があります。

[1] 買収時に存在していた会社の利益剰余金を原資とした多額の配当金を受領する取引

〈前提〉
・P社はS社（純資産100、うち利益剰余金50）を100で買収（買収対価100には、その時点でS社に存在する利益剰余金も含まれている）

S社（被買収企業）		P社（買収企業）
資 本 金　50		S社株式簿価
利益剰余金　50	→配当50	100

・買収直後に、P社は、S社の利益剰余金を原資とした配当金50を受領

P社が投資成果の分配として計上すべき受取配当金は、（買収時に存在してい

た留保利益ではなく）買収後にS社が獲得した利益を原資としたものと考えられます。この取引は、買収時点でS社に存在していた財産の一部をP社が回収したに過ぎません（投資の払戻し）。

したがって、P社は支払側の配当原資が利益剰余金であっても、受領した配当金は投資の減額として処理すべきと考えます（受取配当金として認識するのであれば、S社の純資産が100→50に減少している事実を反映させるため、P社はS社株式の帳簿価額を50切り下げ、当該損失と受取配当金とを相殺表示することが考えられ、投資の減額処理と同様の結果となる）。

もっとも配当適用指針は、実務上の実行可能性も踏まえ、支払側の配当原資に従って会計処理することを原則としていますので、利益剰余金を原資とした配当であっても投資の払戻しとして処理すべき例外的な場合とは、上記のように明らかに買収時点で存在していた留保利益を原資とした多額の配当を実施しているような場合（配当実施後のS社の純資産がS社株式の帳簿価額を大幅に下回るような場合）が想定され、S社の配当原資が買収後の当期純利益の範囲内である場合はもちろん、それを上回ったとしても過去からの安定配当に相当する程度のものであれば、受取配当金として利益に計上することは差し支えないと考えます。

[2] 株式移転後に完全親会社が完全子会社から配当金を受領する取引
〈前提〉
・S社（純資産100、うち利益剰余金50）は株式移転により完全親会社P社を設立した。
・P社は会計基準に従い、S社の簿価純資産100をS社株式の取得原価とした（S社株式の帳簿価額100には、その時点でS社に存在する利益剰余金も含まれている）。

S社（完全子会社）		P社（完全親会社）
資本金　50		S社株式簿価
利益剰余金　50	→配当50	100

・株式移転後、P社は、S社の利益剰余金を原資とした配当金50を受領した。

　上記の場合にも、[1]と同様、S社株式の帳簿価額に株式移転時に存在していたS社の留保利益が含まれていますので、これを原資とした多額の配当金を受領した場合には、投資の払戻しとして処理すべき場合に該当するものと考えます。この点については、Q2-19 **5**【参考4】もご参照ください。

[3] 投資先企業が株式移転を行い、株式移転後の完全親会社からその他資本剰余金を原資とした配当金を受領した場合

　配当適用指針15項では、投資先企業を結合当事企業とした組織再編が行われた場合において、結合後企業からの配当に相当する留保利益が当該組織再編直前に投資先企業において存在し、当該留保利益を原資とするものと認められる配当である場合（実質的に組織再編直前の投資先企業（結合当事企業）の留保利益相当額からの配当であることが確認できる場合）には、その他資本剰余金を原資とした配当であっても株主はその他利益剰余金からの配当と同様に取り扱い、受取配当金として会計処理することが認められています。

　これに該当するケースとしては、例えば、以下が挙げられます。

① 存続会社のその他資本剰余金に投資先企業であった消滅会社の留保利益相当額が含まれている場合の当該存続会社からの配当

② 株式移転設立完全親会社のその他資本剰余金に投資先企業であった株式移転完全子会社の留保利益相当額が含まれている場合の当該親会社からの配当（下図参照）

Q5-5　支配獲得後に投資先の利益剰余金を原資とした配当金を受領した株主の会計処理

≪投資先企業で株式移転が行われ、株主は当該完全親会社から資本剰余金（組織再編前の留保利益相当額）を原資とした配当金を受領する場合≫

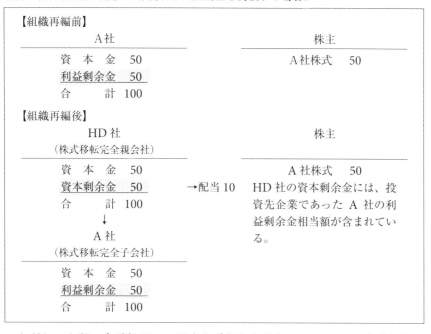

　ただし、上記の会計処理は、配当を受領した株主Aにおいて、当該組織再編に関して投資先企業の株式の交換損益を認識していない場合（投資が継続している場合　Q5-1 **3** 参照）に限定されています。

　投資が清算されたとみる場合（子会社株式→その他有価証券／関連会社株式→その他有価証券となる場合）には、被結合企業の株式と引換えに受け取った財の時価と、被結合企業の株式に係る企業結合直前の適正な帳簿価額との差額を交換損益として認識するとともに、改めて当該受取対価の時価にて投資を行ったものとされているため、当該交換損益を認識した株主が、結合後企業のその他資本剰余金の処分による配当を受けた場合には、その配当の原資が実質的に企業再編直前の投資先企業の留保利益に相当するものかどうかにかかわらず、投資の払戻しとして有価証券の帳簿価額を減額処理することが必要になるためです。

Q5-6 分割型の会社分割が実施された場合の分割会社とその株主の会計処理

上場会社A社はB事業を会社分割によりB社として分離し、受け取ったB社株式のすべてをA社株主に比例的に交付しました（分割型の会社分割（按分型））。この場合、A社（分割会社）、B社（新設会社）及びその株主の会計処理はどのようになりますか。

A 　分割会社（A社）の会計処理は、単独新設分割に準じた会計処理を行い、次に現物配当の会計処理、すなわち、配当の効力発生日における配当財産の適正な帳簿価額をもって、その他資本剰余金又はその他利益剰余金（繰越利益剰余金）を減額します（配当原資は取締役会等で決議することが想定されている）。したがって損益は認識されません。なお、新設会社B社において増加する株主資本の内訳を以下の容認法による場合には、受け取った新設会社株式（B社株式）の取得原価に、これに係る繰延税金資産・負債を加減した額により、株主資本を変動させます。

　新設会社（B社）の会計処理は、資産及び負債を分割会社A社で付された適正な帳簿価額により計上し、増加すべき株主資本は、払込資本として処理しますが（原則法）、分割会社A社で計上されていた株主資本の内訳を適切に配分した額をもって計上することもできます（容認法）。容認法による場合には、上記の配当財産の適正な帳簿価額には、移転事業に関する繰延税金資産・負債を加減した額とします。

　分割会社（A社）の株主の会計処理は、被結合企業の株主の会計処理に準じ、受け取ったB社株式を「投資の継続」と「投資の清算」の考え方に従い会計処理します。ご質問のケースは、分割前に保有していた株式の保有目的区分（子会社株式、関連会社株式、その他有価証券）と同じ区分の株式を受け取ることになるので「投資の継続」に該当し、損益は認識されません。

解説

1 分割型の会社分割の会計処理

　分割型の会社分割とは、分離元企業（分割会社）がある事業を分離先企業（新設会社又は承継会社）に移転し、移転に係る対価である当該新設会社等の株式を事業分離日に直接、分割会社の株主に交付する新設分割又は吸収分割をいいます（事業分離等会計基準9項(3)なお書き）。

　会社法では、分割型の会社分割を、分社型の会社分割とこれにより受け取った新設会社等の株式の分配という2つの取引と考える見方がなされているため、事業分離等会計基準においても、原則として、以下の2つの取引と考えて会計処理を定めています（事業分離等会計基準63項、適用指針233項、Q8-11、Q8-8、Q5-7参照）。

① A社はB事業を単独新設分割により移転し、100％子会社であるB社を設立する。

② A社は移転したB事業の対価として受け取ったB社株式を株主に現物配当する。

　　注：分割型分割の場合、会社法も分社型分割と現物配当の組合せと整理されていますが、現物配当の部分について分配可能額の規制はありません（会社法792条2号、812条2号による461条の不適用）。
　　これに対して、単独で行う現物分配（上記の①と②を別個の手続として行う場合を含む）については、交付する子会社株式の帳簿価額の総額が、分配可能額を超えてはならないとの規制がかかります（会社法461条1項8号）。

≪分割型の会社分割における分割会社の株主に係る会計処理≫

注：分割会社に支配株主が存在する場合には、共通支配下の取引として会計処理する（Q8-11 参照）。

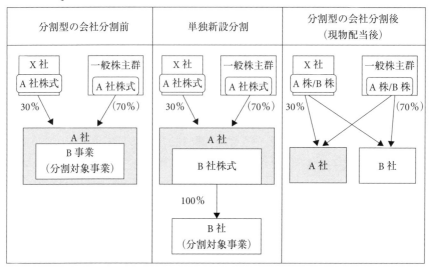

分割会社（A社）の会計処理
（上段：単独新設分割の会計処理、下段：現物配当の会計処理）

（借）B 社 株 式	簿価1	（貸）移 転 諸 資 産	簿価1
株 主 資 本 （※）	簿価1	B 社 株 式	簿価1

新設会社（B社）の会計処理

（借）移 転 諸 資 産	簿価1	（貸）払込資本又は株主資本（※）	簿価1

分割会社の株主（X社）の会計処理

（借）B 社 株 式 （関連会社株式）	簿価2	（貸）A 社 株 式 （関連会社株式）	簿価2

分割会社の株主（一般法人株主）の会計処理

（借）B 社 株 式 （その他有価証券）	簿価3	（貸）A 社 株 式 （その他有価証券）	簿価3

☐：会計処理の基礎となる金額
簿価1：A社で付されていた移転事業の適正な帳簿価額
簿価2、簿価3：B社株式と「引き換えられたものとみなされる額」（適用指針295項）
※：新設会社の増加資本には原則法と容認法があり、容認法による場合の仕訳イメージは、以下のようになる（Q8-11 参照）。

Q5-6 分割型の会社分割が実施された場合の分割会社とその株主の会計処理

・A社はB事業を分割型の会社分割により移転する。
・B事業の諸資産100、関連する繰延税金資産10
・B社はA社が取り崩した株主資本（その他資本剰余金50、その他利益剰余金60）を承継する（A社で計上されていた株主資本の内訳を適切に配分した額をもって計上する）

分割会社	B 社 株 式	110	諸 資 産	100
			繰 延 税 金 資 産	10
	その他資本剰余金 その他利益剰余金	50 60	B 社 株 式	110
新設会社	諸 資 産 繰 延 税 金 資 産	100 10	その他資本剰余金 その他利益剰余金	50 60

2 分割会社の株主(X社、一般法人株主)の会計処理

[1] 分割会社の株主の会計処理の考え方

　分割会社（A社）の株主は、分割会社の株式（A社株式）を保有したまま、新設会社（又は承継会社）の株式（B社株式）を新たに受け取ることとなるので、形式上は、A社株式が引き換えられたわけではありませんが、分割会社の純資産が新設会社に移転されたことによりB社株式を受け取ったものといえます。このため、分割会社の株主は、これまで保有していた分割会社の株式（A社株式）の全部又は一部と新設会社の株式（B社株式）とが実質的に引き換えられたものとみなして、被結合企業の株主に係る会計処理に準じて処理します（分割会社の株式に関する投資が清算されたとみる場合には、交換損益を認識し、投資が継続しているとみる場合には、交換損益を認識しない）（事業分離等会計基準49項、141項）。

　分割型の会社分割（按分型）では、新設会社（又は承継会社）の株式のすべてを保有株式数に応じて比例的に配当することになるので、株主は、原則として、分割前に保有していた株式の保有目的区分（子会社株式、関連会社株式、その他有価証券）と同じ区分の株式を受け取ることになるため、「投資の継続」に該当します。このため、分割会社の株主は、[2]で算定された「実質的に引き換えられたものとみなされる額」をB社株式の取得原価とします。

[2] 分割会社の株主が減少させるべき分割会社の株式の帳簿価額

　分割会社の株式（A社株式）が新設会社の株式（B社株式）と「実質的に引き換えられたものとみなされる額」（会計上、分割会社の株式（A社株式）の帳簿価額を減額すべき額）は、分割型会社分割直前の当該株式の適正な帳簿価額を合理的な方法によって按分し算定することになります（事業分離等会計基準52項）。合理的な方法とは、適用指針295項に定める次のような方法が考えられ、実態に応じて適切に用いることになります（適用指針297項）。

> ① 関連する時価の比率で按分する方法（株主資本の時価比率）
> ② 時価総額の比率で按分する方法（時価総額比率（のれん価値を含む））
> ③ 関連する帳簿価額（連結財務諸表上の帳簿価額を含む）の比率で按分する方法（簿価株主資本の比率）

　上記のうち、通常、③の方法が最も合理的な結果が得られることになります。この点に関しては、Q8-17 **2** もご参照ください。

　なお、一般の法人株主がA社株式をその他有価証券に区分している場合には、③の基礎データを適時に把握することは困難と考えられるため、②の考え方と整合的な方法（例えば、効力発生日前後の株価を基礎とする方法）により按分することが考えられます。

3 分割会社（A社）の会計処理

　単独で分割型の会社分割が行われた場合の分割会社の会計処理は、分割型の会社分割により親会社が子会社に事業を移転する場合の親会社（分割会社）の会計処理（適用指針233項）に準じて処理します（適用指針263項）。

　すなわち、分割会社A社は、単独新設分割に準じた会計処理を行い（適用指針226項、Q8-1参照）、次に現物配当の会計処理（新設会社株式の取得原価により株主資本を変動させ、変動させる株主資本の内訳は、取締役会等の会社の意思決定機関において定められた額に従う）（自己株式等適用指針10項、Q8-8参照）を行います。

なお、新設会社B社において増加する株主資本の内訳を **4** の容認法（分割会社で計上されていた株主資本の内訳を適切に配分した額をもって計上する方法）による場合には、新設会社B社の株主資本の額と分割会社A社が変動させた株主資本の額とを一致させるため、分割会社A社は、通常の現物配当の処理と異なり、受け取った新設会社株式（B社株式）の取得原価に、これに係る繰延税金資産又は繰延税金負債を加減した額により、分割会社の株主資本を変動させることになります（適用指針409項）。

なお、分割型新設分割が実施された場合の分割会社における開示については、Q5-8 **4** をご参照ください。

【参考】分割型会社分割において、分割会社（現物配当実施会社）が損益を計上しない理由

　配当実施会社が金銭以外の財産を配当した場合には、原則として、分配前に損益を計上し、配当財産の時価をもって、その他資本剰余金又はその他利益剰余金（繰越利益剰余金）を減額することが原則である。これは、金銭以外の財産をもって会社を清算した場合、投資の回収の結果を示すよう分配前に清算損益を計上することが適切と考えられるためである（自己株式等適用指針38項）。

　しかしながら分割型の会社分割では、例外的に配当財産の適正な帳簿価額をもって、その他資本剰余金又はその他利益剰余金（繰越利益剰余金）を減額することとされている。これは従来、分割型の会社分割は人的分割と言われていたように、分割会社自体が（パカッと）分かれただけであるという見方が一般的であり、損益を計上しないことが適切と考えられたためである（自己株式等適用指針10項、38項参照）。

---

4 新設会社（B社）の会計処理

単独で分割型の会社分割が行われた場合の新設分割設立会社の会計処理は、分割型の会社分割により親会社から子会社に事業を移転する場合の子会社（承継会社）の会計処理（適用指針234項参照）に準じて処理します（適用指針264項）。

すなわち、新設会社B社は、資産及び負債を分割会社A社で付された適正

な帳簿価額により計上し、増加すべき株主資本は、払込資本として処理しますが（原則法）、分割会社A社で計上されていた株主資本の内訳を適切に配分した額をもって計上することもできます（容認法）。なお、後者の場合、株主資本の内訳の配分額は、分割会社A社が減少させた株主資本の内訳の額と一致させる必要があります。

　なお、この点については、Q8-11の新設会社（分離先企業）の会計処理もご参照ください。

Q5-7 子会社株式を現物配当した場合の配当実施会社とその株主の会計処理

当社（A社）は、安定的な事業を営んでいますが、数年前に100％子会社であるB社を設立し、新規事業を展開しています。今般、株主総会にて、B社株式を各株主の持株比率に応じて現物配当することが決議されました。

当社と当社の株主の会計処理はどのようになりますか。

なお、当社の筆頭株主は当社株式の30％を保有していますが、他の株主の持株数は分散しており、当社には支配株主は存在しません。

A A社（配当実施会社）は、配当財産であるB社株式（子会社株式）の適正な帳簿価額を減額し、配当に伴う株主資本の減少項目は、取締役会等の会社の意思決定機関で定められた結果に従います。

A社の株主は、保有株式数に比例してB社株式を受領するため、法人株主におけるB社株式の保有目的区分は、原則としてA社株式と同じになります。このため、すべての株主は、投資の継続に該当し、現物配当前にA社株式に付していた帳簿価額を、A社及びB社の簿価株主資本比率を基礎とするなど適切な比率でA社株式とB社株式に按分することになります。

解説

投資先から金銭以外の現物資産が配当されるケースは、限定的と考えられますが、本書では以下の取引を取り上げます。

① 投資先が、その保有する子会社株式を現物配当する場合（Q5-7）
　…配当実施会社において支配株主が存在する場合と支配株主が存在しない場合

　なお、当該現物配当と密接な関係にある分割型の会社分割はQ5-6で取り上げ、パーシャルスピンオフについては、Q5-8で取り上げています。

② 投資先が、子会社株式以外の財産を現物配当する場合（Q5-9）
…配当実施会社が完全子会社の場合と合弁会社の場合（株主が配当実施会社を関連会社としている場合）

1 株主の会計処理

投資先企業が保有する子会社株式を現物配当する場合でも、株主が投資先企業を支配しているのかどうかにより、株主にとっての経済的効果が異なるため、両者を分けて記載します。

≪投資先企業が保有する子会社株式の現物配当≫

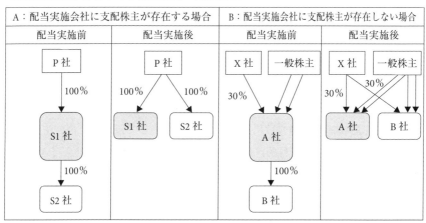

☐：会計処理の基礎となる金額
簿価1：S2株式と「引き換えられたものとみなされる額」（適用指針295項）
簿価2：現物配当直前の適正な帳簿価額
簿価3・簿価4：B社株式と「引き換えられたものとみなされる額」（適用指針295項）
簿価5：現物配当直前の適正な帳簿価額

Q5-7　子会社株式を現物配当した場合の配当実施会社とその株主の会計処理

[1] 配当実施会社に支配株主が存在する場合

　図表のAは、P社の完全子会社であるS1社が、その100％子会社であるS2株式をP社に現物配当する取引であり、現物配当の前後で、S1社及びS2社はP社による支配が継続しており、P社の視点からは経済実態に影響を与えない共通支配下の取引となります。

　これらの会計処理については、Q8-8をご参照ください。

　なお、適用指針では、現物配当財産が子会社株式のほか、関連会社株式の場合も、上記と同様の会計処理を行うものとしています（適用指針203-2項(2)③ただし書きなど）。事業分離等会計基準では、保有していた子会社株式が関連会社株式に交換された場合にも、投資の継続として会計処理することとされているためです。

[2] 配当実施会社に支配株主が存在しない場合

　図表のBのように、支配株主が存在しないA社がその子会社株式（B株式）を株主に現物配当すると、現物配当後はB社を支配する株主は存在しなくなり、A社から独立することになります。この組織再編は、一般にスピンアウト又はスピンオフ（※）といわれます。なお、A社の事業の一部としてB事業がある場合には、B事業を単独新設分割により完全子会社B社として切り出し、A社はB株式を直ちに現物配当する手法（分割型の会社分割）もスピンアウトに該当します（Q5-6参照）。

　　※：元の企業との資本関係を切り、元の企業からの影響を受けることはなくなる場合（結果として元の企業のブランドなどの資産を活用することができない）をスピンアウトといい、元の企業との関係を完全には切らない場合（一部の持分を残し、元の企業のブランドや販売チャネルなどの資産を活用することができる）をスピンオフということもある。

　配当実施会社（A社）が保有する子会社株式（B株式）を各株主が保有する株式数に応じて比例配分する形式で分配（按分型の配当）すると、各株主においては、通常、新たに保有する株式は現物配当前に保有していた株式と同一の保有目的区分となることから（関連会社株式の一部が関連会社株式に引き換えら

れ、又はその他有価証券の一部がその他有価証券に引き換えられる)、株主の立場では、原則として、「投資の継続」に該当することになり、損益は認識されません (Q5-6参照)。なお、保有目的区分の判定に当たっては、連結範囲適用指針の定めについても留意が必要です。

2 現物配当実施会社の会計処理

[1] 原則的な会計処理

　現物配当実施会社の会計処理は、自己株式適用指針10項で定められており、原則として、配当の効力発生日における配当財産の時価と適正な帳簿価額との差額を、配当の効力発生日の属する期の損益 (配当財産の種類等に応じた表示区分) に計上することとされています (結果として、配当実施前にその他利益剰余金が変動する)。

　そのうえで、配当財産の時価をもって、その他資本剰余金又はその他利益剰余金 (繰越利益剰余金) を減額することになります。減額する剰余金の内訳、すなわち配当原資については、取締役会等の会社の意思決定機関で定められることが想定されており、会計処理はその結果に従うことになります。

　もっとも、実務で現物配当が実施される場合は、次の例外的な会計処理の①から③のいずれかに該当するケースが大半と考えられ、配当実施会社において配当財産の時価評価を伴う現物配当が実施されるケースは限定的と考えられます。

[2] 例外的な会計処理

　現物配当実施会社は、以下の場合に限り、配当の効力発生日における配当財産の適正な帳簿価額をもって、その他資本剰余金又はその他利益剰余金 (繰越利益剰余金) を減額するものとされています (自己株式適用指針10項)。減額する剰余金の内訳は、原則法と同様、取締役会等の会社の意思決定機関で定められることが想定されており、会計処理はその結果に従うことになります。

　①　分割型の会社分割 (按分型)

② 保有する子会社株式のすべてを株式数に応じて比例的に配当（按分型の配当）する場合
②-2 保有する完全子会社株式の一部を株式数に応じて比例的に配当（按分型の配当）し子会社株式に該当しなくなった場合（パーシャルスピンオフ）
③ 企業集団内の企業へ配当する場合
④ 市場価格がないことなどにより公正な評価額を合理的に算定することが困難と認められる場合

①については、Q5-6 **3**【参考】のとおり、分割型の会社分割は人的分割と言われていたように、分割会社自体が分かれただけであり、分割会社で損益は計上しないという考え方が基礎にあります。この点、会計上は、分割会社S1社は、分割対象事業を単独新設分割により切り出し（ステップ1：100％子会社であるS2社を設立）、その直後にS1社は100％子会社であるS2株式を現物配当（ステップ2：100％子会社株式を保有株式数に比例して現物配当）したものとされ、上記の考え方により、配当実施会社で損益は認識しないことになります。

②については、①のステップ2を取り出しただけ（分割型会社分割のステップ1実施後の状態から取引が開始されただけ）ですので、両者を整合的に会計処理するために子会社株式（S2株式）の帳簿価額により分割会社の株主資本を減少させることとしたものです。

②-2については、パーシャルスピンオフが実施された場合の会計処理であり、Q5-8をご参照ください。

③は、企業集団内の株主である企業へ配当する場合であり、その現物配当の対象となる財には子会社株式以外の持分のほか、土地等の有形資産も含まれます。これは共通支配下の取引の会計処理との整合性の観点から定められたものです（現物配当実施会社が、現物配当財産を無対価の組織再編（共通支配下の取引）で株主に移転することにより、同様の経済効果が得られる）。共通支配下の取引は、独立第三者間の売買取引とは異なり、最上位の株主の指図に基づく企業集団内の財の移転行為としてとらえられており、移転元の帳簿価額を基礎とした会計

処理が求められていることから、現物配当財産の配当直前の適正な帳簿価額で株主資本を減額し、配当実施会社では損益を計上しないこととされています。

3 現物配当実施会社における開示

保有する子会社株式のすべてを株式数に応じて比例的に配当した場合の配当実施会社における開示については、Q5-8 **4** をご参照ください。

≪配当に関連する会計処理の定め≫
わが国の会計基準の適用関係を、配当財産の別（現金・現金以外）、会計処理の主体の別（配当実施会社・配当受領会社）に区分して、会計基準の適用関係を示すと、以下のようになる。

配当財産		配当実施会社	配当受領会社（株主）
現金		株主資本等変動計算書適用指針7項など	配当適用指針3項から6項及び10項から17項
現金以外	現物資産	自己株式適用指針10項、38項	〈子会社からの現物配当（連結簿価）〉事業分離等会計基準52項、35項、14項適用指針297項、295項など〈子会社以外からの現物配当（時価）〉事業分離等会計基準52項、36項、37項など適用指針297項、295項など
	子会社株式（関連会社株式）		事業分離等会計基準49項適用指針203-2項(2)③適用指針257項適用指針294項、295項

注：上表は代表的な取引のみ示している。

Q5-8 パーシャルスピンオフが実施された場合の配当実施会社とその株主の会計処理

A社は100％子会社B社を分離・独立させ、B社株式をA社株主にその保有比率に応じて比例配分する予定です。ただし、すべての株式を分配するより、当面、B社の株式を15％程度保有し、人材派遣を行うなど、一定の関与を継続することが、B社の対外的な信用力やB社のリソース不足を補うという点で有効な施策と考えています。

株式分配後、B社がA社の関連会社となった場合と関連会社にも該当しなくなった場合のA社とA社の法人株主の会計処理を教えてください。

A ご質問のケースは、2024年改正の自己株式等適用指針10項(2)-2「保有する完全子会社株式の一部を株式数に応じて比例的に配当（按分型の配当）し子会社株式に該当しなくなった場合」に該当します。

A社の個別財務諸表上の会計処理は、A社がB社に対する支配を喪失している限り、B社がA社の関連会社に該当するかどうかにかかわらず、配当財産であるB社株式の適正な帳簿価額により、その他資本剰余金又はその他利益剰余金を減額することになります。また、株式分配後に残存するB社株式は、株式分配前のB社株式の適正な帳簿価額を基礎として関連会社株式又はその他有価証券に振り替えます。

A社の連結財務諸表上も、帳簿価額を基礎とした個別財務諸表上の会計処理を受け入れたうえで、B社株式の配当対応分（85％）に関する投資の修正額を、原則として利益剰余金及びその他の包括利益累計額の増減として処理します。なお、残存持分（15％）は子会社株式の売却により支配を喪失し、関連会社又は関連会社以外となった場合に準じた会計処理を行うことになります。

A社の法人株主の個別財務諸表上の会計処理は、分割型の会社分割が実施された場合の会計処理（Q5-5参照）に準じることになると考えられます。ここでA社株主が受領するB社株式とA社株式の保有区分が同じである場合に

は、投資の継続として、「引き換えられたものとみなされる額」（適用指針295項）をA社株式からB社株式に付け替えることになりますが（損益は生じない）、A社株式が関連会社株式、受領したB社株式がその他有価証券となる場合（※）には、投資の清算として、B社株式を時価で評価し、差額を損益に計上することになると考えます。

なお、B社については株主の異動があるのみで、特段の会計処理は不要です。

※：配当前にA社株式の20％を保有している法人株主は、B社株式を17％（＝20％×85％）保有することになり、原則として、B社株式はその他有価証券に分類されることになる。なお、分類に当たっては、連結範囲適用指針21項以下の定めについても留意する。

解説

1 パーシャルスピンオフ税制の創設と会計基準開発

令和5年度税制改正において、完全子会社株式について一部の持分（発行済株式総数の20％未満）を残す株式分配のうち、一定の要件を満たす場合には、完全子会社株式のすべてを分配する場合と同様に、課税対象外とされる特例措置、いわゆるパーシャルスピンオフ税制が創設されました。これを受け、基準諮問会議は、スピンオフ実施会社に一部の持分を残すスピンオフの会計処理の検討をASBJに提言し、ASBJではこれを受け、2024年3月に自己株式等適用指針等を改正しました。

改正自己株式等適用指針では、パーシャルスピンオフ税制における税制適格・非適格を問わず、保有する完全子会社株式の分配後の残存持分が子会社株式に該当しなくなる場合（関連会社株式又はその他有価証券に該当する場合）のスピンオフ実施会社（配当実施会社）の個別財務諸表と連結財務諸表の会計処理を定めています。

なお、これまで組織再編に関する会計基準の開発に当たっては、配当実施会社の会計処理は株主の視点での検討が不可欠であるため（Q4-1 **1** 参照）、株主

の会計処理も一体として開発されてきましたが、パーシャルスピンオフ税制は時限的なものであり、早期に基準開発を完了する必要があることから、配当実施会社の会計処理のみを定めるという例外的な対応が採られました。

≪投資先企業が保有する子会社株式の現物配当≫

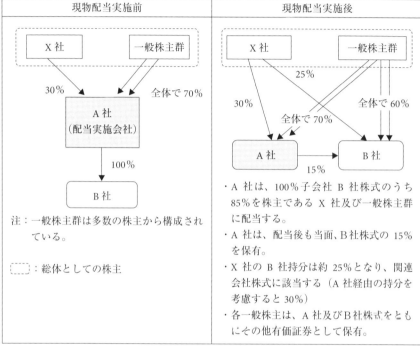

X社の会計処理		
B社株式（関連会社株式） 簿価1	A社株式（関連会社株式）	簿価1
一般株主（法人）の会計処理		
B社株式（その他有価証券） 簿価2	A社株式（その他有価証券）	簿価2
A社（配当実施会社）の会計処理		
株主資本 簿価3	B社株式（85％相当分）	簿価3
B社株式 簿価4	B社株式（15％相当分）	簿価4

☐：会計処理の基礎となる金額
簿価1：「引き換えられたものとみなされる額」（適用指針295項）
簿価2：「引き換えられたものとみなされる額」（適用指針295項）

簿価3：現物配当直前の適正な帳簿価額（配当割合相当額）
簿価4：現物配当直前の適正な帳簿価額（残存割合相当額）
　なお、現物配当後にA社が保有するB社株式（関連会社株式／その他有価証券）は、帳簿価額で評価

2 配当実施会社の会計処理

[1] 個別財務諸表上の会計処理

　自己株式等適用指針10項では、配当財産が金銭以外の財産である場合、配当の効力発生日における配当財産を時価評価したうえで損益に計上し、配当財産の時価をもって、その他資本剰余金又はその他利益剰余金を減額することを原則としつつ、配当財産の適正な帳簿価額により、その他資本剰余金又はその他利益剰余金を減額する場合が限定列挙されています（Q5-7参照）。

　2023年（令和5年）改正の自己株式等適用指針では、簿価処理となる例外規定に「保有する完全子会社株式の一部を株式数に応じて比例的に配当（按分型の配当）し子会社株式に該当しなくなった場合」が追加されました（自己株式等適用指針10項(2)-2）。

　完全子会社株式の配当に当たり、その一部を残して配当しても、配当が株式数に応じて比例的に行われ、スピンオフとして完全子会社の事業を分離・独立させる目的で行われる場合には、既存の株主以外の第三者が取引に参加していないことから、取引の趣旨を踏まえ「総体としての株主」（多数の株主を1つの束（1人の株主）とみる）の観点から取引全体を俯瞰すると、株式配当の実施会社を通じて保有していた完全子会社を自ら直接保有することとなる組織再編と考えられます。この場合、「総体としての株主」にとっては当該完全子会社に対する投資が継続していると考えられます。これらを踏まえると、改正前自己株式等適用指針10項(1)（分割型会社分割）及び(2)（保有する子会社株式のすべての配当）と同様、適正な帳簿価額を基礎として株主資本を減少させることが適切とされました（自己株式等適用指針38-2項）。

　なお、配当後に残存する株式は、関連会社株式又はその他有価証券に該当することになりますが、金融商品会計実務指針89項に準じて、（完全）子会社株

式の適正な帳簿価額を基礎として振り替えることになります（現物配当による持分の減少は、投資先企業の企業結合による持分の減少ではないため、現物配当後の分類が子会社株式からその他有価証券となった場合には帳簿価額を基礎として会計処理する（資本連結実務指針の【設例7-3】の2の前提条件参照））。

[2] 連結財務諸表上の会計処理

個別財務諸表における配当の処理（配当財産の適正な帳簿価額をもってその他資本剰余金又はその他利益剰余金を減額）を受け入れたうえで、連結財務諸表上、配当前の「投資の修正額」（取得後利益剰余金及びその他の包括利益累計額並びにのれん償却累計額の合計額等をいう）と、このうち「配当後の株式に対応する部分」との「差額」を2つに分け、次のように会計処理します。

≪「差額」の要因とそれに対する会計処理≫

	内　容	会計処理
①	個別財務諸表の取得価額に含まれている付随費用及び子会社株式の追加取得等によって生じた資本剰余金	配当により個別財務諸表で計上したその他資本剰余金又はその他利益剰余金の減額を連結株主資本等変動計算書において修正する（※）。
②	上記以外	主として連結財務諸表上の会計処理から生じるものであり、個別財務諸表上の配当に関する会計処理と関連させず、原則として、親会社持分の減少から生じたものとして、連結株主資本等変動計算書上の利益剰余金とその他の包括利益累計額の区分に、子会社株式の配当に伴う増減等その内容を示す適当な名称をもって計上する。

※：買収により子会社株式を取得した場合には、個別財務諸表上、配当財産（子会社株式）の適正な帳簿価額には支配獲得時の付随費用が含まれているが、連結上は費用処理済である。したがって、連結財務諸表の観点からは、個別財務諸表上のその他資本剰余金又はその他利益剰余金（繰越利益剰余金）の減額が付随費用のうち配当した株式に対応する部分だけ多くなっている。

また、支配獲得後、子会社株式を追加取得して完全子会社とした場合には、個別財務諸表上、配当財産（子会社株式）の適正な帳簿価額には、連結上は、追加取得等による資本剰余金の増減として処理された金額が含まれている。したがって、連結財務諸表の観点からは、個別財務諸表上のその他資本剰余金又はその他利益剰余金

（繰越利益剰余金）の減額が追加取得等による資本剰余金の増減のうち配当した株式に対応する部分だけ多く又は少なくなっていると考えられる。
このため、連結財務諸表の作成に当たっては、配当により個別財務諸表で計上したその他資本剰余金又はその他利益剰余金（繰越利益剰余金）の減額を連結株主資本等変動計算書において修正する。

また、配当後の残存する持分は、子会社株式の一部売却の処理に準じて次のように会計処理します。

① 残存持分が関連会社株式となった場合の処理

残存する関連会社株式の帳簿価額は、持分法による投資評価額で計上する。

② 残存持分がその他有価証券となった場合の処理

残存するその他有価証券の帳簿価額は、個別貸借対照表上の帳簿価額をもって計上する（連結会計基準第29項）。また、残存持分に対応する投資の修正額は取り崩し、当該取崩額を連結株主資本等変動計算書上の利益剰余金とその他の包括利益累計額の区分に、「連結除外に伴う増減」等その内容を示す適当な名称をもって計上する（Q15-4 **2** 参照）。

（以上、資本連結実務指針46-3項、46-4項）

【設例】設立時出資の完全子会社株式の分配（100％→20％（関連会社株式）へ）

〈前提〉
・P社は×1年3月末に100％子会社S社を100で設立した。
・S社は×2年3月期に利益を50計上した。
・P社は×2年3月末にS社株式の80％を株主に配当（持株数に応じて比例配分）した。

〈会計処理〉
・P社の個別財務諸表におけるS社株式の帳簿価額100
・P社の連結財務諸表上、S社株式に対する投資の修正額50（当期純利益50）
・P社はS社株式の80％を配当した結果、S社に対する支配を喪失した（残存持分は関連会社株式として持分法を適用）。
・80％対応分…投資の修正額50のうち40（80％）を連結株主資本等変動計

算書の利益剰余金から減少（子会社株式の配当に伴う増減等、適当な名称を付す）
・20％対応分…投資の修正額 50 のうち 10（20％）を持分法評価額に反映（関連会社株式の簿価 30 ＝個別の S 社株式簿価 20（＝ 100 × 20％）＋投資の修正額 10）

なお、パーシャルスピンオフの対象となる完全子会社が買収により取得されている場合（のれんの計上と償却）と支配獲得後に当該子会社においてその他有価証券評価差額金が発生した場合の会計処理は、資本連結実務指針【設例 7-2】を参照のこと

[3] 配当実施会社の税金費用の処理

❶ 個別財務諸表上の税効果の処理

自己株式等適用指針 10 項（2-2）による完全子会社株式の配当に関する税効果の処理は、通常の税効果の会計処理を行うことになります。また、単独新設分割と当該分割により受け取った新設会社株式の現物配当（配当後の残存持分が関連会社株式又はその他有価証券に分類される場合）の組合せにより行われる場合も同様であり、この場合の税効果の処理は、Q13-4 以降をご参照ください。

なお、自己株式等適用指針 10 項（2-2）による完全子会社株式の配当は、会計上は帳簿価額を基礎として処理しますが、税制非適格となる場合には、配当実施会社において配当直前に配当財産（完全子会社株式）の時価と適正な帳簿価額（税務上の簿価）との差額に対して課税される（配当に対して課税されるものではない）ことから、当該取引に係る法人税等は配当実施会社の（株主資本から控除するのではなく）損益計算書に計上されます（税効果適用指針 124-5 項）。

❷ 連結財務諸表上の税効果の処理

現物配当実施会社における完全子会社に対する投資に係る一時差異の税効果の取扱いは、税効果適用指針 22 項（将来減算一時差異）又は 23 項（将来加算一時差異）に従い、現物配当の意思決定前は、原則として、将来減算一時差異に

ついては繰延税金資産を計上せず、将来加算一時差異については、原則として、将来の会計期間における追加納付見込額を繰延税金負債として計上します（売却の意思がなく配当しない方針をとっているなど一定の場合には繰延税金負債を計上しない）（Q13-1【参考3】4.[3]参照）。

そして、完全子会社株式の配当の意思決定がなされた場合には、税効果適用指針22項及び23項の「子会社に対する投資の売却等」には、完全子会社株式の配当も含まれるため、当該定めに基づき、繰延税金資産（回収可能性がある場合）又は繰延税金負債（追加納付見込額）の計上時期及び計上額を判断することになります（税効果実務指針124-4項）。なお、パーシャルスピンオフ税制において税制適格となる場合には子会社株式の配当時に税金は発生しないため将来の税金の見積額はゼロとなり、税制非適格となる場合には配当により解消する連結財務諸表固有の一時差異に係る税金の額が税金の見積額となります（税効果会計指針124-3項）。

3 配当実施会社の株主の会計処理

前述のとおり、保有する完全子会社株式の一部を株式数に応じて比例的に配当した場合（パーシャルスピンオフ）の会計処理の検討に当たっては、配当実施会社の株主の会計処理は検討対象外とされたため、既存の会計基準の枠組みに照らして検討することが必要になります。

まず配当実施会社の株式の保有区分と、パーシャルスピンオフにより受領する株式が同じ保有区分に該当する場合（関連会社株式－関連会社株式又はその他有価証券－その他有価証券の組合せ）には「投資の継続」であることは明らかであり、配当実施会社の株式のうち「引き換えられたものとみなされる額」を受領した株式の帳簿価額とします（損益は認識されない）（Q5-6参照）。

他方で、パーシャルスピンオフが実施された場合には、配当実施会社が完全子会社株式の一部を依然として保有することから、（配当実施会社経由で保有する間接持分を考慮した持分比率は同じであるとしても）配当実施会社の株主が新たに受領する株式の（直接）持分比率は小さくなり、結果として、既存保有株

式が関連会社株式、新たに受領する株式がその他有価証券という場合も考えられます。この場合には、配当実施会社の株主が新たに受領する株式（その他有価証券）は「投資の清算」の会計処理、すなわち、受領した株式を時価評価し、差額を損益に計上することになると考えます。

4 現物配当実施会社における開示

子会社株式を現物配当した場合（保有株式のすべてを配当する場合と一部を残して配当する場合（パーシャルスピンオフ）がある）には、「子会社が企業結合を行ったことにより子会社に該当しなくなる場合」には該当しないものの、現物配当実施会社にとっては、（連結）財務諸表から子会社ないし事業が除外されるという点で、事業分離等が実施された場合とその経済的効果は同じといえます。したがって、重要性が乏しいときを除き、事業分離の注記事項又は子会社を結合当事企業とする株主（親会社）の注記事項に準じた注記をすることが適当と考えられます。

なお、当該事業の移転が特に重要な場合には、追加情報（Q16-2 **1** 及びQ16-5 **4** 参照）に該当することも考えられ、この場合には一定の注記が求められることになると考えます。

第5章 結合当事企業の株主の会計処理

Q5-9 現金以外の財産（子会社株式等を除く）の分配を受けた場合の株主と配当実施会社の会計処理

P社は100％子会社S社から、同社が保有する土地を現物配当により受領しました。この場合、P社及びS社の会計処理はどのようになりますか。

A 　P社（現物配当受領会社）は、これまで保有していたS社株式のうち土地と「実質的に引き換えられたものとみなされる額」を減少させるとともに、受領した土地を共通支配下の取引に準じて帳簿価額（連結財務諸表上の帳簿価額）で計上し、両者の差額を損益に計上します。

　S社（現物配当実施会社）は、企業集団内の企業へ配当する場合に該当するため、配当の効力発生日における土地（配当財産）の適正な帳簿価額をもって、その他資本剰余金又はその他利益剰余金（繰越利益剰余金）を減額します（配当原資は取締役会等の決議により定めることが想定されている）。

解説

　現金以外の財産（※）（子会社株式等を除く）の分配を受けた場合の株主と配当実施会社の会計処理は、現物配当実施会社に支配株主がいる場合（企業集団内での配当）といない場合とで異なりますので、以下では2つに分けて解説します。

※：現金等の財産とは、引き換えられた現物配当実施会社の株式と明らかに異なる資産が該当する（適用指針268項参照）。

Q5-9 現金以外の財産(子会社株式等を除く)の分配を受けた場合の株主と配当実施会社の会計処理

≪現金以外の財産(子会社株式等を除く)の分配を受けた場合の会計処理のイメージ≫

A:配当実施会社に支配株主が存在する場合		B:配当実施会社に支配株主が存在しない場合	
配当実施前	配当実施後	配当実施前	配当実施後
P社 → 100% → S社(土地)	P社(土地) → 100% → S社	X社 50%↘ / Y社 50%↙ → A社(土地X, 土地Y)	X社(土地X) / Y社(土地Y) → 50%/50% → A社

P社の会計処理		X社及びY社の会計処理	
土　　地　連結簿価	S　株　式　簿価1 現物配当益　　差額	土地(X/Y)　時価	A　株　式　簿価3 現物配当益　　差額
S社の会計処理		A社の会計処理	
株　主　資　本　簿価2	土　　地　簿価2	土地(X/Y)　時価 	土地(X/Y)　簿価2 土地評価益　差額
		株　主　資　本　時価	土　　地　時価

　□□□：会計処理の基礎となる金額
　連結簿価：P社にとっての連結財務諸表上の帳簿価額
　時価：現物配当直前の土地X又は土地Yの時価
　簿価1：土地と「引き換えられたものとみなされる額」(適用指針295項)
　簿価2：現物配当直前の適正な帳簿価額
　簿価3：X社又はY社において土地と「引き換えられたものとみなされる額」(適用指針295項)

1 株主の会計処理

[1] 会計処理の考え方

　事業分離等会計基準では、現金以外の財産(現物財産)の分配を受けた株主の会計処理は、分配側(配当実施会社)の原資により、自動的に受取側(株主)の会計処理(投資の払戻しか投資成果の分配か)が決定されるわけではないという点を踏まえ、交換等の一般的な会計処理の考え方に準じるものとされていま

す（事業分離等会計基準143項）。

具体的には、株主が現金以外の財産（現物財産）の分配を受けた場合、それは企業結合には該当しないものの、当該株主は、原則として、受領した現物財産とこれまで保有していた株式とが実質的に引き換えられたものとみなして、(受取対価が現金等の財産のみである場合の) 被結合企業の株主に係る会計処理 (事業分離等会計基準35項（14項から16項）、36項、37項) に準じて処理するものとされています（事業分離等会計基準52項）。

≪仕訳イメージ≫

(借) 現 金 等 の 財 産	論点1	(貸) 子 会 社 株 式 (関連会社株式)	論点2
		損　益　差額	

配当財産が現金以外（現物財産）となる取引は、企業集団内（完全親子会社間）で実施されたり、合弁会社により実施されることが想定されるため、ここでは、子会社又は関連会社から現金以外の財産を受領した株主（親会社又は投資会社）の会計処理について記載します。

[2] 受領した現金以外の財産（現物財産）に付すべき帳簿価額の算定 （論点1）

現物財産を受領した株主は、被結合企業の株主の会計処理（子会社又は関連会社を被結合企業とした企業結合）及び当該会計処理の参照元である分離元企業の会計処理（子会社又は関連会社を分離先企業として行われた事業分離）に準じた会計処理を行うことになります。

すなわち、原則として、現物財産を企業集団内の会社から受領した場合には、共通支配下の取引に準じて、移転元の帳簿価額（子会社から親会社への分配の場合には連結財務諸表上の帳簿価額）を付すことになり（事業分離等会計基準35項、14項(1)、適用指針220項、Q8-10 **2** 参照）、関連会社から受領した場合には、効力発生日の時価を付すことになります（事業分離等会計基準36項、15項(1)）。

[3]「実質的に引き換えられたものとみなされる額」の算定 （論点2）

株主が現金以外の財産の分配を受けた場合、これまで保有していた株式のうち「実質的に引き換えられたものとみなされる額」は、分配を受ける直前の当該株式の適正な帳簿価額を合理的な方法によって按分し算定します（事業分離等会計基準52項）。合理的に按分する方法には、次のような方法が考えられ、実態に応じて適切に用いるとされています（適用指針297項、295項）。

> ① 関連する時価の比率で按分する方法（株主資本の時価比率）
> ② 時価総額の比率で按分する方法（時価総額比率（のれん価値を含む））
> ③ 関連する帳簿価額（連結財務諸表上の帳簿価額を含む）の比率で按分する方法（簿価株主資本比率）

通常、③の方法が最も合理的な結果が得られることになります。この点に関しては、Q8-17 **2** もご参照ください。

この結果、[2]と[3]との差額は損益に計上されます。

[4] 現金以外の財産を受領しても投資の継続として処理される例外的な場合

被結合企業の株主は、被結合企業の株式と明らかに異なる資産を対価として受け取る場合には、通常、投資が清算されたものとみなされます（事業分離等会計基準32項(1)）。このため、現金以外の財産の分配を受けた株主は、原則として、現金以外の財産の時価（企業集団内の企業からの配当は帳簿価額）と受け取った部分に係る株式の適正な帳簿価額（これまで保有していた株式のうち「実質的に引き換えられたものとみなされる額」）との差額を損益として認識することとなります（事業分離等会計基準144項参照）。

しかしながら、当初から現金以外の財産での分配を期待している場合（※）など、投資が継続しているとみなされるときもあり、この場合には、例外的に分配された財産の取得価額は、これまで保有していた株式のうち「実質的に引き換えられたものとみなされる額」とすることになります（事業分離等会計基準144項）。

※：例えば、ある会社への出資の目的が、当初から当該会社を経由して何らかの権利（例えば排出枠）を取得することであり、当該出資先がその目的となる権利を取得した後にその権利を現物配当した場合が考えられる。

　また、投資後に生じた利益の分配など、投資が継続しているとみなされる中で当該投資の成果として現金以外の財産の分配が行われた場合には、分配された財産の時価をもって収益に計上することが合理的と考えられます（事業分離等会計基準144項）。

注：投資成果の分配が想定されているため、現金に準ずるものや換金性が高い有価証券になると考えられる。なお、親会社にとって投資成果の分配が想定されている以上、現物配当実施後の子会社の純資産は、子会社株式の帳簿価額以上であることが必要と考えられる。また分配される財産が配当実施会社の事業投資先に対する有価証券や債権の場合には、原則に従った会計処理が適用されるものと考えられる。

2 現物配当実施会社の会計処理

[1] 原則的な会計処理

　現物配当実施会社の会計処理は、自己株式適用指針10項で定められており、原則として、配当の効力発生日における配当財産の時価と適正な帳簿価額との差額を、配当の効力発生日の属する期の損益（配当財産の種類等に応じた表示区分）に計上することとされています。この点についてはQ5-7 2 [1]もご参照ください。

[2] 例外的な会計処理

　現物配当実施会社は、以下の場合に限り、配当の効力発生日における配当財産の適正な帳簿価額をもって、その他資本剰余金又はその他利益剰余金（繰越利益剰余金）を減額するものとされています（自己株式適用指針10項）。

① 　分割型の会社分割（按分型）
② 　保有する子会社株式のすべてを株式数に応じて比例的に配当（按分型の配当）する場合
②-2 　保有する完全子会社株式の一部を株式数に応じて比例的に配当（按分

Q5-9 現金以外の財産(子会社株式等を除く)の分配を受けた場合の株主と配当実施会社の会計処理

型の配当)し子会社株式に該当しなくなった場合(パーシャルスピンオフ)
③ 企業集団内の企業へ配当する場合
④ 市場価格がないことなどにより公正な評価額を合理的に算定することが困難と認められる場合

この点については、Q5-7 **2**[2]もご参照ください。

[3] 配当実施会社が子会社の場合と関連会社の場合の会計処理

　子会社が親会社に現金以外の財産を分配する場合の子会社の会計処理は、上記[2]の企業集団内の企業へ配当する場合に該当するため、配当財産の適正な帳簿価額を基礎とした会計処理を行うことになります。

　関連会社がその株主である投資会社に現金以外の財産を分配する場合の関連会社の会計処理は、上記[2]に該当しないため、原則どおり、配当効力発生日の配当財産の時価を基礎とした会計処理を行うことになります。

第 **6** 章

共通支配下の取引等の会計処理の全般的事項

● 本章の内容
- Q6-1 共通支配下の取引等の会計処理の概要 ……………………………………… 294
- Q6-2 共通支配下の取引の概要 ……………………………………………………… 297
- Q6-3 子会社の判定（連結範囲）と共通支配下の取引との関係 ………………… 301
- Q6-4 共通支配下の取引（簿価処理）と事業分離会計（投資の清算と継続）との関係 … 305
- Q6-5 非支配株主との取引の概要 …………………………………………………… 308
- Q6-6 非支配株主との取引の範囲——兄弟会社間で実施した組織再編の会計処理 … 317

Q6-1 共通支配下の取引等の会計処理の概要

企業集団内の組織再編の会計処理の概要を教えてください。

A 企業結合会計基準では、企業集団内の組織再編（※）について、独立企業間の組織再編とは異なる会計処理、すなわち、「共通支配下の取引等の会計処理」を定めています。共通支配下の取引等の会計処理には、「共通支配下の取引」と「非支配株主との取引」があります（企業結合会計基準40項）。

※：企業集団とは、支配従属関係にある2つ以上の企業からなる集団をいうため（連結会計基準1項）、共通支配下の取引等の範囲には、親会社と連結子会社、連結子会社同士の組織再編のほか、非連結子会社との組織再編も含まれることになる。他方、関連会社との組織再編は共通支配下の取引に該当しないため、独立第三者間の組織再編として、「取得」又は「共同支配企業の形成」のいずれかに分類されることになる（適用指針435項）。

共通支配下の取引等の会計処理の概要は以下のとおりです。

≪共通支配下の取引等の会計処理の概要≫

区分		会計処理の概要
共通支配下の取引 （内部取引）	個別	移転元の適正な帳簿価額（※1）で処理
	連結	内部取引として消去
非支配株主との取引 （外部取引）	個別	非支配株主に交付する財の時価を基礎として処理（※2）
	連結	非支配株主に交付する財の時価を基礎として処理（※2） （親会社の持分変動による差額は資本剰余金に計上）

※1：適正な帳簿価額とは、一般に公正妥当と認められる企業会計の基準に準拠して算定された帳簿価額である（適用指針89項参照）。このため、組織再編前において減損会計基準などが適用されていることが前提となる。なお、結合当事企業において付された適正な帳簿価額を引き継ぐ場合、結合後企業が結合当事企業から引き継ぐ適正な帳簿価額による資産総額が負債総額を下回る場合もあり得るが、こ

のような場合であっても、結合後企業はその適正な帳簿価額により個々の資産及び負債を引き継ぐ必要があり、企業結合に際して資産及び負債を評価替えすることは認められない（適用指針407項）。
※2：非支配株主との取引であっても簿価を基礎として会計処理することもある（Q6-5 **2**[2]参照）。

解説

1 共通支配下の取引の会計処理

「共通支配下の取引」とは、結合当事企業（又は事業）のすべてが、企業結合の前後で同一の株主により最終的に支配され、かつ、その支配が一時的ではない場合の企業結合をいい、親会社と（100％）子会社との合併や子会社同士の合併等が含まれます（企業結合会計基準16項）。

共通支配下の取引は、親会社の立場からは企業集団内における純資産等の移転取引として「内部取引」(経済的に独立した企業間の企業結合とは区別すべき取引)と考えられます。このため、連結財務諸表と同様に、個別財務諸表の作成にあたっても、企業結合の前後で移転する資産及び負債の帳簿価額が相違することにならないよう、企業集団内における移転先の企業は移転元の適正な帳簿価額（親会社が子会社の事業を受け入れる場合には、連結財務諸表上の帳簿価額）を基礎として会計処理することになります（企業結合会計基準41項から43項、（注9）、118項、119項）。

また、連結財務諸表上は、内部取引としてすべて消去することになります（企業結合会計基準44項）。

2 非支配株主との取引の会計処理

「非支配株主との取引」とは、企業集団を構成する子会社の株主と、当該子会社を支配している親会社との間の取引をいい（企業結合会計基準120項）、親会社が子会社を株式交換により完全子会社とする場合など、親会社が非支配株主から子会社株式を追加取得する取引が含まれます（適用指針200項）。

非支配株主との取引は、企業集団内の取引ではなく、親会社の立場からは「外部取引」と考えられます（企業結合会計基準120項、120-2項）（※）。非支配株主との取引は、適用指針の記載を踏まえると、「（時価で処理する）非支配株主との取引」と「簿価で処理する非支配株主との取引」の2つの会計処理があります。この点については、Q6-5 **2** で改めて記載します。

> ※：2013年（平成25年）改正の適用指針200項では非支配株主との取引の記載が変更されているが、親会社の持分変動による差額の処理が、のれん（又は負ののれん）から資本剰余金の増減とされた点を除き、その実質的な内容は2013年改正前と同様と考えられる。
> したがって、本書では、非支配株主との取引は親会社の立場からは「外部取引」であると考えられる点、及び最上位の親会社が対価を交付した場合には、連結財務諸表上も時価を基礎として会計処理するという点の記載については、2013年改正前の会計基準における記載を踏襲している。

3 連結会計基準で定めている事項のうち共通支配下の取引等にも関連する規定

　現金を対価とする以下の取引の連結財務諸表上の会計処理は、連結会計基準で定められていますが（企業結合会計基準46項、連結会計基準28項から30項）、これらは共通支配下の取引等の会計処理が適用されています。

① 子会社株式を非支配株主から追加取得した場合（Q15-2参照）

② 子会社株式を非支配株主に一部売却した場合（売却後も支配は継続している場合）（Q15-3 **1** 参照）

③ 子会社の時価発行増資等に伴い、親会社の払込額と親会社の持分の増減額との間に差額が生じた場合（子会社の増資後も支配は継続している場合）（Q15-3 **3** 参照）

Q6-2 共通支配下の取引の概要

A氏はX社（株主構成：A氏100%）とY社（株主構成：A氏80%、第三者20%）の株式を所有しています。今般、X社（存続会社）はY社（消滅会社）を吸収合併することになりました。この組織再編は共通支配下の取引として会計処理することになるのでしょうか

A 　結合当事企業であるX社とY社は、同一の株主（A氏）に支配されていますので、共通支配下の取引として会計処理することになります。

　具体的には、X社はY社の諸資産をY社で付された「適正な帳簿価額」で受け入れるとともに、A氏及び第三者にX社株式を交付し、交付した株式に対応して資本を増加させます。増加資本の額は受け入れた諸資産の「適正な帳簿価額」を基礎として算定することになるので、「のれん」は計上されません。

　なお、X社は子会社の非支配株主に合併対価を交付しているわけではないので「非支配株主との取引」には該当しません。

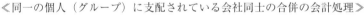
≪同一の個人（グループ）に支配されている会社同士の合併の会計処理≫

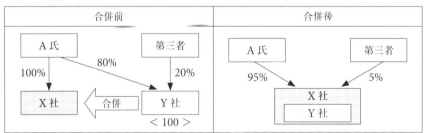

＜　＞内は、純資産の簿価を示す。

X社（存続会社）の会計処理				
(借) Y 社 諸 資 産	簿価	100	(貸) 株 主 資 本	簿価 100

☐：会計処理の基礎となる金額
注：図表は合併の場合を取り扱っているが、会社分割、株式交換、株式移転の場合も同様の考え方になる。

解説

1 共通支配下の取引の範囲

共通支配下の取引とは、親会社と子会社との合併や親会社の支配下にある子会社同士の合併など、結合当事企業（又は事業）のすべてが、企業結合の前後で同一の株主により最終的に支配され、かつ、その支配が一時的ではない場合の企業結合をいいます（企業結合会計基準16項）。

この点について、以下の事項に留意する必要があります。

① 支配の主体には個人も含まれること

　企業結合会計基準では、支配の主体を「同一の株主」とし、支配の主体には個人も含まれることを明らかにしています。企業集団は支配により形成されていることを考えると、支配の主体が企業であれ、個人であれ本質的な差異はないからです（適用指針435項）。

　また、「同一の株主」による支配の判定は、ある株主（企業又は個人）と緊密な者及び同意している者が保有する議決権を合わせて実質的に判定することになります。この判定に当たっては、連結範囲適用指針に準じて行うことになります（適用指針202項）。

　なお、個人とは、1人である必要はなく、個人グループも含まれます。個人グループは、特定の株主の近親者により構成されることが多いと思われますが、近親者（ないし関連当事者）であることをもって同一グループとみなすわけではなく（適用指針436項）、取引時に実質的に判定すること

になります。

② 支配の主体には非公開企業や外国企業も含まれること

「企業」とは、会社及び会社に準ずる事業体（※）をいい、会社、組合その他これらに準ずる事業体（外国におけるこれらに相当するものを含む）を指すとされています（企業結合会計基準4項、事業分離等会計基準2-2項、連結会計基準5項及び持分法会計基準4-2項）。したがって、支配の主体には、公開企業のほか、非公開企業や外国企業も含まれます（適用指針435項）。

※：連結範囲適用指針28項では、会社及び会社に準ずる事業体には、「資産の流動化に関する法律」に基づく特定目的会社や「投資信託及び投資法人に関する法律」に基づく投資法人、投資事業組合、海外における同様の事業を営む事業体、パートナーシップその他これらに準ずる事業体で営利を目的とする事業体が該当するものとされている。

2 共通支配下の取引の会計処理

共通支配下の取引は、Q6-1 **1** のとおり、個別財務諸表の作成に当たっては、企業集団内における移転先の企業は移転元の適正な帳簿価額（親会社が子会社の事業を受け入れる場合には、連結財務諸表上の帳簿価額）を基礎として会計処理することになり、連結財務諸表上は、内部取引としてすべて消去することになります（企業結合会計基準41項から44項）。

[1] 結合企業の株式を対価として交付する場合―のれんは発生しない

結合企業の株式を対価として交付する場合には、受け入れる資産及び負債の適正な帳簿価額を基礎として増加する株主資本の額を算定するため、差額が生じることはなく、のれん（又は負ののれん）は生じません。

[2] 現金等の財産を対価として交付する場合―のれんが発生する

共通支配下の取引であっても、現金等の財産を対価として交付する場合には、受け入れる資産及び負債の適正な帳簿価額と対価として交付する現金等の財産の適正な帳簿価額とが独立して算定されるため、両者に差額が生じることとな

り、当該差額はのれん（又は負ののれん）として会計処理することになります（パーチェス法による場合ののれんの処理と同様、20年以内の効果の及ぶ期間で償却する（負ののれんは一時の利益として処理））。

このようなのれん（又は負ののれん）が生じる取引としては、例えば以下があげられます（Q6-5 **3** も参照されたい）。

〈事業譲渡／譲受：対価＝現金〉
・親会社の事業を子会社に移転した場合の子会社の個別財務諸表上の会計処理（Q9-1 参照）
・子会社の事業を親会社に移転した場合の親会社の個別財務諸表上の会計処理（Q9-2 参照）
・孫会社の事業を子会社に移転した場合の子会社の個別財務諸表上の会計処理
・子会社の事業を他の子会社に移転した場合の他の子会社の個別財務諸表上の会計処理（Q9-3 参照）

〈子会社株式の取得：対価＝現金〉
・子会社が他の子会社の株式を取得して子会社化した場合の子会社の連結財務諸表上の会計処理（Q6-6 の ケース1 参照）

注：2013年（平成25年）の連結会計基準改正前までは、非支配株主との取引からも、のれん（又は負ののれん）が生じることがあったが、改正後は非支配株主との取引により生じた持分変動による差額は資本剰余金の増減として処理することとされたため、共通支配下の取引等において、のれんが生じる場合とは、上記の[2]のケースに限定されることになった。

Q6-3　子会社の判定(連結範囲)と共通支配下の取引との関係

　次の2つのケースにおいて、X社はY社を子会社として連結範囲に含めるべきでしょうか。また、X社がY社を吸収合併した場合には、共通支配下の取引となるのでしょうか。

　なお、ケース2については、X社は上場準備会社であり、甲氏の業務の大半はX社の業務に費やしています。

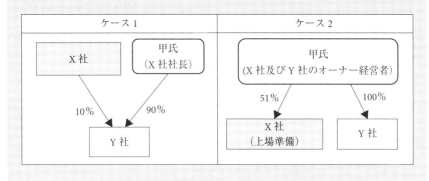

1. Y社はX社の子会社に該当するかどうか (X社の連結範囲)

　いずれのケースもY社は誰に支配されているのか、すなわち、以下のどちらに該当するのかを見極めることが必要になります。

・Y社は甲氏(甲氏はX社の緊密な者)を経由してX社に支配されているのか…X社の子会社
・甲氏個人に支配されているのか (Y社は甲氏の個人企業なのか)…X社の子会社ではない

　持株割合を踏まえると、いずれのケースもX社のY社に対する出資比率はゼロ又は低いため、原則として、Y社がX社の子会社に該当することはないと考えます。ただし、Y社の設立の経緯、存在意義、事業内容、X社との取引

の有無、Y社に損失が生じたときの負担者などを検討した結果、Y社に対するX社の出資割合が小さくとも（出資がゼロの場合を含む）、Y社はX社の子会社であると判定されるケースがあることに留意する必要があります。

2. 吸収合併が共通支配下の取引に該当するかどうか（企業結合の会計処理）

ケース1について、Y社がX社の子会社と判定されれば、X社（存続会社）は当該合併を「共通支配下の取引」として簿価（連結財務諸表上の帳簿価額）を基礎として会計処理します。他方、子会社でないと判定されれば、X社は当該合併を「取得」と判定し、時価を基礎として会計処理します。

ケース2について、Y社がX社の子会社と判定されれば、X社（存続会社）は「共通支配下の取引」として会計処理します。他方、子会社ではないと判定されたとしても、X社及びY社は、同一の株主（甲氏）に支配されていますので、「共通支配下の取引」として会計処理します。そして前者に該当する場合にはX社にとっての連結財務諸表上の帳簿価額を基礎として会計処理し、後者に該当する場合には一般の共通支配下の取引としてY社（消滅会社）の「適正な帳簿価額」を基礎として会計処理することになります。

解説

1 実質的な支配者の識別

ケース1について、Y社は、X社が所有する10％の議決権と、甲氏（通常、X社の緊密な者と考えられる）が所有する90％の議決権を合わせて議決権の100％を所有されているため、X社の子会社に該当する可能性があります（Q2-2❷【参考】フローチャート参照）。

しかし、Y社が財務上又は営業上若しくは事業上の関係等からみて、甲氏の存在を考慮してもX社がY社の意思決定機関を支配していないことが明らかと認められる場合（すなわちY社を支配しているのはあくまで甲氏であり、X社で

Q6-3 子会社の判定(連結範囲)と共通支配下の取引との関係

はないと認められる場合)には、X社の子会社には該当しません。

具体的には、X社と甲氏及びY社の関係からみて甲氏の議決権行使の意思がX社と同一でないことが明らかな場合や、Y社が破綻したときに甲氏がその損失を負担する場合(X社が議決権の所有割合10%を超えて損失を負担しない場合(※))には、Y社はX社の子会社には該当しないものと考えられます(「連結財務諸表における子会社及び関連会社の範囲の決定に関する監査上の留意点についてのQ&A」Q10参照)。

> ※：仮に、Y社が破綻したことに伴う損失の大半をX社が負担することが想定されている場合には、Y社の経営は事実上、X社が行っていたものと推定される。
> また、場合によっては、X社の損失をY社に肩代わりさせている場合も考えられる。例えばY社はX社の不良資産の買取目的で設立され、甲氏の出資金は事実上、X社から提供された資金を原資としており、甲氏は名義上の出資者である場合が考えられる(そのような場合には、通常、Y社も実体がない)。X社の直接保有持分が過半数に達していない場合(持分を保有していない場合を含む)であっても、甲氏を経由してY社を支配していたものと考えられるときは、X社はY社を子会社とし、連結財務諸表に含めることが必要となる。

ケース2についても、X社はY社の議決権を保有していないものの、甲氏(通常、X社の緊密な者と考えられる)がY社の株式のすべてを所有しているため、X社の子会社に該当する可能性があります。

しかし、このケースにおいてもケース1と同様の検討をした結果、子会社に該当しない場合もあります。

なお、X社は現在、非上場会社であっても、上場すれば社会的責任がより強くなり、透明性が求められますので、Y社との取引関係があれば、上場前にそれを解消するか、Y社をX社の完全子会社とする、あるいは吸収合併するなどして、資本関係や取引関係を整理することが一般的です。また、取引に関して事業上の合理性があり、その取引を短期間に解消することが困難な場合には、契約内容を独立第三者間取引と同等なものとしたうえで、「関連当事者との取引に関する注記」により開示することになります。

2 共通支配下の取引の範囲と企業集団の範囲

共通支配下の取引の範囲と企業集団の範囲は、通常は一致することになりますが、ある個人株主（グループ）が、複数の「企業集団の最上位に位置する親会社」の株式の過半数を保有していると、共通支配下の取引の範囲の方が企業集団の範囲より大きいことになります。

具体的には、以下のように企業集団Aの最上位の親会社であるPA社（存続会社）が、企業集団Bの最上位の親会社であるPB社（消滅会社）を吸収合併した場合には、同一の株主の支配下で行われた企業結合であり、共通支配下の取引となります。なお、この場合、PA社（存続会社）は子会社（すなわち、企業集団Aに含まれる会社）の非支配株主に対価を交付するわけではないので、非支配株主との取引に該当する部分はなく、適正な帳簿価額を基礎として会計処理することになります（合併後にPA社が作成する連結財務諸表は、PB社が作成していた連結財務諸表を合算するイメージ）。

≪共通支配下の取引の範囲と企業集団の範囲≫

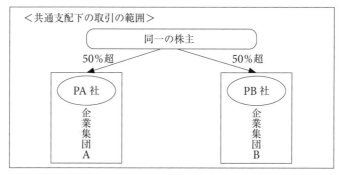

Q6-4　共通支配下の取引(簿価処理)と事業分離会計(投資の清算と継続)との関係

　親会社は100％子会社に事業を譲渡し、対価として現金を受け取りました。この取引の会計処理は、親会社は現金を対価として受領しているので「投資の清算」に該当し、通常の売買取引として受取対価を時価により処理するものと考えました（事業分離会計の考え）。

　他方、親会社から子会社への事業譲渡は、「共通支配下の取引」に該当するため、親会社では受取対価を移転元である子会社で付された適正な帳簿価額を基礎に会計処理することになるとも考えられます（子会社では移転元である親会社で付された適正な帳簿価額により会計処理する）。

　対価が現金であれば、時価も簿価も同じなので問題はありませんが、他の現物資産や移転先（当該会社の親会社や兄弟会社）の株式（その他有価証券）が受渡しされた場合には、対価を受領する親会社の会計処理に影響があると思います。

　このような取引においては、事業分離会計の投資の清算／継続の考えと企業結合会計の共通支配下の取引の考えのどちらを優先的に適用するのでしょうか。

A　分離元企業（親会社）が受領した対価が子会社株式又は関連会社株式以外の株式（すなわちその他有価証券）であっても、事業の移転が「共通支配下の取引」に該当するときは、共通支配下の取引の考えが優先的に適用されることになります。

解説

　事業分離の会計処理と共通支配下の取引との関係については、次のように共通支配下の取引の考え方が優先して適用されることになります（分離元企業では、投資の清算に該当する場合であっても受取対価は移転元の簿価を付す）。

第6章　共通支配下の取引等の会計処理の全般的事項

[1] 事業分離の対価として現金等の財産を受け取った場合

　事業分離の対価として現金等の財産を受け取ったときは、「投資の清算」に該当し、分離元企業において移転損益が生じることになります。

　ただし、子会社を分離先企業とする場合には、移転事業の帳簿価額との差額を損益として認識せざるを得ないものの、共通支配下の取引として、分離先企業（他の子会社）から受け取った現金等の財産は、（時価ではなく）移転元の適正な帳簿価額（又は連結財務諸表上の帳簿価額）により計上することになります（事業分離等会計基準83項）（Q9-1参照）。

　他方、関連会社を分離先企業とする場合には、共通支配下の取引には該当しないため、分離元企業で受け取った現金等の財産は、原則として、時価で計上し（現金の場合には結果として時価＝簿価となる）、移転事業の帳簿価額との差額を移転損益として認識することになります。

　なお、事業分離の対価が現金等の財産と分離先企業の株式である場合にも、共通支配下の取引の会計処理の考え方が優先的に適用されます（事業分離等会計基準109項、Q4-6参照）。

[2] 子会社が他の子会社に事業を移転し、対価として他の子会社の株式を受領する場合

　兄弟会社同士の事業の移転など、子会社が他の子会社に会社分割により事業を移転する場合には、子会社が受け取る対価は、他の子会社の株式（その他有価証券となるため、形式上は「投資の清算」に該当）となるものの、共通支配下の取引であることから、個別財務諸表上、他の子会社の株式の取得原価は、（時価ではなく）移転事業に係る株主資本相当額に基づいて算定し、移転損益は認識されません（適用指針254-2項、447-2項）（Q8-15参照）。

[3] 子会社が親会社に事業を移転し、対価として親会社の株式を受領する場合

　子会社の事業を親会社に移転し、対価として親会社株式（その他有価証券）を受け取る場合も同様の考え方により、親会社株式の取得原価は、子会社で付

されていた適正な帳簿価額に基づき会計処理することになります（適用指針216項）（Q8-12参照）。

Q6-5 非支配株主との取引の概要

P社（企業集団の最上位の親会社）は子会社S社（株主構成：P社80％、非支配株主20％）を吸収合併し、P社はS社の株主（非支配株主）にP社株式を交付しました。

この組織再編は親会社と子会社との合併ですから共通支配下の取引に該当しますが、非支配株主との取引はどのように会計処理すれば良いですか。

A　この組織再編は親会社と子会社との合併ですから、共通支配下の取引として帳簿価額を基礎として会計処理することになります。

ただし、最上位の親会社であるP社がS社の株主（非支配株主）にP社株式を交付する取引は、「非支配株主との取引」として交付株式の時価を基礎として会計処理します。具体的には、P社では、当該合併により交付する株式を時価で測定し、受け入れた資産と負債の純額との差額（非支配株主持分相当額に限る）をその他資本剰余金に計上することになります。

解説

1 「非支配株主との取引」の範囲

「非支配株主との取引」とは、企業集団を構成する子会社の株主と、当該子会社を支配している親会社との間の取引をいい（企業結合会計基準120項）、親会社が非支配株主から子会社株式を追加取得する取引が含まれます（適用指針200項）。言い換えれば、次の2つの要件を同時に満たした場合といえます。

① 組織再編の前から被結合企業を支配していること
② 組織再編の対価を被結合企業（子会社）の非支配株主に交付していること（その結果として、子会社に対する親会社の持分が変動すること）

上記の要件を満たす取引には、以下が含まれます。

	親会社（又は子会社）が受け入れる財	対価の交付先	取引の例
a	子会社（又は孫会社）の株式	子会社（又は孫会社）の非支配株主	親会社（子会社）が子会社（孫会社）を株式交換により完全子会社化する取引
b	子会社（又は孫会社）の資産・負債	子会社（又は孫会社）の非支配株主	親会社（子会社）が子会社（孫会社）を吸収合併する取引
c	子会社（又は孫会社）の資産・負債	子会社（又は孫会社）	親会社（子会社）が子会社（孫会社）の事業を分社型会社分割により受け入れる取引（※）

※：親会社は、移転事業に対する対価を子会社に交付するが、親会社の持分変動による差額が生じる（すなわち実質的に子会社の非支配株主に対価を交付している）ため、連結財務諸表上、非支配株主との取引に該当する。

2 「非支配株主との取引」の会計処理

非支配株主との取引は、Q6-1 **2** のとおり、適用指針の記載を踏まえると、「（時価で処理する）非支配株主との取引」と「簿価で処理する非支配株主との取引」の2つの会計処理があります（※）。

> ※：子会社が（非支配株主が存在する）孫会社を株式交換により完全子会社とする取引は、共通支配下の取引には該当しないが、非支配株主との取引には該当する。ただし、以下の[1]のように最上位の親会社が孫会社株式を追加取得する取引ではないため、（時価で処理する）非支配株主との取引には該当しない。このように、共通支配下の取引等の会計処理には、共通支配下の取引や（時価で処理する）非支配株主との取引のいずれにも該当しない取引が存在することになる。本書では当該取引を、「簿価で処理する非支配株主との取引」と呼称する。

[1] 時価で処理する非支配株主との取引

時価で処理する非支配株主との取引は、最上位の親会社が非支配株主から子会社株式を追加取得する取引等に適用されます（適用指針200項）。

この場合、結合企業は個別財務諸表上及び連結財務諸表上、非支配株主に交付する財の時価（追加取得時における当該株式の時価とその対価となる財の時価のうち、より高い信頼性をもって測定可能な時価で算定）を基礎として会計処理し、

連結財務諸表上（事業を直接取得することとなる合併等の場合には個別財務諸表上）は親会社の持分変動による差額を資本剰余金（個別財務諸表上はその他資本剰余金）に計上することになります（連結会計基準28項から30項、企業結合会計基準45項、46項）。交付する財が結合企業の株式の場合、上記の時価は、原則として、企業結合日における株価を基礎として算定することになります（企業結合会計基準（注11）、24項）。

[2] 簿価で処理する非支配株主との取引

簿価で処理する非支配株主との取引は、最上位の親会社以外の親会社が非支配株主から子会社株式を追加取得する取引等に適用されます。

例えば、最上位の親会社以外の会社（すなわち、子会社）が取引当事者となる場合や追加取得による持分増加と同時に持分減少も生じる取引（非支配株主が存在する子会社同士が合併した場合の親会社の連結財務諸表上の会計処理（Q12-4参照））があります。簿価で処理する非支配株主との取引の結果、親会社の持分変動による差額が生じた場合には、親会社の資本剰余金に計上することになります（企業結合会計基準45項、46項）。

【参考】2013年（平成25年）改正における非支配株主との取引の会計処理

非支配株主との取引（少数株主との取引）について、2013年改正においては、主として、以下の点が検討された。

① 非支配株主との取引によって生じた親会社の持分変動による差額を、連結財務諸表上、従前と同様、のれん又は負ののれん（持分減少の場合には持分変動差額）として処理すべきか、資本剰余金として処理すべきか。

② 非支配株主との取引を、従前と同様、外部取引として追加取得する子会社株式の取得原価を交付した財の時価で測定すべきか、企業集団内の取引に準じて簿価（当該子会社の適正な帳簿価額による株主資本の額）を基礎として処理すべきか。

①は、連結会計基準の改正に関するもので、のれん（又は負ののれん）として

処理する方法から資本剰余金として処理する方法に変更された。

その主な理由として、以下があげられている（連結会計基準51-2項、企業結合会計基準120項）。

a 国際的な会計基準では、支配獲得後、支配を喪失する結果とならない親会社持分の変動（非支配株主との取引）は資本取引とされ、それとの比較可能性を図るため

b 連結財務諸表上、支配獲得時に子会社の資産及び負債を全面的に評価替えしている限り、自社の株式を対価とする追加取得では、その前後において資産及び負債に変化はない。しかしながら、2013年改正前の連結会計基準では、追加的なのれんが計上され、当該のれんの償却がその後の利益に影響することとなり、このような実務上の課題に対処するため

②は、2003年（平成15年）の企業結合会計基準設定当時からの論点で、上記bと関連するものである。検討の結果、以下の理由等から非支配株主から追加取得する子会社株式の取得原価は、交付する株式の時価を基礎として処理するという取扱いを継続することとされた。

・個別財務諸表上の子会社株式の取得原価を、当該株式の時価又は支払対価となる財の時価で測定しても、連結財務諸表上、その金額と減少する非支配株主持分の金額との差額は資本剰余金となり、のれんが追加計上されることはないため、2003年会計基準において示されていた論点に対応する必要性は低いと考えられること

・個別財務諸表上の処理（追加取得される子会社株式を時価で評価）を変える必要性は大きくないこと

なお、企業結合専門委員会での議論では、持分変動による差額がのれんではなく資本剰余金として処理されることとなったため（追加的なのれんが計上されず、その後の利益に影響を与えることがなくなったため）、非支配株主との取引の範囲（時価を基礎として処理する非支配株主との取引の範囲）を最上位の親会社が非支配株主から子会社株式を追加取得する取引等に限定することなく、例えば子会社が孫会社の非支配株主から孫会社株式を追加取得するときにも適用するなど範囲の拡大についても提案されたが、2013年改正基準では、検討対象外とされた。この結果、（時価を基礎として処理する）非支配株主との取引の範囲は、従前と同様、最上位の親会社が非支配株主から子会社株式を追加取得する取引等に限定され、これ以外の場合には簿価を基礎とした会計処理となる。

[3] 親会社の持分変動による差額としての資本剰余金の会計処理

非支配株主との取引により生じた親会社の持分変動による差額は、基本的には下記の①と②の差額として算定されます。

借　方	貸　方
①　受け入れる資産・負債（②に対応する額））の帳簿価額 　（連結財務諸表の場合は減額する非支配株主持分の額）	②　交付する財（株式や現金等の財産）の時価（※1）又は簿価（※2） ※1：時価で処理する非支配株主との取引の場合
③差額：親会社の持分変動による差額としての資本剰余金の増減	※2：簿価で処理する非支配株主との取引の場合

注：子会社株式を一部売却した場合（親会社と子会社の支配が継続している場合に限る）には、売却価額と売却持分との差額が資本剰余金となる（Q15-3 **1** 参照）。

企業結合会計基準では、親会社の持分変動による差額は、以下のように資本剰余金の増減として会計処理することを定めています（例えば、適用指針206項(2)①イ、229項(2)）。

・個別財務諸表上の会計処理：その他資本剰余金に計上
・連結財務諸表上の会計処理：資本剰余金に計上

したがって、当該差額を資本金の増減として処理することはできません。例えば、親会社が非支配株主が存在する子会社を吸収合併した場合には、親会社の個別財務諸表上、株式の交付により結合企業の払込資本（親会社の払込資本）が増加しますが、この株式交付による増加資本と親会社の持分変動による差額としての（その他）資本剰余金とは内容の異なるものだからです。

会社法上、親会社の持分変動による差額としてのその他資本剰余金は、会社計算規則27条1項3号（増加）、2項3号（減少）の規定が該当するものと解されます。したがって、親会社が子会社を吸収合併した場合の増加すべき払込資本は会社計算規則35条1項に基づき株主資本等変動額を算定し、その内訳項目（資本金、準備金又はその他資本剰余金）は会社が任意に決定できますが、親会社の持分変動による差額は、会社計算規則27条1項3号等の規定に基づき、常にその他資本剰余金の増減として処理することになります。

> [会社計算規則]
>
> 　株式会社のその他資本剰余金の額は、増加又は減少するときが法定されている。親会社の持分変動による差額をその他資本剰余金の額の増加又は減少として処理するときの会社法上の規定は、会社計算規則27条1項3号（前二号に掲げるもののほか、その他資本剰余金の額を増加すべき場合）又は27条2項3号（前二号に掲げるもののほか、その他資本剰余金の額を減少すべき場合）が該当するものと解され、その増加又は減少する額は、その他資本剰余金の額を増加又は減少する額として適切な額とされている。
>
> 　会社計算規則の用語の解釈及び規定の適用に関しては、一般に公正妥当と認められる企業会計の基準その他の企業会計の慣行をしん酌しなければならないので（会社計算規則3条）、増加又は減少すべき場合や増加又は減少する額として適切な額の解釈は、企業結合会計基準及びその適用指針の定めによることになる（Q1-6参照）。

　なお、親会社の持分変動による差額としての資本剰余金の発生に起因して、その他資本剰余金がマイナスとなった場合には、四半期又は中間会計期間末では洗い替え処理し、年度末で確定させることになります。また、年度末でマイナス残高となった場合には利益剰余金を減少させ、その他資本剰余金残高をゼロとします。

3 共通支配下の取引等の分類と持分変動による差額の会計処理との関係

　親会社と非支配株主が存在する子会社との合併のように、ある1つの組織再編に共通支配下の取引（企業集団内での報告単位の統合）と非支配株主との取引(子会社の非支配株主と親会社との取引)の双方の要素を含む場合があります(適用指針206項)。このようなケースを踏まえると、共通支配下の取引等は、以下の図表のように5つのパターンが存在することになります。

第6章 共通支配下の取引等の会計処理の全般的事項

≪共通支配下の取引等の分類≫

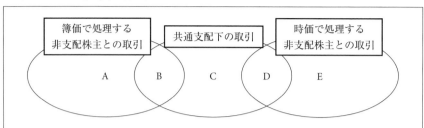

A：簿価で処理する非支配株主との取引
B：共通支配下の取引＋簿価で処理する非支配株主との取引
C：共通支配下の取引
D：共通支配下の取引＋時価で処理する非支配株主との取引
E：時価で処理する非支配株主との取引

この5つの共通支配下の取引等の分類と持分変動による差額の処理を、主な組織再編の形式ごとにまとめると、以下のようになります。

≪共通支配下の取引等の分類と取引形態との関係≫

法形式	共通支配下の取引			(時価) 非支配株主との取引	
	(簿価) 非支配株主との取引				
	A	B	C	D	E
合　　併	③④⑦	②	⑤⑥⑧	①	⑨
会社分割	④⑤⑧⑪	②	①③⑥⑦⑨⑩		
事業譲渡			①②③④		
株式交換	③④⑤⑧		⑦		①②⑩
株式移転	③④⑤⑧		⑦		①②
株式取得	②③⑤		④		①

注1：上表中の番号は、下表の番号に対応している。
注2：上表には、企業結合、非支配株主との取引のいずれにも該当しない取引（株式交換（下表の⑥、⑨）、株式移転（⑥））は記載していない。

Q6-5 非支配株主との取引の概要

	甲	乙	事業の移転 合併（対価：株式）		甲	乙	持分の取得 株式交換（対価：株式）
①	D	資	親会社が子会社を吸収合併（親個別）	①	E	−	親会社が子会社を完全子会社化（親個別）
				②	E	資	親会社が子会社を完全子会社化（親連結）
②	B	−	子会社が孫会社を吸収合併（子個別）	③	A	−	子会社が孫会社を完全子会社化（子個別）
③	A	−	子会社が孫会社を吸収合併（子連結）	④	A	−	子会社が孫会社を完全子会社化（子連結）
④	A	資	子会社が孫会社を吸収合併（親連結）	⑤	A	資	子会社が孫会社を完全子会社化（親連結）
⑤	C	−	子会社が他の子会社を吸収合併（子個別）	⑥	−	−	子会社が他の子会社を完全子会社化（子個別）
⑥	C	−	子会社が他の子会社を吸収合併（子連結）	⑦	C	−	子会社が他の子会社を完全子会社化（子連結）
⑦	A	資	子会社が他の子会社を吸収合併（親連結）★	⑧	A	資	子会社が他の子会社を完全子会社化（親連結）★
⑧	C	−	子会社が親会社を吸収合併（子個別）	⑨	−	−	子会社が親会社を完全子会社化（子個別）
⑨	E	資	子会社が親会社を吸収合併（旧親連結）	⑩	E	資	子会社が親会社を完全子会社化（旧親連結）
			会社分割（対価：株式）				株式移転
①	C	−	子会社の事業を親会社に移転（親個別）	①	E	−	親会社と子会社との株式移転（持株個別）
②	B	資	子会社の事業を親会社に移転（親連結）	②	E	資	親会社と子会社との株式移転（持株連結）
③	C	−	孫会社の事業を子会社に移転（子個別）	③	A	−	子会社と孫会社との株式移転（持株個別）
④	A	資	孫会社の事業を子会社に移転（子連結）	④	A	資	子会社と孫会社との株式移転（持株連結）
⑤	A	資	孫会社の事業を子会社に移転（親連結）	⑤	A	資	子会社と孫会社との株式移転（最上親連結）
⑥	C	−	子会社の事業を他の子会社に移転（他子個別）	⑥	−	−	子会社と他の子会社との株式移転（持株個別）
⑦	C	−	子会社の事業を他の子会社に移転（他子連結）	⑦	C	−	子会社と他の子会社との株式移転（持株連結）
⑧	A	資	子会社の事業を他の子会社に移転（親連結）★	⑧	A	資	子会社と他の子会社との株式移転（最上親連結）★
⑨	C	−	親会社の事業を子会社に移転（子個別）				
⑩	C	−	親会社の事業を子会社に移転（子連結）				
⑪	A	資	親会社の事業を子会社に移転（親連結）★				
			事業譲渡・譲受（対価：現金）				子会社株式の取得（対価：現金）
①	C	の	子会社の事業を親会社に移転（親個別）	①	E	資	親会社が子会社の株式を追加取得（親連結）
②	C	の	孫会社の事業を子会社に移転（子個別）	②	A	資	子会社が孫会社の株式を追加取得（子連結）
				③	A	資	子会社が孫会社の株式を追加取得（親連結）
③	C	の	子会社の事業を他の子会社に移転（他子個別）	④	C	の	子会社が他の子会社の株式を取得（子連結）
				⑤	A	資	子会社が他の子会社の株式を取得（親連結）
④	C	の	親会社の事業を子会社に移転（子個別）				

注：上表は、被結合企業に非支配株主が存在することを前提としている。

甲欄（共通支配下の取引／非支配株主との取引の分類）

A：簿価で処理する非支配株主との取引
B：共通支配下の取引＋簿価で処理する非支配株主との取引
C：共通支配下の取引
D：共通支配下の取引＋時価で処理する非支配株主との取引
E：時価で処理する非支配株主との取引：

乙欄（持分変動による差額の処理）：
　　資＝資本剰余金増減
　　の＝のれん（又は負ののれん）の発生
★：2013年改正前までは、連結財務諸表上は時価を基礎として処理されていたが、改正後はのれんと持分変動差額を区分することなく、まとめて資本剰余金の増減として処理することとされた。この結果、持分変動による差額は、簿価を基礎として算定できることとなったため、上表では、簿価を基礎として処理する非支配株主との取引に分類している。

Q6-6 非支配株主との取引の範囲
——兄弟会社間で実施した組織再編の会計処理

次の2つのケースで、親会社P社（連結）と子会社S1社（連結・個別）の会計処理はどのようになりますか。

ケース1 S1社がS2社（兄弟会社）の株式を現金で取得して完全子会社化する取引

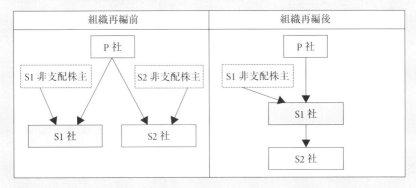

ケース2 S1社がS2社（兄弟会社）を吸収合併（対価はS1社の株式）

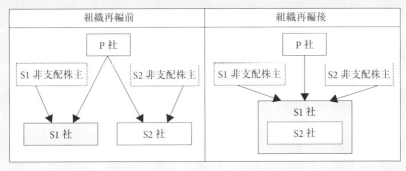

A ある企業結合が共通支配下の取引に該当したとしても、連結財務諸表の作成主体との関係で、非支配株主との取引の範囲が異なることになります。

解説

1 親会社P社の連結財務諸表上の会計処理

いずれのケースにおいても、最上位の親会社P社の立場からは、組織再編前からS1社とS2社を支配しており、またS1社がS2社の非支配株主に対価を交付しているため（Q6-5 1 参照）、P社では子会社（S1社又はS2社）に対する持分変動による差額が生じます。このため、P社の連結財務諸表上、当該持分変動による差額を「非支配株主との取引」として資本剰余金に加減することになります（Q5-2 3 参照）。

2 子会社S1社の会計処理

S1社の立場からは、S2社は同一の株主P社に支配されているとはいえ、組織再編前はS1社がS2社を支配しているわけではないため、S1社の個別財務諸表上及び連結財務諸表上、「非支配株主との取引」には該当しません。

他方で、S1社とS2社との企業結合は、第三者間の企業結合ではないため、同一の株主P社に支配されている「共通支配下の取引」の枠組みで会計処理することになると考えます。

[1] ケース1 の取引

・S1社が作成する連結財務諸表上の会計処理

S2社（兄弟会社）に対する支配を新たに獲得し、連結範囲に含めることになりますが、P社を頂点とする共通支配下の取引となるため、S1社はS2社で付された適正な帳簿価額（S2社が連結財務諸表を作成している場合には、その連結財務諸表上の金額）により資産・負債を受け入れ、対価として交付した現金との差額を、（非支配株主との取引ではないため資本剰余金ではなく）のれん（又は負ののれん）として処理することになります（Q6-2 2 参照）。

[2] ケース2 の取引

❶ S1社が作成する個別財務諸表上の会計処理

P社を頂点とする共通支配下の取引として、S1社はS2社で付された適正な帳簿価額により資産・負債を受け入れます。

❷ S1社が合併後も連結財務諸表を作成する場合の会計処理

S1社はS2社で付された適正な帳簿価額（S2社が連結財務諸表を作成している場合には、その連結財務諸表上の金額）により資産・負債を受け入れることになると考えます。なお、対価として株式を交付しているため、個別財務諸表上も連結財務諸表も差額（のれん）は生じません。

またS1社が連結財務諸表を作成する場合の連結上の増加する資本は、Q7-4に準じて払込資本とする方法が原則と考えますが、S1社の個別財務諸表上、S2社の株主資本を承継する方法を選択した場合には、個別財務諸表と連結財務諸表との整合性の観点から、S2社の連結上の株主資本を承継する方法を採用することも可能と考えます。

第7章

完全親子会社関係にある会社間の合併

●本章の内容
Q 7-1	親会社と100%子会社との合併	322
Q 7-2	親会社と100%子会社との合併（買収直後の子会社との合併）	336
Q 7-3	子会社（存続会社）と親会社との合併	340
Q 7-4	100%子会社同士の合併（対価あり）	346
Q 7-5	100%子会社同士の合併（対価なし）	356
Q 7-6	共通支配下の取引における合併の場合で対価が支払われないときの会計処理	359
Q 7-7	連結財務諸表上の帳簿価額――結合企業が連結財務諸表を作成していない場合	364
Q 7-8	連結財務諸表上の帳簿価額――親会社がIFRS会計基準により連結財務諸表を作成している場合	366
Q 7-9	連結財務諸表上の帳簿価額――子会社が孫会社を吸収合併した場合の考え方	370
Q 7-10	支配獲得後に追加取得し、完全子会社とした後に吸収合併した場合の会計処理	375

Q7-1 親会社と100％子会社との合併

親会社P社とその100％子会社S社との合併の会計処理を教えてください。

A 親会社（存続会社）とその100％子会社（消滅会社）との合併の会計処理を要約すると、以下のようになります（適用指針206項、207項）。

≪親会社と100％子会社との合併の会計処理≫

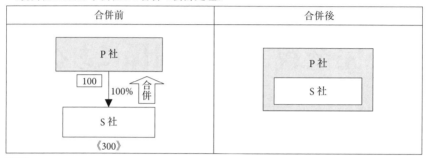

□内は株式の簿価、《 》内は純資産の連結簿価を示す。

※：P社にとっての連結財務諸表上の帳簿価額
□：会計処理の基礎となる金額

　100％子会社との合併においては、合併対価の交付先（消滅会社の株主）が親会社自身となるので、合併対価が支払われることはありません。
　なお、吸収合併が行われた後も親会社が連結財務諸表を作成する場合には、抱合せ株式消滅差損益は連結財務諸表上、過年度に認識済みの損益となるため、相殺消去します。
　また、子会社が100％孫会社を吸収合併した場合も同様に処理することになります（適用指針208項）。

解説

1 会計処理の概要

　親会社がその100％子会社を吸収合併する取引は、親会社にとっては、子会社への投資を（金銭ではなく）事業という現物により回収する取引といえます。親会社では、その回収差額を事業投資の成果として損益（抱合せ株式消滅差損益）（※）に計上することになります。

　具体的には、以下のように会計処理することになります。

> ① 親会社は、子会社の資産及び負債を合併の効力発生日直前の連結財務諸表上の帳簿価額により受け入れる。
> ② 親会社は、子会社純資産に占める親会社持分相当額（この例では100％）と消滅する子会社株式の帳簿価額との差額を、抱合せ株式消滅差損益（特別損益）に計上する。

　※：損益計算書における表示科目としては、「抱合せ株式消滅差損益」以外にも、「合併による子会社株式消滅差損益」など、他の適当な科目によることもできる。なお、「消滅」という用語を使用しているのは、合併効力発生日に子会社が法的に「消滅」するためである。

2 「連結財務諸表上の帳簿価額」

　企業結合会計基準（注9）では、「親会社と子会社が企業結合する場合において、子会社の資産及び負債の帳簿価額を連結財務諸表上修正しているときは、親会社が作成する個別財務諸表においては、連結財務諸表上の金額である修正後の帳簿価額（のれんを含む。）により計上する。」とされています。このように、企業結合会計基準では、親会社（結合企業）と子会社（被結合企業）とが企業結合するときや子会社（結合企業）と孫会社（被結合企業）とが企業結合するとき、すなわち上位者が下位者を吸収する"垂直系"の企業結合においては、親会社は、親会社（結合企業）にとっての連結財務諸表上の金額である修正後の帳簿価額（のれんを含む）により資産及び負債を受け入れることとしています。

　適用指針では、この修正後の帳簿価額を「連結財務諸表上の帳簿価額」と記

載していますが（適用指針207項）、これは、個別財務諸表上の「適正な帳簿価額」に以下の事項を調整したものとなります。したがって、特に買収により獲得した子会社を吸収する組織再編が行われたときには留意する必要があります。

① 資本連結に当たり実施した子会社の資産及び負債の時価評価（時価評価に伴う税効果の調整を含む）（※）
② のれんの未償却残高
③ 未実現損益に関する修正事項

※：企業を買収すると、Q2-12に記載したとおり、識別可能な無形資産と対応する繰延税金負債を認識することがある。これらの項目も連結財務諸表上の帳簿価額の算定に当たり考慮することになる。

親会社が子会社の資産・負債を連結財務諸表上の帳簿価額で受け入れるのは、個別財務諸表と連結財務諸表との整合性を図るためです。この点に関しては、Q7-2をご参照ください。また、未実現損益に関する修正事項については、Q14-1をご参照ください。

3 抱合せ株式消滅差損益

企業結合会計基準（注10）では、「共通支配下の取引により子会社が法律上消滅する場合には、当該子会社に係る子会社株式（抱合せ株式）の適正な帳簿価額とこれに対応する増加資本との差額は、親会社の損益とする。」とされています。この「親会社の損益」が抱合せ株式消滅差損益です。

抱合せ株式消滅差損益は、親会社の投資額（子会社株式の適正な帳簿価額）と連結財務諸表上の帳簿価額で評価された受入純資産（親会社持分相当額）との差額として算定される事業投資の成果であり、それは、基本的には親会社の連結財務諸表上、当期純損益に反映された消滅会社に係る利益の累積額となります。すなわち、抱合せ株式消滅差損益の額は、子会社が実施した配当等の額を除けば、以下の合計額と基本的には一致することになります（※）。

※：2013年の組織再編に関する会計基準の改正に伴い、Q7-10のように支配獲得後に

追加取得が行われた子会社を吸収合併する場合や、子会社株式の取得に係る付随費用がある場合など、一致しないケースもある。

・当該子会社が買収（設立）されてから合併の効力発生日直前までの期間において子会社が計上した損益（親会社持分に限る）の累計額
・当該子会社に関連するのれんの償却累計額（利益に計上された負ののれんを含む）

抱合せ株式消滅差損益を（親会社の利益剰余金に直接計上するのではなく）当期純利益に反映させることとしたのは、合併を契機に子会社を通じた事業投資の成果（連結当期純損益に反映された額）を親会社の個別損益計算書に反映させることが適当と考えられるからです（適用指針438項）。

【参考】抱合せ株式消滅差額を損益に計上することとした理由

　2003年（平成15年）10月に企業会計審議会から公表された企業結合に係る会計基準では、「共通支配下の取引により子会社が法律上消滅する場合には、当該子会社に係る子会社株式の帳簿価額は、資産及び負債の移転による増加資本から控除しなければならない。抱合せ株式の適正な帳簿価額が当該資本を上回ることにより超過額が生ずるときは、当該超過額は、原則として、親会社の利益剰余金に賦課する。」（(注17)）とされていた。また当時の実務慣行も、「抱合せ株式消滅差額」は利益剰余金に直接計上されていた（会社法施行に伴う株主資本等変動計算書の導入前までは、個別財務諸表においては、当期未処分利益の計算が個別損益計算書の末尾で表示され、株主総会における利益処分（又は損失処理）の結果を受けて、利益処分計算書（又は損失処理計算書）が開示されてきた。抱合せ株式差額は、当期純利益以下の当期未処分利益の計算過程で表示されていた）。
　しかし、抱合せ株式消滅差額は、株主との資本取引から生じたものではないため、次の理由から、損益に計上したうえで利益剰余金を増減させることとされた（適用指針438項）。
　・抱合せ株式消滅差額が差益の場合は、投資額を上回る回収額を表し、逆に、差損の場合には投資額を下回る回収額を表すことになるので、合併を契機に、このような子会社を通じた事業投資の成果を親会社の個別損益計算書に反映

させることが適当と考えられること
- 抱合せ株式消滅差額が差益の場合には、子会社から配当金を受け取った後に合併した場合と、また、差損の場合には、子会社投資に係る評価損を計上した後に合併した場合と組織再編の経済的実態が同じと考えられるので、それらの取引と同様の結果が得られるように会計処理することが望ましいと考えられること
- 利益剰余金の増減は、原則として当期純利益に反映されたもののみから構成されることが適当であること

なお、企業結合会計基準（注10）の「…差額は、親会社の損益とする。」との規定は、企業結合会計基準がASBJに移管された2008年（平成20年）改正において定められたものである。

【設例】抱合せ株式消滅差損益の会計処理

〈前提〉
- P社は100％子会社S社を01/4/1に100で設立した。
- S社は設立初年度（02年3月期）に利益を200計上した。
- P社は02/4/1にS社を吸収合併した。

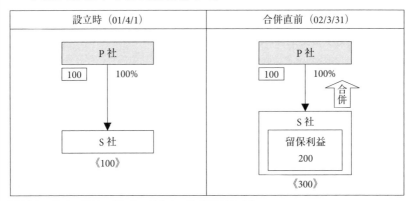

□内は株式の簿価、《 》内は純資産の連結簿価を示す。

P社の会計処理			
(借) S 社 諸 資 産	300	(貸) S 社 株 式	100
		抱合せ株式消滅差益	200

□：会計処理の基礎となる金額
　注：P社はS社に100投資し、その後、合併によりS社から純資産を300受け入れたので、差額200はP社の投資を超える回収額として利益（抱合せ株式消滅差益）となる。この利益は、P社の連結財務諸表の当期純利益に反映済みのものである。

　抱合せ株式消滅差損益は、親会社が子会社の資産・負債を受け入れる合併の効力発生日に認識します。ただし、「親会社が合併直前に保有していた子会社株式（抱合せ株式）の適正な帳簿価額との差額を、特別損益に計上する。」（適用指針206項(2)①ア）とされているように、合併直前の子会社株式の帳簿価額が「適正な帳簿価額」（金融商品会計実務指針92項、285項、金融商品会計Q&A Q73参照）であることが前提です。したがって、抱合せ株式消滅差損が発生する場合には、合併の効力発生日直前の親会社の決算において、子会社株式の評価の妥当性について留意する必要があります。

　また、消滅会社である子会社が債務超過の場合には、親会社は、債務超過相当額の資金援助を行っていることが想定されますが、このような場合には、合併の効力発生日直前の親会社の決算において、貸倒引当金や債務保証損失引当金の計上額の充分性についても留意する必要があります。なお、この点については、Q13-1 もあわせてご参照ください。

[増加資本に関する会社法の規定]

　会社計算規則では、剰余金の分配規制の観点から、組織再編により（直接）変動する株主資本等の額及びその内訳を定めています。親会社が100％子会社を吸収合併する場合には、親会社（存続会社）の利益剰余金は抱合せ株式消滅差損益の計上の結果として変動しますが、株主資本が直接変動するわけではありません。このため、会社計算規則において特段の定めは設けられていません。

4 評価・換算差額等

　親会社は、合併の効力発生日直前に子会社で計上されていた評価・換算差額

等（親会社が作成する連結財務諸表において投資と資本の消去の対象とされたものを除く）及び新株予約権の適正な帳簿価額を引き継ぐことになります。

したがって、子会社で計上されていたその他有価証券評価差額金や土地再評価差額金の適正な帳簿価額のうち、連結財務諸表の作成に当たって投資と資本の消去の対象とされたものは親会社に承継されず、支配獲得後に当該子会社で計上されたものだけが親会社に承継されることになります（適用指針206項(2)②）。

【設例】 買収により取得した子会社を吸収合併する場合の評価・換算差額等の承継

〈前提〉
- P社は、S社株式のすべてを200で買収し、その1年後に、S社を吸収合併した。
- S社が保有していた有価証券（その他有価証券）の時価は、買収時は200であったが、合併時は250となった。
- 買収日から合併時までのS社の損益はゼロであった。
- 簡便化のため、税効果は無視する。

買収時のS社の個別B/S				合併時のS社の個別B/S			
有 価 証 券	200	資 本 金	100	有 価 証 券	250	資 本 金	100
		評価・換算差額等	100			評価・換算差額等	150
	200		200		250		250

この場合のP社における合併仕訳は以下のようになる。

P社の会計処理			
(借) 有 価 証 券	250	(貸) 子 会 社 株 式	200
		評価・換算差額等	50

上記のように、買収時の評価・換算差額等100は、連結財務諸表作成に当たり親会社の投資と相殺されるため、親会社が合併時に承継する評価・換算差額等は50（＝150－100）となる。

5 子会社とその100%孫会社との合併の会計処理

　子会社（存続会社）とその100%孫会社（消滅会社）との合併の会計処理は、親会社（存続会社）とその100%子会社（消滅会社）との合併の会計処理と同じになります（適用指針206項(4)、438-2項）。

6 親会社（又は連結子会社）が非連結子会社を吸収合併した場合の連結財務諸表上の処理

　親会社（存続会社）とその非連結子会社（100%子会社）との合併の会計処理は、個別財務諸表上は、親会社（存続会社）とその連結子会社（100%子会社）との合併と同様に処理します。

　また、連結財務諸表上は、抱合せ株式消滅差損益に相当する部分を、連結損益計算書に反映させるのではなく、連結範囲の変更と同様に、連結利益剰余金残高を調整するように処理することが適当と考えます。

　なお、連結子会社が非連結子会社を吸収合併した場合も同様です。

7 親会社と子会社との合併において、子会社の資産に孫会社株式が含まれる場合

　親会社が子会社（孫会社株式を保有）を吸収合併すると、親会社は合併により子会社が保有していた諸資産を受け入れるとともに、合併前の孫会社株式を直接保有することとなり、下図の①→③という流れになります。ただし、子会社（S1社）が保有する孫会社株式（S2社）を親会社（P社）に現物配当し、その直後に親会社が子会社（S1社）を合併することによっても同じ状態を作り出すことができます（下図の①→②→③の流れ）。

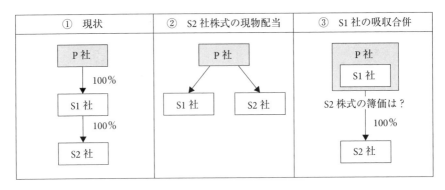

　組織再編に関する会計基準では、組織再編の形式が異なっていても、組織再編後の経済的実態が同じであれば、連結財務諸表上（合併の場合には個別財務諸表上）も同じ結果が得られるように会計処理を定めています（適用指針200項）。

　したがって、いずれの手順で合併が行われても、両者の会計処理の結果（親会社が直接保有することとなる孫会社株式（S2社株式）に付すべき帳簿価額の額）は一致することが望ましいといえますが、合併に伴う投資の回収に関する考え方や、現物配当により子会社から孫会社株式を受領した親会社の会計処理にもいくつかの方法や考え方があります。

　親会社（P社）が子会社（S1社）を合併したときに、親会社が孫会社株式（S2株式）に付すべき帳簿価額については、主として次の2つの方法が考えられます。

A法：孫会社株式を「引き換えられたものとみなされる額」（Q8-8 **2** 参照）により算定する方法

　この方法は、組織再編が、上図のとおり、①→②→③の手順で実施されたときの会計処理と整合的な方法です。組織再編に関する会計基準では、個別財務諸表上、親会社が受け入れる資産が持分（子会社株式等）か現物資産（有形資産など子会社株式等以外）かにより異なる会計処理を定めており（Q8-17参照）、①→②→③の手順に従って組織再編が実施された場合には、Q8-8 **2** で記載のとおり、親会社が直接保有することとなる孫会社株式（S2社株式）に付すべき帳簿価額は、「引き換えられたものとみなされる額」として算定することにな

ります。

　また、完全親子会社関係にある組織再編において対価が支払われない場合の会計処理を定める適用指針203-2項の(2)③（子会社の事業を親会社に無対価で移転する会社分割の場合）では、移転する事業に子会社株式や関連会社株式が含まれている場合には、適用指針257項（親会社が受け取った孫会社株式は、受け取る孫会社株式と、これまで保有していた子会社株式とが実質的に引き換えられたものとみなし、被結合企業の株主に係る会計処理に準じて処理する）を参照しており、上記の「引き換えられたものとみなされる額」と同様の算定方法によるものとされています。親会社が完全子会社の事業に含まれる孫会社株式を無対価で受け入れる取引と、親会社が完全子会社で保有する孫会社株式を合併により受け入れる取引は、経済的実態が類似しているため、この規定を合併の場合にあてはめたものとなります。

　なお、「引き換えられたものとみなされる額」については、適用指針295項で3つの方法が記載されていますが、そのいずれの方法を選択するか、また選択した方法の具体的な適用の仕方については一定の判断を伴うことになります（Q8-8 **2**[2]参照）。したがって、「引き換えられたものとみなされる額」により算定する方法を採用しても、必ずしも1つの金額が算定されるとは限らないことに留意する必要があります。

|B法|：孫会社株式を「連結財務諸表上の帳簿価額」により算定する方法

　企業結合会計基準では、親会社が子会社を吸収合併する場合において、子会社の資産及び負債の帳簿価額を連結上修正しているときは、親会社が作成する個別財務諸表においては、連結財務諸表上の金額である修正後の帳簿価額（のれんを含む）、すなわち「連結財務諸表上の帳簿価額」により計上することとされています（企業結合会計基準注9、**2**参照）。したがって、S1社におけるS2社株式の適正な帳簿価額に、P社がS2社株式の帳簿価額を連結上修正している場合（例えば支配獲得時に時価評価している場合）には、P社は修正後の帳簿価額により受け入れます。

　上記の2つの方法について、設例で確認してみます。

【設例1】親会社と設立出資した子会社（孫会社株式を保有）との合併の会計処理

〈前提〉
- P社は100％子会社S1社を100で設立し、その後、S1社はS2社を40で設立した。
- 今般、P社はS1社を吸収合併する。
- 合併時のS1社及びS2社の個別上の簿価株主資本の額は、以下のとおりである。

	S1社	S2社	合計
合併時の簿価株主資本	100 （S2株式40を除く　60）	60	120
（参考：設立後の利益累計額）	（0）	（20）	（20）

注：P社は、S1社及びS2社を設立当初から支配しているため、支配獲得時の時価評価等の調整はなく、上表は、各社の適正な帳簿価額により算定している。

1. A法の仕訳イメージ
   - P社におけるS1株式の簿価：100
   - 現物配当の会計処理において、S2株式に「引き換えられたものとみなされる額」の算定方法についていくつかの方法が考えられるが（Q8-8参照）、ここではS1社及びS2社の合併時における簿価株主資本の比率により算定するものとする。
   引き換えられたものとみなされる額：50＝100×60（S2社簿価株主資本）／120（＝（100－40）＋60）

＜P社の仕訳イメージ＞

S1社から現物配当されたS2株式の受取り	S2株式	50	S1株式	50
現物配当後のS1社を吸収合併	S1諸資産	60	S1株式 消滅差益	50 10

☐：会計処理の基礎となる金額

2. B法の仕訳イメージ
   - P社におけるS2社株式の連結財務諸表上の帳簿価額は、（設立時出資のS1社により設立されているため）S1社における個別上の帳簿価額40と同額となる。

Q7-1 親会社と100％子会社との合併

<仕訳イメージ>

| S1社を吸収合併 | S2株式 | 40 | S1株式 | 100 |
| | S1諸資産 | 60 | 消滅差益 | 0 |

☐：会計処理の基礎となる金額

【設例2】親会社と買収した子会社（孫会社株式を保有）との合併の会計処理

〈前提〉

① 現状
P社 →100%→ S1社 →100%→ S2社

② S2社株式の現物配当
P社 → S1社、S2社

③ S1社の吸収合併
P社（S1社）
S2株式の簿価は？
→100%→ S2社

・P社はS1株式のすべて（S1社及びS2社から構成されるS1社グループ）を100で買収した。
・買収時の識別可能資産・負債の時価は80であり、のれんが20計上された。各社ごとの内訳は以下のとおりである。

	S1社	S2社	合計
識別可能資産・負債の時価	（※1）30	50	80
企業価値（のれん価値を含む）＝P社におけるS1株式／S2株式の連結財務諸表上の帳簿価額	（※2）40	（※2）60	（※2）100
差額（のれん）	10	10	20

※1：S1社が保有するS2株式（連結財務諸表上の帳簿価額60）を除く。
※2：P社はS1グループを100で買収したが、S1株式（S2帰属分を除く）とS2株式の評価額（連結財務諸表上の帳簿価額＝個別上の簿価に時価評価を反映した額）は、それぞれ40、60となる。

・今般、P社はS1社を吸収合併する。なお、買収後合併までの間にP社の連

結純利益に反映された額は40（のれん償却額反映後）であり、その内訳はS1社帰属分が30、S2社帰属分が10である。
・合併時の連結財務諸表上の帳簿価額をベースとして算定した簿価株主資本は、以下のとおりである。

	S1社	S2社	合計
合併時の簿価株主資本（※1） （連結財務諸表上の帳簿価額ベース）	（※2）70	70	140
（参考：買収後、連結純利益に反映された額（のれん償却額を含む））	(30)	(10)	(40)

※1：合併時の個別上の簿価に、支配獲得時の連結修正（**2**の資本連結に当たり実施した子会社の資産及び負債の時価評価及びのれんの未償却残高等）を反映したものであり、合併時の企業価値とは異なる。
※2：S2株式の連結財務諸表上の帳簿価額60を除く。

1. A法の仕訳イメージ
   ・P社におけるS1株式の簿価：100
   ・現物配当の会計処理において、S2株式に「引き換えられたものとみなされる額」の算定方法についていくつかの方法が考えられるが（Q8-8参照）、ここではS1社及びS2社の合併時における簿価株主資本（連結財務諸表上の帳簿価額ベース）の比率により算定する。Q8-8参照）。
   引き換えられたものとみなされる額：50＝100×70（S2社連結簿価）／140

〈仕訳イメージ〉

S1社から現物配当されたS2株式の受け取り	S2株式	50	S1株式 50
現物配当後のS1社を吸収合併	S1諸資産	70	S1株式 50 消滅差益 20

☐：会計処理の基礎となる金額

2. B法の仕訳イメージ
〈前提〉
   ・P社にとってのS2株式の連結財務諸表上の帳簿価額（S1社におけるS2株式の個別上の簿価にP社による支配獲得時の時価を反映）60

<仕訳イメージ>

S1社を吸収合併	S2株式	60	S1株式	100
	S1諸資産	70	消滅差益	30

☐：会計処理の基礎となる金額

このように、A法は抱合せ株式消滅差損益の算定に当たり、合併時（※）の各社の時価ないし簿価（連結財務諸表上の帳簿価額を含む）比率を考慮して算定しており、B法は親会社の支配獲得時の投資額と合併時における各社に存在する諸資産との差額として算定しています。

組織再編は様々な手順により実施されますので、いずれか一方が常に適切とは言い切れないため、最終的には、事業投資の成果を表す「抱合せ株式消滅差損益」（**3**参照）が適切に算定されているか、といった観点で検討することが適当と考えます。

※：A法による場合でも合併時の比率以外を基礎として算定する方法もありうる（Q8-8 **2**[3]参照）。

Q7-2 親会社と100%子会社との合併（買収直後の子会社との合併）

P社は、X社（第三者）の100%子会社S社の発行済株式のすべてを取得し、その直後にS社を吸収合併しました。この場合のP社の会計処理を教えてください。

〈前提〉
・P社は、X社（第三者）の100%子会社であるS社を100で買収した。
・買収時のS社の諸資産の帳簿価額は50、諸資産の時価は70である。

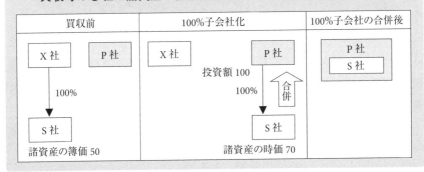

A 次の手順に従って会計処理することになります。具体的な会計処理は［解説］のスキームBをご参照ください。

① P社によるS社の100%子会社化

当該企業結合は「取得」となるので、パーチェス法により会計処理します。

② P社がS社（100%子会社）を吸収合併

当該企業結合は「共通支配下の取引」となるので、P社は「連結財務諸表上の帳簿価額」によりS社の諸資産を受け入れます。もし、諸資産受入額（親会社持分相当額）と投資額（子会社株式の適正な帳簿価額）との間に差額があれば、親会社の損益（抱合せ株式消滅差損益）に計上します。

解 説

親会社が子会社を吸収合併する場合、親会社は、なぜ子会社の資産及び負債を個別財務諸表上の「適正な帳簿価額」ではなく「連結財務諸表上の帳簿価額」で受け入れるのかを理解することが大切です。

この点について、次の組織再編の会計処理を比較したいと思います。

スキームA：P社はS社の株式のすべてを現金で取得し、100％子会社化する。

P社の個別財務諸表上の処理（S社株式の取得）			
(借) S 社 株 式	100	(貸) 現 金	100
P社の連結財務諸表上の処理（※）			
(借) 諸 資 産	70	(貸) S 社 株 式	100
の れ ん	30		

※：ここではS社のF/Sの合算手続を省略して説明しているため、S社株式を直接、S社の諸資産とのれんに展開している。

P社の連結財務諸表上の処理は、連結会計基準に基づき、S社諸資産を時価評価し（50→70）、投資100と子会社の資本70との差額30をのれんに計上することになります。

スキームB：P社はS社を子会社化し（スキームAと同じ）、その直後にS社を吸収合併する。

P社の個別財務諸表上の処理（S社株式の取得）			
(借) S 社 株 式	100	(貸) 現 金	100
P社の個別財務諸表上の処理（合併）			
(借) 諸 資 産	70	(貸) S 社 株 式	100
の れ ん	30		

P社は、合併に当たり、S社株式を消滅させるとともに、連結財務諸表上の帳簿価額によりS社の諸資産（のれんを含む）を受け入れます。もし、両者に差額があれば、抱合せ株式消滅差損益が発生することになります。

第7章　完全親子会社関係にある会社間の合併

　今回のケースでは、買収直後にS社を吸収合併しているため、買収後合併までの期間にS社で損益は発生しておらず、また、のれんの償却も行われていないため、両者の差額は生じていません（※）。もし、買収と合併のタイミングが異なれば、その期間にS社で生じた損益とP社で処理されるのれんの償却額（又は負ののれん発生額）の合計額が、抱合せ株式消滅差損益となります。

> ※：実際には個別財務諸表上の子会社株式の取得原価には付随費用(Q2-8、Q15-5 参照)が含まれるため、合併時には費用が発生することになる。当該費用は会計基準に従うと「抱合せ株式消滅差損益」として処理することになると思われる。
> ただし、買収と合併が同一年度内で行われた場合には、一体の取引として考え、個別財務諸表上も取得関連費用として扱うことが適当と考えられる。なお、親会社が連結財務諸表を作成する場合には、連結と個別との整合性の観点からも、取得関連費用として処理することが適当と考えられる。

　上記のとおり、スキームA の連結財務諸表と スキームB の個別財務諸表は同じになります。この例からも分かるように、親会社が子会社の資産及び負債を「連結財務諸表上の帳簿価額」で受け入れる理由は、経済的効果が同様な取引（スキームA と スキームB の経済的効果は同じ）に関しては、個別財務諸表上も連結財務諸表上も同様の結果が得られるようにするためです。

　なお、もし、合併の会計処理において、S社の諸資産を個別財務諸表上の適正な帳簿価額50で受け入れ、消滅する子会社株式の簿価100との差額50を抱合せ株式消滅差損としたら、結局、諸資産の含み益や、のれん相当額を一括償却したことと同じであり、一連の組織再編の経済的実態を適切に表していないことになります。

スキームC：P社はS社の株式を取得することなく、S社を直接、吸収合併する（X社に対する合併対価は現金とする）。

P社の個別財務諸表上の処理（合併仕訳（対価：現金））			
(借) 諸　資　産	70	(貸) 現　　金	100
の　れ　ん	30		

Q7-2　親会社と100％子会社との合併（買収直後の子会社との合併）

　P社がX社の子会社であるS社を吸収合併する取引は、第三者間の企業結合であり、S社を被取得企業としたパーチェス法を適用して会計処理することになります。具体的には、取得原価（支払対価の時価（現金））100と取得原価の配分額(合併効力発生日の諸資産の時価)70との差額30をのれんに計上します。
　スキームC も スキームA や スキームB と経済的効果は同じです。このように、経済的効果が同じ組織再編は、原則として、同様の結果が得られるように会計処理が定められています。

【参考】複数の子会社等を有する企業を買収した場合ののれんの配分

　P社が、複数の子会社（S1社とS2社）を有するS社の株式のすべてを取得したものとする。このとき、のれんはS社グループ全体で一括して算定されることがあると考えられるが、当該のれんを合理的な按分基準（例えば各社の過去実績や買収時に検討した事業計画）に基づき、S社、S1社及びS2社に配分した数値を把握しておくことが望ましいと考える。買収後、P社がS社を吸収合併（あるいはS社がS1社又はS2社を吸収合併）するなどの組織再編を行うと、P社（あるいはS社）（結合企業）の個別財務諸表上、適切な額ののれんの未償却残高を承継できなくなるためである。

　またP社におけるセグメント情報の開示区分や減損判定の単位などによっては、取得時ののれんを合理的な基準に基づき、配分しなければならない場合もある。

　なお、のれんの配分は、S社の子会社以外にも、S社に重要な関連会社がある場合やS社に複数のセグメントがある場合にも同様の配慮が必要になることがある。

　この点については、Q2-12 **3**[1]及びQ2-15 **2** も参照のこと。

Q7-3 子会社（存続会社）と親会社との合併

P社（親会社）はS社の株式のすべてを取得し、完全子会社としました。その後、P社はS社を存続会社とした合併（親会社であるP社は消滅会社となる）を予定しています。この場合のS社（存続会社）の個別財務諸表上の会計処理及び連結財務諸表上の会計処理を教えてください。

A 　子会社が親会社を吸収合併した場合の子会社（存続会社）の個別財務諸表上の会計処理を要約すると、以下のようになります（適用指針210項）。

≪子会社（存続会社）が親会社（消滅会社）を吸収合併した場合の会計処理≫

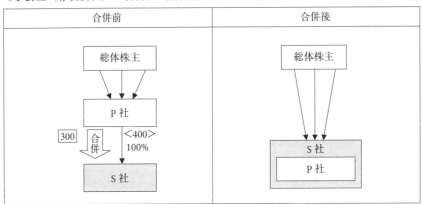

□内は株式の簿価、＜＞内は純資産の簿価を示す。

S社（存続会社：子会社）の会計処理			
(借) 諸　資　産　（※1）	簿価1　100	(貸) 払　込　資　本　（※2）	簿価1+2　400
子会社株式	簿価2　300	（又は株主資本）	
自　己　株　式	簿価2　300	子　会　社　株　式	簿価2　300

※1：親会社で付された適正な帳簿価額
※2：払込資本とする方法のほか、消滅会社（親会社）の株主資本を引き継ぐ方法が認められている。
　　□：会計処理の基礎となる金額

また、合併後のS社に子会社が存在し連結財務諸表を作成する場合には、S社はP社が作成してきた連結財務諸表が継続されるように作成します。当該合併は、合併前までP社が作成していた連結財務諸表には影響を与えない取引であるためです（P社又はS社のいずれが存続会社となるのかは法形式の問題であり、経済実態に変化はない）。

解説

1 個別財務諸表上の会計処理

[1] 会計処理の概要

子会社（存続会社）が親会社を吸収合併した場合の子会社の個別財務諸表上の会計処理を要約すると、以下のようになります（適用指針210項）。なお、親会社は、合併効力発生日の前日に決算を行い、資産（子会社株式が含まれる）、負債及び純資産の適正な帳簿価額を算定します（適用指針209項）。

① 子会社は、親会社から受け入れる資産及び負債に合併効力発生日直前の親会社における適正な帳簿価額を付す（※）。

※：合併前に子会社が親会社に資産等を売却しており、当該取引から生じた未実現損益を連結財務諸表上、消去しているときは、子会社の個別財務諸表上、連結財務諸表上の金額である修正後の帳簿価額により親会社の資産及び負債を受け入れる。これは、子会社（存続会社）が親会社（消滅会社）を吸収合併した場合には、過去に子会社が親会社に処分した資産を当該子会社が再び受け入れることとなる点を重視したためである（適用指針439項）。

② 子会社は、親会社が所有していた子会社株式を（資産として）受け入れたうえで、自己株式に振り替える（株主資本から控除する）。

③ 受け入れた資産及び負債の差額は、資本（純資産）として処理する。増加する株主資本の内訳項目は、逆取得となる吸収合併の会計処理（適用指針84項）に準じて、以下のように会計処理する。

〈原則法〉

消滅会社（親会社）の合併の効力発生日直前の適正な帳簿価額による株主資本の額を払込資本（資本金又は資本剰余金）として処理する。増加す

べき払込資本の内訳項目（資本金、資本準備金又はその他資本剰余金）は、会社法の規定に基づき決定する。

また、自己株式を交付する場合には、当該自己株式の帳簿価額を控除した額を払込資本の増加額として上記の会計処理を行う。

〈容認法〉

消滅会社（親会社）の合併の効力発生日直前の株主資本の内訳科目を、自己株式の処理等を除き、そのまま引き継ぐ。この方法を採用する場合には、消滅会社の合併直前の資本金及び準備金の額を吸収合併契約の記載事項である「資本金及び準備金の額に関する事項」（会社法749条1項2号イ）に記載する必要がある。

また、自己株式を交付する場合には、当該自己株式の帳簿価額をその他資本剰余金から控除して会計処理する。

注：自己株式を交付した結果、自己株式処分差損が計上される場合の取扱いは、Q7-4のその他資本剰余金がマイナスとなった場合の取扱いに準じることになる。

なお、実務上、子会社が親会社を吸収合併するケースとして、SPCを活用した組織再編のスキームがあります。具体的には、ある事業会社を買収するためにSPCが設立され、当該SPCが資金調達を行ってTOBなどにより対象会社の株式を買い取り、最終的に完全子会社化するというものです。買収後は、SPCの存在意義は小さくなるため、SPC（親会社）が存続会社となって対象会社（子会社）を吸収合併したり、許認可等の関係から対象会社（子会社）がSPC（親会社）を吸収合併することもあります。

後者のケースでは、対象会社（子会社）がSPC（親会社）から受け入れる子会社株式の取得原価（適正な帳簿価額）には、買収時に生じた対象会社自身ののれん相当額が多額に含まれていることがあります。合併時にSPCから受け入れた子会社株式を自己株式に振り替えて資本控除すると、対象会社では分配可能額が枯渇したり、場合によっては債務超過となることもあるので、留意が必要です。

> [増加資本に関する会社法の規定]
>
> 　共通支配下関係の企業結合に該当することになりますので、会社計算規則35条1項2号（簿価処理：払込資本の増加）と会社計算規則36条1項（簿価処理：株主資本の引継ぎ）の選択が認められます。具体的には、Q7-4の［増加資本に関する会社法の規定］をご参照ください。

[2] 注記事項（子会社が連結財務諸表を作成しないときの注記事項）

　子会社が親会社を吸収合併した場合で、子会社が連結財務諸表を作成しないときには、親会社が子会社を吸収合併したものとした場合と比較した当該子会社の個別貸借対照表及び個別損益計算書に及ぼす影響額を注記する必要があります（企業結合会計基準53項）。

　適用指針では、その「影響額」の記載は、次のいずれかの方法によるとされています（適用指針315項）。

(1)　親会社が子会社を吸収合併したものとした場合との差額による記載
　①　貸借対照表項目
　　資産合計、流動資産合計、固定資産合計、負債合計、流動負債合計、固定負債合計、純資産合計及びのれん
　②　損益計算書項目
　　売上高、営業損益、経常損益、税引前当期純損益、当期純損益、のれんの償却額（又は負ののれん）及び1株当たり当期純損益
(2)　親会社が子会社を吸収合併したものとした場合の貸借対照表及び損益計算書の主要項目による記載

　買収された事業子会社が存続会社となる合併を行うと、存続会社である事業子会社は、親会社から受け入れた子会社株式（自己株式）を資本から控除する結果、純資産が大きく減少することがあります。このようなケースでは、上記の「影響額」の注記は極めて重要な情報になると考えます。この場合の注記は、会社法上は、その他の注記（会社計算規則116条）に該当することになると考

えます。

なお、当該注記は企業結合年度の翌年度以降においても、影響額の重要性が乏しくなった場合を除き、継続的に開示することが求められます。また、企業結合年度の翌年度以降に連結財務諸表を作成することとなった場合には、影響額の重要性が乏しくなった場合を除き、上記の影響額を反映させた連結財務諸表を作成する必要があります（Q16-5 **1**【参考】参照）。

2 連結財務諸表上の会計処理

○ 会計処理の概要

完全子会社S社が存続会社となる合併は、合併前までP社が作成していた連結財務諸表には影響を与えない取引であるため（いずれの会社が存続会社となるのかは法形式の問題であって経済実態に影響はない）、P社の連結財務諸表が継続されるように、子会社の個別財務諸表における取引をいったん戻したうえで、改めて、以下のように子会社を消滅会社、親会社を存続会社であるとみなして連結財務諸表を作成します（適用指針212項、適用指針の［設例22]）。

① 子会社の資産及び負債を親会社にとっての連結財務諸表上の帳簿価額（合併前のP社の連結財務諸表で子会社の資産・負債を時価評価替していれば、評価替後の帳簿価額）として受け入れる。

② 合併に際し子会社が受け入れた自己株式とそれに対する増加資本は内部取引として消去する。

③ 連結財務諸表上の資本金は存続会社の資本金とし、これと合併直前の連結財務諸表上の資本金（合併前の親会社の資本金）が異なる場合には、その差額を資本金又は資本剰余金に振り替える。

なお、子会社（存続会社）に非支配株主が存在している場合には、子会社の非支配株主が保有していた子会社株式は、当該合併に際して、親会社株式との交換はないものの、連結財務諸表上、親会社株式との交換があったものとみなして、合併効力発生日の時価を基礎として取得原価を算定し、親会社が子会社の非支配株主から株式を取得したものとした会計処理を行うことになります

(適用指針212項)。

≪仕訳イメージ≫

・合併直前のP社の連結財務諸表において計上されていた非支配持分60
・親会社株式との交換があったものとみなされる額100（合併効力発生日の時価）

（借）非支配持分　　簿価 60　（貸）払込資本　　時価 100
　　　資本剰余金　　差額 40
　　　（払込資本）

☐：会計処理の基礎となる金額

P社にとっては、S社を存続会社とする合併の経済実態は、非支配持分60を取得するために、対価100をS社の非支配株主に支払った取引と考えられる。非支配株主が保有するS社株式は、株式の交換はないものの、連結財務諸表上は、P社が新たに交付したものとみなして支払対価を算定する。

結果として、合併前の連結財務諸表で計上されていた非支配持分60が、合併後の連結財務諸表では払込資本の増加となる。

Q7-4 100％子会社同士の合併（対価あり）

親会社P社は100％子会社であるS1社とS2社を有しています（S1社とS2社は兄弟会社）。今般、S1社はS2社を吸収合併し、対価としてS1社株式をP社に交付しました。この場合のS1社の合併の会計処理を教えてください。

A 100％子会社（存続会社）と他の100％子会社（消滅会社）との合併の会計処理を要約すると、以下のようになります（適用指針247項）。

≪100％子会社同士の合併の会計処理（合併対価としてS1社株式をP社に交付した場合）≫

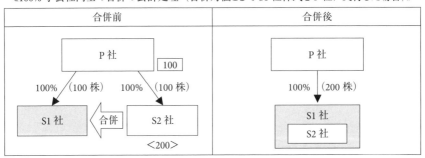

☐内は株式の簿価、＜＞内は純資産の簿価を示す。

S1社（存続会社）の会計処理
【原則法】払込資本を増加させる方法
(借) S2社諸資産 （※1） 簿価1 200 　(貸) 払 込 資 本 （※2） 簿価1 200
【容認法】消滅会社の株主資本をそのまま承継する方法
(借) S2社諸資産 （※1） 簿価1 200 　(貸) 株 主 資 本 （※3） 簿価1 200
P社（結合当事企業の株主）の会計処理
(借) S1 社 株 式 　簿価2 100 　(貸) S2 社 株 式 　簿価2 100

※1：合併直前にS2社で付された適正な帳簿価額
※2：払込資本の内訳項目は会社法の定めに従う。
※3：合併直前のS2社の株主資本の各項目を引き継ぐ。
　☐：会計処理の基礎となる金額

Q7-4 100％子会社同士の合併（対価あり）

　なお、100％子会社同士の合併においては、存続会社（S1社）は合併の対価を消滅会社の株主（すなわち親会社）に交付することになりますが、親会社にとっては、合併の前後で子会社に対する持分比率は100％と変わらないため、合併対価の支払いがなされないことがあります。この場合の会計処理はQ7-5をご参照ください。

解　説

1 会計処理の概要

　子会社同士の合併など"水平系の合併"の場合には、子会社（存続会社）は他の子会社（消滅会社）の「適正な帳簿価額」により資産及び負債を受け入れます。Q7-1 2 のように、上位者（親会社）が下位者（子会社）を吸収する"垂直系の合併"とは異なり、存続会社は「連結財務諸表上の帳簿価額」ではなく個別財務諸表上の「適正な帳簿価額」を基礎として会計処理を行うことになります。

　具体的には、以下のように会計処理することになります。

① 子会社（存続会社）が他の子会社（消滅会社）から受け入れる資産及び負債には、合併の効力発生日直前の消滅会社における「適正な帳簿価額」を付す。合併効力発生日直前の他の子会社の評価・換算差額等及び新株予約権についても適正な帳簿価額を引き継ぐ。

② 子会社の増加する株主資本の会計処理は、以下のいずれかの方法による。
　（原則法）払込資本を増加させる方法。この場合、増加すべき払込資本の内訳項目は、会社法の規定に基づき決定する。
　（容認法）消滅会社の株主資本をそのまま引き継ぐ方法。

2 「適正な帳簿価額」の考え方

　同一の株主に支配されている子会社同士の合併の会計処理は、共通支配下の取引等における原則的な取扱いに従い、存続会社は消滅会社で付された「適正な帳簿価額」に基づき資産及び負債を受け入れることになります。

　「適正な帳簿価額」の算定に当たっては、以下の点に留意する必要があります。

① 　「適正な帳簿価額」とは、一般に公正妥当と認められる企業会計の基準に準拠した帳簿価額となります（適用指針89項）。

　　　したがって、帳簿価額に会計処理又は評価の誤りがある場合には企業結合日前日までにその修正を行う必要があります（平成20年改正前適用指針130項。この考え方は現行適用指針でも同様である）。

　　　なお、結合後企業（存続会社）が結合当事企業（消滅会社）から引き継ぐ適正な帳簿価額による資産総額が負債総額を下回る場合もありますが、このような場合であっても、結合後企業はその適正な帳簿価額により個々の資産及び負債を引き継ぐ必要があり、企業結合に際して資産及び負債を評価替えすることは認められません（適用指針407項）。

② 　「適正な帳簿価額」には、時価（又は再評価額）をもって貸借対照表価額としている場合の当該価額及び評価・換算差額等の各内訳科目（その他有価証券評価差額金、繰延ヘッジ損益及び土地再評価差額金）の額が含まれます（適用指針89項）。

　　　したがって、例えば、消滅会社が時価のある有価証券（その他有価証券）を保有しており、合併の効力発生日直前の有価証券の貸借対照表価額200、帳簿価額100の場合には、含み益に対応する繰延税金負債30（実効税率は30％とする）、その他有価証券評価差額金70も、そのまま引き継がなければなりません。

③ 　投資が継続しているとみる場合の考え方に準じて、「適正な帳簿価額」を算定することになります。したがって、消滅会社は、以下のように、企業結合・事業分離が行われないものと仮定して、一般に公正妥当と認めら

れる企業会計の基準を適用します（適用指針90項）（※）。
a　繰延税金資産の回収可能性

　　繰延税金資産の回収可能性を検討するに当たり、収益力に基づく課税所得等による場合には、企業結合・事業分離が行われないものと仮定したときの将来年度の課税所得の見積額による。
b　固定資産の減損処理

　　固定資産の減損の検討に当たり、将来キャッシュ・フローを見積る場合には、企業結合・事業分離が行われないものと仮定したときの経済的残存使用年数による。
c　確定給付制度による退職給付関係

　　退職給付引当金は、退職給付制度の終了の例外として、企業結合・事業分離が行われないものと仮定した場合の適正な帳簿価額による。

※：消滅会社の最終事業年度の資産・負債の適正な帳簿価額の算定と存続会社における帳簿価額の承継
　　子会社（S1社）が他の子会社（S2社）を吸収合併する取引は、経済的には以下の2つの取引から構成されているものと考えることができる。
　①　他の子会社（S2社）は、すべての事業を会社分割により子会社（S1社）に移転し、その対価としてS1社株式を受け取る。
　②　他の子会社（S2社）は、受け取ったS1社株式すべてを株主である親会社（P社）に現物配当する（現物配当後、S2社の資産・負債はゼロになり、実質的に消滅する）。
　　事業分離等会計基準では、分離元企業が受領した対価が子会社株式又は関連会社株式の場合には「投資の継続」の処理を求めているが、適用指針では、共通支配下の取引に該当する場合には、共通支配下の取引の考えを優先適用し、「投資の継続」と同様の会計処理を定めている（適用指針254-2項、447-2項、Q6-4参照）。このため、他の子会社（S2社）が子会社（S1社）に吸収合併される場合の当該他の子会社（S2社）の最終事業年度の「適正な帳簿価額」の算定に当たっては、（①で受け取るS1社株式が「その他有価証券」に分類されるものの）投資が継続している場合の会計処理、すなわち、合併（会社分割）がないものと仮定して資産・負債の帳簿価額を算定することになる。また、子会社（S1社）はS2社で付された「適正な帳簿価額」をそのまま承継することになる。

3 増加資本の処理

　存続会社が新株を発行したときの増加資本の会計処理は、以下のいずれかの方法によることになります（適用指針247項(2)、第254項(2)、185項）。どちらの方法を選択するかは、個々の合併ごとに任意に決定することができます。

|原則法|：払込資本の増加とする。増加すべき払込資本の内訳項目（資本金、資本準備金又はその他資本剰余金）は会社法の規定に基づき決定する。

　　　また、自己株式を交付する場合には、当該自己株式の帳簿価額を控除した額を払込資本の増加額とする（適用指針203項(1)）。

　　　なお、合併の効力発生日直前の消滅会社の適正な帳簿価額による株主資本の額がマイナスの場合には、払込資本をゼロとし、その他利益剰余金のマイナスとして処理する（適用指針247項(2)、185項(1)①）。

|容認法|：消滅会社の株主資本をそのまま承継する。この方法を採用する場合には、消滅会社の合併直前の資本金、資本準備金及び利益準備金の額を吸収合併契約の記載事項である「資本金及び準備金の額に関する事項」（会社法749条1項2号イ）に記載する必要がある。

　　　また、自己株式を交付する場合には、当該自己株式の帳簿価額をその他資本剰余金から控除して会計処理する（適用指針203項(1)）。

　　　なお、合併の効力発生日直前の消滅会社の適正な帳簿価額による株主資本の額がマイナスの場合にも、消滅会社の株主資本をそのまま承継する（適用指針247項(2)、185項(1)②）。

【参考】子会社（存続会社）の増加資本に関する2つの方法

　原則法は、子会社（存続会社）の増加資本は払込資本に限定され、他の子会社（消滅会社）の留保利益を承継することはできない。これは存続会社それ自身の目線で増加資本を考えているものといえる。留保利益は過去に当該会社が獲得した利益の累計額であるが、他の会社と合併しても過去に自己が稼いだ利益の累計

> 額が増えるわけではない以上、留保利益を増加させることはできない。
>   なお、第三者間の企業結合である「取得」の場合には、交付株式の時価を基礎として株主資本を増加させることになり、消滅会社の株主資本の額との関係は切断されている以上、留保利益の承継という概念もないことになる。
>   容認法は、消滅会社の資産・負債の適正な帳簿価額を承継するとともに、消滅会社の留保利益を含む株主資本の各項目（純資産）をそのまま承継する方法である。これは親会社の目線で子会社の株主資本を考えているものといえる。共通支配下の取引は、「親会社の立場からは企業集団内における純資産等の移転取引として内部取引」（企業結合会計基準119項）とされているように、企業集団内の組織再編はすべて最上位の親会社の指図により実行されるものであり、親会社の目線で合併後の子会社の株主資本を捉えた方が自然ともいえる。
>   会計基準では、いずれの方法も一定の根拠があるため、会計処理の選択を認めたものと思われる。

4 抱合せ株式の処理

合併直前に、子会社（存続会社）が他の子会社（消滅会社）の株式（子会社では当該株式を関連会社株式又はその他有価証券として分類）を保有している場合、すなわち、抱合せ株式を保有している場合には、存続会社の増加する資本は、以下のように処理します。いずれの場合にも、抱合せ株式消滅差損益は生じません。

≪S1社（存続会社）の会計処理≫

合併前にS1社がS2社株式（簿価20）を保有している場合の会計処理のイメージ

【原則法】 払込資本を増加させる方法	【容認法】 消滅会社の株主資本をそのまま承継する方法
S2社諸資産 簿価200 ｜ S2社株式 簿価20 　　　　　　　　　　｜ 払込資本　差額180	S2社諸資産 簿価200 ｜ 株主資本　簿価200 その他資本剰余金 簿価20 ｜ S2社株式 簿価20
消滅会社（S2社）から受け入れた資産・負債の差額から抱合せ株式（S2社株式）の帳簿価額を控除した額を払込資本とする。 　当該差額がマイナスの場合にはその他利益剰余金から減額する。	消滅会社（S2社）の株主資本をそのまま引き継いだうえで、抱合せ株式（S2社株式）の帳簿価額をその他資本剰余金から控除する。 　当該会計処理の結果、その他資本剰余金がマイナスとなった場合には、自己株式会計基準12項に従い、会計期間末において、その他資本剰余金をゼロとし、当該マイナスの額をその他利益剰余金から減額する（当該処理は、四半期・中間期末では洗い替え、年度末で確定させる（同会計基準42項、43項参照））。

　□：会計処理の基礎となる金額

　このように、子会社（存続会社）が保有する消滅会社の株式（抱合せ株式）については、存続会社の増加する資本から控除され、抱合せ株式消滅差損益は認識されません。

　この理由は以下のとおりです。

① 　同一企業集団内の会社に対する投資であっても、その株式が関連会社又はその他有価証券に分類される場合には、子会社への投資とは必ずしも性格が同じではないと考えられる。このため、"垂直系"の合併の会計処理のように、抱合せ株式消滅差損益を認識する必然性はないこと。

② 　子会社（存続会社）は、消滅会社の諸資産を（当該子会社にとっての連結財務諸表上の帳簿価額ではなく（※））消滅会社で付された適正な帳簿価額により受け入れることとなる。このため、仮に子会社（存続会社）が保有する他の子会社の株式（関連会社株式／その他有価証券）の中にのれん相当

額が含まれていたとしても、合併時に、子会社（存続会社）の個別財務諸表上、のれん相当額を資産又は負債に計上する余地はなく、抱合せ株式消滅差損益を適切に算定できないこと（もし、抱合せ株式消滅差損益を認識するとしたら関連会社株式等に含まれるのれん相当額が合併の効力発生日に子会社の損益に計上されることになり適当ではないこと）。

※：子会社は他の子会社に出資しているとしても当該他の子会社を支配しているわけではないので、子会社（投資元）にとっての当該他の子会社に対する連結財務諸表上の帳簿価額という概念がない。

[増加資本に関する会社法の規定]

共通支配下関係にある会社間の合併の場合には、存続会社は、以下のいずれかの方法により株主資本を変動させることになります。

(1) 払込資本を増加させる方法（会計の「原則法」）

合併対価の全部又は一部が存続会社の株式である場合には、存続会社において変動する株主資本等（資本金、資本剰余金及び利益剰余金をいう）の総額（以下「株主資本等変動額」という）は、吸収型再編対象財産（吸収合併により存続会社が承継する財産）の吸収合併の直前の帳簿価額を基礎として算定する方法に従い定まる額となります（会社計算規則35条1項2号）。「基礎として算定する方法」には、対価自己株式（合併対価として処分される自己株式）の帳簿価額及び先行取得分株式等（存続会社が保有している消滅会社の株式（抱合せ株式））の帳簿価額を株主資本等変動額から控除するという意味が含まれます。

この方法による場合の存続会社の資本金及び資本剰余金の増加額は、株主資本等変動額の範囲内で、存続会社が吸収合併契約の定めに従いそれぞれ定めた額とし、利益剰余金を変動させることはできません（会社計算規則35条2項）。したがって、吸収合併契約において存続会社の増加する資本金及び準備金をゼロと定めれば、株主資本等変動額の全額をその他資本剰余金とすることができます。

消滅会社の簿価株主資本		株主資本等変動額
	処分する自己株式の帳簿価額	
	抱合せ株式の帳簿価額	

ただし、株主資本等変動額がゼロ未満という例外的な場合には、当該ゼロ未満の金額を、以下のように処理し、資本金、資本準備金及び利益準備金を変動させることはできないものとされています（会社計算規則35条2項ただし書）。

① 己株式の処分により生じる差損の額
　　……その他資本剰余金の減少として処理

消滅会社の簿価株主資本	処分する自己株式の帳簿価額	株主資本等変動額（△）
		↑ その他資本剰余金の減少

② ①以外の額（消滅会社が債務超過である場合や抱合せ株式の帳簿価額控除後の消滅会社の簿価株主資本がマイナスとなる場合）
　　……その他利益剰余金の減少として処理

　　　　　　　　　　　　　　　　　　　　その他利益剰余金の減少
　　　　　　　　　　　　　　　　　　　　　　　↓

消滅会社の簿価株主資本（△）	株主資本等変動額（△）

(2) 消滅会社の株主資本を引き継ぐ方法（会計の「容認法」）

　合併対価の全部が存続会社の株式である場合であって、消滅会社における吸収合併の直前の株主資本等を引き継ぐものとして計算することが適切であるとき（※1）には、存続会社は、吸収合併の直前の消滅会社の資本金、資本剰余金及び利益剰余金の額をそれぞれ存続会社の資本金、資本剰余金及び利益剰余金の変動額とすることができます（会社計算規則36条1項）（※2）。すなわち、消滅会社の資本金、準備金及び剰余金をそれぞれ存続会社の資本金、準備金及び剰余金の変動額とすることになります[7]。なお、この方法による

---

[7] 大野晃宏、小松岳志、渋谷亮、黒田裕、和久友子「会社法施行規則、会社計算規則等の一部を改正する省令の解説―平成21年法務省令第7号―」『旬刊商事法務 No. 1862』（2009.4.5）商事法務研究会、8ページ

場合には、消滅会社から承継する財産の額がマイナスとなる場合（消滅会社が債務超過の場合）であっても、消滅会社の各株主資本の項目をそのまま承継することとなります。

  ※1：会社計算規則3条により会計慣行に従えば、兄弟会社同士の合併が該当することになる。
  ※2：この方法を採用する場合には、存続会社は吸収合併契約の記載事項である「存続会社の資本金及び準備金の額に関する事項」（会社法749条1項2号イ）に、消滅会社の資本金、資本準備金及び利益準備金の額を記載することになる。

ただし、対価自己株式（合併対価として処分される自己株式）又は先行取得分株式等（存続会社が保有している消滅会社の株式（抱合せ株式）又は消滅会社が保有している当該消滅会社の株式（自己株式））がある場合には、それらの帳簿価額を吸収合併の直前の消滅会社のその他資本剰余金の額から減少させた額を存続会社のその他資本剰余金の変動額とします（会社計算規則36条1項ただし書き）。

消滅会社の株主資本	存続会社の株主資本変動額
資本金	資本金
資本準備金	資本準備金
その他資本剰余金	その他資本剰余金
	（※3）
利益準備金	利益準備金
その他利益剰余金	その他利益剰余金

※3：以下の帳簿価額は、結果として、存続会社のその他資本剰余金から控除される。
　　・対価として処分した自己株式の帳簿価額
　　・抱合せ株式の帳簿価額
　　・消滅会社が保有する消滅会社の自己株式の帳簿価額

Q7-5　100％子会社同士の合併（対価なし）

親会社P社は100％子会社であるS1社とS2社を有しています（S1社とS2社は兄弟会社）。今般、S1社はS2社を吸収合併しましたが、合併対価をP社に支払っていません。この場合のS1社の合併の会計処理を教えてください。

A　完全親子会社関係にある100％子会社同士（完全親子会社関係にある子会社同士）の合併で対価の支払いがない場合の会計処理を要約すると、以下のようになります（適用指針203-2項(1)、185項(1)②）。

対価を支払わない100％子会社同士の合併の会計処理は、対価を交付する合併の会計処理（Q7-4参照）と、増加資本の会計処理を除き、同様です。

≪100％子会社同士の合併の会計処理（対価が存在しない場合）≫

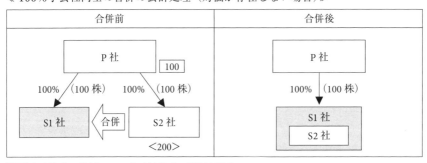

□内は株式の簿価、＜＞内は純資産の簿価を示す。

S1社（存続会社）の会計処理			
(借) S2社諸資産　（※1）簿価1　200		(貸) 株主資本　（※2）簿価1　200	

P社（株主）の会計処理			
(借) S1社株式　簿価2　100		(貸) S2社株式　簿価2　100	

※1：合併直前にS2社で付された適正な帳簿価額
※2：対価を支払わない100％子会社同士の合併の場合には、存続会社は、消滅会社の資本金、資本準備金及びその他資本剰余金の合計額をその他資本剰余金として、利益準備金及びその他利益剰余金の合計額をその他利益剰余金として引き継ぐ。
□：会計処理の基礎となる金額

Q7-5 100％子会社同士の合併（対価なし）

解 説

　結合当事企業が完全親子会社の関係にある場合（結合当事企業のすべてが同一の株主に株式のすべてを直接又は間接保有されている関係にある場合）は、消滅会社（の株式）に価値があるときであっても、合併の対価が支払われないことがあります。これは、合併の対価を支払うか否かにかかわらず、親会社の当該子会社に対する持分比率は合併の前後で100％と変化はなく、企業集団の経済的実態には何ら影響がないためと考えることができます。

　適用指針では、存続会社の増加資本は、合併が共同支配企業の形成と判定された場合における「認められる会計処理」（消滅会社の株主資本の項目を引き継ぐ方法）に準じて処理する方法のみを認めています（払込資本とする方法は認められない）。また、この場合における増加する株主資本の内訳項目は会社法の規定に基づき決定することとされています（適用指針203-2項(1)、185項(1)②）。

　上記の会計処理は、組織再編の対価が支払われるか否かは企業集団の経済的実態には影響を与えないことが前提とされているため、結合当事企業が完全親子会社関係にある場合に限り、適用されることに留意する必要があります（適用指針437-2項）。この点に関しては、Q7-6もあわせてご参照ください。

［増加資本に関する会社法の規定］

　合併対価が存しない場合であって、消滅会社における吸収合併の直前の株主資本等を引き継ぐものとして計算することが適切であるとき（※1）には、吸収合併の直前の消滅会社の資本金及び資本剰余金の合計額を存続会社のその他資本剰余金の変動額とし、吸収合併の直前の利益剰余金の額を存続会社のその他利益剰余金の変動額とすることになります（会社計算規則36条2項）。存続会社が資本金及び準備金を増加させることのできないのは、存続会社の株式が交付されていない以上、資本金及びそれに準ずる性質を有する準備金の増加は認められないという会社法の要請によるものと考えられます。

※1：親会社による100％子会社の吸収合併（Q7-1参照）や完全親子会社関係にある会社間での吸収合併（Q7-6参照）以外の場合には、上記の処理は適用でき

ないものと考えられる（会社計算規則3条）。

　ただし、先行取得分株式等（存続会社が保有している消滅会社の株式（抱合せ株式）又は消滅会社が保有している当該消滅会社の株式（自己株式））がある場合には、その帳簿価額を吸収合併の直前の消滅会社の資本金及び資本剰余金の合計額から減少させた額を存続会社のその他資本剰余金の変動額とします（会社計算規則36条2項ただし書き）。

消滅会社の株主資本	存続会社の株主資本変動額
資本金	その他資本剰余金
資本準備金	
その他資本剰余金	
	（※2）
利益準備金	その他利益剰余金
その他利益剰余金	

※2：以下の帳簿価額は、結果として、存続会社のその他資本剰余金から控除される。
　　・抱合せ株式の帳簿価額
　　・消滅会社が保有する消滅会社の自己株式の帳簿価額

Q7-6 共通支配下の取引における合併の場合で対価が支払われないときの会計処理

　企業結合会計基準では、完全親子会社関係にある組織再編に限定して組織再編の対価が支払われない場合の特別な会計処理（受け入れ資産・負債との差額を株主資本の増加として処理）を定めていますが、それはなぜでしょうか。

　会社計算規則では、そのような会計処理を行う場合として「対価が存しない場合」とされ、完全親子会社関係にある組織再編という条件は明記されていませんが、会社法との関係もあわせてお願いします。

A　企業結合会計基準の枠組みに従えば、組織再編の対価が支払われない場合（支払対価がゼロの場合）には、結合企業は移転された資産・負債との差額をのれん（又は負ののれん）に計上することになりますが、完全親子会社関係にある組織再編は通常の取引とは異なる条件で行われるため、その経済実態を適切に表すように受け入れ資産・負債の差額を株主資本の増加として処理することとされています。

　会社計算規則では、「完全親子会社関係にある組織再編」と文言上は限定していませんが、会計慣行のしん酌規定により、会計基準と同様の取扱いとなります。

　　注：吸収型組織再編（吸収合併、吸収分割、株式交換）においては、消滅会社の株主、分割会社、株式交換完全子会社の株主に組織再編の対価をまったく交付しないことも許される（会社法749条1項2号、758条4号、768条1項2号では「…に対して…代わる金銭等を交付するときは…」とされており、対価を交付しない場合があることが想定されている）[8]。

---

8) 相澤哲、葉玉匡美、郡谷大輔『論点解説 新・会社法』（2006年6月10日）商事法務、Q907、676ページ

解 説

1 会計基準の考え方

　独立第三者間の組織再編である「取得」に該当すれば、通常、取得した事業の時価に相当する対価の支払いが必要になります。また、グループ内再編である共通支配下の取引でも、いずれかの結合当事企業に（仮に1％であっても）非支配株主が存在すれば、株主間で富の移転が生じるため、受け入れた諸資産の時価に相当する対価の支払いが必要になります。

　このような取引で、もし対価が支払われないとすれば、それは移転された事業の時価がゼロと考えられるので、次のようにゼロ円の対価を支払ったものとして、差額をのれん（又は負ののれん）として処理します。

〈仕訳例〉

・資産（のれんを除く）＜負債のとき

(借) 資　　　　産	（※）100	(貸) 負　　　　債	（※）200
の　れ　ん	100	支　払　対　価	0

　※：取得の場合には時価、共通支配下の取引の場合には移転元の適正な帳簿価額

・資産（のれんを除く）＞負債のとき

(借) 資　　産（※）	200	(貸) 負　　　　債	（※）100
		支　払　対　価	0
		負　の　の　れ　ん	100

　※：取得の場合には時価、共通支配下の取引の場合には移転元の適正な帳簿価額

　他方、共通支配下の取引は親会社の指図に基づく純資産の移転行為であり、特に完全親子会社関係にある場合には、最上位の親会社の立場からは移転する事業に価値があっても対価を支払うかどうかは経済実態に影響がないため、事務手続の簡便化の観点から対価を支払わないケースがあります（対価を支払わない理由は、後述のように他にも存在するが、いずれにしても移転する事業の時価がゼロという意味ではない）。

　このような取引において、差額をのれん（本質的には超過収益力）又は負の

のれん（本質的には割安購入益）として処理することは経済実態を表さないため、適用指針では対価として株式を交付した場合に準じた会計処理を定めています（実際には株式を発行していないので、増加する株主資本の内訳は資本金・準備金ではなく剰余金となる）。

2 会社法との関係

会社計算規則36条2項は、兄弟会社同士の吸収合併等が想定された規定ですが、「吸収型再編対価が存しない場合であって、吸収合併消滅会社における吸収合併の直前の株主資本等を引き継ぐものとして計算することが適切であるとき」は、差額を株主資本の増加として処理（存続会社は消滅会社の株主資本を剰余金として承継）すると規定され、条文上は完全支配関係にある会社間での合併とは規定されていません。

しかし、会社計算規則3条では「この省令の用語の解釈及び規定の適用に関しては、一般に公正妥当と認められる企業会計の基準その他の企業会計の慣行をしん酌しなければならない。」とされているので、上記の「計算することが適切であるとき」とは、会社法上も完全支配関係にある兄弟会社同士の合併が前提となると解釈することになります（Q1-6参照）。

3 対価が支払われない合併の例

共通支配下の取引において対価が支払われない合併は、おおむね以下のパターンに整理することができます。

[1] 100％子会社同士の合併

100％子会社同士の合併で親会社に対価が支払われないのは、前述のとおり、合併の対価を支払うか否かにかかわらず、親会社の当該子会社に対する持分比率は合併の前後で100％と変化はなく、企業集団の経済的実態には何ら影響がないためと考えることができます。この場合、存続会社は消滅会社の株主資本を引き継ぐことになります（適用指針203-2項(1)）。

[2] 親会社（存続会社）と100％子会社との合併

親会社（存続会社）と100％子会社との合併において対価が支払われないのは、合併の対価を支払うべき相手が存在しない（対価の支払先が消滅会社の株主、すなわち、親会社自身となる）ためです（Q14-2のとおり会社法上も抱合せ株式に自己株式を割り当てることは禁止されている）。

この場合、親会社の会計処理は投資額（子会社株式）と現物による回収額（連結財務諸表上の帳簿価額による資産・負債）との差額を事業活動の成果として損益（抱合せ株式消滅差損益）に計上することになります（適用指針206項(2)①ア）。なお、具体的な会計処理はQ7-1をご参照ください。

[3] 子会社（存続会社）と非支配株主が存在する他の子会社との合併

子会社（存続会社）と非支配株主が存在する他の子会社との合併において対価が支払われないとすれば、それは非支配株主が保有する他の子会社株式の時価が零（以下）であるためと考えられます。他の子会社に非支配株主（外部株主）が存在すれば、合併により株主間に富の移転があるため、時価を基礎として取引条件が決定されたと考えることが合理的だからです。

このため、会計上は、企業結合会計基準に従い、他の子会社から受け入れる適正な帳簿価額による株主資本の額と支払対価（時価：零）との差額を、のれん（又は負ののれん）として処理することになります（適用指針243項、437-2項）。

4 対価が支払われない会社分割の例

会社分割の場合にも [1] 及び [3] の考え方は同様です。また、会社分割の場合には、以下の状況を避けるため、対価が支払われないこともあります。

・100％子会社の事業を親会社に移転する会社分割
　親会社が子会社に対価として親会社株式を交付すると子会社が親会社株式を保有することになるので、これを避けるため。なお、この点に関しては、Q8-13をご参照ください。

・100％子会社の事業を他の100％子会社に移転する会社分割

Q7-6　共通支配下の取引における合併の場合で対価が支払われないときの会計処理

他の100％子会社（承継会社）が100％子会社（分割会社）に対価として承継会社の株式を交付すると、他の100％子会社（承継会社）は親会社の100％子会社ではなくなるので、これを避けるため。なお、この点に関しては、Q8-16 をご参照ください。

このほか、無対価で株式交換が行われた場合の会計処理については Q10-2 をご参照ください。

Q7-7 連結財務諸表上の帳簿価額
——結合企業が連結財務諸表を作成していない場合

X社はT社を買収するためにSPCを設立し、SPCは金融機関から調達した資金も活用してT社株式の100％を取得しました。そして、その後、親会社（SPC）が子会社（T社）を吸収合併しました。

合併の会計処理として、SPCはT社の資産・負債を「連結財務諸表上の帳簿価額」で受け入れることになりますが、SPCは非公開企業なので連結財務諸表を作成していません。この場合には、どのように会計処理することになりますか。

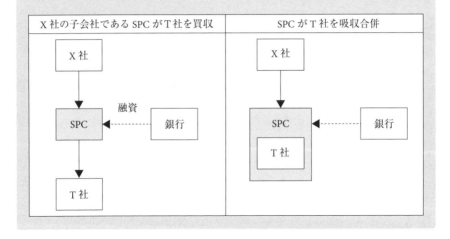

A 親会社が他の会社の株式を取得して子会社化した後にその子会社を合併した場合（子会社（SPC）が他の会社（T社）の株式を取得して子会社（親会社（X社）からみて孫会社）とし、その直後に子会社（SPC）が孫会社（T社）を吸収合併した場合を含む）は、通常、連結財務諸表上の帳簿価額を合理的に算定できる場合に該当することになります。

Q7-7　連結財務諸表上の帳簿価額——結合企業が連結財務諸表を作成していない場合

> **解説**

　親会社（子会社と孫会社との合併の場合における子会社を含む）が、連結財務諸表を作成していないことにより、「連結財務諸表上の帳簿価額」が算定されていない場合であっても、「連結財務諸表上の帳簿価額」を合理的に算定できるときは、その帳簿価額を基礎として会計処理を行うことになります（適用指針207-2項）。

　連結財務諸表上の帳簿価額を合理的に算定できる場合の典型的なケースとしては、SPCを設立して他の会社を買収し、その後、SPCが他の会社（被取得企業）を吸収合併する取引があります。このようなケースでは未償却ののれん残高が多額になることが想定されるため、「連結財務諸表上の帳簿価額」の算定は極めて重要となります。

　一方、被取得企業の買収に伴うのれんの償却がほぼ終了しているとみなせるような期間より後に当該被取得企業を合併する場合には、他の重要な調整（例えば、承継資産のうち買収時点で重要な含み損益が存在していたと想定されるものが含まれている場合や、合併当事会社間の取引で重要な固定資産売却益を計上している場合）を除き、消滅会社（被取得企業）の「適正な帳簿価額」を基礎として会計処理することも許容されることが多いと考えます。なお、買収当時の時価評価に関する資料がない場合など「連結財務諸表上の帳簿価額」を合理的に算定することが困難と認められる場合には、子会社（被取得企業）の「適正な帳簿価額」を用いることになります。

Q7-8 連結財務諸表上の帳簿価額
―― 親会社がIFRS会計基準により連結財務諸表を作成している場合

P社は買収により子会社化したS社を有しています。

P社は連結財務諸表をIFRS会計基準により作成し、個別財務諸表は日本基準で作成しています。P社の連結財務諸表作成のプロセスは、S社を含む連結会社の個別財務諸表は日本基準で作成しており、P社で基準差異の調整と連結調整を行うことによりIFRS会計基準に基づく連結財務諸表を作成しています。

今般、P社はS社を吸収合併しました。この場合、P社の個別財務諸表上、S社の資産及び負債は「連結財務諸表上の帳簿価額」で受け入れることになると思いますが、IFRS会計基準ベースの帳簿価額も認められるのでしょうか。それとも日本基準ベースで算定しなければならないのでしょうか。

A P社はIFRS会計基準により連結財務諸表を作成しているとしても、個別財務諸表上は、日本基準ベースの「連結財務諸表上の帳簿価額」を合理的に算定したうえでS社の資産及び負債を受け入れることになります。

解説

1 「連結財務諸表上の帳簿価額」の考え方

国際財務報告基準(IFRS会計基準)を任意適用している親会社が、子会社を吸収合併した場合、日本基準で作成する親会社の個別財務諸表上の会計処理において、「連結財務諸表上の帳簿価額」をどのように算定するのかが論点となります(親会社が米国会計基準を適用している場合も同様である)。この論点は2014年(平成26年)7月に開催された基準諮問会議でも協議されています。

結論としては、親会社が作成する個別財務諸表は、日本基準に基づき作成す

Q7-8 連結財務諸表上の帳簿価額――親会社がIFRS会計基準により連結財務諸表を作成している場合

る必要があるため、合併時に受け入れる子会社の資産及び負債の「連結財務諸表上の帳簿価額」は、日本基準ベースで算定することになります。その主な理由は、次のとおりです。

[1] 子会社化することなく対象会社を吸収合併したときとの会計処理の整合性

親会社が子会社を吸収合併する場合に、親会社は子会社の適切な帳簿価額（子会社が適正に作成した試算表のイメージ）ではなく、親会社にとっての連結財務諸表上の帳簿価額（支配獲得時の時価評価やのれんの未償却残高を調整した帳簿価額）で受け入れるのは、経済実態が同じである以下の2つの取引を、個別財務諸表上、整合的に会計処理するためです（Q7-2参照）。

① Ｓ社（第三者）を子会社化することなく吸収合併した場合
　→「取得」の会計処理のみ適用
② Ｓ社（第三者）を子会社化し、その直後に当該会社を吸収合併した場合
　→「取得」の会計処理と「共通支配下の取引」の会計処理の2つを適用

親会社の連結財務諸表がIFRS会計基準ベースであっても、個別財務諸表上、①は日本基準ベースで会計処理されるため、①と②の会計処理を整合的なものとするには、②の共通支配下の取引の会計処理において、Ｓ社を子会社化したときの取得の会計処理は、日本基準ベースに置き直して、その評価額を基礎として資産・負債を承継する必要があります。

[2] 会計基準は1つの体系として成立していること

Ｐ社はＳ社を吸収合併した後、Ｐ社の個別財務諸表は日本基準に基づき作成することになるので、合併時に受け入れる子会社の資産及び負債の「連結財務諸表上の帳簿価額」を日本基準ベースに修正しないと、その後の会計処理が適切なものとはなりません。

Ｐ社が受け入れるＳ社の諸資産にIFRS会計基準に準拠した帳簿価額を付すと、のれんや耐用年数を確定できない無形資産が非償却ベースの金額で承継されます。例えば、日本基準ではのれんは償却する代わりに減損テストは兆候が

ある場合のみ実施しますが、IFRS会計基準ではのれんは非償却である代わりに減損テストは兆候の有無にかかわらず毎年実施し、しかもそれは日本基準とは異なり割引後のキャッシュ・フローでテストをするなど厳しい基準となっています。このように会計基準は1つの体系として成立しているので、合併のときはIFRS会計基準ベースの非償却ののれんの金額で受け入れ、その後の減損テストは日本基準に基づき実施するということは、会計基準の枠組みとしても不適切な結果を招くことになります。

2 のれん未償却残高の算定方法

非償却とされたのれんを償却するときは、実務対応報告第18号「連結財務諸表作成における在外子会社等の会計処理に関する当面の取扱い」も参考になると考えます。同実務対応報告では「在外子会社等において、のれんを償却していない場合には、連結決算手続上、その計上後20年以内の効果の及ぶ期間にわたって、定額法その他の合理的な方法により規則的に償却し、当該金額を当期の費用とするよう修正する。ただし、減損処理が行われたことにより、減損処理後の帳簿価額が規則的な償却を行った場合における金額を下回っている場合には、連結決算手続上、修正は不要であるが、それ以降、減損処理後の帳簿価額に基づき規則的な償却を行い、修正する必要があることに留意する。」とされています。

なお、子会社の資産及び負債の帳簿価額をどの程度、日本基準ベースの「連結財務諸表上の帳簿価額」で算定すべきかについては、一般的な重要性の原則に照らして、合併後の親会社の個別財務諸表への影響額を考慮して検討するものと考えます。

3 会計基準差異の調整

連結財務諸表をIFRS会計基準により作成する場合の作成プロセスは各企業で様々ですが、例えば親会社において、日本基準で作成された国内子会社の財務諸表を、精算表上でIFRS会計基準への組替を行う場合もあります。

Q7-8 連結財務諸表上の帳簿価額——親会社がIFRS会計基準により連結財務諸表を作成している場合

精算表上の調整項目のうち、日本基準と共通する項目（支配獲得時の時価評価など）はそのまま連結財務諸表上の帳簿価額として受け入れますが、それ以外の項目（前述のとおり、のれん（非償却）や耐用年数を確定できない無形資産（非償却）の償却処理のほか、IFRS会計基準→日本基準への戻し処理として有給休暇引当金の取崩しなど）については、合併後の親会社の個別財務諸表に適用される日本基準ベースの会計方針と整合させることが必要になります。

> 【参考】日本基準のもとでも連結と個別の会計処理が異なる項目の考え方
>
> わが国の会計基準は、原則として、連結財務諸表に適用される会計基準と個別財務諸表に適用される会計基準は同じ内容であるが、その例外として、退職給付会計基準の未認識項目の会計処理がある。退職給付会計基準では、未認識数理計算上の差異及び未認識過去勤務費用の処理方法がオンバランス処理となるように改正されたが、個別財務諸表では、当面の間、改正前会計基準等の取扱い（オフバランス処理）を継続することとされている。
>
> この場合にも、上記のIFRS会計基準による連結財務諸表上の帳簿価額の考え方と同様に処理することになると考えられる。すなわち、個別財務諸表に関する当面の取扱いを設けた経緯や、消滅会社を子会社化することなく吸収合併した場合の会計処理との整合性を踏まえると、親会社は原則として、子会社の「連結財務諸表上の帳簿価額」（支配獲得時の未認識項目はオンバランス）から支配獲得後の未認識項目を除いた帳簿価額により受け入れることになると考えられる。

Q7-9 連結財務諸表上の帳簿価額
──子会社が孫会社を吸収合併した場合の考え方

組織再編が次のように段階的に行われた後にS1社(子会社)がS2社(孫会社)を吸収合併しました。

- ×1年にS1社はS2社(買収時の純資産は100)を200で買収し、S1社の連結財務諸表上、買収に伴うのれんが100計上された。
- ×2年にP社はS1社グループを300で買収し、P社の連結財務諸表上、当該買収に伴うのれんが150計上された。なお、当該のれんは主としてS2社から生じており、S2社は、S1社グループ加入後、P社に買収されるまでに利益を50計上した。
- ×3年期首にS1社はS2社を吸収合併した。なお、合併時のS2社の純資産は150であった(S1社による買収後、利益が50計上された)。

S1社は合併時にS2社の資産・負債を「連結財務諸表上の帳簿価額」により受け入れることになりますが、この場合の「連結財務諸表上の帳簿価額」はどのように考えればよいでしょうか(承継すべきのれんはS1社の連結上の簿価100か、P社の連結上の簿価150か)。

なお、簡便化のため、各買収時の資産・負債の時価と簿価は同じであり、のれんは償却しないものとします。

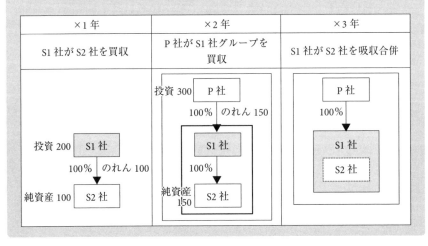

Q7-9 連結財務諸表上の帳簿価額――子会社が孫会社を吸収合併した場合の考え方

A 親会社が子会社を吸収合併するような上位者が下位者を吸収合併する場合には、「連結財務諸表上の帳簿価額」により子会社の資産・負債を受け入れますが、それは結合企業にとっての連結財務諸表上の帳簿価額となります。

ご質問の場合には、S1社にとっての連結財務諸表上の帳簿価額となり、承継するのれんの未償却残高は100となります。

解説

1 共通支配下の取引の会計処理の基礎となる「帳簿価額」の考え方

共通支配下の取引において、結合企業が受け入れた資産及び負債に付す帳簿価額は、以下のようになります（企業結合会計基準41項、注9）。

① 親会社と子会社との合併（上位者が下位者を吸収する"垂直系"の合併）
…「連結財務諸表上の帳簿価額」

② 子会社同士の合併（"水平系"の合併）…「適正な帳簿価額」

③ 下位者が上位者を吸収する"垂直系"の企業結合…原則として「適正な帳簿価額」（※）

※：下位者が受け入れる諸資産に未実現損益が含まれている場合の取扱いについては、Q14-1 **1** を参照されたい。

≪組織再編の会計処理において基礎となる「帳簿価額」≫

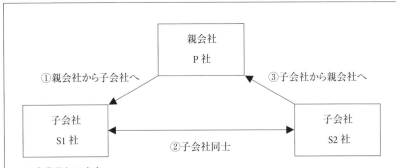

←は事業移転の方向
① 親会社の事業を子会社へ移転（下位者が上位者を吸収する"垂直系"の企業結合）
　親会社で付した「適正な帳簿価額」による。
② 子会社同士の事業の移転（"水平系"の企業結合）
　移転元の子会社で付した「適正な帳簿価額」による。
③ 子会社の事業を親会社へ移転（上位者が下位者を吸収する"垂直系"の企業結合）
　移転先（結合企業）にとっての「連結財務諸表上の帳簿価額」による。

設例の「連結財務諸表上の帳簿価額」とは、（実際に連結財務諸表を作成し公表する最上位の親会社P社にとっての帳簿価額ではなく）結合企業（S1社）にとっての帳簿価額となります（適用指針207項）。結合企業にとっての連結財務諸表上の帳簿価額で消滅会社の資産（のれん未償却額を含む）・負債を受け入れることにより、結合企業（存続会社）の個別財務諸表上、消滅する子会社株式（S2社株式）の帳簿価額との差額として算定される抱合せ株式消滅差損益は、子会社投資の成果を適切に表すことになります。

＜S1社の合併仕訳イメージ＞

（借）諸　資　産	（連結簿価）	150	（貸）子 会 社 株 式	（簿価）	200
の　れ　ん	（連結簿価）	100	抱合せ株式消滅差益	（差額）	50

・結合企業（存続会社）が保有していた子会社株式（消滅会社）を消滅させる。
・子会社株式の内訳である子会社の資産（のれんを含む）・負債を連結財務諸表上の帳簿価額で受け入れる。
・差額として、抱合せ株式消滅差損益（基本的に連結当期純損益に反映された額）を算定する。

2 グループ内で株式の持合いがある場合の「帳簿価額」の考え方

P社を頂点とした完全支配関係にある以下の企業集団内で吸収合併が行われた場合の受け入れ資産・負債に付す「帳簿価額」を考えてみます。

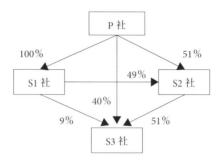

共通支配下の取引は、結合企業は原則として移転元（被結合企業）で付された「適正な帳簿価額」を基礎として資産・負債を受け入れますが、親会社が子会社と企業結合する場合には、「連結財務諸表上の帳簿価額」で資産・負債を受け入れます（企業結合会計基準（注9））。そして、この取扱いは、子会社とその子会社との合併（例えば、子会社と孫会社との合併）についても適用され、この場合の連結財務諸表上の帳簿価額とは、子会社（すなわち結合企業）にとっての連結財務諸表上の帳簿価額をさします（適用指針207項）。

これを上図のケースに当てはめると次のようになります。

[1] 存続会社がP社となる合併

P社は、最上位の親会社であり、S1社、S2社、S3社のすべてを支配していますので、それらの会社を吸収合併する場合には、P社（結合企業）にとっての「連結財務諸表上の帳簿価額」で資産・負債を受け入れることになります。このとき、P社が保有する各社に対する株式保有割合（100％、51％、40％）に対応した部分から抱合せ株式消滅差損益が生じます。またS2社との合併においてはS1社が、S3社との合併においてはS1社及びS2社がそれぞれは中間子会社（※）となるため、当該中間子会社に交付した株式に対応して増加

払込資本は、連結財務諸表上の帳簿価額を基礎として算定することになります（Q7-1、Q12-1参照）。

> ※：子会社（吸収合併消滅会社）の株式を保有する親会社（吸収合併存続会社）の他の子会社（中間子会社）に合併の対価を交付する場合には、子会社から受け入れた資産と負債の差額のうち株主資本の額に合併期日の前日の持分比率を乗じて中間子会社持分相当額を算定し、その額を払込資本（資本金又は資本剰余金）として処理する（適用指針206項(3)項）。

[2] 存続会社がS1社となる合併

S1社は、自身が支配している会社はないので、S2社又はS3社を吸収合併する場合には、兄弟会社同士の合併と同様、「適正な帳簿価額」により資産・負債を受け入れます。またS1社が保有するS2社株式又はS3社株式は子会社投資の回収には該当しないため、抱合せ株式消滅差損益が生じることはなく、受け入れた資産・負債から当該株式の適正な帳簿価額を控除し、差額を株主資本として処理します（Q7-4、Q7-5参照）。

[3] 存続会社がS2社となる合併

① S2社がS1社を吸収合併した場合

S2社はS1社を支配しているわけではなく、兄弟会社ですので、S2社は適正な帳簿価額によりS1社の資産・負債を受け入れ、S1社が保有するS2社株式は、自己株式として資本から控除します（Q7-4参照）。

② S2社がS3社を吸収合併した場合

S2社はS3社を支配しているので、S2社にとっての「連結財務諸表上の帳簿価額」でS3社の資産・負債を受け入れます。なお、51％持分からは抱合せ株式消滅差損益が生じ、49％持分は連結財務諸表上の帳簿価額で払込資本を増加させることになります（Q7-1、Q12-1参照）。

Q7-10　支配獲得後に追加取得し、完全子会社とした後に吸収合併した場合の会計処理

2013年（平成25年）改正の連結会計基準により、連結財務諸表上、親会社と非支配株主との取引により生じた差額は、のれん（又は負ののれん）として処理する方法から、資本剰余金に加減する方法に変更されました。

この変更に伴い、次の2つのケースで生じる「差額」は、個別財務諸表上、どのように処理することになりますか。

〈設例〉
- P社はS社株式の60%を100で取得した。
- S社の諸資産の時価は100であり、連結財務諸表上、のれんが40発生した。
- その後、以下の組織再編が行われた。
  ケース1　P社は60%子会社を吸収合併した（対価：現金70）。
  ケース2　P社は40%持分を現金70で追加取得して100%子会社とし、その直後にS社を吸収合併した（一体取引に該当しないものとする）。
- のれんは償却しないものとする。

ケース1		ケース2	
60%子会社を吸収合併（対価：現金）		60%子会社を100%子会社とした直後に合併	
S社株式（60%）100	現金　　　　　100	S社株式（60%）100	現金　　　　　100
		S社株式（40%）70	現金　　　　　　70
諸資産（60%）　60	S社株式（60%）100	諸資産（100%）100	S社株式（100%）170
のれん（60%）　40		のれん（60%）　40	
諸資産（40%）　40	現金（40%）　　70	差額2（40%）　30	
差額1（40%）　30			

注：受入純資産（諸資産）の持分割合での按分に関してはQ12-1を参照

A 会計基準では必ずしも明らかにされていませんが、会計基準の枠組みを踏まえると、差額1 は、のれん又は一時の損益として処理し、差額2 は抱合せ株式消滅差損益として処理することが考えられます。

> **解 説**

共通支配下の取引のうち、親会社が子会社を吸収合併する場合には、親会社は連結財務諸表上の帳簿価額により子会社の資産を受け入れることになります（適用指針207項）。

2013年改正前の連結会計基準では、親会社と非支配株主との取引により生じた差額は、連結上、のれん（又は負ののれん）として処理されていたため、個別財務諸表上、差額1 と 差額2 はともにのれん（又は負ののれん）として処理されてきました。

改正後は、連結財務諸表上、上記差額はいずれも資本剰余金として処理されることとなり、子会社の資産（未償却ののれんを含む）に該当しなくなった（すなわち、連結財務諸表上の帳簿価額が存在しなくなった）ため、当該差額をどのように会計処理すべきかが問題となります。この点については、組織再編に関する会計基準では必ずしも明らかにされていませんが（※）、会計基準の枠組みを踏まえると、次のように会計処理することが考えられます。

ケース1の 差額1 については、現金を対価とする「共通支配下の取引の会計処理」と捉え、当該差額をのれんとして処理する方法又は（のれん以外で資産計上できるような適当な科目がないことから）一時の損益とする方法が考えられます。なお、連結財務諸表上の会計処理に準じて資本剰余金とする方法は、実際に株式を発行しておらず、親会社の株主との資本取引でもないこと、さらに会社法上の取扱いに関する論点もあることから、適当ではないと考えます。

ケース2の 差額2 は、会計基準の定めに照らせば抱合せ株式消滅差損益として処理することになると考えます。もっとも、抱合せ株式消滅差損益は、本来、子会社投資の成果を表すものであり、このような会計処理を反映した財務諸表は、経済実態を適切に表したものとはならない可能性があります（特に親

Q7-10 支配獲得後に追加取得し、完全子会社とした後に吸収合併した場合の会計処理

会社が子会社株式を追加取得してから吸収合併するまでの期間が短い場合)。差額2 の30はP社がS社の価値を認めて支払った対価の一部であるところ、合併時にそれを一時の損失(抱合せ株式消滅差損)として処理することになるためです(改正前であればのれんとして資産計上)。このような差額が抱合せ株式消滅差損益に含まれることについて違和感は残るものの、現行の会計基準の枠組みに照らせば、やむを得ないと考えます。

※:2015年(平成27年)7月に開催された財務会計基準機構・基準諮問会議において、上記の設例のような前提で親会社が子会社を吸収合併した場合の個別財務諸表上の会計処理の明確化を求める提案がなされた。しかし、ケース1については、事例は少なく影響は限定的であること、いずれのケースも本格的な検討を行うと相応の時間が必要と見込まれるが、そこまでの重要性はないと考えられることから、2017年(平成29年)7月に開催された基準諮問会議において、企業会計基準委員会の新規テーマとして採り上げないこととされた。

第8章

完全親子会社関係にある会社間の会社分割・現物出資・現物配当

● 本章の内容

- Q 8-1 単独新設分割（100％子会社の設立） ... 380
- Q 8-2 事業売却を目的として単独新設分割を行い、その子会社株式を譲渡した場合の会計処理 ... 387
- Q 8-3 親会社の事業を100％子会社に移転させる会社分割（対価あり） ... 391
- Q 8-4 親会社の事業を100％子会社に移転させる会社分割（対価なし） ... 396
- Q 8-5 事業又は資産の現物出資による100％子会社の設立と債権の現物出資（DES） ... 402
- Q 8-6 子会社株式又は関連会社株式の100％子会社への現物出資 ... 407
- Q 8-7 現物出資の会計処理と株式交換の会計処理との比較 ... 410
- Q 8-8 100％子会社が行う孫会社株式の現物配当 ... 412
- Q 8-9 在外子会社が在外孫会社株式を親会社に現物配当した場合の会計処理 ... 427
- Q 8-10 100％子会社が所有する事業又は資産の現物配当 ... 429
- Q 8-11 100％子会社が行う分割型の会社分割（兄弟会社の設立） ... 432
- Q 8-12 100％子会社の事業を親会社に移転する会社分割（対価あり） ... 443
- Q 8-13 100％子会社の事業を親会社に移転する会社分割（対価なし） ... 446
- Q 8-14 100％子会社の事業を親会社に移転する分割型の会社分割 ... 452
- Q 8-15 100％子会社の事業を他の100％子会社へ移転する会社分割（対価あり） ... 457
- Q 8-16 100％子会社の事業を他の100％子会社へ移転する会社分割（対価なし） ... 461
- Q 8-17 現物資産の受入れと持分の受入れとの会計処理の比較 ... 465

第8章 完全親子会社関係にある会社間の会社分割・現物出資・現物配当

Q8-1 単独新設分割（100％子会社の設立）

P社は、自社の事業の一部を単独新設分割により移転し、100％子会社として分社化しました。この場合のP社（分割会社：分離元企業）とS社（新設会社：分離先企業）の個別財務諸表上の会計処理を教えてください。

A 単独新設分割の会計処理を要約すると、以下のようになります（適用指針260項、226項、261項、227項）。

≪単独新設分割の会計処理≫

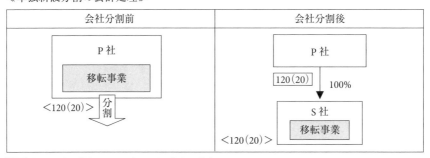

□内は株式の簿価、＜＞内は移転事業の簿価を示す。
（ ）内は繰延税金資産を示し、内書きである。

P社（分割会社）の会計処理						
（借）S 社 株 式	簿価1	100	（貸）移 転 諸 資 産	（※1）	簿価1	100
繰延税金資産 （S社株式対応）	簿価2	20	繰延税金資産 （移転事業対応）	（※1）	簿価2	20
S社（新設会社／承継会社）の会計処理						
（借）移 転 諸 資 産	簿価1	100	（貸）払 込 資 本	（※2）簿価1+2		120
繰延税金資産 （移転事業対応）	簿価2	20				

※1：会社分割直前にP社で付された適正な帳簿価額
※2：払込資本の内訳項目は会社法の定めに従う。
□：会計処理の基礎となる金額
注：税効果の考え方はQ13-4参照

なお、単独新設分割は、連結財務諸表には影響を与えない取引ですから、分割会社（親会社）の連結財務諸表作成に当たっては、個別財務諸表上の会計処理を取り消すことになります（適用指針262項）。

解説

1 親会社（分割会社：分離元企業）の会計処理

単独新設分割の場合、新設会社は必ず分割会社（分離元企業）の100％子会社になります。すなわち、事業分離の対価が「子会社株式」となりますので、「投資の継続」の会計処理を行うことになります（「投資の継続」についてはQ4-1 **3** 参照）。

分割会社（分離元企業）の会計処理は、以下のようになります。

① 事業分離の対価として取得する新設会社の株式の取得原価は、移転事業に係る株主資本相当額（※1）から移転事業に係る繰延税金資産及び繰延税金負債を控除して算定する（※2）。
② 移転事業に係る繰延税金資産及び繰延税金負債の額は、取得する新設会社株式の取得原価に含めずに、当該株式に係る一時差異に対する繰延税金資産及び繰延税金負債として計上する。

※1： 移転された事業に係る資産及び負債の移転直前の適正な帳簿価額による差額から移転事業に係る評価・換算差額等及び新株予約権を控除した額をいう（適用指針87項(1)①）。
※2： 移転事業に係る株主資本相当額がマイナスの場合には、そのマイナスの金額を「組織再編により生じた株式の特別勘定」等、適切な科目をもって負債に計上する（適用指針226項）。
　　　当該負債の事業分離後の会計処理は、分離元企業が当該分離先企業の株式を処分したときには損益に振り替え、現物配当（分割型の会社分割を含む）を行ったときは株主資本を直接変動させるなど、通常の有価証券の会計処理に従うことになる（適用指針394項）。

上記のように、移転事業に係る繰延税金資産及び繰延税金負債は、取得する子会社株式の取得原価に含めずに会計処理することになりますが、この場合の繰延税金資産の回収可能性の判定については、適用指針108項(2)において、特別の取扱い（回収可能性適用指針15項から32項に従って判断した企業分類に応じて、（分類1）に該当する企業に加え、（分類2）又は（分類3）に該当する企業についても、会社分割直前の繰延税金資産の額と同額の繰延税金資産を計上することができる）が示されています。この点に関しては、Q13-4 **1** をご参照ください。

2 子会社（新設会社：分離先企業）の会計処理

　単独新設分割は企業結合には該当しませんが、企業結合会計基準118項において「新設分割による子会社の設立については、共通支配下の取引に係る会計処理に準じて処理するのが適当である。」とされています。このため、新設会社が分割会社から承継する資産及び負債（繰延税金資産及び繰延税金負債を含む）は、分割会社において算定された「適正な帳簿価額」を基礎として会計処理します。

　新設会社の会計処理は以下のようになります。

> ①　移転された資産及び負債は、会社分割の効力発生日直前に分割会社で付された適正な帳簿価額により計上する。
> ②　増加する資本は、払込資本とし、その内訳項目は、会社法の規定に基づき決定する（※1）。移転された資産等に評価・換算差額等が含まれている場合には、移転事業に係る評価・換算差額等（※2）もそのまま引き継ぐ。
>
> ※1：移転事業に係る株主資本相当額がマイナスとなる場合には、払込資本をゼロとし、その他利益剰余金のマイナスとして処理する（適用指針227項）。
> ※2：移転された事業に係る評価・換算差額等及び新株予約権をいう（適用指針87項(1)②）。

　このように、新設会社の増加資本は払込資本に限定され、利益剰余金を増加させることはできません。なぜなら、分割会社では、移転する資産及び負債が新設会社の株式に置き換わるのみで株主資本の構成には何ら変化はなく、新設

会社（分離先企業）が分割会社（分離元企業）の利益剰余金を引き継ぐことは困難なためです。

なお、移転された資産等に評価・換算差額等が含まれている場合には、移転事業に係る評価・換算差額等も引き継ぐことになります。適正な帳簿価額には、時価（又は再評価額）をもって貸借対照表価額としている場合の当該価額及び対応する評価・換算差額等の各内訳科目（その他有価証券評価差額金、繰延ヘッジ損益及び土地再評価差額金）の額が含まれるためです（適用指針89項）。移転事業に新株予約権が含まれている場合も同様です。

3 移転事業に係る株主資本相当額がマイナスの場合の会計処理

単独新設分割において、移転事業に係る株主資本相当額がマイナスの場合には、分離元企業においてそのまま会計処理すると受け取った株式の取得原価がマイナスとなりますが、資産の貸借対照表価額はマイナスにならないことから、分離元企業が受け取った分離先企業の株式（子会社株式又は関連会社株式）の取得原価をゼロ（実務上、備忘価額とすることもある）とし、当該マイナスの金額（※）を株式の評価的な勘定として「組織再編により生じた株式の特別勘定」等、適切な科目をもって負債に計上することになります（適用指針98項(1)）。

※：単独新設分割ではなく、既存の子会社に事業を移転する場合（事業分割前に分離先企業の株式を有している場合）には、まず、当該分離先企業の株式の適正な帳簿価額を充て、これを超えることとなったマイナス金額をいう（適用指針99項(1)）。

【設例1】単独新設分割により簿価ベースで資産＜負債の事業を移転する場合の会計処理

〈前提〉
・親会社P社は、資産100、負債200を単独新設分割によりS社に移転した。
・移転資産・負債に係る一時差異はゼロとする。

P社（分割会社）の会計処理				
(借) 移 転 負 債	200	(貸) 移 転 資 産		100
		S 社 株 式		100
S 社 株 式	100	組織再編により生じた（※1） 株式の特別勘定		100

S社（新設会社／承継会社）の会計処理				
(借) 移 転 資 産	100	(貸) 移 転 負 債		200
		その他利益剰余金（※2）		△100

　□：会計処理の基礎となる金額
　※1 「組織再編により生じた株式の特別勘定」は、Y社株式の評価的な勘定であるとともに、もともと分離元企業であるP社に存在していた負債項目の全部又は一部でもある。
　※2 受入資産＜引受負債となる場合には、その差額を利益剰余金のマイナスとして処理することになる（適用指針227項(2)、会社計算規則37条2項）。

　このように、適正な帳簿価額により会計処理すべき場合には、通常はプラスとなる項目がマイナスになることもありますが、マイナスを避けるために当該項目の一部を時価評価してゼロにするなどの恣意的な会計処理は認められません。

　また、「組織再編により生じた株式の特別勘定」の事業分離後の会計処理は、分離元企業が当該分離先企業の株式を処分したときには損益に振り替え、現物配当（分割型の会社分割を含む）を行ったときは株主資本を直接変動させるなど、通常の有価証券の会計処理に従うことになります（適用指針394項）。

【設例2】S社株式（「組織再編により生じた株式の特別勘定」による控除あり）の売却処理

〈前提〉
　・P社が保有するS社株式の簿価△100（組織再編により生じた株式の特別勘定100）
　・P社はS社株式を第三者に100で売却（S社には資産に計上されない無形の価値がある）。

<P社におけるS社株式売却の会計処理>

(借)	現　　　　　　金	100	(貸)	S　社　株　式	0
	組織再編株式特別勘定	100		S 社株式売却益（※）	200

※：取得原価がマイナス 100 の株式を 100 で売却したため、売却益が 200 計上される。

[組織再編により生じた株式の特別勘定に関する会社法の規定]

　会社計算規則 12 条では、会社は、吸収分割、株式交換、新設分割、株式移転又は事業の譲渡の対価として株式を取得する場合において、当該株式に係る適正な額の特別勘定を負債として計上することができるとされています。「適正な額」は、会計慣行に従って定められるものであるため（会社計算規則 3 条）、事業分離等会計基準に従って算定された「組織再編により生じた株式の特別勘定」は、会社法上もそのまま計上されることになります。

[増加資本に関する会社法の規定]

　新設分割設立会社の設立時における株主資本等の総額は、新設型再編対象財産（新設分割により新設分割設立会社が承継する財産）の新設分割会社における新設分割の直前の帳簿価額を基礎として算定する方法に従い定まる額（以下「株主資本等変動額」という）となります（会社計算規則 49 条 1 項）。
　この場合には、新設分割設立会社の資本金及び資本剰余金の額は、株主資本等変動額の範囲内で、新設分割会社が新設分割計画の定めに従いそれぞれ定めた額となり、利益剰余金の額はゼロとなります（会社計算規則 49 条 2 項）。したがって、新設分割計画において新設分割設立会社の増加する資本金及び準備金をゼロと定めれば、株主資本等変動額の全額をその他資本剰余金とすることができます。
　ただし、株主資本等変動額がゼロ未満となる例外的な場合（移転対象となる財産がマイナスとなる場合）には、マイナス額となる株主資本等変動額をその他利益剰余金のマイナス額とし、資本金、資本剰余金及び利益準備金の額はゼロとなります（会社計算規則 49 条 2 項ただし書き）。

なお、このような場合には、新設分割会社では、受け取った株式に係る適正な額の特別勘定を負債として計上することになります（会社計算規則12条）。

このほか、会社計算規則では、新設分割の場合であっても、新設型再編対象財産に時価を付すべき場合（例えば、新設分割の対象が企業結合会計基準等における「事業」に該当しない財産（金融資産など）となる場合が考えられる）には、新設分割設立会社の設立時における株主資本等変動額は、支配取得（会計上の「取得」）と同様、時価を基礎として算定する方法に従い定まる額とすることとされています。

Q8-2 事業売却を目的として単独新設分割を行い、その子会社株式を譲渡した場合の会計処理

X社では、A事業の売却を検討しており、A事業(諸資産の簿価100)を単独新設分割により切り出して100%子会社A社とし、その直後(同日)にA社株式を第三者であるY社に200で売却する予定です。この場合の会計処理はどのようになりますか。

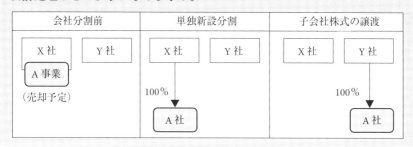

A X社は、単独新設分割については共通支配下の取引に準じて、A社株式の取得原価を、移転するA事業に係る資産・負債の適正な帳簿価額に基づき算定し、A社株式のY社への売却については金融商品会計基準に従って、譲渡時に売却損益を計上することになると考えます。

<X社の会計処理のイメージ>

単独新設分割	(借) A 社 株 式	100	(貸) A 事 業 諸 資 産	100
A社株式の譲渡	(借) 現 金	200	(貸) A 社 株 式	100
			A社株式売却益	100

A社は、共通支配下の取引に準じて、A事業に係る資産・負債をX社で付された適正な帳簿価額により会計処理します。

<A社の会計処理のイメージ>

単独新設分割	(借) A 事 業 諸 資 産	100	(貸) 払 込 資 本	100

解説

1 企業結合の会計上の分類

　共通支配下の取引とは、「結合当事企業（又は事業）のすべてが、企業結合の前後で同一の株主により最終的に支配され、かつ、その支配が一時的ではない場合の企業結合をいう。」とされています（企業結合会計基準16項）。そして「企業集団内における組織再編のうち企業結合に該当しない取引、例えば、株式移転による持株会社の設立や新設分割による子会社の設立については、共通支配下の取引に係る会計処理に準じて処理するのが適当である。」とされています（企業結合会計基準118項）。

　実務では、ある事業部門の売却を前提に、売却対象事業を単独新設分割により100％子会社とし、その子会社を第三者に売却する取引（子会社株式を売却する場合や当該子会社と第三者との合併により合併後会社が子会社ではなくなる場合）があります。単独新設分割そのものは共通支配下の取引に係る会計処理に準じて会計処理することとされているものの、売却前提の場合には「支配が一時的ではない」と判断することはできず、共通支配下の取引には該当しないとの考えもあり、具体的にどのように会計処理すべきかが論点となります。

2 分離元企業の会計処理

　分離元企業X社は、次の2つの取引の当事者となっています。
① 　単独新設分割の実施の結果として、A社株式（子会社株式）の受領
② 　A社株式の売却

　①については事業分離等会計基準を適用することになり、単独新設分割を実行した時点では、対価として子会社株式のみを受領しているため、投資継続の会計処理を行います。②については金融商品商品会計基準を適用し、権利に対する支配が他に移転されたとき（A社株式の受渡日）に売却損益を認識することになると考えます。

　この点に関し、この取引の実質はA事業の第三者への譲渡であり、子会社

株式の受渡をしているものの、それらを一体の取引として事業譲渡に準じて処理すべきとの考えもあるかと思います。もっとも、そのように考えたとしても事業譲渡は事業の移転と対価（現金）の受領が行われた時に譲渡損益を認識することになるので、譲渡損益は①の単独新設分割を実施した時点で計上されることはなく、②の子会社株式を処分した時点で計上されるため、損益の認識時点は同じになると考えます。

なお、分離元企業X社はA事業の処分を予定しているため、減損会計の適用に当たっては資産のグルーピングが他の事業と区分され（減損会計適用指針8項）、また減損の兆候に該当することもあるため（減損会計適用指針13項）、事業分離直前の決算における適正な帳簿価額の算定に当たっては、A事業の諸資産の評価にも留意する必要があります。特に、当該株式の売却が翌期に行われ、売却損の計上が見込まれる場合には、分離直前の事業年度において減損損失の認識が必要となる場合もあるため、留意が必要です。

3 分離先企業の会計処理

分離先企業A社では、単独新設分割が実施された時点では第三者との間で企業結合は生じていません。また、分離元企業X社が第三者であるY社に株式を譲渡したことによりA社（A事業）の支配株主（所有者）が変わったとしても、現行会計基準では、それをもってA社の個別財務諸表上、諸資産の評価替が行われることはありません。

さらにこの組織再編の全体の枠組みとしては、事業分離前からX社はA事業を継続的に支配しており、設立直後のA社にとってはX社に支配された期間は「一時的」と考えたとしても、分離元企業X社及びA事業にとって支配は「一時的」ではありません（支配の継続は見込まれないものの、事業分離前の期間を踏まえると支配は「一時的」ではない）。

このため、A社の個別財務諸表上、単独新設分割の会計処理の定めに従い、「共通支配下の取引」に準じて、移転直前に分離元企業X社で付された適正な帳簿価額により資産・負債を承継することが適当であり、諸資産を事業分離日の

時価で評価替したり、A社の個別財務諸表において設立時にのれんを計上することはできないと考えます。

なお、A社株式のすべてがY社に譲渡されると、Y社の連結財務諸表上、A社の諸資産は支配獲得時の時価で評価され、のれんが計上されることになります。またその後、Y社がA社を吸収合併すれば、Y社の個別財務諸表上もA社の諸資産（のれんの未償却残高を含む）を「連結財務諸表上の帳簿価額」で受け入れることになります。

4 税効果会計の適用

税務上、売却が予定された組織再編は非適格組織再編となり、会社分割の効力発生日に時価で譲渡されたものとして処理されるため（X社では譲渡損益が計上され、A社では諸資産を時価で受け入れる）、会計と税務との取扱いが異なることになりますが、当該差異は税効果会計を適用して対応することになります（Q13-5参照）。

5 開示

当該取引が重要な場合には、事業分離に関する注記で、事業分離と株式譲渡が一体であること（その実質は現金を対価とした事業の譲渡）を利用者が理解できるように記載することが適当と考えます。

なお、翌期首に重要な事業分離が行われる場合には、当期末の後発事象において、当期に含まれる分離事業に係る損益情報をあわせて開示することになります（Q16-6、Q16-8参照）。

Q8-3 親会社の事業を100%子会社に移転させる会社分割（対価あり）

親会社P社は、100%子会社S社に事業の一部を会社分割により移転させ、子会社はその対価として自社の株式（S社株式）を親会社に交付しました。この場合のP社（分離元企業）とS社（分離先企業）の個別財務諸表上の会計処理を教えてください。

A 親会社が100%子会社に事業を移転する吸収分割の会計処理を要約すると、以下のようになります（適用指針226項、227項）。

《親会社の事業を子会社に移転する会社分割の会計処理（会社分割の対価を交付する場合）》

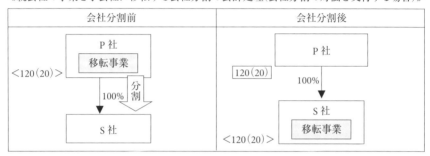

□内は株式の簿価、＜＞内は移転事業の簿価を示す。
（ ）内は繰延税金資産を示し、内書きである。

P社の会計処理			
(借) S 社 株 式	簿価1 100	(貸) 移 転 諸 資 産	(※1) 簿価1 100
繰 延 税 金 資 産 （S社株式対応）	簿価2 20	繰 延 税 金 資 産 （移転事業対応）	(※1) 簿価2 20
S社の会計処理			
(借) 移 転 諸 資 産	簿価1 100	(貸) 払 込 資 本	(※2) 簿価1+2 120
繰 延 税 金 資 産 （移転事業対応）	簿価2 20		

※1：会社分割直前にP社で付された適正な帳簿価額
※2：払込資本の内訳項目は会社法の定めに従う。
□：会計処理の基礎となる金額

第8章　完全親子会社関係にある会社間の会社分割・現物出資・現物配当

　なお、親会社（分割会社）が100％子会社に事業を移転する場合、企業集団の観点でみると、対価の受け渡しの有無は会社分割の前後で経済実態に影響を与えないため、子会社（承継会社）が対価を支払わない場合が考えられます。この場合の会計処理は、Q8-4をご参照ください。

解　説

1 会計処理の概要

　親会社が100％子会社に事業を移転する場合で、対価（子会社株式）の受け渡しがあるときの親会社及び子会社の会計処理は、単独新設分割の会計処理と同様です（適用指針226項から228項）。

2 親会社（分割会社：分離元企業）の会計処理

> ①　親会社が追加取得する子会社株式の取得原価は、移転事業に係る株主資本相当額から移転事業に係る繰延税金資産及び繰延税金負債を控除して算定する（※）。
> ②　移転事業に係る繰延税金資産及び繰延税金負債の額は、追加取得する子会社株式の取得原価に含めずに、当該株式に係る一時差異に対する繰延税金資産及び繰延税金負債として計上する。
>
> ※：移転事業に係る株主資本相当額がマイナスの場合には、まず、事業分離前から保有している子会社株式の帳簿価額を充て、これを超えることとなったマイナスの金額を「組織再編により生じた株式の特別勘定」等、適切な科目をもって負債に計上する（適用指針226項、Q8-1 3 参照）。
> 　当該負債の事業分離後の会計処理は、分離元企業が当該分離先企業の株式を処分したときには損益に振り替え、現物配当（分割型の会社分割を含む）を行ったときは株主資本を直接変動させるなど、通常の有価証券の会計処理に従うことになる（適用指針394項）。

3 子会社（承継会社：分離先企業）の会計処理

① 子会社が親会社から受け入れる資産及び負債は、会社分割の効力発生日直前の適正な帳簿価額を付す。
② 増加する資本は、払込資本とし、その内訳は会社法の規定に基づき決定する（※）。また、移転された資産等に評価・換算差額等が含まれている場合には、移転事業に係る評価・換算差額等もそのまま引き継ぐ。

※：移転事業に係る株主資本相当額がマイナスとなる場合には、払込資本をゼロとし、その他利益剰余金のマイナスとして処理する（適用指針 227 項、Q8-1 **3** 参照）。

[増加資本に関する会社法の規定]

承継会社と分割会社が共通支配下関係にあり、会社分割の対価の全部又は一部が承継会社の株式である場合には、承継会社において変動する株主資本等の総額（以下「株主資本等変動額」という）は、吸収型再編対象財産（吸収分割により承継会社が承継する財産）の吸収分割の直前の帳簿価額を基礎として算定する方法に従い定まる額となります（会社計算規則 37 条 1 項 3 号）。「基礎として算定する方法」には、対価自己株式（会社分割の対価として処分される自己株式）の帳簿価額を株主資本等変動額から控除するという意味が含まれます。

この場合には、承継会社の資本金及び資本剰余金の増加額は、株主資本等変動額の範囲内で、承継会社が吸収分割契約の定めに従いそれぞれ定めた額とし、利益剰余金を変動させることはできません（会社計算規則 37 条 2 項）。したがって、吸収分割契約において承継会社の増加する資本金及び準備金をゼロと定めれば、株主資本等変動額の全額をその他資本剰余金とすることができます。

ただし、株主資本等変動額がゼロ未満という例外的な場合には、当該ゼロ未満の金額を、以下のように処理し、資本金、資本準備金及び利益準備金の額を変動させることはできないものとされています（会社計算規則 37 条 2 項ただし書き）。

① 移転対象となる財産の額を処分した自己株式の帳簿価額が上回る場合…それに起因する額をその他資本剰余金の減少として処理

第8章　完全親子会社関係にある会社間の会社分割・現物出資・現物配当

移転事業の株主資本相当額	処分する自己株式の帳簿価額	株主資本等変動額（△） ↑ その他資本剰余金の減少

② 移転対象となる財産の額がマイナスの場合…それに起因する額をその他利益剰余金の減少として処理

その他利益剰余金の減少
↓

移転事業の株主資本相当額（△）	株主資本等変動額（△）

　なお、このような場合には、**2**で記載のとおり、分割会社は、受け取った株式に係る適正な額の特別勘定（※）を負債として計上することがあります（会社計算規則12条）。

　※：会社分割前から保有している子会社株式の帳簿価額から当該マイナス額を充て、これを超えることとなったマイナスの金額を「組織再編により生じた株式の特別勘定」等、適切な科目をもって負債に計上することになる（適用指針226項、会社計算規則3条）。

　このほか、会社計算規則では、吸収型再編対象財産に時価を付すべき場合（例えば、吸収分割の対象が企業結合会計基準等における「事業」に該当しない財産（金融資産など）となる場合が考えられる）には、承継会社の株主資本等変動額は、支配取得（会計上の「取得」）と同様、時価を基礎として算定する方法に従い定まる額とされています（会社計算規則37条1項3号かっこ書き）。

【参考】親会社の事業を100％子会社に移転させる会社分割（吸収分割）の会計処理の考え方

　親会社の事業を100％子会社に移転させる会社分割（吸収分割）は、以下の2つの取引に分けて考えることができる。事業の移転先の子会社に非支配株主が存在する場合など、より複雑な会社分割の会計処理に対応するためには、このような考え方も理解しておくことが有用である。

・親会社が単独新設分割により100％子会社（S2社）を設立
・既存の100％子会社（S1社）が当該新設の100％子会社（S2社）を吸収合

Q8-3　親会社の事業を100%子会社に移転させる会社分割（対価あり）

併（子会社同士の合併）

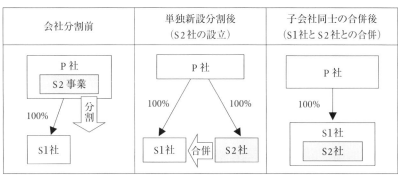

	P社の会計処理 （上段：単独新設分割、下段：子会社同士の合併）	
(借) ~~S2 社 株 式~~　~~簿価1~~　　繰延税金資産　~~簿価2~~　　(S2社株式対応)	(貸) S2 事 業 資 産　簿価1　　繰延税金資産　簿価2　　(S2事業資産対応)	
(借) S1 社 株 式　簿価1　　繰延税金資産　簿価2　　(S1社株式対応)	(貸) ~~S2 社 株 式~~　~~簿価1~~　　~~繰延税金資産~~　~~簿価2~~　　~~(S2社株式対応)~~	
S2社の会計処理：単独新設分割		
(借) S2 事 業 資 産　簿価1　　繰延税金資産　簿価2　　(S2事業資産対応)	(貸) 払 込 資 本　簿価1+2	
S1社の会計処理：子会社同士の合併（S2社を吸収合併）		
(借) S2 事 業 資 産　簿価1　　繰延税金資産　簿価2　　(S2事業資産対応)	(貸) 払 込 資 本　簿価1+2	

□：会計処理の基礎となる金額

Q8-4 親会社の事業を100%子会社に移転させる会社分割（対価なし）

親会社P社は100%子会社S社を有しています。今般、P社は事業の一部をS社に会社分割により移転しましたが、S社は会社分割の対価をP社に支払っていません。この場合のP社（分割会社）とS社（承継会社）の個別財務諸表上の会計処理を教えてください。

A 　親会社が100%子会社に事業の一部を会社分割により移転し、子会社から対価を受け取らない場合の会計処理は、以下のように、親会社が子会社に分割型の会社分割により事業を移転させる場合の分割会社の処理（承継会社が分割会社の取り崩した株主資本を承継する方法）に準じることになります（適用指針203-2項(2)①、233項、234項、446項）。

《親会社の事業を子会社に移転する会社分割の会計処理（対価を交付しない場合）》

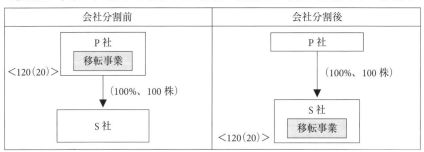

□内は株式の簿価、＜＞内は移転事業の簿価を示す。
（ ）内は繰延税金資産を示し、内書きである。

P社の会計処理
(借) 株 主 資 本 （※2）簿価1+2 120　(貸) 移 転 諸 資 産 （※1） 簿価1 100
繰 延 税 金 資 産 （※1） 簿価2 20
（移転事業対応）

S社の会計処理
(借) 移 転 諸 資 産　簿価1 100　(貸) 株 主 資 本 （※2）簿価1+2 120
繰 延 税 金 資 産　簿価2 20
（移転事業対応）

※1：会社分割直前にP社で付された適正な帳簿価額
※2：P社（分割会社）が取り崩した株主資本項目をS社（承継会社）はその他資本剰余金又はその他利益剰余金として引き継ぐ。
☐：会計処理の基礎となる金額

解説

1 親会社（分割会社：分離元企業）の会計処理

① 移転事業に係る資産及び負債（関連する繰延税金資産及び繰延税金負債を含む）に対応する株主資本を変動（減少又は増加）させる。
② 変動させる株主資本の内訳は、取締役会等会社の意思決定機関において定められた額による。

親会社が100％子会社に事業を移転し、対価（子会社株式など）の受渡しを行わなくとも、経済実態としては、親会社の移転財産の減少に対応して、子会社株式の価値が同額増加することになりますが、会計処理上、親会社の個別財務諸表においては子会社株式の帳簿価額を増加させることはできず、株主資本の額を変動（減少又は増加）させる結果となるので留意する必要があります。

特に、無対価での会社分割の実施後、子会社が移転された事業を主たる原資として配当を実施したり、親会社が当該子会社株式を売却したりすると（以下の【参考】を参照）、親会社の個別財務諸表上、投資の成果としての性格のない売却益や受取配当金が計上されるなど、適切な結果が得られないことがあります。

このような会計処理を避けるためには、親会社と完全子会社との間で締結される分割契約書において、事業移転の対価として完全子会社が株式を交付する旨を規定することが必要になります。

なお、2009年（平成21年）12月の金商法施行令改正前までは、上記のような完全支配関係にある分社型会社分割の場合であっても、承継会社（S社）が株式を発行すると、原則として、承継会社は有価証券届出書の提出が義務付け

られていましたが、改正後は提出義務がなくなりましたので、株式の発行コストも減少しています。

※：2014年（平成26年）7月に開催された財務会計基準機構・基準諮問会議において、完全親会社が完全子会社に無対価で事業を移転させた場合には、会計上、完全親会社は株主資本を変動させるのではなく、完全子会社株式を追加取得する会計処理に改めるべきとの提案がなされ、ASBJにテーマアップするか否かが検討された。

検討の結果、現行の会計処理は、吸収分割における会社法上の取扱いと整合的に設定されているものであり、仮に当該項目をテーマアップしてASBJで検討しても、結論を得ることは容易ではないこと等の理由から、基準諮問会議で保留するテーマとされた。

【参考】100％子会社に無対価で会社分割を行い、翌期に当該子会社を売却する場合

親会社の事業を無対価の会社分割により100％子会社に移転し、その後、当該子会社株式を第三者に売却した場合の会計処理を設例により検討する。

〈前提〉

- P社（3月決算）は100％子会社S社を100で設立した。
- P社は3/1にA事業に係る諸資産（簿価500）を無対価の会社分割でS社に移転した。
- P社は4/1（翌期首）にS社株式のすべてを第三者であるX社に650で譲渡した。
- 当該会社分割は、税務上、非適格組織再編に該当するが、税効果は省略する。

〈会計処理〉

① S社の設立

P社	S 社 株 式	100	現　　　　金	100
S社	現　　　　金	100	資　本　金	100

② A事業の移転（無対価）(3/1)

P社	利 益 剰 余 金	500	A事業諸資産	500
S社	A事業諸資産	500	利 益 剰 余 金	500

・P社では、S社株式を増加させることはできず、株主資本を取り崩す（適用指針

203-2項)。ここではP社が利益剰余金を減少させたものとする。
・S社ではP社が取り崩した株主資本を承継する。

③ S社株式の譲渡（翌期首：4/1）

P社	現　　　　　金	650	S　社　株　式	100
			S社株式売却益	550

・S社株式の売却価額650には、P社がS社に移転したA事業の価値が含まれている。
・P社では、②の取引後、利益剰余金（株主資本）は減少するものの、翌期首に行われる③の取引により、S社株式売却益が計上され、利益剰余金は増加する。ただし、損益計算書を経由することに留意する。

　ここで、③で計上された利益550には、移転前のA事業に係る諸資産の簿価500が含まれているため、これを譲渡原価に振り替えたとすれば譲渡益は50となり、これがあるべき損益と考えられる。このため、P社とX社との間で締結された株式譲渡契約において、A事業のS社への移転が株式売買の前提とされている場合のように、当初から会社分割と株式譲渡が一体であることが明らかなときは、次の理由から、②と③を一体の取引として会計処理する方法も考えられる（※）。

・A事業（S社設立時に移転した財産を含む）をX社に直接譲渡したときとの比較
・P社の連結財務諸表と個別財務諸表との整合性
・現行の会計基準に従った会計処理では適切な結果が得られないことが財務会計基準機構／企業会計基準委員会でも検討されていること

　※：「複数の取引が1つの事業分離を構成している場合には、それらを一体として取り扱う。」（事業分離等会計基準4項、企業結合会計基準5項）とされ、また、「通常、複数の取引が1事業年度内に完了する場合には、一体として取り扱うことが適当であると考えられるが、1つの事業分離又は企業結合を構成しているかどうかは状況によって異なるため、当初取引時における当事者間の意図や当該取引の目的等を勘案し、実態に応じて判断することとなる。」（事業分離等会計基準62項）とされている。

　設例の場合には、無対価会社分割と株式の売却年度が異なるため、一体取引として扱う場合には、P社の翌年度の会計処理として、次のような方法が考えられる。

<②と③を一体の取引として扱うことが適切であると判断された場合の翌年度の会計処理>

P社	現　　　　　金	650	S　社　株　式	100
			子会社株式売却益	550
	子会社株式売却益	500	利　益　剰　余　金	500

・P社における前期の会計処理（P社の株主資本 500 の減少）はやむを得ないとしても、株式売却年度で計上される利益は明らかに経済実態を表したものではないため、A事業を現金で売却した場合（事業譲渡）と同様の結果が得られるように損益計算書を経由せずに利益剰余金を増加させる。

　注：上記ケースにおいて、会社分割（無対価）と当該子会社株式の売却が同一年度で実施された場合には、当該取引を一体の取引として扱い、P社では、以下の会計処理を行うことができると考えられる。

会社分割（無対価）	利　益　剰　余　金　500　A社事業資産　500
子会社株式の売却	現　　　　　金　650　S　社　株　式　100 　　　　　　　　　　　　　S社株式売却益　550
剰余金の振替による売却益の修正	S社株式売却益　500　利　益　剰　余　金　500

なお、会社法（会社計算規則）では、その他利益剰余金を直接増加させる場合として、次の規定がある。

> 第 29 条　株式会社のその他利益剰余金の額は、第四節に定めるところのほか、次の各号に掲げる場合に限り、当該各号に定める額が増加するものとする。
> ……
> 三　前二号に掲げるもののほか、その他利益剰余金の額を増加すべき場合　その他利益剰余金の額を増加する額として適切な額

この「増加すべき場合」や「適切な額」は、会社計算規則 3 条に従い会計慣行を斟酌して解釈することになるが、上記のとおり、会計基準では複数の取引を一体の取引として処理すべき場合があり、当該事例がそれに該当するとすれば、「増加すべき場合」として解釈できるものと考える。

なお、このような会計処理は、重要な判断を伴うものであるため、重要性が乏しい場合を除き、追加情報として適切な注記が必要と考える。

2 子会社（承継会社：分離先企業）の会計処理

① 移転された資産及び負債は、会社分割の効力発生日直前に親会社で付された適正な帳簿価額により計上する。
② 増加する資本（移転事業に係る株主資本相当額）は、親会社が変動させた株主資本の額を会社法の規定に基づき計上する。また、移転された資産等に評価・換算差額等が含まれている場合には、移転事業に係る評価・換算差額等も引き継ぐ。

[増加資本に関する会社法の規定]

　会社分割の対価が存しない場合であって、分割会社における吸収分割の直前の株主資本等の全部又は一部を引き継ぐものとして計算することが適切であるとき（※）には、吸収分割により変動する分割会社の資本金及び資本剰余金の合計額を承継会社のその他資本剰余金の変動額とし、吸収分割の直前の利益剰余金の額を承継会社のその他利益剰余金の変動額とすることになります（会社計算規則38条2項）。承継会社が資本金及び準備金を増加させることができないのは、承継会社の株式が交付されていない以上、資本金及びそれに準ずる性質を有する準備金の増加は認められないという会社法の要請によるものと考えられます。

　なお、分割会社における吸収分割に際しての資本金、資本剰余金又は利益剰余金の額の変更に関しては、会社法第2編第5章第3節第2款の規定その他の法の規定に従う（分割会社で計上されていた資本金及び準備金の減少については、別途、資本金の額の減少及び準備金の額の減少の手続（会社法447条、448条）を行う）ことになります（会社計算規則38条3項）。

　※：完全親子会社関係以外の会社間で会社分割が行われた場合（Q7-6、Q1-6参照）には、上記の処理は適用できないものと考えられる（会社計算規則3条参照）。

Q8-5 事業又は資産の現物出資による100％子会社の設立と債権の現物出資（DES）

P社は、自社の事業の一部を現物出資し、100％子会社S社を設立しました。この場合のP社（現物出資実施会社）とS社（現物出資受入会社）の個別財務諸表上の会計処理を教えてください。

また、事業ではなく、資産を現物出資した場合の会計処理はどのようになりますか。

A 事業の現物出資により100％子会社を設立する会計処理を要約すると、以下のようになります。この会計処理は、単独新設分割の会計処理と同様です（事業分離等会計基準17項(1)、企業結合会計基準41項、42項）。

≪事業の現物出資に関する会計処理≫

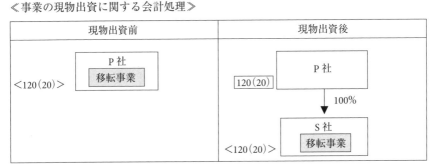

□内は株式の簿価、＜＞内は移転事業の簿価を示す。
（　）内は繰延税金資産を示し、内書きである。

P社（現物出資実施会社）の会計処理				
(借) S 社 株 式	簿価1 100	(貸) 移 転 諸 資 産	（※1）	簿価1 100
繰延税金資産 （S社株式対応）	簿価2 20	繰延税金資産 （移転事業対応）	（※1）	簿価2 20
S社（現物出資受入会社）の会計処理				
(借) 移 転 諸 資 産	（※2）簿価1 100	(貸) 払 込 資 本	（※3）	簿価1+2 120
繰延税金資産 （移転事業対応）	（※2）簿価2 20			

※1：現物出資直前にP社で付された適正な帳簿価額
※2：現物出資財産が事業であることを前提としている。
※3：払込資本の内訳項目は会社法の定めに従う。
　□：会計処理の基礎となる金額

　また、資産を現物出資した場合の現物出資実施会社の会計処理は、事業を現物出資した場合の会計処理と同様ですが（事業分離等会計基準31項）、現物出資受入会社の会計処理は、移転対象が事業か資産かにより会計処理が異なることがあります。

解説

1 現物出資実施会社（出資者：親会社）の会計処理

[1] 事業の現物出資

　事業を現物出資し、100％子会社を設立する場合、出資者は子会社株式を受け取ることになりますので、「投資の継続」の会計処理、すなわち、出資者の個別財務諸表上、移転損益は認識せず、受け取った子会社株式（新設会社株式）の取得原価は、移転した事業に係る株主資本相当額に基づいて算定することになります（事業分離等会計基準17項(1)）。

[2] 資産の現物出資

　資産の現物出資が行われた場合の会計処理は、事業分離における分離元企業の会計処理、すなわち、事業を現物出資した場合の会計処理に準じることになります（事業分離等会計基準31項、64項）。このため、資産の現物出資が行われた場合も、出資者は、現物出資の対象となる諸資産の適正な帳簿価額（移転事業に係る株主資本相当額）を基礎として会計処理を行うことになり、出資者の個別財務諸表上、損益は認識されないことになります。

　なお、事業と資産の取扱いに関する事業分離等会計基準と企業結合会計基準の考え方については、Q1-3 3 もあわせてご参照ください。

2 現物出資受入会社の会計処理

[1] 事業の現物出資

　企業結合会計基準118項では「本会計基準が対象としている企業結合は、…（中略）…、企業集団内における合併、吸収分割、現物出資等の取引（共通支配下の取引）が含まれることとなる。」とされているので、事業の現物出資は企業結合会計基準の対象となることは明らかです。このため、企業集団内において事業の現物出資が行われた場合、現物資産を受け入れた会社側では、当該資産に出資者の適正な帳簿価額を付すことになります（企業結合会計基準41項、42項）。

[2] 資産の現物出資

　企業結合会計基準の対象が企業又は事業の結合とされているので、事業（※）に該当しない資産の現物出資は企業結合会計基準の対象外と考えられます。このため、資産の現物出資が行われた場合、とりわけ現物出資対象財産が金融商品（子会社株式及び関連会社株式を除く。Q8-6 2 参照）の場合には、現物資産を受け入れた会社側では、原則として、時価により測定することになると考えられます（金融商品会計実務指針29項）。

　　※：「事業」とは、企業活動を行うために組織化され、有機的一体として機能する経営資源をいう（企業結合会計基準6項、事業分離等会計基準3項）。

[増加資本に関する会社法の規定]

　現物出資を受ける会社と当該現物出資財産の給付をした会社が共通支配下関係となる場合には、現物出資を受ける会社の資本金等増加限度額は、給付者における当該給付直前の帳簿価額となります（会社計算規則43条1項2号イ）。

　このほか、会社計算規則では、当該現物出資財産に時価を付すべき場合（例えば、現物出資財産が企業結合会計基準等における「事業」に該当しない財産（金融資産

など）が考えられる）には、当該現物出資財産の給付期日の価額（すなわち時価）によって資本金等増加限度額を計算するものとされています（会社計算規則43条1項2号イかっこ書き、43条1項2号柱書き）。

3 債権の現物出資（DES：デット・エクイティ・スワップ）の会計処理

長期貸付金等の債権の現物出資は、必ずしも完全子会社に対するものだけではありませんが、グループ内企業に対する貸付金の現物出資も多いことから、本書では完全子会社に対する資産の現物出資の項で記載します。なお、以下のように、現物出資後の出資先が子会社及び関連会社になる場合と、それ以外になる場合とでは、適用される会計基準等が異なりますので、留意する必要があります。

[1] 子会社に対する現物出資及び現物出資後の企業が子会社又は関連会社となる場合の現物出資実施会社の会計処理

資産を移転し移転先の企業の株式を受け取る場合（資産の現物出資）の移転元の企業の会計処理は、事業分離における分離元企業の会計処理に準じて行うこととされています（事業分離等会計基準31項）。このため、資産（債権）を移転し、移転先の企業が子会社又は関連会社となる場合及び共通支配下の取引（子会社に対する現物出資）の場合には、実務対応報告第6号「デット・エクイティ・スワップの実行時における債権者側の会計処理に関する実務上の取扱い」にかかわらず、適用指針の定めに従い、受け取る子会社株式又は関連会社株式の取得原価は、移転元で付されていた移転される債権の適正な帳簿価額により算定され、移転損益は生じません（適用指針97-2項）。

なお、移転先の企業が財務的に困難な状況にある場合には、現物出資実行前に金融商品会計基準に従い債権の適正な帳簿価額を算定することが必要です。

[2] 債務者が財務的に困難な場合に行われるデット・エクイティ・スワップ（[1] 以外）

　実務対応報告第6号は、債権者の合意を得た再建計画等の一環として行われる場合など、債務者が財務的に困難な場合に行われるデット・エクイティ・スワップ（DES：債務の株式化）で、DES実行後の債権者が、移転元企業（元債権者）の子会社又は関連会社に該当しない場合に適用されることになります。

　DESにより、債権者が取得する株式は、通常、債権とは異種の資産であり、新たな資産と考えられるため、その株式の取得原価は債権者が取得する株式の取得時の時価が対価の受取額（譲渡金額）となり、消滅した債権の帳簿価額と取得した株式の時価との差額を当期の損益として処理することになります（金融商品会計基準11～13項、金融商品実務指針29項及び37項）。

　ここで消滅した債権の帳簿価額は、取得原価又は償却原価から貸倒引当金を控除した後の金額をいい（金融商品実務指針57項(4)）、取得した株式の取得時の時価は、算定日において市場参加者間で秩序ある取引が行われると想定した場合の、当該取引における資産の売却によって受け取る価格となります（金融商品会計基準6項）。もっとも実務対応報告第6号は債務者が財務的に困難な場合に行われるDESを対象としていることから、DES実行時点において利益が発生するのは、極めて例外的な状況に限られる、とされている点に留意する必要があります。

Q8-6 子会社株式又は関連会社株式の100％子会社への現物出資

親会社P社は、子会社株式（B社株式）と関連会社株式（C社株式）のすべてを100％子会社A社に現物出資しました。この場合のP社（現物出資実施会社）とA社（現物出資受入会社）の個別財務諸表上の会計処理を教えてください。

A 親会社が100％子会社に他の子会社株式又は関連会社株式を現物出資する取引の会計処理を要約すると、以下のようになると考えます。

≪子会社株式又は関連会社株式が現物出資された場合の会計処理≫

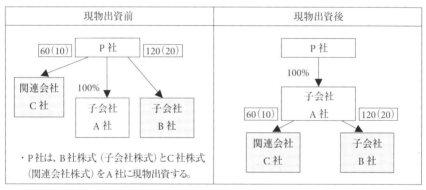

・P社は、B社株式（子会社株式）とC社株式（関連会社株式）をA社に現物出資する。

☐内は株式の簿価を示す。
（ ）内は繰延税金資産を示し、内書きである。

P社（親会社）の会計処理				
(借) A子会社株式	簿価1 100	(貸) B子会社株式 （※1）	簿価1	100
繰延税金資産 （A子会社株式対応）	簿価2 20	繰延税金資産 （※1、2） （B子会社株式対応）	簿価2	20
(借) A子会社株式	簿価3 50	(貸) C関連会社株式 （※1）	簿価3	50
繰延税金資産 （A子会社株式対応）	簿価4 10	繰延税金資産 （※1、2） （C関連会社株式対応）	簿価4	10

A社（子会社）の会計処理					
(借) B子会社株式	簿価1	100	(貸) 払込資本	(※3)	簿価1+2 120
繰延税金資産 （B子会社株式対応）	簿価2	20			
(借) C関連会社株式	簿価3	50	(貸) 払込資本	(※3)	簿価3+4 60
繰延税金資産 （C関連会社株式対応）	簿価4	10			

※1：現物出資直前にP社で付された適正な帳簿価額
※2：現物配当財産となるB社株式及びC社株式について将来減算一時差異が存在する場合を前提としている。
※3：払込資本の内訳項目は会社法の定めに従う。
□：会計処理の基礎となる金額

解説

1 現物出資実施会社の会計処理

　子会社株式及び関連会社株式を事業とみるか、資産とみるかについては議論がありますが、資産の現物出資に該当すると考えたとしても、Q8-5と同様、資産の現物出資を行った会社（出資者）の会計処理は、事業分離における分離元企業の会計処理に準じることになります（事業分離等会計基準31項（17項(1)））。このため、企業集団内において現物出資が行われた場合、出資者は、受け取った出資先の株式の帳簿価額を現物出資の対象となる子会社株式又は関連会社株式の適正な帳簿価額を基礎として算定することになり、出資者の個別財務諸表上、損益は認識されないことになります。

2 現物出資受入会社の会計処理

　企業結合会計基準の対象が企業又は事業の結合とされ、事業に該当しない資産の現物出資は企業結合会計基準の対象外と考えられるため、資産の現物出資（出資財産が子会社株式又は関連会社株式の場合）が行われた場合には、現物資産を受け入れた会社側では、当該資産に時価を付すべきか、それとも出資者の適

Q8-6　子会社株式又は関連会社株式の100％子会社への現物出資

正な帳簿価額を付すべきか、という論点があります。

　子会社株式及び関連会社株式は、金融商品会計基準では金融商品として取り扱われていますが、企業集団内において、子会社株式や関連会社株式が現物出資の対象となる場合には、現物出資受入会社は、以下のように事業投資の性格を有するものとして、出資者の適正な帳簿価額に基づき会計処理を行うことが適当と考えられます。

- 子会社株式の現物出資は、事業を持分の形で出資したに過ぎず、事業の現物出資に準じて取り扱うことが適当である。
- 関連会社株式の現物出資は、当該会社に支配力が及ばないため、子会社株式と同様に考えることはできないとの見方もあるが、現行の会計基準の体系を踏まえると、関連会社株式は、子会社株式とともに事業投資として考えることが整合的と考えられるため（事業分離等会計基準97項から100項の考え方も参照）、子会社株式と同様、事業に準じて取り扱うことが適当である。

　したがって、上図の子会社A社が親会社P社から受け入れた他の子会社株式（B社株式）と関連会社株式（C社株式）は、親会社で付されていた適正な帳簿価額により計上することが適当と考えられます。

［増加資本に関する会社法の規定］

　Q8-5の［増加資本に関する会社法の規定］をご参照ください。

　共通支配下関係にある者の間で子会社株式又は関連会社株式の現物出資が行われ、それを事業として捉えることができる場合には、「現物出資財産に時価を付すべき場合」には該当せず、現物出資を受ける会社の資本金等増加限度額は、給付者の給付直前の帳簿価額によって計算することになります（会社計算規則43条1項2号イ）。

第8章　完全親子会社関係にある会社間の会社分割・現物出資・現物配当

Q8-7 現物出資の会計処理と株式交換の会計処理との比較

親会社P社は100％子会社を2社（S1社及びS2社）有しています。今般、P社は、この兄弟会社の関係（水平の関係）を、以下のいずれかの方法により、子・孫会社の関係（垂直の関係）に再編することを予定しています。

スキームA：親会社が保有する他の子会社株式（S2社株式）を子会社（S1社）に現物出資する方法

スキームB：子会社（S1社）が他の子会社（S2社）を株式交換により完全子会社とする方法

どちらの方法によっても組織再編後の形は同じですが、S1社の会計処理はどのようになりますか。

A 共通支配下の取引における現物出資と株式交換との会計処理を比較すると、以下のようになります。

≪株式交換と現物出資の会計処理≫

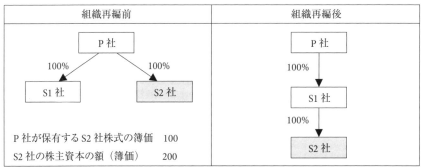

S1社の会計処理
スキームA　P社が保有するS2社株式をS1社に現物出資する場合の会計処理
（借）S2　社　株　式　100　（貸）払　込　資　本　　100
スキームB　S1社がS2社を株式交換により完全子会社とする場合の会計処理
（借）S2　社　株　式　200　（貸）払　込　資　本　　200

□：会計処理の基礎となる金額

解説

スキームAもスキームBも、共通支配下の取引であり、「適正な帳簿価額」を基礎として会計処理する点では同じですが、その「適正な帳簿価額」の意味が異なります。

スキームA（現物出資による方法）の場合には、親会社の事業を子会社に移転する場合の会社分割の会計処理の考え方と同様、子会社（S1社）は、移転元（親会社P社）で付されていた子会社株式（S2社株式）の適正な帳簿価額に基づき孫会社株式の取得原価を算定することになります（Q8-6 **2** 参照）。

スキームB（株式交換による方法）の場合には、子会社（S1社）は、他の子会社（S2社）の適正な帳簿価額による株主資本の額を基礎として孫会社株式（S2社株式）の取得原価を算定することになります。この点（無対価で株式交換が行われた場合の会計処理を含む）については、Q10-2をあわせてご参照ください。

株式交換はS1社とS2社との契約に基づく組織再編行為ですが、現物出資はS2社の株主P社とS1社との個々の取引となります（本件の場合にはS2社の株主はP社1名ですが、複数の株主が存在すればそれぞれの株主との取引となる）。この差異を反映して、株式交換では完全子会社S2社の適正な帳簿価額による株主資本の額を基礎とした会計処理が行われ、現物出資では、（個々の）株主P社で付されたS2社株式の適正な帳簿価額を基礎とした会計処理が行われることになります。

なお、スキームBは、以下のように、S1社がS2社を吸収合併し、次にS2社（消滅会社）の事業を単独新設分割により分社化した場合と同様の会計処理となります。

S1社の会計処理（上段の処理：S1社とS2社との合併／下段の処理：単独新設分割）				
(借) 諸　資　産	~~200~~	(貸) 払込資本(株主資本)	(※)	200
S2　社　株　式	200	諸　　資　　産		~~200~~

※：この方法による場合には、S1社の増加資本の処理は、払込資本とする方法とS2社の株主資本を引き継ぐ方法のいずれかを選択できる。

Q8-8 100％子会社が行う孫会社株式の現物配当

親会社P社は100％子会社S1社を有しており、S1社はさらに100％子会社S2社（P社からみて孫会社）を有しています。100％子会社（S1社）はS2社株式を現物配当し、親会社P社に移転しました。この場合の子会社（S1社：現物配当実施会社）と親会社（P社：現物配当受領会社）の個別財務諸表上の会計処理を教えてください。

A 100％子会社が親会社に孫会社株式（子会社が100％所有）を現物配当した場合の会計処理を要約すると、以下のようになります。

≪子会社株式（孫会社株式）の現物配当の会計処理≫

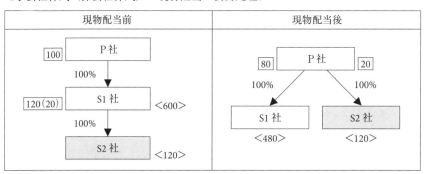

□内は株式の簿価、＜＞内は純資産の簿価を示す。
（ ）内は繰延税金資産を示し、内書きである。

S1社（現物配当実施会社）の会計処理			
(借) 株 主 資 本	簿価1 100	(貸) S 2 社 株 式 (※1)	簿価1 100
法人税等調整額	簿価2 20	繰延税金資産 (※1、2) 　　 （S2社株式対応）	簿価2 20

P社（株主）の会計処理			
(借) S 2 社 株 式	簿価3 20	(貸) S 1 社 株 式 (※3)	簿価3 20

※1：現物配当直前にS1社で付された適正な帳簿価額
※2：現物配当財産となるS2社株式について将来減算一時差異が存在する場合を前提としている。なお、上記税効果の会計処理は、通常、会計期間末に他の税効果の処理と一括して行われることになる。
※3：S2社株式と引き換えられたものとみなされる額20（＝100×120／（480＋120））

□：会計処理の基礎となる金額

なお、配当財産が持分（子会社株式又は関連会社株式）の場合と、現物資産の場合とでは、配当を受領する株主の会計処理が異なることになります。配当財産が現物資産の場合の会計処理は、Q8-10をご参照ください。

解説

1 現物配当実施会社の会計処理

企業集団内の現物配当については、自己株式適用指針10項(3)に従い、配当財産（孫会社株式）に付した適正な帳簿価額を基礎に株主資本を変動（減少又は増加）させることになります。また、減額するその他資本剰余金又はその他利益剰余金（繰越利益剰余金）については、取締役会等の会社の意思決定機関で定められた結果に従うこととなります。

【参考】自己株式適用指針10項（現物配当実施会社の会計処理）

区分	現物配当実施会社の会計処理
原則 (時価)	配当の効力発生日（会社法454条1項3号）における配当財産の時価と適正な帳簿価額との差額は、配当の効力発生日の属する期の損益として、配当財産の種類等に応じた表示区分に計上し、配当財産の時価をもって、その他資本剰余金又はその他利益剰余金（繰越利益剰余金）を減額する。 減額するその他資本剰余金又はその他利益剰余金（繰越利益剰余金）については、取締役会等の会社の意思決定機関で定められた結果に従うこととする。
例外 (簿価)	以下の場合には、配当の効力発生日における配当財産の適正な帳簿価額をもって、その他資本剰余金又はその他利益剰余金（繰越利益剰余金）を減額する。 減額するその他資本剰余金又はその他利益剰余金（繰越利益剰余金）については、取締役会等の会社の意思決定機関で定められた結果に従うこととする。 (1) 分割型の会社分割（按分型） (2) 保有する子会社株式のすべてを株式数に応じて比例的に配当（按分型の配当）する場合 (2)-2 保有する完全子会社株式の一部を株式数に応じて比例的に配当し（按分型の配当)、子会社株式に該当しなくなった場合（パーシャルスピンオフ） (3) 企業集団内の企業へ配当する場合 (4) 市場価格がないことなどにより公正な評価額を合理的に算定することが困難と認められる場合 注：子会社が行う現物配当は(3)に該当する。

なお、現物配当実施会社（子会社）において配当財産である孫会社株式に係る一時差異に対して繰延税金資産又は繰延税金負債を認識している場合には、当該株式の現物配当後は、一時差異自体も存在しないこととなるため、現物配当実施会社は、会計期間末において、関連する繰延税金資産又は繰延税金負債を取り崩し、法人税等調整額に計上することになります。この点については適用指針409項(3)もご参照ください。

2 現物配当受領会社の会計処理

親会社（現物配当受領会社）が、配当財産として子会社から孫会社株式を受領した場合の会計処理を直接規定した会計基準等はありません。しかし、事業分離等会計基準63項では、分割型の会社分割は、以下の2つの取引から構成されるものとして会計処理を規定しています。

① 会社分割
② ①により分割会社が受け取った承継会社株式の分配

配当財産として子会社株式（配当前の孫会社株式）を受領する株主は、分割型の会社分割が行われた場合の分割会社の株主の会計処理（上記②の部分に対応した株主の会計処理）と整合的に行うことになります。

[1] 親会社が受領する配当財産に付すべき帳簿価額の算定

分割型会社分割では、分割会社の株主はこれまで保有していた分割会社の株式を保有したまま新設会社（又は承継会社）の株式を受領することになりますが、それは分割会社の事業の一部が新設会社等に移転されたことにより受け取るものと考えられますので、受け取る新設会社（又は承継会社）の株式と、これまで保有していた分割会社の株式の一部が「実質的に引き換えられたもの」とみなして会計処理することとされています（事業分離等会計基準141項、適用指針294項）。

事業分離等会計基準では、親会社が受領した財産が、親会社にとって子会社株式又は関連会社株式に該当する場合には、「投資の継続」の会計処理を行う

ことになります。したがって、受け取った子会社株式（S2株式）又は関連会社株式は、以下の仕訳のように、減少する子会社株式（S1社株式）の帳簿価額（引き換えられたものとみなされる額）に基づき算定することになります（適用指針257項、事業分離等会計基準49項、50項、38項、17項(1)）。この結果、配当財産が子会社株式又は関連会社株式の場合には、貸借が常に一致しますので、株主（親会社）が損益を認識することはありません。

(借) S 2 株 式 （孫会社株式）	簿価	(貸) S 1 株 式 （子会社株式）	簿価

　　☐：会計処理の基礎となる額（引き換えられたものとみなされる額）
　　注：P社におけるS2社株式の簿価は、S1社で付されていたS2社株式の簿価とは異なることになる。

[2]「引き換えられたものとみなされる額」の算定

適用指針295項では、「実質的に引き換えられたもの」（引き換えられたものとみなされる部分の価額）は「合理的に按分する方法」により算定するものとされ、「合理的に按分する方法には、次のような方法が考えられ、実態に応じて適切に用いる」とされています。

> (1) 関連する時価の比率で按分する方法…資産・負債の時価比率による按分方法
> 　　分割された移転事業に係る株主資本相当額（※）の時価と会社分割直前の吸収分割会社等の株主資本の時価との比率により、吸収分割会社等の株式の適正な帳簿価額を按分する。
> (2) 時価総額の比率で按分する方法…のれん価値を含む事業の時価比率による按分方法
> 　　会社分割直前直後の吸収分割会社等の時価総額の増減額を分割された事業の時価とみなし、会社分割直前の吸収分割会社等の時価総額との比率により、吸収分割会社等の株式の適正な帳簿価額を按分する。
> (3) 関連する帳簿価額（連結財務諸表上の帳簿価額を含む）の比率で按分…簿価株主資本比率による按分方法
> 　　分割された移転事業に係る株主資本相当額（※）の適正な帳簿価額と会社分

> 割直前の吸収分割会社等の株主資本の適正な帳簿価額との比率により、吸収分割会社等の株式の適正な帳簿価額を按分する。
>
> ※:「移転事業に係る株主資本相当額」とは、新設会社（又は承継会社）に移転された事業に係る資産及び負債の移転直前の適正な帳簿価額による差額から移転事業に係る評価・換算差額等及び新株予約権を控除した額をいう（適用指針87項(1)①）。

　適用指針295項では「次のような方法が考えられ」とされているように、上記の按分方法は例示列挙であり（「次のいずれかの方法による」といった限定列挙ではない）、各社の判断により、「実態に応じて適切に用いる」ことになります。

[3] 簿価株主資本比率による按分方法

　実務では、3つの方法のうち、通常、(3)の適正な帳簿価額を基礎とした方法が用いられています。親会社では分割会社（子会社）の適正な帳簿価額を把握しており、また、共通支配下の取引では、帳簿価額を基礎とした会計処理が行われるため、分割会社の株主が保有する帳簿価額を時価比率で按分しても、その後に実施される組織再編を踏まえると不合理な結果を招くこともあるためと思われます。

　そこで本書では、(3)の簿価株主資本比率による按分方法について、具体的な数値を用いて検討します。検討に当たっては、上記の按分方法は、「分割型の会社分割における吸収分割会社及び新設分割会社の株主に係る会計処理」に関する定めであるため、まず子会社が分割型の新設分割を実施した場合の株主（親会社）の会計処理を検討し、次に子会社が孫会社株式を現物配当した場合の株主（親会社）の会計処理を検討します。

> 注：適用指針295項の内容は、2005年12月に公表された当初の適用指針から定められていたものである。当初の適用指針の開発に当たっては、現物配当の会計処理は、分割型会社分割の一環として検討されたものの、当時は配当といえば"金銭"であり、現物配当が単独で実施される実務はほとんど存在しないことから、現物配当の会計処理そのものが多面的に検討されたとは言い切れない状況であった（※）。したがって、現物配当が実施された場合には、適用指針295項の趣旨を踏まえて合

理的に解釈することが必要になると考えられる。

なお、現在のように現物配当が頻繁に実施されるようになったのは、平成22年度（2010年度）の税制改正により適格現物分配の制度が創設されたとき以降のことと思われる。

※：例えば、当初の適用指針開発時には、以下の事項は検討されていない。
- 現物配当実施会社の会計処理を定める自己株式等適用指針10項では、「保有する子会社株式のすべてを株式数に応じて比例的に配当」するときは簿価処理と定めているが、その「子会社株式」は完全子会社に限定されるのか、それとも完全子会社以外も含むのか
- 以下で検討するように、現物配当実施会社における配当対象株式の適正な帳簿価額と当該配当対象会社株式の発行会社の簿価株主資本が一致していない場合の取扱い

❶ 子会社が分割型の新設分割を実施した場合の株主（親会社）の会計処理

分割型新設分割は、上記のとおり、単独新設分割＋新設会社株式の現物配当として会計処理します。(3)の按分方法を設例で示すと、次のようになります。

【設例1】子会社が分割型の新設分割を実施した場合の株主（親会社）の会計処理

〈前提〉
- P社は100％子会社S1社を有している。
- 今般、S1社の事業のうち、S2諸資産とS3株式をS2社として分離する。
- S2社の株主資本は原則法（払込資本の増加）による。

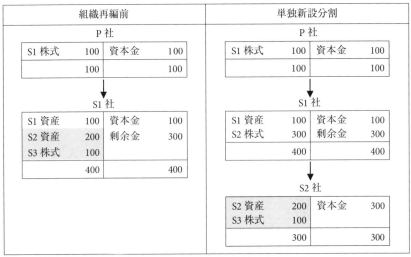

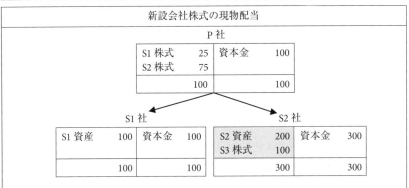

<P社が保有するS1株式の帳簿価額のうち、S2株式に引き換えられたものとみなされる額の計算>
・分割された移転事業に係る株主資本相当額の適正な帳簿価額（300）
・会社分割直前の吸収分割会社等の株主資本の適正な帳簿価額（400）
・引き換えらえたものとみなされる額（75）＝S1株式100×300／400

　子会社が分割型の会社分割を実施した場合の簿価株主資本を基礎とした按分方法は、現物配当直前のS1社におけるS2株式の簿価300とS2社の簿価株主資本300が常に一致することがポイントとなります。また、分割会社S1社の適正な帳簿価額からその計算要素のすべてが把握できます。

❷ 子会社が孫会社株式を現物配当した場合の株主（親会社）の会計処理

次に、現物配当が実施された場合にもこの按分方法は参照することになるので、次ページの【設例2】では【設例1】の単独新設分割欄（現物配当直前）の状態からスタートします。ただし、現物配当が単独で実施される場合には、S1社におけるS2株式の簿価とS2社の簿価株主資本とが一致していることは稀ですので、S1社が保有するS2株式の簿価を100、S2社の簿価株主資本を300（資本金100、利益剰余金200）とします。

適用指針295項による簿価株主資本を基礎とした按分方法は、以下の比率で計算しますが、これは分割型会社分割を前提とした記載（現物配当直前のS1社におけるS2株式の簿価300とS2社の簿価株主資本300が常に一致していることが前提）であるため、現物配当が実施された場合には読み替えが必要になります。

(A) 分割された移転事業に係る株主資本相当額の適正な帳簿価額

(B) 会社分割直前の吸収分割会社等の株主資本の適正な帳簿価額

ここで、(A)「分割された移転事業に係る株主資本相当額」を「S2社の簿価株主資本」300、(B)「会社分割直前の吸収分割会社等の株主資本の適正な帳簿価額」を「現物配当直前の現物配当実施会社（S1社）の簿価株主資本」200と読み替えると、「引き換えられたものとみなされる額」は150（＝100×300／200）と算定され、P社におけるS1株式は△50、S2株式は150となり、適当な結果が得られません。このため、簿価株主資本を基礎とした按分方法による場合には、以下のように現物配当実施後の簿価株主資本の比率となるように読み替えることが考えられます。

[第1法] 現物配当直後の簿価株主資本比率で按分する方法
　A：現物配当直後のS2社の簿価株主資本300
　B：現物配当直後のS1社とS2社の簿価株主資本の合計額400
　　注：上記は、S1社及びS2社ともに（買収によるものではなく）グループ内で設立時に

出資した会社を想定した記載である。もし、設立時出資のS1社がS2社を買収している場合には、簿価を基礎とする方法を採用した場合でも「関連する帳簿価額（連結財務諸表上の帳簿価額を含む。）の比率で按分」（適用指針295項）とされているように、資本連結にあたり実施した子会社の資産及び負債の時価評価（時価評価に伴う税効果の調整を含む）やのれんの未償却残高を加味した連結財務諸表上の帳簿価額も考慮して算定することになると考えられる。

　この方法によるとP社が保有するS1株式／S2株式の簿価は、現物配当後の各社の簿価株主資本の比率が反映され、P社におけるS1株式は25、S2株式は75（＝100×300／400）となり、通常、合理的な結果が得られます。また、時価を基礎とする他の2つの按分方法も実質的には会社分割／現物配当直後の比率を想定していると考えられるため、それらの方法とも整合的と考えられます。

【設例2】子会社が孫会社株式を現物配当した場合の株主（親会社）の会計処理

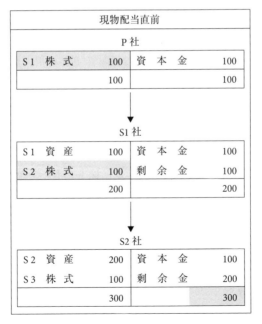

≪第1法：現物配当実施後のS1社とS2社の簿価株主資本の比率を基礎として按分する方法≫

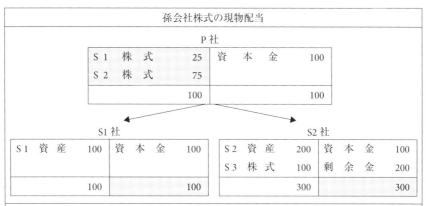

<P社が保有するS1株式の帳簿価額のうち、S2株式に引き換えられたものとみなされる額の計算>
・分割された移転事業に係る株主資本相当額の適正な帳簿価額
　→S2社の株主資本の適正な帳簿価額（300）と読み替え
・会社分割直前の吸収分割会社等の株主資本の適正な帳簿価額
　→現物配当直後のS1社の簿価株主資本とS2社の簿価株主資本の合計額（400）と読み替え
・引き換えられたものとみなされる額（75）＝S1株式100×300／400

　ただし、この方法は、以下の【参考】に示した【設例3】【設例4】のように、常に適切な結果が得られるとは限らないと考えられます。また、［第1法］そのものについても、例えば本設例のように「分割された移転事業に係る株主資本相当額」にS3株式が含まれている場合には、「移転事業に係る株主資本相当額」は、S2社の個別上の簿価株主資本とすべきか、それともS3社の簿価株主資本を含む連結ベースの簿価株主資本とするのかという論点も考えられます。特にS3株式の帳簿価額とS3社の簿価株主資本の差額が大きい場合には重要な論点になることがあります。このほか、S2社又はS3社が在外子会社である場合の株主資本の換算方法や為替換算調整勘定の取扱い（「移転事業に係る株主資本相当額」にはその他の包括利益累計額（評価・換算差額等）は含まれない）や、これらの子会社の決算期が異なる場合など、実務上は様々な論点が考えられます。

【参考】合理的な按分方法

前述のとおり、合理的な按分方法は例示列挙であり、実態に応じて算定することになるので、状況によっては、次のような方法も考えられる。

[第２法] 現物配当直前の現物配当実施会社（S1社）の簿価株主資本を基礎として算定する方法

適用指針295項の簿価株主資本を基礎とする方法の計算式の分母は「会社分割直前の吸収分割会社等の株主資本の適正な帳簿価額」とされており、以下のように、「現物配当直前の現物配当実施会社の簿価株主資本」を分母とすると解釈すれば、分子は「現物配当の対象となる孫会社株式の帳簿価額」が適切となる。またこの方法によれば、親会社P社は、配当実施会社のS1社の財務数値のみで計算に必要なデータを集計でき、実務負担も少ないと考えられる。

A：現物配当直前の現物配当実施会社（S1社）におけるS2株式の帳簿価額 100

B：現物配当直前の現物配当実施会社（S1社）の簿価株主資本 200

上記の【設例２】をこの方法により計算すると、P社におけるS1株式は50、S2株式は50（＝100×100／200）となる。

[第３法] 現物配当対象株式の取得時の株主資本の比率で按分する方法（実務上、データが取れる場合）

この方法は（現物配当実施日の株主資本の比率で按分計算するのではなく）現物配当対象株式の取得時の株主資本の比率で按分する方法である。適用指針295項は分割型会社分割が行われた場合の株主の会計処理を定めたものであり、①単独新設分割（移転事業に係る簿価株主資本と新設分割会社株式の取得原価は常に一致）と②新設分割会社株式の現物配当が同時に実施されることが前提である。したがって、前述の算定式の分母（B）を（②の現物配当時ではなく）①に準じて現物配当の対象となる株式の取得日を基礎として算定することもできると考えられる。

A：現物配当対象株式（S2株式）の帳簿価額 100

B：現物配当対象株式（S2株式）取得時における現物配当実施会社（S1社）の簿価株主資本（※）

※：【設例２】において、仮にS2株式取得時のS1社簿価株主資本が300であると

すれば、P社におけるS1株式は67、S2株式は33（＝100×100／300）となる。

この方法によると、S1社がS2株式を取得した日以後の純資産の変動は、P社におけるS1株式の按分計算に影響を与えないことになる。

【設例3】 債務超過会社の株式を現物配当した場合の会計処理

〈前提〉
- P社は過年度にS1社を設立（S1株式の簿価：100）
- 直近のS1社の簿価株主資本は200（利益剰余金100）
- S1社は事業拡大のためS2社を100で設立したが、S2社の業績は悪化し、債務超過△100となった。
- S1社では、S2株式を減損処理し（備忘価額1）、S2社に対する貸付金については債務超過相当額100の貸倒引当金を設定しており、当該損失はS1社の簿価株主資本200に反映済である。
- S1社はP社にS2株式を現物配当した。

本文で記載した［第1法］によると「引き換えられたものとみなされる額」は△101（＝100×△100／((200－1))＋△100）となり、P社におけるS2株式の簿価は△101、S1株式の簿価は当初出資額100を超える201が付されることになる。しかしながら、S1株式の評価額の増加は、（S1社がS2社に投資した後の）S2社の業績が悪化したことによる相対的なものであり、その増加理由を合理的に説明することは困難と思われる。

（なお、この場合、P社ではS2社の債務超過相当額に対応した引当金を計上することが検討されるものと思われる。また、このようなケースではP社が事前にS2社に資金提供し、S1社が貸付金を回収した後に現物配当することなども考えられる）。

この点、［第2法］によると、「引き換えられたものとみなされる額」は0.5（＝100×1／200）となり、P社におけるS1株式の簿価は99.5、S2株式の簿価は0.5となる。P社において、現物配当後のS1株式とS2株式の簿価の合計額は、現物配当前のS1株式の簿価100と一致するという枠組みのもとでは、現物配当対象株式の発行会社が債務超過の場合には、［第1法］より［第2法］による結果が合理的と考えられるケースもある（この場合にも、P社ではS2社の債務超過相当額に対応した引当金の計上を検討することになると思われる）。

【設例4】SPCが買収した対象会社株式の現物配当

実務では、ファンド等（P社）が上場企業（対象会社）を買収するためにSPCを設立し、SPCがP社による出資と金融機関から調達した資金をもとに対象会社を買収し、その後、P社がSPCを合併（又はSPCと対象会社との合併）することがある。

P社がSPCを合併する取引は、Q7-1 **7** のように、親会社が孫会社株式を保有する子会社を吸収合併する取引に該当し、会計上は、①子会社による孫会社株式の現物配当と②親会社による（現物配当後の）子会社の吸収合併の組合せと考えることができる。

ここでは親会社の合併の会計処理の結果（事業投資の成果を表す抱合せ株式消滅差損益の内容の検討）を通して、①の現物配当に関する「引き換えられたものとみなされる額」の算定方法の適切性を検討する。

〈前提〉
・P社はS2社を買収するためS1社を100で設立した。
・S1社は設立後、速やかに銀行から900を借入れるとともに、S2社を1,000で買収した。
・その後、P社はS1社を吸収合併した。
　合併直前のS1社の純資産は200（利益剰余金100）、S2社の純資産は1,100（利益剰余金100）。

≪「引き換えられたものとみなされる額」の算定結果の比較≫

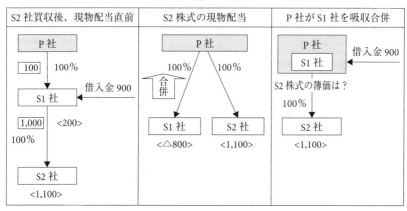

□内は株式の簿価、＜　＞は純資産の連結簿価を示す。

<P社の会計処理>

第1法				第2法				第3法			
S1株式	100	現　金	100	S1株式	100	現　金	100	S1株式	100	現　金	100
S2株式	367	S1株式	367	S2株式	500	S1株式	500	S2株式	1,000	S1株式	1,000
S1資産	100	借入金	900	S1資産	100	借入金	900	S1資産	100	借入金	900
差損益	533	S1株式	△267	差損益	400	S1株式	△400			S1株式	△900
										差損益	100

・第1法：現物配当直後のS1社とS2社の簿価株主資本比率：367＝100×1,100／△800＋1,100

・第2法：現物配当直前の配当対象S2株式とS1簿価株主資本簿価比率：500＝100×1,000／200

・第3法：S2株式取得時のS2株式とS1社の簿価株主資本比率：1,000＝100×1,000／100

　上記の一連の取引の経済実態は、P社がS2社を買収する取引であり、（合併するまでに若干の期間はあるにせよ）P社が自己資金100と金融機関から調達した資金900の合計1,000を元手に、S2社の株式を100％買収したものといえ、会計処理の結果はこれと近似したものとなることが適当である。上記を比較すると、P社にとって事業投資の成果をもっとも適切に表すものは、P社がS2株式を1,000で受け入れ、S1社で獲得した利益100を抱合せ株式消滅差益として計上する第3法と考えられる（なお、P社はS2株式を、Q7-1 **7** のB法の「連結財務諸表上の帳簿価額」により受け入れたともいえる）。

　他方、他の2つの方法は、S1社とS2社のいずれも利益を計上しているにもかかわらず、抱合せ株式消滅差損が計上されており、適切な結果とはいえない。これはP社で受け入れたS2株式の評価額が、それぞれ367、500と過小に評価されているためである（その要因としては、買収と設立出資、組織再編の順序、現物配当までの期間及び各社における純資産の変動状況、他人資本の調達割合（レバレッジ）等が関係するものと考えらえる）。

　なお、この方法は現物配当対象株式の取得時の現物配当実施会社の簿価株主資本を把握していることが前提となるが、上記のように「連結財務諸表上の帳簿価額」を用いることにより、簡便な計算ができる場合がある。また、上記は簿価株主資本を基礎とした按分方法を前提とした検討であるが、適用指針ではもともと時価を基礎とした按分方法も例示されており、それらを採用する方が妥当な結果が得られる場合もあると考える。

このように簿価株主資本比率による按分方法を採用するとしても、常に1つの方法が合理的であるとは言い切れないため、事実と状況を踏まえ各社の判断により、「実態に応じて適切に用いる」（適用指針295項）ことになるものと考えます。なお、按分方法の選択の結果が財務諸表に重要な影響を及ぼす場合には、その選択した方法の根拠を文書化することが必要と考えます。

[4] 税効果の会計処理

　親会社において減少させる子会社株式の帳簿価額（引き換えられたものとみなされる額）と税務上の帳簿価額との間に差額が生じ、子会社株式（現物配当前の孫会社株式）の受け取りの当初から一時差異が生じることも考えられますが、将来減算一時差異（受取り時に生じていたもの）については、予測可能な将来の期間に、その売却等を行う意思決定又は実施計画が存在する場合を除き、繰延税金資産を計上せず（税効果適用指針8項(1)ただし書き）、将来加算一時差異については、親会社又は投資会社がその投資の売却等を当該会社自身で決めることができ、かつ、予測可能な将来の期間に、その売却等を行う意思がない場合には繰延税金負債を計上しません（税効果適用指針8項(2)②）。

Q8-9 在外子会社が在外孫会社株式を親会社に現物配当した場合の会計処理

P社は海外に100％子会社S1社と100％孫会社S2を有しています。今般、P社がS1社とS2社の株式を直接保有することとし、S1社はS2社株式を現物配当することにしました。この場合の会計処理（特に為替レートの影響）はどのようになりますか。

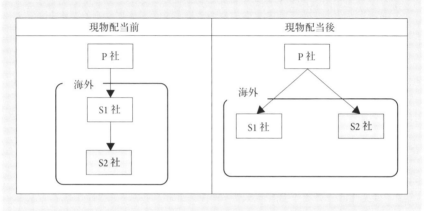

A 親会社P社は、現物配当の結果、S1社株式（子会社株式）を保有したままS2社株式（子会社株式）を受け取ることになるため、S1社及びS2社に対する投資は継続しているものとして会計処理することになります。

また、S2社株式に付すべき帳簿価額には、S1社株式の円貨ベースでの帳簿価額を適用指針294項から296項に従って按分した額を付すことになると考えます。この結果、P社では為替差損益を含む損益は発生しないものと考えます。

解説

海外に子会社及び孫会社があり、当該子会社が孫会社株式を親会社に現物配当した場合には、国内子会社が孫会社株式の現物配当と同様、親会社は投資の

継続として会計処理します。そして、在外子会社が在外孫会社株式を現物配当する場合には、為替相場の変動の影響をどのように処理するか（受け取る在外孫会社株式に付すべき帳簿価額をどのように算定するか）という論点があり、次の2つの方法が考えられます。

- 在外子会社株式の配当直前の円貨ベース（在外子会社への投資時の為替相場）の適正な帳簿価額を適用指針294項から296項に従って按分した額を付す方法（親会社では為替差損益は発生しない）。
- 在外孫会社株式の"現物配当"という取引を、金銭ないし現物財産による配当に準じて考え、外貨建孫会社株式の現物配当に関する決議の効力発生日（金融商品会計実務指針94項(2)参照）の為替相場（取引発生時の為替相場）により円換算する方法（外貨建会計基準一1、外貨建会計実務指針44項参照）（親会社では、配当受領に伴い為替差損益が認識される）。

この点について、2008年（平成20年）改正の適用指針203-2項では、完全親子会社関係にある子会社の事業を親会社に移転する場合において、移転事業に子会社株式（親会社からみて孫会社株式）や関連会社株式が含まれている場合には、親会社は、当該子会社株式等の受入れについて、子会社が他の子会社に分割型の会社分割により事業を移転する場合の株主（親会社）の会計処理（適用指針257項）に準じて処理する（「現物財産」の配当と「持分」の配当は経済実態が異なり、「持分」の配当の場合には親会社では損益を認識しない）ことが明確にされたため、為替差損益を認識しない前者の会計処理によることが適当と考えます。

Q8-10 100%子会社が所有する事業又は資産の現物配当

100%子会社S社が親会社P社に事業を現物配当しました。この場合のS社(現物配当実施会社)とP社(現物配当受領会社)の個別財務諸表上の会計処理を教えてください。

A 100%子会社が親会社に事業(又は資産)を現物配当した場合の会計処理を要約すると、以下のようになります。

≪事業(又は資産)の現物配当の会計処理≫

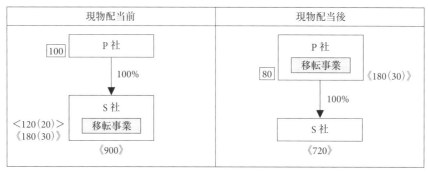

□内は株式の簿価、＜＞内は移転事業の簿価、《》内は移転事業又は会社の純資産の連結簿価を示す。
( )内は繰延税金資産を示し、内書きである。

S社(現物配当実施会社)の会計処理			
(借)株 主 資 本	簿価1 100	(貸)移 転 諸 資 産 (※1)	簿価1 100
法人税等調整額	簿価2 20	繰 延 税 金 資 産 (※1,2) (配当財産対応)	簿価2 20
P社(株主)の会計処理			
(借)移 転 諸 資 産 (※4)	連結簿価1 150	(貸)S 社 株 式 (※3)	簿価3 20
繰延税金資産	連結簿価2 30	受 取 配 当 金	差額 160

※1：現物配当直前にS社で付された適正な帳簿価額
※2：現物配当財産について将来減算一時差異が存在する場合を前提としている。なお、上記税効果の会計処理は、通常、会計期間末に他の税効果の処理と一括して行われることになる。
※3：移転事業と引き換えられたものとみなされる額20(＝100×180／(720＋180))
※4：P社にとっての連結財務諸表上の帳簿価額
□：会計処理の基礎となる金額

解説

1 現物配当実施会社の会計処理

　企業集団内の現物配当については、自己株式適用指針 10 項(3)に従い、配当財産に付した適正な帳簿価額を基礎に株主資本を変動（減少又は増加）させることになります。また、減額するその他資本剰余金又はその他利益剰余金（繰越利益剰余金）については、取締役会等の会社の意思決定機関で定められた結果に従うこととなります。

　現物配当実施会社の会計処理は、Q8-8 **1**（配当財産が子会社株式等の場合）と同様になります。

2 現物配当受領会社の会計処理

　現物配当の対象が子会社株式又は関連会社株式か、それ以外の財かによって会計処理が異なることになります。

[1] 現物配当により引き換えられたものとみなされる額（減少する子会社株式の帳簿価額）の算定

　株主が現金以外の財産の分配を受けた場合、当該株主は、原則として、これまで保有していた株式と実質的に引き換えられたものとみなして、被結合企業の株主に係る会計処理（事業分離等会計基準 35 項から 37 項）に準じて処理するものとされています（事業分離等会計基準 52 項）。この際、これまで保有していた株式のうち実質的に引き換えられたものとみなされる額（すなわち、減少させるべき S 社株式の帳簿価額）は、分配を受ける直前の当該株式の適正な帳簿価額を合理的な方法によって按分して算定することになります。したがって、Q8-8 **2**[1]と同様の取扱いとなります。

[2] 親会社が受領する配当財産に付すべき帳簿価額の算定

　株主が受け取る配当財産が、子会社株式や関連会社株式の場合には「投資の

継続」として取り扱われ、株主は損益を認識しません。

　他方、事業分離等会計基準では、株主が現金以外の財産の分配を受けた場合には、被結合企業の株主に係る会計処理及び分離元企業の会計処理を参照しています。したがって、子会社から現金以外の財産の分配を受けた場合には、親会社は現物配当直前の適正な帳簿価額（本スキームでは、子会社から親会社への財産の移転に該当するため「連結財務諸表上の帳簿価額」となる）で配当財産を受け入れることになります（事業分離等会計基準52項、35項、14項等）。

　この結果、当該株主は、原則として、現金以外の財産（配当財産）の適正な帳簿価額（連結財務諸表上の帳簿価額）とこれに対応して減少させる子会社株式の適正な帳簿価額（現物配当により引き換えられたものとみなされる額）との差額を損益（受取配当金など）として認識することになります。

　このような会計処理は、以下の取引の会計処理とも整合的です。
・親会社が子会社を吸収合併した場合の親会社の会計処理（Q7-1 参照）
・親会社が子会社の事業を会社分割又は分割型の会社分割により受け入れた場合の親会社の会計処理（Q8-12、Q8-13、Q8-14 参照）

　なお、子会社以外の会社が現物配当を行った場合には、株主は受け取った配当財産に時価を付すことになります（事業分離等会計基準52項、36項、37項、15項、16項など）。

Q8-11　100%子会社が行う分割型の会社分割(兄弟会社の設立)

P社の100%子会社S1社には製造部門と販売部門があります。今般、S1社は分割型の会社分割により販売部門をS2社として分離しました(すなわち、S1社とS2社は兄弟会社となる)。この場合のP社、S1社及びS2社の個別財務諸表上の会計処理を教えてください。

A

1. 分割会社及び新設会社の会計処理

分割会社S1社及び新設会社（又は承継会社）S2社の会計処理は、変動する株主資本の会計処理により、原則法と容認法の2つの方法があり（適用指針233項、234項）、これらは組織再編ごとに選択することができます。

(1) 原則法（新設会社の変動する株主資本を払込資本とする方法）

会社法のもとでは、会社分割といえば「分社型会社分割」（物的分割）を指し、これまでの「分割型会社分割」（人的分割）は、「分社型会社分割（物的分割）＋分割会社が取得した承継会社株式（又は新設会社株式）の現物配当」と整理されています。会計上も、会社法と同様、以下の手順に従って会計処理することになります（事業分離等会計基準63項、適用指針233項）。

① S1社（分割会社）が単独新設分割によりS2社を設立する（Q8-1参照）。
② S1社は取得したS2社株式を即日P社に現物配当する（Q8-8参照）。

注：分割型分割の場合、会社法も分社型分割と現物配当の組み合せと整理されていますが、現物配当の部分について分配可能額の規制はありません（会社法792条2号、812条2号による461条の不適用）。
これに対して、単独で行う現物分配（上記の①と②を別個の手続として行う場合を含む）については、交付する子会社株式の帳簿価額の総額が、分配可能額を超えてはならないとの規制がかかります（会社法461条1項8号）。

Q8-11 100％子会社が行う分割型の会社分割（兄弟会社の設立）

≪原則法による分割型の会社分割の会計処理≫

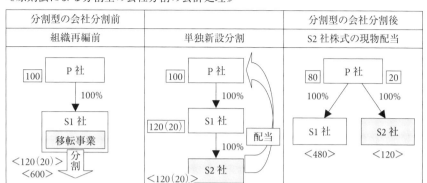

□内は株式の簿価、＜＞内は移転事業又は会社の純資産の簿価を示す。
（ ）内は繰延税金資産を示し、内書きである。

S1社（分割会社）の会計処理			
(借) S 2 社 株 式	簿価1 100	(貸) 移 転 諸 資 産 （※1）	簿価1 100
繰延税金資産 （S2社株式対応）	簿価2 20	繰延税金資産 （※1、2） （移転事業対応）	簿価2 20
株 主 資 本	簿価1 100	S 2 社 株 式	簿価1 100
法人税等調整額	簿価2 20	繰延税金資産 （※2） （S2社株式対応）	簿価2 20
S 2 社（新設会社）の会計処理			
(借) 移 転 諸 資 産	簿価1 100	(貸) 払 込 資 本 （※3）	簿価1+2 120
繰延税金資産 （移転事業対応）	簿価2 20		
P社（分割会社の株主）の会計処理			
(借) S2 社 株 式	簿価3 20	(貸) S 1 社 株 式 （※4）	簿価3 20

※1：分割型の会社分割直前にS1社で付された適正な帳簿価額
※2：移転事業について将来減算一時差異が存在する場合を前提としている。なお、繰延税金資産の取崩し（法人税等調整額の計上）は、通常、会計期間末に他の税効果の処理と一括して行われることになる。
※3：払込資本の内訳項目は会社法の定めに従う。
※4：S2社株式と引き換えられたものとみなされる額20（＝100×120／(480＋120)）
□：会計処理の基礎となる金額

(2) 容認法（新設会社の変動する株主資本を分割会社で計上されていた株主資本の内訳を配分した額とする方法）

適用指針では、実務上の要請も踏まえ、分割会社で計上されていた株主資本の内訳を配分する方法も認めたため、新設会社の増加する株主資本の取扱いや、これに関連して税効果に関する特別な取扱いがあります（適用指針234項(2)ただし書き、446項）。

≪容認法による分割型の会社分割の会計処理≫

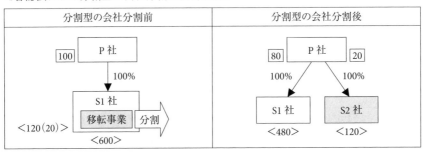

□内は株式の簿価、＜＞内は移転事業又は会社の純資産の簿価を示す。
（ ）内は繰延税金資産を示し、内書きである。

S1社（分割会社）の会計処理				
(借) S 2 社 株 式	簿価1 100	(貸) 移 転 諸 資 産（※1）	簿価1 100
繰 延 税 金 資 産 (S2社株式対応)	簿価2 20	繰 延 税 金 資 産（※1、2） (移転事業対応)	簿価2 20
(借) 株 主 資 本 （※3）	簿価1+2 120	(貸) S 2 社 株 式（※1）	簿価1 100
		繰 延 税 金 資 産（※1、2） (S2社株式対応)	簿価2 20

S 2 社（新設会社）の会計処理			
(借) 移 転 諸 資 産	簿価1 100	(貸) 株 主 資 本（※3）	簿価1+2 120
繰 延 税 金 資 産 (移転事業対応)	簿価2 20		

P社（分割会社の株主）の会計処理			
(借) S 2 社 株 式	簿価3 20	(貸) S 1 社 株 式（※4）	簿価3 20

※1：分割型の会社分割直前にS1社で付された適正な帳簿価額
※2：移転事業について将来減算一時差異が存在する場合を前提としている。
※3：分割会社が変動させる株主資本の内訳は、取締役会等会社の意思決定機関におい

て定められた額とする。新設会社の増加資本は、分割会社の株主資本の内訳を適切に配分した額をもって計上する。

※4：S2社株式と引き換えられたものとみなされる額 20＝(100×120／(480＋120))

☐：会計処理の基礎となる金額

2. 分割会社の株主（親会社）の会計処理

分割会社の株主（親会社）の会計処理は、上記のいずれかの方法を選択したとしても、現物配当を受領する株主の会計処理と同様の処理となり、親会社が損益を認識することはありません。

解説

1 原則法による会計処理

[1] 分割会社（分離元企業）の会計処理

分割会社（S1社）は、最初に単独新設分割の会計処理を行います。具体的には Q8-1 **1** をご参照ください。

次に、新設会社株式（S2社株式）の現物配当の会計処理を行います。具体的には Q8-8 **1** をご参照ください。

分社型会社分割＋現物配当の会計処理を行う。

〈分社型会社分割の会計処理〉
① 事業分離の対価として取得する新設会社の株式の取得原価は、移転事業に係る株主資本相当額から移転事業に係る繰延税金資産及び繰延税金負債を控除して算定する。
② 移転事業に係る繰延税金資産及び繰延税金負債の額は、取得する新設分割会社株式の取得原価に含めずに、当該株式に係る一時差異に対する繰延税金資産及び繰延税金負債として計上する。

〈現物配当の会計処理〉
① 取得した新設会社の株式の取得原価により株主資本を変動（減少又は増加）

させる。変動させる株主資本の内訳は、取締役会等会社の意思決定機関において定められた額による。
② 現物配当の対象となる新設会社の株式に係る繰延税金資産及び繰延税金負債が計上されている場合には、会社分割の効力発生日の属する年度の費用（法人税等調整額）として処理する。

[2] 新設会社（分離先企業）の会計処理

新設会社は単独新設分割の会計処理を行います。具体的には、Q8-1 **2** をご参照ください。

① 移転された資産及び負債は、会社分割の効力発生日直前に分割会社で付された適正な帳簿価額により計上する。
② 増加する資本（移転事業に係る株主資本相当額）は、払込資本とし、その内訳項目は会社法の規定に基づき決定する。なお、移転された資産等に評価・換算差額等が含まれている場合には、移転事業に係る評価・換算差額等も引き継ぐ。

[増加資本に関する会社法の規定]

会社法では、分割型会社分割を「会社分割」と分割会社が受け取った新設会社（又は承継会社）の株式の分配という2つの取引として取り扱われているため、分割型新設分割が行われた場合の新設会社の設立時における増加資本の取扱いは、単独新設分割が行われた場合の新設会社の取扱い（会社計算規則49条2項）と同じです。このため、Q8-1の［増加資本に関する会社法の規定］をご参照ください。

[3] 分割会社の株主の会計処理

分割型の会社分割における分割会社の株主は、受け取る新設会社の株式と、これまで保有していた分割会社の株式とが実質的に引き換えられたものとみな

して、減少する分割会社株式の帳簿価額を以下のように算定します（適用指針294項から296項）。

- ・関連する時価の比率で按分する方法（資産・負債の時価比率）
- ・時価総額の比率で按分する方法（のれん価値を含む事業の時価比率）
- ・関連する帳簿価額（連結財務諸表上の帳簿価額を含む）の比率で按分する方法（簿価株主資本の比率）

また、株主が受領する新設会社の株式は子会社株式となるため、「投資の継続」の会計処理を行います（適用指針257項）。したがって、分割型の新設分割が行われた場合、分割会社の株主は損益を認識することはありません。この会計処理についても、Q8-8 **2** の現物配当を受けた親会社の会計処理をご参照ください。

2 容認法による会計処理

適用指針では、分割型の会社分割の場合には、分割会社で計上されていた株主資本の内訳を適切に配分した額で計上する方法を容認しています（適用指針234項(2)ただし書き参照）。これは、新設会社であるS2社における増加すべき株主資本の会計処理として、従来のように分割会社（S1社）自体が分割したものと捉え、分割会社で計上されていた株主資本の内訳を配分することも認めてはどうかという実務上の要請を考慮したものとされています（適用指針446項）。

なお、容認法を選択できる場合とは、新設会社（又は承継会社）が受け入れた資産及び負債の対価として新設会社（又は承継会社）の株式のみを交付している場合に限られます（適用指針446項）。

【参考】分割型会社分割が行われた場合の新設会社（承継会社）の株主資本の取扱い

共通支配下の取引において分割型会社分割が行われた場合の新設会社（又は承継会社）の株主資本の取扱いは、以下の2つの方法がある。

「原則法」…新設会社は払込資本を増加させる。
「容認法」…分割会社で計上されていた株主資本の内訳を適切に配分した額で計上する。

分割型の会社分割（新設）を単独新設分割＋新設会社株式の現物配当の組合せと考えれば、新設会社の株主資本は払込資本以外にはありえない（分割会社では移転資産・負債が子会社株式に置き換わるのみであり、株主資本には影響がない。新設会社では設立当初から過去の利益の累計額である留保利益が存在することはなく払込資本以外にはありえない。現物配当は新設会社の株主の異動であり、株主資本が変動することはない）。

一方、会計基準では、従来（企業結合会計基準適用前）のように分割会社自体が分割したものと捉え、分割会社で計上されていた株主資本の内訳を配分することも認めてはどうかという実務上の要請を考慮して容認法も認めたとされている（適用指針446項）。この点については、Q7-4【参考】のとおり、共通支配下の取引は、「親会社の立場からは企業集団内における純資産等の移転取引として内部取引」（企業結合会計基準119項）とされているように、企業集団内の組織再編はすべて最上位の親会社の指図により実行されるものであり、親会社の目線では分割型の会社分割の前後で各子会社の株主資本の内訳項目の合計は一致すると捉えた方が自然ともいえる（例えば、分割会社が利益剰余金10取り崩せば、新設会社では10を承継すべきということになる）。

このように、新設会社の株主資本の内訳項目について、分割型会社分割のステップごとの会計処理の積み上げとする方法（原則法）と、投資元（親会社等）の目線でみた分割型会社分割の捉え方を反映する方法（容認法）は、いずれも一定の根拠があるため、会計基準では2つの方法を認めたものと思われる。

[1] 分割会社（分離元企業）の会計処理

① 分割会社は受け取った新設会社の株式の取得原価と、これに係る繰延税金資産及び繰延税金負債を加減した額の合計額により株主資本を変動（減少又は増加）させる。
② 変動させる株主資本の内訳は、取締役会等会社の意思決定機関において定められた額による。

分割会社（S1社）は、通常の分割型の会社分割や現物配当の処理と異なり、受け取った新設会社（S2社）の株式の取得原価に、これに係る繰延税金資産又は繰延税金負債を加減した額により、分割会社の株主資本を変動させることになります（繰延税金資産又は繰延税金負債の取崩し時の相手勘定は法人税等調整額ではなく株主資本となるため、損益は発生しないことになる）。これは、新設会社の増加する株主資本の額と分割会社が変動させた株主資本の額とを一致させるための取扱いです（適用指針409項(3)）。

このように、新設会社の増加する資本の処理方法により、分割会社の個別財務諸表上の損益が異なることになるので、留意する必要があります。この点は、後述の【設例】もあわせてご参照ください。

[2] 新設会社（分離先企業）の会計処理

① 移転された資産及び負債は、会社分割の効力発生日直前に分割会社で付された適正な帳簿価額により計上する。
② 増加する資本（移転事業に係る株主資本相当額）は、株主資本の内訳を適切に配分した額をもって計上する。この場合には、分割会社が減少させた株主資本の内訳の額と一致させる。また、株主資本の内訳項目については、会社法の規定に基づき決定する。
③ 移転された資産等に評価・換算差額等が含まれている場合には、移転事業に係る評価・換算差額等も引き継ぐ。

［増加資本に関する会社法の規定］

分割型新設分割の対価の全部が新設会社の株式である場合であって、分割会社における会社分割の直前の株主資本等の全部又は一部を引き継ぐものとして計算することが適切であるときには、分割型新設分割により変動する分割会社の資本金、資本剰余金及び利益剰余金の額をそれぞれ新設会社の設立時の資本金、資本剰余金及び利益剰余金の額とすることができます（会社計算規則50条1項）。

この場合の分割会社における新設分割に際しての資本金、資本剰余金又は利益剰余金の額の変更に関しては、会社法第2編第5章第3節第2款の規定その他の法の規定に従う（分割会社で計上されていた資本金及び準備金の減少については、別途、資本金の額の減少及び準備金の額の減少の手続（会社法447条、448条）を行う）ことになります（会社計算規則50条2項）。

[3] 分割会社の株主の会計処理

原則法の場合と同様の会計処理になりますので、Q8-8 **2** の現物配当を受けた親会社の会計処理をご参照ください。

【設例】子会社が単独で分割型の会社分割を行った場合の会計処理

〈前提〉
- P社は、100％子会社S社が営むS2事業をS社から切り出し、同事業をP社の100％子会社（S2社）とした（S2社をS社の兄弟会社とした）。
- 事業分離直前のS社（分割会社）の株主資本は200である。
- 移転事業（S2事業）に係る株主資本相当額は50である（諸資産40、繰延税金資産10から構成される）。
- S社は会社分割（＋現物配当）に伴い、株主資本を減少させた。その内訳は資本剰余金を20減少させ、残額は利益剰余金とした。
- P社が保有するS社株式の会社分割直前の簿価は100である。当該会社分割に伴いP社はS社株式を25減額する（ここでは、「引き換えられたものとみなされる額」を移転事業に係る簿価比率に基づき算定する（25＝100×50／200））。

Q8-11 100%子会社が行う分割型の会社分割(兄弟会社の設立)

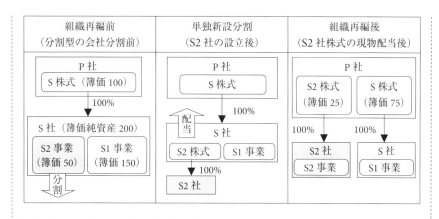

	原則法		容認法	
S社(分割会社)の個別F/S上の会計処理				
分社型会社分割の処理				
	S2社株式 40 繰延税金資産 10 (S2社株式対応)	諸資産 40 繰延税金資産 10 (移転事業対応)	S2社株式 40 繰延税金資産 10 (S2社株式対応)	諸資産 40 繰延税金資産 10 (移転事業対応)
現物配当の処理(※1)				
	資本剰余金 20 利益剰余金 20	S2社株式 40	資本剰余金 20 利益剰余金 30	S2社株式 40 繰延税金資産 10 (S2社株式対応)
	法人税等調整額 10	繰延税金資産 10 (S2社株式対応)		
S2社(新設会社)の個別F/S上の会計処理(※1)				
	諸資産 40 繰延税金資産 10 (移転事業対応)	払込資本 50	諸資産 40 繰延税金資産 10 (移転事業対応)	資本剰余金 20 利益剰余金 30
P社(株主)の個別F/S上の会計処理(※2)				
	S2社株式 25	S社株式 25	S2社株式 25	S社株式 25

※1:原則法の場合には、分割会社は、会社分割の属する事業年度末において現物配当財産(新設会社株式)に係る繰延税金資産を取り崩し、法人税等調整額に計上する。

他方、容認法の場合には、分割会社では、分割会社の取り崩した株主資本を新設会社が承継できるようにするため、例外的に現物配当財産(新設会社株式)に係る繰延税金資産を含めて株主資本の額を変動させることになる(適用指

針409項(3))。この結果、分割会社では法人税等調整額は計上されないことになる。

※2：分割型の会社分割が行われた場合の株主の会計処理は、新たに受け取る新設会社株式とこれまで保有していた分割会社株式とが実質的に引き換えられたものとみなし、適用指針295項の定めに従い、分割会社株式の帳簿価額を減少させ、その額を新設会社株式の取得原価とする。

Q8-12　100％子会社の事業を親会社に移転する会社分割（対価あり）

P社は100％子会社S社の事業の一部を会社分割により受け入れ、その対価としてP社株式をS社に交付しました。この場合のP社及びS社の個別財務諸表上の会計処理を教えてください。

A　親会社（承継会社）が100％子会社（分割会社）から事業を受け入れ、対価として親会社株式を交付する場合の会計処理を要約すると、以下のようになります（適用指針214項から216項）。

≪子会社の事業を親会社に移転する会社分割の会計処理（対価あり）≫

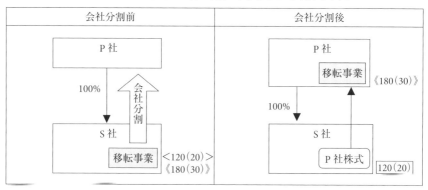

□内は株式の簿価、＜＞内は移転事業の簿価、《》内は移転事業の連結簿価を示す。
（）内は繰延税金資産を示し、内書きである。

S社（分割会社）の会計処理			
(借) P 社 株 式	簿価1　100	(貸) 移 転 諸 資 産（※1）	簿価1　100
繰延税金資産 　　（P社株式対応）	簿価2　20	繰延税金資産（※1、2） 　　（移転事業対応）	簿価2　20
P社（承継会社）の会計処理			
(借) 移転諸資産(※4)	連結簿価1　150	(貸) 払 込 資 本(※3)	連結簿価1+2　180
繰延税金資産(※4) 　　（移転事業対応）	連結簿価2　30		

※1：会社分割直前にS社で付された適正な帳簿価額

※2：移転事業について将来減算一時差異が存在する場合を前提としている。
※3：払込資本の内訳項目は会社法の定めに従う。
※4：P社にとっての連結財務諸表上の帳簿価額
　☐：会計処理の基礎となる金額

　なお、100％子会社（分割会社）が親会社に事業を移転する場合、企業集団の観点でみると、対価の受け渡しの有無は会社分割の前後で経済実態に影響を与えないため、あるいは、子会社による親会社株式の保有を避けるため、親会社（承継会社）が対価（親会社株式）を支払わない場合があります。この場合の会計処理は Q8-13 をご参照ください。

解　説

1 子会社（分割会社：分離元企業）の会計処理

> ①　子会社が取得する親会社株式の取得原価は、移転事業に係る株主資本相当額から移転事業に係る繰延税金資産及び繰延税金負債を控除して算定する（※）。
> ②　移転事業に係る繰延税金資産及び繰延税金負債の額は、取得する親会社株式の取得原価に含めずに、当該株式に係る一時差異に対する繰延税金資産及び繰延税金負債として計上する。
>
> ※：移転事業に係る株主資本相当額がマイナスの場合には、そのマイナスの金額を「組織再編により生じた株式の特別勘定」等、適切な科目をもって負債に計上する。なお、もし、事業分離前に子会社が親会社株式を保有している場合には、まず、当該親会社株式の帳簿価額から当該マイナス額を減額する（適用指針216項、226項）。
> 　当該負債の事業分離後の会計処理は、分離元企業（子会社）が当該分離先企業（親会社）の株式を処分したときには損益に振り替え、現物配当（分割型の会社分割を含む）を行ったときは株主資本を直接変動させるなど、通常の有価証券の会計処理に従うことになる（適用指針394項）（Q8-1 3 参照）。

2 親会社（承継会社：分離先企業）の会計処理

① 親会社が子会社から受け入れる資産及び負債は、会社分割の効力発生日直前の連結財務諸表上の帳簿価額を付す。
② 増加する資本は、払込資本とし（※）、その内訳項目は会社法の規定に基づき決定する。移転事業に係る評価・換算差額等（親会社が作成する連結財務諸表において投資と資本の消去の対象とされたものを除く）がある場合には、これを引き継ぐ。

※：移転事業に係る株主資本相当額がマイナスとなる場合には、払込資本をゼロとし、その他利益剰余金のマイナスとして処理する（適用指針214項）(Q8-1 **3** 参照)。

[増加資本に関する会社法の規定]

　100％子会社の事業を親会社に移転する会社分割（対価あり）が行われた場合の親会社（承継会社）の増加資本の取扱いは、親会社の事業を100％子会社に移転させる会社分割（対価あり）における子会社（承継会社）の取扱い（会社計算規則37条1項3号）と同様です。このため、Q8-3 の［増加資本に関する会社法の規定］をご参照ください。
　なお、同号における「吸収型再編対象財産の吸収分割の直前の帳簿価額」とは、会計慣行をしん酌することになるため（会社計算規則3条）、連結財務諸表上の帳簿価額を指すことになります。

Q8-13 100％子会社の事業を親会社に移転する会社分割（対価なし）

P社は100％子会社S社の事業の一部を会社分割により受け入れましたが、P社はその対価をS社に支払いませんでした。この場合のP社及びS社の個別財務諸表上の会計処理を教えてください。

A 100％子会社が親会社に事業の一部を会社分割により移転し、親会社から対価を受け取らない場合の会計処理は、子会社が親会社に分割型の会社分割により事業を移転する場合の会計処理に準じることになります。この会計処理を要約すると、以下のようになります（適用指針203-2項(2)③）。

≪子会社の事業を親会社に移転する場合の会計処理（対価なし）≫

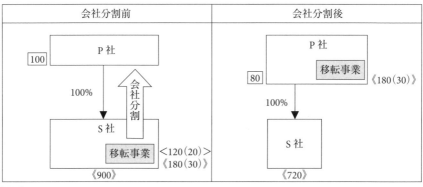

□ 内は株式の簿価、＜＞内は移転事業の簿価、《 》内は移転事業又は会社の純資産の連結簿価を示す。
（ ）内は繰延税金資産を示し、内書きである。

S社（分割会社）の会計処理			
(借) 株 主 資 本	簿価1 100	(貸) 移 転 諸 資 産（※1）	簿価1 100
法人税等調整額	簿価2 20	繰 延 税 金 資 産（※1、2） （移転事業対応）	簿価2 20
P社（承継会社）の会計処理			
(借) 移 転 諸 資 産（※3）	連結簿価1 150	(貸) S 社 株 式（※4）	簿価 20
繰 延 税 金 資 産（※3） （移転事業対応）	連結簿価2 30	分割に係るS社株式消滅差損益	差額 160

※1：会社分割直前にS社で付された適正な帳簿価額
※2：移転事業について将来減算一時差異が存在する場合を前提としている。なお、上記税効果の会計処理は、通常、会計期間末に他の税効果の処理と一括して行われることになる。
※3：P社にとっての連結財務諸表上の帳簿価額
※4：移転事業と引き換えられたものとみなされる額20（＝100×180／(720＋180)）
　□：会計処理の基礎となる金額

解説

1 子会社（分割会社）の会計処理

① 移転事業に係る株主資本相当額から移転事業に係る繰延税金資産及び繰延税金負債を控除した額により株主資本を変動（減少又は増加）させる。
② 変動させる株主資本の内訳は、取締役会等会社の意思決定機関において定められた額による。
③ 移転事業に係る繰延税金資産及び繰延税金負債が計上されている場合には、会社分割の効力発生日の属する年度の費用（法人税等調整額）として処理する。

子会社の事業を親会社に移転し、親会社が対価を支払わない場合には、親会社では子会社が取り崩した株主資本を承継することはできません。このため、子会社では、移転事業に係る繰延税金資産及び繰延税金負債を株主資本から直接減額する例外的な処理方法を行うことはできず、会社分割の効力発生日の属する年度の損益（法人税等調整額）に計上することになります。

2 親会社（承継会社）の会計処理

① 親会社が子会社から受け入れる資産及び負債には、連結財務諸表上の帳簿価額（のれん相当額を含む）を付す。
② 子会社に対する投資については、分割に係る抱合せ株式消滅差損益を認識する。

②の抱合せ株式消滅差損益の算定基礎となる、受け入れた資産及び負債と引き換えられたものとみなされる額は、次のいずれかの方法のうち合理的と認められる方法により算定することになります（適用指針219項）。当該金額の算定方法については、Q8-8 **2** もあわせてご参照ください。

- 関連する時価の比率で按分する方法（資産・負債の時価比率）
- 時価総額の比率で按分する方法（のれん価値を含む事業の時価比率）
- 関連する帳簿価額（連結財務諸表上の帳簿価額を含む）の比率で按分する方法（簿価株主資本の比率）

[増加資本に関する会社法の規定]

　会社計算規則では、剰余金の分配規制の観点から、組織再編により（直接）変動する株主資本等の額及びその内訳を定めています。100％子会社の事業を親会社に移転する会社分割（対価なし）の場合には、親会社（承継会社）の利益剰余金は抱合せ株式消滅差損益の計上の結果として変動しますが、株主資本が直接変動するわけではありません。このため、会社計算規則においては、特段の定めは設けられていません。

【参考1】類似の組織再編

　100％子会社の事業を親会社に移転する会社分割（対価なし）は、100％子会社の分割型会社分割＋親会社と当該新設子会社との合併というスキームによっても、同様の経済的効果が得られる。この場合の会計処理は、以下の図表のようになる。

Q8-13　100％子会社の事業を親会社に移転する会社分割（対価なし）

≪100％子会社の分割型会社分割＋親会社と当該新設子会社との合併の会計処理≫

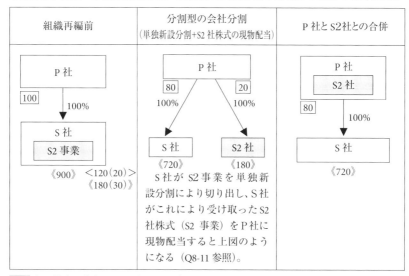

□内は株式の簿価、＜ ＞内は移転事業の簿価、《 》内は移転事業又は会社の純資産の連結簿価を示す。
（ ）内は繰延税金資産を示し、内書きである。

S社（分割会社）の会計処理
（上段：単独新設分割、下段：S2社株式の現物配当）

(借)	S2社株式	簿価1	100	(貸)	移転諸資産	簿価1	100
	繰延税金資産	簿価2	20		繰延税金資産	簿価2	20
	（S2社株式対応）				（移転事業対応）		
	株主資本	簿価1	100		S2社株式	簿価1	100
	法人税等調整額	簿価2	20		繰延税金資産	簿価2	20
					（S2社株式対応）		

S2社（新設会社）会計処理

(借)	移転諸資産	簿価1	100	(貸)	払込資本	簿価1+2	120
	繰延税金資産	簿価2	20				
	（移転事業対応）						

P社（分割会社の株主）の会計処理
（上段：S2社株式の現物配当、下段：S2社との吸収合併）

(借) S2 社 株 式 　簿価3 20	(貸) S 社 株 式 　簿価3 20
移 転 諸 資 産 　連結簿価1 150 繰 延 税 金 資 産 　連結簿価2 30 （移転事業対応）	S2 社 株 式 　簿価3 20 分割に係るS社株式消滅差損益 差額 160

□：会計処理の基礎となる金額

【参考2】子会社から親会社に移転される事業がマイナス（資産＜負債）の場合の会計処理

〈前提〉
- P社は過年度に、単独新設分割によりS社を設立した（当初出資10）。
- その後、S社は30の利益を計上した（純資産40）
- 今般、S社はP社に資産10、負債30を会社分割（無対価）で移転する。

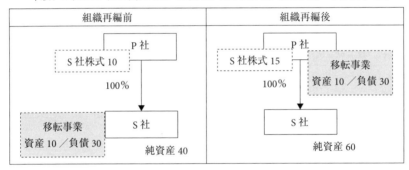

＜P社における事業受入の会計処理＞

(借) 諸 　資 　産 （※1） 10	(貸) 諸 　負 　債 （※1） 30
会社分割に係る抱合せ 株 式 消 滅 差 損 　15	S 社 株 式 （※2） △5

※1：適正な帳簿価額で資産・負債を受け入れる。
※2：移転された事業と引き換えられたものとみなされる額△5（＝10×△20／40（＝△20＋60）：ここでは移転直後の簿価純資産の比率により算定する）。
　　P社は会社分割直前においてS社投資に関して全体としては30の投資成果があるものの、移転された事業がマイナスの諸資産であるため、移転された

Q8-13 100％子会社の事業を親会社に移転する会社分割（対価なし）

事業の受入れに際しては、差損が15発生している。

また、P社では、当該会計処理の結果として、S社株式の帳簿価額が10→15に増加している。これは会社分割に伴う諸資産の移転によりS社の純資産が増加したことによるものであり、会社分割後のS社株式の帳簿価額は当初取得原価を超える額となるが、必ずしも不適切なものとはいえないと考えられる。

＜S社の会計処理＞

(借) 諸　　負　　債（※1）	30	(貸) 諸　　資　　産（※1）	10
		その他資本剰余金（※2）	20

※1：移転諸資産の適正な帳簿価額
※2：変動させる株主資本の内訳は、取締役会等の会社の意思決定機関において定められた額
なお、当該会社分割によりS社の株主資本が増加することになるが、これは事業の成果ではなく負債の移転によるものであるため、留保利益である利益剰余金の増加ではなく、親会社から追加出資を受けたものとみなしてその他資本剰余金を増加させている。

第8章 完全親子会社関係にある会社間の会社分割・現物出資・現物配当

Q8-14 100％子会社の事業を親会社に移転する分割型の会社分割

親会社P社は100％子会社S社の事業の一部を分割型の会社分割により受け入れました。この場合のP社及びS社の個別財務諸表上の会計処理を教えてください。

A 親会社（承継会社）がその100％子会社（分割会社）から分割型の会社分割により事業を受け入れる場合の会計処理を要約すると、以下のようになります（適用指針218項から221項）。

≪子会社の事業を親会社に移転する分割型の会社分割≫

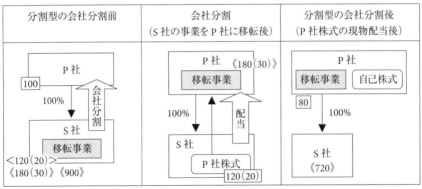

☐内は株式の簿価、＜＞内は移転事業の簿価、《》内は移転事業又は会社の純資産の連結簿価を示す。
（）内は繰延税金資産を示し、内書きである。

S社（分割会社）の会計処理			
（上段：親会社への会社分割、下段：親会社株式の現物配当）			
(借) P 社 株 式	簿価1 100	(貸) 移 転 諸 資 産（※1）	簿価1 100
繰延税金資産 （※2） （P社株式対応）	簿価2 20	繰延税金資産（※1、2） （移転事業対応）	簿価2 20
株 主 資 本	簿価1 100	P 社 株 式	簿価1 100
法人税等調整額 （※2）	簿価2 20	繰延税金資産 （※2） （P社株式対応）	簿価2 20

P社（承継会社：分割会社の株主）の会計処理（※5）				
(借) 移 転 諸 資 産 (※3) 連結簿価1 150		(貸) S 社 株 式 (※4) 簿価3 20		
繰 延 税 金 資 産 (※3) 連結簿価2 30 （移転事業対応）		分割に係るS社株式消滅差損益　差額 160		

※1：分割型会社分割直前にS社で付された適正な帳簿価額
※2：移転事業について将来減算一時差異が存在する場合を前提としている。なお、繰延税金資産の取崩し（法人税等調整額の計上）は、通常、会計期間末に他の税効果の処理と一括して行われることになる。
※3：P社にとっての連結財務諸表上の帳簿価額
※4：移転事業と引き換えられたものとみなされる額20（＝100×180／(720＋180)）
※5：P社の詳細な会計処理については、後述の **2**【参考】に記載している。
　□：会計処理の基礎となる金額

解説

1 子会社（分割会社、分離元企業）の会計処理

分社型会社分割＋現物配当の会計処理を行う。

〈分社型会社分割の会計処理〉
① 会社分割の対価として取得する親会社株式の取得原価は、移転事業に係る株主資本相当額から移転事業に係る繰延税金資産及び繰延税金負債を控除して算定する。
② 移転事業に係る繰延税金資産及び繰延税金負債の額は、取得する親会社株式の取得原価に含めずに、当該株式に係る一時差異に対する繰延税金資産及び繰延税金負債として計上する。

〈現物配当の会計処理〉
① 取得した親会社株式の取得原価により株主資本の額を変動（減少又は増加）させる。なお、取得した親会社株式に係る繰延税金資産又は繰延税金負債は損益に計上する（※）。
② 変動させる株主資本の内訳は、取締役会等会社の意思決定機関において定められた額による。
※：子会社の事業の一部を親会社に移転する分割型の会社分割の場合には、親会社

では、受け入れた諸資産と対応する子会社株式の帳簿価額との差額を抱合せ株式消滅差損益として処理することとなるため、親会社では子会社が取り崩した株主資本を承継することはできない。このため、子会社では、現物配当に係る繰延税金資産及び負債の例外的な会計処理（移転事業に係る繰延税金資産及び負債を株主資本に直接加減する方法）を採用することはできず、原則どおり、移転事業に係る繰延税金資産等を会社分割の効力発生日が属する年度の損益に計上することになる。

注：分割型分割の場合、会社法も分社型分割と現物配当の組み合せと整理されていますが、現物配当の部分について分配可能額の規制はありません（会社法792条2号、812条2号による461条の不適用）。

これに対して、単独で行う現物分配（上記の①と②を別個の手続として行う場合を含む）については、交付する子会社株式の帳簿価額の総額が、分配可能額を超えてはならないとの規制がかかります（会社法461条1項8号）。

なお、分割型の会社分割は、会社法上、分社型会社分割＋取得した承継会社株式の現物配当という手続からなるので、親会社が子会社の事業の一部を受け入れ、親会社が子会社に対価（親会社株式）を支払わない場合（子会社において配当すべき親会社株式が存在しない場合）には、分割型の会社分割には該当せず、分社型会社分割として取り扱われることになります。

2 親会社（承継会社、分離先企業）の株主の会計処理

分割型の会社分割は"部分合併"と称されるように、吸収合併の会計処理に準じることになります。したがって、分割型の会社分割により親会社（承継会社）が子会社（分割会社）の事業を受け入れる場合の親会社の会計処理は、親会社が子会社を吸収合併する場合の会計処理に準じることになります。

ただし、分割型の会社分割は、合併と異なり、会社分割後も分離元企業である子会社には事業が残存します。このため、親会社では、子会社株式の帳簿価額を受け入れた事業に対応する額と子会社に残存する事業に対応する額とに按分したうえで、分割に係る抱合せ株式消滅差損益の額を算定することになります。

① 親会社が子会社から受け入れる資産及び負債には、連結財務諸表上の帳簿

価額（のれん相当額を含む）を付す。
② 親会社が保有する子会社株式の適正な帳簿価額のうち、受け入れた事業と引き換えられたものとみなされる額を算定する。
③ ①と②の差額を、分割に係る抱合せ株式消滅差損益とする。

　②の抱合せ株式消滅差損益の算定基礎となる「引き換えられたものとみなされる額」（減少すべき子会社株式の適正な帳簿価額）は、次のいずれかの方法のうち合理的と認められる方法により算定することになります（適用指針219項）。当該金額の算定方法については、Q8-8 **2** もあわせてご参照ください。

・関連する時価の比率で按分する方法（資産・負債の時価比率）
・時価総額の比率で按分する方法（のれん価値を含む事業の時価比率）
・関連する帳簿価額（連結財務諸表上の帳簿価額を含む）の比率で按分する方法（簿価株主資本の比率）

　なお、分割型の会社分割は、会社法上、（分社型）会社分割と現物配当の組合せとなります。このため、親会社（承継会社）は事業受入れの対価として子会社（分割会社）に自社の株式（新株式又は自己株式）を交付するとともに、子会社では吸収分割契約の定めに従い、事業移転の対価として取得した親会社株式のすべてをその取得と同時に親会社を含む株主に配当することになります。

　このように、親会社は子会社に対して自己の株式を交付（新株の発行又は自己株式の処分）すると同時に、子会社から当該交付株式の全部（分割会社が100％子会社の場合）又は一部（分割会社が100％子会社以外の子会社の場合）を現物配当により受け取ることになるため、会計上は、親会社による自己の株式の交付（新株の発行又は自己株式の処分）と自己株式の取得を一体の取引とみなして、親会社が取得した自己株式の帳簿価額は新株発行の場合にはゼロ、自己株式を処分した場合には、分割型の会社分割直前の当該自己株式に対応する適正な帳簿価額を付すことになります（適用指針218項(2)）。この点については、以下の【参考】もご参照ください。

第8章　完全親子会社関係にある会社間の会社分割・現物出資・現物配当

【参考】取引の手順に従った親会社の会計処理

前図の親会社の会計処理は簡略化したものを記載しているが、正確には以下の3つの仕訳の合計となる。
① 会社分割による事業の受入れ（上段の仕訳）
② 現物配当による親会社株式の受入れ（中段の仕訳）
③ 自己株式への振替え（下段の仕訳）

P社（承継会社：分割会社の株主）の会計処理			
(借) 移 転 諸 資 産 （※1） 連結簿価1		(貸) 払 込 資 本 （※3） 連結簿価1	
繰 延 税 金 資 産 （※1） 連結簿価2 （移転事業対応）		払 込 資 本 （※3） 連結簿価2	
P 社 株 式 連結簿価1		S 社 株 式 （※2） 簿価3	
繰 延 税 金 資 産 連結簿価2 （P社株式対応）		分割に係るS社株式消滅差損益 差額	
払込資本(自己株式)（※3） 連結簿価1		P 社 株 式 連結簿価1	
払 込 資 本 （※3） 連結簿価2		繰 延 税 金 資 産 連結簿価2	

※1：P社にとって連結財務諸表上の帳簿価額
※2：移転事業と引き換えられたものとみなされる額
※3：分割型の会社分割の場合、親会社による新株の発行と現物配当による親会社株式（自己株式）の受入れを一体の取引とみて、親会社が取得した自己株式の帳簿価額はゼロとする。

☐：会計処理の基礎となる金額
取消し線（——）：反対仕訳により相殺される項目

[増加資本に関する会社法の規定]

会社計算規則では、剰余金の分配規制の観点から、組織再編により（直接）変動する株主資本等の額及びその内訳を定めています。100％子会社の事業を親会社に移転する分割型会社分割の場合には、親会社（承継会社）の利益剰余金は抱合せ株式消滅差損益の計上の結果として変動しますが、株主資本が直接変動するわけではありません。このため、会社計算規則においては、特段の定めは設けられていません。

Q8-15 100％子会社の事業を他の100％子会社へ移転する会社分割（対価あり）

親会社P社は100％子会社を2社（S1社及びS2社）有しています。今般、S2社（分割会社）は、事業の一部をS1社（承継会社）に会社分割により移転し、その対価としてS1社株式を受け取りました。この場合のS1社、S2社及びP社の個別財務諸表上の会計処理を教えてください。

A 100％子会社から他の100％子会社へ事業を移転する会社分割の会計処理は以下のようになります（適用指針254-2項、254-3項）。

≪子会社から他の子会社へ事業を移転する会社分割の会計処理（対価あり）≫

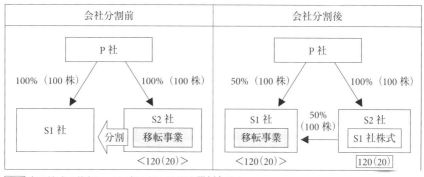

□内は株式の簿価、< >内は移転事業の簿価を示す。
( ) 内は繰延税金資産を示し、内書きである。

S2社（分割会社）の会計処理			
(借) S1 社 株 式	簿価1 100	(貸) 移 転 諸 資 産（※1）	簿価1 100
繰延税金資産 （S1社株式対応）	簿価2 20	繰延税金資産（※1、2） （移転事業対応）	簿価2 20
S1社（承継会社）の会計処理			
(借) 移 転 諸 資 産	簿価1 100	(貸) 払 込 資 本（※3）	簿価1+2 120
繰延税金資産 （移転事業対応）	簿価2 20		
P社（株主）の会計処理			
仕 訳 な し			

※1：会社分割直前にS2社で付された適正な帳簿価額
※2：移転事業について将来減算一時差異が存在する場合を前提としている。
※3：払込資本の内訳項目は会社法の定めに従う。
☐：会計処理の基礎となる金額

　なお、完全親子会社関係にある子会社間で事業を移転する場合、企業集団の観点でみると、対価の受け渡しは、会社分割の前後で経済実態に影響を与えないため、あるいは承継会社に対する親会社の直接保有の持分比率を維持するため、承継会社は分割会社に対価を支払わない場合があります。この場合の会計処理については、Q8-16をご参照ください。

解説

1 分割会社（子会社）の会計処理

　分割会社である子会社の会計処理は、親会社が子会社に会社分割により事業を移転する場合の親会社の会計処理に準じて処理します。

> ① 事業分離の対価として取得する他の子会社の株式（承継会社株式）の取得原価は、移転事業に係る株主資本相当額から移転事業に係る繰延税金資産及び繰延税金負債を控除して算定する（※）。
> ② 移転事業に係る繰延税金資産及び繰延税金負債の額は、取得する他の子会社の株式（承継会社株式）の取得原価に含めずに、当該株式に係る一時差異に対する繰延税金資産及び繰延税金負債として計上する。
>
> ※：分割会社が受領する他の子会社の株式（承継会社株式）は、分割会社にとってはその他有価証券に分類されることがあるが、共通支配下の取引であるため、他の子会社の株式の取得原価は、移転事業に係る株主資本相当額に基づいて算定され、移転損益は認識されない（適用指針447-2項、Q6-4参照）。

2 承継会社（他の子会社）の会計処理

　承継会社である他の子会社の会計処理は、親会社が子会社に会社分割により

事業を移転する場合の子会社の会計処理に準じて処理します。

① 移転された資産及び負債は、会社分割の効力発生日直前に子会社（分割会社）で付された適正な帳簿価額により計上する。
② 増加する資本（移転事業に係る株主資本相当額）は、払込資本を増加させ、その内訳項目は会社法の規定に基づき決定する。また、移転された資産等に評価・換算差額等が含まれている場合には、移転事業に係る評価・換算差額等も引き継ぐ。

［増加資本に関する会社法の規定］

　100％子会社の事業を他の100％子会社へ移転する会社分割（対価あり）の場合の他の100％子会社（承継会社）の増加資本に関する会社法の規定は、親会社の事業を100％子会社に移転させる会社分割（対価あり）の場合の100％子会社（承継会社）の取扱い（会社計算規則37条1項3号）と同じです。このため、Q8-3の［増加資本に関する会社法の規定］をご参照ください。

3 親会社（株主）の会計処理

　分割会社は会社分割により移転事業に係る資産及び負債が減少しますが、その対価として承継会社の株式を受け取るため、分割会社の純資産の額は変動しません。このため、分割会社の株主である親会社は、分割会社株式の帳簿価額を変動させる必要はなく、会計処理は不要となります。

【参考】現物配当の実施

　上記の会社分割において、S1社がS2社に株式を交付すると、P社のS1社に対する持株比率が低下することになる。両子会社の株式を親会社が100％保有するためには、以下のように、S2社は取得したS1株式を直ちにP社に現物配当することが考えられる（Q8-8（現物配当）もあわせて参照されたい）。

≪会社分割の直後に分割会社（子会社）が取得した承継会社（他の子会社）株式を現物配当した場合の会計処理≫

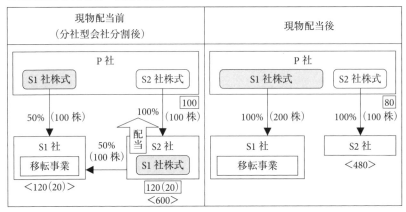

□内は株式の簿価、＜＞内は移転事業又は会社の純資産の簿価を示す。
（ ）内は繰延税金資産を示し、内書きである。

S2社の会計処理（現物配当の処理）			
(借) 株 主 資 本	簿価1 100	(貸) S1 株 式（※1）	簿価1 100
法人税等調整額	簿価2 20	繰 延 税 金 資 産（※1、2） 　　 （S1社株式対応）	簿価2 20
P社の会計処理			
(借) S1 株 式	簿価3 20	(貸) S2 株 式（※3）	簿価3 20

※1：現物配当直前にS2社で付された適正な帳簿価額
※2：現物配当財産となるS1社株式について将来減算一時差異が存在する場合を前提としている。なお、上記税効果の会計処理は、通常、会計期間末に他の税効果の処理と一括して行われることになる。
※3：S1社株式と引き換えられたものとみなされる額20（＝100×120／(480＋120)）

□：会計処理の基礎となる金額

なお、会社法の手続として、（分社型）会社分割と現物配当を別々に行った場合には、経済的効果としては分割型の会社分割と同じであっても、承継会社は、分割型の会社分割のときに認められる分割会社が計上していた株主資本の内訳を適切に配分した額を計上する方法（容認法：Q8-11 **2** 参照）を採用することはできない。当該会計処理は、会社法の定めによる分割型の会社分割が行われた場合のみに認められる特例的な処理方法であるからである。

Q8-16 100％子会社の事業を他の100％子会社へ移転する会社分割（対価なし）

P社は100％子会社を2社（S1社及びS2社）有しています。今般、S2社（分割会社）は、事業の一部をS1社（承継会社）に会社分割により移転しましたが、S1社はその対価をS2社に支払いませんでした。この場合のS1社、S2社及びP社の個別財務諸表上の会計処理を教えてください。

A 100％子会社から他の100％子会社への会社分割による事業の移転（対価なし）に関する会計処理は以下のようになります（適用指針203-2項(2)②）。

≪完全子会社関係にある子会社同士で事業を移転し、対価の支払いがない場合の会計処理≫

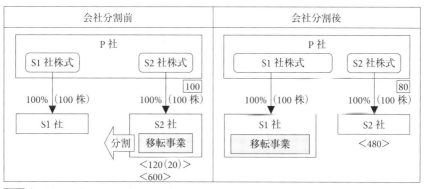

□内は株式の簿価、＜＞内は移転事業の簿価を示す。
（）内は繰延税金資産を示し、内書きである。

S2社（分割会社）の会計処理
(借) 株 主 資 本 （※3）簿価1+2 120　　（貸) 移 転 諸 資 産 （※1）簿価1 100 　　　　　　　　　　　　　　　　　　　　　繰 延 税 金 資 産 （※1、2）簿価2 20 　　　　　　　　　　　　　　　　　　　　　（移転事業対応）

S1社（承継会社）の会計処理				
(借) 移転諸資産	簿価1 100	(貸) 株主資本	(※3)	簿価1+2 120
繰延税金資産 （移転事業対応）	簿価2 20			

P社（株主）の会計処理				
(借) S1 社 株 式	簿価3 20	(貸) S2 社 株 式	(※4)	簿価3 20

※1：会社分割直前にS2社で付された適正な帳簿価額
※2：移転事業について将来減算一時差異が存在する場合を前提としている。
※3：分割会社が変動させる株主資本の内訳は、取締役会等会社の意思決定機関において定められた額とする。S1社の増加資本は、S2社の株主資本の内訳を適切に配分した額をもって計上する。
※4：S1株式と引き換えられたものとみなされる額20（＝100×120／(480＋120)）
　　□：会計処理の基礎となる金額

解説

1 子会社（分割会社：分離元企業）の会計処理

完全親子会社関係にある子会社間の事業の移転において、他の子会社（承継会社）が対価を支払わない場合の個別財務諸表上の会計処理は、分割型の会社分割における分割会社の処理（容認法：Q8-11 **2** 参照）に準じて、株主資本の額を変動させることになります（適用指針446項参照）。

① 移転事業に係る資産及び負債（移転資産・負債に係る繰延税金資産・負債を含む）の差額に相当する株主資本の額を変動（減少又は増加）させる。したがって、取り崩された繰延税金資産及び負債の相手勘定は株主資本となるため、損益（法人税等調整額）への影響はない。
② 変動させる株主資本の内訳は、取締役会等の会社の意思決定機関において定められた額とする。

2 他の子会社（承継会社：分離先企業）の会計処理

① 移転された資産及び負債は、会社分割の効力発生日直前に子会社（分割会社）で付された適正な帳簿価額により計上する。
② 増加する資本（移転事業に係る株主資本相当額）は、分割会社で変動させた株主資本の額を会社法の規定に基づき計上する。
　また、移転された資産等に評価・換算差額等が含まれている場合には、移転事業に係る評価・換算差額等も引き継ぐ。
③ 承継会社が分割会社の株式を保有している場合には、当該吸収分割後の分割会社の財務内容等を勘案して、期末において、当該分割会社の株式の帳簿価額について、相当の減額の要否を検討する。

[増加資本に関する会社法の規定]

　会社分割の対価が存しない場合であって、分割会社における吸収分割の直前の株主資本等の全部又は一部を引き継ぐものとして計算することが適切であるとき（※）には、吸収分割により変動する分割会社の資本金及び資本剰余金の合計額を承継会社のその他資本剰余金の変動額とし、吸収分割の直前の利益剰余金の額を承継会社のその他利益剰余金の変動額とすることになります（会社計算規則38条2項）。承継会社が資本金及び準備金を増加させることができないのは、承継会社の株式が交付されていない以上、資本金及びそれに準ずる性質を有する準備金の増加は認められないという会社法の要請によるものと考えられます。

　※：完全親子会社関係以外の会社間で会社分割が行われた場合（Q7-6参照）には、上記の処理は適用できないものと考えられます（会社計算規則3条）。

　なお、分割会社における吸収分割に際しての資本金、資本剰余金又は利益剰余金の額の変更に関しては、会社法第2編第5章第3節第2款の規定その他の法の規定に従う（分割会社で計上されていた資本金及び準備金の額の減少については、別途、資本金の額の減少及び準備金の額の減少の手続（会社法447条、448条）を行う）ことになります（会社計算規則38条3項）（Q1-6参照）。

3 親会社の会計処理

　会社分割直前の分割会社の適正な帳簿価額のうち、引き換えられたものとみなされる額を承継会社の株式の帳簿価額に加算します。引き換えられたものとみなされる額は、以下の方法のうち、合理的な方法によって算定します。この点に関しては、Q8-17 **2**（又はQ8-8 **2**、Q8-11 **1**[3]）もご参照ください。

- 関連する時価の比率で按分する方法（資産・負債の時価比率）
- 時価総額の比率で按分する方法（のれん価値を含む事業の時価比率）
- 関連する帳簿価額（連結財務諸表上の帳簿価額を含む）の比率で按分する方法（簿価株主資本の比率）

Q8-17 現物資産の受入れと持分の受入れとの会計処理の比較

親会社が子会社から事業の一部を受け入れる方法として、以下の2つのスキームが考えられます。

スキームA：子会社から現物資産を受け入れる方法
スキームB：子会社からその子会社株式（親会社からみて孫会社株式）などの持分を受け入れる方法

2つの組織再編は、親会社にとっては子会社の資産の一部を受け入れるという点では同じですが、親会社の個別財務諸表上、どちらの資産を受け入れるかによって損益が発生するかどうかという差異があります。親会社の会計処理に差異が生じるのはなぜでしょうか。

A スキームA 及び スキームB の会計処理は、それぞれ以下のようになります。

スキームA：親会社が子会社の事業を現物資産として受け入れる場合

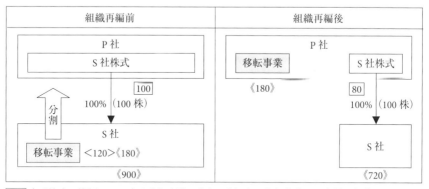

□内は株式の簿価、＜＞内は移転事業の簿価、《》内は移転事業又は会社の純資産の連結簿価を示す。

第8章 完全親子会社関係にある会社間の会社分割・現物出資・現物配当

P社の会計処理				
(借) 移 転 諸 資 産	連結簿価 180	(貸) S 社 株 式 分割に係る抱合せ 株式消滅差損益		簿価1 20 差額 160
S社の会計処理				
(借) 株 主 資 本	簿価2 120	(貸) 移 転 諸 資 産		簿価2 120

☐：会計処理の基礎となる金額

スキームB：親会社が子会社の事業を持分（親会社からみて孫会社株式）として受け入れる場合

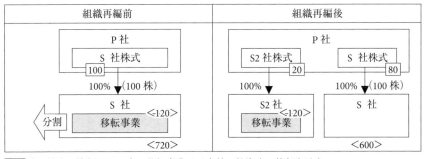

☐内は株式の簿価、＜＞内は移転事業又は会社の純資産の簿価を示す。

P社の会計処理			
(借) S2 社 株 式	簿価1 20	(貸) S 社 株 式	簿価1 20
S社の会計処理			
(借) 株 主 資 本	簿価2 120	(貸) 移 転 諸 資 産	簿価2 120
S2社の会計処理			
(借) 移 転 諸 資 産	簿価2 120	(貸) 株 主 資 本	簿価2 120

☐：会計処理の基礎となる金額

スキームAの代表的な組織再編手続としては、親会社が子会社の事業の一部（現物資産）を会社分割により受け入れる場合（対価なし）（Q8-13参照）があります。また、スキームBの代表的な組織再編手続としては、子会社が行う分割型の会社分割（Q8-11参照）があります。

スキームAもスキームBも親会社は組織再編前に保有していた子会社株式

(S社株式)を引き渡すことなく、新たな事業(現物資産又は子会社株式という資産)を受け取ることになりますが、親会社では、受け入れた事業(現物資産又は新たな子会社株式)と保有していた子会社株式の部分的な引き換えが行われたものとみて、親会社が保有する子会社株式の適正な帳簿価額のうち、引き換えられたものとみなされる額を減額する会計処理が必要になります(事業分離等会計基準141項、適用指針443項など参照)。

その上で、親会社が保有していた子会社株式に関する投資が清算されたのか(損益が発生する)、投資が継続しているのか(損益は発生しない)、さらには投資が継続しているとみる場合にも、投資先からの投資成果の分配なのか(損益が発生する)を判断することになります(事業分離等会計基準141項、142項、115項など参照)。

この結果、スキームBのように、親会社が子会社株式(親会社からみて孫会社株式)を受け取る場合には、投資は依然として継続しているものと考えられますので(実質的には、親会社の支配下にある事業の括りを変更したに過ぎず(子会社株式の分割)、子会社を通して行っている投資を回収したわけではない)、親会社(株主)は、減額した子会社株式の帳簿価額を新たに受け取った子会社株式の帳簿価額とすることになり、損益は認識されません。

他方、スキームAのように、親会社が現物資産を受け取る場合には、親会社にとっては当該事業に対する投資は継続しているものの、投資成果の分配を受けたもの(事業を部分的に回収)として、受け取った現物資産の帳簿価額(連結財務諸表上の帳簿価額)と減額する子会社株式の帳簿価額との差額を損益として処理することになります(事業分離等会計基準144項また書き、83項参照)。これは、事業(現物資産)の受入れを契機に、子会社を通じた事業投資の成果を親会社の個別財務諸表に反映させるための処理といえます(適用指針438項)。

スキームAは、親会社が子会社の事業を部分的に受け入れていますが、その会計処理は親会社が子会社の事業のすべてを受け入れることとなる合併の会計処理とも整合的です(適用指針443項)。

第8章 完全親子会社関係にある会社間の会社分割・現物出資・現物配当

解 説

1 組織再編の組合せとその会計処理

共通支配下の取引の会計処理を考えるに当たり、以下の組織再編の組合せを理解することは大変有用です。

① 単独新設分割
② 子会社が行う孫会社株式の現物配当
③ 親会社（存続会社）と子会社（消滅会社）との合併

《共通支配下の取引の会計処理（組織再編の基本パターンごとの会計処理）》

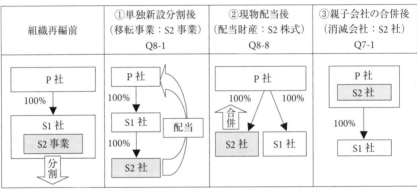

親会社P社の会計処理			会社S1社の会計処理			
① S1社が行う単独新設分割（S2社の設立）						
仕 訳 な し			S2社株式	簿価1	S2諸資産	簿価1
			繰延税金資産	簿価2	繰延税金資産	簿価2
② S1社が行うS2社株式の現物配当（※）						
S2社株式	簿価3	S1社株式	簿価3	株主資本	簿価1	S2社株式	簿価1
				法人税調整額	簿価2	繰延税金資産	簿価2
③ P社がS2社を吸収合併						
S2諸資産	連結簿価	S2社株式（※）	簿価3	仕 訳 な し		
		株式消滅差損益	差額			

☐：会計処理の基礎となる金額

※：当該組織再編において、親会社は子会社から受け入れる諸資産に「連結財務諸表上の帳簿価額」を付すことになるため、減少させる子会社株式の帳簿価額（簿価3）の算定結果は、差額で計算される抱合せ株式消滅差損益の額に直接影響することになる。

前記のスキームとの関係でいえば、スキームBは組織再編前→①→②の組合せ、スキームAは組織再編前→①→②→③の組合せと考えることができます。特に、両スキームとも②の現物配当の手続を通過している点には留意する必要があります。

【参考】箱の並べ方の変更と箱の中身の取り出し

P社は完全支配関係にある子会社S1社と孫会社S2社を有している。ここでは持分の配当（無対価会社分割による移転を含む）と現物資産の配当（無対価会社分割による移転を含む）との相違を考えるが、会社を箱、投資の成果を箱の中身（現物資産）とイメージしてみる。

子会社S1社が孫会社株式（S2株式という持分）を現物配当した場合（上図①→②）には、親会社P社にとってはS1社、S2社と縦に並べた箱を横に並べかえただけであり、投資の成果である箱の中身（現物資産）を取り出しておらず、投資の回収は行っていない。

他方、S1社が持分以外の現物財産を配当した場合（上図②→③※）には、親会社は投資の成果である箱の中身（現物資産）を取り出したことになり、投資の部分的な回収を行ったといえる。

事業分離等会計基準では、この経済実態の違いを反映して、配当された財産が持分の場合には、直接保有することとなる箱（孫会社株式）のサイズは、小さくなった箱（子会社株式）の減少分と同じサイズ（「実質的に引き換えられたものとみなされる額」）として計算するものとされており、損益は計上されない。

配当された財産が現物資産の場合には、受領した財産に適切な価額を付し、現物配当に伴い減少した箱のサイズ（「実質的に引き換えられたものとみなされる額」）との差額を損益（合併の場合に計上される抱合せ株式消滅差損益と性格は同じ。下記※参照）に計上するものとされている。持分以外の現物配当が行われた場合に株主（親会社）が付すべき帳簿価額は、原則として、投資回収の結果を最も適切に示す時価となるが、企業集団内での移転など一定の場合には、「親会社の立場からは企業集団内における純資産等の移転取引」（企業結合会計基準119項）とされる共通支配下の取引との整合性の観点から、移転元の帳簿価額（又は連結財務諸表上の帳簿価額）を付すことになる（Q5-9 **1**[2]参照）。

※：③のS2社がP社に合併される取引と、S2社が保有する現物財産（資産・負債）のすべてをP社に配当する取引とは、経済実態はまったく同じである。

2 減額すべき子会社株式の帳簿価額の算定

スキームA も スキームB も、合併の場合とは異なり、親会社は子会社の事業の一部のみを受け入れるので、それに対応して減額すべき子会社株式の帳簿価額、すなわち、実質的に引き換えられたものとみなされる額をどのように算定するのかという論点があります。この点に関しては、**1**で記載したように、両スキームとも②の現物配当の手続を通過しているため、現物配当が行われた場合の株主の会計処理を行うことになります。適用指針では、「引き換えられたものとみなされる額」については、次のような方法が考えられ、実態に応じて適切に用いるものとされています（適用指針295項）。

(1) 関連する時価の比率で按分する方法（資産・負債の時価比率）
(2) 時価総額の比率で按分する方法（のれん価値を含む事業の時価比率）
(3) 関連する帳簿価額（連結財務諸表上の帳簿価額を含む）の比率で按分する方法（簿価株主資本の比率）

適用指針では、現物配当の対象となった子会社株式の帳簿価額の按分方法に関し、優先順位を示していませんが、私見では、通常、(3)の関連する帳簿価額の比率で按分することが適切と考えます。

この点に関し、孫会社株式（S2社株式）を現物配当した後、スキームA のように親会社が当該子会社（S2社）を吸収合併する場合を考えてみます。このスキームの場合、子会社株式の帳簿価額を仮に(1)又は(2)の時価を基礎とした方法により按分しても、親会社が子会社から受け入れる諸資産は時価ではなく適正な帳簿価額（又は連結財務諸表上の帳簿価額）で受け入れなければならないため、親会社が子会社を吸収合併したときに生じる抱合せ株式消滅差損益の額を適切に算定することができません。他方、子会社株式の帳簿価額を(3)の簿価を基礎とした方法により按分すれば、通常、抱合せ株式消滅差損益を適切に算定することができます（抱合せ株式消滅差損益は、基本的に連結当期純損益に反映された

額から構成されます。この点に関してはQ7-1 **3** を参照してください)。

ただし、減額すべき子会社株式の帳簿価額は、移転対象となる資産・負債の範囲、現物配当後にさらに組織再編を行うかどうか、過去に子会社株式を減損処理しているか否かなど、様々な要因を考慮することが考えられ、諸資産又は事業の時価を基礎として算定することが適当な場合も想定されます。したがって、上記(1)から(3)の方法の選択に当たっては、会計処理の結果も踏まえて総合的に判断することになると考えられます。

3 2つのスキームの類似の組織再編の整理

スキームA と スキームB の2つのタイプの組織再編と、実務上、比較的多く行われている共通支配下の組織再編スキームとの関係を整理すると、以下のようになります。これらの会計処理は、基本的に前述の会計処理と同様です。

なお、以下の組織再編は、完全親子会社関係にあることを前提とします。

	組織再編のパターン	基本パターンの組合せ（※）
スキームA型 （親会社の受入事業が現物資産の場合）		
ア	親会社が子会社の事業の一部を受け入れる会社分割（対価なし）（Q8-13参照）	再編前→③
イ	親会社が子会社の事業の一部を受け入れる分割型の会社分割（Q8-14参照）	再編前→③
ウ	子会社が行う事業の現物配当（Q8-10参照）	再編前→③
エ	親会社と子会社との合併（子会社が孫会社株式を保有している場合）（Q7-1参照）	①→③
オ	親会社と孫会社との合併（対価なし）	①→③
スキームB型 （親会社の受入事業が持分の場合）		
カ	子会社が単独で行った分割型の会社分割（Q8-11参照）	再編前→②
キ	子会社が保有する孫会社株式を親会社に移転する会社分割（対価なし）	①→②
ク	子会社が保有する孫会社株式を親会社に移転する分割型の会社分割	①→②
ケ	子会社が行う孫会社株式の現物配当（Q8-8参照）	①→②

※：番号は **1** 参照

第9章

完全親子会社関係にある会社間の事業譲渡・譲受

●本章の内容
- Q9-1 親会社の事業を100%子会社に移転する事業譲渡・譲受 ……474
- Q9-2 100%子会社の事業を親会社に移転する事業譲渡・譲受 ……478
- Q9-3 100%子会社の事業を他の100%子会社に移転する事業譲渡・譲受 ……481

Q9-1 親会社の事業を100%子会社に移転する事業譲渡・譲受

親会社P社は、事業の一部を100%子会社S社に移転し、親会社はその対価として現金を受領しました。この場合の親会社の個別財務諸表上の会計処理及び連結財務諸表上の会計処理を教えてください。

A 親会社が子会社に事業譲渡を行った場合の会計処理は、共通支配下の取引における会社分割（対価：現金）と同様であり、次のようになります（事業分離等会計基準14項、適用指針223項から225項）。

なお、グループ内の事業譲渡・譲受（対価：現金）は親会社の持分変動による差額は生じないため非支配株主との取引に該当する部分はありません。このため、譲受会社で生じる差額は資本剰余金ではなくのれん（又は負ののれん）として会計処理します。

≪親会社の事業を子会社に移転する事業譲渡の会計処理≫

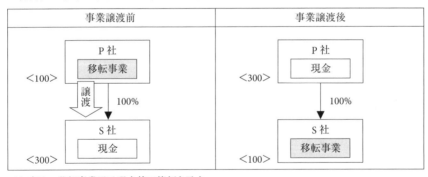

＜＞内は、移転事業又は現金等の簿価を示す。

P社（譲渡会社）の会計処理
（借）現　金　等　（※2） 簿価2 300　（貸）移　転　諸　資　産（※1） 簿価1 100
移　転　損　益　　　　　　差額 200
S社（譲受会社）の会計処理
（借）移　転　諸　資　産（※1） 簿価1 100　（貸）現　金　等　（※2） 簿価2 300
の　　れ　　ん　　　　差額 200

※1：事業譲渡直前にP社で付された適正な帳簿価額
※2：事業譲渡直前にS社で付された適正な帳簿価額
☐：会計処理の基礎となる金額

解説

1 個別財務諸表上の会計処理

[1] 親会社（譲渡会社）の会計処理

① 親会社（譲渡会社）は、子会社（譲受会社）から受け取った現金等の財産を、移転直前に子会社が付した適正な帳簿価額（※）により計上する。
② 受け取った現金等の財産の帳簿価額と移転事業に係る株主資本相当額との差額を、移転損益として認識する。当該取扱いは、移転事業に係る株主資本相当額がマイナスとなる場合も同様である。

※：子会社が付した適正な帳簿価額と親会社にとっての連結財務諸表上の帳簿価額が異なる場合には、連結財務諸表上の帳簿価額により現金等の財産を受け入れることになると考えられる。

平成22年度（2010年度）税制改正により、完全支配関係にある国内会社間の資産の移転に係る損益のうち一定の要件を満たすものは課税の繰延べが行われることになりましたが、この場合、譲渡した事業年度の課税所得を構成せずに課税が繰り延べられることとなる損益は、売手側の個別財務諸表における一時差異に該当し、税効果の対象となります。なお、当該一時差異に係る繰延税金資産又は繰延税金負債の計算に用いる税率は、売手側に適用される税率であり、当該一時差異の回収又は支払いが見込まれる期における税率に基づき算定することになります（税効果適用指針16項、100項）。

[2] 子会社（譲受会社）の会計処理

① 子会社（譲受会社）は、親会社（譲渡会社）から受け入れる資産及び負債を、移転直前に親会社が付した適正な帳簿価額により計上する。
　なお、事業譲渡の対象となった資産・負債について、当該事業譲渡前に子会社が親会社に資産等を売却しており、当該取引から生じた未実現損益を連結財務諸表上、消去しているときは、連結財務諸表上の金額である修正後の帳簿価額により親会社の資産及び負債を受け入れる（適用指針228項、211項）。
② 移転事業に係る株主資本相当額と交付した現金等の財産の適正な帳簿価額との差額を、のれん（又は負ののれん）として処理する。なお、移転事業に係る株主資本相当額がマイナスとなる場合も同様である。
③ 親会社で計上されていた移転事業に係る評価・換算差額等は、対価が現金等の財産のみの場合においても引き継ぐ。なお、子会社は株式を交付していないため、株主資本の額は変動しない。

　上記のように、共通支配下の取引における事業譲渡は、第三者間の事業譲渡と異なり、譲渡会社又は譲受会社が付した「適正な帳簿価額」に基づき会計処理することとなります。このため、譲受会社は、譲渡会社において計上されていた移転事業に係る評価・換算差額等もそのまま引き継ぐことに留意する必要があります（第三者間取引の場合は、時価を基礎として会計処理するため、評価・換算差額等は引き継がれない）。

　なお、現金を対価とした事業譲渡は、税務上、非適格組織再編となり、受け入れた諸資産に係る一時差異や資産調整勘定（又は差額負債調整勘定）が生じることになりますが、この場合の税効果の処理については、Q13-2をご参照ください。

2 連結財務諸表上の会計処理

　個別財務諸表上認識された移転損益は、親会社の連結財務諸表上、連結会計基準における未実現損益の消去（全額消去・親会社負担方式）に準じて処理します（連結会計基準36項）。

Q9-1 親会社の事業を100％子会社に移転する事業譲渡・譲受

　また、**1**[1]の親会社のように個別財務諸表上、譲渡した事業年度の課税所得を構成せずに課税が繰り延べられることとなる損益は、基本的には、連結財務諸表上においても消去されることから、個別財務諸表上の会計処理を取り消し、繰延税金資産及び繰延税金負債を認識しません（税効果適用指針38項）。

＜会計処理のイメージ＞

・親会社は100％子会社に土地（簿価100）を200で売却した。
・当該売却益100は、税務上、繰り延べられるものとする。
・個別上、売却益の繰延勘定（将来加算一時差異）に対して繰延税金負債を認識する。
・連結上、未実現利益消去に伴う繰延税金資産を認識する。
・法定実効税率は30％である。

		親会社	子会社
個別	取引	現　金　200　土　地　100 　　　　　　　売却益　100	土　地　200　現　金　200
	税効果	税金費用　30　税金負債　30	親会社の税務調整イメージ 損　金　100／繰延勘定100
連結	連結消去	売却益　100　土　地　100	
	税効果	税金資産　30　税金費用　30	
	相殺	税金負債　30　税金資産　30	

・連結会社間における資産の売却に伴い生じた売却損益（100）について、税務上の要件を満たした場合には課税所得計算において当該売却損益を繰り延べる（法人税法61条の11）。
・親会社（売手）の個別財務諸表において、当該売却損益に係る一時差異（繰延勘定：100）に対して繰延税金資産又は繰延税金負債（30）が計上される。
・連結決算手続上、当該売却損益が消去されたことに伴い生じた当該売却損益の消去に係る連結財務諸表固有の一時差異(100)に対して、個別財務諸表において計上した繰延税金資産又は繰延税金負債(30)と同額の繰延税金負債又は繰延税金資産(30)を計上する。
・当該繰延税金負債又は繰延税金資産（30）については、個別財務諸表において計上した当該売却損益に係る一時差異に対する繰延税金資産又は繰延税金負債（30）と相殺する。

（以上、税効果適用指針38項）

Q9-2 100％子会社の事業を親会社に移転する事業譲渡・譲受

親会社 P 社は 100％子会社 S 社の事業の一部を譲り受け、その対価として現金を支払いました。この場合の親会社の個別財務諸表上の会計処理及び連結財務諸表上の会計処理を教えてください。

A 親会社が子会社から事業を譲り受けた場合の会計処理は次のようになります（事業分離等会計基準 14 項、企業結合会計基準 41 項、（注 9））。

≪子会社の事業を親会社に移転する事業譲渡の会計処理≫

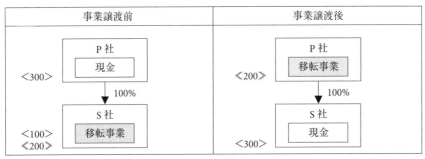

＜　＞内は移転事業又は現金等の簿価、≪　≫内は移転事業の連結簿価を示す。

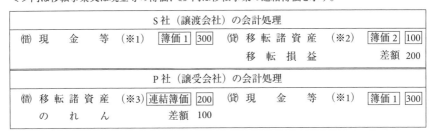

※ 1：事業譲渡直前に P 社で付された適正な帳簿価額
※ 2：事業譲渡直前に S 社で付された適正な帳簿価額
※ 3：P 社にとっての連結財務諸表上の帳簿価額
　□：会計処理の基礎となる金額

解説

1 個別財務諸表上の会計処理

[1] 子会社（譲渡会社）の会計処理

> ① 子会社（譲渡会社）は、親会社（譲受会社）から受け取った現金等の財産を、移転直前に親会社が付した適正な帳簿価額により計上する。
> ② 受け取った現金等の財産の帳簿価額と移転事業に係る株主資本相当額との差額を、移転損益として認識する。

平成22年度（2010年度）税制改正により、完全支配関係にある国内会社間の資産の移転に係る損益のうち一定の要件を満たすものは課税の繰延べが行われることになりましたが、この場合、譲渡した事業年度の課税所得を構成せずに課税が繰り延べられることとなる損益は、売手側の個別財務諸表における一時差異に該当し、税効果の対象となります。

なお、当該一時差異に係る繰延税金資産又は繰延税金負債の計算に用いる税率は、売手側に適用される税率であり、当該一時差異の回収又は支払いが見込まれる期における税率に基づき算定することになります（税効果適用指針16項、100項）。

[2] 親会社（譲受会社）の会計処理

> ① 親会社（譲受会社）は、子会社（譲渡会社）から受け入れる資産及び負債を、「連結財務諸表上の帳簿価額」により計上する（適用指針215項参照）。
> したがって、事業譲渡の対象となった資産・負債について、当該事業譲渡前に親会社が子会社に資産等を売却しており、当該取引から生じた未実現損益を連結財務諸表上、消去しているときは、連結財務諸表上の金額である修正後の帳簿価額により子会社の資産及び負債を受け入れる（適用指針228項、211項）。
> ② 受け入れた諸資産と交付した現金等の財産の適正な帳簿価額との差額を、

のれん（又は負ののれん）として処理する。
③　親会社で計上されていた移転事業に係る評価・換算差額等は、対価が現金等の財産のみの場合においても、連結財務諸表上の帳簿価額を引き継ぐ。なお、親会社は株式を交付していないため、株主資本の額は変動しない。

　なお、現金を対価とした事業譲渡は、税務上、非適格組織再編となり、受け入れた諸資産に係る一時差異や資産調整勘定（又は差額負債調整勘定）が生じることになりますが、この場合の税効果の処理については、Q13-2 をご参照ください。

2 連結財務諸表上の会計処理

　個別財務諸表上認識された移転損益は、親会社の連結財務諸表上、連結会計基準における未実現損益の消去（全額消去・持分按分負担方式）に準じて処理します（連結会計基準36項、38項）。

　また、**1**[1]の子会社のように個別財務諸表上、譲渡した事業年度の課税所得を構成せずに課税が繰り延べられることとなる損益は、基本的には、連結財務諸表上においても消去されることから、個別財務諸表上の会計処理を取り消し、繰延税金資産及び繰延税金負債を認識しません（税効果適用指針38項、Q9-1 **2** 参照）。

Q9-3 100%子会社の事業を他の100%子会社に移転する事業譲渡・譲受

親会社P社は100%子会社を2社（S1社及びS2社）有しています。今般、S1社（譲渡会社）は、その事業の一部をS2社（譲受会社）に事業譲渡（対価は現金）により移転しました。この場合のS1社及びS2社の個別財務諸表上の会計処理及びP社の連結財務諸表上の会計処理を教えてください。

A 子会社が他の子会社に事業譲渡（対価は現金）を行った場合の会計処理は次のようになります（事業分離等会計基準14項、企業結合会計基準41項、（注9））。

≪子会社の事業を他の子会社に移転する事業譲渡の会計処理≫

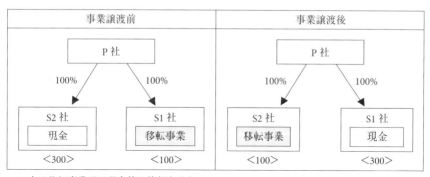

＜＞内は移転事業又は現金等の簿価を示す。

S1社（譲渡会社）の会計処理
(借) 現　金　等　（※1） 簿価1 300　　(貸) 移 転 諸 資 産　（※2） 簿価2 100 　　　　　　　　　　　　　　　　　　　　移　転　損　益　　　　　差額 200

S2社（譲受会社）の会計処理
(借) 移 転 諸 資 産　（※2） 簿価2 100　　(貸) 現　金　等　（※1） 簿価1 300 　　の　れ　ん　　　　　　差額 200

※1：事業譲渡直前にS2社で付された適正な帳簿価額
※2：事業譲渡直前にS1社で付された適正な帳簿価額
　☐：会計処理の基礎となる金額

解説

1 個別財務諸表上の会計処理

[1] 子会社（S1社：譲渡会社）の会計処理

> ① 子会社（譲渡会社）は、他の子会社（譲受会社）から受け取った現金等の財産を、移転直前に他の子会社が付した適正な帳簿価額により計上する。
> ② 受け取った現金等の財産の帳簿価額と移転事業に係る株主資本相当額との差額を、移転損益として認識する。当該取扱いは、移転事業に係る株主資本相当額がマイナスとなる場合も同様である。

　平成22年度（2010年度）税制改正により、完全支配関係にある国内会社間の資産の移転に係る損益のうち一定の要件を満たすものは課税の繰延べが行われることになりましたが、この場合、譲渡した事業年度の課税所得を構成せずに課税が繰り延べられることとなる損益は、売手側の個別財務諸表における一時差異に該当し、税効果の対象となります。なお、当該一時差異に係る繰延税金資産又は繰延税金負債の計算に用いる税率は、売手側に適用される税率であり、当該一時差異の回収又は支払いが見込まれる期における税率に基づき算定することになります（税効果適用指針16項、100項）。

[2] 他の子会社（S2社：譲受会社）の会計処理

> ① 他の子会社（譲受会社）は、子会社（譲渡会社）から受け入れる資産及び負債を、移転直前に子会社が付した適正な帳簿価額により計上する。
> ② 移転事業に係る株主資本相当額と交付した現金等の財産の適正な帳簿価額との差額を、のれん（又は負ののれん）として処理する。なお、移転事業に係る株主資本相当額がマイナスとなる場合も同様である。
> ③ 子会社で計上されていた移転事業に係る評価・換算価額等は、対価が現金等の財産のみの場合においても引き継ぐ。なお、他の子会社は株式を交付していないため、株主資本の額は変動しない。

上記のように、共通支配下の取引における事業譲渡は、第三者間の事業譲渡と異なり、譲渡会社又は譲受会社が付した「適正な帳簿価額」に基づき会計処理することとなります。このため、譲受会社は、譲渡会社において計上されていた移転事業に係る評価・換算価額等もそのまま引き継ぐことに留意する必要があります（第三者間取引の場合は、時価を基礎として会計処理するため、評価・換算価額等は引き継がない）。

なお、現金を対価とした事業譲渡は、税務上、非適格組織再編となり、受け入れた諸資産に係る一時差異や資産調整勘定（又は差額負債調整勘定）が生じることになりますが、この場合の税効果の処理については、Q13-2をご参照ください。

2 連結財務諸表上の会計処理

個別財務諸表上認識された移転損益は、親会社の連結財務諸表上、連結会計基準における未実現損益の消去（全額消去・持分按分負担方式）に準じて処理します（連結会計基準36項、38項）。

また、■[1]の子会社のように個別財務諸表上、譲渡した事業年度の課税所得を構成せずに課税が繰り延べられることとなる損益は、基本的には、連結財務諸表上においても消去されることから、個別財務諸表上の会計処理を取り消し、繰延税金資産及び繰延税金負債を認識しません（税効果適用指針38項、Q9-1 ■ 参照）。

第 10 章

完全親子会社関係にある会社間の株式移転・株式交換

●本章の内容
- Q10-1 親会社が孫会社を完全子会社とする株式交換 ………… 486
- Q10-2 子会社と他の子会社との株式交換（兄弟会社同士の株式交換） ………… 491
- Q10-3 単独株式移転 ………… 497

第10章 完全親子会社関係にある会社間の株式移転・株式交換

Q10-1 親会社が孫会社を完全子会社とする株式交換

親会社P社は、完全孫会社であるS2社と株式交換を行い、S2社株式を直接保有することとなりました。また、株式交換の対価としてS2社の株主である子会社S1社にP社株式を交付しました。

この場合のP社及びS1社の個別財務諸表上の会計処理を教えてください。

A 完全親子会社関係にある親会社と孫会社との株式交換の会計処理を要約すると、以下のようになります。

≪親会社と孫会社との株式交換の会計処理≫

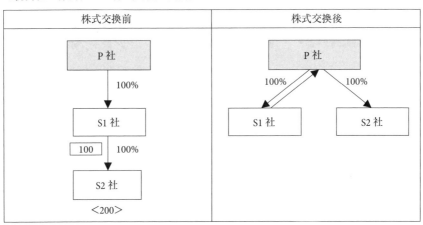

☐内は株式の簿価、＜＞内は純資産の簿価を示す。

※1：S2社の適正な帳簿価額による株主資本の額を基礎として算定する（S1社が保有するS2社株式の簿価ではない）。

※2：払込資本の内訳項目は会社法の規定に従う。
※3：株式交換直前にS1社で付された適正な帳簿価額
☐：会計処理の基礎となる金額

なお、S2社については、株主がS1社からP社に入れ替わるのみで、通常、特段の会計処理は要しません。

解説

1 P社（株式交換完全親会社）の会計処理

① 親会社（株式交換完全親会社）が子会社（中間子会社）から取得する孫会社（株式交換完全子会社）株式の取得原価は、孫会社（株式交換完全子会社）の適正な帳簿価額による株主資本の額（※）のうち、株式交換の効力発生日直前の子会社（中間子会社）の持分比率を乗じた額（中間子会社持分相当額）とする（適用指針236-4項）。

② 親会社（株式交換完全親会社）の増加する資本は、払込資本とする。増加すべき払込資本の内訳項目（資本金、資本準備金又はその他資本剰余金）は、会社法の規定に基づき決定する。

なお、債権者保護手続をとっていない場合には、新株発行に対応する部分は資本金又は資本準備金としなければならず、その他資本剰余金とすることはできないことに留意する。

※：株式交換の効力発生日直前の孫会社の適正な帳簿価額による株主資本の額の算定が困難な場合には、親会社と子会社が共同で株式移転を行った場合の簡便的な取扱い（適用指針239項(1)①イ）（Q10-3 **1** ①イ参照）も容認されるものと考えます。

［増加資本に関する会社法の規定］

株式交換完全親会社と株式交換完全子会社が共通支配下関係にあり（ここでは結合当事企業が完全親子会社関係にあるものとする）、株式交換の対価の全部又は一部が株式交換完全親会社の株式である場合には、株式交換完全親会社において

変動する株主資本等の総額（以下「株主資本等変動額」という）は、株式交換完全子会社の財産の株式交換の直前の帳簿価額を基礎として算定する方法に従い定まる額とされています（会社計算規則39条1項2号）。「基礎として算定する方法」には、対価自己株式（株式交換の対価として処分される自己株式）の帳簿価額を株主資本等変動額から控除するという意味が含まれます。

株式交換完全親会社の資本金及び資本剰余金の増加額は、株主資本等変動額の範囲内で、株式交換完全親会社が株式交換契約の定めに従い定めた額とし、利益剰余金の額を変動させることはできません（会社計算規則39条2項）。したがって、会社法799条の規定による手続（債権者保護手続）をとっている場合には、資本金の額の減少及び準備金の額の減少の手続（会社法447条、448条）と同様の手続が株式交換完全親会社側でとられていることになるため、株式交換契約において株式交換完全親会社の増加する資本金及び準備金をゼロと定めれば、株主資本等変動額の全額をその他資本剰余金とすることができます。

他方、会社法799条の規定による債権者保護手続をとっていない場合には、対価として交付された新株に対応する金額を資本金又は資本準備金として増加させることが義務付けられています（会社計算規則39条2項ただし書き）。具体的には、株式交換完全親会社の資本金及び資本準備金の増加額は、株主資本等変動額に対価自己株式の帳簿価額を加えて得た額（上述のように株主資本等変動額は対価として交付した自己株式の帳簿価額が控除されているが、これを足し戻すことになる）に株式発行割合（株式交換に際して発行する株式の数と処分する自己株式の数の割合）を乗じて得た額から株主資本等変動額まで（※1）の範囲内で、株式交換完全親会社が株式交換契約の定めに従いそれぞれ定めた額とし、それ以外の金額をその他資本剰余金の変動額とするとされています（会社計算規則39条2項ただし書き）。なお、資本金及び資本準備金の増加額として義務付けられる額を超えて株主資本等変動額に至るまでの範囲内で資本金又は資本準備金を計上することは可能です。

※1：株主資本等変動額に対価自己株式の帳簿価額を加えて得た額に株式発行割合を乗じて得た額が株主資本等変動額を上回る場合にあっては、資本金及び資本準備金の増加額は、株主資本等変動額とする。

【計算例】
〈前提〉
・P社は孫会社S2社を株式交換により完全子会社とした（※2）。なお、債権

Q10-1　親会社が孫会社を完全子会社とする株式交換

者保護手続はとっていない。
- P社はS2株式の引き換えの対価として、S2社の株主であるS1社に対してP社株式を交付した。P社の増加する株主資本の額はS2社の簿価株主資本200である。
- 交付したP社株式の内訳は、新株5株、自己株式5株であり、自己株式の帳簿価額は50であった。

〈払込資本の内訳の算定〉
- 株主資本等変動額：150＝200（S2社簿価株主資本）－50（自己株式簿価）
- 資本金又は資本準備金とすべき額：①100～②150の間で株式交換契約において定める。
  ①　100＝（150（株主資本等変動額）＋50（自己株式簿価））×5株／10株（株式発行割合）
  ②　150（株主資本等変動額）

なお、計算例では自己株式を交付しているため、その他資本剰余金を増加させることもある。例えば、増加資本金0、資本準備金100とした場合には、その他資本剰余金は50（＝150（株主資本等変動額）－（0＋100））となる。

この場合のP社における仕訳イメージは、次のとおりである。

（借）Ｓ　２　株　式　200　（貸）資　本　準　備　金　100
　　　　　　　　　　　　　　　　その他資本剰余金　　50
　　　　　　　　　　　　　　　　自　　己　　株　　式　　50

※2：ここでは共通支配下の取引を前提としているが、株主資本の変動額の内訳項目に関する会社法の定めは、取得、共同支配企業の形成、逆取得ともに同様の計算となる。

≪債権者保護手続をとっている場合以外の場合の増加資本の取扱い≫

株式交換完全子会社簿価株主資本		株式発行割合を乗じた額	
		新株式対応（※3）	新株式対応
	株主資本等変動額	（※4）	（※5）
	処分した自己株式簿価	自己株式対応	（※6）
			自己株式対応

※3：資本金又は資本準備金を増加させる。
※4：資本金、資本準備金又はその他資本剰余金を増加させる。
※5：資本金又は資本準備金を増加させる。

※6：資本金、資本準備金及びその他資本剰余金を増加させることはできない。

なお、株主資本等変動額がゼロ未満という例外的な場合には、当該ゼロ未満の金額については、以下のように処理することとされ、資本金、資本準備金及び利益準備金の額は変動しないものとされています（会社計算規則39条3項）。
・株式交換完全子会社の簿価株主資本の額を処分した自己株式の帳簿価額が上回る場合…それに起因する額をその他資本剰余金の減少として処理

株式交換完全子会社 簿価株主資本	交付した 自己株式の帳簿価額	株主資本等変動額（△） （その他資本剰余金のマイナス処理）

・株式交換完全子会社の簿価株主資本の額がマイナスの場合（株式交換完全子会社が債務超過である場合）…それに起因する額をその他利益剰余金の減少として処理

株式交換完全子会社 簿価株主資本（△）		株主資本等変動額（△） （その他利益剰余金のマイナス処理）

なお、このような場合には、株式交換完全親会社は、受け取った株式に係る適正な額の特別勘定を負債として計上することになります（会社計算規則12条）。

2 S1社（中間子会社：保有株式を交換される会社）の会計処理

・中間子会社が孫会社株式（株式交換完全子会社株式）と引き換えに取得した親会社株式（株式交換完全親会社の株式：その他有価証券）の取得原価は、共通支配下の取引であることから、孫会社株式の帳簿価額を付す。

Q10-2 子会社と他の子会社との株式交換（兄弟会社同士の株式交換）

親会社P社は、完全子会社であるS1社とS2社を有しています（S1社とS2社は兄弟会社）。今般、S1社を完全親会社、S2社を完全子会社とする株式交換を行い、S1社はS2社の株主であるP社にS1社株式を交付しました。

この場合のP社及びS1社の個別財務諸表上の会計処理を教えてください。

 完全支配関係にある兄弟会社同士の株式交換の会計処理を要約すると、以下のようになります。

≪子会社と他の子会社との株式交換の会計処理≫

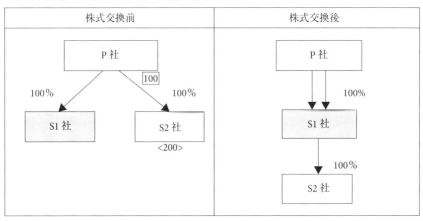

□内は株式の簿価、＜　＞内は純資産の簿価を示す。

第10章　完全親子会社関係にある会社間の株式移転・株式交換

S1社（株式交換完全親会社）の会計処理				
（借）S2社株式　簿価1（※1）	200	（貸）払込資本　簿価1（※2）	200

P社（株式交換完全子会社の株主）の会計処理				
（借）S1社株式　簿価2	100	（貸）S2社株式　簿価2（※3）	100

※1：S2社の適正な帳簿価額による株主資本の額を基礎として算定する。
※2：払込資本の内訳項目は会社法の規定に従う。
※3：株式交換直前にP社で付された適正な帳簿価額
　　：会計処理の基礎となる金額

なお、S2社については、株主がP社からS1社に入れ替わるのみで、通常、特段の会計処理は要しません。

解説

■1 S1社（株式交換完全親会社）の会計処理

① 子会社（株式交換完全親会社）が親会社から取得する他の子会社（株式交換完全子会社）株式の取得原価は、他の子会社（株式交換完全子会社）の適正な帳簿価額による株主資本の額（※）を基礎として算定する。

② 子会社（株式交換完全親会社）の増加する資本は、払込資本とする。増加すべき払込資本の内訳項目（資本金、資本準備金又はその他資本剰余金）は、会社法の規定に基づき決定する。

※：株式交換の効力発生日直前の子会社の適正な帳簿価額による株主資本の額の算定が困難な場合には、親会社と子会社が共同で株式移転を行った場合の簡便的な取扱い（適用指針239項(1)①イ、Q10-3 ■1 ①イ参照）も容認されるものと考えます。

適用指針では、兄弟会社同士の株式交換の会計処理を定めていません。しかし組織再編に関する会計基準は、体系化され、組織再編の形式が異なっても整合的な会計処理となるように定められていますので、Q10-1で記載した親会社と孫会社との株式交換の会計処理に準じることになります（※）。

Q10-2　子会社と他の子会社との株式交換（兄弟会社同士の株式交換）

　株式交換は株式交換完全親会社（S1社）と株式交換完全子会社（S2社）との間で締結される株式交換契約が基本となり、当該契約がそれぞれの株主総会で承認された場合には、組織再編行為として一括して処理されます（包括的に承継される組織法上の行為）。このため、株式交換完全親会社（S1社）は（S2社の株主P社が保有するS2社株式の帳簿価額（100）を基礎とするのではなく）株式交換完全子会社（S2社）の適正な帳簿価額による株主資本の額（200）を基礎として処理することになります。この点が、Q8-7で取り扱っている現物出資と株式交換との会計処理の差異となります。

　なお、以下のとおり会社計算規則の定め（39条1項2号）も適正な帳簿価額による株主資本の額を基礎として払込資本の増加額を算定するものとされています。

> ※：実務で行われる組織再編は様々なパターンがあり、特に共通支配下の取引においてはそれが顕著である。このため、適用指針の開発に当たっては、共通支配下の取引は、企業結合会計基準の定めに従い「適正な帳簿価額」を基礎として会計処理することを前提に「本適用指針では、組織再編の形式が異なっていても、組織再編後の経済的実態が同じであれば、連結財務諸表上（合併の場合には個別財務諸表上）も同じ結果が得られるように会計処理を検討」し、「本適用指針では、企業結合会計基準により会計処理が定められている株式交換等の会計処理を共通支配下の取引等の会計処理の基本とし、この他の代表的な組織再編と考えられる取引について、それと整合的な会計処理を検討」したとされている（適用指針437項）。

［増加資本に関する会社法の規定］

　株式交換完全親会社と株式交換完全子会社が共通支配下関係にあり（ここでは結合当事企業が同一の親会社の完全子会社であるものとします）、株式交換の対価の全部又は一部が株式交換完全親会社の株式である場合には、株式交換完全親会社において変動する株主資本等の総額（以下「株主資本等変動額」という）は、株式交換完全子会社の財産の株式交換の直前の帳簿価額を基礎として算定する方法に従い定まる額とされています（会社計算規則39条1項2号）。「基礎として算定する方法」には、対価自己株式（株式交換の対価として処分される自己株式）の帳簿価額を株主資本等変動額から控除するという意味が含まれます。

株式交換完全親会社の資本金及び資本剰余金の増加額は、株主資本等変動額の範囲内で、株式交換完全親会社が株式交換契約の定めに従い定めた額とし、利益剰余金の額を変動させることはできません（会社計算規則39条2項）。
　より詳細な内容は、Q10-1をご参照ください。

【参考1】株式交換後にS1社が連結財務諸表を作成する場合

　株式交換後にS1社が連結財務諸表を作成する場合の会計処理は明らかではありませんが、Q6-6のP社の完全子会社であるS1社とS2社との合併の場合と同様の結果が得られるように、S2社の資産及び負債の受入処理を行うことになると考えます。

2 P社（親会社：保有株式を交換される会社）の会計処理

・親会社が他の子会社株式（株式交換完全子会社株式）と引き換えに取得した子会社株式（株式交換完全親会社の株式）の取得原価は、共通支配下の取引であることから、他の子会社株式の帳簿価額を付す（子会社株式→子会社株式であり、投資の継続に該当する）。

【参考2】兄弟会社同士の株式交換が無対価で行われた場合の会計処理

　2015年（平成27年）7月に開催された財務会計基準機構・基準諮問会議において、以下のような完全支配関係にある会社間で行われる無対価株式交換の会計処理の明確化を求める提案がなされた。
〈設例〉
　・P社は100%子会社であるS1社とS2社を有している（S1社とS2社は兄弟会社）。
　・S1社（株式交換完全親会社）とS2社（株式交換完全子会社）は株式交換を行い、S1社はP社の100%子会社、S2社はP社の100%孫会社となる。
　・株式交換に当たり、S1社はS2社の株主であるP社に株式交換の対価を交

付しない（交付の有無は経済実態に影響を与えないため）。
・S2社の簿価株主資本の額は200である。
注：会社法では、株式交換完全子会社の株主に対価をまったく交付しない株式交換も許容されている（会社法768条1項2号、Q7-6 A 注参照）。

　本テーマについては、2017年（平成29年）7月開催の基準諮問会議において、無対価株式交換を行う事例は比較的多くはないと想定される中、仮にテーマアップされた場合には、会社計算規則との整理が必要となり（対価が交付されない株式交換に関し、増加資本を定めた規定はない）、結論を得ることは容易ではないとして、ASBJの新規テーマとして採り上げるには至らないとされた。
　私見では、Q8-7に記載のとおり、共通支配下の取引における株式交換の会計処理は、株式交換完全子会社の簿価株主資本の額を基礎として会計処理することとされており、対価を交付する株式交換との整合性も踏まえると、株式交換完全親会社S1社は株式交換完全子会社S2社の簿価株主資本の額（200）に基づき、受け取った子会社株式の帳簿価額を算定することになると考える。
　論点は貸方側の会計処理になる。完全親子会社関係にある会社間で無対価の株式交換が行われるのは、株式の交付の有無にかかわらず経済実態は同じであるためと考えられるので（Q7-6参照）、会計上は、原則的な方法である株式の交付をした場合と同様の結果が得られるように払込資本を増加すべきである。ただし、会社法上、無対価の株式交換が行われた場合の増加資本の内訳項目の取扱いが明らかではないので、法的な検討は別途必要になる。

＜S1社（株式交換完全親会社）の会計処理＞

| （借）S2社株式（※1） | 簿価 | 200 | （貸）払込資本（※2） | 簿価 | 200 |

※1：S2社（株式交換完全子会社）の簿価株主資本の額
※2：S1社の増加資本は払込資本とし、その内訳項目は会社法の規定に従うことになる。ただし、会社計算規則では、無対価株式交換が行われた場合の増加資本の内訳項目に関する規定は存在しない。
　　仮に、合併（Q7-5）や会社分割（Q8-4の親会社から子会社への事業の移転の場合を除く）の場合と同様の取扱いが認められるとすれば、株式を交付しないときは資本金・準備金を増加させることはできないため、増加資本の内訳項目はすべてその他資本剰余金とすることになると考えられる。他方で、株式交換では、合併や会社分割と異なり、債権者保護手続が必要とされておらず、原則として資本金又は資本準備金を増加させることになる。これらを

踏まえると、無対価株式交換が行われた場合の増加資本の内訳項目については、法律上の取扱いを踏まえて慎重に検討する必要がある。

☐：会計処理の基礎となる金額

Q10-3 単独株式移転

親会社P社は単独で株式移転を行い、持株会社HD社を設立しました。この場合のHD社の個別財務諸表上及び連結財務諸表上の会計処理を教えてください。

A 単独株式移転により株式移転設立完全親会社を設立した場合の株式移転設立完全親会社の会計処理は、次のようになります（適用指針258項、239項(1)①、259項、240項）。

≪単独株式移転の会計処理≫

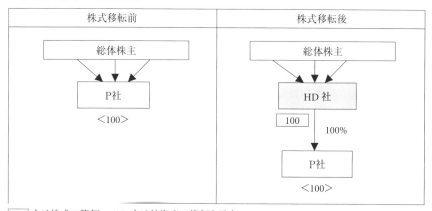

□内は株式の簿価、＜＞内は純資産の簿価を示す。

HD社（持株会社）の個別財務諸表上の会計処理				
(借) P 社 株 式 （※1）	簿価 100	(貸) 払 込 資 金 （※2）	簿価 100
HD社（持株会社）の連結財務諸表上の会計処理　（※4）			
(借) P 社 諸 資 産	簿価 100	(貸) P 社 株 式 （※1）	簿価 100
払 込 資 本	簿価 100	P 社 株 主 資 本 （※3）	簿価 100

※1：P社の適正な帳簿価額による株主資本の額
※2：払込資本の内訳項目は会社法の規定に従う。
※3：株式移転直前のP社の連結財務諸表上の株主資本の構成を引き継ぐ。
※4：ここではP社の財務諸表の合算手続を省略して説明しているため、P社株式を直接、P社の諸資産に展開している。

□：会計処理の基礎となる金額

第10章　完全親子会社関係にある会社間の株式移転・株式交換

　なお、P社は、株主が入れ替わるのみで、通常、特段の会計処理は要しません。

解説

１ HD社（株式移転設立完全親会社）の個別財務諸表上の会計処理

① 株式移転完全子会社株式（旧親会社の株式）の取得原価の算定
　ア　原則的な取扱い
　　　株式移転設立完全親会社が取得する子会社株式（旧親会社の株式）の取得原価は、株式移転の効力発生日直前における当該子会社（旧親会社）の適正な帳簿価額による株主資本の額により算定する。
　イ　簡便的な取扱い
　　　株式移転完全子会社（旧親会社）の株式移転の効力発生日直前における適正な帳簿価額による株主資本の額と、直前の決算日において算定された当該金額との間に重要な差異がないと認められる場合（※）には、株式移転設立完全親会社が取得する子会社株式（旧親会社の株式）の取得原価は、当該子会社（旧親会社）の直前の決算日に算定された適正な帳簿価額による株主資本の額により算定することができる。
② 持株会社の増加資本の会計処理
　　株式移転設立完全親会社の資本の額は、払込資本とする。増加すべき払込資本の内訳項目（資本金、資本準備金又はその他資本剰余金）は、会社法の規定に基づき決定する。
　※：株式移転完全子会社（旧親会社）の直前の決算日後に、多額の増資、自己株式の取得等の資本取引や、重要な減損損失の認識がないなど、株式移転日の前日までの間に適正な帳簿価額による株主資本の額に重要な変動が生じていないと認められる場合をいう（適用指針404-3項）。

［増加資本に関する会社法の規定］

　株式移転完全子会社の全部が共通支配下関係にある場合には（ここでは結合当事企業が完全親子会社関係にあるものとする）、株式移転設立完全親会社の設立時における株主資本の総額（以下「株主資本変動額」という）は、株式移転完全子会社における財産の帳簿価額を基礎として算定する方法に従い定まる額の合計額となります（会社計算規則52条1項2号）。

　また、株式移転設立完全親会社の設立時の資本金及び資本剰余金の額は、株主資本変動額の範囲内で、株式移転完全子会社が株式移転計画の定めに従い定めた額とし、利益剰余金の額はゼロとなります（会社計算規則52条2項）。したがって、株式移転計画において株式移転設立完全親会社の増加する資本金及び準備金をゼロと定めれば、株主資本等変動額の全額をその他資本剰余金とすることができます。

　ただし、株主資本変動額がゼロ未満という例外的な場合（株式移転完全子会社における財産の帳簿価額がマイナスの場合）には、そのマイナス額を設立時のその他利益剰余金の額とし、資本金、資本剰余金及び利益準備金の額はゼロとなります（会社計算規則52条2項ただし書き）。

　なお、このような場合には、株式移転設立完全親会社は、受け取った株式に係る適正な額の特別勘定を負債として計上することになります（会社計算規則12条）。

2 HD社（株式移転設立完全親会社）の連結財務諸表上の会計処理

① 投資と資本の消去
　株式移転完全子会社（旧親会社）の株式の取得原価と株式移転完全子会社（旧親会社）の株主資本を相殺する。
② 株主資本項目の調整
　株式移転設立完全親会社の株主資本の額は、株式移転直前の連結財務諸表上の株主資本項目とする。

第11章

完全親子会社関係にある会社間の株式の売買

●本章の内容
- Q11-1 親会社が100%子会社に他の子会社株式を売却する取引 …… 502
- Q11-2 親会社が100%子会社から孫会社株式を取得する取引 …… 508

第11章 完全親子会社関係にある会社間の株式の売買

Q11-1　親会社が100%子会社に他の子会社株式を売却する取引

　親会社P社は100%子会社S2社の株式を他の100%子会社S1社に売却し、現金を受領しました。この場合のP社の個別財務諸表上及び連結財務諸表上の会計処理を教えてください。

　具体的な前提条件は以下のとおりです。

- P社はS2社株式を200でS1社に売却した（P社のS2社株式の簿価100）。なお、グループ内でのS2社株式の移転は当期中に意思決定されたもので、それ以前は売却の意思はなかった。
- P社で計上された売却益100に対する税率は30%であるが、法人税法61条の11に従い課税は繰り延べられる。
- S1社及びP社では、S2社株式を第三者に売却する意思はない。
- 各社において繰延税金資産の回収可能性に問題はないものとする。
- 売却前後の各社の資本関係等は以下のとおりである。

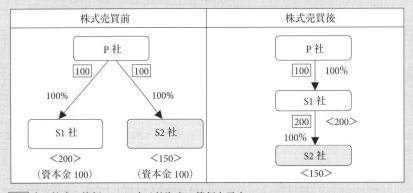

□内は株式の簿価、＜＞内は純資産の簿価を示す。

Q11-1　親会社が100％子会社に他の子会社株式を売却する取引

　各社の個別財務諸表上及び連結財務諸表上の会計処理は、次のようになります。

【個別処理】				
S1社の処理				
株式の取得	S2 社 株 式	200	現　　　　　金	200
P社の処理				
株式の売却	現　　　　　金	200	S2 社 株 式	100
			売　却　益	100
課税繰延に係る税効果の処理	法人税等調整額	30	繰延税金負債	30
【連結修正】				
投資と資本の消去（S1社）	資　本　金	100	S1 社 株 式	100
投資と資本の消去（S2社）	資　本　金	100	S2 社 株 式	100
未実現利益消去	売　却　益	100	S2 社 株 式	100
（全額消去親会社負担方式）				
繰延税金資産・負債の取崩し（※）	繰延税金負債	30	法人税等調整額	30

※：連結財務諸表における税効果の取扱いについて
(1) 個別財務諸表において計上された繰延税金資産・負債の連結上の取扱い
　子会社株式等を売却した企業（P社）の個別財務諸表において、売却損益の繰延べに係る一時差異に対して繰延税金資産又は繰延税金負債（30）が計上されているときは、P社の連結決算手続上、当該一時差異に係る繰延税金資産又は繰延税金負債（30）を取り崩す（税効果適用指針39項）。この結果、P社の連結上、税引前利益及び税金費用はゼロとなる。

(2) S2社への投資に係る税効果の取扱い
　期末において、S2社への投資に対して将来減算一時差異50（＝S2社の連結上の価額150－S1社におけるS2社株式の個別上の簿価200）が生じているが、当該一時差異に対する税効果15（＝50×30％）は、S2社株式の売却の意思がないため、税効果適用指針22項に従い、繰延税金資産は計上しない。
　なお、前年度にP社において子会社株式（S2社株式）を売却する意思決定が行われるなど一定の場合には、原則として、前年度末に投資に係る税効果の会計処理（繰延税金資産（回収可能性がある場合）又は繰延税金負債の計上）が求められるが、本件のようにグループ法人税制（法人税法61条の11）が適用され、子会社株式の売却による損益が繰り延べられる場合には、そのような意思決定又は実施計画が存在しても、当該投資に係る一時差異（将来加算一時差異50＝S2社の連結上の価額150－P社における個別上の簿価100）に対して繰延税金資産又は繰延税金負債を計上しないことになる（税効果適用指針22項(1)①、23項(2)②）。

株式売買前のB/S				株式売買後のB/S			
P社個別B/S				P社個別B/S			
S1 社 株 式	100	資 本 金	200	現 金	200	繰延税金負債	30
S2 社 株 式	100			S1 社 株 式	100	資 本 金	200
						利 益 剰 余 金	70
	200		200		300		300
S1社個別B/S				S1社個別B/S			
現 金	200	資 本 金	100	S2 社 株 式	200	資 本 金	100
		利 益 剰 余 金	100			利 益 剰 余 金	100
	200		200		200		200
S2社個別B/S				S2社個別B/S			
現 金	150	資 本 金	100	現 金	150	資 本 金	100
		利 益 剰 余 金	50			利 益 剰 余 金	50
	150		150		150		150
連結B/S				連結B/S			
現 金	350	資 本 金	200	現 金	350	資 本 金	200
		利 益 剰 余 金	150			利 益 剰 余 金	150
	350		350		350		350

注:S2社株式の売却前後で、連結B/Sに変動はない。

解説

1 個別財務諸表上の会計処理

共通支配下において、現金のみを対価として子会社株式だけを受け取る場合には、第三者から子会社株式を取得する場合と同様、金融商品会計基準の定めが優先して適用されます(適用指針448項)。このため、子会社株式を受け取る会社において、のれん(又は負ののれん)は生じないことになります。

また、個別財務諸表上の税効果については、平成22年度(2010年度)税制改正により、完全支配関係にある国内会社間の資産の移転に係る損益のうち一定の要件を満たすものは課税の繰延べが行われることになりました(グループ法人税制)。この場合、譲渡した事業年度のP社の課税所得を構成せずに課税が繰り延べられることとなる損益(本設例の場合には株式売却益100)は、売手側(P社)の個別財務諸表における将来加算一時差異に該当し、繰延税金負債

30が計上されます。

なお、当該一時差異に係る繰延税金資産又は繰延税金負債の計算に用いる税率は、売手側に適用される税率であり、当該一時差異の解消が見込まれる期における法定実効税率に基づき算定することになります（税効果適用指針16項、100項）。

2 連結財務諸表上の会計処理

親会社の個別財務諸表上認識された売却損益は、親会社の連結財務諸表上、連結会計基準における未実現損益の消去に準じて処理することとなります。

そして、連結会社間における子会社株式等の売却に伴い生じた売却損益について、グループ法人税制の適用により、課税所得計算において当該売却損益を繰り延べる場合（法人税法61条の11）であって、当該子会社株式等（S2社株式）を売却した企業（P社）の個別財務諸表において、上記 1 のように当該売却損益に係る一時差異に対して繰延税金資産又は繰延税金負債（30）が計上されているときは、連結決算手続上、当該一時差異に係る繰延税金資産又は繰延税金負債を取り崩すことになります（税効果適用指針39項）。

また、当該子会社株式等の売却に伴い、追加的に又は新たに生じる一時差異については、税効果適用指針22項（将来減算一時差異）又は23項（将来加算一時差異）に従って処理します（Q13-1【参考3】4. [3]参照）。したがって、期末において、当該子会社株式（S2社株式）の再売却の意思がなく、配当も行わない方針であるなど一定の場合には、子会社に対する投資に係る連結財務諸表固有の一時差異について、繰延税金資産又は繰延税金負債を計上しないことになります。

第11章　完全親子会社関係にある会社間の株式の売買

＜個別財務諸表上の一時差異と連結財務諸表固有の一時差異の変動＞

	S2社株式（資産）					繰延収益（調整負債）	
	税務簿価		個別会計簿価		連結会計簿価	税務簿価	個別会計簿価
	P社	S1社	P社	S1社	S2社	P社	P社
売却前	（※2）100	－	100	－	（※2）150	－	－
売却後	－	200	－	（※3）200	（※3）150	（※1）100	（※1）0

※1：売却後の個別財務諸表上の一時差異
　　　将来加算一時差異100＝負債税務簿価100－負債個別簿価0
※2：売却前の連結財務諸表上の一時差異
　　　将来加算一時差異50＝資産連結簿価150－資産個別簿価100
※3：売却後の連結財務諸表上の一時差異
　　　将来減算一時差異50＝資産連結簿価150－資産個別簿価200

　上記のグループ法人税制の適用により課税所得計算において当該売却損益を繰り延べる場合の税効果の取扱いは、子会社株式等の売却に係る連結財務諸表上の税引前当期純利益と税金費用との対応関係の改善を図る観点から2022年改正の税効果会計適用指針で定められたものです（それ以前は、連結財務諸表上、P社の個別財務諸表において計上された繰延税金負債（30）を取り崩す旨の定めがなかったため、未実現損益消去により税引前当期純利益がゼロ、法人税等の課税繰延により当期税金もゼロであっても、繰延収益に関する法人税等調整額（30）を計上する必要があり、税引前当期純利益と税金費用との対応関係が図られていなかった）。

> **【参考】S1社におけるS2社株式の再売却年度の税効果の処理（連結決算手続上、取り崩された繰延税金資産・負債の戻入れ）**
>
> 　購入側の企業（S1社）による当該子会社株式等（S2社株式）の再売却等、法人税法61条の11の規定に基づき、繰り延べられた損益（100）を課税所得に反映することとなる場合には、その事由についての意思決定がなされた時点において、当該繰延税金負債の取崩額（30）を戻し入れる（税効果適用指針39項）。
> 　例えば、前設例のS1社において、S2社株式（簿価200）を300で他社に売却した場合（グループ内売却を含む）、売却年度において、次の会計処理を行う。
> 　なお、ここでは再売却の意思決定と再売却が同一年度である場合の会計処理を

記載しているが、再売却の意思決定と再売却年度が異なる場合には、連結上、再売却年度に先行して再売却の意思決定年度において投資に係る税効果と繰延税金資産・負債の取崩額の戻入れの会計処理を行うことになる。

【個別処理】				
S1社の処理 　株式の売却	現　　　　金	300	S2社株式 売　却　益	200 100
法人税等の発生	法 人 税 等	30	未払法人税等	30
P社の処理 　繰延勘定の戻入による 　法人税等の発生	法 人 税 等	30	未払法人税等	30
一時差異の解消に伴う 　税効果の戻入	繰延税金負債	30	法人税等調整額	30
【連結修正】				
P社個別の繰延税金資産・ 負債の取崩の戻入	法人税等調整額	30	繰延税金負債	30

第11章 完全親子会社関係にある会社間の株式の売買

Q11-2 親会社が100%子会社から孫会社株式を取得する取引

P社は100%子会社（S1社）から同社が100%保有する孫会社株式（S2社株式）を取得しました（対価：現金）。この場合のP社の個別財務諸表上及び連結財務諸表上の会計処理を教えてください。

具体的な前提条件は以下のとおりです。

- P社はS2社株式を400でS1社から取得した（S1社のS2社株式の簿価200）。なお、グループ内でのS2社株式の移転は当期中に意思決定されたものであり、それ以前は売却の意思はなかった。
- S2社はS1社が買収した会社である（投資額200、投資時のS2社の時価純資産100）。したがって、のれんが100発生している。なお、のれんは償却しないものとする。また、S1社による買収後、S2社は利益を100計上している。
- S1社で計上された売却益200に対する税率は30%であるが、法人税法61条の11に従い課税は繰り延べられる。
- P社では第三者にS2社株式を売却する意思はない。
- 各社において繰延税金資産の回収可能性に問題はないものとする。
- 売却前後の各社の資本関係等は以下のとおりである。

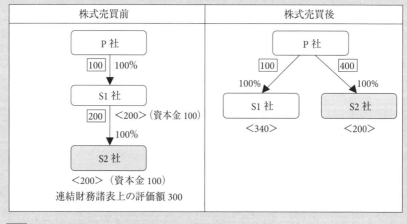

□内は株式の簿価、＜ ＞内は純資産の簿価を示す。

Q11-2 親会社が100%子会社から孫会社株式を取得する取引

 各社の個別財務諸表上及び連結財務諸表上の会計処理は、次のようになります。

【個別処理】		
P社の処理		
株式の取得	S2 社 株 式　　400	現　　　　金　　400
S1社の処理		
株式の売却	現　　　　金　　400	S2 社 株 式　　200
		売　却　益　　200
課税繰延に係る税効果の処理	法人税等調整額　　60	繰延税金負債　　60
【連結修正】		
投資と資本の消去（S1社）	資　本　金　　100	S1 社 株 式　　100
投資と資本の消去（S2社）	資　本　金　　100	S2 社 株 式　　200
	の れ ん　　100	
未実現利益消去	売　却　益　　200	S2 社 株 式　　200
（全額消去持分按分負担方式）		
繰延税金資産・負債の取崩し（※）	繰 延 税 金 負 債　　60	法人税等調整額　　60

※：連結財務諸表における税効果の取扱いについて
(1) 個別財務諸表において計上された繰延税金資産・負債の連結上の取扱い

　　子会社株式等を売却した企業（S1社）の個別財務諸表において、売却損益の繰延べに係る一時差異に対して繰延税金資産又は繰延税金負債（60）が計上されているときは、P社の連結決算手続上、当該一時差異に係る繰延税金資産又は繰延税金負債（60）を取り崩す（税効果適用指針39項）。この結果、P社の連結上、税引前利益及び税金費用はゼロとなる。

(2) S2社への投資に係る税効果の取扱い

　　期末において、S2社への投資に対して将来減算一時差異100（＝S2社の連結上の価額300－P社における S2社株式の個別上の簿価400）が生じているが、当該一時差異に対する税効果30（＝100×30％）は、S2株式の売却の意思がないため、税効果適用指針22項に従い、繰延税金資産は計上しない。

　　なお、前年度にP社及びS1社において子会社株式（S社株式）を売却する意思決定が行われるなど一定の場合には、原則として、前年度末に投資に係る税効果の会計処理（繰延税金資産（回収可能性がある場合）又は繰延税金負債の計上）が求められるが、本件のようにグループ法人税制（法人税法61条の11）が適用され、子会社株式の売却による損益が繰り延べられる場合には、そのような意思決定又は実施計画が存在しても、当該投資に係る一時差異（将来加算一時差異100＝S2社の連結上の価額300－S1社における個別上の簿価200）に対して繰延税金資産又は繰延税金負債を計上しないことになる（税効果適用指針22項(1)①、23項(2)②）。

第11章 完全親子会社関係にある会社間の株式の売買

株式売買前のB/S				株式売買後のB/S			
P社個別B/S				P社個別B/S			
現　　　　金	400	資　本　金	200	S1 社 株 式	100	資　本　金	200
S1 社 株 式	100	利 益 剰 余 金	300	S2 社 株 式	400	利 益 剰 余 金	300
	500		500		500		500
S1社個別B/S				S1社個別B/S			
S2 社 株 式	200	資　本　金	100	現　　　　金	400	繰延税金負債	60
		利 益 剰 余 金	100			資　本　金	100
						利 益 剰 余 金	240
	200		200		400		400
S2社個別B/S				S2社個別B/S			
現　　　　金	200	資　本　金	100	現　　　　金	200	資　本　金	100
		利 益 剰 余 金	100			利 益 剰 余 金	100
	200		200		200		200
連結B/S				連結B/S			
現　　　　金	600	資　本　金	200	現　　　　金	600	資　本　金	200
の　れ　ん	100	利 益 剰 余 金	500	の　れ　ん	100	利 益 剰 余 金	500
	700		700		700		700

注：S2社株式の売却の前後で、連結B/Sに変動はない。

解説

1 個別財務諸表上の会計処理

　共通支配下において、現金のみを対価として子会社株式だけを受け取る場合には、第三者から子会社株式を取得する場合と同様、金融商品会計基準の定めが優先して適用されます（適用指針448項）。このため、子会社株式を受け取る会社において、のれん（又は負ののれん）は生じないことになります。

　また、個別財務諸表上の税効果については、平成22年度税制改正により、完全支配関係にある国内会社間の資産の移転に係る損益のうち一定の要件を満たすものは課税の繰延べが行われることになりました（グループ法人税制）。この場合、譲渡した事業年度のS1社の課税所得を構成せずに課税が繰り延べられることとなる損益（本設例の場合には株式売却益200）は、売手側（S1社）の個別財務諸表における将来加算一時差異に該当し、繰延税金負債60が計上さ

れます。なお、当該一時差異に係る繰延税金資産又は繰延税金負債の計算に用いる税率は、売手側に適用される税率であり、当該一時差異の解消が見込まれる期における法定実効税率に基づき算定することになります（税効果適用指針16項、100項）。

2 連結財務諸表上の会計処理

　子会社の個別財務諸表上認識された売却損益は、親会社の連結財務諸表上、連結会計基準における未実現損益の消去に準じて処理することとなります。

　そして、連結会社間における子会社株式等の売却に伴い生じた売却損益について、グループ法人税制の適用により、課税所得計算において当該売却損益を繰り延べる場合（法人税法61条の11）であって、当該子会社株式等（S2社株式）を売却した企業（S1社）の個別財務諸表において、上記 **1** のように当該売却損益に係る一時差異に対して繰延税金資産又は繰延税金負債（60）が計上されているときは、連結決算手続上、当該一時差異に係る繰延税金資産又は繰延税金負債を取り崩すことになります（税効果適用指針39項）。

　また、当該子会社株式等の売却に伴い、追加的に又は新たに生じる一時差異については、税効果適用指針22項（将来減算一時差異）又は23項（将来加算一時差異）に従って処理します（Q13-1【参考3】4.[3]参照）。したがって、期末において、当該子会社株式（S2社株式）の再売却の意思がなく、配当も行わない方針であるなど一定の場合には、子会社に対する投資に係る連結財務諸表固有の一時差異について、繰延税金資産又は繰延税金負債を計上しないことになります。

第11章 完全親子会社関係にある会社間の株式の売買

<個別財務諸表上の一時差異と連結財務諸表固有の一時差異の変動>

	S2社株式（資産）						繰延収益（負債）	
	税務簿価		個別会計簿価		連結会計簿価		税務簿価	個別会計簿価
	S1社	P社	S1社	P社	S1社	P社	S1社	S1社
売却前	(※2) 200	−	200	−	(※2) 300	−	−	−
売却後	−	(※3) 400	−	400	−	(※3) 300	(※1) 200	(※1) 0

　※1：売却後の個別財務諸表上の一時差異
　　　　将来加算一時差異 200 ＝ 負債税務簿価 200 − 負債個別簿価 0
　※2：売却前の連結財務諸表上の一時差異
　　　　将来加算一時差異 100 ＝ 資産連結簿価 300 − 資産個別簿価 200
　※3：売却後の連結財務諸表上の一時差異
　　　　将来減算一時差異 100 ＝ 資産連結簿価 300 − 資産個別簿価 400

第 12 章

完全親子会社関係以外の企業集団内で行われた組織再編

● 本章の内容

- Q12-1 最上位の親会社と非支配株主が存在する子会社との合併 ……………… 514
- Q12-2 最上位の親会社と非支配株主が存在する子会社との株式交換 …………… 523
- Q12-3 最上位の親会社と非支配株主が存在する子会社との株式移転 …………… 531
- Q12-4 非支配株主が存在する子会社同士の合併 ………………………………… 541
- Q12-5 親会社の事業を非支配株主が存在する子会社に移転する会社分割 ……… 548
- Q12-6 親会社と非支配株主が存在する子会社との株式交換（対価：現金）…… 555
- Q12-7 株式交換又は株式移転直前に子会社が自己株式を保有している場合の取扱い … 558
- Q12-8 株式交付の会計処理 ………………………………………………………… 563

第12章 完全親子会社関係以外の企業集団内で行われた組織再編

Q12-1 最上位の親会社と非支配株主が存在する子会社との合併

親会社は70％子会社（株主構成：親会社60％、中間子会社（※）10％、第三者30％）を吸収合併しました。この場合の親会社及び中間子会社の個別財務諸表上の会計処理を教えてください。

※：子会社（消滅会社）の株式を保有する親会社の他の子会社をいう。

A 親会社が非支配株主等が存在する子会社を吸収合併する場合の会計処理を要約すると、以下のようになります（適用指針206項、207項）。

≪親会社と子会社との合併(非支配株主及び中間子会社が存在する場合)の会計処理≫

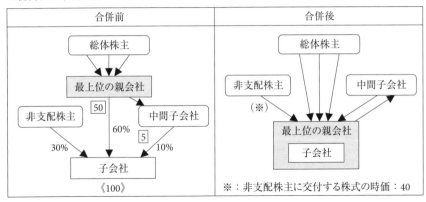

□内は株式の簿価、《 》内は純資産の連結簿価を示す。

Q12-1 最上位の親会社と非支配株主が存在する子会社との合併

親会社の会計処理
親会社持分相当額（60%）
（借）諸　資　産（※1）　連結簿価 60　　（貸）子 会 社 株 式（※2）　簿価 50 　　　　　　　　　　　　　　　　　　　　　　抱合せ株式消滅差損益　　　　差額 10
中間子会社持分相当額（10%）
（借）諸　資　産（※1）　連結簿価 10　　（貸）払　込　資　本（※3）　連結簿価 10
非支配株主持分相当額（30%）
（借）諸　資　産（※1）　連結簿価 30　　（貸）払　込　資　本（※3、4）　時価 40 　　　その他資本剰余金　　差額 10 　　　費　　用　　　　××　　　　　現　　金（※5）　××
中間子会社の会計処理
（借）親 会 社 株 式　　　簿価 5　　（貸）子 会 社 株 式（※6）　簿価 5 　　　（その他有価証券）　　　　　　　　　（関連会社株式／その他有価証券）

※1：親会社にとっての連結財務諸表上の帳簿価額
※2：合併直前に親会社で付された適正な帳簿価額
※3：払込資本の内訳項目は会社法の規定に従う。
※4：「非支配株主との取引」に該当するため、交付する親会社株式の合併効力発生日の時価を基礎として算定する。
※5：合併に要した支出額
※6：合併直前に中間子会社で付された適正な帳簿価額
　□：会計処理の基礎となる金額

なお、合併後においても親会社が連結財務諸表を作成する場合には、抱合せ株式消滅差損益は連結財務諸表上、過年度に認識済みの損益となるため、利益剰余金と相殺消去することになります（適用指針208項）。

解説

1 親会社（存続会社）の会計処理

[1] 会計処理の概要

最上位の親会社（存続会社）と子会社との合併の会計処理を要約すると、以下のようになります（適用指針206項、207項）。

① 最上位の親会社が子会社から受け入れる資産及び負債には、合併の効力発生日直前の連結財務諸表上の帳簿価額を付す。移転する諸資産に付随する評価・換算差額等や新株予約権があるときは、存続会社は、合併の効力発生日直前の子会社の評価・換算差額等（親会社が作成する連結財務諸表において投資と資本の消去対象とされたものを除く）及び新株予約権の適正な帳簿価額を引き継ぐ。
② 子会社株式の帳簿価額（子会社に対する投資）と子会社純資産に占める親会社持分相当額との差額は、損益（抱合せ株式消滅差損益）として処理する。
③ 最上位の親会社が中間子会社に合併の対価として親会社の株式を交付した場合には、連結財務諸表上の帳簿価額を基礎に中間子会社持分相当額を算定し、その額を払込資本の増加として処理する。増加すべき払込資本の内訳項目（資本金、資本準備金又はその他資本剰余金）は、会社法の規定に基づき決定する。
④ 最上位の親会社が合併の対価として非支配株主に親会社の株式を交付した場合には、（時価で処理する）「非支配株主との取引」として処理する。具体的には、非支配株主に交付した親会社株式の合併効力発生日の時価を基礎として払込資本を増加させる。増加すべき払込資本の内訳項目（資本金、資本準備金又はその他資本剰余金）は会社法の規定に基づき決定する。
⑤ 非支配株主に交付した財の合併効力発生日の時価と子会社純資産に占める非支配株主持分相当額との差額は、その他資本剰余金として処理する。
⑥ 合併に要した支出額については、発生した年度の費用として処理する。

[2] 「連結財務諸表上の帳簿価額」

企業結合会計基準（注9）では、「親会社と子会社が企業結合する場合において、子会社の資産及び負債の帳簿価額を連結上修正しているときは、親会社が作成する個別財務諸表においては、連結財務諸表上の金額である修正後の帳簿価額（のれんを含む。）により計上する。」とされています。

連結財務諸表上の帳簿価額については、Q7-1 **2**、Q7-2 をご参照ください。

[3] 抱合せ株式消滅差損益

企業結合会計基準（注10）では、「共通支配下の取引により子会社が法律上消滅する場合には、当該子会社に係る子会社株式（抱合せ株式）の適正な帳簿価額とこれに対応する増加資本との差額は、親会社の損益とする。」とされています。この「親会社の損益」が抱合せ株式消滅差損益となります。

抱合せ株式消滅差損益については、Q7-1 **3** をご参照ください。

[4] 中間子会社に対価を交付する場合の取扱い

中間子会社に親会社の株式を交付する取引は、企業集団内の取引ですので、交付する株式の時価にかかわらず、簿価（連結財務諸表上の帳簿価額）を基礎に払込資本を増加させることになります。なお、自己株式を交付した場合には、自己株式の帳簿価額を控除した額を払込資本の増加額として処理することになります（適用指針203項(1)）。

また、中間子会社持分相当額がマイナスとなる場合には、払込資本をゼロとし、その他利益剰余金から控除することになります。

[5] 非支配株主との取引（非支配株主に対価を交付する場合の取扱い）

最上位の親会社が子会社の非支配株主に自社の株式を交付した場合には、（時価で処理する）「非支配株主との取引」の考え方に従い、合併効力発生日の時価を基礎として払込資本を増加させることになります。なお、自己株式を交付した場合には、増加すべき株主資本の額から処分した自己株式の帳簿価額を控除した額を払込資本の増加（当該差額がマイナスとなる場合にはその他資本剰余金の減少）として会計処理することになります（適用指針203項(1)）。

[6] 持分変動による差額としての資本剰余金

簿価（連結財務諸表上の帳簿価額）で評価された非支配株主持分相当額の減少額（親会社持分相当額の増加額）と対価として支払った合併効力発生日の財の時価との差額を、その他資本剰余金として処理します。

［増加資本に関する会社法の規定］

① 株式の交付に伴い増加する払込資本（非支配株主との取引）

　最上位の親会社（存続会社）が子会社（消滅会社）を吸収合併する場合で、子会社に非支配株主及び中間子会社が存在する場合の存続会社において変動する株主資本等の総額（以下「株主資本等変動額」という）は、以下の合計額となります。なお、以下の「帳簿価額」は会計慣行に照らして解釈することになるため（会社計算規則3条）、連結財務諸表上の帳簿価額を指すことになります。また、「基礎として算定する方法」には、対価自己株式（合併の対価として処分される自己株式）の帳簿価額を株主資本等変動額から控除するという意味が含まれます。

- 存続会社と消滅会社が共通支配下関係にある場合（中間子会社に対価を交付する部分）…吸収合併により存続会社が承継する財産の吸収合併の直前の帳簿価額を基礎として算定する方法に従い定まる額（会社計算規則35条1項2号）。
- 合併対価の時価又は存続会社が承継する財産の時価を基礎として算定する方法によるべき部分（最上位の親会社が非支配株主に対価を交付する部分）…時価を基礎として算定する方法により定まる額（会社計算規則35条1項2号かっこ書き、同項1号）。

　また、存続会社の資本金及び資本剰余金の増加額は、株主資本等変動額の範囲内で、存続会社が吸収合併契約の定めに従いそれぞれ定めた額とし、利益剰余金の額を変動させることはできません（会社計算規則35条2項）。

　なお、親会社（存続会社）の持分に対応する部分については、存続会社の利益剰余金は抱合せ株式消滅差損益の計上の結果として変動しますが、株主資本が直接変動するわけではありませんので、会社計算規則は特段の定めを設けていません。

② 持分変動による差額としてのその他資本剰余金

　持分変動による差額としてのその他資本剰余金は、会社計算規則27条1項3号（前二号のほか、その他資本剰余金の額を増加すべき場合）又は27条2項3号（前二号に掲げるもののほか、その他資本剰余金の額を減少すべき場合）が該当し、それぞれ適切な額を増加又は減少させることになります。「増加（又は減少）すべき場合」や「適切な額」については、会計慣行（すなわち適用指針）に照らして解釈することになります（会社計算規則3条）。

[7] 子会社の株主資本相当額を持分按分して会計処理する理由

合併の会計処理において、子会社の株主資本相当額を親会社持分、中間子会社持分及び非支配株主持分に按分して会計処理するのは、株式交換により親会社が子会社を完全子会社とする場合の会計処理との整合性を図ったものです（適用指針438項）。

この点については、Q12-1の合併の設例（親会社が子会社を吸収合併する場合の会計処理）とQ12-2の株式交換の設例（親会社と子会社との株式交換の会計処理）において、合併後の個別財務諸表と株式交換後の連結財務諸表とが一致している点をご確認ください。

[8] 子会社と孫会社との合併の会計処理

子会社と孫会社との合併の会計処理は、親会社と子会社との合併の会計処理と基本的に同様です。ただし、子会社が孫会社株式を非支配株主から追加取得する取引は、最上位の親会社と子会社の非支配株主との取引ではないため、（時価で処理する）「非支配株主との取引」の会計処理は適用せず、簿価で処理する非支配株主との取引として上記[4]の中間子会社持分相当額の会計処理に準じることになります（適用指針［設例29-5］参照）。

2 中間子会社の会計処理

中間子会社が、子会社（消滅会社）の株式と引き換えに受け入れた親会社株式の取得原価は、当該子会社株式の適正な帳簿価額により算定することになります（適用指針206項(3)）。

第12章 完全親子会社関係以外の企業集団内で行われた組織再編

【設例】 親会社が設立時取得の子会社を吸収合併する場合の会計処理

〈前提〉
- P社は×1年3月31日に800を出資し、子会社S社（持分比率80％）を設立した。
- ×2年3月期のS社の当期純利益は1,000であった。
- P社はS社を×2年4月1日に吸収合併した。
- P社は新株を20株発行し、S社の非支配株主に割り当てた（合併効力発生日のP社の株価@25、交付株式の時価総額は500）。
- P社の増加資本は全額資本準備金（資本剰余金）とした。
- P社及びS社の合併直前の発行済株式数及び貸借対照表は以下のとおりである。

≪合併前≫

（×2年3月31日）

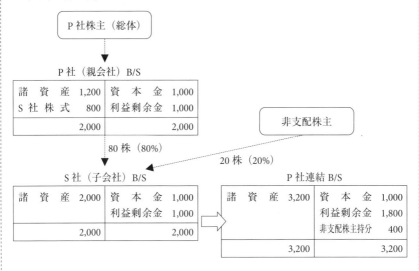

Q12-1 最上位の親会社と非支配株主が存在する子会社との合併

≪合併後≫
(×2年4月1日)

P社（親会社）B/S

諸　資　産	3,200	資　本　金	1,000
		資本準備金	500
		その他資本剰余金	△100
		利益剰余金	1,800
	3,200		3,200

合併直前の連結B/Sとの比較

非支配株主持分	400	資本準備金	500
		その他資本剰余金	△100

〈合併の会計処理〉

摘　要	借　方	貸　方
＜親会社持分相当額＞ 増加資本と抱合せ株式の消滅の会計処理	諸　資　産(80%)(※1) 1,600	子会社株式　（※2）　800 抱合せ株式消滅差益(P/L)(※2)　800
＜非支配株主持分相当額＞ 非支配株主との取引の処理	諸　資　産(20%)(※1)　400 その他資本剰余金　（※2）　100	資本剰余金　（※2）　500 （資本準備金）

※1：資産及び負債の会計処理

親会社が子会社から受け入れる資産及び負債は、合併の効力発生日直前の連結財務諸表上の帳簿価額（本設例では、設立時取得のため、適正な帳簿価額と同じ）2,000により計上する。次に、当該金額を合併の効力発生日直前の持分比率に基づき、以下のように、親会社持分相当額と非支配株主持分相当額に按分する。

- 親会社持分相当額　　　2,000 × 80% = 1,600
- 非支配株主持分相当額　2,000 × 20% = 400

（合併の会計処理の考え方）

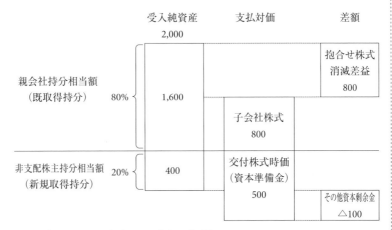

※2：増加資本及び持分変動による差額の会計処理
 a 親会社持分相当額の会計処理
  親会社持分相当額1,600と親会社が合併直前に保有していた子会社株式（抱合せ株式）の帳簿価額800との差額800は、特別損益に計上する（適用指針206項）。
  なお、親会社が当該合併後も連結財務諸表を作成する場合には、当該損益800は連結財務諸表上、過年度に認識済みであるため、連結財務諸表上の利益剰余金と相殺消去する（適用指針208項）。
 b 非支配株主持分相当額の会計処理
  親会社は非支配株主に親会社株式を交付し、子会社に対する持分を実質的に追加取得しているため、非支配株主との取引として会計処理する。具体的には、非支配株主に交付した合併効力発生日の親会社株式の時価500により資本剰余金（資本準備金）を増加させるとともに非支配株主持分相当額400と取得の対価（交付株式の時価500）との差額100をその他資本剰余金に計上する（適用指針206項）。

Q12-2 最上位の親会社と非支配株主が存在する子会社との株式交換

親会社は70%子会社（株主構成：親会社60%、中間子会社（※）10%、第三者30%）を株式交換により完全子会社としました。この場合の親会社及び中間子会社の個別財務諸表上の会計処理及び親会社の連結財務諸表上の会計処理を教えてください。

※：子会社（株式交換完全子会社）の株式を保有する親会社の他の子会社をいう。

A 親会社（株式交換完全親会社）と子会社との株式交換の会計処理を要約すると、以下のようになります（適用指針236項、236-4項）。

なお、親会社（株式交換完全親会社）が孫会社と株式交換をする場合も同様です。

≪親会社と子会社との株式交換（非支配株主及び中間子会社が存在する場合）の会計処理≫

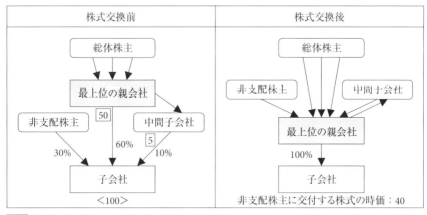

□内は株式の簿価、＜＞内は純資産の簿価を示す。

個別財務諸表上の会計処理は、以下のようになります。

完全親会社の会計処理				
親会社持分相当額（60%）				
仕 訳 な し （※1）				
中間子会社持分相当額（10%）				
（借）子 会 社 株 式（※2）	簿価1 10	（貸）払 込 資 本（※3）	簿価1 10	
非支配株主持分相当額（30%）				
（借）子 会 社 株 式	時価 40	（貸）払 込 資 本（※3、4）	時価 40	
子 会 社 株 式	××	現 　 金（※5）	××	
中間子会社の会計処理				
（借）親 会 社 株 式 　　　（その他有価証券）	簿価2 5	（貸）子 会 社 株 式（※6） 　　　（関連会社株式／その他有価証券）	簿価2 5	

※1：親会社が所有する子会社に対する持分相当額（上図では60％相当額）は、取引の対象ではなく、また、投資の性格も変わらない（株式交換の前後で支配が継続している）ため、会計処理は不要である。

※2：株式交換日直前の子会社の適正な帳簿価額による株主資本の額を基礎として算定する。

※3：払込資本の内訳項目は会社法の規定に従う。

※4：「非支配株主との取引」に該当するため、交付する親会社株式の株式交換日の時価を基礎として算定する。

※5：付随費用

※6：株式交換日直前に中間子会社で付された適正な帳簿価額。

□：会計処理の基礎となる金額

　連結財務諸表上は、非支配株主から子会社株式を追加取得する取引は（時価で処理する）「非支配株主との取引」として会計処理するため、交付する株式の時価と減少する非支配株主持分との差額は資本剰余金に計上することになります。また、個別財務諸表上、子会社株式の取得原価に含めた付随費用は、連結財務諸表上は、取得関連費用として発生した年度の費用として処理されます。

解説

1 親会社の個別財務諸表上の会計処理

[1] 会計処理の概要

① 最上位の親会社（株式交換完全親会社）が取得する子会社（株式交換完全子会社）株式の取得原価は以下のように算定する。
　ア　中間子会社（株式交換完全子会社の株式を保有する株式交換完全親会社の他の子会社）から取得するもの
　　株式交換完全子会社の適正な帳簿価額による株主資本の額のうち、株式交換の効力発生日直前の中間子会社の持分比率を乗じた額（中間子会社持分相当額）とする。
　イ　非支配株主から取得するもの
　　取得の対価（非支配株主に交付した株式交換の効力発生日の完全親会社株式の時価）に付随費用（※）を加算する。
② 最上位の親会社（株式交換完全親会社）の増加する資本は、払込資本とする。増加すべき払込資本の内訳項目（資本金、資本準備金又はその他資本剰余金）は、会社法の規定に基づき決定する。

※：2013年改正前の会計基準で定められていた「取得に直接要した支出額（取得の対価性認められるものに限る。）」に相当する（企業結合会計基準94項なお書き、2013年改正前の適用指針236項(1)）。

[2] 非支配株主との取引（非支配株主に対価を交付する場合の取扱い）

　最上位の親会社が株式交換により非支配株主から子会社株式を追加取得する取引は、（時価で処理する）「非支配株主との取引」に該当します。このため、個別財務諸表上、子会社株式の取得原価は、株式交換効力発生日の親会社株式の時価を基礎として測定されます。

[3] 中間子会社に対価を交付する場合の取扱い

　親会社が中間子会社から追加取得する株式交換完全子会社株式の取得原価は、株式交換日直前に株式交換完全子会社が付していた適正な帳簿価額による

株主資本の額に、株式交換日直前の持分比率を乗じた中間子会社持分相当額により算定し、その額を払込資本として処理します（適用指針236-4項）。

また、中間子会社及び非支配株主から追加取得した子会社株式の取得原価の合計額（ただし、付随費用を加算する前の額）がマイナスになる場合には、株式交換により増加する払込資本をゼロとし、株式交換直前のその他利益剰余金から控除します。また、当該マイナス額は、株式交換前から保有している子会社株式の適正な帳簿価額から控除し、控除しきれない額があるときは、そのマイナスの金額を「組織再編により生じた株式の特別勘定」等、適切な科目をもって負債に計上します。

[増加資本に関する会社法の規定]

　最上位の親会社が子会社を株式交換により完全子会社化する場合で、子会社に非支配株主及び中間子会社が存在する場合の株式交換完全親会社において変動する株主資本等の総額（以下「株主資本等変動額」という）は、以下の合計額となります。なお、以下の「基礎として算定する方法」には、対価自己株式（株式交換の対価として処分される自己株式）の帳簿価額を株主資本等変動額から控除するという意味が含まれます。

・株式交換完全親会社と株式交換完全子会社が共通支配下関係にある場合（中間子会社に対価を交付する部分）…株式交換完全子会社の財産の株式交換の直前の帳簿価額を基礎として算定する方法に従い定まる額（会社計算規則39条1項2号）。
・株式交換の対価の時価又は株式交換完全子会社の株式の時価を基礎として算定する方法によるべき部分（最上位の親会社が非支配株主に対価を交付する部分）…当該時価を基礎として算定する方法により定まる額（会社計算規則39条1項2号かっこ書き、同項1号）。

　また、株式交換完全親会社の資本金及び資本剰余金の増加額は、株主資本等変動額の範囲内で、株式交換完全親会社が株式交換契約の定めに従い定めた額とし、利益剰余金の額を変動させることはできません（会社計算規則39条2項）。

　なお、会社法799条の規定による手続（債権者保護手続）をとっている場合

以外の場合の取扱いや株主資本等変動額がゼロ未満となる例外的な場合の取扱いについては、Q10-1 **1**の［増加資本に関する会社法の規定］をご参照ください。

2 連結財務諸表上の会計処理

[1] 子会社株式の追加取得の会計処理（投資と資本の消去）

企業結合会計基準46項により、以下の差額を資本剰余金に計上します（適用指針237項）。

なお、①に含まれる付随費用は、連結財務諸表上は、取得関連費用として発生した年度（通常、株式交換日より前に発生する）の費用として処理することになります。この点については、Q2-19 **2**[1]❷、Q15-5もご参照ください。

① 追加取得した子会社株式の取得原価
② 追加取得により増加する親会社の持分（追加取得持分）又は減少する非支配株主持分の金額

[2] 株式交換の効力発生日が子会社の決算日以外の日である場合の取扱い

株式交換の効力発生日が子会社の決算日以外の日である場合には、当該株式交換日の前後いずれかの決算日（みなし取得日）に株式交換が行われたものとみなして処理することができます（連結会計基準（注5））。この場合、追加取得する子会社株式の取得原価は、（株式交換日の株価ではなく）みなし取得日の株価を基礎として算定しなければなりません（適用指針38項の企業結合日をみなし取得日と読み替える）。

ただし、みなし取得日は、主要条件が合意されて公表された日以降としなければなりません（適用指針238項）。

3 子会社の個別財務諸表上の会計処理

完全子会社は、株主が入れ替わるのみであり、通常、特段の会計処理は要しません。ただし、例えば、以下の場合には子会社においても会計処理が必要に

① 株式交換の効力発生日直前に自己株式を保有している場合（効力発生日に親会社株式が割り当てられる）（適用指針238-3項）
② 株式交換が非適格組織再編に該当し、子会社に課税関係が生じる場合

4 中間子会社の個別財務諸表上の会計処理

中間子会社が株式交換完全子会社株式（中間子会社では当該株式を関連会社株式又はその他有価証券として分類）と引き換えに取得した株式交換完全親会社の株式（その他有価証券）の取得原価は、共通支配下の取引であることから、株式交換完全子会社株式の帳簿価額を付すことになります（適用指針236-4項）。

【設例】親会社（株式交換完全親会社）と子会社との株式交換の会計処理

〈前提〉
- P社は×1年3月31日に800を出資し、子会社S社（持分比率80％）を設立した。
- ×2年3月期のS社の当期純利益は1,000であった。
- P社は×2年4月1日に株式交換によりS社を完全子会社化した。
- P社は新株を20株発行し、S社の非支配株主に割り当てた（株式交換日のP社の株価@25、交付株式の時価総額は500）。
- P社の増加資本は全額資本準備金（資本剰余金）とした。
- P社及びS社の株式交換直前の発行済株式数及び貸借対照表は以下のとおりである。

Q12-2　最上位の親会社と非支配株主が存在する子会社との株式交換

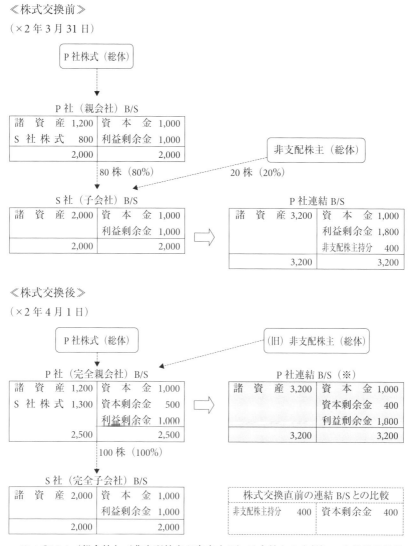

※：Q12-1（親会社と（非支配株主が存在する）子会社との合併）の合併後 B/S 及び Q12-3（親会社と（非支配株主が存在する）子会社との株式移転）の株式移転後の連結 B/S と同様の結果が得られる。

〈株式交換の会計処理〉

	摘　　要	借　　方	貸　　方
個別 P社	株式交換の処理（※1）	S 社 株 式　　500 （子会社株式）	資本剰余金　　500 （資本準備金）
連結	投資と資本の消去	資　本　金　1,000	非支配株主持分　200 S 社 株 式　　800
	取得後剰余金の処理	利益剰余金　　200	非支配株主持分　200
	追加取得（※2）	非支配株主持分　400 資本剰余金　　100	S 社 株 式　　500

※1：親会社（完全親会社）の個別財務諸表上の会計処理

　　当該取引は、非支配株主との取引に該当する。このため、親会社が追加取得した子会社株式の取得原価は、パーチェス法の会計処理と同様、取得の対価（非支配株主に交付した親会社株式の時価500）に取得に付随費用を加算して算定する。また、株式交換により増加する完全親会社の資本は、払込資本とする（適用指針236項）。

※2：連結財務諸表上の会計処理

　　追加取得した子会社株式の取得原価500と追加取得により減少する非支配株主持分の金額400（＝2,000×20％）又は増加する親会社の持分（追加取得持分）との差額100を、資本剰余金に計上する（適用指針237項）。

　　なお、個別財務諸表上で子会社株式の取得原価に含めた付随費用は、連結財務諸表上は、取得関連費用として発生した年度の費用として処理することになる。

Q12-3 最上位の親会社と非支配株主が存在する子会社との株式移転

親会社は70％子会社（株主構成：親会社60％、中間子会社（※）10％、第三者30％）と共同で株式移転を行いました。この場合の親会社及び中間子会社の個別財務諸表上の会計処理及び親会社の連結財務諸表上の会計処理を教えてください。

※：子会社（株式移転完全子会社）の株式を保有する親会社の他の子会社をいう。

A 最上位の親会社と子会社との株式移転の会計処理を要約すると、以下のようになります（適用指針239項）。

≪親会社と子会社との株式移転の会計処理≫

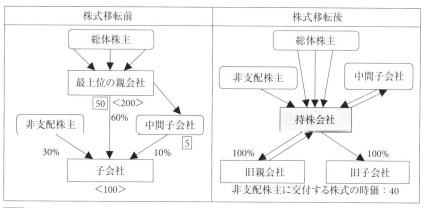

□内は株式の簿価、＜＞内は純資産の簿価を示す。

個別財務諸表上の会計処理は、以下のようになります。

持株会社（株式移転設立完全親会社）の会計処理			
【旧親会社株式の取得】			
（借）子会社株式 （※1） 簿価1 200		（貸）払込資本（※3） 簿価1 200	
【旧子会社株式の取得】			
親会社持分相当額（60%）			
（借）子会社株式 （※2） 簿価2 60		（貸）払込資本（※3） 簿価2 60	
中間子会社持分相当額（10%）			
（借）子会社株式 （※2） 簿価3 10		（貸）払込資本（※3） 簿価3 10	
非支配株主持分相当額（30%）			
（借）子会社株式 時価 40		（貸）払込資本（※3、4） 時価 40	
子会社株式 ××		現金（※5） ××	
旧親会社の会計処理 （※5）			
（借）持株会社株式 簿価4 50		（貸）子会社株式 （※6） 簿価4 50	
中間子会社の会計処理			
（借）持株会社株式 簿価5 5		（貸）子会社株式 （※7） 簿価5 5	

※1：株式移転日直前の旧親会社の適正な帳簿価額による株主資本の額
※2：株式移転日直前の旧子会社の適正な帳簿価額による株主資本の額
※3：払込資本の内訳項目は会社法の規定に従う。
※4：「非支配株主との取引」に該当するため、交付する持株会社株式（旧親会社株式）の株式移転日の時価を基礎として算定する。
※5：付随費用
※6：株式移転日直前に旧親会社で付された適正な帳簿価額
※7：株式移転日直前に中間子会社で付された適正な帳簿価額
　□：会計処理の基礎となる金額

　連結財務諸表上は、非支配株主から子会社株式を追加取得する取引は（時価で処理する）「非支配株主との取引」として会計処理するため、交付株式の時価（非支配株主に交付した部分）と減少する非支配株主持分との差額は、資本剰余金として計上することになります。

　また、個別財務諸表上、子会社株式の取得原価に含めた付随費用は、連結財務諸表上は、取得関連費用として発生した年度の費用として処理されます。

解説

1 持株会社（株式移転設立完全親会社）の個別財務諸表上の会計処理

[1] 会計処理の概要

① 持株会社（株式移転設立完全親会社）が取得する子会社（株式移転完全子会社）株式の取得原価は以下のように算定する。

〈旧親会社株式の取得に関する会計処理〉

　　株式移転の効力発生日直前の旧親会社の適正な帳簿価額による株主資本の額により算定する。

〈旧子会社株式の取得に関する会計処理〉

　ア　旧親会社から取得するもの

　　　旧子会社の適正な帳簿価額による株主資本の額のうち、株式移転の効力発生日直前の親会社の持分比率を乗じた額（親会社持分相当額）とする。

　イ　中間子会社から取得するもの

　　　アに準じて算定した中間子会社持分相当額とする。

　ウ　非支配株主から取得するもの

　　　取得の対価（非支配株主に交付した株式移転設立完全親会社株式（旧親会社株式）の時価）に付随費用を加算して算定する（※1）。

② 持株会社（株式移転設立完全親会社）の増加する資本は、払込資本とする（※2）。増加すべき払込資本の内訳項目（資本金、資本準備金又はその他資本剰余金）は、会社法の規定に基づき決定する。

※1：パーチェス法を適用したときの会計処理に準じる。なお、付随費用は、2013年（平成25年）改正前の会計基準で定められた「取得に直接要した支出額（取得の対価性が認められるものに限る。）」に相当する（企業結合会計基準94項なお書き、2013年改正前の適用指針236項(1)、Q2-8参照）。

※2：持株会社（株式移転設立完全親会社）が取得した子会社株式の取得原価の合計額（ただし、付随費用を加算する前の額）がマイナスとなる場合には、払込資本をゼロとし、その他利益剰余金から控除する。また、当該マイナス額は「組織再編により生じた株式の特別勘定」等、適切な科目をもって負債に計上する。

[2] 株式移転設立完全親会社による子会社株式の取得原価の算定の簡便的な取扱い

　株式移転設立完全親会社が取得する株式移転完全子会社（旧親会社）の株式は、原則として、株式移転の効力発生日直前の株式移転完全子会社の適正な帳簿価額による株主資本の額により算定することになりますが、株式移転完全子会社の株式移転日直前における適正な帳簿価額による株主資本の額と、直前の決算日に算定された当該金額との間に重要な差異（変動）がないと認められるときには、株式移転完全子会社の直前の決算日に算定された適正な帳簿価額による株主資本の額により算定することができます（適用指針239項(1)①イ）。

　適用指針404-3項では、「重要な変動が生じていないと認められる場合」の例として、株式移転完全子会社（旧親会社）の直前の決算日後に、多額の増資や多額の自己株式の取得等の資本取引が行われていない場合や、重要な減損損失の認識がない場合が示されています。このため、通常の期間損益については、「重要な変動」がないものとして取り扱うことが認められるものと考えられます。

[3] 非支配株主との取引（非支配株主に対価を交付する場合の取扱い）

　最上位の親会社が株式移転により非支配株主から子会社株式を追加取得する取引は、（時価で処理する）「非支配株主との取引」に該当します。このため、株式移転設立完全親会社の個別財務諸表上、子会社株式の取得原価は、取得の対価（旧子会社の非支配株主に交付した株式移転設立完全親会社の株式（旧親会社株式）の時価相当額）に付随費用を加算して算定します。株式移転設立完全親会社の株式の時価相当額は、株式移転完全子会社（旧子会社）の株主が株式移転設立完全親会社に対する実際の議決権比率と同じ比率を保有するのに必要な株式移転完全子会社（旧親会社）の株式の数を、株式移転完全子会社（旧親会社）が交付したものとみなして算定します（適用指針239項(1)②イ）。この点については、Q2-19 **2**[1]【参考1】もご参照ください。

[4] 中間子会社に対価を交付する場合の取扱い

株式移転設立完全親会社は、中間子会社が有していた株式移転完全子会社株式（旧子会社の株式）の取得原価については、旧子会社の適正な帳簿価額による株主資本の額のうち、株式移転日直前の中間子会社の持分比率を乗じた額（中間子会社持分相当額）とすることになります（適用指針239項(1)②イ）。

[増加資本に関する会社法の規定]

最上位の親会社が子会社と共同で株式移転を行う場合で、子会社に非支配株主及び中間子会社が存在する場合の株式移転設立完全親会社において変動する株主資本等の総額（以下「株主資本等変動額」という）は、以下の合計額となります（会社計算規則52条1項）。
- 株式移転完全子会社の全部が共通支配下関係にある場合（中間子会社に対価を交付する部分）…当該株式移転完全子会社における財産の帳簿価額を基礎として算定する方法に従い定まる額（会社計算規則52条1項2号）
- 株式移転の対価の時価又は当該他の株式移転完全子会社の株式の時価を基礎として算定する方法によるべき部分（非支配株主に対価を交付する部分）…当該時価を基礎として算定する方法に従い定まる額（会社計算規則52条1項2号かっこ書き、同項1号）

また、株式移転設立完全親会社の設立時の資本金及び資本剰余金の額は、株主資本変動額の範囲内で、株式移転完全子会社が株式移転計画の定めに従い定めた額とし、利益剰余金の額を変動させることはできません（会社計算規則52条2項）。

---

2 連結財務諸表上の会計処理

[1] 資本連結手続

連結財務諸表上の会計処理のポイントは以下のとおりです（適用指針240項）。

① 投資と資本の消去

株式移転完全子会社（旧子会社）の株式の取得原価と株式移転完全子会

社（旧子会社）の株主資本を相殺し、消去差額は資本剰余金に計上する。なお、株式移転完全子会社（旧子会社）の株式の取得原価に含まれている付随費用は、取得関連費用として発生した年度の費用として処理する。この点については、Q2-19 **2**[1]❷も参照されたい。
② 連結財務諸表上の自己株式への振替
株式移転完全子会社（旧親会社）が株式移転完全子会社（旧子会社）の株式との交換により取得した株式移転設立完全親会社株式は、連結財務諸表上、自己株式に振り替える。
③ 株主資本項目の調整
株式移転設立完全親会社の株主資本の額は、株式移転直前の連結財務諸表上の株主資本項目に非支配株主との取引により増加した払込資本の額を加算する。

[2] 株式移転日が子会社の決算日以外の日である場合の取扱い

株式交換におけるみなし取得日（Q12-2 **2**[2]参照）と同様に取り扱うことになります（適用指針241項）。

3 旧親会社の個別財務諸表上の会計処理

旧親会社が旧子会社株式と引き換えに取得した持株会社（株式移転設立完全親会社）株式の取得原価は、共通支配下の取引であることから、旧子会社株式の適正な帳簿価額を付すことになります（適用指針239-4項）。

4 中間子会社の個別財務諸表上の会計処理

中間子会社が旧子会社株式と引き換えに取得した持株会社（株式移転設立完全親会社）株式の取得原価は、共通支配下の取引であることから、旧子会社株式の適正な帳簿価額を付すことになります（適用指針239-4項の考え方）。

Q12-3　最上位の親会社と非支配株主が存在する子会社との株式移転

【設例】 親会社と子会社の共同株式移転の会計処理

〈前提〉
- P社は×1年3月31日に800を出資し、子会社S社（持分比率80％）を設立した。
- ×2年3月期のS社の当期純利益は1,000であった。
- P社とS社は×2年4月1日に株式移転により完全親会社HD社を設立した。HD社は新株式を200株発行し、P社の株主に100株、S社の株主に100株（うち、P社80株、S社の非支配株主に20株）割り当てた。S社の非支配株主に交付したHD社の株式移転日の株価＠25、交付株式の時価総額は500）。
- HD社の増加資本は資本金を1,000とし、残額を資本準備金（資本剰余金）とした。
- 税金は考慮しない。
- P社及びS社の株式移転直前の発行済株式数及び貸借対照表は以下のとおりである。

≪株式移転前≫
(×2年3月31日)

P社株主（総体）
　↓
P社（親）B/S

諸資産	1,200	資本金	1,000
S社株式	800	利益剰余金	1,000
	2,000		2,000

非支配株主（総体）

80株（80％）　　20株（20％）

S社（子）B/S

諸資産	2,000	資本金	1,000
		利益剰余金	1,000
	2,000		2,000

→

P社連結 B/S

諸資産	3,200	資本金	1,000
		利益剰余金	1,800
		非支配株主持分	400
	3,200		3,200

第12章 完全親子会社関係以外の企業集団内で行われた組織再編

≪株式移転後≫
(×2年4月1日)

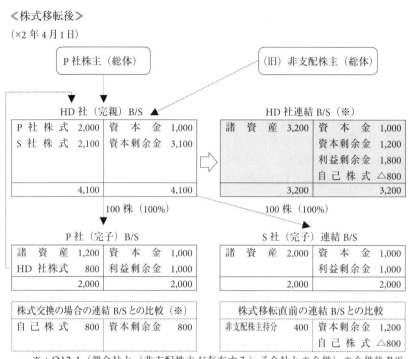

※：Q12-1（親会社と（非支配株主が存在する）子会社との合併）の合併後B/S
及びQ12-2（親会社と（非支配株主が存在する）子会社との株式交換）の株
式交換後の連結B/Sと同様の結果が得られる。

〈会計処理〉

	摘要	借方	貸方
HD社個別	株式移転の処理（※1）	P 社 株 式 2,000 S社株式(80%) 1,600 S社株式(20%) 500	資 本 金 1,000 資本剰余金 3,100
P社個別	株式の交換の処理	HD 株 式 800	S 社 株 式 800
連結	投資と資本の消去（P社）	資 本 金 1,000 利益剰余金 1,000	P 社 株 式 2,000
	投資と資本の消去（S社）（※2）	資 本 金 1,000 利益剰余金 1,000 資本剰余金 100	S 社 株 式 2,100
	自己株式への振替（※3）	自 己 株 式 800	HD 株 式 800
	利益剰余金への振替（※4）	資本剰余金 1,000 資本剰余金 800	利益剰余金(P社) 1,000 利益剰余金(S社) 800

※1：個別財務諸表上の会計処理

　　完全親会社（HD 社）が取得した完全子会社株式（(旧) 親会社 P 社株式）の取得原価は、P 社の適正な帳簿価額による株主資本の額 2,000 で算定し、同額を払込資本に計上することになる（適用指針 239 項(1)①、(2)）。

　　また、完全親会社（HD 社）が取得した完全子会社株式（(旧) 子会社 S 社株式）の取得原価についても、P 社が所有していた持分相当額（設例の場合には 80％）については同様の考え方により、1,600（S 社の帳簿価額による純資産額 2,000 × 80％）となる（適用指針 239 項(1)②ア）。

　　なお、HD 社の払込資本は、設例の前提により資本金を 1,000 増加させ、残額は資本準備金（資本剰余金）としている。

　　一方、非支配株主から取得した完全子会社株式（S 社株式）（本設例の場合には 20％相当部分）は（時価で処理する）「非支配株主との取引」に該当し、子会社株式の取得原価は、当該株式等の時価 500 に付随費用を加算して算定する（適用指針 239 項(1)②イ）。

※2：連結財務諸表上の会計処理

　　連結財務諸表上、取得原価（支払対価の時価）500 と減少する非支配株主持分の金額 400 との差額を資本剰余金として処理する（適用指針 240 項(1)）。なお、個別財務諸表上で子会社株式の取得原価に含めた付随費用は、連結財務諸表上は、取得関連費用として発生した年度の費用として処理することになる。

※3：自己株式の振替処理

　　完全子会社（(旧) 親会社）が取得した完全親会社株式は、企業集団で考えた場合、完全親会社の保有する自己株式と同様の性格となる。よって、子会社が保有する親会社株式は自己株式として資本から控除する（自己株式会計基準 15 項、適用指針 240 項(2)）。

※4：株主資本項目の調整

　　株式移転設立完全親会社の株主資本の額は、株式移転直前の連結財務諸表上の株主資本項目に非支配株主との取引により増加した払込資本の額を加算する（適用指針 240 項(3)）。

5 株式移転直前に子会社（株式移転完全子会社）が自己株式を保有している場合の取扱い

[1] 親会社（株式移転設立完全親会社）の会計処理

　株式移転直前に子会社が自己株式を保有している場合の親会社の会計処理は、株式交換直前に子会社が自己株式を保有している場合の親会社の会計処理（Q12-7[1]参照）に準じて処理します（適用指針241-2項）。

[2] 子会社（株式移転完全子会社）の会計処理

　株式移転直前に子会社が自己株式を保有している場合の子会社の会計処理は、株式交換直前に子会社が自己株式を保有している場合の子会社の会計処理（Q12-7[2]参照）に準じて処理します（適用指針241-3項）。

[株式移転完全子会社の自己株式の処分に関する会社法の規定]

　株式移転完全子会社が株式移転に際して自己株式を株式移転設立交換完全親会社に取得される場合には、株式移転後の株式移転完全子会社のその他資本剰余金の額は、以下の合計額となります（会社計算規則42条）。
- ＋　株式移転の直前の株式移転完全子会社のその他資本剰余金の額
- ＋　株式移転完全子会社が交付を受ける新設型再編対価（株式移転に際して株式移転設立完全親会社が株式移転完全子会社の株主に対して交付する財産）に付すべき帳簿価額のうち、自己株式の対価となるべき部分に係る額（すなわち、自己株式と交換に株式移転完全子会社が受け取る株式移転設立完全親会社株式の時価。なお、「付すべき帳簿価額」は会社計算規則3条により株式移転日の時価となる）
- △　株式移転設立完全親会社に取得させる自己株式の帳簿価額

　したがって、株式移転完全子会社は親会社に処分した自己株式の帳簿価額と受け取った親会社株式の時価との差額をその他資本剰余金に加減することになります。

Q12-4 非支配株主が存在する子会社同士の合併

親会社はそれぞれ非支配株主が存在する子会社を2社有しています。今般、その子会社同士が合併することになりました。この場合、子会社の個別財務諸表上及び連結財務諸表上の会計処理と親会社の連結財務諸表上の会計処理を教えてください。

A 非支配株主が存在する子会社同士が合併した場合の子会社(存続会社)の個別財務諸表上の会計処理を要約すると、以下のようになります(適用指針247項、248項)。

≪子会社同士の合併(抱合せ株式がある場合)の会計処理≫

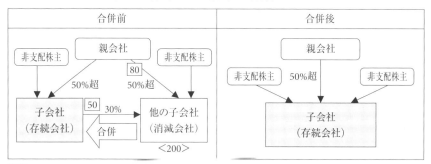

□内は株式の簿価、＜＞内は純資産の簿価を示す。

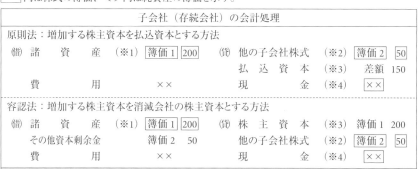

541

親会社（結合企業の株主）の会計処理						
(借) 子 会 社 株 式	簿価3	80	(貸) 他の子会社株式	(※5)	簿価3	80

※1：合併の効力発生日直前に消滅会社で付された適正な帳簿価額
※2：合併の効力発生日直前に存続会社で付された適正な帳簿価額
※3：増加資本の内訳項目は会社法の規定に従う。
※4：合併に要した支出額
※5：合併の効力発生日直前に親会社で付された適正な帳簿価額
　□：会計処理の基礎となる金額

　子会社（存続会社）の連結財務諸表上の会計処理は、共通支配下の取引として、他の子会社の帳簿価額を基礎として作成することになり、子会社の連結財務諸表上、持分変動による差額は生じません。

　他方、親会社が作成する連結財務諸表上は、簿価で処理する非支配株主との取引として処理する部分があるため、資本剰余金を認識することになります。

解説

❶ 子会社（存続会社）の個別財務諸表上の会計処理

[1] 会計処理の概要

　子会社同士の合併の会計処理を要約すると、以下のようになります（適用指針247項）。

> ① 子会社（存続会社）が他の子会社（消滅会社）から受け入れる資産及び負債には、消滅会社で付されていた「適正な帳簿価額」を付す（「連結財務諸表上の帳簿価額」ではない）。また、合併の効力発生日直前の他の子会社の評価・換算差額等及び新株予約権についても適正な帳簿価額を引き継ぐ。
> ② 子会社（存続会社）が、合併の対価として、他の子会社の非支配株主又は中間子会社に当該子会社の株式を交付した場合の増加資本は、他の子会社から受け入れる資産及び負債の適正な帳簿価額を基礎として算定する。
> ③ 子会社の増加する株主資本の会計処理は、以下のいずれかの方法による。

> （原則法）払込資本を増加させる方法（※）
>   この場合、増加すべき払込資本の内訳項目は、会社法の規定に基づき決定する。
> （容認法）消滅会社の株主資本をそのまま承継する方法
> ④ 子会社（存続会社）が他の子会社（消滅会社）に出資しているときは、当該株式（抱合せ株式）の簿価を増加する株主資本の調整項目とする（抱合せ株式消滅差損益を認識しない）。
>   ※：合併の効力発生日直前の消滅会社の適正な帳簿価額による株主資本の額がマイナスの場合には、払込資本をゼロとし、その他利益剰余金のマイナスとして処理する（適用指針247項、185項(1)①）。

[2] 適正な帳簿価額

　同一の株主に支配されている子会社同士の合併の会計処理は、共通支配下の取引等における原則的な取扱いに従い、存続会社は消滅会社で付された「適正な帳簿価額」に基づき資産及び負債を受け入れることになります。

　「適正な帳簿価額」については Q7-4 **2** をご参照ください。

[3] 中間子会社及び非支配株主との取引

　子会社（存続会社）が合併の対価を他の子会社の非支配株主に交付する取引は、最上位の親会社と非支配株主との取引ではないため、時価ではなく適正な帳簿価額を基礎として株主資本を増加させることになります。

[4] 増加株主資本の処理

　存続会社が新株を発行したときの増加資本の会計処理は、個々の合併ごとに原則法（払込資本を増加させる方法）と容認法（消滅会社の株主資本を承継する方法）の選択適用が認められます（適用指針247項(3)及び254項(3)）。この点に関してもQ7-4 **3** をご参照ください。

[5] 抱合せ株式の処理

抱合せ株式についても、[4]の増加資本の処理方法に応じて、会計処理が定められており、いずれの場合にも、抱合せ株式消滅差損益が生じることはありません。この点に関しても、Q7-4 **4** をご参照ください。

> [増加資本に関する会社法の規定]
>
> 非支配株主が存在する子会社同士の合併の場合の子会社（存続会社）の増加資本の取扱いは、100％子会社同士の合併の場合の子会社（存続会社）の取扱いと同様になりますので、Q7-4の［増加資本に関する会社法の規定］をご参照ください。

2 子会社（存続会社）の連結財務諸表上の会計処理

子会社（存続会社）が他の子会社との合併後に連結財務諸表を作成する場合の会計処理は、適用指針では示されていません。しかし、当該組織再編は、共通支配下の取引に該当すること、子会社にとっては「非支配株主との取引」に該当する部分はないことから、子会社（存続会社）は、他の子会社（消滅会社）の「適正な帳簿価額」（当該他の子会社が連結財務諸表を作成している場合には、当該他の子会社にとっての連結財務諸表上の帳簿価額）を基礎として資産及び負債を受け入れることになると解されます（子会社と他の子会社のそれぞれの連結財務諸表を合算するイメージとなる）。

この結果、子会社の連結財務諸表上、持分変動による差額は生じません（Q6-6 ケース2 参照）。

3 親会社の連結財務諸表上の会計処理

子会社（存続会社）が他の子会社と合併した場合には、親会社が作成する連結財務諸表上は、簿価で処理する非支配株主との取引として処理する部分があるため、資本剰余金を認識することになります（適用指針［設例29-2］、後述の

Q12-4 非支配株主が存在する子会社同士の合併

【設例】、Q6-6 ケース2 参照)。

【設例】非支配株主が存在する子会社同士の合併（親会社の連結財務諸表上の処理を含む）

〈前提〉
- P社はS1社（持分比率60％）とS2社（持分比率80％）を有している。P社はいずれの子会社に対しても、会社設立時から出資している。
- P社はS1社とS2社の事業の相乗効果を高めるため、S1社を存続会社として子会社同士を合併させることとした。
- 合併にあたり、S1社は新株をP社に対して80株、S2社の非支配株主に20株発行した。なお、合併直前のS1社の事業の時価は500、S2社の事業の時価も同じく500と評価されている。
- S1社はS2社の株主資本の内訳項目を承継する方法を選択した。
- 合併直前のB/S及び持分比率は以下のとおりである。

≪合併前≫

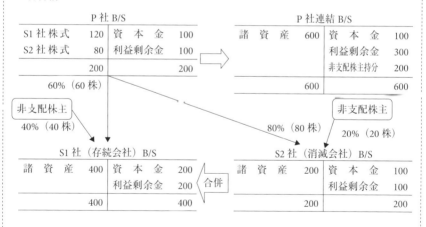

545

≪合併後≫

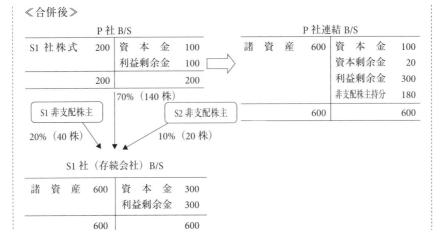

〈合併仕訳〉

区分	摘要	借方		貸方	
S1社個別	合併の会計処理	諸資産	200	資本金	100
				利益準備金	100
P社個別	株式の交換の会計処理	S1社株式	80	S2社株式	80
P社連結	投資と資本の消去（S1社）	資本金	200	S1社株式	120
				非支配株主持分	80
	（S2社）	資本金	100	S2社株式	80
				非支配株主持分	20
	取得後剰余金の処理（S1社）	利益剰余金	80	非支配株主持分	80
	（S2社）	利益剰余金	20	非支配株主持分	20
	内部取引の消去 P社の株式の交換	S2社株式	80	S1社株式	80
	合併に関する連結処理（下図参照）				
	持分の増加	非支配株主持分	40	資本剰余金	40
	持分の減少	資本剰余金	20	非支配株主持分	20

Q12-4 非支配株主が存在する子会社同士の合併

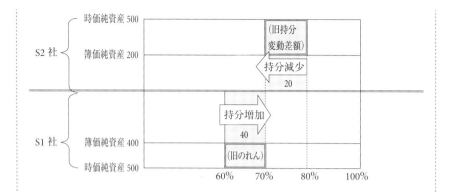

注：上図は子会社同士の合併による持分変動の経済的効果を示し、また、2013年（平成25年）改正前の会計基準の取扱いと対比するため、S1社とS2社の時価純資産を示している（2013年改正後の会計基準による会計処理を行うにあたっては、各社の簿価純資産を把握することで足りる）。

子会社同士の合併による持分変動の経済的効果は、網掛けされた部分が時価ベースで等価交換されていることになる。具体的にはP社はS2社の時価ベースの持分50（＝500×(80％－70％)）と引き換えに、S1社の時価ベースの持分50（＝500×(70％－60％)）を追加取得していることになる。

2013年改正前の会計基準では、減少持分に対応する時価（50）と簿価（20）との差額30は持分の一部売却とみなして持分変動差額（損益）として処理され、増加持分に対応する時価（50）と簿価（40）との差額10は持分の追加取得としてのれん（又は負ののれん）として処理されていた。2013年改正後の会計基準では、子会社同士の合併に伴う親会社の持分変動による差額は資本剰余金として処理することとされた。持分変動による差額20は、400（S1社簿価純資産）×10％（増加持分割合）－200（S2社簿価純資産）×10％（減少持分割合）と簿価純資産を基礎として算定することができる。

第12章 完全親子会社関係以外の企業集団内で行われた組織再編

Q12-5 親会社の事業を非支配株主が存在する子会社に移転する会社分割

親会社P社は事業の一部を70％子会社S社（株主構成：親会社60％、中間子会社（※）10％、第三者30％）に会社分割により移転し、その対価として子会社株式を受け取りました。この場合の親会社及び子会社の個別財務諸表上の会計処理と親会社の連結財務諸表上の会計処理を教えてください。

※：子会社（承継会社）の株式を保有する親会社の他の子会社をいう。

A 親会社の事業を非支配株主が存在する子会社に移転した場合の会社分割の会計処理を要約すると、以下のようになります。

≪親会社の事業を（非支配株主が存在する）子会社に移転した場合の会社分割の会計処理≫

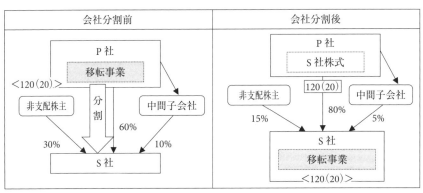

☐内は株式の簿価、＜＞内は純資産の簿価を示す。
（ ）内は繰延税金資産を示し、内書きである。

P社（分割会社）の個別財務諸表上の会計処理			
（借）S 社 株 式	簿価1 100	（貸）移 転 諸 資 産（※1）	簿価1 100
繰延税金資産 　　（S社株式対応）	簿価2 20	繰延税金資産（※1,2） 　　（移転事業対応）	簿価2 20

S社（承継会社）の個別財務諸表上の会計処理			
（借）移 転 諸 資 産	簿価1 100	（貸）払 込 資 本（※3）	簿価1+2 120
繰延税金資産 　　（移転事業対応）	簿価2 20		

※1：会社分割直前にP社で付された適正な帳簿価額
※2：移転事業について将来減算一時差異が存在する場合を前提としている。
※3：払込資本の内訳項目は会社法の定めに従う。
☐：会計処理の基礎となる金額

また、親会社が作成する連結財務諸表上は、当該会社分割により生じた親会社の持分変動による差額を資本剰余金として処理することになります。

解説

1 個別財務諸表上の会計処理

親会社の事業を非支配株主が存在する子会社に移転した場合の個別財務諸表上の会計処理は、親会社、子会社ともに、100％子会社に事業を移転した場合（子会社が対価を支払う場合）の会計処理と同じです（適用指針226項から228項）。

[1] 親会社（分割会社：分離元企業）の会計処理

① 親会社が追加取得する子会社株式の取得原価は、移転事業に係る株主資本相当額から移転事業に係る繰延税金資産及び繰延税金負債を控除して算定する（※）。

② 移転事業に係る繰延税金資産及び繰延税金負債の額は、追加取得する子会社株式の取得原価に含めずに、当該株式に係る一時差異に対する繰延税金資産及び繰延税金負債として計上する。

※：移転事業に係る株主資本相当額がマイナスの場合には、まず、事業分離前から保有している子会社株式の帳簿価額を充て、これを超えることとなったマイナスの金額を「組織再編により生じた株式の特別勘定」等、適切な科目をもって負債に計上する（適用指針226項）。

[2] 子会社（承継会社：分離先企業）の会計処理

① 子会社が親会社から受け入れる資産及び負債は、会社分割の効力発生日直前の適正な帳簿価額を付す。
② 増加する資本は、払込資本とし、その内訳は会社法の規定に基づき決定する（※）。また、移転された資産等に評価・換算差額等が含まれている場合には、移転事業に係る評価・換算差額等もそのまま引き継ぐ。
※：移転事業に係る株主資本相当額がマイナスとなる場合には、払込資本をゼロとし、その他利益剰余金のマイナスとして処理する（適用指針227項）。

［増加資本に関する会社法の規定］

親会社の事業を非支配株主が存在する子会社に移転する会社分割の場合の子会社（承継会社）の増加資本の取扱いは、親会社の事業を100％子会社に移転させる会社分割における子会社（承継会社）の取扱いと同様になりますので、Q8-3の［増加資本に関する会社法の規定］をご参照ください。

2 連結財務諸表上の会計処理

○ 親会社の持分変動による差額としての資本剰余金の認識

親会社の事業を非支配株主が存在する子会社に移転した場合の連結財務諸表上の会計処理は、親会社の持分が変動するため、100％子会社への事業移転の場合の会計処理とは異なります。

例えば、前図のように、P社（親会社）は移転事業を60％子会社S社（中間子会社の持分を含めれば70％子会社となるが、以下では、説明の簡略化のため、中間子会社の持分を無視する）に移転し、対価としてS社株式を受け取るものとします。この結果、P社にとっては、会社分割前は100％支配していた事業に対する持分が減少（100％から80％（会社分割後の子会社に対する持分比率））することになりますが、一方で、子会社に対する持分比率が60％から80％に高まることになります。このようにP社は、当該会社分割によって、連結財務

諸表上、持分変動による差額が生じますが、この取引は簿価で処理する非支配株主との取引に該当するため、当該差額は資本剰余金として処理することになります（Q4-2 **2**[1]参照）。

> 注：2013年改正前の会計基準では、前者については持分の一部売却とみなして持分変動差額（損益）を認識し、後者については子会社に対する持分を追加取得していることになるため、「非支配株主との取引」として、のれん（又は負ののれん）を認識することとされていた。

【設例】分社型会社分割により親会社の事業を子会社に移転する場合の会計処理

〈前提〉
- P社は×1年3月31日に800を出資し、子会社S社（持分割合80％）を設立した。
- ×2年3月期のS社の当期純利益は1,000であった。
- P社は×2年4月1日にP社のP①事業（帳簿価額1,000、事業時価1,500）をS社に移転した。
- S社はP①事業の受入れの対価として新株式60株をP社に交付した（分社型会社分割）。会社分割の効力発生日の株価により計算したP社への交付株式の時価は1,500（@25）である。
- S社は新株発行に伴う増加資本のすべてを資本準備金（資本剰余金）とした。
- S社の会社分割前の発行済株式は100株である。また、会社分割前の純資産の帳簿価額は2,000、事業時価は2,500であった。
- 税金は考慮しない。

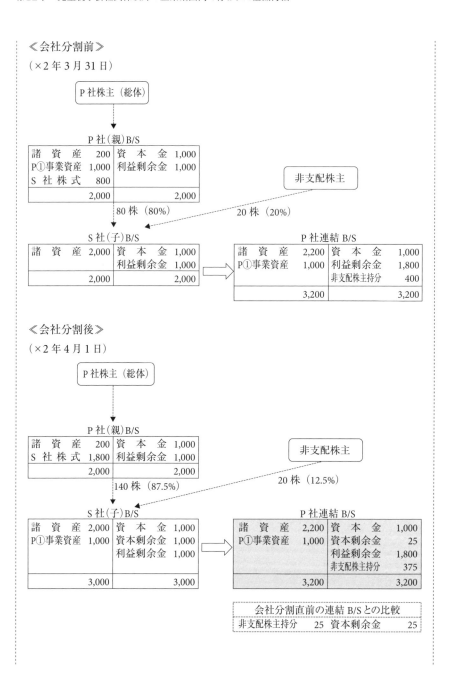

Q12-5 親会社の事業を非支配株主が存在する子会社に移転する会社分割

〈会計処理〉

	摘　　　　要	借　　方	貸　　方
個別 P 社	事業分離の処理 （適用指針 226 項）	S　社　株　式　1,000 （子会社株式）	P ① 事業資産　1,000
個別 S 社	事業受入の処理 （適用指針 227 項）	P ① 事業資産　1,000	資 本 剰 余 金　1,000
連結	開始仕訳 　投資と資本の消去	資本金（S 社）　1,000	非支配株主持分　　200 S　社　株　式　　800
	開始仕訳 　取得後剰余金の振替	利 益 剰 余 金　200	非支配株主持分　　200
	内部取引の消去 　（P 社分）（適用指針 229 項(1)）	P ① 事業資産　1,000	S　社　株　式　1,000
	内部取引の消去 　（S 社分）（適用指針 229 項(1)）	資 本 剰 余 金　1,000	P ① 事業資産　1,000
	事業移転に係る持分変動の処理 　（適用指針 229 項(2)）	非支配株主持分　　150 資 本 剰 余 金　125	資 本 剰 余 金　　150 非支配株主持分　　125

≪親会社及び子会社の事業に係る持分の移動≫

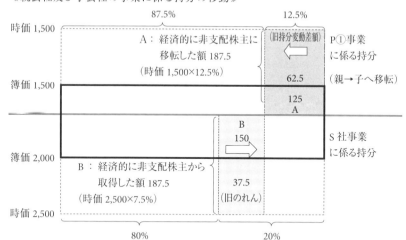

注：上図は子会社同士の合併による持分変動の経済的効果を示し、また、2013 年（平成 25 年）改正前の会計基準の取扱いと対比するため、S1 社と S2 社の時価純資産を示している（2013 年改正後の会計基準による会計処理を行うに当たっては、各社の簿価純資産を把握することで足りる）。

当該会社分割によるP社持分の変動の経済的効果は、網掛けされた部分が時価ベースで等価交換されていることになる。具体的にはP社は移転事業であるP①事業の時価ベースの持分187.5（＝1,500×12.5％）と引き換えに、S社の時価ベースの持分187.5（＝2,500×7.5％）を追加取得していることになる（以上の点は、Q4-2 **2**[1]参照）。

2013年改正前の会計基準では、減少持分に対応する時価（187.5）と簿価（125）との差額62.5は持分の一部売却とみなして持分変動差額（損益）として処理され、増加持分に対応する時価（187.5）と簿価（150）との差額37.5は持分の追加取得としてのれん（又は負ののれん）として処理されていた。

2013年改正後の会計基準では、親会社の事業を子会社に移転する会社分割に伴う親会社の持分変動による差額は資本剰余金として処理することとされた。持分変動による25は、1,000（移転事業の簿価純資産）×12.5％（減少持分割合）－2,000（S社簿価純資産）×7.5％（増加持分割合）と簿価純資産を基礎として算定することができる。

Q12-6 親会社と非支配株主が存在する子会社との株式交換（対価：現金）

Q12-6 親会社と非支配株主が存在する子会社との株式交換（対価：現金）

親会社は70％子会社（株主構成：親会社60％、中間子会社（※）10％）と株式交換を行い、当該子会社を完全子会社としました。また、株式交換の対価は現金としています。

この場合の親会社及び中間子会社の個別財務諸表上の会計処理を教えてください。

※：子会社（株式交換完全子会社）の株式を保有する親会社の他の子会社をいう。

A 親会社と（非支配株主が存在する）子会社との株式交換（対価は現金）の会計処理を要約すると、以下のようになります。

≪親会社と子会社との株式交換（対価が現金の場合）の会計処理≫

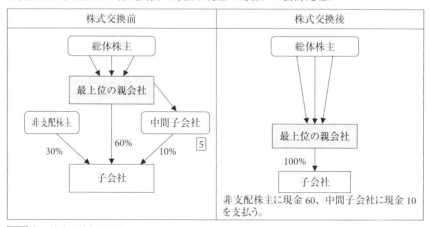

□内は株式の簿価を示す。

第12章 完全親子会社関係以外の企業集団内で行われた組織再編

完全親会社の会計処理						
親会社持分相当額（60%）						
	仕 訳 な し（※1）					
中間子会社持分相当額（10%）						
(借) 子 会 社 株 式	××1	10	(貸) 現　　　　金	（※2）	××1	10
非支配株主持分相当額（30%）						
(借) 子 会 社 株 式	××2	60	(貸) 現　　　　金	（※2）	××2	60
子 会 社 株 式	××3		現　　　　金	（※3）	××3	
中間子会社の会計処理						
(借) 現　　　　金	××1	10	(貸) 子 会 社 株 式	（※4）	簿価	5
			売 却 損 益		差額	5

※1：親会社が所有する子会社に対する持分相当額（上図では60%相当額）は、取引の対象ではなく、また、投資の性格も変わらない（株式交換の前後で支配が継続している）ため、会計処理は不要である。
※2：親会社が中間子会社又は非支配株主に支払う対価の額
※3：付随費用
※4：株式交換日直前に中間子会社で付された適正な帳簿価額
　□：会計処理の基礎となる金額

解　説

1 親会社の個別財務諸表上の会計処理

株式交換の対価が現金となる場合の会計処理は、次のようになります。

① 非支配株主から子会社株式を追加取得する場合（対価：現金等の財産）
　　最上位の親会社が株式交換（対価：現金等の財産）により非支配株主から子会社株式を追加取得する取引は、（時価で処理する）「非支配株主との取引」に該当するため、対価として支払う財の時価により追加取得する子会社株式の取得原価を測定する。対価が株式交換完全親会社の株式となる場合と同様である。

② 中間子会社から子会社株式を追加取得する場合（対価：現金のみ）
　　株式交換（対価：現金のみの場合）により中間子会社から子会社株式を追加取得する場合には、金融商品会計基準の定めを優先して適用する（株式交換完全子会社の適正な帳簿価額による株主資本の額を基礎として会計処理す

るのではなく、通常は現金支払額により子会社株式の取得原価を算定する）。このため、株式交換完全親会社の個別財務諸表上、当該株式交換に際して、のれん（又は負ののれん）が計上されることはない（適用指針448項(2)なお書き）。

2 中間子会社の個別財務諸表上の会計処理

　これまで保有していた子会社の株式（その他有価証券に分類）と受領した現金との差額を交換損益に計上することになります。

第12章 完全親子会社関係以外の企業集団内で行われた組織再編

> **Q12-7 株式交換又は株式移転直前に子会社が自己株式を保有している場合の取扱い**
>
> P社は、S社株式の過半数を取得し、子会社としたうえで、その後にS社を株式交換により完全子会社としました。なお、株式交換の効力発生日にS社は自己株式を保有しており、当該自己株式に対しても会社法の定めに従い、P社株式を交付しています。この場合、P社がS社保有の自己株式に割り当てたP社株式の会計処理はどのようになりますか。

A　P社がS社保有の自己株式にP社株式を割り当てる取引は、共通支配下の取引には該当しないため、時価を基礎として会計処理することになります。

具体的には、S社の個別財務諸表上は、自己株式と交換にP社株式を時価で受け入れ、差額を自己株式処分差損益に計上します。

次に、P社の個別財務諸表上は、S社が保有する自己株式と引き換えに交付したP社株式を非支配株主から子会社株式を追加取得する場合と同様、子会社に交付した親会社株式の株式交換日の時価を基礎として会計処理します。そして、連結財務諸表上は、S社が保有するP社株式（連結上の自己株式）の帳簿価額（株式交換時の時価が付されている）で資本控除することになります。

> **解説**

株式交換の直前に子会社（株式交換完全子会社）が自己株式を保有している場合、会社法上、親会社（株式交換完全親会社）は、株式交換の効力発生日に当該自己株式（子会社株式）を取得し、これと引き換えに対価（親会社株式など）を子会社に交付することになります。

親会社が子会社の自己株式を取得する取引は、以下の理由から、時価を基礎として会計処理することとなります（適用指針447-3項）。

・株式交換の効力発生日に子会社が自己株式を保有するかどうか（効力発生

Q12-7 株式交換又は株式移転直前に子会社が自己株式を保有している場合の取扱い

日の直前までに自己株式を消却するかどうか）は結合当事企業の意思決定の結果に依存する。このため、親会社と子会社との間で行う子会社が保有する自己株式への親会社株式の割当ては、当該株式交換と一体の取引として捉える必要はなく、会計上は、共通支配下の取引として処理する必然性はないこと。

・子会社にとっては、当該株式交換により、資本控除されている自己株式が親会社株式という資産に置き換わり（資本取引の対象から損益取引の対象に変わり）、その連続性はなくなることになる。このため、子会社が取得する親会社株式の帳簿価額に自己株式の帳簿価額を付すのではなく、新たに取得する親会社株式の時価を基礎として処理することによって、株式交換後の子会社の損益を適切に算定することができること。

[1] 親会社（株式交換完全親会社）の会計処理

株式交換に当たり、親会社が、子会社が保有する自己株式の取得と引き換えに子会社に対して自社の株式（親会社株式）を交付した場合には、非支配株主から子会社株式を追加取得する場合と同様、子会社に交付した親会社株式の株式交換日の時価を基礎として会計処理します。

なお、連結財務諸表上は、以下の手順で会計処理を行うことになります（**【設例】**参照）。

① 非支配株主から子会社株式の追加取得の会計処理を行う（資本剰余金の発生）。

② 100％保有となった子会社から子会社株式（子会社が保有する自己株式）の追加取得及び親会社株式の交付の会計処理を行う（子会社において[2]の会計処理を行った後（自己株式を時価で処分した後）の株主資本の額を基礎に追加取得する子会社株式の取得原価を算定すると考えることもできる）。

③ 子会社が自己株式と引き換えに取得した親会社株式を、連結財務諸表上、自己株式に振り替える。

[2] 子会社（株式交換完全子会社）の会計処理

　自己株式と引き換えに取得した親会社株式の取得原価は、親会社が付した子会社株式の取得原価（すなわち、株式交換日の時価を基礎として算定された額）に基づき算定します。また、親会社株式の取得原価と自己株式の帳簿価額との差額は、自己株式処分差額としてその他資本剰余金に計上します。

　なお、取得した親会社株式に関する一時差異については、通常の税効果会計を適用することになります。

[株式交換完全子会社の自己株式の処分に関する会社法の規定]

　株式交換完全子会社が株式交換に際して自己株式を株式交換完全親会社に取得される場合には、株式交換後の株式交換完全子会社のその他資本剰余金の額は、以下の合計額となります（会社計算規則41条）。

- ＋　株式交換の直前の株式交換完全子会社のその他資本剰余金の額
- ＋　株式交換完全子会社が交付を受ける吸収型再編対価（株式交換に際して株式交換完全親会社が株式交換完全子会社の株主に対して交付する財産）に付すべき帳簿価額（すなわち、自己株式と交換に株式交換完全子会社が受け取る株式交換完全親会社株式の時価。なお、「付すべき帳簿価額」は会社計算規則3条により株式交換日の時価となる）
- △　株式交換完全親会社に取得させる自己株式の帳簿価額

　したがって、株式交換完全子会社は親会社に処分した自己株式の帳簿価額と受け取った親会社株式の時価との差額をその他資本剰余金に加減することになります。

【設例】 株式交換に当たり子会社が保有する自己株式に親会社が親会社株式を割り当てた場合の会計処理

〈前提〉
- P社はS社の株式の55.6%（50株）を200で取得した。
- S社株式取得直後のS社の株主は以下のとおりであった。
　　発行済株式数：100株

Q12-7 株式交換又は株式移転直前に子会社が自己株式を保有している場合の取扱い

P社：50株（55.6％）
非支配株主：40株（44.4％）
自己株式：10株（－％）

・P社は株式の取得直後に株式交換（交換比率は1：1）を行い、S社を完全子会社とした。
・P社株式の時価は1株@5であり、非支配株主に200相当（40株×@5）、S社に50相当（10株×@5）のP社株式を交付した。
・P社は増加資本250のすべてを資本金とした。

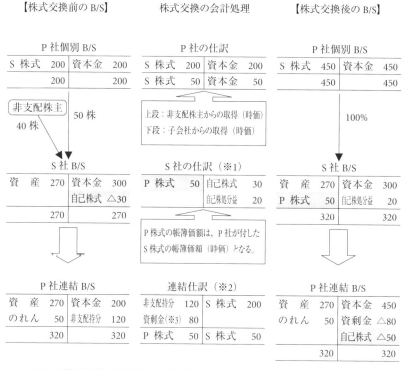

※1：S社は時価でP社株式を受け入れる。また、自己株式処分差損益は払込資本（その他資本剰余金）に計上される。
※2：最初にP社はS社の非支配株主から全株式を取得する（すなわち、100％子会社にする）。その後にS社の自己株式に対し、P社株式を時価で割り当てる処理を行う。

第12章 完全親子会社関係以外の企業集団内で行われた組織再編

※3：子会社から子会社株式（子会社が保有する自己株式）の追加取得を行う。
そのときに生じる差額は（のれんではなく）資本剰余金から控除する。

【参考】S社の個別財務諸表上の税効果の調整

上記設例に税効果の調整を行うと、以下のようになる。
＜S社の個別財務諸表上の税効果の調整＞

| (借) 法人税等調整額 | 15 | (貸) 繰延税金負債 | 15 |

自己株式と交換に取得したP社株式の税務上の簿価が0の場合、会計上の簿価50との差額は将来加算一時差異となり、これに対する繰延税金負債を15（＝50×30％）計上する必要がある。また相手勘定は、税効果適用指針9項の定めを踏まえると、（資本剰余金から控除するのではなく）法人税等調整額に計上することになると考えられる。

なお、期末における親会社株式の時価が@5から@4に下落した場合には、S社の個別財務諸表において以下の処理を行うことになる（なお、連結財務諸表上は当該処理を取り消すことになる）。

| (借) その他有価証券評価差額金 | 7 | (貸) 親会社株式（※） | 10 |
| 繰延税金負債 | 3 | （その他有価証券） | |

※：10＝(@5－@4)×10株

Q12-8 株式交付の会計処理

最上位の親会社である当社（P社）は、S社の議決権の40%を保有し、役員派遣や取引関係等から、会計上は実質支配力基準により子会社としています。今般、当社は株式交付制度を利用して、S社を90%子会社とする予定です（残りの10%株主は株式交付後もS社の経営に関与）。

この場合、P社の個別財務諸表上及び連結財務諸表上の会計処理はどのようになりますか。

A 企業結合会計基準及び適用指針では、株式交付に対応した個別の規定はありませんが、企業結合の会計上の分類に応じた会計処理を行うことになります。株式交付は部分的な株式交換による株式の取得ともいえるため、法形式に従った個別の規定を参考にする場合には、株式交換の会計処理に準ずることになると考えます。

ご質問のケースは、会計上は共通支配下の取引等（非支配株主との取引）に該当するため、最上位の親会社が株式交換により子会社株式を非支配株主から追加取得する取引に準じて処理します。したがって、個別財務諸表上は交付株式の時価をもって追加取得する子会社株式の取得原価を算定し、増加資本は払込資本としたうえで、その内訳項目は会社法の規定に従うことになります。

また連結財務諸表上は親会社の持分変動による差額（減少する非支配株主持分（50%相当額）と追加取得した子会社株式の帳簿価額との差額）を資本剰余金に加減することになります。

解説

1 株式交付制度の概要

株式交付制度は、2021年（令和3年）3月施行の会社法において導入された制度です。

株式交付制度とは、株式会社が他の株式会社をその子会社とするために、当該他の株式会社の株式を譲り受け、当該株式の譲渡人に対して当該株式の対価として当該株式会社の株式を交付することをいいます（会社法2条32号の2）。

これを下図にあてはめると、P社（株式交付親会社）はS社（株式交付子会社）をP社の子会社とするために、S社の株式を譲り受け、S社株式の譲渡人に対してP社株式を交付するというものです。

≪株式交付制度≫

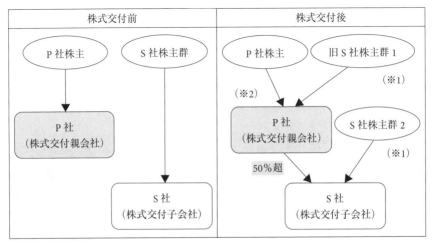

注：P社はS社株主からS社（株式交付子会社）の株式を譲り受け、対価としてP社（株式交付親会社）の株式を交付する。なお、S社株式の譲り受けに当たり、S社が新株予約権又は新株予約権付社債を発行している場合には、その譲り受けも可能である（会社法774条の3第1項7号）。また、P社はP社株式をまったく交付しないことはできないが、P社株式以外の金銭等を交付することができる（会社法774条の3第1項3号）。

※1：S社の株主は任意の判断で譲渡人になる。上図では株主群1は譲渡しP社の株主となったが、株主群2は譲渡せず、株式交付後もS社株主として残るケースを示している。

※2：P社では、原則として株主総会の承認（特別決議）が必要になる。

株式交付の定義から、「子会社化」が要件であるため、以下の場合、株式交付制度は適用できません。

・子会社にならない範囲で株式を取得すること
・既に子会社である会社の株式を追加取得すること

ここで株式交付における子会社は、客観的かつ形式的な基準である議決権基準に基づくものであり（会社法施行規則4の2、3②一）、会計上の実質支配力基準に基づくものではないことに留意する必要があります。

株式交付は株式交換と類似していますが、主な相違点としては、株式交換では、完全子会社化することが前提の制度ですが、株式交付では、必ずしも株式交付子会社の株式のすべてを取得するものではなく、例えば議決権の2/3の取得を目的とする場合にも利用することができます。

また株式交換では、株式交換完全親会社の株式を交付せずに、それ以外の金銭等のみを交付することができますが（会社法768条1項2号）、株式交付では株式交付親会社の株式をまったく交付しないことはできません（会社法774条の3第1項3号）（株式交付親会社の株式に加え、当該株式以外の金銭等の交付は可能）。

株式交付を行う場合には、親会社は株式交付計画を作成し、原則として、効力発生日の前日までに、株主総会において特別決議による承認を得なければなりません（会社法816条の3第1項、会社法309条2項12号）。ただし、親会社が交付する対価の合計額が親会社の純資産額の20％以下であれば、株主総会の承認は不要となります（会社法816条の4）。

2 会計処理

株式交付が実施されると、ある企業と他の企業とが1つの報告単位に統合されるため、企業結合に該当し（非支配株主との取引を含む）、連結財務諸表上、企業結合会計基準が適用されます。企業結合会計基準では、株式交付に関する個別の会計処理は定められていませんが、株式交換の会計処理に準ずることになると考えます（株式交換と異なり、株式交付後に非支配株主が存在することもある）。

したがって、第三者間の企業結合で、「取得」に該当した場合には、パーチェ

ス法が適用され、効力発生日の交付株式の時価（新株予約権や金銭等の財が支払われていれば、当該財の時価を加える）を基礎として子会社株式の取得原価を算定します。

「取得」以外の株式交付を利用した取引例としては、以下が考えられます。これらは基本的には適正な帳簿価額（株式交付子会社の適正な帳簿価額による株主資本の額）を基礎とした会計処理が行われます（共通支配下の取引等のうち、非支配株主との取引は、時価による）。

会計上の分類	取引の例
共通支配下の取引等 ・非支配株主との取引 ・共通支配下の取引	・議決権基準では子会社ではないが、会計上の実質支配力基準では子会社となる会社の株式を親会社が追加取得する場合 ・共通の親会社を持つ子会社が他の子会社の株式を取得する場合（兄弟会社同士の株式交付）
逆取得	株式交付親会社が小規模、株式交付子会社が大規模であり、株式交付子会社の株式の譲渡者が株式交付親会社の株主構成の大部分を占める場合

なお、企業結合の会計上の分類にかかわらず、個別財務諸表上の増加する資本は払込資本とし、その内訳項目は、会社法の定めに従うことになります。

［増加資本に関する会社法の定め］

　会社計算規則では、株式交付に際し、株式交付親会社において変動する株主資本等（資本金、資本剰余金及び利益剰余金）の総額（株主資本等変動額）を、その会計処理を考慮して定めるとされている（会社計算規則39条の2第1項）。すなわち、増加する株主資本の総額そのものは会計基準に従って算定されることになる。したがって、株式交付の会計上の分類が「取得」及び「共通支配下の取引等」のうち非支配株主との取引に該当すれば、交付する株式の時価を基礎として増加資本を算定し、それ以外（共通支配下の取引、共同支配企業の形成、逆取得）の場合には、株式交付子会社の適正な帳簿価額による株主資本の額を基礎として増加資本を算定することになる。

そのうえで、株式交付親会社の資本金及び資本剰余金の増加額は、上記の株主資本等変動額の範囲内で、株式交付親会社が株式交付計画の定めに従い定めた額とし、利益剰余金の額は変動しないものとされている（会社計算規則39条の2第2項）。

　ただし、株式交換の場合と同様、会社法816条の8の債権者保護手続をとっている場合以外において、対価として交付された新株に対応する部分については、株主資本等変動額を限度として必ず資本金又は資本準備金に計上しなければならない（会社計算規則39条の2第2項ただし書き）。

　また、株式交換の場合と同様、株主資本等変動額が零未満という例外的な場合について、当該零未満の額のうち、自己株式処分差損に起因する部分については、その他資本剰余金を減少させ、その余の部分（株式交付子会社が債務超過であることに起因する部分）については、その他利益剰余金を減少させることになる（会社計算規則39条の2第3項）。

第13章

共通支配下の取引等における税効果会計

●本章の内容

Q13-1	親会社と債務超過子会社との合併に係る税効果の処理	570
Q13-2	子会社間の事業譲渡/事業譲受に係る税効果の処理	587
Q13-3	会社分割に係る税効果の処理の全般的事項	591
Q13-4	会社分割に係る税効果の処理（会計：投資継続/税務：適格）	595
Q13-5	会社分割に係る税効果の処理（会計：投資継続/税務：非適格）	600
Q13-6	会社分割に係る税効果の処理（会計：投資清算/税務：適格…共通支配下以外）	608
Q13-7	会社分割に係る税効果の処理（会計：投資清算/税務：非適格）	611
Q13-8	分割型の会社分割の処理（会計：投資継続/税務：非適格）	612

Q13-1 親会社と債務超過子会社との合併に係る税効果の処理

P社(3月末決算)は100%子会社S社を4月1日に吸収合併することとしました。P社及びS社の合併直前事業年度の会計処理及びP社の合併の会計処理はどのようになりますか。

なお、合併の会計処理の前提は以下のとおりです。

・S社は設立以来、業績が悪く、3月末におけるB/Sは以下のとおり。

S社3月末B/S

諸　資　産	100	P社借入金	500
		資　本　金 利益剰余金	500 △900
計	100	計	100

・S社は3月末現在、税務上の繰越欠損金が800ある(繰越欠損金の期限切れや交際費等の社外流出項目があるため、利益剰余金のマイナス額とは一致しない)。
・当該合併は税務上、適格合併に該当し、親会社は子会社の税務上の繰越欠損金800を合併の効力発生日に承継する。
・P社は合併直前の3月末においてS社への投資額500を全額減損処理し(有税)、S社に対する貸付金のうち債務超過相当額400について貸倒引当金を設定している(有税)。
・P社は、期末においてS社を売却又は清算する意思はない。
・親会社は回収可能性適用指針の企業分類(2)に該当する。

A 親会社及び子会社の会計処理は、[**解説**]の中で、それぞれ説明します。

解説

■ 合併直前（3/31）の会計処理

[1] 子会社（消滅会社）の会計処理

子会社は合併直前に決算を行います。子会社では、合併直前に存在する将来減算一時差異等に対して、自己が創出すると見込まれる課税所得を基礎として繰延税金資産の回収可能額を見積ることになります。すなわち、税務上の繰越欠損金800に対する繰延税金資産の回収可能性については、合併がないものと仮定して判断することになり（適用指針90項(1)の考え方及びQ7-4 **2** の「適正な帳簿価額」に関する部分を参照のこと）、合併後の親会社の課税所得を原資として回収可能性を判断することはできません。

ここでは、繰延税金資産の回収見込額を0とみなすこととします。

[2] 親会社（存続会社）の会計処理

❶ 個別財務諸表上の会計処理

親会社では、まず、合併直前に親会社に存在する一時差異等を把握します。本設例ではS社株式評価損500とS社貸付金に対する貸倒引当金400になります。なお、合併直前事業年度末において、法人格が異なるS社に存在する繰越欠損金800は、親会社の繰越欠損金ではありませんので、親会社の合併直前事業年度末において、（S社から繰越欠損金を承継することを前提に）S社の繰越欠損金に対して繰延税金資産を計上することはできません（※）。

次に親会社では、回収可能性適用指針に従い、将来減算一時差異等の回収可能性を検討します。この回収可能性の判断に当たっても、子会社（消滅会社）の税効果の考え方と同様、合併がないものと仮定することになると考えます。この結果、回収可能性適用指針の企業分類(1)に該当する場合には、原則として、将来減算一時差異のすべてについて繰延税金資産を計上することになりますが（この点については下記【参考1】を参照のこと）、企業分類(2)に該当する場合には、スケジューリング可能な将来減算一時差異に対してだけ繰延税金資産を計上す

ることになります。本設例では、親会社は企業分類(2)に該当しており、通常、これらの将来減算一時差異のスケジューリングは不能となるため、将来減算一時差異に対する繰延税金資産を計上できないものとして扱います。

※：子会社の税務上の繰越欠損金と親会社が設定した貸倒引当金は、金額的に近似することもあるが、以下のような相違があり、親会社における投資の評価損と子会社の繰越欠損金とは同じものではない。
・子会社における繰越欠損金の期限切れや親会社が承継できる繰越欠損金は一定の要件があること
・交際費（損金不算入）や受取配当金（益金不算入）など会計と税務との差異が存在すること

特に、親会社がプレミアム付きで取得した子会社を清算する場合には、子会社株式評価損と子会社の繰越欠損金との関連はより希薄となる（親会社では子会社株式評価損を計上しているものの、子会社には欠損金が存在しないこともある）。

【参考1】企業分類(1)に該当する企業が有税で国内完全子会社株式の評価損を計上している場合の取扱い

2018年（平成30年）改正の回収可能性適用指針では、「（分類1）に該当する企業においては、原則として、繰延税金資産の全額について回収可能性があるものとする。」とされ、「原則として」が追加された（回収可能性適用指針18項）。これは、完全支配関係にある国内の子会社株式の評価損に関する繰延税金資産の回収可能性について、以下のように取り扱うためである（回収可能性適用指針67-2項～67-5項参照）。

・完全支配関係にある国内の子会社株式の評価損のように、当該子会社株式を売却したときには税務上損金に算入されるが、当該子会社を清算したときには税務上の損金に算入されないものについても、（売却の可能性が残されている以上）それが解消された時にその期の課税所得を減額する効果を有する可能性があるため将来減算一時差異に該当するものと整理し、繰延税金資産の全額について回収可能性があるものとして取り扱う。

・ただし、企業が当該子会社を清算するまで当該子会社株式を保有し続ける方針がある場合（※）等、将来において税務上の損金に算入される可能性が低いと判断される場合には、企業分類(1)に該当する場合であっても当該子会社株式の評価損に係る繰延税金資産は、例外的に回収可能性がないものとして取り扱う。

> ・上記の取扱いは、あくまで将来の状況により税務上の損金に算入されない項目となる可能性のある一時差異の取扱いであるため、企業分類(1)に該当する企業が、スケジューリング不能であることをもって（将来のいずれかの時点で損金に算入されることになる）完全支配関係以外の子会社株式の評価損に係る繰延税金資産を計上しないことを許容する趣旨ではない。

※：適格合併の場合も、一定の要件を満たす清算の場合と同様、子会社株式の評価損は損金に算入されない。

❷ 連結財務諸表上の取扱い

　繰延税金資産は、まず個別財務諸表において将来減算一時差異や繰越欠損金の回収可能性に基づき計上し（税効果適用指針8項(1)）、次に連結決算手続の結果として生じる一時差異（連結財務諸表固有の一時差異）にかかる繰延税金資産について、納税主体ごとに個別財務諸表における繰延税金資産と合算し、回収可能性適用指針9項（収益力に基づく課税所得、タックスプランニング、将来加算一時差異の状況）に従って計上するものとされています（税効果適用指針8項(3)、4項(5)）。合併直前に子会社に存在する上記の繰越欠損金は、もともと個別財務諸表上の一時差異であり連結財務諸表固有の一時差異ではないため、連結財務諸表上、新たに繰延税金資産を計上することはできないものと考えます。

> 【参考2】実務対応報告第5号と適用指針における繰延税金資産の回収可能性の考え方
>
> 　企業会計基準委員会では、2016年7月に、以下の点について、連結納税実務対応報告（その1）（実務対応報告第5号）（現行の実務対応報告第42号「グループ通算制度を適用する場合の会計処理及び開示に関する取扱い」22項参照（※））で示されている連結納税制度における新規適用・加入・離脱の際の税効果会計の取扱いと、適用指針75項に示されている取得企業の税効果会計の取扱いとの整合性に関して検討を行っている。
>> ※：実務対応報告5号は連結納税制度を前提に、そして実務対応報告42号はグループ通算制度を前提に、それぞれ会計処理等を定めている。連結納税制度とグルー

プ通算制度は、申告手続は異なるが、企業グループの一体性に着目し、完全支配関係にある企業グループ内における損益通算を可能とする基本的な枠組みは同じであることから、実務対応報告 42 号の開発に当たっては、基本的な方針として、連結納税制度とグループ通算制度の相違点に起因する会計処理及び開示を除き、実務対応報告 5 号等の会計処理及び開示に関する取扱いを踏襲することとされた（実務対応報告 42 号 40 項）。

したがって、2016 年当時の ASBJ における検討過程は、現在においても同様に考えることが可能と思われる。

会計基準等	内　容
実務対応報告第 5 号	子会社株式の追加取得による連結納税制度への新規加入 　子会社の株式の追加取得の意思決定がなされ、それが実行される可能性が高いと認められる時点で、繰延税金資産の回収可能性の判断上、当該子会社の収益力を考慮する。
適用指針	共通支配下の取引 　親子会社の合併の場合の繰延税金資産の回収可能性の取扱いについて、取得企業の税効果会計に関する企業結合会計の取扱いを準用して、合併の影響を合併後から考慮することが一般的な実務である。

　もし、適用指針の定めを実務対応報告 5 号（現行の実務対応報告 42 号）の考え方に合わせるとすれば、合併直前に子会社に存在する繰越欠損金に係る繰延税金資産は、個別財務諸表及び連結財務諸表において合併の意思決定がなされた時点（すなわち合併前の時点）で計上することが可能になる。

　しかし、検討の結果は、両基準の定めはいずれも一定の論拠に基づき定められており、いずれか一方の論拠を否定するほどの根拠を見出すことは容易ではない等の理由から、両基準の取扱いをそのまま残すこととされた。

2 合併年度の会計処理

[1] 合併効力発生日（4/1）の会計処理

　親会社は合併の効力発生日に、子会社の資産及び負債を連結財務諸表上の帳簿価額（適正な帳簿価額を基礎として算定）により承継するとともに、子会社株式を消滅させ、両者の差額を抱合せ株式消滅差損益（特別損益）に計上します。

P社（存続会社）の個別財務諸表上の会計処理			
(借) 諸　　資　　産	100	(貸) P 社 借 入 金	500
抱合せ株式消滅差損	400	S　社　株　式	0
P 社 借 入 金	500	S 社 貸 付 金	500
貸 倒 引 当 金	400	貸倒引当金戻入益	400
貸倒引当金戻入益	400	抱合せ株式消滅差損	400

　また、合併が予定されている子会社が債務超過の状態にある場合には、設例の前提に示されているように、親会社では、合併効力発生日の前日までに子会社株式について減損処理を行い、また、当該子会社に対する貸付金等に対しては債務超過相当額の貸倒引当金を設定するなど、将来の負担に対する会計上の手当がなされていることが想定されます。

　このような場合、会計処理上は、合併の効力発生日に合併に伴う損失（抱合せ株式消滅差損）と貸倒引当金戻入益が生じますが、親会社では、子会社に関連した損失は合併前に手当済みであり、利益と損失を総額で表示する意義も乏しいと考えられるため、損益計算書上は相殺表示することが適当と考えます。

[2] 合併が行われた会計期間末の会計処理

　親会社は、合併の効力発生日に承継した子会社の繰越欠損金 800 に対する回収可能性を会計年度末に判断することになります。もし、全額回収できるものと判断された場合には、以下の会計処理を行います。

合併が行われた会計年度末におけるP社の個別財務諸表上の会計処理			
(借) 　 繰 延 税 金 資 産	240	(貸) 　 法 人 税 等 調 整 額	240

　　繰越欠損金 800×30%（実効税率）＝240（ここでは、繰越欠損金の使用制限は無視する）

　このように、繰越欠損金の承継による税効果は、通常、合併後の会社（存続会社）が企業結合年度に享受することになります。

　なお、繰延税金資産の回収可能性を過去の業績等に基づいて判断する場合には、子会社に係る過年度の業績等を親会社の過年度の業績等と合算したうえで

課税所得を見積ることになります（適用指針75項の考え方を参照）。

【参考3】税効果会計の概要（主として本書に関連する部分）

1．繰延税金資産の回収可能性の考え方
[1] 個別財務諸表上の取扱い
　税効果会計の適用により計上される繰延税金資産又は繰延税金負債は、将来減算一時差異、税務上の繰越欠損金等及び将来加算一時差異に係る税金の額から将来の会計期間において回収又は支払いが見込まれない税金の額を控除して計上する（税効果会計基準　第二　二1参照）。
　将来減算一時差異及び税務上の繰越欠損金に係る繰延税金資産の回収可能性は、次の(1)から(3)に基づいて、将来の税金負担額を軽減する効果を有するかどうかを判断する（回収可能性適用指針6項）。
　(1)　収益力に基づく一時差異等加減算前課税所得
　(2)　タックス・プランニングに基づく一時差異等加減算前課税所得
　(3)　将来加算一時差異
　具体的には、次の手順により、回収可能性を判断する（回収可能性適用指針11項）。

①　期末における将来減算一時差異の解消見込年度のスケジューリングを行う。
②　期末における将来加算一時差異の解消見込年度のスケジューリングを行う。
③　将来減算一時差異と将来加算一時差異の解消見込額とを、解消見込年度ごとに相殺する。
④　③で相殺し切れなかった将来減算一時差異の解消見込額については、解消見込年度を基準として繰戻・繰越期間の将来加算一時差異（③で相殺後）の解消見込額と相殺する。
⑤　①から④により相殺し切れなかった将来減算一時差異の解消見込額については、将来の一時差異等加減算前課税所得の見積額（タックス・プランニングによる見積額を含む）と解消見込年度ごとに相殺する。
⑥　⑤で相殺し切れなかった将来減算一時差異の解消見込額については、解

> 消見込年度を基準として繰戻・繰越期間の一時差異等加減算前課税所得の見積額（⑤で相殺後）と相殺する。
> ⑦ ①から⑥により相殺し切れなかった将来減算一時差異に係る繰延税金資産の回収可能性はないものとし、繰延税金資産から控除する。

注：上記①〜④のように、まず(3)の将来加算一時差異により回収可能性を検討し、次に⑤〜⑦のように、(1)収益力に基づく一時差異等加減算前課税所得と(2)タックス・プランニングに基づく一時差異等加減算前課税所得により回収可能性を検討する。これは以下の「企業分類」の区分にかかわらず、考慮すべき扱いとなる（回収可能性適用指針61項）。
なお、②に関連して、スケジューリング不能な将来加算一時差異は、将来減算一時差異と相殺することはできないが、固定資産圧縮積立金等の将来加算一時差異は、企業が必要に応じて当該積立金等を取り崩す旨の意思決定を行う場合、将来減算一時差異と相殺することができる（回収可能性適用指針14項）。
将来の課税所得の見積りは、合理的な仮定に基づく業績予測、すなわち、適切な権限を有する機関の承認を得た業績予測の前提となった数値を、経営環境等の企業の外部要因に関する情報や企業が用いている内部の情報（過去における中長期計画の達成状況、予算やその修正資料、業績評価の基礎データ、売上見込み、取締役会資料を含む）と整合的に修正することによって行う（回収可能性適用指針32項）。

[2] 連結財務諸表上の取扱い（連結決算手続上生じた繰延税金資産の回収可能性）

連結決算手続上生じた将来減算一時差異（未実現利益の消去に係る将来減算一時差異を除く）に係る繰延税金資産は、納税主体ごとに各個別財務諸表における繰延税金資産（繰越外国税額控除等に係る繰延税金資産を除く）と合算して、[1]に従って回収可能性を判断し、税金負担額を軽減することができると認められる範囲内で計上する（回収可能性適用指針9項）。

【補足】課税所得と一時差異等加減算前課税所得

2015年（平成27年）12月に公表された回収可能性適用指針では「課税所得」のほかに、繰延税金資産の回収可能性の判断に際して使用する「一時差異等加減算前課税所得」が新たに定義されたことを受け、組織再編に関する会計基準の適用指針においても用語が改正された。「一時差異等加減算前課税所得」とは、将来の事業年度における課税所得の見積額から、当該事業年度において解消することが見込まれる当期末に存在する将来加算（減算）一時差異の額を除いた額をいう。

上記の改正はこれまでの実務を変更するものではないが、以下、設例により課税所得と一時差異等加減算前課税所得との関係を整理する。

〈設例〉
・会社の企業分類は(4)とする（翌期の課税所得で回収できる額の繰延税金資産を計上する）。
・翌期の税引前当期純利益はゼロと見込まれる。
・当期末の将来減算一時差異は賞与引当金100のみである（翌期全額認容）。
・翌期末においても賞与引当金は100と見込まれる。

この場合の翌年度の課税所得及び一時差異等加減算前課税所得は次のようになる。

	翌期の課税所得 （申告書のイメージ）	翌期の一時差異等加減算前課税所得
税引前当期純利益（翌期計画）	0	0
当期末賞与引当金認容	△100	－
翌期末賞与引当金加算	+100	+100
計	0	+100

　繰延税金資産の回収可能性の判断の基礎となる所得とは、翌期の申告書をイメージした「課税所得」ではなく「（当期末に存在する）一時差異等加減算前課税所得」である。このケースでは、翌期の「課税所得」はゼロであり税金支払額もゼロであるが、一時差異等加減算前課税所得は100なので、期末の将来減算一時差異100は全額回収可能であると判断できる。言い換えれば、翌期に認容される（当期末に存在する）将来減算一時差異100がなければ翌年度の課税所得は100となり、税金30（＝100×30％）を支払うことになるが、実際には一時差異の認容により税金支払額はゼロとなる。これが税金軽減効果であり、繰延税金資産となる。

　なお、当期末に存在する将来減算一時差異の回収可能性を検討する以上、繰延税金資産の回収可能性の検討の基礎となる一時差異等加減算前課税所得は、あくまで当期末に存在する一時差異の解消額のみ「課税所得」からの調整項目とする点に留意する必要がある。例えば当期末に存在する減価償却超過額のうち翌期以降に認容されるものは翌期以降においても課税所得の調整項目となるが、賞与引当金は翌期にすべて認容されるため、翌々期以降の課税所得の調整項目とはなら

ない。この点については回収可能性適用指針［設例1］もあわせて参照のこと。

2. 企業分類

　繰延税金資産の回収可能性は、本質的には企業の収益力の見積りが重要であり、将来の利益・課税所得（利益計画）に依存する。しかし、将来は不確実であり、将来は過去・現在の状況が基礎となるので、過去実績を踏まえて企業の将来の収益力を見積もることになる。

　回収可能性適用指針では、企業の過去の業績や期末時点の将来減算一時差異等の状況を踏まえ、企業を5つのタイプに分類し、その分類ごとに繰延税金資産の計上方法を定めている。なお、以下の分類の要件のいずれも満たさない企業は、過去の課税所得の推移、当期の課税所得の見込み、将来の一時差異等加減算前課税所得の見込み等を総合的に勘案し、各分類の要件からの乖離度合いが最も小さいと判断されるものに分類する（回収可能性適用指針15、16項）。

≪企業の分類の要件と繰延税金資産の計上額≫

分類	分類の要件	繰延税金資産の計上額
（分類1）回収可能性適用指針17、18	次の要件をいずれも満たす企業 ① 過去（3年）及び当期のすべての事業年度において、期末における将来減算一時差異を十分に上回る課税所得が生じている。 ② 当期末において、近い将来に経営環境に著しい変化が見込まれない。	・原則として、繰延税金資産の全額について回収可能性があるものとする。 なお、【参考1】も参照のこと。
（分類2）回収可能性適用指針19～21	次の要件をいずれも満たす企業 ① 過去（3年）及び当期のすべての事業年度において、臨時的な原因により生じたものを除いた課税所得が、期末における将来減算一時差異を下回るものの、安定的に生じている。 ② 当期末において、近い将来に経営環境に著しい変化が見込まれない。 ③ 過去（3年）及び当期のいずれの事業年度においても重要な税務	・一時差異等のスケジューリングの結果、繰延税金資産を見積る場合、当該繰延税金資産は回収可能性があるものとする。 ・スケジューリング不能な将来減算一時差異に係る繰延税金資産の取扱い ・回収可能性がないものとする。 ・ただし、税務上の損金の算入時期が個別に特定できないが、将来のいずれかの時点で損金に算入される可能性が高いと見込ま

	上の欠損金が生じていない。	れるものについて、将来のいずれかの時点で回収できることを企業が合理的な根拠をもって説明する場合、回収可能性があるものとする。
(分類3) 回収可能性適用指針22〜25	次の要件をいずれも満たす企業（分類4）の②又は③の要件を満たす場合を除く） ① 過去（3年）及び当期において、臨時的な原因により生じたものを除いた課税所得が大きく増減している。 ② 過去（3年）及び当期のいずれの事業年度においても重要な税務上の欠損金が生じていない。	・将来の合理的な見積可能期間（おおむね5年（※））以内の一時差異等加減算前課税所得の見積額に基づいて、当該見積可能期間の一時差異等のスケジューリングの結果、繰延税金資産を見積る場合、当該繰延税金資産は回収可能性があるものとする。 ※：個々の企業の業績予測期間、業績予測能力、当該企業の置かれている経営環境等を勘案した結果、5年以内のより短い期間となる場合がある。 ・ただし、5年を超える見積可能期間においてスケジューリングされた一時差異等に係る繰延税金資産が回収可能であることを企業が合理的な根拠をもって説明する場合、当該繰延税金資産は回収可能性があるものとする。 その場合は以下の事項等を勘案する。 ・臨時的な原因により生じたものを除いた課税所得が大きく増減している原因 ・中長期計画（おおむね3年から5年の計画） ・過去における中長期計画の達成状況 ・過去（3年）及び当期の課税所得の推移
(分類4) 回収可能性適用指針26〜29	次のいずれかの要件を満たし、かつ、翌期において一時差異等加減算前課税所得が生じることが見込まれる企業 ① 過去（3年）又は当期において、	・翌期の一時差異等加減算前課税所得の見積額に基づいて、翌期の一時差異等のスケジューリングの結果、繰延税金資産を見積る場合、当該繰延税金資産は回収可能性が

Q13-1　親会社と債務超過子会社との合併に係る税効果の処理

	重要な税務上の欠損金が生じている。 ②　過去（3年）において、重要な税務上の欠損金の繰越期限切れとなった事実がある。 ③　当期末において、重要な税務上の欠損金の繰越期限切れが見込まれる。	あるものとする。 • ただし、（分類4）の要件に該当する場合であっても、以下を勘案して、将来の一時差異等加減算前課税所得の十分性を企業が合理的な根拠をもって説明する場合には、将来における一時差異等加減算前課税所得の十分性を説明できる期間に基づき、（分類2）（5年超にわたる安定的な所得）又は（分類3）（おおむね3年から5年は所得あり）として取り扱う。 　・重要な税務上の欠損金が生じた原因 　・中長期計画（おおむね3年から5年の計画） 　・過去における中長期計画の達成状況 　・過去（3年）及び当期の課税所得又は税務上の欠損金の推移等
（分類5） 回収可能性適用指針30、31	次の要件をいずれも満たす企業 ①　過去（3年）及び当期のすべての事業年度において、重要な税務上の欠損金が生じている。 ②　翌期においても重要な税務上の欠損金が生じることが見込まれる。	原則として、回収可能性はない。

注：解消見込年度が長期にわたる将来減算一時差異の取扱い

　　退職給付引当金や建物の減価償却超過額に係る将来減算一時差異のように、解消見込年度が長期にわたる将来減算一時差異は、上記の分類に応じて、次のように取り扱うものとされている（回収可能性適用指針35項）。

・（分類1）及び（分類2）に該当する企業においては、繰延税金資産は回収可能性があると判断できるものとする。
・（分類3）に該当する企業においては、将来の合理的な見積可能期間（おおむね5年）において当該将来減算一時差異のスケジューリングを行ったうえで、当該見積可能期間を超えた期間であっても、当期末における当該将来減算一時差異の最終解消見込年度までに解消されると見込まれる将来減算一時差異に係る繰延税金資産は回収可能性があると判断できるものとする。
・（分類4）に該当する企業においては、翌期に解消される将来減算一時差異

に係る繰延税金資産は回収可能性があると判断できるものとする。
・（分類5）に該当する企業においては、原則として、繰延税金資産の回収可能性はないものとする。

3. 連結財務諸表における税効果会計の適用の枠組み

　一時差異とは、「（連結）貸借対照表上の資産及び負債の金額」（会計上の簿価）と「課税所得計算上の資産及び負債の金額」（税務上の簿価）との差額である。

　連結財務諸表は、企業会計の基準に準拠して作成した親会社と子会社の個別財務諸表を基礎として作成する（連結会計基準10項）。したがって、連結財務諸表の作成に当たり、税効果会計の適用についても、下図のように、まず個別財務諸表において生じる一時差異（財務諸表上の一時差異）に対して税効果会計を適用し、次に、連結決算手続の結果として生じる一時差異（連結財務諸表固有の一時差異）に対して税効果会計を適用する、という2段階の手続となる。

《財務諸表上の一時差異と連結財務諸表固有の一時差異》

〈将来減算一時差異〉
・貸倒引当金の損金算入限度超過額
・賞与引当金
・退職給付引当金など

〈将来加算一時差異〉
・積立金方式による租税特別措置法上の諸準備金など

税効果適用指針84、85項

個別 F/S	税務上の簿価	申告調整 （一時差異）	会計上の簿価 （個別B/S）
	100	△20	80

連結 F/S		税務上の簿価 （個別B/S）	連結修正 （連結固有の一時差異）	会計上の簿価 （連結B/S）
		80	△30	50

税効果適用指針86項
① 連結手続において、子会社の資産及び負債を時価評価した場合に生じた評価差額
② 子会社の資本に対する親会社持分相当額及びのれんの未償却額の合計額と親会社の個別貸借対照表上の投資簿価との差額
③ 連結会社間の取引から生じる未実現損益の消去額
④ 連結会社間の債権と債務の相殺消去による貸倒引当金の修正額など

注：連結財務諸表の作成に当たっては、連結貸借対照表に計上される資産・負債を「会計上の簿価」、個別財務諸表における「会計上の簿価」を「税務上の簿価」とみなすイメージで、その差額である一時差異（連結財務諸表固有の一時差異）に対して税効果会計を適用することになる。

4. 子会社投資に係る税効果の考え方（連結財務諸表）
[1] 投資時点の子会社投資に係る一時差異

子会社株式は、連結財務諸表作成に当たり、資本連結手続で消去され、当該子会社の資産・負債に展開される。税効果会計上は、「子会社の資本に対する親会社持分相当額及びのれんの未償却額の合計額（投資の連結貸借対照表上の価額）と親会社の個別貸借対照表上の投資簿価（課税所得計算上の子会社株式の価額）との差額」が連結財務諸表固有の一時差異となる（税効果適用指針86項）。

買収当初は、投資額（1,000）と資産・負債（時価ベース）の正味評価額（900）に差額（100）があっても、それは「のれん」になるので、税務上の簿価と会計上の簿価とは一致し、一時差異は生じない（税効果適用指針103項）（※）。

≪資本連結：開始仕訳のイメージ≫

資 本 金	500	子会社株式（※）		1,000
利 益 剰 余 金	300			
評 価 差 額	100			
の れ ん	100			

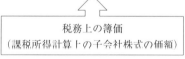

会計上の簿価　　　　　　　　　　税務上の簿価
（投資の連結貸借対照表上の価額）　（課税所得計算上の子会社株式の価額）

※：正確には、当該子会社株式の取得原価に含まれる取得関連費用の額だけ、一時差異が生じる。
なお、段階取得が行われた場合には、支配獲得時の子会社株式の帳簿価額は個別（既取得分は原価で評価）と連結（既取得分を含めて時価で評価）とで異なることになり、この差額は子会社に対する投資に係る連結財務諸表固有の一時差異となる（税効果適用指針107項(2)、Q2-4 **4**、Q15-1 **5**、Q15-5参照）。

[2] 投資後の子会社投資に係る一時差異の変動

買収の翌年度において、子会社は利益を60計上し、のれんの償却額が10とすれば、子会社純資産（会計上の簿価）は1,050（＝1,000＋60－10）となる。子会社株式の帳簿価額（税務上の簿価）に変動はないため、会計上の簿価1,050＞

税務上の簿価1,000となる。このように、当初一致していた個別上の簿価（税務上の簿価）と連結上の簿価（会計上の簿価）は、支配獲得後の子会社の業績やのれんの償却等により差額が生じる。この差額は、子会社からの配当、子会社株式の売却（※）などで、親会社において納付する税金を増額又は減額する効果を有することになり、連結財務諸表固有の一時差異に該当する（税効果適用指針104項）。

> ※：仮に子会社株式のすべてを買収の翌年度末に1,200で売却すれば、連結上の売却益は150（＝1,200－1,050）、それに対する税金費用は45（＝150×30％）となるべきであるところ、個別上の売却益は200（＝1,200－1,000）、それに対する税金費用は60（＝200×30％）となる。このように、子会社株式の売却により、連結上の簿価1,050と個別上の簿価1,000との差額50は、親会社において納付する税金を15増加させることになり、将来加算一時差異に該当する（当該一時差異は、それが解消される時に連結上の利益が50増額されることによって、個別上の利益200と一致する関係にあるため、将来加算一時差異となる（税効果適用指針4項(5)②））。

[3] 子会社投資に対する税効果の会計処理（連結固有の一時差異の取扱い）

子会社投資に係る連結財務諸表固有の一時差異の発生要因は上記のとおりであるが、それに係る繰延税金資産又は繰延税金負債を認識するのかどうか、また認識する場合のタイミングについては、以下の考え方による。

① 将来減算一時差異等

子会社投資に対する将来減算一時差異等については、当該投資の売却などにより将来減算一時差異等が解消される可能性が高く、かつ、繰延税金資産の回収可能性があると判断される場合を除き、繰延税金資産を計上しない（税効果適用指針22項、8項(3)）。

② 将来加算一時差異

子会社投資に対する将来加算一時差異については、投資の売却や配当の受領など将来加算一時差異の解消事由に応じた追加納付見込額を繰延税金負債として計上する（投資の売却と配当受領では、通常、追加納付見込額は異なる）。ただし、投資売却の意思がなく、かつ、子会社の利益を配当しない方針を採用している場合など、予測可能な将来の期間に将来加算一時差異が解消しない場合には、繰延税金負債を計上しない（税効果適用指針23項、24項）。

Q13-1　親会社と債務超過子会社との合併に係る税効果の処理

≪子会社に対する投資に係る連結財務諸表固有の一時差異の取扱い≫

区分	基本的な会計処理	特定の局面における会計処理
将来減算一時差異等（税効果適用指針22）	繰延税金資産を計上しない。	次のいずれも満たす場合、繰延税金資産を計上する。 ・当該将来減算一時差異が、解消される可能性が高い（予測可能な将来の期間に、子会社株式の売却等を行う意思決定又は実施計画が存在する場合（他の子会社への売却を含む（※））又は個別財務諸表で計上した子会社株式評価損が損金に算入される場合） ・当該将来減算一時差異に係る繰延税金資産に回収可能性があると判断される。 ※：ただし、税務上の要件を満たし課税所得計算において売却損益を繰り延べる場合（法人税法61条の11）は除外され、繰延税金資産を計上しない。（Q11-1、Q11-2参照）
（税効果適用指針23）	① ②以外により解消されるもの 追加納付見込額を繰延税金負債として計上する。	次のいずれも満たす場合には、繰延税金負債を計上しない。 ・親会社が子会社株式の売却等を当該親会社自身で決めることができる。 ・予測可能な将来の期間に、 　a 子会社株式の売却等を行う意思がない。又は 　b 子会社に対する投資の売却等を行う意思があるが、当該子会社に対する投資の売却等に伴い生じる売却損益について、税務上繰り延べる場合（法人税法61条の11）（Q11-1、Q11-2参照）
将来加算一時差異（税効果適用指針24）（※）	〈将来加算一時差異の解消事由〉 ② 配当金として受け取ることにより解消されるもの 税務上の益金算入又は税務上の損金不算入（外国源泉所	次のような場合に該当し、将来の会計期間において追加納付税金が見込まれない可能性が高いときは、繰延税金負債を計上しない。 ・親会社が当該子会社の利益を配当しない方針を採用している場合 ・子会社の利益を配当しない方針について

得税の場合)による追加納付見込額を繰延税金負債として計上する。	他の株主等との間に合意がある場合

※：留保利益に係る連結財務諸表固有の将来加算一時差異については、通常、親会社は子会社の留保利益を配当金として受け取ることにより解消されることから、原則として、当該将来加算一時差異に係る繰延税金負債を計上することになるとされている（税効果適用指針108項）。したがって、上表のように親会社が当該子会社の利益を配当しない方針を採っているなど、将来の会計期間において追加で納付する税金が見込まれない可能性が高い場合を除き、繰延税金負債を計上することになる点に留意する必要がある。

Q13-2 子会社間の事業譲渡/事業譲受に係る税効果の処理

親会社（P社）は、100％子会社を2社（S1社とS2社）有しています。今般、S1社は事業の一部（移転諸資産（関連する繰延税金資産30を除く）の会計簿価100、税務簿価200）をS2社に300で事業譲渡することとしました。この場合のS1社（譲渡会社）とS2社（譲受会社）の会計処理を教えてください。

なお、これ以外の会計処理の前提は、以下のとおりです。

- S1社では移転諸資産に係る将来減算一時差異100に対して繰延税金資産30を計上している。
- 譲渡価額はのれん価値を考慮して300とされた。なお、事業譲渡日における移転諸資産の時価は50である。この結果、譲受会社では税務上の資産調整勘定が250（＝300－50）発生し、譲渡会社では税務上の譲渡益が100（＝300－200）発生した。
- S1社では、平成22年度税制改正により導入された譲渡損益の繰延べは適用されないものとする。
- S1社及びS2社は、回収可能性適用指針の企業分類(1)に該当し、将来減算一時差異のすべてについて繰延税金資産を認識するものとする。

〈移転直前〉

	簿　価		時　価
	会　計	税　務	
移転諸資産（※）	100	200	50
事業全体	－	－	300

※：将来減算一時差異100に対する繰延税金資産30を除く。

S1社（譲渡会社）とS2社（譲受会社）の会計処理は、次のようになります。

S2社（譲受会社）の会計処理				S1社（譲渡会社）の会計処理			
〈事業譲渡／譲受日の処理〉							
諸 資 産	100	現 金	300	現 金	300	諸 資 産	100
のれん①	200					移 転 益	200
のれん②	15	繰延税金負債	15	移転諸資産には、繰延税金資産を含めない。			
諸資産に係る税効果（100－50）×30％＝15							
繰延税金資産	75	のれん③	75				
資産調整勘定に係る税効果（300－50）×30％＝75							
＜参考＞税務上の処理							
諸 資 産	50	現 金	300	現 金	300	諸 資 産	200
資産調整勘定	250					移 転 益	100
〈会計年度末の処理〉							
資産調整勘定の償却に係る税効果の処理は省略する。				法 人 税 等	30	未 払 税 金	30
				税務上の移転益（300－200）×30％＝30			
				法人税等調整額	30	繰延税金資産	30
				移転諸資産に係る繰延税金資産30の取崩し			

【連結修正】							
移 転 益	200	のれん①	200	移転損益とのれんは内部取引に係るものであり、全額消去する。また、移転損益消去に係る税効果は、既に個別財務諸表で処理済みであり、特段の処理は行わない。			
法人税等調整額	15	のれん②	15	連結財務諸表上は、のれんは発生しないため、繰延税金資産・負債の相手勘定は「のれん」ではなく、「法人税等調整額」に振り替える。			
のれん③	75	法人税等調整額	75				

解説

1 個別財務諸表上の税効果の処理

[1] 譲渡会社（分離元企業）の会計処理

　譲渡会社にとって、移転事業に対する投資が継続しているかどうかの判定は、「対価の種類」によって行うことになるため、事業譲渡の対価が現金等の財産の場合には、投資が清算されたとみなされることになります（事業分離等会計基準10項(1)、75項）。投資が清算された場合の税効果の会計処理は、通常の諸資産の処分が行われたときと同様、事業譲渡時には税効果の処理は行わず、移転した諸資産に係る繰延税金資産及び繰延税金負債は、期末に取り崩されることになります（相手勘定は法人税等調整額）。

[2] 譲受会社（結合企業）の会計処理

　譲受会社は、共通支配下の取引であることから、譲渡会社の帳簿価額により諸資産（譲渡会社で認識していた繰延税金資産及び繰延税金負債を除く）を受け入れ、対価として支払った現金等の財産との差額をのれん（又は負ののれん）に計上することになります。前述のとおり、譲渡会社では投資の清算の会計処理が行われることとなるため、譲渡会社で計上されていた繰延税金資産及び繰延税金負債は譲受会社に承継されません。なお、のれんは、税効果認識後の配分残余であるため、移転諸資産に一時差異等（事業譲受時に発生する資産調整勘定（又は差額負債調整勘定）を含む）があるときは、適用指針71項から75項に準じて、事業受入れ時に税効果を認識することになります（相手勘定はのれん（又は負ののれん）となる）。

　なお、事業分離会計（投資の継続と清算）と共通支配下の取引の会計処理（簿価処理）との関係については、Q6-4も参照してください。

2 連結財務諸表上の税効果の処理

　共通支配下の取引における事業譲渡により発生した移転損益は、連結財務諸

表上、未実現損益の消去に準じて処理されることになりますが、当該未実現損益消去に伴う税効果の処理は、税効果適用指針（34項以下）が想定しているケース（連結会社間の棚卸資産の売買等）とは以下の点において異なるため、その適用はないものと考えられます。

- 譲受会社の個別財務諸表上、移転諸資産に係る会計上の簿価（100）と税務上の簿価（50）とが異なるため、税効果の調整は譲受会社の個別財務諸表上で行われること
- 共通支配下の取引として移転元の簿価（100）により移転先も受け入れるため、連結財務諸表固有の一時差異が生じるわけではないこと

なお、譲受会社の個別財務諸表上、事業受入れ時に認識した繰延税金資産又は繰延税金負債の相手勘定は「のれん（又は負ののれん）」となりますが、連結財務諸表上は、のれんは譲渡会社で計上された移転損益と相殺消去されるため、繰延税金資産又は繰延税金負債の相手勘定を「のれん（又は負ののれん）」から「法人税等調整額」に振り替えることになります。

≪会計上の簿価と税務上の簿価の変動≫

	移転諸資産						資産調整勘定
	税務簿価		（個別）会計簿価		（連結）会計簿価		
	S1社	S2社	S1社	S2社	S1社	S2社	S2社
譲渡前	200	−	100	−	100	−	−
譲渡後	−	50	−	100	−	100	250

〈移転諸資産に係る一時差異〉
　　譲渡前：個別F/S上の一時差異＝将来減算一時差異100（＝個別会計簿価100−税務簿価200）
　　譲渡前：連結F/S上の一時差異＝0（＝連結会計簿価100−個別会計簿価100）
　　譲渡後：個別F/S上の一時差異＝将来加算一時差異50（＝個別会計簿価100−税務簿価50）
　　譲渡後：連結F/S上の一時差異＝0（＝連結会計簿価100−個別会計簿価100）
〈資産調整勘定〉
　　譲渡後：個別F/S上の一時差異＝将来減算一時差異250（＝個別会計簿価0−税務簿価250）

Q13-3　会社分割に係る税効果の処理の全般的事項

分離元企業における税効果のポイントを教えてください。

A　会社分割に関する税効果の会計処理は、投資が清算された場合と投資が継続している場合で異なることになります。投資が継続している場合には、事業分離日において分離元企業で認識された繰延税金資産・負債が、分離先企業において引き継がれるため、繰延税金資産の回収可能性と税効果会計の適用時期について、一般的な税効果とは異なる取扱いがあります。

解説

1 分離元企業の税効果会計の論点

分離先企業の株式のみを受取対価とする会社分割の場合には、一時差異の発生に関して、次の4つの組合せがあります。

≪分離元企業の会計と税務の関係≫

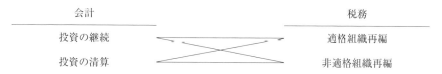

会計	税務
投資の継続	適格組織再編
投資の清算	非適格組織再編

適用指針107項及び108項では、分離元企業の税効果会計の主要論点を以下の2つに整理したうえで、分離元企業にとって移転した事業に対する投資が継続しているのか、それとも清算されたのかにより、それぞれ異なる取扱いを定めています。

≪分離元企業の税効果会計の論点≫

論　点	内　容
論点① 繰延税金資産の回収可能性 （移転直前の移転事業に係る税効果）	事業分離の属する事業年度末において、移転事業に係る資産及び負債の一時差異に対して、分離元企業が計上する繰延税金資産の回収可能性の判断をどのように行うか。
論点② 税効果会計の適用時期 （取得した株式等に係る税効果）	事業分離の対価として受け入れた株式など現金以外の会計上の帳簿価額と税務上の帳簿価額との間に生じる一時差異に対して税効果会計をいつ適用するか。

　論点①は分離元企業における事業分離直前の移転事業に係る税効果の取扱い、論点②は分離元企業が事業分離の対価として取得した株式等に係る税効果の取扱いに関するものです。

　これを分離元企業における会社分割の会計処理との関係で示せば、次のようになります。

［例］投資継続：税務適格の場合（Q13-4 の仕訳参照）

2　投資が清算された場合の分離元企業の税効果会計の取扱い

　投資が清算された場合の分離元企業の税効果会計の取扱いは、一般的な売却や交換取引と同様に会計処理することになります。したがって、**1**の論点との関係で整理すると、次のようになります（適用指針107項(1)、108項(1)）。

論　点	考え方	備　考
論点① 繰延税金資産の回収可能性	分離元企業における事業分離日以後の将来年度の収益力に基づく一時差異等加減算前課税所得により判断する。	分離先企業の将来年度の収益力に基づく一時差異等加減算前課税所得は勘案しない。
論点② 税効果会計の適用時期	事業分離日以後最初に到来する事業年度末に適用する。	期末に存在する一時差異について繰延税金資産・負債が計上され、期首・期末の繰延税金資産・負債の差額が法人税等調整額に計上される。

3 投資が継続している場合の分離元企業の税効果会計の取扱い

投資が継続している場合の分離元企業の税効果会計の取扱いは、事業分離日において分離元企業で認識された繰延税金資産・負債が、分離先企業において引き継がれるため、下表のように、一般的な売却や交換取引とは異なる取扱いが示されています（適用指針107項(2)、108項(2)）。

論　点	考え方	備　考
論点① 繰延税金資産の回収可能性の考え方	ア　移転事業 　事業分離が行われないものと仮定した移転事業に係る将来年度の収益力に基づく一時差異等加減算前課税所得を勘案して判断する。	a　事業分離が行われないものと仮定したときの分離元企業の将来年度の一時差異等加減算前課税所得の見積額を移転事業対応額と残存事業対応額に区分 b　移転事業に係る一時差異の回収可能性を移転事業に対応する一時差異等加減算前課税所得に基づき判断する。 c　bで回収できない一時差異がある場合で、残存事業に係る一時差異を上回る残存事業に対応する一時差異等加減算前課税所得があるときは、原則としてその課税所得も考慮する。
	イ　残存事業 　事業分離を考慮した実際の分離元企業における将来年度の収益力に基づく一時差異等加	税務上、移転損益が発生する場合には、それを考慮する。

	減算前課税所得により判断する。	
論点② 税効果会計の適用時期	事業分離日に適用する。	アの考え方に従い計上された移転する繰延税金資産・負債（※）を、事業分離日において受け取る分離先企業の株式に係る一時差異に対する繰延税金資産・負債として同額計上する。

※：移転事業に係る資産及び負債の一時差異及び当該事業分離に伴い新たに生じた一時差異（税務上の移転損益相当額）に関する繰延税金資産・負債の適正な帳簿価額をいう（適用指針108項(2)）。なお、ここでの繰延税金資産の適正な帳簿価額とは、上表①の繰延税金資産の回収可能性の考え方に従い計上されたものをいう。

Q13-4 会社分割に係る税効果の処理（会計：投資継続/税務：適格）

次の会社分割が行われた場合の会計処理を教えてください。

〈前提〉

- P社は、4月1日に単独新設分割を行い、B事業（B資産）を100%子会社となるS社に移転した。
- P社の将来年度の一時差異等加減算前課税所得の見積額は以下のとおりである。
  - 当該会社分割がないと仮定した場合のB事業（移転事業）から生じる課税所得：300、A事業（残存事業）から生じる課税所得：250
  - 会社分割後に、P社においてA事業（残存事業）から生じる実際の将来年度の課税所得：300
- P社では、S社株式の売却予定はない。
- 当該会社分割は適格組織再編に該当する（※）。

※：分離元企業（分割法人）は移転資産・負債を会社分割直前の帳簿価額により譲渡したものとして取り扱い（譲渡損益は認識されない）、対価として受領した分離先企業（分割承継法人）の株式の取得原価を移転資産・負債の簿価純資産価額に付随費用を加算した額として認識する。

	事業分離直前の将来減算一時差異	一時差異等加減算前課税所得	回収可能見込額	備考
移転事業B（※）	200	300	200	
（残存事業A）（※）	(100)	(250)		残余150
実際の残存事業A	100	300	100	
P社合計	300	−	300	

※：移転事業B欄及び残存事業A欄の金額は、事業分離がないと仮定した場合の金額である。

- 実効税率は30%とする。
- S社では、増加すべき資本のすべてを資本金とした。

第13章　共通支配下の取引等における税効果会計

・会社分割直前のP社の貸借対照表は以下のとおりである。

P社 B/S（3/31）

科　目	会計	税務	科　目	会計	税務
A　資　産	200	300	資　本　金	200	(※)200
繰　延　税　金　資　産	30		利　益　剰　余　金	290	500
B　資　産	200	400			
繰　延　税　金　資　産	60				
	490	700		490	700

※：資本金等の額を示している（以下同様）。
注：会社分割直前にP社が計上した繰延税金資産については、［解説］の表中の「論点①　繰延税金資産の回収可能性」を参照。

A　会社分割の効力発生日（4月1日）における分割会社及び承継会社の会計処理は、次のようになります。

分割会社P社の会計処理		承継会社S社の会計処理	
S　社　株　式　200 繰延税金資産　60 （S社株式対応）	B　資　産　200 繰延税金資産　60 （B資産対応）	B　資　産　200 繰延税金資産　60 （B資産対応）	資　本　金　260

論点②　論点①

S社では繰延税金資産の回収可能性の判断をせずにP社で付された適正な帳簿価額で繰延税金資産を受け入れる。

なお、会社分割直後（4/1）の各社のB/Sは、以下のようになります。

P社						S社					
科　目	会計	税務	科　目	会計	税務	科　目	会計	税務	科　目	会計	税務
A　資　産	200	300	資　本　金	200	200	B　資　産	200	400	資　本　金	260	400
繰延税金資産	30		利益剰余金	290	500	繰延税金資産	60				
S　社　株　式	200	400									
繰延税金資産	60										
	490	700		490	700		260	400		260	400

Q13-4 会社分割に係る税効果の処理(会計:投資継続/税務:適格)

解説

1 個別財務諸表上の会計処理

投資が継続している場合の分離元企業の税効果会計の取扱いを、本設例に当てはめると、以下のようになります。

論　点		適用指針の定め（設例に適用した場合）
論点① 繰延税金資産の回収可能性	移転事業	P社（分離元企業）の会社分割の効力発生日前日におけるB事業（B資産）に係る一時差異（200）の回収可能性は、会社分割がないと仮定した場合のB事業に係る将来年度の一時差異等加減算前課税所得（300）により判定する。 なお、もし、当該課税所得で回収できない額がある場合であっても、残存事業であるA事業において、当該事業に係る一時差異（100）を上回る一時差異等加減算前課税所得（250）が見込まれるときは、当該一時差異控除後の課税所得（150）も、原則として考慮する。
	残存事業	P社の会社分割の効力発生日前日におけるA事業（A資産）に係る一時差異（100）の回収可能性は、当該会社分割を考慮した実際の将来の一時差異等加減算前課税所得（300）により判定する。
論点② 税効果会計の適用時期		事業分離日（会社分割の効力発生日）に適用する。 分割会社P社が取得する承継会社S社株式の取得原価（200）には、事業分離日に移転する繰延税金資産（移転事業であるB事業に係るもの）(60)を含めず、S社株式に係る一時差異（200）に対する繰延税金資産（60）として計上する。 〈分離元企業が受け取った分離先企業の株式に係る税効果の取扱い〉 分割会社P社では、会社分割前はB事業に係る一時差異（例えば、処分予定の棚卸資産に係る評価損や賞与引当金）はスケジューリング可能であるとして繰延税金資産を計上していたものの、会社分割後は対価として取得した株式は売却予定がなくスケジューリング不能な一時差異となり、繰延税金資産を計上できなくなることも想定される。 このため、適用指針108項(2)では、当該分離先企業の株式等に係る一時差異に対する繰延税金資産については、従来の事業に係る投資が継続しているものとみて、事業分離日において移転する繰延税金資産を置き換えるものであるため、回収可能性適用指針の企業分類(1)に該当する企業に加え、

> 分類(2)又は(3)に該当する企業（同適用指針に従って(2)又は(3)に該当するものとして取り扱われる場合を含む）についてもその回収可能性があると判断できるものとするとの取扱いが示されている。
> ただし、以下の点に留意する必要がある。
> ・当該分離先企業の株式等に係る一時差異に対する繰延税金資産については、事業分離後に事業分離日において移転する繰延税金資産の額以上に計上されることはない。
> ・事業分離後、分離元企業が企業分類(4)（ただし、同適用指針に従って(2)又は(3)に該当するものとして取り扱われる場合を除く）の企業となった場合には、翌期における解消額に係る繰延税金資産の額を除き、当該繰延税金資産の回収可能性はないものと判断し、分類(5)の企業となった場合には、当該繰延税金資産の回収可能性はないものと判断する。

2 連結財務諸表上の会計処理

　上記の会社分割後の貸借対照表から明らかなように、P社の投資（S社株式の取得原価）は200となりますが、S社の資本は260となるため、差額60（S社株式に係る繰延税金資産の額）が生じることになります。

　このため、適用指針では、連結財務諸表の作成において、投資と子会社の資本の相殺に当たり、P社の投資は、S社株式200に関連する繰延税金資産60を加算した260とすることとしています（適用指針402項、適用指針〔設例37〕参照）。

≪連結仕訳（投資と資本の消去）≫

（借）資本金	260	（借）S 社 株 式	200
		繰延税金資産 （S社株式対応）	60

Q13-4 会社分割に係る税効果の処理(会計：投資継続/税務：適格)

≪P社の連結財務諸表≫P社連結B/S (4/1)

科　　　　目	会　計	科　　　　目	会　計
A　資　　　　産	200	資　　本　　金	200
繰　延　税　金　資　産	30	利　益　剰　余　金	290
B　資　　　　産	200		
繰　延　税　金　資　産	60		
	490		490

注：会社分割直前のP社の個別財務諸表と同じになる。

Q13-5 会社分割に係る税効果の処理(会計:投資継続/税務:非適格)

次の会社分割が行われた場合の会計処理を教えてください。

〈前提〉

・P社は、4月1日に単独新設分割を行い、B事業(B資産)を100%子会社となるS社に移転した。

・P社の将来年度の一時差異等加減算前課税所得の見積額は以下のとおりである。

  ・当該会社分割がないと仮定した場合のB事業(移転事業)から生じる課税所得:300、A事業(残存事業)から生じる課税所得:250

  ・会社分割後に、P社においてA事業(残存事業)から生じる実際の将来年度の課税所得:500(税務上の移転損益200を含む)

・P社では、S社株式の売却を予定しており、税務上、非適格組織再編となる(※)。

  ※:分離元企業(分割法人)は会社分割の効力発生日(4/1)において、移転資産・負債を時価で譲渡したものとして譲渡損益を認識する(譲渡損益は会社分割の効力発生日の属する事業年度の損金・益金とされる)。

・B事業及びB資産の会社分割の効力発生日における時価は600であり、税務上の移転損益が200(=効力発生日の時価600−効力発生日における税務上の簿価400)発生する。

・会社分割の効力発生日に発生した未払税金(法人税及び住民税のみとする)は、S社に引き継がない。

	事業分離日の将来減算一時差異	一時差異等加減算前課税所得	回収可能見込額	備考
移転事業B(※1)	(※2) 400	300	400	300+150=450
(残存事業A)(※1)	(100)	(250)		残余150
実際の残存事業A	100	(※3) 500	100	
P社合計	500	−	500	

600

Q13-5 会社分割に係る税効果の処理(会計:投資継続/税務:非適格)

※1:移転事業B欄及び残存事業A欄の金額は、事業分離がないと仮定した場合の金額である。
※2:直前の決算日に存在する一時差異200に加え、効力発生時点で新たに発生する一時差異200を加えている。
※3:一時差異等加減算前課税所得は移転損益200を含む。

- 実効税率は30%とする。
- S社では、増加すべき資本のすべてを資本金とした。
- 会社分割直前のP社の貸借対照表は以下のとおりである。

P社 B/S (3/31)

科　目	会　計	税　務	科　目	会　計	税　務
A　資　産	200	300	資　本　金	200	(※)200
繰　延　税　金　資　産	30		利　益　剰　余　金	290	500
B　資　産	200	400			
繰　延　税　金　資　産	60				
	490	700		490	700

※:資本金等の額を示している(以下同様)。
注:会社分割直前にP社が計上した繰延税金資産については、[解説]の表中の「論点①　繰延税金資産の回収可能性」を参照。

 会社分割の効力発生日(4月1日)における分割会社及び承継会社の会計処理は、次のようになります。

注:税務上、会社分割に係る譲渡損益は他の所得と合算して事業年度末に課税所得を計算したうえで租税債務を算定することになるが、以下の仕訳では、投資継続とされた場合の効力発生日における会計処理(税務上の帳簿価額が変動することに伴い一時差異が増減した場合の繰延税金資産・負債の承継等)の理解の便宜から、効力発生日に税務上の処理が行われたものとしている。

分割会社P社の会計処理	承継会社S社の会計処理
① 事業移転直前に新たに生じる一時差異(移転損益相当額)の処理(※1)	
法　人　税　等　　60　未払税金(※1)　60 繰延税金資産(※2)　60　法人税等調整額　60 (B資産対応・新)	

第13章 共通支配下の取引等における税効果会計

② 事業移転の処理（※2）							
S 社 株 式	200	B 資　　産	200	B 資　　産	200	資 本 金	320
繰延税金資産 （S社株式対応）	120	繰延税金資産 （B資産対応）	60	繰延資産資産 （B資産対応）	120		
		繰延税金資産 （B資産対応・新）	60				

　　　　　　　　　　　↑　　　　　　　↑
　　　　　　　　　論点②　　　　論点①

　　　　　　　　　　　　　　S社では繰延税金資産の回収可能性の判断を
　　　　　　　　　　　　　　せずにP社で付された適正な帳簿価額で繰延
　　　　　　　　　　　　　　税金資産を受け入れる。

① 投資が継続している場合には、移転事業に係る諸資産は、P社で付された適正な帳簿価額によりS社に移転される。非適格組織再編では、分離元企業は事業分離日に時価で移転諸資産を譲渡したものとして課税されるため、移転諸資産の税務上の簿価を評価替し（新たに生じた一時差異）、それに対する税効果の処理も含めて適正な帳簿価額を算定する（適用指針108項(2)）。

※1：税務上の移転損益200（600（時価）－400（税務簿価））に対する税金60の計上
※2：当該事業分離に伴い新たに生じた一時差異（税務上の移転損益相当額）200に対応する繰延税金資産60の計上

② P社では、事業分離前（時価評価替前）から有していた一時差異に係る税効果（B資産対応）60と①で算定した新たに生じた一時差異（B資産対応・新）60の合計120を、S社に移転する。S社では、P社で算定された移転諸資産の簿価をそのまま受け入れるため、繰延税金資産の回収可能性についてもP社における判断をそのまま受け入れ、当該繰延税金資産の回収可能性はその後最初に到来する会計期間末に検討する。

なお、会社分割直後（4/1）の各社のB/Sは、以下のようになります。

P社						S社					
科　目	会計	税務	科　目	会計	税務	科　目	会計	税務	科　目	会計	税務
A 資 産	200	300	未 払 税 金	60	60	B 資　　産	200	600	資 本 金	320	600
繰延税金資産	30					繰延税金資産	120				
S 社 株 式	200	600	資 本 金	200	200						
繰延税金資産	120		利益剰余金	290	640						
	550	900		550	900		320	600		320	600

Q13-5 会社分割に係る税効果の処理(会計:投資継続/税務:非適格)

解説

　本設例では、非適格組織再編に該当するため、税務上、B資産は会社分割の効力発生日の時価(600)により譲渡されたものとして処理されます。このため、分割会社では、移転損益(200)が発生し、これに対する法人税等(60)を計上する必要があります。なお、承継会社が取得するB資産の税務上の帳簿価額は移転時の時価600を付します(本設例では事業の時価も600とされているため、承継会社では資産調整勘定は発生していない)。

　一方、会計上、投資が継続しているとみる場合には、分割会社では移転損益を認識せず、会社分割の効力発生日において移転する繰延税金資産及び繰延税金負債の額を、承継会社の株式の取得原価に含めずに、取得した承継会社株式等に係る一時差異に対する繰延税金資産及び繰延税金負債として同額計上することになります。ここで、会社分割の効力発生日において計上すべき繰延税金資産及び繰延税金負債(＝承継会社が引き継ぐべき繰延税金資産及び繰延税金負債)とは、効力発生日直前の移転した事業に係る資産及び負債の一時差異(60)に加えて、効力発生日に新たに生じた一時差異(税務上の移転損益相当額)に関する繰延税金資産及び繰延税金負債(60)の合計(120)となります。当該繰延税金資産の回収可能性については、以下のように、適用指針107項(2)に準じて判断することになります(適用指針108項(2)参照)。

論点		適用指針の定め(設例に適用した場合)
論点① 繰延税金資産の回収可能性	移転事業	投資継続:非適格型において、S社に移転される一時差異は、P社(分離元企業)の会社分割の効力発生日前日におけるB事業(B資産)に係る一時差異(200)に加え、効力発生日に新たに生じた一時差異(200)も考慮した金額(400)となる。 　本設例では、まず、会社分割がないと仮定した場合のB事業に係る将来年度の一時差異等加減算前課税所得(300)により判定し、当該所得で回収できない額(100)については、残存事業であるA事業において、当該事業に係る一時差異(100)を上回る一時差異等加減算前課税所得(250)が見込まれるときは、原則として、当該一時差異控除後の課税所得(150＝250－100)も考慮する。 　よって、将来減算一時差異400は全額回収可能と判断される。

	残存事業	P社の会社分割の効力発生日前日におけるA事業（A資産）に係る一時差異（100）の回収可能性は、当該会社分割を考慮した実際の分離元企業における将来年度の収益力に基づく一時差異等加減算前課税所得（500）により判定する。
論点② 税効果会計の 適用時期		事業分離日（会社分割の効力発生日）に適用する。 また、分割会社P社が取得する承継会社S社株式の取得原価（200）には、事業分離日に移転する繰延税金資産（120）を含めず、S社株式に係る一時差異（400）に対する繰延税金資産（120）として計上する。

【参考】会社分割に係る税効果の処理（会計：投資継続／税務：非適格（資産調整勘定が生じる場合））

以下では、資産調整勘定や退職給与負債調整勘定が生じる非適格の会社分割の税効果の処理を設例により示す。

〈前提〉
・P社（分離元企業）は、同社の一部門であるS事業（移転事業）を4月1日に単独新設分割によりS社（分離先企業）として分社し、P社はS社株式を受け取った。
・P社はS社株式を同日付で第三者であるX社に400で譲渡した。このため、当該会社分割は非適格会社分割に該当する。なお、本設例ではP社におけるグループ法人税制の処理は省略する（譲渡損益の繰延・戻入の処理は行わない）。
・S事業の将来減算一時差異は全額回収できるものとする。
・実効税率は30％とする。
・S事業の3月31日現在の資産・負債は以下のとおりである。

会社分割効力発生日直前（3月31日）のS事業に係るB/Sイメージ

	会計	税務	差額		会計	税務	差額
土地	200	200	0	賞与引当金	50	−	50
繰延税金資産	45	−	45	退職引当金	100	−	100
				差額：純資産	95	200	△105
計	245	200	45	計	245	200	45

・繰延税金資産45＝（50＋100）×30％（全額回収可能）

Q13-5 会社分割に係る税効果の処理（会計：投資継続/税務：非適格）

〈B/S の補足情報〉
- S 社は P 社の従業員を引き継ぐため、会計上、人件費関係の引当金を承継する。退職給付引当金は自己都合支給額であり、S 社は税務上、その額を退職給与負債調整勘定として負債計上する。
- S 社に移転する土地の時価は 300（含み益は 100）。

(1) 分離元企業の税効果の処理
① 事業移転の処理（税効果の処理は③及び④参照）

会計処理（投資の継続：簿価移転）				税務処理（時価移転）			
賞与引当金	50	土　　地	200	S 社株式	400	土　　地	200
退職引当金	100					譲　渡　益	200
S 社株式	50						

② 法人税等の会計処理

法人税等	60	未払税金	60

・課税所得（譲渡益）200 に対応する法人税等の処理（実際には期末の会計処理）

③ 新たに生じた一時差異（税務上の移転損益相当額）の会計処理

繰延税金資産	60	法人税等調整額	60

（内訳）

法人税等調整額	30	繰延税金資産	30	退職給付引当金一時差異 100 の解消
繰延税金資産	30	法人税等調整額	30	土地評価益 100 の発生
繰延税金資産	60	法人税等調整額	60	資産調整勘定 200 の発生

上記の会計処理は、適用指針 108 項（2）の「新たに生じた一時差異（税務上の移転損益相当額）に関する繰延税金資産及び繰延税金負債」の処理である。分離元企業では、①のように税務上は移転資産・負債の時価による譲渡のみの処理となるが、会計上は（分離元企業の会計処理が分離先企業に引き継がれるため）分離先企業で生じる一時差異も考慮した会計処理を行う。

【参考】「新たに生じた一時差異」と「税務上の移転損益相当額」との関係

	会社分割直前の残高 （移転事業に係る一時差異）	会社分割時増減 （新たに生じた一時差異＝税務上の移転損益相当額）	会社分割直後のS社における残高
賞与引当金	△50		△50
退職給付引当金	△100	（※1）100	
土地評価益		△100	△100
資産調整勘定		△200	△200
計	△150	（※2）△200	△350

※1：税務上、会社分割時に退職給付引当金と同額の退職給与負債調整勘定が生じるため、将来減算一時差異が解消する。
※2：資産調整勘定を含む効力発生時の「新たに生じた一時差異」200は税務上の移転損益と一致する。
△は将来減算一時差異

④ 移転事業対応の繰延税金資産をS社株式対応の繰延税金資産へ振替（投資継続の処理）

繰 延 税 金 資 産　　　　　105 （ S 社 株 式 対 応 ）	繰 延 税 金 資 産　　　　　　45 （ 移 転 事 業 対 応 ） 繰 延 税 金 資 産　　　　　　60 （移転事業対応・新（移転損益相当額））

・移転事業に係る一時差異に対応する繰延税金資産（45）＋新たに生じた一時差異（税務上の移転損益相当額）に対応する繰延税金資産（60）＝105

⑤ 株式売却の処理

会計処理		税務処理	
現　　　　　　金　400	S 社 株 式　　50 売　　却　　益　350	現　　　　　　金　400	S 社 株 式　400
法人税等調整額　105	繰延税金資産　105		

S社株式に係る繰延税金資産105は、株式の売却年度にすべて取り崩される。
なお、会計上は金融商品会計基準に従いS社株式の売却時に損益が計上されるが、税務上は会社分割の効力発生日に譲渡損益が計上される（①）。

Q13-5 会社分割に係る税効果の処理(会計:投資継続/税務:非適格)

<P社のP/Lのイメージ>

	会社分割時	株式売却時		合計	
税引前当期純利益	0	350		350	
法人税等	+60	0		+60	
法人税等調整額	△60　　0	△105	△105	△165（※）	△105
当期純利益	0		245		245

※:税引前当期純利益に対する税金費用の割合は30%となる。

(2) S社(分離先企業)の会社設立時の処理

会計処理(簿価移転)				税務処理(時価移転)			
土　　　地	200	賞与引当金	50	土　　　地	300	退職調整勘定	100
繰延税金資産	105	退職引当金	100	資産調整勘定	200	資　本　金　等	400
		払　込　資　本	155				

<会社設立時のS社のB/Sイメージ>

	会計	税務	差額		会計	税務	差額
土　　　地	200	300	△100	賞与引当金	50	－	50
資産調整勘定	－	200	△200	退職引当金(調整勘定)	100	100	0
繰延税金資産	105	－	105	払込資本	155	400	△245
計	305	500	△195	計	305	500	△195

Q13-6 会社分割に係る税効果の処理(会計:投資清算/税務:適格…共通支配下以外)

次の会社分割が行われた場合の会計処理を教えてください。

〈前提〉
- X社は、4月1日に吸収分割を行い、B事業(B資産)をY社に移転した。
- X社は取得したY社株式をその他有価証券とした。取得したY社株式の時価は800、移転するB資産の時価は600である。
- 当該会社分割は、会計上、投資が清算されたものと判断され、移転損益600を認識した。
- X社の将来年度の一時差異等加減算前課税所得の見積額は以下のとおりである。

    当該会社分割がないと仮定した場合のB事業(移転事業)から生じる課税所得:300

    会社分割後に、X社においてA事業(残存事業)から生じる実際の将来年度の課税所得:150
- 実効税率は30%とする。
- 当該会社分割は、税務上、適格組織再編に該当するものとする(※)。
    ※:分離元企業(分割法人)は移転資産・負債を会社分割直前の帳簿価額により譲渡したものとして取り扱い(譲渡損益は認識されない)、対価として受領した分離先企業(分割承継法人)の株式の取得原価を移転資産・負債の簿価純資産価額に付随費用を加算した額として認識する。
- Y社では、増加すべき資本のすべてを資本金とした。
- 会社分割直前のX社の貸借対照表は以下のとおりである。

Q13-6 会社分割に係る税効果の処理（会計：投資清算／税務：適格…共通支配下以外）

X社 B/S（3/31）

科　目	会計	税務	科　目	会計	税務
A　資　産	200	300	資　本　金	200	（※）200
繰 延 税 金 資 産	30		利 益 剰 余 金	290	500
B　資　産	200	400			
繰 延 税 金 資 産	60				
	490	700		490	700

※：資本金等の額を示している（以下同様）。

A 会社分割の効力発生日（4月1日）における分割会社及び承継会社の会計処理は、次のようになります。

分割会社X社の会計処理	承継会社Y社の会計処理（※2）
Y 社 株 式　800　B　資　産　　200 　　　　　　　　　　移転利益(※1) 600	B　資　産　　600　繰延税金負債　 60 の　れ　ん　　260　資　本　金　　800

※1：受取対価の時価（800）と移転資産の帳簿価額（200）との差額を利益に計上
※2：承継したB事業に対してパーチェス法を適用する。
（取得原価の算定）
　交付する株式の時価（800）により払込資本（資本金）を増加させる。
（取得原価の配分）
　B資産時価　　　　600
　繰延税金負債　△60 = 200（= B資産会計簿価600 − B資産税務簿価400）× 30％
　計　　　　　　　540
　取得原価　　　　800
　差引）のれん　　260

第13章　共通支配下の取引等における税効果会計

解 説

分割会社X社の会計処理

論　点	適用指針の定め（設例に適用した場合）
[論点①] 繰延税金資産の回収可能性	分割会社の会社分割後の将来年度の一時差異等加減算前課税所得（150）により判断する。
[論点②] 税効果会計の適用時期	事業分離日以後最初に到来する事業年度末に適用する。したがって、期末に、前期末に計上していたB資産に係る繰延税金資産（60）を取り崩すとともに、Y社株式に係る繰延税金負債（120）を新たに計上し、その差額(180)を法人税等調整額として計上することになる。

　X社は、会社分割の効力発生日が属する事業年度末（翌年3/31）において税効果会計を適用するため、以下の会計処理を行うことになります（X社において会社分割以外の取引はなかったものと仮定した場合）。

分割会社X社の会計処理				
法人税等調整額	60	繰延税金資産 （B資産対応）		60
法人税等調整額	120	繰延税金負債 （Y社株式対応）		120

　上段：事業分離直前にX社において計上されていた繰延税金資産の取崩し
　下段：期末に存在する将来加算一時差異に対する繰延税金負債の計上

X社						Y社					
科　目	会計	税務	科　目	会計	税務	科　目	会計	税務	科　目	会計	税務
A 資 産	200	300	繰延税金負債	120		B資産	600	400	繰延税金負債	60	
繰延税金資産	30					のれん	260		資 本 金	800	400
Y 社 株 式	800	400	資 本 金	200	200						
			利益剰余金	710	500						
計	1,030	700	計	1,030	700	計	860	400	計	860	400

　注：貸借対照表上、繰延税金資産と繰延税金負債は、相殺表示すべきであるが、説明の便宜上、両建表示している。

Q13-7 会社分割に係る税効果の処理（会計：投資清算/税務：非適格）

X社は自社の事業の一部門を会社分割によりY社に移転し、対価としてY社株式（X社ではその他有価証券の分類）を受け取りました。この会社分割は会計上は投資の清算、税務上は非適格組織再編に該当します。

このような会社分割が行われた場合、分離元企業X社はどのように会計処理を行うことになりますか。

A 投資の清算として会計処理する場合、分離元企業の税効果は、一般的な資産の売却と同様の取扱いとなります。また、税務上、非適格型の場合には、受け取る承継会社株式は時価で評価され、その時価が会計上の時価と同じであれば、分離先企業株式に係る一時差異も存在しないことになります。

なお、何らかの理由で当該株式の時価の測定額が会計と税務とで異なる場合には一時差異が生じることになりますが、このような場合には、分離元企業は期末に税効果会計を適用することになります。

Q13-8 分割型の会社分割の処理（会計：投資継続/税務：非適格）

次の会社分割（会計：投資継続、税務：非適格型）が行われた場合の会計処理を教えてください。

〈前提〉

- X社は、4月1日に単独で分割型の会社分割を行い、B事業（B資産）を新設のY社（X社の兄弟会社になる）に移転した。
- X社の将来年度の一時差異等加減算前課税所得の見積額は以下のとおりである。

  当該会社分割がないと仮定した場合のB事業（移転事業）から生じる課税所得：300、A事業（残存事業）から生じる課税所得：250

  会社分割後に、X社においてA事業（残存事業）から生じる実際の将来年度の課税所得：500（税務上の移転損益200を含む）

- 税務上、当該分割型の会社分割は、非適格組織再編となる（※）。

  ※：分離元企業（分割法人）は会社分割の効力発生日（4/1）において、移転資産・負債を時価で譲渡したものとして譲渡損益を認識する（譲渡損益は会社分割の効力発生日の属する事業年度の損金・益金とされる）とともに、資本金等の額・利益積立金額の減少（受取対価の株主への即時配当）を認識する。

- B資産の会社分割の効力発生日における時価は600であり、効力発生日において税務上の移転損益が200（＝効力発生日の時価600－効力発生日における税務上の簿価400）発生する。
- Y社では、X社が取り崩した株主資本の額を引き継ぐ。X社は、資本剰余金100、利益剰余金220を取り崩すものとする。
- 実効税率は30%とする。
- 会社分割直前のX社の貸借対照表は以下のとおりである。

Q13-8 分割型の会社分割の処理(会計:投資継続/税務:非適格)

X社 B/S (3/31)

科　　　目	会　計	税　務	科　　　目	会　計	税　務
A　　資　　産	200	300	資　　本　　金	100	(※)200
繰　延　税　金　資　産	30		資　本　剰　余　金	100	ー
B　　資　　産	200	400	利　益　剰　余　金	290	500
繰　延　税　金　資　産	60				
	490	700		490	700

※:資本金等の額を示している(以下同様)。

会社分割の効力発生日(4月1日)における分割会社及び承継会社の会計処理は、次のようになります。

注:税務上、会社分割に係る譲渡損益は他の所得と合算して事業年度末に課税所得を計算したうえで租税債務を算定することになるが、以下の仕訳では、投資継続とされた場合の効力発生日における会計処理(税務上の帳簿価額が変動することに伴い一時差異が増減した場合の繰延税金資産・負債の承継等)の理解の便宜から、効力発生日に税務上の処理が行われたものとしている。

分割会社X社の会計処理	承継会社Y社の会計処理
法　人　税　等 60　未払税金(※1)　60 繰延税金資産(※2) 60　法人税等調整額　60 (B資産対応・新)	
[分社型会社分割] Y　社　株　式 200　B　　資　　産 200 繰延税金資産 120　繰延税金資産　60 (Y社株式対応)　　(B資産対応) 　　　　　　　　　繰延税金資産　60 　　　　　　　　　(B資産対応・新)	B　　資　　産 200　資　本　剰　余　金 100 繰延税金資産 120　利　益　剰　余　金 220 (B資産対応)
[現物配当] 資　本　剰　余　金 100　Y　社　株　式 200 利　益　剰　余　金 220　繰延税金資産(※3) 120	

※1:税務上の移転損益200(600(時価)-400(税務簿価))に対する税金60の計上
※2:会社分割の効力発生日に新たに生じた一時差異(税務上の移転損益相当額)200に対応する繰延税金資産60の計上

※3：本設例では、承継会社Y社は、分割会社X社の取り崩した株主資本を承継することとしているので、Y社の増加株主資本とX社の減少株主資本とを一致させるため、X社においては、現物配当時にY社株式の帳簿価額200のほか、対応する繰延税金資産の額120も含めて株主資本から直接減額している（適用指針409項）。もし、承継会社Y社が払込資本を増加させる方法を適用した場合には、X社は、通常の現物配当と同様、現物配当時に繰延税金資産の額120を株主資本から直接減額することはできず、会社分割の効力発生日の属する事業年度の法人税等調整額として費用計上することになる。
以上の点についてはQ8-11もあわせて参照されたい。

なお、会社分割直後（4/1）の各社のB/Sは、以下のようになります。

X社 B/S (4/1)						Y社 B/S (4/1)				
科　目	会計	税務	科　目	会計	税務	科　目	会計	税務	科　目	会計	税務
A　資　産	200	300	未払税金	60	60	B　資　産	200	600	資本剰余金	100	(※)600
繰延税金資産	30		資　本　金	100	86	繰延税金資産	120		利益剰余金	220	
			利益剰余金	80	154						
	230	300		230	300		320	600		320	600

※：資本金等の額を示している。
注：税務上、X社は、現物配当時に移転純資産に対応する資本金等の額（簿価比按分）の減少を認識するとともに、株主に交付した金銭等の時価との差額を利益積立金額の減少として認識する。

　　　分割移転割合＝400／700＝0.572
　　　減少資本金等の額＝200×0.572＝114、資本金等の額＝200－114＝86

解　説

分割型の会社分割が、税務上、適格組織再編に該当しない場合には、資産等の時価譲渡と受取対価の株主への即時配当が行われたものとして処理します。平成22年（2010年度）度税制改正により資産の時価譲渡の処理は効力発生日に行われることとされたため、分離元企業の処理としては、Q13-5（分社型会社分割（会計：投資継続／税務：非適格））の処理に受取対価の即日配当の処理を追加することになります（平成22年税制改正前は資産の時価譲渡の処理は効力発生日の前日に行うものとされていた）。

第14章

共通支配下の取引等に関する その他の論点

●本章の内容
Q14-1 未実現損益の調整対象とされた諸資産の移転を伴う組織再編 ……… 616
Q14-2 自己株式の取扱い ……… 622

Q14-1 未実現損益の調整対象とされた諸資産の移転を伴う組織再編

親会社は子会社を吸収合併しました。親会社は過去に含み益のある土地を当該子会社に売却し、親会社の個別財務諸表上、売却益を計上しています（連結財務諸表上は未実現損益として消去）。この場合の合併の会計処理はどのようになりますか。

〈前提〉
- P社は100％子会社S社を200で設立した（子会社株式の簿価200）。
- P社は簿価100の土地を200（時価）でS社に売却し、売却益100を計上した。
- P社とS社は合併することとなった。S社の諸資産は土地200のみとする。
- なお、上記の取引及び組織再編は、合理的なものとする。

A 親会社の合併の会計処理は以下のとおりです。なお、ここでは、合併仕訳を理解するため、過去の土地売買に関する会計処理もあわせて記載しています。

	摘要	借方		貸方	
P社	土地売却仕訳	現　金	200	土　地 売却益	100 100
S社	土地購入仕訳	土　地	200	現　金	200
－	連結修正	売却益 （利益剰余金）	100	土　地	100
P社	合併仕訳	土　地　（※1） 特別損失　（※2）	200 100	子会社株式 土　地	200 100

※1：P社はS社の土地を最終的には未実現利益調整後の金額である100で受け入れることになるが、上記の仕訳では、①未実現損益調整前の帳簿価額の土地の受け入

れと②当該土地の連結財務諸表上の帳簿価額への調整に分けて記載している。①は、抱合せ株式消滅差損益（子会社に係る事業投資の成果）を適切に算定するためのものであり（本設例では子会社の事業活動に係る損益はゼロであり、抱合せ株式消滅差損益もゼロとなる）、②は再取得した土地に関する未実現損益相当額をP社が過去に計上した売却益の調整として処理するためのものである。

※2：P社は、再取得した土地の簿価200を、未実現損益消去後の連結財務諸表上の帳簿価額100とするため、P社の個別財務諸表上、特別損失100を計上することになる。勘定科目は「土地売却益修正損」などが考えられるが、他の適当な科目を付すことを妨げるものではない。なお、当該特別損失が計上されても、過去に行われたP社によるS社への土地売却取引が合理的である限り、過去のP社の個別財務諸表の適正性が否定されるわけではない。

解説

1 組織再編と未実現損益の調整に関する概要

親会社が連結財務諸表を作成するに当たり、子会社の資産又は負債に含まれる未実現損益（親会社の個別財務諸表上、損益に計上された額に限る）を消去している場合には、親会社の個別財務諸表上も、未実現損益消去後の金額で当該資産又は負債を受け入れることになります。この場合、親会社の個別財務諸表では、当該修正に伴う差額を特別損益に計上します。この取扱いは、子会社と孫会社との組織再編においても同様です。

なお、実務上の観点から、企業結合後、短期間に第三者に処分される見込みの棚卸資産に係る未実現損益や金額的重要性が低いものについては、未実現損益の消去をせず、子会社の適正な帳簿価額をそのまま受け入れることができます（以上、適用指針207項(2)）。

上記の未実現損益の調整のポイントは、以下の3点です。

① 未実現損益の調整が必要となる組織再編は、親会社と子会社との合併等（垂直系の組織再編）であり、子会社同士の合併等（水平系の組織再編）は未実現損益の調整対象外となる。
② 未実現損益の調整対象は、ダウンストリームによるもののみであり、アップストリームによるものは調整対象外となる。

③ 未実現損益の調整対象となる額は、結合企業の個別財務諸表上、損益に計上されたものに限られる。

注：子会社（存続会社）と親会社（消滅会社）との合併の場合の未実現損益の取扱いは、Q7-3 **1** を参照。

2 未実現損益の調整の考え方

[1] 垂直系の組織再編が対象となること

共通支配下の取引の会計処理は、原則として、移転元の「適正な帳簿価額」を基礎に会計処理することになりますが、企業結合会計基準（注9）では、親会社（結合企業）と子会社が企業結合（垂直系の企業結合）する場合には、親会社が子会社から受け入れる資産・負債には「連結財務諸表上の帳簿価額」を付すものとしています。

当該定めの反対解釈により、子会社と他の子会社との企業結合（水平系の企業結合）の場合には、他の子会社の適正な帳簿価額を基礎として会計処理を行うことになります（適用指針439項(3)）。

[2] ダウンストリームが対象となること

未実現損益の調整対象をダウンストリームにより生じたものに限定しているのは、企業結合会計基準（注9）の定めによるものです（適用指針439項(1)）。また、ダウンストリームの場合には、過去において親会社（結合企業）が売却した諸資産を再取得することになるので、過去に親会社が計上した売却益を調整することは一定の合理性があると考えられること、他方でアップストリームにより生じた未実現損益も調整対象とすると、合併前の親会社の貸借対照表に計上されている（子会社から取得した）資産が、合併を契機にその帳簿価額が修正されることになるので、それに対する違和感もあるものと思われます。

したがって、以下の合併のように、親会社（P社）が子会社（S社）を吸収合併する場合で、親会社が当該子会社から受け入れた資産及び負債の帳簿価額を連結財務諸表上、修正していても、アップストリームによる未実現損益は調

Q14-1 未実現損益の調整対象とされた諸資産の移転を伴う組織再編

整対象とせず、親会社は適正な帳簿価額を基礎として会計処理することとなります。

【設例】 親会社（存続会社）と子会社との合併の会計処理（親会社の資産に子会社から取得したものが含まれている場合）

〈前提〉
- P社は100％子会社S社を100で設立した（子会社株式の簿価100）。
- S社は土地を100で取得し、その後、当該土地を200（時価）でP社に売却した。
- P社はS社を吸収合併することとした。S社の諸資産は現金200のみとする。
- なお、上記の取引及び組織再編については、合理的なものとする。

＜土地売却及び合併の会計処理＞

摘　　要	借　　方	貸　　方
S社　土地売却仕訳	現　　　　金　200	土　　　　地　100 売　　却　　益　100
P社　土地購入仕訳	土　　　　地　200	現　　　　金　200
P社　合　併　仕　訳	現　　　　金　200	子　会　社　株　式　100 抱合せ株式消滅差益　100

　P社は、合併に当たり、S社の帳簿価額により資産・負債を受け入れ、P社の個別財務諸表上、子会社で計上された土地売却益については特段の調整は行いません（連結財務諸表上の帳簿価額の算定に当たっては子会社で計上された未実現利益は調整の対象外となる）。

　ただし、共通支配下の取引として、内部取引はすべて消去する（企業結合会計基準44項）ことになるため、P社が連結財務諸表を作成する場合には、当該土地を第三者に売却するまでは、子会社で計上された土地売却益100は、合併前と同様、未実現損益として消去し続けることに留意する必要があります。

[3] 結合企業の個別財務諸表上、損益に計上された額が対象となること

　適用指針では、修正対象となる未実現損益は、親会社が子会社に対して行っ

た資産等の処分（ダウンストリーム）により、親会社の個別財務諸表上、損益に計上されたものに限定しています（適用指針439項(1)）。

この点に関し、例えば、親会社と複数の子会社との間で、以下の取引があったものとします。

・親会社（P社：存続会社）は子会社（S1社）に資産100を200で売却した。
・次に、当該子会社がこれを他の子会社（S2社：消滅会社）に400で売却した。
・その後に、親会社（P社）が他の子会社（S2社）を吸収合併した。

この場合の修正対象となる未実現損益は、親会社が子会社に資産を売却したことによる損益（100）のみとなり、子会社が他の子会社へ資産を売却したことによる損益（200）は、修正の対象とはなりません。

P社の個別財務諸表上、未実現利益の修正対象とするのは、過去にP社で計上された売却益に対応したものであって、S1社で計上された利益をP社の修正損として計上することは適当ではないためです。

≪親会社と子会社との合併（未実現損益の調整）≫

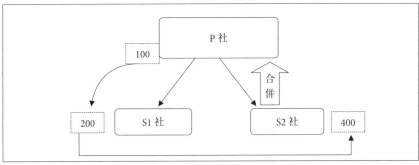

なお、子会社と他の子会社との間で行う会社分割、又は親会社の事業を子会社に移転する会社分割の場合には、「適正な帳簿価額」を基礎に会計処理するため、未実現損益に関する調整は不要となります。

Q14-2 自己株式の取扱い

当期末に親会社は子会社を吸収合併することを予定しています。当該子会社は、親会社株式を保有していますが（帳簿価額100）、親会社株式の時価が下落し、子会社の個別財務諸表上、合併直前の決算において親会社株式を減損処理することが見込まれます。

仮に子会社が親会社株式を減損処理した場合（減損後の帳簿価額を40とする）、親会社における合併受入れ時の処理は、当該親会社株式（合併後の自己株式）に付すべき帳簿価額をどのように考えればよいでしょうか。

A 親会社が子会社を吸収合併する場合には、親会社は子会社の資産・負債を連結財務諸表上の帳簿価額で受け入れることになります。合併前に、子会社（消滅会社）が親会社株式を減損処理していても、親会社が作成する連結財務諸表上は自己株式（子会社が保有する親会社株式）が減損処理されることはありませんので、減損処理前の帳簿価額である100で親会社株式（自己株式）を受け入れることになります。

解説

共通支配下の取引の合併において、自己株式が生じるのは、おおむね以下のパターンに整理することができます。基本的には、共通支配下の取引の会計処理の原則に従って、垂直系の合併の場合（親会社が存続会社となる場合）には「連結財務諸表上の帳簿価額」で受け入れ、それ以外の場合には「適正な帳簿価額」で受け入れることになります。

Q14-2 自己株式の取扱い

≪合併(共通支配下の取引)における自己株式の取扱い≫

	合併のパターン	受入簿価
①	親会社(存続会社)と子会社(消滅会社)との合併 (子会社が親会社株式を保有している場合)	連結財務諸表上の帳簿価額(※1)
②	子会社(存続会社)と親会社(消滅会社)との合併 (親会社が子会社株式を保有)	適正な帳簿価額(※2)
③	子会社(存続会社)と他の子会社(消滅会社)との合併 (他の子会社が子会社株式(存続会社株式)を保有している場合)	適正な帳簿価額(※2)

※1:合併前に、子会社(消滅会社)が親会社株式(資産)を減損処理している場合であっても、連結財務諸表上は自己株式(子会社が保有する親会社株式)が減損処理されることはない。このため、親会社は、子会社で実施された減損処理がなされる前の帳簿価額で親会社株式(自己株式)を受け入れることになる。

※2:合併前に、親会社が保有する子会社株式(存続会社株式)又は他の子会社が保有する子会社株式(存続会社株式)を減損処理している場合の適正な帳簿価額とは、減損処理後の帳簿価額となる。

②は、買収直後の子会社を存続会社として親会社(消滅会社)と合併するパターンが考えられます。この場合、子会社が受け入れる子会社株式(合併後の自己株式)には、自己(子会社)に関するのれん相当額が含まれますが、子会社は、のれん相当額を含む子会社株式(合併後の自己株式)をそのまま受け入れ、株主資本から控除することになります。

また、存続会社が合併により受け入れた自己株式を消却する場合には、通常の自己株式の消却の会計処理(自己株式の帳簿価額を合併後の存続会社のその他資本剰余金から控除する)によることになります。

なお、会社法では、以下の株式に対し、存続会社の株式など合併の対価の割当てを認めていません(会社法749条1項3号)。

・消滅会社が保有している自己株式
・存続会社が保有している消滅会社の株式(抱合せ株式)

第14章 共通支配下の取引等に関するその他の論点

【参考】合併に係る自己株式等の会計処理の要約

パターン	共通支配下の取引		<参考>取得
	子会社と他の子会社（Q7-4）	親会社と子会社（Q7-1）	
存続会社が保有する消滅会社の株式（合併時に抱合せ株式は消滅）（※1）	抱合せ株式の適正な帳簿価額を、子会社（存続会社）の増加する払込資本から控除するか（原則法）、その他資本剰余金から減額する（容認法）（適用指針247項）。	受入諸資産（親会社持分対応額）と子会社株式（抱合せ株式）の適正な帳簿価額との差額を抱合せ株式消滅差損益として損益に計上する（適用指針206項）。	段階取得における既取得株式の取扱いとなる（企業結合会計基準25項）。 ・個別財務諸表上の処理…消滅会社（被取得企業）株式の適正な帳簿価額を取得原価の一部として処理する。 ・連結財務諸表上の処理…企業結合日の時価で受け入れる（差額は「段階取得に係る損益」として損益計上する）
消滅会社が保有する存続会社の株式（合併後の自己株式）（※2）	存続会社は、消滅会社における適正な帳簿価額で受け入れ、当該価額で自己株式に振り替える（適用指針247項(1)）。	存続会社は、消滅会社における連結財務諸表上の帳簿価額で受け入れ、当該価額で自己株式に振り替える（適用指針207項）。	存続会社は、他の資産と同様、存続会社株式を時価で受け入れ、当該価額で自己株式に振り替える（企業結合会計基準28項、Q2-12）。
消滅会社が保有する消滅会社の株式（合併時に消滅）（※1）	消滅会社における自己株式の適正な帳簿価額をその他資本剰余金から減額する。	－	－

※1：当該株式に対して存続会社の株式を割り当てることは禁止されている（会社法749条1項3号）。

※2：受け入れた自己株式を合併の効力発生日以後に消却した場合には、自己株式会計基準11項に基づき、自己株式の帳簿価額をその他資本剰余金から減額する。

また、会社分割の場合には、移転事業の中に承継会社の株式が含まれるときもあります。会計処理は合併の場合と同様、親会社が子会社から事業を受け入れる場合（子会社が孫会社から事業を受け入れる垂直系の会社分割を含む）には、自己株式を「連結財務諸表上の帳簿価額」により受け入れ、それ以外の場合には、「適正な帳簿価額」により受け入れることになります。

第 15 章

子会社株式の取得及び売却に関する会計処理

●本章の内容
- [Q15-1] 段階取得(支配獲得)の会計処理——関連会社株式・その他有価証券から子会社株式 628
- [Q15-2] 追加取得(支配継続)の会計処理——子会社株式から子会社株式 635
- [Q15-3] 一部売却(支配継続)の会計処理——子会社株式から子会社株式 642
- [Q15-4] 一部売却(支配喪失)の会計処理——子会社株式から関連会社株式・その他有価証券 658
- [Q15-5] 取得関連費用(付随費用)の会計処理 670
- [Q15-6] 親会社の持分変動に係るその他の包括利益累計額の会計処理 675
- [Q15-7] 支配獲得後の親会社の持分変動に係る連結財務諸表上の税金費用の会計処理 685

第15章　子会社株式の取得及び売却に関する会計処理

> **Q15-1　段階取得（支配獲得）の会計処理**
> ──関連会社株式・その他有価証券から子会社株式
>
> 　P社は20％関連会社S社を保有しています。今般、P社はS社株式の80％を追加取得して100％子会社としました。この場合の連結財務諸表上の会計処理はどのようになりますか。

A　　P社は、連結財務諸表上、支配獲得時に保有していたS社株式（関連会社株式）について投資の清算（売却）の会計処理、すなわち、支配獲得日のS社株式の時価と帳簿価額（持分法による投資評価額）との差額を損益（段階取得に係る損益）に計上します。

　その上で、支配獲得日にS社株式（子会社株式）の（80％ではなく）100％を時価で取得したように会計処理を行うことになります。

　なお、個別財務諸表上は、投資の継続の会計処理、すなわち、関連会社株式の取得原価に追加取得した80％相当の子会社株式の取得原価を加算してS社株式の取得原価とします。

解説

1　支配獲得時の連結財務諸表上の会計処理

　親会社は、連結財務諸表の作成に当たり、子会社に対する投資の金額を、支配獲得日の時価により評価し（連結会計基準23項(1)）、子会社の資本の金額を、全面時価評価法（※）（子会社の資産及び負債のすべてを支配獲得日の時価により評価する方法）により評価したうえで（連結会計基準20項）、両者を相殺消去し、その差額をのれん（又は負ののれん）として処理します。

　これは企業結合会計基準が定める取得の会計処理（パーチェス法）と同じであり、子会社に対する投資の金額の算定は取得原価の算定、子会社の資本の金額の算定は取得原価の配分に相当します（Q2-10参照）。

Q15-1 段階取得(支配獲得)の会計処理——関連会社株式・その他有価証券から子会社株式

※：2008年（平成20年）連結会計基準の適用前までは、時価評価する子会社の資産及び負債の範囲については、部分時価評価法と全面時価評価法とが認められていた。前者は、親会社が投資を行った際の親会社の持分を重視する考え方であり、後者は、親会社が子会社を支配した結果、子会社が企業集団に含まれることになった事実を重視する考え方である。2008年連結会計基準では、部分時価評価法の採用はわずかであること、企業結合会計基準では全面時価評価法のみが認められていることとの整合性の観点から、全面時価評価法に一本化された（連結会計基準61項）。

2 段階取得が行われた場合の連結財務諸表上の会計処理

1の会計処理は、支配を獲得する前に当該会社の株式（支配獲得前の株式を関連会社株式又はその他有価証券に分類）を保有していた場合、すなわち、子会社株式の取得が複数の取引により達成された場合（段階取得）にも同様に行われます。

具体的には、支配獲得前から保有していた株式にも支配獲得日の時価（※）を付すこととなり、連結財務諸表上、支配獲得時に以下の差額を「段階取得に係る損益」として損益に計上することになります（投資の清算の会計処理、Q2-4 **2**参照（連結会計基準23項(1)、企業結合会計基準25項、資本連結実務指針8項））。

① 支配獲得前から保有していた株式を関連会社株式としていた場合
　支配獲得日における時価と、持分法による投資評価額との差額

② 支配獲得前から保有していた株式をその他有価証券としていた場合
　支配獲得日における時価と、支配獲得直前の当該株式の適正な帳簿価額との差額

※：2008年連結会計基準の適用前までは、連結財務諸表の作成において、親会社の子会社に対する投資の金額は、連結財務諸表上で持分法を適用している場合を除き、個別財務諸表上の金額に基づいて算定されていた。このため、投資先企業の株式を追加取得して支配を獲得し子会社化しても、子会社となる会社に対する支配を獲得するに至った個々の取引ごとの原価の合計額が当該投資の金額とされていた（投資の継続の会計処理）。

第15章　子会社株式の取得及び売却に関する会計処理

【参考】持分法適用の関連会社の株式を追加取得して支配を獲得した場合の会計処理

投資会社は持分法適用関連会社の資産及び負債のうち持分相当部分を部分時価評価法によって評価しているが、持分法適用関連会社の株式を追加取得して支配を獲得した場合には、前述のとおり、投資の清算の処理を行い、改めて時価評価し直すことになる。この点に関連して、資本連結実務指針では、以下の事項を留意的に記載している（資本連結実務指針35項、36項）。

・持分法による投資評価額に含まれていたのれんの未償却額は、支配獲得日の時価に基づき子会社の資産及び負債の評価替えが行われることから、支配獲得日に新たに計算されたのれん又は負ののれんの一部として包含されることとなる。したがって、支配獲得時に計上されたのれんは、持分法による投資評価額に含まれていた未償却部分と区別せず、支配獲得日から新たな償却期間にわたり償却する（Q2-10【参考】、Q2-15 3 [1]参照）。

・支配獲得時に時価評価をやり直す必要があるため、支配獲得日の時価に基づき改めて評価差額を計上し、それを支配獲得日の持分比率に応じて親会社持分額と非支配株主持分額とに按分する。

3 「投資の清算」の会計処理

投資の清算は、投資が実際に続いているのか終了したのかということではなく、会計上の利益計算において観念的に用いられている考え方です（事業分離等会計基準71項）。

企業結合会計基準89項では、「企業が他の企業を支配することとなるという事実は、当該企業の株式を単に追加取得することとは大きく異なるものであるため、被取得企業の取得原価は、過去から所有している株式の原価の合計額ではなく、当該企業を取得するために必要な額とすべきであるという見方がある。すなわち、取得に相当する企業結合が行われた場合には、支配を獲得したことにより、過去に所有していた投資の実態又は本質が変わったものとみなし、その時点でいったん投資が清算され、改めて投資を行ったと考えられるため、企業結合時点での時価を新たな投資原価とすべきとするものである。」との考

Q15-1 段階取得（支配獲得）の会計処理——関連会社株式・その他有価証券から子会社株式

え方が示されており、国際的な会計基準ではこの考え方が採用されています（企業結合会計基準 90 項）。

2008 年連結会計基準では、国際的な会計基準とのコンバージェンスの観点から、投資の清算の会計処理、すなわち、段階取得における被取得企業の取得原価は、支配を獲得するに至った個々の取引すべての企業結合日における時価をもって算定することとされました（企業結合会計基準 89 項、90 項）。

> **【参考】投資の清算の会計処理のイメージ**
>
> ある会社の株式を追加取得したことにより、その株式の分類が関連会社株式から子会社株式となった場合には、たとえ同じ会社に投資していても、会計上は支配の獲得という事象を境に異種資産（別の銘柄）に交換されたものとみなして、関連会社株式を時価で売却したうえで（段階取得に係る損益の計上）、支配獲得時に改めて実態が異なる当該会社の株式（子会社株式）を時価で取得したように会計処理することになる。
>
> なお、連結財務諸表上、子会社の資産及び負債のすべてを支配獲得日の時価により評価するということは、投資先企業の帳簿価額との関係をすべて断ったうえで、親会社の視点で子会社の帳簿価額を時価により新たに算定することを意味している（Q2-10 参照）。

4 取得関連費用（付随費用を含む）の連結財務諸表上の会計処理

連結財務諸表上、子会社株式の取得関連費用は、発生した年度の費用として処理されます（資本連結実務指針 46-2 項）。この点に関する具体的な処理については、Q15-5 をご参照ください。

また、段階取得により支配を獲得する場合、連結財務諸表上、支配獲得前から保有していた株式にも支配獲得日の時価が付されるため、当該会社の株式の取得原価に含まれていた付随費用は、段階取得に係る損益に含めて処理されることになります（資本連結実務指針 8 項）。

5 連結財務諸表上の税効果の会計処理

2のとおり、子会社株式の取得が複数の取引により達成された場合（段階取得）、子会社への投資の個別貸借対照表上の価額（取得原価で評価）と連結貸借対照表上の価額（支配獲得時の時価で評価）との間に差額が生じることになります（企業結合会計基準 25 項、連結会計基準 62 項）。

また、**4**のとおり、付随費用に関する会計処理が、連結財務諸表上と個別財務諸表上とで異なることになるため、子会社への投資の個別貸借対照表上の価額と連結貸借対照表上の価額との間に差額が生じることになります。

これらの差額は、連結財務諸表固有の一時差異に該当し（税効果適用指針 107 項(1)(2)）、税効果適用指針 22 項又は 23 項に従って税効果の会計処理を行うことになります。この点に関する具体的な処理については、Q15-7 をご参照ください。

6 個別財務諸表上の会計処理

個別財務諸表上の会計処理は、従来と同様、支配を獲得するに至った個々の取引ごとの原価の合計額をもって子会社株式の取得原価とすることになります（企業結合会計基準 25 項(1)）（※）。また、個別財務諸表上の子会社株式の取得に関する付随費用も、従来と同様、取得原価に含まれることになります（企業結合会計基準 94 項）。

> ※：前述のとおり、段階取得が行われた場合の被取得企業の取得原価は、個別財務諸表上は投資の継続、連結財務諸表上は投資の清算の考え方により算定することになる。これはわが国における段階取得に関する議論では、段階取得によって支配を獲得しても、過去に所有していた投資の実態又は本質が変わったとの認識には必ずしも至っていないため、個別財務諸表上の取扱い（投資の継続の会計処理）は変更しないものの、連結財務諸表においては、もっぱら IASB（国際会計基準審議会）との東京合意に基づく短期コンバージェンス・プロジェクトを完了させることを重視し（Q1-2【参考 2】参照）、投資の清算の会計処理を採用することとされたためである（企業結合会計基準 90 項）。

7 設例による解説

〈前提〉
- P社は、×1/3/31にS社の株式の20%（2株）を100（@50）で取得し、S社を関連会社とした。
- P社は、×2/4/1にS社の株式の80%（8株）を560（@70）で追加取得し、S社を100%子会社とした。
- S社の×1/3/31及び×2/3/31の純資産は以下のとおりである（S社の×2/3/31期の利益は100）。

S社の純資産

	×1/3/31	×2/3/31
資本金	100	100
利益剰余金	300	400
純資産合計	400	500

- S社の資産・負債の時価と簿価は同じである。
- P社は、S社株式（関連会社株式）に含まれるのれんを5年で償却する。
- 追加取得時の既保有株式の時価も@70とする。
- 税効果の処理は省略する。

個別財務諸表上の会計処理	連結財務諸表上の会計処理
×1/3期の会計処理（関連会社株式の取得）	
① S社株式の取得（20%） S社株式 100　現　金 100	仕訳なし ただし、投資額（100）とS社の時価純資産（400）の持分相当額（80）との差額（20）をのれんとして算定する。
×2/3期の会計処理：関連会社（20%維持）	
―	＜持分法による会計処理＞ ② 当期純利益の取込み S社株式 20　持分法投資損益 20 ・20＝100（当期純利益）×20%

第15章 子会社株式の取得及び売却に関する会計処理

	③ のれんの償却	
	持分法投資損益 4	S 社 株 式 4
	・4＝20／5年	

×2/4/1の会計処理：関連会社（20％）→子会社（100％）		
④ S社株式の追加取得（80％）	⑤ 開始仕訳	
S 社 株 式 560　現　　　金 560	S社株式(関連会社) 16	期首利益剰余金 16
	⑥ 既存投資の清算処理	
	S社株式(子会社) 140	S社株式(関連会社) 116
		段階取得に係る差益 24
	・140＝@70×2株	
	・116＝100（取得原価）＋16（投資の修正額）	
	⑦ 投資と資本の消去	
	資　本　金 100	S 社 株 式 700
	利益剰余金 400	
	の れ ん 200	
	・700＝560（80％）＋140（20％：支配獲得時の時価）	

Q15-2 追加取得（支配継続）の会計処理 ——子会社株式から子会社株式

P社は60％子会社S社を保有しています。今般、S社株式の40％を追加取得して100％子会社にしました。この場合、P社の連結財務諸表上の会計処理はどのようになりますか。

A P社は連結財務諸表上、S社に対する追加取得額とこれに対応する非支配株主持分との差額を資本剰余金の増減として処理します。

解説

❶ 子会社株式の追加取得に関する連結財務諸表上の会計処理

子会社株式の追加取得の会計処理について、数値例により解説します。なお、あわせてQ6-5もご参照ください。

〈前提〉
- P社は60％子会社S社を保有しているが、今般、S社株式の40％を300で追加取得し、100％子会社とした。
- 追加取得直前のS社の資本勘定は600（内訳：資本金100、利益剰余金200、その他有価証券評価差額金（評価差額金）300）である。なお、資産（有価証券を除く）・負債の時価と簿価は同じである。
- 税効果は省略する。

	追加取得直前のS社資本勘定				P社資本勘定	
追加投資額	P社持分	非支配持分	計	勘定科目		
					③ △60	資本剰余金
① 300	60	40	100	資 本 金		
	120	80	200	利益剰余金		
	180	120	300	評価差額金		
	360	② 240	600	計		
（40%）	（60%）	（40%）	（100%）			
追加投資額	追加投資額と消去				消去差額	

個別財務諸表上の会計処理				連結財務諸表上の会計処理			
S 社 株 式 ① 300		現 金 預 金 300		非支配持分 ② 240		現 金 預 金 300	
				資本剰余金 ③ 60			

連結修正仕訳

非 支 配 持 分	②	240	S 社 株 式	①	300
資 本 剰 余 金	③	60			

　子会社株式を追加取得した場合には、上記のように、追加取得した株式に対応する持分を非支配株主持分から減額（②240）（※）し、追加取得により増加した親会社の持分（追加取得持分（※））を追加投資額（①300）と相殺消去した上で、追加取得持分と追加投資額との間に生じた差額（③△60）は、資本剰余金とすることになります（連結会計基準28項）。

　　※：追加取得持分及び減額する非支配株主持分は、追加取得日における非支配株主持分の額により計算する（連結会計基準（注8））。

　なお、上記仕訳のように、子会社に係るその他の包括利益累計額（その他有価証券評価差額金等）については、非支配株主持分に含めて処理されますが、具体的な処理については、Q15-6をご参照ください。

　また、連結会計基準に従い、上記の差額を資本剰余金から控除した結果、資

本剰余金が負の値となる場合には、連結会計年度末において、資本剰余金をゼロとし、当該負の値を利益剰余金から減額することになります（連結会計基準30-2項）。この会計処理は、自己株式等会計基準40項と同様に行うため、負の値となった資本剰余金は、連結会計年度末において、利益剰余金で補填し、その残高を確定することになり（資本連結実務指針39-2項）、四半期での会計処理は洗い替えることになります。

【参考1】2013年（平成25年）改正前の連結会計基準による会計処理

　子会社株式を追加取得した場合には、追加取得持分（減額する非支配株主持分：240）と追加投資額（300）との差額をのれんに計上し、20年以内の効果の及ぶ期間にわたり償却することとされていた（負ののれんが計上された場合には一時の利益となる）。

＜2013年改正前会計基準と改正後会計基準による連結修正仕訳の比較＞

改正前会計基準による連結修正仕訳		改正後会計基準による連結修正仕訳	
非支配持分 ② 240 の れ ん ③ 60	S 社 株 式 ① 300	非支配持分 ② 240 資本剰余金 ③ 60	S 社 株 式 ① 300

【参考2】親会社の持分変動による差額（支配継続中）が資本剰余金で処理されることとなった理由

　国際的な会計基準では、支配獲得後、支配を喪失する結果とならない親会社持分の変動（非支配株主との取引）は資本取引とされている。また、2013年改正前の会計基準では、連結財務諸表上、支配獲得時に子会社の資産及び負債を全面的に評価替えした後は、自社の株式を対価として持分を追加取得しても、その前後において資産及び負債は変動しないものの、追加的なのれんが計上され、そののれんの償却がその後の利益に影響するなどの実務上の課題が指摘されていた。

　2013年改正の連結会計基準では、国際的な会計基準と比較可能性の向上を図る観点や実務上の課題に対処するため、非支配株主との取引によって生じた親会社の持分変動による差額を資本剰余金として処理することとされた（連結会計基準51-2項）（Q6-5参照）。

2 追加取得関連費用(付随費用を含む)の会計処理

支配獲得後において、子会社株式を追加取得した際に発生した追加取得関連費用(付随費用を含む)は、連結財務諸表上、発生した年度の費用として処理されますが、個別財務諸表上は、追加取得関連費用のうち付随費用を取得価額に含めることとなります(資本連結実務指針46−2項)。この点に関する具体的な処理については、Q15-5 をご参照ください。

3 連結財務諸表上の税効果の会計処理

1のとおり、連結会社が子会社株式を追加取得した場合、追加取得により増加した親会社の持分と追加投資額との間に生じた差額(親会社の持分変動による差額)は(のれんではなく)資本剰余金として処理することとされたため、子会社への投資の個別貸借対照表上の価額と連結貸借対照表上の価額との間に差額が生じることになります。

また、2のとおり、子会社株式の追加取得関連費用の会計処理は、連結財務諸表上と個別財務諸表上とで異なることとなったため、子会社への投資の個別貸借対照表上の価額と連結貸借対照表上の価額との間に差額が生じることになります。

これらの差額は、連結財務諸表固有の一時差異に該当し(税効果適用指針107項(1)(2))、税効果適用指針22項又は23項に従って税効果の会計処理を行います。具体的な会計処理については、Q15-7 をご参照ください。

4 設例による解説

買収年度（×1/3/31）：0%→子会社（60%）

・P社は×1/3/31にS社株式の60%を80で取得した。
・支配獲得時のS社の諸資産の時価と簿価は同じである。
・P社及びS社の×1/3/31のB/Sは以下のとおりである。

P社 B/S

諸 資 産	420	資 本 金	500
S 社 株 式	80		
	500		500

S社 B/S

諸 資 産	100	資 本 金	100
	100		100

連結仕訳

① 投資と資本の相殺消去

資 本 金	100	S 社 株 式	80
の れ ん	20	非支配持分	40

連結財務諸表

連結 B/S（3/31）

諸 資 産	520	資 本 金	500
の れ ん	20	非支配持分	40
	540		540

翌年度（×2/3/31）：子会社（60%維持）

・P社の当期純利益は0、S社の当期純利益は50である。
・のれんの償却期間は5年（年間償却額4）である。
・P社及びS社の×2/3/31のB/Sは以下のとおりである。

P社 B/S

諸 資 産	420	資 本 金	500
S 社 株 式	80		
	500		500

S社 B/S

諸 資 産	150	資 本 金	100
		利益剰余金	50
	150		150

連結仕訳

② 開始仕訳

資 本 金	100	S 社 株 式	80
の れ ん	20	非支配持分	40

③ 非支配株主持分への損益振替

非支配株主損益	20	非支配持分	20

連結財務諸表

連結 B/S（3/31）

諸 資 産	570	資 本 金	500
の れ ん	16	利益剰余金	26
		非支配持分	60
	586		586

④ のれんの償却

のれん償却額	4	の れ ん	4

連結 P/L（4/1 ～ 3/31　抜粋）

（子会社利益	50）
のれん償却額	4
営 業 利 益	46
当 期 純 利 益	46
（親会社帰属	26）
（非支配株主帰属	20）

追加取得年度（×3/3/31）：子会社（60％）→子会社（100％）

・P社は期首（×2/4/1）にS社株式の40％を100で追加取得した。
・P社の当期純利益は0、S社の当期純利益は50である。
・のれん償却期間は5年（年間償却額4）
・P社及びS社の×3/3/31のB/Sは以下のとおりである。

P社 B/S

諸 資 産	320	資 本 金	500
S 社 株 式	180		
	500		500

S社 B/S

諸 資 産	200	資 本 金	100
		利益剰余金	100
	200		200

連結仕訳

⑤　開始仕訳

資 本 金	100	S 社 株 式	80
利益剰余金	24	非支配持分	60
の れ ん	16		

⑥　追加取得の相殺処理

非支配持分	60	S 社 株 式	100
資本剰余金	40		

追加取得した株式に対応する持分を非支配株主持分から減額し、追加取得により増加した親会社の持分（追加取得持分）60を追加投資額100と相殺消去する。追加取得持分と追加投資額との間に生じた差額40は、資本剰余金とする。

連結財務諸表

連結 B/S（3/31）

諸 資 産	520	資 本 金	500
の れ ん	12	資本剰余金（※）△40	
		利益剰余金	72
		非支配持分	0
	532		532

※：会計年度末に△の場合には利益剰余金から控除

⑦ 非支配株主持分への損益振替

| 非支配株主損益 | 0 | 非支配持分 | 0 |

期首に100％子会社化しているので、子会社の利益はすべて親会社に帰属する。

⑧ のれんの償却

| のれん償却額 | 4 | のれん | 4 |

連結 P/L（4/1 ～ 3/31　抜粋）

（子会社利益	50）
のれん償却額	4
営 業 利 益	46
当 期 純 利 益	46
（親会社帰属	46）
（非支配株主帰属	0）

〔子会社株式の追加取得と連結財務諸表への影響〕

(1) ×2/3期（持分比率60％）

×1/3期末に子会社株式の60％を取得しているため、×2/3期に子会社で計上された利益50のうち、親会社帰属額（60％）は30、非支配株主帰属額（40％）は20となる。また、支配獲得時に計上した親会社持分（60％）に係るのれん償却額4が控除されるため、当期純利益のうち、親会社帰属額は26（＝30－4）となる。

(2) ×3/3期（持分比率100％）
① 連結 P/L

期首に子会社の発行済株式のすべてを追加取得しているので、その年度に子会社が計上した利益50はすべて親会社に帰属することになる。

2013年連結会計基準では、連結仕訳⑥のように、追加取得時にはのれんは追加計上されないため、のれんの償却額は当初取得時持分（60％）に対応する額4のみが計上される。

このように、子会社株式を追加取得した場合には、子会社で計上された利益は追加取得分（40％）を含めてすべて親会社に帰属する利益となるが、のれん償却額は当初取得分（60％）に対応した額のみの負担となる。

② 連結 B/S

2013年連結会計基準では、追加取得時の差額40すべてが資本剰余金から控除されるため、純資産が一時に大きく減少することがある。

Q15-3 一部売却(支配継続)の会計処理
——子会社株式から子会社株式

P社は100%子会社S社を保有しています。今般、P社はS社を上場させることとし、S社株式の40%を売却しました(売却後は60%子会社)。この場合、P社の連結財務諸表上の会計処理はどのようになりますか。

A 2013年(平成25年)改正の連結会計基準では、子会社株式を一部売却した場合(売却後も支配継続)の親会社の持分変動による差額は、資本剰余金に計上することとされました。

この結果、ご質問のように、親会社が子会社を株式公開させた後も上場子会社として支配を継続している場合には、連結財務諸表上、従前のように子会社株式売却損益を計上することはできず、資本剰余金を増減させることになります。

なお、子会社株式の一部を売却した時点で当該子会社に対するのれんの未償却額があっても、売却持分に対応したのれんの未償却額は減額されないこととされていますので、留意する必要があります。

解説

■1 子会社株式の一部売却(売却後も支配継続)の連結財務諸表上の会計処理

子会社株式の一部売却(売却後も支配継続)の会計処理について、数値例により解説します。

Q15-3　一部売却(支配継続)の会計処理——子会社株式から子会社株式

〈前提〉
- P社はS社株式のすべてを400(@40)で買収した。買収時のS社の純資産は250(資本金100、利益剰余金100、その他有価証券評価差額金(評価差額金)50)であり、のれんが150発生した。
- 今般、P社はS社株式の40%(簿価160)を400(@100)で売却し、個別財務諸表上、子会社株式売却益を240(=400-160)計上した。
- P社の買収後、S社では当期純利益が200、その他有価証券評価差額金が50増加し、株式売却時点のS社の純資産は500となった。
- S社は有価証券以外に含み損益のある資産はない。
- 買収時に計上したのれんは、簡便化のため償却しないものとする。
- 税効果及び関連する法人税等は省略する。

第15章 子会社株式の取得及び売却に関する会計処理

≪持分構成等のイメージ≫

個別上の簿価		売却直前のS社の資本勘定とのれんの未償却額							売却価額
		支配獲得時			支配獲得後の変動			合計	科目
保有	売却	保有	売却	計	保有	売却	計		
		90	⑥60	150				150	のれん
		60	40	100	−	−		100	資本金
		60	40	100	120	②80	200	300	利益剰余金
		30	20	50	30	③20	50	100	評価差額金
240	①160	150	④100	250	150	⑤100	250	500	計	⑦400
60%	40%	60%	40%		60%	40%			

売却持分に対応した非支配持分（④＋⑤）の増加

取得後に生じた評価差額金（売却持分対応）③

売却価額⑦

<会計処理の基礎となる数値の整理（資本連結実務指針66-2項）>

	個別財務諸表上の金額	
	売却した子会社株式の売却価額（⑦）	400
	売却した子会社株式の個別上の簿価（①）	160
	親会社の個別財務諸表における売却益	240
	連結財務諸表上の金額	
A	売却した子会社株式の売却価額（⑦）	400
	売却した子会社株式の個別上の簿価（①） 160	
	売却した子会社株式に対応するのれんの未償却額（⑥） △60	
	売却した子会社株式に対応する取得後利益剰余金（②） 80	
B	連結財務諸表上の売却持分（※）（売却簿価）	180
C	連結財務諸表上の売却益（差額）（＝増加する資本剰余金）（A－B）	220
D	売却した子会社株式に対応する取得後に生じたその他有価証券評価差額金（③）	20
E	売却した株式に対応する持分（＝増加する非支配株主持分）（④＋⑤）	200

※：連結財務諸表上の売却持分（売却簿価）には、その他の包括利益累計額（③：20）とのれんの未償却残高（⑥：60）は含まれない。

Q15-3 一部売却(支配継続)の会計処理——子会社株式から子会社株式

個別財務諸表上の会計処理	連結財務諸表上の会計処理
現金預金 400　　S 社 株 式　160 　　　　　　　　　株式売却益　240	現 金 預 金 A 400　　非支配持分 B 180 　　　　　　　　　　　　資本剰余金 C 220 評 価 差 額 金　　20　　非支配持分 D 20

連結修正仕訳
S 社 株 式　　　　　160　　非 支 配 持 分　B 180 株 式 売 却 益　　　240　　資 本 剰 余 金　C 220 評 価 差 額 金　D 20　　非 支 配 持 分　D 20

　子会社株式を一部売却した場合（売却後も支配が継続している場合に限る）には、上記のように、売却による親会社の持分の減少額（「売却持分」（B：180）（※1））と売却価額（A：400）との間に生じた差額（C：220）は、資本剰余金となります。また、「売却した株式に対応する持分」（E：200）を親会社の持分から減額し、非支配株主持分（※2）を増額することになります（連結会計基準29項）。

　※1：売却持分及び増額する非支配株主持分については、親会社の持分のうち売却した株式に対応する部分として計算する（連結会計基準（注9）(1)）。
　※2：「非支配株主持分」とは、「子会社の資本」のうち親会社に帰属しない部分をいい、以下の合計として算定される（連結会計基準6項、（注7））。
　　　・支配獲得日の子会社の資本のうち、非支配株主に帰属する部分
　　　・支配獲得後の子会社の利益剰余金と評価・換算差額等の変動のうち、非支配株主に帰属する部分
　　　そして、「子会社の資本」とは、子会社の個別貸借対照表上の純資産の部における株主資本及び評価・換算差額等と評価差額からなる（連結会計基準23項(2)）。
　　　このように、非支配株主持分は、子会社の株主資本のほか、支配獲得時の時価評価差額及び評価・換算差額等（その他の包括利益累計額）が含まれることになる。

　ここで、「売却した株式に対応する持分」（200）（＝増加する非支配株主持分）には、（支配獲得後に増加した）子会社に係るその他の包括利益累計額（20）が含まれますが、「売却持分」（180）には、（支配獲得後に増加した）その他の包括利益累計額（20）は含まれません（資本連結実務指針42項）。この結果、（支配獲得後に増加した）子会社に係るその他の包括利益累計額（50）のうち売却持分相当額（20）は、売却価額と売却持分の差額として算定される資本剰余金と

非支配株主持分の一部を構成することになります（この点に関しては後述 **2**【参考2】(3)及びQ15-6をご参照ください）。

【参考1】2013年改正前会計基準と改正後会計基準による連結修正仕訳の比較

改正前会計基準による連結修正仕訳		改正後会計基準による連結修正仕訳（※1）	
S 社 株 式 ① 160	非支配持分 ④⑤ 200	S 社 株 式 ① 160	非支配持分 ④⑤ 200
株式売却益 ② 80	のれん ⑥ 60	株式売却益 ② 80	資本剰余金（※2） 60
評価差額金 ③ 20		評価差額金 ③ 20	
		株式売却益 160	資本剰余金（※2）160

※1：「改正後会計基準による連結修正仕訳」の合計は、上記の「連結修正仕訳」と同じである。

※2：資本剰余金に振り替えられる金額220は、改正前ののれんの取崩額60と改正前の連結財務諸表上の子会社株式売却益160の合計額から構成されることとなる。

(1) 2013年改正前の会計基準による連結修正仕訳

　子会社株式を一部売却した場合（売却後も支配継続）には、「売却した株式に対応する持分」（E＝④＋⑤）（200）を親会社の持分から減額し、非支配株主持分を増額したうえで、売却による親会社の持分の減少額（「売却持分」）（B）（180）と投資の減少額（①）（160）との間に生じた差額（20）は、子会社株式売却損益の修正として処理することとされていた。また、のれんの未償却額のうち売却した株式に対応する額（⑥）（60）を、子会社株式売却損益の修正として処理するものとされていた（改正前連結会計基準29項（注9）(1)）。

　この結果、連結財務諸表には子会社株式売却益160（売却価額（400）と連結財務諸表上の売却原価（180＋60）との差額）が計上されていた。

(2) 2013年改正後の会計基準による連結修正仕訳

　子会社株式を一部売却した場合（売却後も支配継続）には、「売却した株式に対応する持分」（E＝④＋⑤）（200）を親会社の持分から減額し、非支配株主持分を増額した上で、売却による親会社の持分の減少額（「売却持分」）（B）（180））と売却価額（400）との間に生じた差額（220）は、資本剰余金とする

Q15-3 一部売却（支配継続）の会計処理──子会社株式から子会社株式

こととされた（連結会計基準29項）。

改正前会計基準による連結修正仕訳との対比でいえば、改正前会計基準では売却割合に対応したのれんの未償却額を減額させていたが、改正後会計基準では結果として資本剰余金が増加することになる。

2 売却持分に対応するのれんの未償却額の取扱い

支配獲得時に計上したのれんの未償却額については、子会社株式を一部売却した場合等において減額しないこととされています。これは、支配獲得後は支配が継続している限り、償却や減損を除き、のれんを減額すべきではないという意見（※）のほか、支配獲得後の追加取得時にはのれんが追加計上されない一方、一部売却時にのれんを減額すると、追加取得時の会計処理と整合した取扱いにはならないという意見、さらに、のれんを減額する場合における実務上の負担や、のれんを減額しないこととしている国際的な会計基準における取扱い等を総合的に勘案したためとされています（連結会計基準66-2項）。

1の数値例では、支配獲得時に計上されたのれん150は、持分が一部売却されても支配が継続している限り、（償却や減損の場合を除き）減額されません。このため、子会社株式を一部売却して持分が減少したとしても、支配を獲得したときの持分に対応するのれんの償却額が、親会社株主に帰属する当期純利益に全額計上されることとなります。この点については、「**6 設例による解説**」もご参照ください。

　※：ある会社を買収した場合、連結財務諸表上、支配獲得時に当該会社の資産・負債はその取得割合にかかわらず、常に100％ベースで計上される。その後、持分の一部売却など子会社に対する持分が変動しても、支配が継続している限り、子会社の資産・負債は常に100％ベースで計上され、売却割合に応じて取り崩すことはしない。のれんは他の子会社の資産・負債とは異なり、支配取得時の取得割合で計上されるものの、継続企業の公正価値（Q2-15参照）など、子会社に帰属する何らかの資産と考えれば、子会社に帰属する他の資産と同様、支配獲得後の持分割合の変動にかかわらず、支配が継続している限り、支配獲得時に計上された額を（償却額又は減損処理額を除き）維持し続けることが適当と考えることができる。

第15章　子会社株式の取得及び売却に関する会計処理

【参考2】子会社株式の一部売却（売却後も支配継続）に関する連結修正仕訳
**——のれんの未償却額、取得後利益剰余金及び支配獲得後に生じた
その他有価証券評価差額金の連結財務諸表上の会計処理**

子会社株式の一部売却による連結修正仕訳の理解は容易ではないため、以下では設例により修正仕訳の仕組みを確認する。

(1) 売却した子会社株式に対応するのれんの未償却額及び売却差額の処理
- P社は、S社株式の100％を1,000で買収した。支配獲得時のS社の純資産は800であり、のれんが200発生した。
- P社は、その直後にS社株式の10％をX社に100（@10）で売却した（個別財務諸表上、子会社株式売却益はゼロ）。

S社株式 個別上の簿価 （100） （売却対応分）	のれん （20）	売却価額 （100）	資本剰余金 （20）
	純資産 （80） （売却対応分）		非支配持分 （80）

- 会計基準改正前は、売却割合に対応したのれんが取り崩されたため、連結財務諸表上、売却益は0（＝売却価額100－売却原価（80＋20））であった。
- 会計基準改正後は、一部売却後も支配が継続している場合にはのれんは取り崩されないため、連結財務諸表上、売却差額が20（＝売却価額100－売却持分（純資産）80）発生し、これが資本剰余金に計上される。

個別財務諸表上の処理		連結財務諸表上の処理	
現　　金　100	S社株式　100	現　　金（※1）100	非支配持分（※2）80
			資本剰余金　　20

注：売却価額は100（※1）、売却持分は80（※2）、売却した株式に対応する持分は80（評価差額金がゼロのため、※2と同額）となる。

連結修正仕訳	
S 社 株 式　100	非支配持分　　80
	資本剰余金　　20

	子会社株式売却前		
	P社個別B/S		
子会社株式	1,000	資本金	1,000
	1,000		1,000

	子会社株式売却後		
	P社個別B/S		
現　金	100	資本金	1,000
子会社株式	900		
	1,000		1,000

	P社連結B/S		
諸資産	800	資本金	1,000
のれん	200		
	1,000		1,000

	P社連結B/S		
現　金	100	資本金	1,000
諸資産	800	資本剰余金	20
のれん	200	非支配持分	80
	1,100		1,100

(2) 売却した子会社株式に対応する取得後利益剰余金及び売却差額の処理

・P社は、S社（支配獲得時の純資産1,000）株式の100%を1,000で買収した（のれんは0）。

・S社は、その後、利益を1,000計上した（当該利益は連結当期純利益に反映済）。

・P社は、その後、S社株式の10%（個別簿価100）をX社に300で売却し、個別財務諸表上、子会社株式売却益200を計上した。

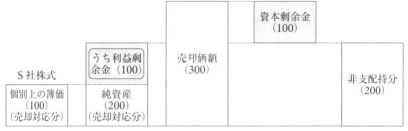

・P社の個別財務諸表上の子会社株式売却益200のうち、S社の取得後利益剰余金に相当する額100は、既にP社の連結当期純利益（利益剰余金）に反映済みであり、それは非支配持分の一部を構成している。

・一部売却後も支配が継続している場合には、売却差額100（＝売却価額300－売却持分（純資産）200）を資本剰余金に計上する（会計基準改正前は売却益として会計処理）。

個別財務諸表上の処理			連結財務諸表上の処理		
現　　金	300	S 社 株 式　100	現　　金（※1）	300	非支配持分（※2）200
		株式売却益　200			資本剰余金　　100

注：売却価額は 300（※ 1）、売却持分は 200（※ 2）、売却した株式に対応する持分は 200（評価差額金がゼロのため、※ 2 と同額）となる。

連結修正仕訳			
S 社 株 式　100		非支配持分　　200	
株式売却益　200		資本剰余金　　100	

子会社株式売却前

P 社個別 B/S

子会社株式	1,000	資　本　金	1,000
	1,000		1,000

子会社株式売却後

P 社個別 B/S

現　　金	300	資　本　金	1,000
子会社株式	900	利益剰余金	200
	1,200		1,200

P 社連結 B/S

諸　資　産	2,000	資　本　金	1,000
		利益剰余金	1,000
	2,000		2,000

P 社連結 B/S

現　　金	300	資　本　金	1,000
諸　資　産	2,000	資本剰余金	100
		利益剰余金	1,000
		非支配持分	200
	2,300		2,300

(3) 子会社が支配獲得後に計上したその他有価証券評価差額金及び売却差額の処理
 ・P 社は、S 社（支配獲得時の純資産 1,000）の株式の 100％を 1,000 で買収した（のれんは 0）。
 ・S 社は、その後、その他有価証券評価差額金が 1,000 増加した。
 ・P 社は、その後、S 社株式の 10％（個別簿価 100）を X 社に 200 で売却し、個別財務諸表上、子会社株式売却益 100 を計上した。

Q15-3 一部売却（支配継続）の会計処理——子会社株式から子会社株式

S社株式	うち評価差額金（100）	売却価額（200）	資本剰余金（100）	非支配持分（200）
個別上の簿価（100）（売却対応分）	純資産（200）（売却対応分）			

・一部売却後も支配が継続している場合には、売却差額100（＝売却価額200－売却持分（評価差額金を除く純資産）100）を資本剰余金に計上する。
・評価差額金1,000のうち非支配株主に帰属する額100は非支配持分に含めて表示する。

個別財務諸表上の処理		連結財務諸表上の処理	
現　　金　　200	S 社 株 式　100	現　　金（※1）200	非支配持分（※2）100
	株式売却益　100		資本剰余金　　100
		評価差額金　100	非支配持分（※3）100

注：売却価額は200（※1）、売却持分は100（※2）、売却した株式に対応する持分は200（※2＋※3）となる。

連結修正仕訳	
S 社 株 式　100	非支配持分　100
株式売却益　100	資本剰余金　100
評価差額金　100	非支配持分　100

子会社株式売却前

P社個別 B/S

子会社株式	1,000	資　本　金	1,000
	1,000		1,000

子会社株式売却後

P社個別 B/S

現　　金	200	資　本　金	1,000
子会社株式	900	利益剰余金	100
	1,100		1,100

P社連結 B/S

有価証券	2,000	資　本　金	1,000
		評価差額金	1,000
	2,000		2,000

P社連結 B/S

現　　金	200	資　本　金	1,000
有価証券	2,000	資本剰余金	100
		評価差額金	900
		非支配持分	200
	2,200		2,200

3 子会社の時価発行増資等に伴い親会社の持分が変動した場合の処理

子会社の時価発行増資に伴う親会社の持分の変動の会計処理について、数値例により解説します。

〈前提〉
- P社は100%子会社S社を100で設立した(発行株式数100、@1)。
- 今般、S社はA社に対して第三者割当増資200を行った(割当株式50株、@4)。
- S社の第三者割当増資前後の資本勘定等は以下のとおりである。

S社資本勘定	増資直前	増資直後
資 本 金	−	200
資 本 金	100	100
利益剰余金	150	150
純資産計	250	450

S社の株主構成	増資直前		増資直後	
	株数	(%)	株数	(%)
P社	100	100.0	100	66.7
A社	−	−	50	33.3
計	100	100.0	150	100.0
1株当たり純資産	@2.5		@3.0	

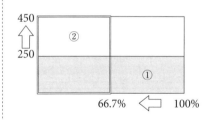

S社資本勘定の持分変動

① 増資前のP社の持分(網掛け)
  = 250×100% = 250
② 増資後のP社の持分(二重線)
  = 450×66.7% = 300

よって、P社はS社の第三者割当増資により持分が50増加したため、これを(利益ではなく)資本剰余金の増加として処理する。結果として、子会社の増資200により、親会社の資本剰余金が50、非支配株主持分が150増加したことになる。

S社の個別財務諸表上の処理	連結財務諸表上の処理
現 金 200 資 本 金 200	現 金 200 資本剰余金 (※1) 50 非支配持分 (※2) 150

※1:50 = 親会社の払込額(0)と親会社の持分の増減額(50 = 増資後300(= 450×66.7%)−増資前250(= 250×100%))との差額(50)

Q15-3 一部売却（支配継続）の会計処理——子会社株式から子会社株式

※2：150＝増資後のS社の資本（450）×33.3%（＝100%－66.7%：親会社が全額引き受け、その後、非支配株主に売却したものとみなす）

連結修正仕訳			
資　本　金	200	資本剰余金	50
		非支配持分	150

　子会社の時価発行増資等に伴い、上記のように、親会社の払込額（0）と親会社の持分の増減額（50＝増資後300（＝450×66.7%）－増資前250（＝250×100%））との間に差額（50）が生じた場合（支配が継続している場合に限る）には、当該差額を資本剰余金とすることとされています（連結会計基準30項）。

　会計処理の考え方としては、子会社の時価発行増資等に伴い、親会社の引受割合（数値例ではゼロ）が増資前の持分比率（100%）と異なるために増資後の持分比率に変動が生じる場合（増資後は66.7%）、いったん、従来の持分比率（100%）で株式を引き受け（200×100%＝200）、その後に追加取得（親会社の持分比率が増加する場合）又は一部売却（親会社の持分比率が減少する場合）を行ったものとみなします（資本連結実務指針47項）。

4 売却関連費用の会計処理

　子会社株式の一部売却に係る支払手数料等は、売却時の費用として処理します（資本連結実務指針42項）。

5 連結財務諸表上の税効果の会計処理

　子会社株式の一部売却において、関連する法人税等（子会社への投資に係る税効果の調整を含む）は、資本剰余金から控除することとされています（連結会計基準（注9）(2)）。

　この点についてはQ15-7で取り上げます。

第15章 子会社株式の取得及び売却に関する会計処理

6 設例による解説

買収年度（×1/3/31）：0%→子会社（100%）

・P社は×1/3/31にS社持分の100%を180で取得した。
・支配獲得時のS社の諸資産の時価と簿価は同じである。
・P社及びS社の×1/3/31のB/Sは以下のとおりである。

P社B/S

諸 資 産	320	資 本 金	500
S 社 株 式	180		
	500		500

S社B/S

諸 資 産	100	資 本 金	100
	100		100

連結仕訳

① 投資と資本の相殺消去

資 本 金	100	S 社 株 式	180
の れ ん	80	非支配持分	0

連結財務諸表

連結B/S（3/31）

諸 資 産	420	資 本 金	500
の れ ん	80	非支配持分	0
	500		500

翌年度（×2/3/31）：子会社（100%維持）

・P社の当期純利益は0、S社の当期純利益は100である。
・のれんの償却期間は5年（年間償却額16）である。
・P社及びS社の×2/3/31のB/Sは以下のとおりである。

P社B/S

諸 資 産	320	資 本 金	500
S 社 株 式	180		
	500		500

S社B/S

諸 資 産	200	資 本 金	100
		利益剰余金	100
	200		200

Q15-3 一部売却(支配継続)の会計処理——子会社株式から子会社株式

連結仕訳	連結財務諸表
② 開始仕訳	連結 B/S (3/31)

連結仕訳			
資 本 金	100	S 社 株 式	180
の れ ん	80	非支配持分	0

③ 非支配株主持分への損益振替

非支配株主損益	0	非支配持分	0

④ のれんの償却

のれん償却額	16	の れ ん	16

連結 B/S (3/31)

諸 資 産	520	資 本 金	500
の れ ん	64	利益剰余金	84
		非支配持分	0
	584		584

連結 P/L (4/1 ~ 3/31 抜粋)

(子会社利益	100)
のれん償却額	16
営業利益	84
当期純利益	84
(親会社帰属	84)
(非支配株主帰属	0)

一部売却年度(×3/3/31):子会社(100%)→子会社(60%)

- P社は期首(×2/4/1)にS社株式の40%を150で売却し(売却後持分60%)、個別財務諸表上、子会社株式売却益を78 (=150−(180×40%))計上した。
- P社の当期純利益(売却益78を除く)は0、S社の当期純利益は100である。
- 税効果及び関連する法人税等は省略する。
- のれんの償却期間は5年(年間償却額16)である。
- P社及びS社の×3/3/31のB/Sは以下のとおりである。

P 社 B/S

諸 資 産	470	資 本 金	500
S 社 株 式	108	利益剰余金	78
	578		578

S 社 B/S

諸 資 産	300	資 本 金	100
		利益剰余金	200
	300		300

連結仕訳	連結財務諸表
⑤ 開始仕訳	

資 本 金	100	S 社 株 式	180
利益剰余金	16	非支配持分	0
の れ ん	64		

第15章　子会社株式の取得及び売却に関する会計処理

⑥　一部売却の相殺処理

S 社 株 式	72	非支配持分	80
S社株式売却益	78	資本剰余金	70

　売却した株式に対応する持分80を親会社の持分から減額し、非支配持分を増額する。そして、売却による親会社の持分の減少額（売却持分）80と売却価額150との間に生じた差額70を、資本剰余金とする。

⑦　非支配株主持分への損益振替

非支配株主損益	40	非支配持分	40

⑧　のれんの償却

のれん償却額	16	の れ ん	16

注：のれん償却額16 = 80／5年

連結 B/S（3/31）

諸 資 産	770	資 本 金	500
のれん	48	資本剰余金	70
		利益剰余金	128
		非支配持分	120
	818		818

連結 P/L（4/1 ～ 3/31 抜粋）

（子会社利益		100）
のれん償却額		16
営 業 利 益		84
子会社株式売却益		－
当 期 純 利 益		84
（親会社帰属		44）
（非支配株主帰属		40）

〔子会社株式の一部売却による連結財務諸表への影響〕

(1)　×2年3月期（持分比率100％）

　子会社で計上された利益100から支配獲得時に計上した親会社持分（100％）に係るのれんの償却額16が控除されるため、当期純利益は84となる。

(2)　×3年3月期（持分比率60％）

①　連結 P/L

　期首に子会社株式の一部売却が行われているため、その年度に子会社が計上した利益100は、親会社帰属額60（60％）、非支配株主持分帰属額40（40％）となる。

　2013年改正前会計基準では、子会社株式の一部売却後ののれん償却額は売却後の持分（60％）に対応する額9（＝64×60％／4年（残存償却年数）＝9.6）だけが計上されていた。

　2013年改正の連結会計基準では、連結仕訳⑥のように、一部売却時におけるのれんの未償却額を取り崩さないため、のれんの償却額は当初取得時持分（100％）に対応する額16が継続的に計上されることになる（連結仕訳⑧）。

　このように、子会社株式を一部売却した場合（売却後も支配は継続）には、子会社が計上した利益の親会社帰属割合（60％）とのれん償却額の親会社帰属割合（100％）とが異なることになる。

② 連結 B/S

子会社に対する持分比率は当初の100%から60%に低下しているが、2013年改正の連結会計基準では、売却持分に対応したのれんの取崩しは行われないため、持分比率の変動にかかわらず、支配獲得時に計上されたのれん80を基礎に、64→48と毎年16（＝80／5年）ずつ償却により減少することになる。

Q15-4 一部売却(支配喪失)の会計処理
——子会社株式から関連会社株式・その他有価証券

P社は100%子会社S社を保有しています。今般、P社はS社株式の80%を売却し、S社は子会社から関連会社（20%）となりました。この場合、P社の連結財務諸表上の会計処理はどのようになりますか。

A 子会社株式の売却により支配を喪失し、投資先が関連会社となった場合には、当該子会社に係る資産及び負債を連結貸借対照表から除外し、連結貸借対照表に計上される関連会社株式は持分法による投資評価額により計上することになります。この点については2013年（平成25年）改正の連結会計基準においても同様です。

ただし、2013年改正の連結会計基準では、子会社株式の一部売却後も支配が継続している場合にはのれんの未償却額を取り崩さないことなどから、支配喪失時に取り崩すべきのれんの未償却額の算定方法に関する論点があります。このため、本書では、支配を喪失する前に親会社の持分の変動がある場合とない場合に分けて持分法による投資評価額の算定について解説します。

解説

◼ 子会社株式の一部売却により、投資先が子会社から関連会社になった場合

[1] 支配を喪失する前に親会社の持分の変動がない場合

子会社株式の一部を売却し連結子会社が関連会社となった場合（例えば、持分比率が100%→20%となった場合）には、関連会社株式の連結貸借対照表計上額となる「持分法による投資評価額」は、原則として、親会社の個別貸借対照表に計上された関連会社株式の帳簿価額に、売却直前の「投資の修正額」のうち売却後の持分額（残存する持分額）を加減して算定します（資本連結実務指針45項）。

Q15-4 一部売却(支配喪失)の会計処理——子会社株式から関連会社株式・その他有価証券

「投資の修正額」には、当該会社に対する支配を獲得したときから喪失する日までの期間における、以下のものが含まれます(資本連結実務指針66-5項)。
① 取得後利益剰余金(時価評価による簿価修正額に係る償却及び実現損益累計額を含む)
② 取得後のその他の包括利益累計額
③ のれん償却累計額、負ののれん発生益、段階取得に係る損益、未実現損益の消去、付随費用

持分法を適用する場合には、資産及び負債の評価並びにのれんの償却は連結の場合と同様の処理を行うものとされており(持分法会計基準8項)、また、2013年改正会計基準では、投資先が子会社から関連会社となっても残存する関連会社株式に対して投資の継続の会計処理を行うこととされているため、持分法による投資評価額は、上記のように、売却直前の連結財務諸表上の評価額(持分法による投資評価額)と整合性のある算定を行うことになります。

また、連結損益計算書においては、売却直前の「投資の修正額」と、このうち売却後の株式に対応する部分との差額(その他の包括利益累計額を除く)、すなわち、連結損益に反映済みの額を、個別財務諸表で計上された子会社株式売却損益の修正として処理することになります。

[2] 支配を喪失する前に親会社の持分の変動がある場合

子会社株式の段階売却により関連会社となった場合(例えば、持分比率は100%→60%→20%となった場合)や子会社株式の追加取得後に支配を喪失して関連会社となった場合(例えば、持分比率が60%→100%→20%となった場合)にも、持分法による投資評価額は、基本的には[1]と同様に算定することになります。

ただし、2013年改正の連結会計基準では、子会社株式の追加取得が行われた場合、追加取得持分と追加投資額との間に生じた差額を(のれんではなく)資本剰余金として処理することとされたこと、また、一部売却をしても支配が継続している場合にはのれんの未償却額の減額を行わないこととされたため、

第15章　子会社株式の取得及び売却に関する会計処理

支配喪失直前の子会社に対する持分比率とのれんの未償却額の割合が異なることになります。このため「投資の修正額」には[1]で記載した①から③の項目に加え、次の2項目も考慮する必要があります（資本連結実務指針66-5項）。

④　資本剰余金として処理された追加取得時の親会社の持分変動による差額
⑤　子会社株式を一部売却した際に減額されなかったのれんの未償却額

上記の意味を、次の2つのケースで考えてみます。

ケース1　追加取得後の売却（60%→100%→20%）
・P社はS社の株式の60%を180（@30）で取得した。取得時のS社の資本は200であり（持分相当は120）、のれんが60発生した。
・P社はその後、S社株式の40%を120（@30）で追加取得し、次に株式の80%を320（@40）で売却した（売却後は20%関連会社）。
・簡便化のため、S社の損益はゼロ、のれんの償却は行わず、法人税等の影響も省略する。

ケース2　段階売却（100%→60%→20%）
・P社はS社の株式の100%を300（@30）で取得した。取得時のS社の資本は200であり、のれんが100発生した。
・P社はその後、S社株式の40%を160（@40）で売却し、さらに追加で株式の40%を160（@40）で売却した（売却後は20%関連会社）。
・簡便化のため、S社の損益はゼロ、のれんの償却は行わず、法人税等の影響も省略する。

Q15-4 一部売却(支配喪失)の会計処理——子会社株式から関連会社株式・その他有価証券

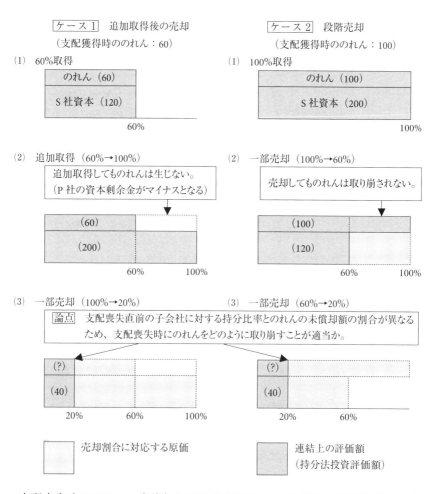

支配喪失時ののれんの未償却額の取崩方法について、資本連結実務指針では、いくつかの考え方があるとしたうえで、支配獲得後の持分比率の推移等を勘案し、以下の方法などの中から、適切な方法に基づき、関連会社として残存する持分比率に相当するのれんの未償却額を算定することとしています(資本連結実務指針45-2項、66-6項)。

・のれんの未償却額のうち、支配獲得時の持分比率に占める関連会社として残存する持分比率に相当する額を算定する方法

第15章　子会社株式の取得及び売却に関する会計処理

・のれんの未償却額のうち、支配喪失時の持分比率に占める関連会社として残存する持分比率に相当する額を算定する方法

	ケース1（60%→100%→20%）		ケース2（100%→60%→20%）	
	支配獲得時の持分比率	支配喪失時の持分比率	支配獲得時の持分比率	支配喪失時の持分比率
売却価額	320	320	160	160
売却原価	200	208	160	147
（S社資本）	(160)	(160)	(80)	(80)
（のれん取崩し）	（※1）(40)	（※2）(48)	（※3）(80)	（※4）(67)
S社株式売却益	120	112	0	13
売却後のS社株式に含まれるのれんの額	20	12	20	33

※1：40＝60（のれんの未償却額）－20、20＝60×33％（＝20／60（支配獲得時））
※2：48＝60（のれんの未償却額）－12、12＝60×20％（＝20／100（支配喪失時））
※3：80＝100（のれんの未償却額）－20、20＝100×20％（＝20／100（支配獲得時））
※4：67＝100（のれんの未償却額）－33、33＝100×33％（＝20／60（支配喪失時））

　のれんの取崩方法は、継続性が求められるものではなく、個々の組織再編の実態に照らして適切な方法を選択することになりますが、もともと子会社に対する持分比率とのれんの未償却額の割合が異なることから、「適切な方法」を選択することは必ずしも容易ではないと思われます。
　私見では、一般的には「支配獲得時の持分比率」を基礎とする方法が適切であると考えます。残存する関連会社株式に含まれるのれんは、支配獲得後の追加取得（のれんは計上されない）や一部売却（のれんは減額されない）による影響を受けることなく、支配獲得時に存在していたものから構成されていると考えることも合理的と考えられるためです。特にケース2（段階売却）については、「支配獲得時の持分比率」を基礎とする方法が適切と考えます。

Q15-4 一部売却(支配喪失)の会計処理——子会社株式から関連会社株式・その他有価証券

2 子会社株式の一部売却により、投資先が子会社及び関連会社に該当しなくなった場合

　子会社株式の売却等により被投資会社が子会社及び関連会社に該当しなくなった場合には、連結財務諸表上、残存する当該被投資会社に対する投資は、個別貸借対照表上の帳簿価額をもって評価するとされています(連結会計基準29項なお書き)。

　連結範囲から除外する場合に留意すべき事項は、次のとおりです。

① 　子会社株式売却損益の修正額

　　　連結範囲から除外する場合の子会社株式売却損益の修正額は、子会社株式の一部売却により関連会社になった場合に準じて算定します(資本連結実務指針46項)。

② 　子会社株式売却後の投資の修正額の処理

　　　連結範囲から除外する場合、売却後の投資の修正額を取り崩す必要があり、当該取崩額を連結株主資本等変動計算書上の利益剰余金の区分に、「連結除外に伴う利益剰余金減少高(又は増加高)」等その内容を示す適当な名称をもって計上します(資本連結実務指針46項、税効果適用指針119項)。

　　　取り崩すべき投資の修正額は、以下の項目のうち、残存する当該会社への投資に相当する部分が含まれます。

　　　・取得後利益剰余金(時価評価による簿価修正額に係る償却及び実現損益累計額を含む)

　　　・のれん償却累計額、負ののれん発生益、段階取得に係る損益、未実現損益の消去、付随費用(※)

　　　※：残存する当該会社への投資の個別貸借対照表上の帳簿価額には付随費用が含まれることになる(資本連結実務指針46項)。

　　　また、当該処理に係る投資の修正から生じた一時差異の解消額に対応する繰延税金資産又は繰延税金負債の取崩額も、(法人税等調整額ではなく)利益剰余金増減高から直接控除します(税効果適用指針120項)。

第15章 子会社株式の取得及び売却に関する会計処理

【参考1】子会社株式の売却により残存持分がその他有価証券に分類された場合の連結除外の会計処理

〈前提〉
- 親会社P社（3月決算）は×1年3月31日に100％子会社S社を100で設立した。
- S社（3月決算）は×2年3月期に200の利益を獲得した（B/S：資産300、負債0、純資産300（資本金100、利益剰余金200））。
- P社は×2年3月31日にS社株式の90％を150で売却した。
- 売却簿価は、個別上は90（＝100×90％）、連結上は270（＝（100＋200）×90％）である。
- P社の連結財務諸表上、残存するS社株式（10％）は、個別上の簿価10で評価する。

P社の個別上の仕訳	×2年3月期の連結上の仕訳
（100％子会社設立）	開始仕訳
S社株式 100 現 金 100	S社資本金 100 S社株式 100
（90％売却）	開始仕訳の振戻し（原価法適用会社に移行するため）
現 金 150 S社株式 90 　　　　　　　売 却 益 60	S社株式 100 S社資本金 100
	S社B/Sの連結除外仕訳
	負　債　　　　　　0　資　　産　　　300 資本金　　　　　100 利益剰余金（期首）　0 利益剰余金（除外）200
	売却前持分の評価
	S社株式 200 利益剰余金（除外） 200
	株式売却損益の修正（※1）
	株式売却益 60 S社株式 180 株式売却損 120
	S社株式の個別上の簿価への修正（※2）
	利益剰余金減少高 20 S社株式 20

※1：連結上の簿価270（＝300（100＋200）×90％）を150で売却したため、連結上は売却損120が生じる。

※2：取得後利益剰余金（200）のうち、残存持分相当額（20）は「連結除外に伴う利益剰余金減少高」に振り替える。

Q15-4 一部売却(支配喪失)の会計処理——子会社株式から関連会社株式・その他有価証券

P社におけるS社株式の個別簿価			S社投資に係る連結上の簿価			
S社株式 計	内　訳		内　訳		計	科目
	売却持分 (90%)	残存持分 (10%)	売却持分 (90%)	残存持分 (10%)		
100	90	10	90	(※) 10	100	資 本 金
			180	(※) 20	200	利益剰余金
			270	30	300	計

※：S社株式を90％売却したため、残存持分10％は、個別財務諸表上の帳簿価額10に修正する。この結果、連結財務諸表上の帳簿価額（残存持分10％対応）30のうち、S社の留保利益相当額（残存持分対応）20は、「連結除外に伴う利益剰余金減少高（また増加高）」等の科目で処理することになる（資本連結実務指針46項）。
連結財務諸表上で費用処理した取得関連費用がある場合、個別上の売却簿価に含まれている付随費用のうち売却した部分に対応する額を子会社株式売却損益の修正として処理し、引き続き保有する部分に対応する額は、連結の範囲から除外された時に、連結除外に伴う利益剰余金減少高（または増加高）等に含めて計上する（Q15-5 **1**[2] ケース3 参照）。
なお、支配を喪失して持分法適用会社になった場合には、関連会社株式の投資原価には支配喪失以前に費用処理した支配獲得時の付随費用は含めない（資本連結実務指針46-2項、Q15-5 **1**[2] ケース2 参照）。

③　子会社株式の追加取得及び一部売却等によって生じた資本剰余金の取扱い

　　子会社株式の追加取得及び一部売却等によって生じた資本剰余金は、連結範囲から除外された後も、引き続き、連結財務諸表上、資本剰余金として計上します。資本剰余金を取り崩さないのは、支配継続中の一部売却等の取引は、親会社と子会社の非支配株主との間の取引であり、当該取引によって生じた資本剰余金は子会社に帰属するものではないためです（資本連結実務指針68-2項）。

　　なお、資本剰余金が負の値となり、当該負の値を利益剰余金から減額する処理を行っていた場合には、連結範囲から除外された後も当該処理は連結財務諸表上、引き継がれることになります（資本連結実務指針49-2項）。

第15章　子会社株式の取得及び売却に関する会計処理

【参考2】 支配喪失時の残存株式の評価

　子会社に対する支配を喪失した場合の残存の投資に係る会計処理についても、国際的な会計基準との差異は存在する。具体的には、国際会計基準では、支配喪失時には投資の清算処理（子会社株式を支配喪失時の時価ですべて売却し損益を認識したうえで、残存株式を改めて支配喪失時の時価で取得するイメージの会計処理）を行うことになる。他方、わが国の会計基準では、残存する株式に対して投資の継続処理が行われるため、売却持分に対応した損益は認識されるが、残存株式について損益は認識されない（Q4-2 ❶[3]【参考】及びQ5-2 ❷[1]❷【参考】参照）。

　このように、2013年改正の会計基準においても、これまでと同様、投資の継続の会計処理を行うこととされたのは、事業分離等会計基準や金融商品会計基準等の他の会計基準にも影響する横断的な論点であることに加え、段階取得の検討経緯（段階取得の会計処理は、連結財務諸表上は投資の清算処理とされているが、これは短期間で国際的な会計基準とのコンバージェンスを図る必要があったためで、理論的な検討は必ずしも十分に合意がなされているわけではないとの立場）から、実務における段階取得の適用状況をまず検証すべきという意見を踏まえたためである。

　今後、段階取得の適用状況の調査を含む、企業結合に係る実態調査を適切な時期に始めることとし、その上で、わが国の会計基準を取り巻く状況も踏まえて、子会社に対する支配を喪失した場合の残存の投資に係る会計処理の検討に着手する時期を判断することとされている（企業結合会計基準64-3項）。

3 設例による解説

買収年度（×1/3/31）：0%→子会社（100%）

- P社は×1/3/31にS社持分の100%を180で取得した。
- 支配獲得時のS社の諸資産の時価と簿価は同じである。
- P社及びS社の×1/3/31のB/Sは以下のとおりである。

P社 B/S

諸 資 産	320	資 本 金	500
S 社 株 式	180		
	500		500

S社 B/S

諸 資 産	100	資 本 金	100
	100		100

Q15-4 一部売却（支配喪失）の会計処理──子会社株式から関連会社株式・その他有価証券

連結仕訳	連結財務諸表
① 投資と資本の相殺消去	連結 B/S（3/31）
資 本 金 100　S 社 株 式 180 の れ ん 80　非支配持分 0	諸 資 産 420　資 本 金 500 の れ ん 80　非支配持分 0 　　　　　500　　　　　　500

翌年度（×2/3/31）：子会社（100％維持）

- P 社の当期純利益は 0、S 社の当期純利益は 100 である。
- のれんの償却期間は 5 年（年間償却額 16）である。
- P 社及び S 社の ×2/3/31 の B/S は以下のとおりである。

P 社 B/S

諸 資 産	320	資 本 金	500
S 社 株 式	180		
	500		500

S 社 B/S

諸 資 産	200	資 本 金	100
		利益剰余金	100
	200		200

連結仕訳	連結財務諸表
② 開始仕訳	連結 B/S（3/31）
資 本 金 100　S 社 株 式 180 の れ ん 80　非支配持分 0	諸 資 産 520　資 本 金 500 の れ ん 64　利益剰余金 84 　　　　　　　　非支配持分 0 　　　　　584　　　　　　584
③ 非支配持分への損益振替	
非支配株主損益 0　非支配持分 0	連結 P/L（4/1 ～ 3/31 抜粋）
④ のれんの償却	（子会社利益　　　　100） のれん償却額　　　　16 営 業 利 益　　　　84 当 期 純 利 益　　　84 　（親会社帰属　　　84） 　（非支配株主帰属　　0）
のれん償却額 16　の れ ん 16	

667

第15章 子会社株式の取得及び売却に関する会計処理

一部売却による支配喪失年度（×3/3/31）：子会社（100％）→関連会社（20％）

- P社は期首（×2/4/1）にS社株式の80％を300で売却し（売却後持分20％）、個別財務諸表上、子会社株式売却益を156（＝300－(180×80％)）計上した。
- P社の当期純利益（売却益156を除く）は0、S社の当期純利益は100である。
- 税効果及び関連する法人税等は省略する。
- のれんの償却期間は5年（売却後の投資（20％）に対応するのれん償却額は3）である。
- P社及びS社の×3/3/31のB/Sは以下のとおりである。

P社 B/S

諸　資　産	620	資　本　金	500
S 社 株 式	36	利益剰余金	156
	656		656

S社 B/S

諸　資　産	300	資　本　金	100
		利益剰余金	200
	300		300

連結仕訳	連結財務諸表

連結仕訳：

- P社は期首にS社株式を売却し、期首時点から持分法を適用している（子会社に該当しなくなったため、F/Sの合算は行わない）。このため、投資と資本の消去に関する開始仕訳、開始仕訳の振戻処理、S社B/Sの連結からの除外処理は行っていない。

① 期首時点（売却直前）のS社株式に係る開始仕訳

S 社 株 式	84	利益剰余金	84

期首におけるS社株式に対する以下の差額

- 連結財務諸表上の評価額264（＝S社純資産200×100％＋のれん未償却残高64）
- 個別財務諸表上の帳簿価額180

② 株式売却益の修正処理

S社株式売却益	67	S 社 株 式	67

84×80％＝67.2（連結上認識済の利益の消去）

③ 当期純利益の取り込み

S 社 株 式	20	持分法投資損益	20

連結財務諸表：

連結B/S（3/31）

諸　資　産	620	資　本　金	500
S 社 株 式	70	利益剰余金	190
	690		690

S社株式70の内訳

- P社個別簿価180×20％＝36
- 投資後に増加したS社純資産
  200×20％＝40
- のれん償却累計額
  のれん償却△16×1年分×20％＋持分法のれん相当額の償却△3.2＝△6.4

連結P/L（4/1～3/31 抜粋）

持分法投資損益	17
経常利益	17
子会社株式売却益	89
当期純利益	106

Q15-4 一部売却（支配喪失）の会計処理──子会社株式から関連会社株式・その他有価証券

④ 投資に含まれるのれんの償却

持分法投資損益	3	S 社 株 式	3

〔子会社株式の売却（支配喪失）による連結財務諸表への影響〕

〈×4年3月期（持分比率40％）〉

① 連結 P/L

親会社（投資会社）の個別財務諸表上、子会社株式売却益が156計上されているが、連結財務諸表上、売却持分（80％）対応額のうち既に連結損益で認識された額67（＝（S社取得後利益剰余金の増加額100－のれん償却額16）×80％）が消去されるため、子会社株式売却益は89となる。

なお、設例では支配が継続している中での一部売却（例えば100％→60％→20％）が行われていないため、2013年改正の連結会計基準の影響はない。もし、上記のような子会社株式が段階売却された後に支配を喪失した場合には、支配継続中の一部売却持分（40％）に相当するのれん未償却残高が子会社株式売却益のマイナス要因となる（2013年改正の連結会計基準では、子会社株式を一部売却しても、売却後も支配が継続している限り、のれんの未償却額は取り崩されないが、支配喪失時に当該未償却残高が取り崩されるため、当該金額が子会社株式売却益のマイナス要因となる）。

② 連結 B/S

連結会計基準では、子会社株式の売却等により支配を喪失し、投資先が関連会社となった場合にも「投資の継続」の会計処理を行うことになるため、関連会社に対する持分法の適用に当たり、支配喪失前の連結財務諸表上の評価額を承継したうえで持分法の会計処理を適用する。したがって、×2/3期と×3/3期の連結財務諸表は、連結と持分法の差異はあるが、のれん未償却残高や利益剰余金の残高の計算基礎には継続性がある。

Q15-5 取得関連費用(付随費用)の会計処理

子会社株式の取得関連費用（付随費用）の会計処理に関し、個別財務諸表上の取扱いと連結財務諸表上の取扱いが異なりますが、子会社株式の取得及び売却の会計処理に当たり、どのような点に留意すればよいでしょうか。

A 2013年（平成25年）改正の企業結合会計基準により、子会社株式の取得に係る付随費用の会計処理が個別財務諸表上と連結財務諸表上とで異なることになったため、子会社株式を売却した場合、連結財務諸表上は、付随費用に関する部分について個別財務諸表で計上された子会社株式売却損益を修正することが必要になります。

なお、取得関連費用の会計処理の概要については、Q2-8 をご参照ください。

解説

1 付随費用に関する連結財務諸表と個別財務諸表との調整

子会社株式の取得及び一部売却したときの取得関連費用（付随費用）の個別財務諸表上と連結財務諸表上の会計処理を設例により解説します。

なお、以下の解説中の仕訳では、付随費用の会計処理に焦点を当てるため、付随費用に関する部分を区分して記載しています。

〈前提〉
- ×1年3月にX社はY社株式のすべて（100株）を1,000（@10）で購入し、その際、手数料等の付随費用を100支払った。
- 支配獲得時のY社の純資産は1,000であり、その時価と簿価は一致していた。
- ×2年3月にX社はY社株式の一部（60株）を1,200（@20）で売却した。なお、×2年3月期のY社の損益はゼロであった。

Q15-5 取得関連費用(付随費用)の会計処理

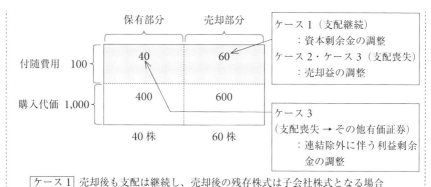

ケース1 売却後も支配は継続し、売却後の残存株式は子会社株式となる場合
ケース2 売却後は支配を喪失するが、売却後の残存株式は関連会社株式となる場合
ケース3 売却後は支配を喪失し、売却後の残存株式はその他有価証券となる場合

なお、本設例は、付随費用の会計処理の理解を目的とするため、残存株式の保有割合と有価証券の保有区分との関係は無視する。

[1] 子会社株式取得時の付随費用の会計処理

個別財務諸表上の処理				連結財務諸表上の処理				連結修正			
S社株式	1,000	現　金	1,000	諸資産	1,000	現　金	1,000	資　本	1,000	S社株式	1,000
S社株式	100	現　金	100	費　用	100	現　金	100	費　用	100	S社株式	100

　子会社株式の付随費用(100)については、個別財務諸表上は、子会社株式の取得価額に含めることとされていますが、連結財務諸表上は、発生した年度の費用として処理されます。

[2] 子会社株式売却時の付随費用の会計処理

ケース1：子会社株式の一部売却後も支配関係が継続している場合

個別財務諸表上の処理	連結財務諸表上の処理	連結修正			
		資　　本	1,000	S社株式	1,000
		利剰期首	100	S社株式	100
現　金 1,200　S社株式　600	現　金 1,200　非支配持分　600	S社株式	600	非支配持分	600
S社株式　 60	資剰金　　　600	S社株式	60	資剰金	60
売却益　　540		売却益	540	資剰金	540

　子会社株式を一部売却したものの、残存株式が子会社株式である場合（支配は継続）、連結財務諸表上、親会社の持分変動による差額は資本剰余金に計上されるため、売却価額（1,200）と親会社持分の減少額（600＝1,000×60％）との差額（600）は資本剰余金に計上されます。

　付随費用については、子会社株式の売却持分に対応した額（60）を、連結財務諸表上は個別財務諸表に計上した子会社株式売却損益の修正として取り扱い、資本剰余金に振り替えることになります（資本連結実務指針46-2項）。

　なお、売却価額には売却に係る支払手数料等は含まれないため、売却に係る支払手数料等については売却時の費用として処理します（資本連結実務指針42項）。

ケース2：子会社株式の一部売却により、残存株式が関連会社株式となった場合

個別財務諸表上の処理	連結財務諸表上の処理	連結修正（※）			
現　金 1,200　S社株式　600	現　金 1,200　諸資産　1,000	S社株式	60	売却益	60
S社株式　 60	S社株式　400　売却益　　600				
売却益　　540					

　※：開始仕訳及びその振戻し処理は省略している。

　子会社株式の一部売却により、残存株式が関連会社株式となった場合（支配の喪失）、連結財務諸表上、親会社の持分変動による差額は損益に計上されるため、売却価額（1,200）と親会社持分の減少額（600＝1,000×60％）との差額（600）

は損益に計上されます。

　付随費用については、子会社株式の売却持分に対応した額（60）を、連結財務諸表上は、個別財務諸表に計上された子会社株式売却損益の修正として処理することになります。

　なお、持分法適用関連会社の株式の帳簿価額には、原則として付随費用が含まれることになりますが（持分法実務指針2-2項(3)）、本設例のように、支配を喪失して子会社から関連会社となり、持分法を適用することとなった場合には、連結財務諸表上、支配獲得時に生じた取得関連費用は発生時に費用処理されていることから、関連会社株式の投資原価には過年度に費用処理した支配獲得時の付随費用を含めないことになります（資本連結実務指針46-2項、66-7項）。

ケース3：子会社株式の一部売却により、残存株式がその他有価証券となった場合

個別財務諸表上の処理		連結財務諸表上の処理		連結修正（※）	
現　金　1,200　S社株式　600		現　金　1,200　諸資産　1,000		利剰期首　100　連結除外　40	
S社株式　60		S社株式　400　売却益　600			売却益　60
売却益　540		S社株式　40　連結除外　40			

※：開始仕訳及びその振戻し処理は省略している。

　子会社株式の一部売却により残存株式がその他有価証券となった場合には、連結財務諸表上、親会社の持分変動による差額は損益に計上されるため、売却価額（1,200）と親会社持分の減少額（600＝1,000×60％）との差額（600）は損益に計上されます。

　付随費用については、子会社株式の売却持分に対応した額（60）を、連結財務諸表上は、個別財務諸表に計上された子会社株式売却損益の修正として処理することになります。

　また、売却後のその他有価証券の帳簿価額は個別財務諸表上の帳簿価額によることになります（当該帳簿価額には付随費用（40）が含まれる）。このため、連結財務諸表上、既に費用処理されている付随費用を資産計上するため、連結範囲から除外される際に、連結株主資本等変動計算書上の利益剰余金の区分に「連

結除外に伴う利益剰余金減少高（又は増加高）」等その内容を示す適当な名称をもって計上することになります（資本連結実務指針46-2項、66-7項）。

2 税効果会計との関係

　子会社株式に関する支配獲得時の付随費用や追加取得時の付随費用の会計処理が、連結財務諸表上と個別財務諸表上とで異なることから、子会社への投資の個別貸借対照表上の価額と連結貸借対照表上の価額との間に差額が生じることになります。

　当該差額は、連結財務諸表固有の一時差異に該当するため、税効果適用指針22項（子会社に対する投資に係る連結財務諸表固有の将来減算一時差異の取扱い）又は23項（子会社に対する投資に係る連結財務諸表固有の将来加算一時差異の取扱い）に準じて繰延税金資産の計上の可否又は繰延税金負債の計上の要否及びその計上額を決定します。

　なお、繰延税金資産又は繰延税金負債を計上するときの相手勘定は、法人税等調整額となります（税効果適用指針27項）。

Q15-6 親会社の持分変動に係るその他の包括利益累計額の会計処理

子会社株式の取得及び売却に当たり、子会社に存在するその他の包括利益累計額に関する連結財務諸表上の会計処理について教えてください。

A 子会社に存在するその他の包括利益累計額（評価・換算差額等）（※）に関する連結財務諸表上の会計処理については、5つのケースに分け、それぞれ数値例で説明します。

※：以下では、その他の包括利益累計額（評価・換算差額等）を評価差額金と表記することがある。

解説

【設例1】 支配獲得時に子会社に存在していたその他の包括利益累計額の会計処理（0％→80％）

〈前提〉
・P社は×1年3月末にS社株式の80％を160（@20）で取得して子会社とした。
・支配獲得時のS社の資本は200（資本金100、その他有価証券評価差額金100）である。
・税効果については省略する。
・×1年3月期（支配獲得時）のP社及びS社のB/Sは以下のとおりである。

P社 B/S

現　　　金	240	資　本　金	400
S 社 株 式	160		
	400		400

S社 B/S

有 価 証 券	200	資　本　金	100
		評価差額金	100
	200		200

この場合の連結修正仕訳及び連結B/Sは以下のようになる。

第15章 子会社株式の取得及び売却に関する会計処理

連結仕訳			
資　本　金	100	S 社 株 式	160
評価差額金(※1)	100	非支配持分	40

連結 B/S			
現　　　金	240	資　本　金	400
有 価 証 券	200	非支配持分(※2)	40
	440		440

※1：支配獲得時に子会社に存在していたその他の包括利益累計額 100 は、P 社の投資と相殺され（80）、又は非支配株主持分に振り替えられるため（20）、連結 B/S には計上されない。

※2：非支配株主持分は、その他の包括利益累計額を含む子会社の資本 200 に非支配株主の持分比率 20% を乗じた額 40 となる。

【参考】支配獲得前に当該会社の株式を保有している場合の取扱い（段階取得）（20%→80%）

〈前提〉

- P 社は S 社の設立時（×0 年 4 月）に株式の 20% を 20（@10）で取得し、関連会社とした。
- S 社は×1 年 3 月末の有価証券含み益は 100 となった（×1 年 3 月期の当期純利益はゼロ）。
- P 社は×1 年 3 月末に S 社株式の 60% を 120（@20）で追加取得し、80% 子会社とした。
- ×1 年 3 月期（支配獲得時）の P 社及び S 社の B/S は以下のとおりである。

P 社 B/S			
現　　　金	260	資　本　金	400
S 社 株 式	140		
	400		400

S 社 B/S			
有 価 証 券	200	資　本　金	100
		評価差額金	100
	200		200

この場合の連結修正仕訳（網掛け部分が【設例 1】に追加した処理）及び連結 B/S は以下のようになる。

Q15-6　親会社の持分変動に係るその他の包括利益累計額の会計処理

連結仕訳

（当期利益のうち持分の取込み）			
S 社株式	0	持分法投資利益	0
（評価差額金のうち持分の計上）			
S 社株式	20	評価差額金	20
（計上した評価差額金の戻し）			
評価差額金	20	S 社株式	20
（投資の清算処理）（※1）			
S 社株式	40	S 社株式	20
		段階取得差益	20
（投資と資本の相殺消去）			
資本金	100	S 社株式	160
評価差額金	100	非支配持分	40

連結 B/S

現　　金	260	資　本　金	400
有価証券	200	利益剰余金	20
		非支配持分(※2)	40
	460		460

※1：支配獲得前に当該会社の株式（関連会社株式又その他有価証券）を保有している場合（段階取得）には、支配獲得時に投資の清算処理が行われる（既取得株式の時価評価替えが行われ（@10 → @20）、段階取得に係る利益が計上される）。売却原価には、S 社株式の個別財務諸表上の帳簿価額 20 と取得後利益剰余金持分相当額 0 の合計額となり、その他の包括利益累計額は含まれない。上記の仕訳のように、支配獲得直前に当該会社に存在していたその他の包括利益累計額のうち持分相当額 20 は、段階取得に係る利益 20 に含まれることになる（組替調整額の対象となる）。

※2：非支配株主持分は、その他の包括利益累計額を含む子会社の資本 200 に非支配株主の持分比率 20% を乗じた額 40 となる。

【設例2】 支配獲得後に子会社に生じたその他の包括利益累計額の会計処理
（80％維持）

〈前提〉
- 【設例1】を前提とする。
- S社は×2年3月末の有価証券含み益は支配獲得時の100から200となった。なお、×2年3月期の当期純利益はゼロである。
- ×2年3月期のP社及びS社のB/Sは以下のとおりである。

P社 B/S

現　　　金	240	資　本　金	400
S 社 株 式	160		
	400		400

S社 B/S

有 価 証 券	300	資　本　金	100
		評価差額金	200
	300		300

支配獲得時の評価差額金は100

この場合の連結修正仕訳（網掛け部分が【設例1】に追加した処理）及び連結B/Sは以下のようになる。

連結仕訳

資　本　金	100	S 社 株 式	160
評価差額金	100	非支配持分	40
当期利益のうち非支配株主持分への振替			
非支配株主利益	0	非支配持分	0
増加した評価差額金の非支配株主持分への振替			
評価差額金	20	非支配持分	20

連結 B/S

現　　　金	240	資　本　金	400
有 価 証 券	300	評価差額金(※1)	80
		非支配持分(※2)	60
	540		540

※1：支配獲得後に増加した子会社に係るその他の包括利益累計額100のうち、P社の持分相当額80は連結B/Sにその他の包括利益累計額として計上され、非支配株主持分相当額20は非支配株主持分に含めて表示される。

※2：非支配株主持分はその他の包括利益累計額を含む子会社の資本300に非支配株主の持分比率20％を乗じた額60となる。

Q15-6 親会社の持分変動に係るその他の包括利益累計額の会計処理

【設例3】 子会社株式を追加取得した場合の子会社に存在するその他の包括利益累計額の会計処理（0%→80%→100%）

〈前提〉
- 【設例2】を前提とする。
- ×2年3月末（【設例2】の会計処理を行った直後）に、P社はS社株式の20%を100（@50）で追加取得し、100%子会社とした。
- 追加取得後の×2年3月期のP社及びS社のB/Sは以下のとおりである。

P社 B/S

現　　　金	140	資　本　金	400
S 社 株 式	260		
	400		400

S社 B/S

有 価 証 券	300	資　本　金	100
		評価差額金	200
	300		300

支配獲得時の評価差額金は100

この場合の連結修正仕訳（網掛け部分が【設例2】に追加した処理）及び連結B/Sは以下のようになる。

連結仕訳

資　本　金	100	S 社 株 式	160
評価差額金	100	非支配持分	40
非支配株主利益	0	非支配持分	0
評価差額金	20	非支配持分	20
追加取得の会計処理			
非支配持分	60	S 社 株 式	100
資本剰余金	40		

連結 B/S

現　　　金	140	資　本　金	400
有 価 証 券	300	資本剰余金	△40
		評価差額金	80
	440		440

注：連結会計年度末において資本剰余金がマイナスの場合には、利益剰余金から減額する。

≪その他有価証券評価差額金の内容≫

追加時 200	80（※2） （連結 B/S：評価差額金）	20（※1）
支配時 100	80	20

（追加投資額と相殺）

80% ⟹ 100%

支配獲得後に増加したその他の包括利益累計額 100 のうち、追加投資額 100 と相殺されるのは非支配株主持分に含まれた 20（※1）のみであるため、連結 B/S に表示されていたその他の包括利益累計額（親会社持分相当額 80（※2））は追加取得の前後で変動しない。

≪【設例2】（追加取得前の連結 B/S）との比較≫

現　　　金 △100	資本剰余金　△40
	非支配持分　△60

追加取得前の連結 B/S（【設例2】の連結 B/S）と比較すると、追加投資額 100 に相当する現金が減少するとともに、非支配株主持分 60 が減少し、その差額 40 が資本剰余金の減少額となる。

Q15-6 親会社の持分変動に係るその他の包括利益累計額の会計処理

【設例4】 子会社株式を一部売却した場合（支配継続）の子会社に存在するその他の包括利益累計額の会計処理（0%→80%→60%）

〈前提〉
- **【設例2】** を前提とする
- ×2年3月末（**【設例2】** の会計処理を行った直後）に、P社はS社株式の20%（簿価40）を100（@50）で譲渡し（個別財務諸表上の譲渡益は60）、子会社に対する持分比率は80%から60%に減少した。
- 一部売却後の×2年3月期のP社及びS社のB/Sは以下のとおりである。

P社 B/S

現　　　金	340	資　本　金	400
S 社 株 式	120	利益剰余金	60
	460		460

S社 B/S

有 価 証 券	300	資　本　金	100
		評価差額金	200
	300		300

支配獲得時の評価差額金は100

この場合の連結修正仕訳（網掛け部分が**【設例2】**に追加した処理）及び連結B/Sは以下のようになる。

連結仕訳

資　本　金	100	S 社 株 式	160
評価差額金	100	非支配持分	40
非支配株主利益	0	非支配持分	0
評価差額金	20	非支配持分	20
個別簿価と連結簿価との差額を売却損益に加減（※1）			
株式売却益	0	非支配持分	40
S 社 株 式	40		
その他の包括利益累計額の非支配株主持分への振替（※2）			
評価差額金	20	非支配持分	20
売却価額と連結簿価との差額を資本剰余金へ振替（※3）			
株式売却益	60	資本剰余金	60

連結 B/S

現　　　金	340	資　本　金	400
有 価 証 券	300	資本剰余金	60
		評価差額金	60
		非支配持分(※6)	120
	640		640

※1：売却持分（個別財務諸表上のS社株式の売却原価40と連結財務諸表上認識済み利益のうち売却持分対応額（本設例ではゼロ）の合計額）を非支配株主持分に振り替える処理

※2：支配獲得後に増加したS社に係るその他の包括利益累計額100のうち、親会社持分の減少に対応した20（20%）を非支配株主持分に振り替える処理

※3：S社株式の売却価額100と連結簿価（売却持分）40との差額を資本剰余金に振り替える処理

なお、上記については、Q15-3 **2**【参考2】(3)もあわせて参照されたい。

≪その他有価証券評価差額金の内容≫

売却時 200	60 （連結B/S評価差額金）	20（※4、5） （非支配持分の一部を構成）	
支配時 100		（非支配持分振替）	
	60%	⇐ 80%	

※4：子会社株式を一部売却した場合（売却後も支配は継続）には、売却による親会社の持分の減少額（「売却持分」(40)）と売却価額（100）との間に生じた差額（60）は、資本剰余金となる。また、「売却した株式に対応する持分」(60)を親会社の持分から減額し、非支配株主持分を増額することになる（連結会計基準29項）。ここで、「売却した株式に対応する持分（＝増加する非支配株主持分）」(60)には、（支配獲得後に増加した）子会社に係るその他の包括利益累計額（20）部分が含まれるが、「売却持分」(40)には、（支配獲得後に増加した）その他の包括利益累計額（20）は含まれない（資本連結実務指針42項）。この結果、（支配獲得後に増加した）子会社に係るその他の包括利益累計額のうち売却持分相当額は、（売却価額と売却持分の差額として算定される）資本剰余金と非支配株主持分の一部を構成することになる。

※5：非支配株主持分に含めて計上されたその他の包括利益累計額の減少額は当期純損益を構成するものではないため、組替調整額の対象とはならず、連結株主資本等変動計算書における当連結会計年度の増減として表示することになる。

※6：非支配株主持分はその他の包括利益累計額を含む子会社の資本300に非支配株主の持分比率40％を乗じた額120となる。

≪【設例2】（一部売却前の連結B/S）との比較≫

現　　金	100	資本剰余金	60
		評価差額金	△20
		非支配持分	60

S社株式一部売却後の連結B/Sと売却前の連結B/S（【設例2】の連結B/S）とを比較すると、その他の包括利益累計額が20が減少している。これは※5で非支配株主持分に振り替えられたものであり、組替調整額の対象とはならない。

Q15-6　親会社の持分変動に係るその他の包括利益累計額の会計処理

【設例5】 子会社株式を一部売却し、支配を喪失した場合の子会社に存在していたその他の包括利益累計額の会計処理（0%→80%→20%）

〈前提〉
- 【設例2】を前提とする。
- ×2年3月末（【設例2】の会計処理を行った直後）に、P社はS社株式の60%（簿価120）を300（@50）で譲渡し（個別財務諸表上の譲渡益は180）、S社に対する持分比率は80%から20%に減少した。
- 一部売却後の×2年3月期のP社及びS社のB/Sは以下のとおりである。

P社 B/S

現　　　金	540	資　本　金	400
S 社 株 式	40	利益剰余金	180
	580		580

S社 B/S

有価証券	300	資　本　金	100
		評価差額金	200
	300		300

支配獲得時の評価差額金は100

この場合の連結修正仕訳（網掛け部分が【設例2】に追加した処理）及び連結B/Sは以下のようになる。

連結仕訳

資　本　金	100	S 社 株 式	160
評価差額金	100	非支配持分	40
非支配株主利益	0	非支配持分	0
評価差額金	20	非支配持分	20
開始仕訳の振戻し			
S 社 株 式	160	資　本　金	100
非支配持分	40	評価差額金	100
非支配持分	20	評価差額金	20
連結除外処理			
資　本　金	100	有価証券	300
評価差額金	200		
持分法への移行処理			
S 社 株 式	20	評価差額金	20

連結 B/S

現　　　金	540	資　本　金	400
有 価 証 券(※1)	60	利益剰余金	180
		評価差額金(※2)	20
	600		600

株式売却損益の調整			
株式売却益	0	S 社 株 式	0

※1：子会社株式を一部売却し、支配を喪失して関連会社になった場合には、S社株式は持分法による投資評価額により連結B/Sに計上される。持分法による投資評価額は、その他の包括利益累計額を含むS社の資本300に持分比率20%を乗じた額60となる。その内訳は、S社株式の個別財務諸表上の簿価40、取得後利益剰余金のうち持分相当額（本設例ではゼロ）、支配獲得後に増加したその他の包括利益累計額100のうち持分相当額20などから構成される。

※2：連結B/Sに表示されるその他の包括利益累計額は取得後に増加したS社のその他の包括利益累計額100のうち持分比率20%を乗じた額20となる。

≪S社投資を連結法によった場合≫

連結 B/S

現　　　　金	540	資　本　金	400
有 価 証 券	300	利益剰余金	180
		評価差額金	20
		非支配持分	240
	840		840

S社株式は持分法による投資評価額により連結B/Sに計上されるが、S社を連結した場合の連結B/Sを参考として記載している。なお、その他の包括利益累計額は持分法を適用した場合と同額となる。

≪S社投資を連結法によった場合と【設例2】との比較≫

現　　　　金	300	利益剰余金	180
		評価差額金	△60
		非支配持分	180

S社株式一部売却後の連結B/S（（S社投資を連結法によった場合の連結B/S）と売却前の連結B/S（【設例2】の連結B/S）とを比較すると、その他の包括利益累計額60が減少している。これは子会社株式の売却により売却前の連結B/Sに計上されていたその他の包括利益累計額80のうち売却された割合に相当する額60が連結財務諸表上の当期純損益（子会社株式売却益）を通して利益剰余金に振り替えられたためであり、組替調整の対象となる（資本連結実務指針45項）。

Q15-7 支配獲得後の親会社の持分変動に係る連結財務諸表上の税金費用の会計処理

2013年（平成25年）改正の連結会計基準では、支配獲得後に親会社が子会社株式を追加取得したり一部売却したときに生じた差額は資本剰余金で処理することとされました。

他方で、親会社の個別財務諸表上は、子会社株式の売却は親会社の株主との取引ではなく、通常の損益取引となります。

このように個別財務諸表上は、取引や事象の発生源泉が損益取引ではあるものの、連結財務諸表上、その発生源泉が資本剰余金となるものに係る法人税等及び税効果の会計処理を教えてください。

A 法人税等及び税効果の計上区分は、その発生源泉となる取引等に応じて、損益、株主資本及びその他の包括利益に区分して計上することになります。これは税引前当期純利益と所得に対する法人税、住民税及び事業税等の間の税負担の対応関係を図ることや国際的な会計基準との整合性の観点から、2022年改正の法人税等会計基準や税効果適用指針で定められました。

解説

■ 子会社株式を追加取得した場合等の一時差異に係る税効果の会計処理

子会社の時価発行増資等及び連結会社による子会社株式の追加取得に伴い生じた親会社の持分変動による差額は連結固有の一時差異に該当し、税効果適用指針22項（子会社に対する投資に係る連結財務諸表固有の将来減算一時差異の取扱い）又は23項（子会社に対する投資に係る連結財務諸表固有の将来加算一時差異の取扱い）に従い繰延税金資産の計上の可否又は繰延税金負債の計上の要否及びその計上額を決定します。したがって、将来減算一時差異については回収可能性を検討して繰延税金資産を計上し、将来加算一時差異については原則と

して繰延税金負債を認識することになります（Q13-1【参考3】4.[3]参照）。

　また、親会社の持分変動による差額は資本剰余金として処理されるため、繰延税金資産又は繰延税金負債を計上する場合には、当該一時差異の発生に関連する資本剰余金から控除することになります（税効果適用指針27項(2)）。

〈前提〉
- P社は×1年3月にS社の株式の60%を600で取得して子会社とし、さらに×2年3月に40%を400で追加取得して、100%子会社とした。
- ×1年3月末及び×2年3月末のS社のB/Sは諸資産800（時価と簿価は同額）、負債はゼロである（×2年3月期のS社の損益はゼロ）。
- 当初取得ののれんの償却は行わないものとする。

	個別財務諸表上の処理	連結財務諸表上の処理
当初取得時 (60%)	S社株式 600 ／ 現　金 600	諸 資 産 800 ／ 現　金 600 の れ ん 120 ／ 非支配持分 320
追加取得時 (40%)	S社株式 400 ／ 現　金 400	非支配持分 320 ／ 現　金 400 資本剰余金 80

《子会社株式の追加取得に係る税効果の処理のイメージ》

※1：2013年改正前の連結会計基準ではのれん（資産）とされていたが、改正後は資本剰余金とされた。
※2：将来減算一時差異について、繰延税金資産24（＝80×30%）を計上する場合の相手勘定は、資本剰余金となる（適用指針27項(2)）。なお、税効果適用指針22項の子会社への投資に係る将来減算一時差異について繰延税金資産を計上するた

Q15-7 支配獲得後の親会社の持分変動に係る連結財務諸表上の税金費用の会計処理

めの要件を踏まえると、当該将来減算一時差異について繰延税金資産を計上する場合とは、例えば、当該子会社株式の売却の意思決定をしたときになると考えられる。

2 投資の売却に関する意思決定（支配喪失）をした場合の税金費用の会計処理

1の子会社株式の取得後、保有株式のすべてを1,200で売却する意思決定をしたとします。そして、売却時までに当該子会社の留保利益が100増加し、連結簿価が920から1,020となっていたものとします。この場合のS社株式の投資に係る一時差異（追加取得により生じた資本剰余金に係る将来減算一時差異と留保利益に係る将来加算一時差異）に係る税効果額の処理は次のようになります。

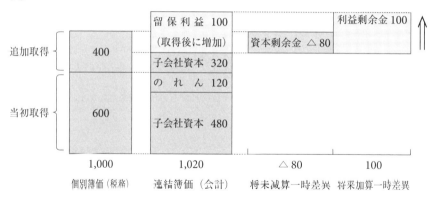

※1：資本剰余金に係る税効果額：80 × 30％（実効税率）＝ 24
※2：留保利益に係る税効果額：100 × 30％（実効税率）＝ 30
注：税効果は一時差異の発生源泉に応じて処理することになる。上記は、理解に資するため、繰延税金資産及び繰延税金負債を両建てで計上しているが、納税主体が同一である場合、両者を相殺して表示する。なお、同一の納税主体（P社）における同一の子会社（S社）への投資に係る一時差異であるため、繰延税金資産及び繰延税金負債を相殺したうえで、回収可能性又は支払可能性を判断する（税効果適用指針設例4-3参照）。

第15章　子会社株式の取得及び売却に関する会計処理

　また、翌年度にS社株式を売却したときの税金費用に関する仕訳は次のようになります（税効果適用指針［設例4-3］参照）。

開始仕訳			
(借) 利益剰余金期首残高	30	(貸) 資 本 剰 余 金	24
		繰延税金負債（※1）	6
S社株式売却に伴う投資に係る将来加算一時差異に関する繰延税金負債の取崩し			
(借) 資 本 剰 余 金（※2）	24	(貸) 法人税等調整額	30
繰 延 税 金 負 債	6		
S社株式売却益に対する課税			
(借) 法人税・住民税・事業税	24	(貸) 資 本 剰 余 金（※3）	24

※1：繰延税金負債30－繰延税金資産24＝6
※2：上記の繰延税金資産及び繰延税金負債のうち、資本剰余金を相手勘定として計上した繰延税金資産24については資本剰余金を相手勘定として取り崩す（税効果適用指針30項）。
※3：S社株式の売却益に対する法人税、住民税及び事業税について、追加取得に伴い生じた親会社の持分変動による差額80に対して課税された法人税、住民税及び事業税24は資本剰余金から控除する（法人税等会計基準5-2項(1)、5-4項、税効果適用指針31項）。
　この結果、以下のように、損益計算書に計上された売却益に対する税金費用の比率は適正なものとなる。

〈参考：個別財務諸表及び連結財務諸表におけるS社株式の売却益と税金費用との関係〉

	個別 F/S	連結 F/S
売却価額	1,200	1,200
売却原価	1,000	1,020
＜売却原価の内訳＞		
取得原価	1,000	1,000
追加取得／資本剰余金減少		△80 → △24
子会社利益／利益剰余金増加		100 → 30
売却益	200	180
法人税等 法人税等調整額	(30%)　60	30% { 84　(※) 　　　30
売却益（税金費用考慮後）	140	126

　※：84＝60＋24（＝80×30％）

Q15-7 支配獲得後の親会社の持分変動に係る連結財務諸表上の税金費用の会計処理

法人税等会計基準5項では、法人税、住民税及び事業税は、原則として、法令に従い算定した額を損益に計上するとされているが（法人税等の発生源泉となる取引と整合させるため、一定の場合には株主資本及びその他の包括利益（評価・換算差額等）の区分に計上する）、本設例では、連結上の法人税、住民税及び事業税は84と表示され、法令等に従い算定された個別上の法人税、住民税及び事業税60を超えている（税効果適用指針［設例4-3］参照）。これは連結上の資本取引（△80）に対応する法人税、住民税及び事業税24を資本剰余金から控除（加算）した結果、それと同額を損益に対応する課税所得のプラス要因として扱い、連結損益計算書に表示される法人税、住民税及び事業税を24増加させたためである。

3 投資の一部売却後も支配が継続している場合の税金費用の会計処理

投資の一部売却後も親会社と子会社の支配関係が継続している場合、連結財務諸表上、売却による親会社の持分の減少額と売却価額との間に生じた差額は資本剰余金とし、関連する法人税等（子会社への投資に係る税効果の調整を含む）は資本剰余金から控除するものとされています（連結会計基準29項及び（注9）(2)）。

この取扱いは、子会社株式の売却価額と売却直前の連結財務諸表上の簿価との差額に関する会計処理を定めたもので、税効果の会計処理ではありません。投資の一部売却に係る税効果を含めた一連の会計処理については、次の設例で解説します。

1 設例による解説

投資の一部売却後も支配が継続している場合の税金費用の会計処理を設例により解説します。

第15章　子会社株式の取得及び売却に関する会計処理

子会社株式の一部売却を決定した年度（×1/3/31）

・P社は過年度に250を出資して、100％子会社S社を設立した。
・当期末（×1/3/31）において、P社は翌年度にS社株式の40％を売却することを決定した。
　売却株式に対応するS社株式の個別財務諸表上の簿価は100、連結財務諸表上の簿価は400である。
・P社は連結財務諸表上、売却株式に対応する税金費用の処理を行う。
・実効税率は30％である。
・P社及びS社の×1/3/31におけるB/Sは以下のとおりである。

P社 B/S

諸　資　産	250	資　本　金	500
S　社　株　式	250		
	500		500

S社 B/S

諸　資　産	1,000	資　本　金	250
		利益剰余金	750
	1,000		1,000

P社の個別財務諸表上の会計処理	連結財務諸表上の会計処理
仕　訳　な　し	①　売却予定株式に関する税効果の処理 （法人税等調整額　90／繰越税金負債　90） 90 =（400 − 100）× 30％ 　売却時までに子会社が獲得した利益は、当期純利益に反映されている。このため、売却直前の投資の連結貸借対照表上の価額との差異である将来加算一時差異に対する税効果は、法人税等調整額として損益に計上することになる。 連結 B/S（3/31） 諸　資　産　1,250　／　繰延税金負債　　90 　　　　　　　　　　　資　本　金　　500 　　　　　　　　　　　利益剰余金　　660 　　　　　　1,250　　　　　　　　　1,250

Q15-7　支配獲得後の親会社の持分変動に係る連結財務諸表上の税金費用の会計処理

子会社株式の売却を実行した年度（×2/3/31）

・P社は翌年度期首（×1/4/1）にS社株式の40％（簿価100）を500で売却し、売却益400を計上した。
・P社は個別財務諸表上、売却益に対して120の税金を支払うものとする（税率30％）
・P社のS社株式売却益を除く利益は0、S社の当期純利益も0である。

P社の個別財務諸表上の会計処理	連結財務諸表上の会計処理
	②　開始仕訳
	資本金　250／S社株式　250 利益剰余金　90／繰延税金負債　90
	③　連結簿価と個別簿価との差額に関する個別財務諸表上の株式売却損益の調整（税効果の調整を含む）
・子会社株式売却及び税金に係る処理	S社株式　100／非支配持分　400 子会社株式売却益　300 繰越税金負債　90／法人税等調整額　90 下記[1]参照。
現金　500／S社株式　100 　　　　　　　子会社株式売却益　400 法人税等　120／未払法人税等　120	④　上記調整後の売却損益を資本剰余金に振替（税金の調整を含む）
	子会社株式売却益　100／資本剰余金　100 資本剰余金　30／法人税等　30 下記[2]参照。

P社 B/S（3/31）

諸資産	750	未払法人税等	120
S社株式	150	資本金	500
		利益剰余金	280
	900		900

連結 B/S（3/31）

諸資産	1,750	未払法人税等	120
		資本金	500
		資本剰余金	70
		利益剰余金	660
		非支配持分	400
	1,750		1,750

第15章　子会社株式の取得及び売却に関する会計処理

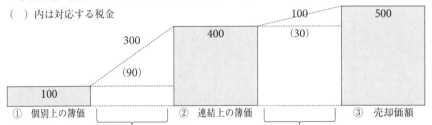

P社 P/L（4/1 ～ 3/31 抜粋）	
子会社株式売却益	400
税引前当期純利益	400
法人税、住民税及び事業税	120
当期純利益	280

連結 P/L（4/1 ～ 3/31 抜粋）	
税金等調整前当期純利益	0
法人税、住民税及び事業税	90
法人税等調整額	△90
当期純利益	0

≪子会社株式売却に係る税効果の処理のイメージ≫
（　）内は対応する税金

① 個別上の簿価　② 連結上の簿価　③ 売却価額

個別財務諸表上の子会社株式売却益のうち、連結財務諸表上も損益取引として処理される部分（子会社で計上した利益400のうち、300は連結財務諸表上も利益として認識済み）

個別財務諸表上の子会社株式売却益400のうち、100は連結財務諸表上、資本剰余金の増減として処理される。なお、当該差額は個別財務諸表上の簿価と連結財務諸表上の簿価との差額ではなく、一時差異ではない。

[1] 連結財務諸表上は損益に計上された部分に係る一時差異の処理

　投資を売却する意思決定がなされた場合には、子会社への投資に係る一時差異（①売却直前の親会社の個別貸借対照表上の投資簿価（個別財務諸表上の簿価）と②売却直前の子会社への投資の連結貸借対照表上の価額（連結財務諸表上の簿価）との差額）については、税効果適用指針22項又は23項に従い、相手勘定を法人税等調整額として繰延税金資産又は繰延税金負債を計上することになります。当該一時差異に関する部分は、連結財務諸表上も損益取引として扱われるため、繰延税金資産又は繰延税金負債を計上する際の相手勘定は、法人税等調整額となります。また、投資の売却により一時差異が解消したときは、当該繰延税金資産又は繰延税金負債は、法人税等調整額を相手勘定として取り崩すこ

とになります。

このように売却直前の投資に係る一時差異に関する部分は、これまでと同様の税効果の会計処理を行うことになります。

[2] 連結財務諸表上は資本剰余金の増減として処理される部分に係る税金費用の処理

親会社の持分変動による差額（②売却直前の子会社への投資の連結貸借対照表上の価額（連結財務諸表上の簿価）と③投資の売却価額との差額）は、一時差異には該当しないため、税効果の調整対象ではありません。

当該取引は、親会社の個別財務諸表上は損益取引となりますが、連結財務諸表上は資本剰余金の増減として処理されるため、関連する法人税等（子会社への投資に係る税効果の調整を含む）（以下「法人税等相当額」という）は資本剰余金から控除します（連結会計基準29項及び（注9）(2)）。具体的には、これに係る法人税等相当額を、法人税、住民税及び事業税を相手勘定として資本剰余金から控除することになります（税効果適用指針28項）。

なお、資本剰余金から控除する法人税等相当額は、売却元の課税所得や税金の納付額にかかわらず、原則として、親会社の持分変動による差額に法定実効税率を乗じて算定します（税効果適用指針28項）。ただし、税金の納付額が生じていない場合に資本剰余金から控除する額をゼロとするなど他の合理的な算定方法によることができます（税効果適用指針118項）。

5 投資の一部売却により連結除外となった場合の残存持分に関する税効果の会計処理

子会社に対する投資の一部売却により当該会社が子会社にも関連会社にも該当しなくなった場合、連結財務諸表上、残存する当該会社に対する投資（その他有価証券）は個別貸借対照表上の帳簿価額をもって評価することになります（連結会計基準29項なお書き）。

この場合、税効果適用指針27項に従って法人税等調整額を相手勘定として

計上した当該子会社に対する投資に係る連結財務諸表固有の一時差異に関する繰延税金資産又は繰延税金負債のうち、当該売却に伴い投資の帳簿価額を修正したことにより解消した一時差異に係る繰延税金資産又は繰延税金負債は、利益剰余金を相手勘定として取り崩すことになります。

　これは、当該投資先会社の留保利益等のうち残存する当該会社への投資に相当する部分が、連結株主資本等変動計算書上の利益剰余金区分の「連結除外に伴う利益剰余金減少高（又は増加高）」等に計上されるためです（税効果適用指針 29 項、119 項、120 項、Q15-4【参考 1】参照）。

第16章

組織再編に関する表示及び開示

●本章の内容
- Q16-1 組織再編に関する表示 ……………………………………………………… 696
- Q16-2 組織再編に関する開示の全般的事項 ………………………………………… 699
- Q16-3 取得による企業結合が行われた場合の注記 ………………………………… 707
- Q16-4 共同支配企業の形成の注記 …………………………………………………… 716
- Q16-5 共通支配下の取引等の注記 …………………………………………………… 718
- Q16-6 事業分離における分離元企業の注記 ………………………………………… 723
- Q16-7 子会社の企業結合の注記(結合当事企業の株主) ………………………… 727
- Q16-8 企業結合・事業分離等に関する重要な後発事象等の注記 ………………… 729

Q16-1 組織再編に関する表示

組織再編に関連する主な科目の貸借対照表及び損益計算書における表示について教えてください。

A 組織再編に関連する主な科目の貸借対照表及び損益計算書における表示は、以下のようになります。

解説

1 のれん

のれんは無形固定資産の区分に表示し（財規28条1項1号、連結財規28条1項1号）、のれんの当期償却額は販売費及び一般管理費の区分に表示します（企業結合会計基準47項、財規ガイドライン84、連結財規ガイドライン55）。また、減損処理以外の事由でのれんの償却額を特別損失に計上することはできません（適用指針76項(3)）（Q2-15 **7** 参照）。

なお、のれんの一時償却（資本連結実務指針32項）については、特別損失に表示することができると考えられます（Q2-15 **6** 参照）。

2 負ののれん

負ののれんは、原則として、特別利益に表示します（企業結合会計基準48項）（Q2-16 **4** 参照）。

3 企業結合に係る特定勘定

企業結合に係る特定勘定は、原則として、固定負債として表示し、その主な内容及び金額を連結貸借対照表及び個別貸借対照表に注記します（財規56条、連結財規41条、企業結合会計基準30項）。なお、認識の対象となった事象が貸借対照表日後1年内に発生することが明らかなものは流動負債として表示し

ます（適用指針62項）。

企業結合に係る特定勘定の取崩益が生じた場合には、原則として、特別利益に表示します（財規ガイドライン95の2）。また、重要性が乏しい場合を除き、その内容を連結損益計算書及び個別損益計算書に注記します（財規95条の3の3、連結財規63条の3、適用指針66項、303項）（以上、Q2-11 **3** 参照）。

4 その他組織再編に伴う損益の表示

その他組織再編時に生じる損益の表示区分は、以下のようになります。

区　分	科目名（例示）	損益計算書の表示区分
結合企業	抱合せ株式消滅差損益（個別） （共通支配下の取引） （Q7-1 **3** 等参照）	特別損益 （適用指針206項(2)①ア）
	段階取得に係る損益（連結） （Q2-4 **1**、Q15-1 **2** 等参照）	特別損益 （適用指針305-2項）
	取得関連費用 （Q2-8、Q15-5 等参照）	（※）
分離元企業	移転損益 （Q4-1 **2**[1]等参照）	特別損益 （事業分離等会計基準27項）
	持分変動差額（連結） （Q4-2 **1**[3]等参照）	特別損益 （適用指針100項(2)①）
結合当事企業の株主	交換損益 （Q5-1 **2**、Q5-3 **2** 等参照）	特別損益 （事業分離等会計基準53項）
	持分変動差額（連結） （Q5-2 **2**[1]❷ 等参照）	特別損益 （適用指針275項(2)②、272項）

※：取得関連費用の損益計算書上の表示区分は、会計基準等では明確に示されていない。ただし、取得関連費用は、将来のキャッシュ・フロー（利益）の増加を意図した事業投資（支出）に関連した支出であり、事業活動の結果として生じる投資価値の毀損等とは性格が異なるため、通常、（特別損失ではなく）販売費及び一般管理費の区分に表示するものと考えられる（なお、連結キャッシュ・フロー実務指針 Ⅲ設例2(1)の仕訳参照）。

また、連結財務諸表上、子会社株式の追加取得に関連した費用は、親会社の持分変動による差額が資本剰余金の増減として処理されることを踏まえると、営業外費用として表示することが適当と考えられる（なお、連結キャッシュ・フロー実務指針 Ⅲ設例2(1)の仕訳参照）。

なお、主要な取得関連費用の内容及びその金額（重要な企業結合の場合）は注記事項とされている（企業結合会計基準49項(3)④）。

5 共同支配企業への投資の表示

　共同支配企業は共同支配投資企業の関連会社に該当します(財規8条6項4号、会社計算規則2条4項4号)。

　連結財務諸表上、共同支配企業に対する投資の金額は、関連会社の株式等の内訳として注記します(連結財規30条2項、3項、適用指針301項(2))。

Q16-2 組織再編に関する開示の全般的事項

組織再編に関する開示について、共通して取り扱われている事項や留意すべき事項を教えてください。

 組織再編に関する開示について、共通して取り扱われている事項や留意すべき事項としては以下があげられます。

解説

1 全般的事項

ある組織再編が実施され、それに適用すべき組織再編に関する会計基準の定めが存在しない場合もあります。これは組織再編に関する会計基準に限らず、会計基準全般に当てはまります。

このような場合、取引の本質を見極め、関連性のある会計基準の枠組みや趣旨を勘案のうえ、適用すべき会計基準を選択し、その選択が財務諸表に重要な影響を及ぼす場合には、重要な会計方針の1つとして財務諸表に注記することが必要になります（過年度遡及会計基準4-2、4-3項、Q1-7参照）。

このほか、財務諸表等規則8条の5（追加情報の注記（※））では、「この規則において特に定める注記のほか、利害関係人が会社の財政状態、経営成績及びキャッシュ・フローの状況に関する適正な判断を行うために必要と認められる事項があるときは、当該事項を注記しなければならない。」とされ、一定の場合には適切な事項の注記が強制されている点にも留意が必要です。

※：会社計算規則では第116条（その他の注記）が該当する。

2 重要性の取扱い

企業結合及び事業分離等に関する注記（子会社が企業結合した場合の親会社における注記を含む）は、重要なものを対象としています。また、個々の企業結合・

事業分離等については重要性が乏しいが、企業結合・事業分離年度における企業結合・事業分離等の全体について重要性があるときは、一定の事項を全体で注記することができます（企業結合会計基準49項、52項、54項、事業分離等会計基準28項、54項、適用指針306項、317項）。

会計基準及び適用指針では、重要性に関する数値基準は示されていませんが、結合後企業又は分離元企業（子会社が企業結合した場合の親会社を含む）の財政状態、経営成績及びキャッシュ・フローの状況への影響も踏まえ、総合的に判断することになります。

③ 重複する注記の省略

企業結合・事業分離等に関する注記事項（重要性のあるものに限る）は、原則として、連結財務諸表と個別財務諸表の双方に記載しなければなりませんが、連結財務諸表と個別財務諸表の注記が同じになる場合には、重複開示を避けるため、個別財務諸表においては、その旨の記載をもって代えることができます（財規8条の17第5項（取得による企業結合が行われた場合の注記）、8条の20第3項（共通支配下の取引等の注記）、8条の22第3項（共同支配企業の形成の注記）、8条の23第4項（事業分離における分離元企業の注記）、8条の24第2項（事業分離における分離先企業の注記）、8条の25第3項（企業結合に関する重要な後発事象等の注記）、8条の26第2項（事業分離に関する重要な後発事象等の注記）、企業結合会計基準49項、49-2項、52項、54項、事業分離等会計基準28項、適用指針306項、317項）。

例えば、ある会社との合併が取得とされた場合で、パーチェス法を適用した場合の注記事項が、連結財務諸表と個別財務諸表とで同じになる場合には、会計基準の定めによる注記事項は、連結財務諸表にのみ記載し、個別財務諸表においては、連結財務諸表に注記している旨の記載を行えば足りることになります。

4 注記の対象となる組織再編の形式

　連結会計基準は連結財務諸表を作成する場合の会計処理及び開示を定め（連結会計基準1項、4項）、連結会計基準に定めのない事項については、以下のように、企業結合会計基準や事業分離等会計基準の定めに従うことになります。

・連結貸借対照表の作成に関する会計処理における企業結合及び事業分離等に関する事項のうち、連結会計基準に定めのない事項については、企業結合会計基準や事業分離等会計基準の定めに従って会計処理する（連結会計基準19項及び60項）。
・当期において、新たに子会社を連結に含めることとなった場合や子会社株式の追加取得及び一部売却等があった場合には、注記事項についても、企業結合会計基準や事業分離等会計基準で定められた注記事項を開示する（連結会計基準（注15）及び74項）。

　したがって、現金を対価とした子会社株式の取得、追加取得又は（一部）売却が行われ、それが企業結合又は事業分離等に該当する場合には、合併、会社分割、株式交換、株式移転等が行われた場合と同様、「取得による企業結合が行われた場合の注記」「共通支配下の取引等の注記」等、所定の注記が必要になります。

5 同一事業年度内に同一企業（又は事業）に関して、複数の組織再編が行われた場合

同一事業年度内に、例えば、以下の組織再編が行われたものとします。
① P社は第三者であるX社を株式交換により100％子会社とした（又は子会社株式のすべてを現金で取得した）。
② ①の後、X社のうちa事業をP社の子会社S社に会社分割により移転した。
③ ②の後、P社はX社を吸収合併した。
この場合、①は、「取得による企業結合が行われた場合の注記」、②及び③は

「共通支配下の取引等の注記」の記載対象になります。これらの取引が一体として行われている場合には、それぞれの関係が明確になるように工夫して記載することになります。

6 組織再編が行われた場合の注記に関する比較情報

有価証券報告書等において、企業結合や事業分離が行われた場合の注記は、原則として、前年度に行われた企業結合等を比較情報として開示することは要しないものと考えられます。企業結合等が行われた場合の注記は、財務諸表の勘定科目の数値を補足する情報という性質を有するものの、当該事象は、非経常的な特定の取引に関する開示という性質が強く、当年度の企業結合等の内容と前年度の企業結合等の内容それ自体を直接比較することの意味はそれほど重要ではないと考えられるためです（会計制度委員会研究報告第14号「比較情報の取扱いに関する研究報告（中間報告）」Q10(3)）。

7 会社法における開示の取扱い

企業結合会計基準や事業分離等会計基準では、会計処理及び表示のほか、開示（注記事項）についても詳細に定めていますが、会社法（会社計算規則）では、重要な後発事象など一部の事項を除き（※）、企業結合・事業分離等に関する注記は求められていません（会社計算規則98条）。

※：事業譲渡・譲受などの取引行為は、「損益計算書に関する注記」（会社計算規則104条）及び「関連当事者との取引に関する注記」（会社計算規則112条）の開示対象になる。
他方、合併、会社分割などの組織再編行為は、原則として、開示対象外の取引と解される。ただし、ある組織再編が、会社と当該会社の役員等との取引としての性格が強い場合（例えば、会社と当該会社の役員の個人会社とが合併し、会社の重要な資源が実質的に役員に移転しているような場合）には、「関連当事者の開示に関する会計基準」の設定趣旨などを踏まえ「関連当事者との取引に関する注記」の記載対象になるものと考えられる。

Q16-2　組織再編に関する開示の全般的事項

≪会社計算規則で求められる注記表≫
　出典:「会社法施行規則及び会社計算規則による株式会社の各種書類のひな型」(2022年11月1日　(一社)日本経済団体連合会 経済法規委員会企画部会)

注記事項	個別注記表 会計監査人設置会社 大会社であって有価証券報告書の提出義務のある会社（※1）	個別注記表 会計監査人設置会社 左記以外の会社	個別注記表 会計監査人設置会社以外 公開会社	個別注記表 会計監査人設置会社以外 非公開会社	連結注記表
① 継続企業の前提に関する注記	○	○	−	−	○
② 重要な会計方針に係る事項に関する注記（※2、3）	○	○	○	○	○
③ 会計方針の変更に関する注記（※5）	○	○	○	○	○
④ 表示方法の変更に関する注記（※6）	○	○	○	○	○
④-2 会計上の見積りに関する注記（※7）	○	○	−	−	○
⑤ 会計上の見積りの変更に関する注記	○	○	−	−	○
⑥ 誤謬の訂正に関する注記	○	○	○	○	○
⑦ （連結）貸借対照表に関する注記（※8）	○	○	○	−	○
⑧ 損益計算書に関する注記	○	○	○	−	−
⑨ （連結）株主資本等変動計算書に関する注記（※9）	○	○	○	○	○
⑩ 税効果会計に関する注記	○	○	○	−	−
⑪ リースにより使用する固定資産に関する注記	○	○	○	−	−
⑫ 金融商品に関する注記（※10）	○	○	○	−	○
⑬ 賃貸等不動産に関する注記（※10）	○	○	○	−	○
⑭ 持分法損益等に関する注記（※11）	○	−	−	−	−
⑮ 関連当事者との取引に関する注記（※12）	○	○	○（一部は、附属明細書へ）	−	−

第16章　組織再編に関する表示及び開示

⑯	1株当たり情報に関する注記	○	○	○	－	○
⑰	重要な後発事象に関する注記	○	○	○	－	○
⑱	連結配当規制適用会社に関する注記	○	○	－	－	－
⑱-2	収益認識に関する注記（※4）	○	○	－	－	○
⑲	その他の注記	○	○	○	○	○

※1：当該会社は、連結計算書類の作成義務のある会社である（会社法444条3項）。

※2：連結注記表にあっては「連結計算書類の作成のための基本となる重要な事項に関する注記等」となる。

※3：企業会計基準第29号「収益認識に関する会計基準」を適用する会社については、「収益及び費用の計上基準」には、次の事項を含む（会社計算規則101条2項）。
　① 当該会社の主要な事業における顧客との契約に基づく主な義務の内容
　② ①に規定する義務に係る収益を認識する通常の時点
　③ ①及び②のほか、当該会社が重要な会計方針に含まれると判断したもの

※4：会社計算規則115条の2第1項の注記（収益認識に関する注記）は、企業会計基準第29号「収益認識に関する会計基準」を適用する株式会社を対象とするものである。
　　「収益認識に関する会計基準」を適用しない株式会社は「収益認識に関する注記」を要しない。通常、会計監査人設置会社以外の株式会社は、「収益認識に関する会計基準」を適用しないものと考えられるので、上表では「－」と記載している。
　　また、連結計算書類の作成義務のある会社（会社法444条3項に規定する株式会社）以外の株式会社の個別注記表の収益認識に関する注記は、同条1項2号（収益を理解するための基礎となる情報）の記載のみとすることができ（会社計算規則115条の2第1項ただし書き）、連結計算書類の作成義務のある会社が作成する個別注記表の収益認識に関する注記は、同号の記載のみで足りる（会社計算規則115条の2第3項）。なお、当該内容は会社計算規則101条の規定により注記すべき事項（重要な会計方針に係る事項に関する注記）にあわせて記載する方法も考えられる（会社計算規則115条の2第1項、第3項）。

※5：会計監査人設置会社以外の株式会社にあっては、会社計算規則102条の2第1項4号に掲げる事項については、「計算書類又は連結計算書類の主な項目に対する影響額」のみの記載とすることができる（同項）。
　　個別注記表に注記すべき事項（会社計算規則102条の2第1項3号ならびに4号ロ及びハに掲げる事項に限る）が連結注記表に注記すべき事項と同一である場合において、個別注記表にその旨を注記するときでも、①会計方針の変更の内容、②会計方針の変更の理由、及び③計算書類の主な項目に対する影響額（会計方針を変更した場合に、当事業年度より前の事業年度の全部又は一部について遡及適

※6：個別注記表に注記すべき事項（会社計算規則102条の3第1項2号（表示方法の変更の理由）に掲げる事項に限る）が連結注記表に注記すべき事項と同一である場合において、個別注記表にその旨を注記するときは、「表示方法の変更の内容」のみの記載とすることができる（会社計算規則102条の3第2項）。
※7：個別注記表に注記すべき事項（会社計算規則102条の3の2第1項3号（会計上の見積りの内容に関する理解に資する情報）に掲げる事項に限る）が連結注記表に注記すべき事項と同一である場合において、個別注記表にその旨を注記するときは、次の①及び②について記載する（会社計算規則102条の3の2第2項）。
　①　会計上の見積りにより当該事業年度に係る計算書類にその額を計上した項目であって、翌事業年度に係る計算書類に重要な影響を及ぼす可能性があるもの
　②　当該事業年度に係る計算書類の①の項目に計上した額
※8：連結注記表では、関係会社に対する金銭債権又は金銭債務の注記、取締役、監査役及び執行役との間の取引による取締役、監査役及び執行役に対する金銭債権又は金銭債務の注記、親会社株式の各表示区分別の金額の注記は記載しない（会社計算規則103条6号から9号）。
※9：個別注記表には次の事項を記載する。ただし、連結注記表を作成する株式会社は、②以外の事項は、省略することができる。
　①　当該事業年度の末日における発行済株式の数（株式の種類ごと）
　②　当該事業年度の末日における自己株式の数（株式の種類ごと）
　③　当該事業年度中に行った剰余金の配当（当該事業年度の末日後に行う剰余金の配当のうち、剰余金の配当を受ける者を定めるための基準日が当該事業年度中のものを含む）に関する次に掲げる事項その他の事項
　　イ　金銭配当の場合におけるその総額
　　ロ　金銭以外の配当の場合、配当した財産の帳簿価額の総額（当該剰余金の配当をした日において時価を付した場合、当該時価を付した後の帳簿価額）
　④　当該事業年度の末日における株式引受権に係る当該株式会社の株式の数（株式の種類ごと）
　⑤　当該事業年度の末日における当該株式会社が発行している新株予約権（行使期間の初日が到来していないものを除く）の目的となる株式の数（株式の種類ごと）
※10：連結注記表を作成する株式会社は、個別注記表における注記を要しない（会社計算規則109条2項、110条2項）。
※11：連結計算書類を作成する株式会社は、個別注記表における注記を要しない（会社計算規則111条2項）。
※12：公開会社であっても、会計監査人設置会社以外の会社では、下の事項を省略することができる。その場合には省略した事項について、附属明細書に記載する（会社計算規則112条1項ただし書き、117条4号）。
　①　取引の内容

② 取引の種類別の取引金額
　　③ 取引条件及び取引条件の決定方針
　　④ 取引条件の変更があったときは、その旨、変更の内容及び当該変更が計算書類に与えている影響の内容

　ただし、重要な組織再編が行われ、それを計算書類の利用者に開示することが適切と判断される場合（例えば、上場会社など多数の利害関係者がいる場合）には、企業結合会計基準等の注記事項を参考にして適切な開示を行うことが適当と考えます。この場合の注記は「その他の注記」（会社（企業集団）の財産又は損益の状態を正確に判断するために必要な事項）（会社計算規則 116 条）に該当します。

　なお、企業結合等に関する事項を注記する場合であっても、「当該企業結合が当期首に完了したと仮定したときの当期の連結損益計算書への影響の概算額」（いわゆる「プロフォーマ情報」）（企業結合会計基準 49 項（5））を注記表に記載することはできません。会社法監査においては、金融商品取引法監査と異なり、当該事項を監査証明の対象から除くことはできないためです（監査・保証実務委員会実務指針第 85 号「監査報告書の文例」25 項）。プロフォーマ情報を会社法の計算関係書類に開示する場合には、事業報告に記載することが適当と考えられます（Q16-3 **2**［3］参照）。

Q16-3 取得による企業結合が行われた場合の注記

「取得による企業結合が行われた場合の注記」について教えてください。

A 取得による企業結合が行われた場合の注記は、以下のようになります。

解説

1 注記事項の概要

当該年度において他の企業又は企業を構成する事業の取得による企業結合が行われた場合には、以下の事項を注記する必要があります（財規8条の17、連結財規15条の12、企業結合会計基準49項）。

当該企業結合に係る取引に重要性が乏しい場合には、注記を省略することができます。ただし、当該年度における個々の企業結合に係る取引に重要性は乏しいが、当該年度における複数の企業結合に係る取引全体に重要性がある場合には、以下の事項（（連結）財務諸表に含まれている被取得企業等の業績の期間、プロフォーマ情報に関する事項を除く）を当該企業結合に係る取引全体について注記します。

区　分	財規又は連結財規等の定め	備　考
企業結合の概要	企業結合の概要 ① 被取得企業の名称及び事業の内容（事業を取得した場合は、相手企業の名称及び取得した事業の内容） ② 企業結合を行った主な理由 ③ 企業結合日 ④ 企業結合の法的形式 ⑤ 結合後企業の名称 ⑥ 取得した議決権比率 ⑦ 取得企業を決定するに至った主な根拠	⑥について、段階取得が行われた場合には、企業結合直前に所有していた議決権比率、企業結合日に追加取得した議決権比率及び取得後の議決権比率を記載する（企業結合会計基準49項(1)）。 ⑦についてQ2-2 **3** 参照

	（財規ガイドライン8の17－1－1、連結財規ガイドライン15の12－1－1）	
F/Sに含まれている期間	（連結）財務諸表に含まれている被取得企業又は取得した事業の業績の期間	
取得原価の算定等に関する事項	① 被取得企業又は取得した事業の取得原価及び対価の種類ごとの内訳（※） ② 取得の対価として株式を交付した場合には、株式の種類別の交換比率及びその算定方法並びに交付又は交付予定の株式数 ③ 企業結合契約に規定される条件付取得対価（企業結合契約において定められる企業結合契約締結後の将来の事象又は取引の結果に依存して追加的に交付され、引き渡され、又は返還される取得対価をいう）の内容及び当該年度以降の会計処理方針	①⑤に関連して、段階取得が行われたものの、連結財務諸表が作成されない場合（個別財務諸表のみ作成する場合）には、後述**3**の注記が必要となる。 ※：有価証券報告書等における非開示に関する留意事項 金融庁はEDNET提出サイトにおいて、有価証券報告書等における非開示（匿名開示等）について注記喚起を行っている。有価証券報告書等の記載事項は法令により記載内容が定められており、また、記載される連結財務諸表等は、法律により一般に公正妥当と認められるところに従って記載しなければならならず、単に守秘義務条項が存在することや相手先からの要望があることなどを理由として非開示とすることは、法令に反する旨が記載されている（事業上の秘密保持の必要がある部分を公衆の縦覧に供しないこととしたい場合には、金融商品取引法25条4項に基づく申請を行い、承認を得る必要

Q16-3　取得による企業結合が行われた場合の注記

		がある)。「適切でない事例」の1つとして、企業結合等関係注記において、被取得企業の取得原価等が非開示である場合（連結財規15条の12第1項3号、企業結合会計基準49項(3))が記載されており、十分留意する必要がある。
	④　主要な取得関連費用の内容及び金額	④について、Q2-8参照
	⑤　取得が複数の取引によって行われた場合（段階取得）には、被取得企業の取得原価と取得するに至った取引ごとの取得原価の合計額との差額（連結財務諸表の注記）	⑤について、Q2-4、Q15-1 **2** 参照
取得原価の配分に関する事項	①　企業結合日に受け入れた資産及び引き受けた負債の額並びにその主な内訳 ②　取得原価の大部分がのれん以外の無形固定資産に配分された場合には、のれん以外の無形固定資産に配分された金額及びその主要な種類別の内訳並びに全体及び主要な種類別の加重平均償却期間 ③　発生したのれんの金額、発生原因、償却の方法及び償却期間又は負ののれん発生益の金額及び発生原因 ④　取得原価の配分が完了していない場合には、その旨及びその理由 ＜企業結合年度の翌年度において取得原価の当初配分額に重要な見直しがなされた場合＞ 　前年度に行われた企業結合に係る暫定的な会計処理の確定に伴い、当年度において取得原価の当初配分額に重要な見直しがなされた場合には、当該見直しの内容及び金額を注記しなければならない	③について、Q2-15 **7**、Q2-16 **4** 参照 ④について、（繰延税金資産及び繰延税金負債に対する取得原価の配分額は、暫定的な会計処理の対象となるが）繰延税金資産及び繰延税金負債に対するものは、税効果会計の注記に併せて記載できる（財規ガイドライン8の17-4)(Q2-14 **6**[1]参照)。 ④及びその翌年度の取扱いについて、Q2-14 **1**、**6**[1]参照

第16章　組織再編に関する表示及び開示

	（財規8条の17第4項、連結財規15条の12第4項、企業結合会計基準49-2項）。	
比較損益情報（「**2**プロフォーマ情報」参照）	企業結合が事業年度（連結会計年度）の開始の日に完了したと仮定した場合の当該年度の（連結）損益計算書に及ぼす影響の概算額及びその算定方法（当該影響の概算額に重要性が乏しい場合を除く）	「影響の概算額」について監査証明を受けていない場合には、その旨を記載しなければならない（財規8条の17第3項、連結財規15条の12第3項）。
		「影響の概算額の算定方法」には、当該影響の概算額の計算過程における重要な前提条件が含まれる（財規ガイドライン8の17-1-11）。
	「影響の概算額」は、次のいずれかの方法による。 ①　企業結合が事業年度（連結会計年度）開始の日に完了したと仮定して算定された売上高及び損益情報と取得企業の（連結）損益計算書における売上高及び損益情報との差額 ②　企業結合が事業年度（連結会計年度）開始の日に完了したと仮定して算定された売上高及び損益情報	「損益情報」とは、例えば、営業損益、経常損益、税引前当期純損益（税金等調整前当期純損益）、当期純損益及び1株当たり当期純損益など、実務的に算定可能な項目をいう（財規ガイドライン8の17-3、連結財規ガイドライン15の12-3）。 なお、上記の「当期純損益」は、「親会社株主に帰属する当期純損益」に読み替えることが適当と考えられる。

2 プロフォーマ情報

[1] 開示対象とすべき企業結合

　企業結合会計基準では、「企業結合が当期首に完了したと仮定したときの当

期の連結損益計算書への影響の概算額」（以下「プロフォーマ情報」という）に重要性が乏しい場合には、注記を省略することができるとされています。したがって、「取得による企業結合が行われた場合の注記」を記載すべき企業結合であったとしても、当該注記事項が常に必要となるわけではありません。

適用指針では重要性に関する数値基準は示されていませんが、当該注記事項は、結合後企業の業績推移の把握に役立つ情報の開示が目的と解されるので（適用指針455項）、その趣旨を踏まえて判断することになります（下図「プロフォーマ情報」参照）。

≪プロフォーマ情報≫

	期首		企業結合日		期末
取得企業					
被取得企業		連結P/Lに反映されていない部分			

網掛け：取得企業の連結損益計算書に反映されている部分
当期の連結損益計算書に反映されていない部分（二重枠の部分）が重要な場合にプロフォーマ情報の開示が求められることになる。

[2]「概算額」の算定方法

「概算額」は、取得企業の業績推移の把握が可能となるように、次のいずれかの方法により算定されたものをいいます（適用指針309項）。

- 企業結合が当期首に完了したと仮定した場合の売上高及び損益情報と取得企業の連結損益計算書上の売上高及び損益情報に係る各々の差額による記載
- 企業結合が当期首に完了したと仮定して算定された当該企業結合年度の売上高及び損益情報による記載

損益情報については、例えば、営業損益、経常損益、税金等調整前当期純損益、当期純損益及び1株当たり当期純損益などであり、実務的に算定可能な項目を開示します（適用指針309項）。

なお、金額表示は、財務諸表の表示単位より大きい単位とすることも可能です（適用指針455項）。

注:「概算額」の算定方法における重要な前提条件の考え方と例示については、適用指針 326 項及び 327 項で示されている。なお、適用指針 326 項で示されている「概算額」の算定方法の基本的な考え方は次のとおりである。

---

(1) 連結損益計算書への影響の概算額算定にあたり、金額的に重要性があると見込まれるものについては、前提条件を設定する。
　この場合、取得企業の業績推移の把握に役立つ情報を提供するという趣旨を踏まえて、どのような項目について前提条件を設けるかを判断する。
(2) 取得企業における恣意的な判断を排除する。
　① 期首から企業結合日までの期間に被取得企業が計上した特別損益は、原則としてそのまま反映する。この場合、特別損益に重要性がある場合には、その内容を注記する。
　② 企業結合のシナジー効果を期首に遡って算定しない。
(3) 取得企業が通常の努力で入手可能な情報を使用する。
　① 取得企業の期首時点における被取得企業の資産・負債の時価の再測定は行わない。(例えば、企業結合時に生じたのれんや持分変動差額については、再計算を行う必要はない。)
　② 被取得企業の当期首から企業結合日までの期間において適正に算定された収益及び期間損益を基礎とする。

---

[3] 監査上の取扱い

プロフォーマ情報の注記が監査されていない場合には、その旨を連結財務諸表に記載する必要があります(監査証明府令 1 条 1 項、財規 8 条の 17 第 3 項、連結財規 15 条の 12 第 3 項)。

なお、Q16-2 **7** のとおり、会社法監査においては、当該注記を監査証明の対象から除くことはできないことに留意する必要があります(監査基準報告書 700 実務指針第 1 号「監査報告書の文例」29 項)。

❸ 段階取得となる企業結合が行われた場合の注記 (個別財務諸表のみを作成している場合)

当該事業年度において他の企業の取得による企業結合が複数の取引によって行われた場合には、結合後企業が連結財務諸表を作成している場合を除き、以下の事項を注記する必要があります(財規 8 条の 19)。

① 「取得による企業結合が行われた場合の注記」に準ずる事項
「企業結合の概要」の項で、取得した議決権比率を記載するときは、企業結合直前に所有していた議決権比率、企業結合日に追加取得した議決権比率及び取得後の議決権比率を記載する（財規ガイドライン8の19-1-1）。
② 取得企業が取得するに至った取引ごとの取得原価の合計額と当該取得原価を企業結合日における時価で算定した被取得企業の取得原価との差額（※1）
③ ②の差額を損益として処理した場合に貸借対照表及び損益計算書に及ぼす影響額（※2）

※1：段階取得に係る損益に相当する額
※2：通常、のれん・のれん償却額、段階取得に係る損益等に影響がある。

上記の規定により注記した場合は、企業結合が行われた事業年度の翌事業年度以降においても、影響額に重要性が乏しくなった場合を除き、継続的に注記しなければなりません。ただし、結合後企業が連結財務諸表を作成することとなった場合には、記載することを要しません。連結財務諸表を作成することとなった場合は、段階取得に係る損益に相当する額を反映した連結財務諸表を作成する必要があります（財規ガイドライン8の19-2）。

4 逆取得となる企業結合が行われた場合の注記

当該事業年度において逆取得となる企業結合が行われた場合（※）には、個別財務諸表上、以下の事項を注記する必要があります（財規8条の18、企業結合会計基準50項）。

① 「取得による企業結合が行われた場合の注記」に準ずる事項（取得原価の配分が完了していない場合の注記事項及びプロフォーマ情報に関する注記事項を除く）
② 当該企業結合にパーチェス法を適用したとしたときに貸借対照表及び損益計算書に及ぼす影響額

ただし、連結財務諸表を作成している場合には、その旨の記載をもって、上

記事項の記載は要しません。

> ※：例えば、逆取得となる合併が行われた場合には、存続会社（被取得企業）の個別財務諸表上は、消滅会社（取得企業）の企業結合直前の適正な帳簿価額により資産及び負債を受け入れることになるため、取得企業が存続会社となる合併が行われた場合の個別財務諸表（パーチェス法が適用される）と大きな差異が生じることがある。上記の注記は、その差異に関する情報開示である。
> なお、逆取得となる合併が行われても、存続会社が連結財務諸表を作成する場合には、取得となる合併が行われた場合と同様の連結財務諸表が開示されるため、上記の注記は存続会社（被取得企業）が連結財務諸表を作成しない場合に限られることになる。

[1]「取得による企業結合が行われた場合の注記」に準ずる事項

区　分	財規又は連結財規等の定め	備　考
企業結合の概要	企業結合の概要 ① 取得企業の名称及び事業の内容（事業を取得した場合は、相手企業の名称及び事業の内容） ② 企業結合を行った主な理由 ③ 企業結合日 ④ 企業結合の法的形式 ⑤ 結合後企業の名称 ⑥ 取得された議決権比率 ⑦ 取得企業を決定するに至った主な根拠 （財規ガイドライン8の18-1）	
F/Sに含まれている期間	「取得による企業結合が行われた場合の注記」に準じる。	
取得原価の算定等に関する事項	同　上	
取得原価の配分に関する事項	同　上	

[2] 当該企業結合にパーチェス法を適用したとしたときに貸借対照表及び損益計算書に及ぼす影響額

当該企業結合にパーチェス法を適用したとしたときに貸借対照表及び損益計

算書に及ぼす影響額は、次のいずれかの方法により記載します。
　ア　パーチェス法を適用した場合における貸借対照表項目（資産合計、流動資産合計、固定資産合計、負債合計、流動負債合計、固定負債合計、純資産合計及びのれんをいう）及び損益計算書項目（売上高、営業損益、経常損益、税引前当期純損益、当期純損益、のれんの償却額、負ののれん発生益及び１株当たり当期純損益をいう）の金額と財務諸表提出会社に係る貸借対照表及び損益計算書の当該項目の金額との差額
　イ　パーチェス法を適用した場合における貸借対照表及び損益計算書の主要な項目の金額
　なお、当該注記は企業結合が行われた事業年度の翌事業年度以降においても、影響額に重要性が乏しくなった場合を除き、継続的に注記する必要があります。
　ただし、当該企業が連結財務諸表を作成することとなった場合には、逆取得となった企業結合を反映した連結財務諸表を作成し、個別財務諸表上は、その旨を記載することで足ります。

Q16-4 共同支配企業の形成の注記

「共同支配企業の形成の注記」について教えてください。

A 共同支配企業の形成の注記は、以下のようになります。

解説

1 注記事項の概要

当該年度において共同支配企業を形成する企業結合が行われた場合には、以下の事項を注記する必要があります（財規8条の22、連結財規15条の15、企業結合会計基準54項）。

共同支配企業の形成に係る取引に重要性が乏しい場合には、注記を省略することができます。ただし、当該年度における個々の共同支配企業の形成に係る取引に重要性は乏しいが、当該年度における複数の共同支配企業の形成に係る取引全体に重要性がある場合には、以下の事項を当該企業結合に係る取引全体について注記します。

区　分	財規又は連結財規等の定め	備　考
全般的事項	取引の概要 ① 結合当事企業又は対象となった事業の名称及び当該事業の内容 ② 企業結合日 ③ 企業結合の法的形式 ④ 結合後企業の名称 ⑤ その他取引の概要に関する事項（取引の目的を含む） ⑥ 共同支配企業の形成と判定した理由 （財規ガイドライン8の22-1-1、連結財規ガイドライン15の15）	⑥について、Q3-1参照
会計処理の概要	実施した会計処理の概要	Q3-2参照

2 共同支配企業の要約財務情報の開示（重要な関連会社に関する注記）

共同支配企業は共同支配投資企業の関連会社に該当します（財規8条6項4号、会社計算規則2条4項4号）。

重要な関連会社が存在する場合には、以下の事項を注記する必要があります（財規8条の10の2第1項2号、連結財規15条の4の3、関連当事者会計基準11項(2)、関連当事者会計基準適用指針11項）。

① 当該関連会社の名称
② 持分法による投資損益の算定対象となった当該関連会社の次に項目の金額
　イ　貸借対照表項目（流動資産合計、固定資産合計、流動負債合計、固定負債合計、純資産合計その他の重要な項目をいう）
　ロ　損益計算書項目（売上高、税引前当期純損益、当期純損益その他の重要な項目をいう）

また、上記②の金額は、以下の方法のように合算ベースで記載することができます。この場合には、その旨を記載します。

a　重要な関連会社について合算して記載する方法
b　持分法による投資損益の算定対象となった関連会社について合算して記載する方法

なお、重要な関連会社とは、以下のいずれかに該当する関連会社をいいます（財規ガイドライン8の10、連結財規ガイドライン15の4の2、関連当事者会計基準適用指針19項）。

① 各関連会社の総資産（持分相当額）が、総資産の10％を超える場合
② 各関連会社の税引前当期純損益（持分相当額）が税金等調整前当期純損益の10％を超える場合

ただし、②については上記の基準を満たす場合であっても、会社の最近5年間の平均の税金等調整前当期純損益（当該期間中に税金等調整前当期純利益と税金等調整前当期純損失がある場合には、原則として税金等調整前当期純利益が発生した年度の平均とする）の10％を超えない場合には、開示を要しません。

Q 16-5 共通支配下の取引等の注記

「共通支配下の取引等の注記」について教えてください。

A 共通支配下の取引等の注記は、以下のようになります。

解説

1 注記事項の概要

当該年度において共通支配下の取引等が行われた場合には、以下の事項を注記する必要があります（財規8条の20、連結財規15条の14、企業結合会計基準52項）。

共通支配下の取引等に重要性が乏しい場合には、注記を省略することができます。ただし、当該年度における個々の共通支配下の取引等に重要性は乏しいが、当該年度における複数の共通支配下の取引等全体に重要性がある場合には、以下の注記事項を当該取引等全体について記載します。

区　分	財規又は連結財規等の定め	備　考
企業結合の概要	取引の概要 ① 結合当事企業又は対象となった事業の名称及び当該事業の内容 ② 企業結合日 ③ 企業結合の法的形式 ④ 結合後企業の名称 ⑤ その他取引の概要に関する事項（取引の目的を含む） (財規ガイドライン8の20-1-1、連結財規ガイドライン15の14)	
会計処理の概要	実施した会計処理の概要	
子会社株式を追加取得した場合	子会社株式を追加取得した場合 (取得原価の算定に関する事項) ① 被取得企業又は取得した事業の取得原価及び対価の種類ごとの内訳	

	② 取得の対価として株式を交付した場合には、株式の種類別の交換比率及びその算定方法並びに交付又は交付予定の株式数 ③ 企業結合契約に規定される条件付取得対価（企業結合契約において定められる企業結合契約締結後の将来の事象又は取引の結果に依存して追加的に交付又は引き渡される取得対価をいう）の内容及び当該事業年度以降の会計処理方針	
非支配株主との取引に係る親会社の持分変動に関する事項（※）	非支配株主（連結子会社の株主のうち連結会社以外の株主をいう）との取引に係る連結財務諸表提出会社の持分変動に関する事項（非支配株主との取引によって増加又は減少した資本剰余金の主な変動要因及び金額をいう）	連結財務諸表の場合 Q6-5、Q15-2、Q15-3等参照

※：2013年（平成25年）改正連結会計基準では、非支配株主との取引により資本剰余金が計上され、連結株主資本等変動計算書においては「非支配株主との取引に係る親会社の持分変動」として資本剰余金の変動額が純額で表示されることとなった。その主な要因（追加取得、一部売却等）ごとに資本剰余金の増加した額又は減少した額を開示することは親会社株主に係る成果に関する情報として有用であり、また、国際的な会計基準も参考にして、2013年改正企業結合会計基準では非支配株主との取引に係る親会社の持分変動に関する事項の注記を求めることとされた（企業結合会計基準126-4項）。

【参考】子会社が親会社を吸収合併した場合の注記

子会社が親会社を吸収合併した場合で、財務諸表提出会社である子会社が連結財務諸表を作成しないときは、親会社が存続会社となったものとした場合の当該事業年度における影響額を注記しなければならない。ただし、影響額に重要性が乏しい場合には、注記を省略することができる（財規8条の21）。

「影響額」は、次の額のいずれかとする。
① 親会社が子会社を吸収合併したものとした場合における貸借対照表項目（資産合計、流動資産合計、固定資産合計、負債合計、流動負債合計、固定負債合計、純資産合計及びのれんをいう）及び損益計算書項目の金額（売上高、営業損益、経常損益、税引前当期純損益、当期純損益、のれんの償却額、負ののれん発生益及び1株当たり当期純損益をいう）と存続会社に係る当該項目の金額との差額（財規8条の18第2項1号参照）

> ② 親会社が子会社を吸収合併したものとした場合における貸借対照表及び損益計算書の主要な項目の金額
>
> 　上記の事項は、企業結合が行われた事業年度の翌事業年度以降においても、影響額に重要性が乏しくなった場合を除き、継続的に影響額を注記しなければならない。なお、子会社が連結財務諸表を作成することとなった場合には、親会社が子会社を吸収合併したものとした連結財務諸表を作成することとなるので、上記の注記は不要となる（財規ガイドライン8の21-3）（Q7-3参照）。

2 注記の対象となる組織再編

　共通支配下の取引等に係る注記事項は、親会社の個別財務諸表上、親会社が結合企業となる場合や親会社が非支配株主から子会社株式を追加取得する場合（非支配株主との取引に該当する場合）に記載が求められます。

　また、親会社の連結財務諸表上は、次のように子会社が結合企業となる場合にも、重要性の程度に応じ、一定の事項を開示することになります。

① 親会社が子会社に事業を分離する場合
② 子会社同士が企業結合した場合（企業結合後も結合当事企業が子会社である場合に限る）
・子会社と他の子会社との合併
・子会社から他の子会社への事業移転
・子会社と孫会社との合併
・子会社から孫会社への事業移転

　このように、共通支配下の取引等は様々なパターンが考えられるため、上記の注記事項は目安と考えられ、その趣旨を踏まえて、「実施した会計処理の概要」などを明瞭に記載することになります。

　なお、①親会社が子会社に事業を分離する場合や②子会社同士が企業結合した場合の記載事項については、「事業分離における分離元企業の注記」及び「子会社の企業結合の注記」の記載事項（取引の概要、のれんや資本剰余金の金額や会計処理方法など）も参考にすることが考えられます。

3 連結財務諸表に影響のない企業結合

　親会社と100％子会社との合併のように、連結財務諸表には影響がないものの、個別財務諸表には影響がある場合は、個別財務諸表の注記事項となります。この場合において、当該子会社が重要であるときは、連結財務諸表においても、その旨（個別財務諸表に注記している旨）を記載することが考えられます。

　このほか、100％子会社同士の合併など、親会社の個別財務諸表及び連結財務諸表には影響がない組織再編が行われた場合には、一般に、当該組織再編に関する注記は不要と考えられますが、重要な子会社同士の組織再編の場合には、連結財務諸表にその旨を注記することが考えられます。

　なお、100％子会社同士の合併であっても、親会社の個別財務諸表に影響を及ぼす場合もあります。例えば、親会社が業績の悪い子会社に対する債権に貸倒引当金を設定している、あるいは投資損失引当金を設定している場合で、当該子会社が業績の良い他の子会社と合併すると、合併の結果として、親会社の個別財務諸表上、貸倒引当金や投資損失引当金の戻入益が発生することもありえます（複数の事業子会社が株式移転を行い、中間持株会社を設立した場合も同様のことがいえる）。このような点も踏まえて、注記の要否を検討する必要があります。

4 企業結合には該当しない組織再編の取扱い

　親会社が単独新設分割により主要な事業を100％子会社として分社した場合には、親会社の個別財務諸表上及び連結財務諸表上、報告単位の統合はなく企業結合には該当しないため、組織再編に関する注記は明確に求められているわけではありません。

　ただし、財務諸表等規則8条の5（追加情報の注記）では、「この規則において特に定める注記のほか、利害関係人が会社の財政状態、経営成績及びキャッシュ・フローの状況に関する適正な判断を行うために必要と認められる事項があるときは、当該事項を注記しなければならない。」（傍点は筆者挿入）と定め

ています（なお、連結財規15条も同様の事項を定めている）。

したがって、これらの組織再編に関する情報が重要と考えられる場合（通常、親会社の財務諸表に重要な影響がある）には、親会社の個別財務諸表等において、「共通支配下の取引等の注記」又は「事業分離における分離元企業の注記」を参考にして、適切な事項の開示を検討することが適当と考えます。

Q16-6 事業分離における分離元企業の注記

「事業分離における分離元企業の注記」について教えてください。

A 事業分離における分離元企業の注記は、以下のようになります。

解説

1 注記事項の概要

当該年度において重要な事業分離が行われ、当該事業分離が共通支配下の取引等及び共同支配企業の形成に該当しない場合には、分離元企業は、事業分離が行われた年度において、以下の事項を注記する必要があります（財規8条の23、連結財規15条の16、事業分離等会計基準28項）。

なお、当該年度における個々の事業分離に係る取引に重要性は乏しいが、当該年度における複数の事業分離に係る取引全体に重要性がある場合には、事業分離の概要及び実施した会計処理の概要を当該事業分離に係る取引全体について注記します。

区　分	財規又は連結財規等の定め	備　考
事業分離の概要	事業分離の概要 ① 分離先企業の名称 ② 分離した事業の内容 ③ 事業分離を行った主な理由 ④ 事業分離日 ⑤ その他取引の概要に関する事項(法的形式を含む) (財規ガイドライン8の23－1－1、連結財規ガイドライン15の16－1－1)	

実施した会計処理の概要	実施した会計処理の概要 〈個別財務諸表の場合〉 　イ　移転損益を認識した場合には、その金額、移転した事業に係る資産及び負債の適正な帳簿価額並びにその主な内訳 　ロ　移転損益を認識しなかった場合には、その旨、受取対価の種類、移転した事業に係る資産及び負債の適正な帳簿価額並びにその主な内訳 〈連結財務諸表の場合〉 段階取得に係る損益の金額、持分変動差額の金額及び会計処理 （連結財規ガイドライン15の16−1−2）	Q4-1 参照 Q4-2 参照
分離事業とセグメントとの関係	分離した事業が含まれていた報告セグメントの名称	
分離事業に係る損益情報	当該年度の（連結）損益計算書に計上されている分離した事業に係る損益の概算額（分離した事業に係る売上高や営業損益を含む） （財規ガイドライン8の23−1−4、連結財規ガイドライン15の16−1−4）	
継続的関与	移転損益を認識した事業分離において、分離先企業の株式を子会社株式又は関連会社株式として保有する以外に、継続的関与がある場合には、当該継続的関与の概要（当該継続的関与が軽微な場合には、注記を省略することができる）	当該継続的関与については、例えば、次のような場合が考えられる（適用指針317項(3)、Q4-1 **2**[5] 参照）。 ①　分割時の財産額を限度として弁済の責任を負うこととなる個別催告を受けなかった吸収分割会社の債権者に対する重要な債務がある場合（その旨及び金額） ②　移転した事業に係る出向者に対して出向差額を負担する場合（ただし、明らかに移転する事業の時価の調整項

Q16-6 事業分離における分離元企業の注記

			目である場合を除く)
			③ 移転した事業から生じる財又はサービスの長期購入契約がある場合

2 分離事業に関する損益情報

　分離事業に関する損益情報は、分離元企業の業績推移の把握に役立つ情報の開示が目的と解されるので、例えば、期首近くに事業分離が行われた場合のように、当期の（連結）損益計算書に含まれる分離事業に係る損益（基本的に翌期以降の（連結）損益計算書から除外される損益）に重要性が乏しいと想定されるときは、当期の損益に含まれる額は軽微である旨の注記で足りるものと考えられます。

　なお、「取得による企業結合が行われた場合の注記」であるプロフォーマ情報とは異なり、監査対象となることに留意する必要があります。

≪分離事業に係る損益情報≫

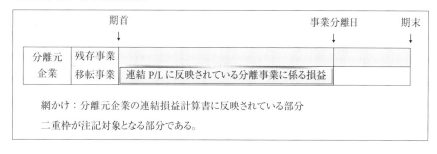

3 事業分離における分離先企業の注記

単独新設分割（Q8-1参照）や単独の分割型新設分割（Q8-11参照）など事業分離が企業結合に該当しない場合は、分離先企業は、以下の事項を注記する必要があります（財規8条の24、連結財規15条の17）。

区　　　分	財規又は連結財規等の定め	備　　考
取引の概要	取引の概要 ① 分離元企業又は移転事業の名称及び当該事業の内容 ② 事業分離日 ③ 事業分離の法的形式 ④ その他取引の概要に関する事項（取引の目的を含む）	左の事項は、財規ガイドライン8の24-1、連結財規ガイドライン15の16を解釈して記載している。
実施した会計処理の概要	実施した会計処理の概要	
分離元企業から引き継いだB/S項目	分離元企業から引き継いだ資産、負債及び純資産の内訳	

分割型の単独新設分割は企業結合に該当しないものの、新設分割設立会社は、組織再編の概要、実施した会計処理、引き継いだ資産、負債及び資本（純資産）の内訳などの注記が求められています（適用指針318項）。

分割型会社分割に際して、分割会社が取り崩した株主資本の額を承継会社が引き継ぐ処理を採用した場合には、分割会社は、株主資本の取崩しに際して用いた適切な配分方法を注記することが望ましいとされています（適用指針446項）。適切な配分方法には、移転資産・負債の簿価ないし時価を基礎として株主資本を比例的に取り崩す方法のほか、管理会計上の数値を基礎に株主資本を取り崩す方法などが考えられます。

Q16-7 子会社の企業結合の注記(結合当事企業の株主)

子会社の企業結合に伴い当該投資先に対する支配を喪失しました(投資先株式が子会社株式から関連会社株式又はその他有価証券)。この場合、連結財務諸表における「子会社の企業結合の注記」について教えてください。

A 連結財務諸表提出会社が記載する子会社の企業結合の注記(支配を喪失する場合)は以下のようになります。

解説

連結財務諸表提出会社は、子会社が企業結合を行ったことにより子会社に該当しなくなる場合には、当該企業結合が行われた連結会計年度において、以下の事項を注記する必要があります(連結財規15条の18、事業分離等会計基準54項)。

なお、企業結合に係る取引に重要性が乏しい場合には、注記を省略することができます。ただし、当連結会計年度における個々の企業結合に係る取引に重要性は乏しいが、当連結会計年度における複数の企業結合に係る取引全体に重要性がある場合には、子会社が行った企業結合の概要及び実施した会計処理の概要を注記します。

区　分	財規又は連結財規等の定め	備　考
子会社が行った企業結合の概要	子会社が行った企業結合の概要 ①　子会社を含む各結合当事企業の名称及び当該事業の内容 ②　企業結合を行った主な理由 ③　企業結合日 ④　取引の概要(法的形式を含む) (連結財規ガイドライン15の18－1－1)	

実施した会計処理の概要	実施した会計処理の概要 実施した会計処理の概要には、段階取得に準じた処理の結果認識された損益の金額が含まれる（連結財規ガイドライン15の18－1－2）。	Q5-2 **2**[1]等参照
当該子会社とセグメントとの関係	当該子会社が含まれていた報告セグメントの名称	
当該子会社に係る損益情報	当該連結会計年度の連結損益計算書に計上されている当該子会社に係る損益の概算額	
継続的関与	親会社が交換損益を認識した子会社の企業結合において、当該子会社の株式を関連会社株式として保有する以外に継続的関与がある場合には、当該継続的関与の概要（軽微な場合には、注記を省略することができる）	

　当該注記事項は、結合当事企業（子会社）の企業結合により子会社に該当しなくなった場合に必要となります（事業分離等会計基準54項）（なお、子会社の企業結合後も子会社にとどまる場合には、「共通支配下の取引等の注記」、共同支配企業の形成に該当する場合には、「共同支配企業の形成の注記」の記載が必要となる）。

　当該注記事項の内容は、事業分離に関する注記事項の内容と類似していますが、これは事業分離における分離元企業と、子会社を被結合企業とする企業結合における当該被結合企業の株主（親会社）とでは、経済的効果が実質的に同じであることから、両者の会計処理及び注記事項も整合的なものとしたためです（Q5-2 **1** 参照）。

Q16-8 企業結合・事業分離等に関する重要な後発事象等の注記

企業結合や事業分離等が行われた場合の「重要な後発事象等の注記」について教えてください。

A 企業結合・事業分離が以下に該当する場合には、未確定の事項を除き、個別財務諸表上及び連結財務諸表上、企業結合・事業分離に関する注記事項と同様の事項（「（連結）財務諸表に含まれている被取得企業の業績の期間」等、該当のない事項を除く）を記載する必要があります（財規8条の25第1項、2項、8条の26第1項、連結財規15条の19、15条の20、企業結合会計基準55項、事業分離等会計基準30項、56項）。

① 貸借対照表日（連結決算日）後に完了した企業結合・事業分離が重要な後発事象に該当する場合

② 貸借対照表日（連結決算日）後に主要な条件について合意をした企業結合・事業分離が重要な後発事象に該当する場合

③ 貸借対照表日（連結決算日）までに主要な条件について合意をした企業結合・事業分離が同日までに完了していない場合（後発事象に準じた注記）

なお、Q16-2 **3** に記載のとおり、連結財務諸表と個別財務諸表の注記が同じになる場合には、重複開示を避けるため、個別財務諸表においては、その旨の記載をもって代えることができます（財規8条の25第3項、8条の26第2項）。

上記のほか、子会社の企業結合（当該企業結合により子会社に該当しなくなる場合に限る）が以下に該当する場合には、連結財務諸表上「子会社の企業結合の注記」と同様の事項を記載する必要があります（連結財規15条の21）。

① 連結決算日後に完了した子会社の企業結合が重要な後発事象に該当する場合

② 連結決算日後に主要な条件について合意をした子会社の企業結合が重要な後発事象に該当する場合

③ 連結決算日前に主要な条件について合意をした子会社の企業結合が同日までに完了していない場合（後発事象に準じた注記）

≪組織再編と開示後発事象等との関係≫

決算日	会社法 監査報告書日	金融商品取引法 監査報告書日	取扱い
合意成立	企業結合日		開示後発事象
合意成立		企業結合日	（※）
	合意成立	企業結合日	開示後発事象

※：開示後発事象に準じて注記することが、財務諸表等規則などで求められている。
注：計算書類（会社法）に記載すべき開示後発事象は、会計監査人の監査報告書日付までの事象となる。

第17章

日本基準と国際会計基準との比較

●本章の内容
Q17-1 組織再編に関する日本基準と国際会計基準との比較……………………732

第17章　日本基準と国際会計基準との比較

Q17-1　組織再編に関する日本基準と国際会計基準との比較

組織再編の会計基準に関して、日本基準と国際会計基準（IFRS会計基準）との主な差異項目にはどのようなものがありますか。

A　わが国の企業結合会計基準は、2003年（平成15年）に公表され、その後、2008年（平成20年）と2013年（平成25年）にIFRS会計基準とのコンバージェンスを図るための改正が行われています（Q1-2【参考2】参照）。

会計基準差異の程度をどのレベルで考えるのかにもよりますが、現時点における主要な差異項目は、次のとおりです。

≪日本基準とIFRSとの主な差異項目≫

項目	日本基準	IFRS会計基準
企業結合日後ののれんの会計処理	・20年以内の効果の及ぶ期間で償却 ・のれんを配分した事業単位に減損の兆候があるときは、減損テストを実施（減損の認識は、帳簿価額＞割引前将来キャッシュ・フローの総額となる場合）	・非償却 ・のれんを配分した資金生成単位に対して、毎期減損テストを実施（減損の認識は、帳簿価額＞回収可能価額となる場合）
子会社に対する支配を喪失した場合の残存投資の会計処理	以下のケースは「投資の継続」として帳簿価額を基礎とした処理 〈投資先の企業結合〉 　子会社株式→関連会社株式 〈投資先株式の売却〉 　子会社株式→関連会社株式 　子会社株式→その他有価証券 なお、投資先の企業結合により子会社株式→その他有価証券の場合には、「投資の清算」として時価で評価替え	公正価値で評価替え（投資の清算）

732

のれんの測定 （非支配持分の測定）	買入れのれん方式のみ（非支配持分は被取得企業の識別可能資産・負債の純額の比例持分）	企業結合ごとに、以下を選択 ・全部のれん方式（非支配持分は公正価値評価） ・買入れのれん方式
条件付取得対価の会計処理	企業結合日後、追加交付が確実となり時価算定が可能となったときに取得原価及びのれんを追加認識	企業結合日に公正価値評価し、のれんも企業結合日に確定
企業結合に係る特定勘定	一定の要件を満たした場合には負債計上が必要	負債の定義を満たさないため、負債計上は禁止

注：企業結合日後ののれんの会計処理と子会社に対する支配を喪失した場合の残存投資に係る会計処理については、2013年改正時にもIFRS会計基準とコンバージェンスを図るかどうかの検討が行われたが、国際的な動向（現在ではのれんを償却すべきとの意見も多い。Q2-15【参考2】参照）やわが国の会計基準を取り巻く状況も踏まえて、再検討の着手時期を判断することされている。また、のれんの測定（全部のれん方式の採用の可否）、条件付取得対価の会計処理、企業結合に係る特定勘定の取扱いについては、改正により財務報告の改善が図られるかについて意見が分かれているものがあり、また改正の必要性や適時性に乏しいとの意見が大半を占めているため、継続検討課題とされている（企業結合会計基準64-3項）。

解説

１ 企業結合会計に関する国際会計基準と日本基準との比較

企業結合会計に関して、一般的に重要性があるといわれる項目は上記のとおりですが、組織再編に関する主な会計基準の概要を比較すると、後述の［比較表］のようになります。

注：非支配株主に対する売建プット・オプション契約
［比較表］では、組織再編に直接関係のある会計基準について、IFRS会計基準と日本基準とを比較しているが、組織再編は、様々な手法で実施されるため、その採用した手法によっては、金融商品に関する会計基準など他の会計基準の影響を受けて、財務諸表に重要な影響を及ぼすこともある。その代表例として、非支配株主に付与したプット・オプションがあげられる。
具体的には、組織再編に当たり、親会社（取得企業）が、支配を獲得した子会社（被取得企業）の非支配株主（対象子会社の経営陣であることが多い）に対して、

当該子会社株式に関するプット・オプションを付与する場合（以下「非支配持分プット」という）がある（すなわち、非支配株主によりプット・オプションが行使されると、親会社等は非支配株主から子会社株式を購入する義務を負うことになる）。

IAS32号「金融商品：表示」では、企業が自らの資本性金融商品を現金等の金融資産で購入する義務を含んだ契約は、その償還金額の現在価値で測定された金融負債を生じさせるとされている。したがって、非支配持分プットは非支配株主による権利行使の確率とその時期を考慮しないで償還金額の現在価値（すなわち総額）で当初認識し、資本から負債に分類変更するとされている（IAS32.23）。

IFRS会計基準では分類変更される資本項目についての定めがないため、金融負債の当初金額は、非支配持分又は発行済みの株式資本以外の資本の内訳項目のマイナスになると考えられる。いずれの方法を採用するとしても、非支配株主にプット・オプションを付与した時点で、純資産の額（特に後者の方法によった場合には自己資本の額）が、一時に大幅に減少することがあるため、留意する必要がある。

なお、分類変更後は、IFRS9号「金融商品」に従って測定され、金融負債の再測定に係る利得又は損失は純損益に認識される。また、当該義務を含んだ契約が引渡しをせずに期限満了となる場合には、当該金融負債の帳簿価額は分類変更前と同じ資本の内訳項目に含められる。

2 国際会計基準では定めがあるものの日本基準では定めがない場合の取扱い

後述の［比較表］のように、IFRS会計基準では定めがあるものの、日本基準では定めがないもの（あるいはその逆）が存在します（例えば、ある取引を、企業結合の取引として処理すべきか、それとも企業結結合とは別個の取引として処理すべきか）。

このような場合、私見では、日本の会計基準の枠組みでは認められない上表のような差異を除き、会計基準の趣旨や類似の事象の処理として適切であると考えられるものは、（IFRS会計基準に従う必要はないものの）IFRS会計基準の定めを参考にすることは有用と考えます。日本の会計基準では定めがないため、経済実態を踏まえて会計処理を検討したところ、結果としてIFRS会計基準と一致した、と考えることもできます。

なお、過年度遡及会計基準44-4項では「対象とする会計事象等自体に関して適用される会計基準等については明らかではないものの、参考となる既存の会計基準等がある場合に当該既存の会計基準等が定める会計処理の原則及び手

続を採用した（※）ときも、関連する会計基準等の定めが明らかでない場合に採用した会計処理の原則及び手続に含まれる。」とされていますので、財務諸表に重要な影響を与える場合には、重要な会計方針として開示することになると考えます。

※：「既存の会計基準等」には、IFRS会計基準は含まれないと考えられるため、日本基準採用会社は、開示上、IFRS会計基準の定めを参考にした旨の記載は適切ではなく、実施した会計処理の概要のみを記載することになると考えられる。

3 重要性

後述の［比較表］のように、日本基準では、個々の会計基準で重要性に関する数値基準や、重要性に関する取扱いが明記されているものが少なくありません。これは市場関係者が、会計基準開発時点において、想定される量的・質的重要性や費用対効果を踏まえつつ、合意に至ったものであり、特にコスト面で、重要性基準を利用するメリットは大きいと思われます。

一方、IFRS会計基準においても重要性は、財務情報の質的特徴の1つである目的適合性の企業固有の一側面であるとされており（「財務報告に関する概念フレームワーク」2.11）、IFRS会計基準でも重要性の概念が存在することは明らかです。しかしながら、IFRS会計基準の個々の基準書では、重要性に関する取扱いや量的基準が示されることは極めて限定的です。これは、重要性についての統一的な量的閾値を明示することや、特定の状況において何が重要性のあるものとなり得るかを前もって決定することはできないためです（「財務報告に関する概念フレームワーク」2.11参照）。

会計基準開発に当たっての重要性や量的閾値への対応は異なるものの、日本基準であれ、IFRS会計基準であれ、財務諸表利用者の意思決定に影響を与える可能性のある事項が、財務諸表に適切に反映されていなければならない点は同じです。重要性の判断に当たっては、会計基準の趣旨や取引の経済実態を踏まえ、実質的に判断することが大切と考えます。

【参考1】日本基準における重要性

　日本基準では、各会計基準の中で重要性の取扱いが示されていることがあるが、これとは別に、一般的な重要性の考え方がある。以下の会計基準の趣旨を踏まえ、重要性の判断を適切に行うことが必要である。

① 企業会計原則

　　企業会計原則注解［注1］「重要性の原則の適用について」では、「企業会計は、定められた会計処理の方法に従って正確な計算を行うべき」であるが、「企業会計が目的とするところは、企業の財務内容を明らかにし、<u>企業の状況に関する利害関係者の判断を誤らせないようにすること</u>にあるから、重要性の乏しいものについては、本来の厳密な会計処理によらないで他の簡便な方法によることも」認められるとされている（下線は筆者）。

② 過年度遡及会計基準

　　過年度遡及会計基準35項では、過年度遡及会計基準のすべての項目について、<u>財務諸表利用者の意思決定への影響に照らした重要性が考慮される</u>、としたうえで、重要性の考え方が次のように示されている。

- ・重要性の判断は、財務諸表に及ぼす金額的な面と質的な面の双方を考慮する必要がある。
- ・金額的重要性には、損益への影響額又は累積的影響額が重要であるかどうかにより判断する考え方や、損益の趨勢に重要な影響を与えているかどうかにより判断する考え方のほか、財務諸表項目への影響が重要であるかどうかにより判断する考え方などがある。ただし、具体的な判断基準は、企業の個々の状況によって異なり得る。
- ・質的重要性は、企業の経営環境、財務諸表項目の性質、又は誤謬が生じた原因などにより判断することが考えられる。

【参考2】IFRS会計基準における重要性

　IASBは、2010年9月に「財務報告に関する概念フレームワーク」を公表しており（2018年3月改訂）、有用な財務情報の基本的な質的特徴として、目的適合性と忠実な表現をあげている（2.5）。そして、重要性は目的適合性の企業固有の一側面であり、個々の企業の財務報告書の文脈においてその情報が関連する項目の性質若しくは大きさ（又はその両方）に基づくものであるとされている（2.11）。

　またIAS1号「財務諸表の表示」7項では、「重要性がある」とは、情報は、それを省略したり、誤表示したり覆い隠したりしたときに、特定の報告企業に関する財務情報を提供する一般目的財務諸表の主要な利用者が当該財務諸表に基づいて行う意思決定に、当該情報が影響を与えると合理的に予想し得る場合には、重要性があるとされている。また同項では、重要性のある情報が覆い隠される結果となる可能性のある状況の5つの例や、「一般目的財務諸表の対象となる主要な利用者」の考え方が記載されている。

比 較 表

〈国際会計基準（IFRS 会計基準）の略称〉
IFRS3 号：企業結合
IFRS5 号：売却目的で保有する非流動資産
　　　　 及び非継続事業
IFRS8 号：事業セグメント
IFRS9 号：金融商品
IFRS10 号：連結財務諸表
IFRS11 号：共同支配の取決め

IFRS13 号：公正価値測定
IAS21 号：外国為替レート変動の影響
IAS32 号：金融商品：表示
IAS36 号：資産の減損
IAS37 号：引当金、偶発負債及び偶発資産
IAS38 号：無形資産

■企業結合（取得）

	IFRS 会計基準	日本基準	備　考
企業結合及び事業の定義	「企業結合」とは、取得企業が1つ又は複数の事業に対する支配を獲得する取引又はその他の事象をいう（IFRS3.付録A）。「事業」とは、顧客への財若しくはサービスの提供、投資収益（配当若しくは利息など）の生成又は通常の活動からの他の収益の生成の目的で実施し管理することのできる、活動及び資産の統合された組合せをいう（IFRS3.付録A）。	「企業結合」とは、ある企業又はある企業を構成する事業と他の企業又は他の企業を構成する事業とが1つの報告単位に統合されることをいう（企業結合会計基準5）。「企業」とは、会社及び会社に準ずる事業体をいい、会社、組合その他これらに準ずる事業体（外国におけるこれらに相当するものを含む）を指す（企業結合会計基準4）。「事業」とは、企業活動を行うために組織化され、有機的一体として機能する経営資源をいう（企業結合会計基準6）。[Q1-3 **1** 参照]	〈企業結合の定義〉IFRS では、企業結合とは「支配を獲得する取引」とされ、「取得」を前提とした定義がなされている。この結果、IFRS3 号では、共通支配下の取引の会計処理は扱われていない。日本基準では、企業結合とは「報告単位に統合」とされ、支配の獲得は要件とされていない。このため企業結合には共通支配下の取引や共同支配企業の形成も含まれる。〈事業の定義〉「事業」の定義に関する概念的な差異はない。
適用範囲	IFRS3 号は、企業結合の定義を満たす取引に適用される。なお、以下の取引には適用されない。 ・共同支配の取決め（共同支配の取決め自体の財務諸表）	企業結合会計基準は、取得のほか、共同支配企業の形成及び共通支配下の取引等にも適用される（企業結合会計基準3）。なお、共同支配企業の形成（結合企業）と共通支配下の取引等	

Q17-1 組織再編に関する日本基準と国際会計基準との比較

	IFRS会計基準	日本基準	備考
	・事業を構成しない資産（グループ）の取得 ・共通支配下の企業又は事業の結合 ・投資企業による純損益を通じて公正価値で測定することが求められる子会社に対する投資の取得 (IFRS3.2、2A)	は、いずれも帳簿価額を基礎として会計処理することになる。	＜参考：IFRSにおける共通支配下の取引の会計処理＞ 簿価承継法と取得法のいずれかを会計方針として定めることが考えられる。共通支配下の取引は関連当事者間の取引であり、それは最上位の親会社の意思で行われるという特徴がある。特に対価が株式の場合（対価が存しない場合を含む）には、取引の経済的実質を伴わないことが多いため、簿価承継法を適用する場合が多いと考えられる。
事業に該当しない取引（資産グループの取得）	企業は、「事業」の定義に基づいて、取引が企業結合に該当するかどうかを判断する。 取得した資産が事業に該当しない場合には、「資産の取得」として会計処理する（IFRS3.3）。 （事業ではなく）資産グループを取得した場合には、認識可能な個別の資産（無形資産を含む）及び負債を認識し、グループの取得原価を、取得日現在のそれらの公正価値に基づいて配分する。この結果、のれんは生じない（IFRS3.2(b)）。	企業結合に該当しない取引は、企業結合会計基準の対象外である（企業結合会計基準3）。 企業結合に該当しない複数の資産・負債の取得は支払対価の総額を個々の資産・負債の時価を基礎として配分し、のれんは生じない（企業結合会計基準98）。　　［Q1-3 **2** 参照］	特段の差異はない。

第17章 日本基準と国際会計基準との比較

	IFRS会計基準	日本基準	備　考
取得法・パーチェス法の適用手順	IFRS3号の適用範囲に含まれるすべての企業結合の会計処理に取得法を適用する（IFRS3.4）。取得法の適用に当たっては、次の事項が求められる（IFRS3.5など）。 ・取得企業の識別 ・取得日の決定 ・譲渡対価の測定 ・識別可能な資産・負債の認識及び測定 ・非支配持分の認識及び測定 ・のれん又は割安購入益の認識及び測定 ・測定期間中の修正 ・企業結合取引の対象であるかの判定 注：上記事項及びその順番は、日本基準の枠組みを踏まえており、以下の項目ごとの比較は、おおむね上記の順番で取り上げている。	取得とされた企業結合の会計処理には、パーチェス法を適用する（企業結合会計基準17）。パーチェス法の適用に関し、以下の事項等が記載されている（企業結合会計基準18～33）。 ・取得企業の決定方法 ・取得原価の算定 ・取得原価の配分方法 ・のれんの会計処理 ・負ののれんの会計処理	特段の差異はない。
取得企業の識別			
取得企業の識別	●結合企業のうち1社を取得企業として識別する。 ●取得企業を識別するためには、IFRS10号の指針（後述参照）を適用する。 ●IFRS10号の指針を適用しても結合企業のうちいずれが取得企業となるのかが明確ではない場合には、以下の要因を考慮する。 ・譲渡対価の形態（現金か株式か） ＜譲渡対価が資本持分の場合＞ ・相対的議決権	●いずれかの結合当事企業を取得企業とする（企業結合会計基準18）。 ●取得企業を決定するために、連結会計基準の考え方を用いる。 ●連結会計基準の考え方によってもどの結合当事企業が取得企業となるかが明確ではない場合には、以下の事項（例示）を考慮して総合的に判断する。 ・対価の種類(現金か株式か) ＜対価が株式の場合＞	日本基準は、IFRS3号の定めと整合的になるように改正されており、特段の差異はない。

Q17-1　組織再編に関する日本基準と国際会計基準との比較

	IFRS会計基準	日本基準	備考
	・最大の少数議決権 ・統治機関の構成 ・上級経営者の構成など ・資本持分の交換条件（プレミアムの支払い） 上記のほか、相対的規模（資産、収益又は利益など）など（IFRS3.7、B13～）	・総体株主が占める相対的な議決権比率の大きさ ・最も大きな議決権比率を有する株主の存在 ・取締役等を選解任できる株主の存在 ・取締役会等の構成 ・株式の交換条件（プレミアムの支払い） 上記のほか、相対的規模（総資産額、売上高、純利益）など ［Q2-2参照］	
取得日の決定			
取得日の決定	取得日は、被取得企業に対する支配を獲得した日であり、一般的に取得企業が法的に対価を移転し、被取得企業の資産を取得し負債を引き受けた日（実行日）となる（IFRS3.8、9）。	「企業結合日」とは、被取得企業若しくは取得した事業に対する支配が取得企業に移転した日、又は結合当事企業の事業のすべて若しくは事実上すべてが統合された日をいう（企業結合会計基準15）。	特段の差異はない。
みなし取得日等	特段の定めはない。 なお、IFRSにおいても、実際の取得日ではなく、便宜上の日付として月末（又は月初）を取得日に指定しても、認識される金額に重要な変動が生じない限り、IFRS3号に従っていることになる（IFRS3.BC110）。	支配獲得日、株式の取得日又は売却日等が子会社の決算日以外の日である場合には、当該日の前後いずれかの決算日に支配獲得等が行われたものとみなして処理することができる（連結会計基準（注5））。 ［Q2-18参照］	IFRSでは「みなし取得日」等に関する明示的な規定はない。もっとも左記のように、一般的な重要性の適用はある。
譲渡対価の測定（取得原価の算定）			
移転された対価	企業結合で移転された対価は、原則として、取得日の公正価値で測定する（IFRS3.37）。 公正価値については、IFRS13号を適用する。	被取得企業等の取得原価は、原則として、取得の対価（支払対価）となる財の企業結合日における時価で算定する。 対価が市場価格のある株式の場合には、原則として、企業結合日における株価を基礎にして算	特段の差異はない。 なお、日本基準においても、対価が株式等の金融商品である場合には、IFRS13号と整合的な時価算定会計基準が適用さ

	IFRS会計基準	日本基準	備考
		定する（企業結合会計基準23、24）。　　　　　　［Q2-3参照］	れる。
段階的に達成される企業結合	段階取得においては、取得企業は従来保有していた被取得企業に対する資本持分を、取得日公正価値で再測定し、それをのれんの算定において用いる（IFRS3.32(a)）。再測定により乗じた利得又は損失は、取得企業が資本持分を直接処分した場合と同じ基準で、純損益又はその他の包括利益で認識する（IFRS3.42）。	段階取得の場合の被取得企業の取得原価は、連結財務諸表上、支配を獲得するに至った個々の取引すべての企業結合日における時価をもって算定する。当該被取得企業の取得原価と、直前の帳簿価額との差額は、当期の段階取得に係る損益として処理する（企業結合会計基準25）。　　　　　　［Q2-4参照］	特段の差異はない。ただし、IFRSでは、IFRS9号5.7.5項における資本性金融商品に対する投資の公正価値の事後の変動の会計処理の定めを受けて、当該差額を損益として認識する方法のほか、その他の包括利益として認識する方法もある。
条件付取得対価とその後の会計処理	〈定義〉「条件付取得対価」とは、特定の将来事象が発生した場合や条件が満たされた場合に、被取得企業の旧所有者に対し、被取得企業に対する支配との交換の一部として、取得企業が追加的な資産又は資本持分を移転する義務をいう（以前に移転した対価の返還を受ける権利を取得企業に与えることもある）。〈取得日の会計処理〉条件付対価の取得日の公正価値を、移転された対価の一部として認識する（IFRS3.39、40）。〈取得日後の会計処理〉測定期間中の修正ではない条件付対価の公正価値の変動について、次のとおり会計処理する（IFRS3.58）。・資本に分類されている条件付対価は再測定しない。・他の条件付対価（金融負債	〈定義〉「条件付取得対価」とは、企業結合契約において定められるものであって、企業結合契約締結後の将来の特定の事象又は取引の結果に依存して、企業結合日後に追加的に交付される若しくは引き渡される（又は返還される）取得対価をいう（企業結合会計基準注2）。〈取得日の会計処理〉条件付取得対価は企業結合日の会計処理に反映しない。〈取得日後の会計処理〉条件付取得対価の交付又は引渡しが確実となり、その時価が合理的に決定可能となった時点で、取得原価とのれんを追加的する（企業結合会計基準27）。条件付取得対価の会計処理によるのれんの追加的な認識等は、	〈定義〉特段の差異はない。〈取得日及びその後の会計処理〉IFRSでは、条件付取得対価を取得日の公正価値で測定し、のれんの算定に含める。取得日後は、測定期間中の修正を除き、のれんを修正しない。条件付対価が金融負債に分類された場合には、取得日後、金融負債を毎期末に公正価値で評価し、差額を損益に計上する。日本基準では、条件付取得対価を取得日におけるのれんの算定には含めず、条件付取得対価の交付等

Q17-1 組織再編に関する日本基準と国際会計基準との比較

	IFRS会計基準	日本基準	備考
	については、各報告日において公正価値で測定し、公正価値の変動を純損益に認識する。	企業結合日から1年以内に限られない。［Q2-5参照］	が確実となり、その時価が算定可能となった時点で、条件付取得対価とのれんを追加的に認識する（のれんの償却費が調整される）。
取得関連費用	取得関連費用は、負債性証券又は持分証券の発行コストを除き、サービスが提供された期間の費用として処理する（IFRS3.53）。 ・持分証券の発行コストは、資本から控除する（IAS32.37）。 ・負債性証券の発行コストは、実効金利の算定において考慮する（IFRS9.5.1.1）。	取得関連費用は、発生した事業年度の費用として処理（企業結合会計基準26）。 株式交付費（企業結合の際の株式の交付に伴い発生する費用）は、取得原価には含めず、別途、株式交付費（繰延資産）として会計処理する（適用指針49）。 ［Q2-8、Q2-9、Q15-5参照］	基本的な会計処理は同じであるが、資金調達に関連するコストについて差異がある。
取得原価の配分			
識別可能な資産・負債の認識原則	識別可能な資産及び負債が、取得日時点で、「財務諸表の作成及び表示に関するフレームワーク」における資産と負債の定義を満たす場合に、のれんとは区別して認識する（IFRS3.10、11）。	被取得企業の企業結合日前の貸借対照表において計上されていたかどうかにかかわらず、企業が対価を支払って取得した場合、原則として、わが国において一般に公正妥当と認められる企業会計の基準の下で認識されるものは、識別可能なものとなる（企業結合会計基準99）。 ［Q2-11参照］	概念的な差異はない。
識別可能な資産・負債の測定原則	識別可能な資産及び負債を、原則として、取得日の公正価値で測定する（IFRS3.18）。 公正価値については、IFRS13号を適用する。	取得原価は、識別可能資産及び負債の企業結合日時点の時価を基礎として配分する（企業結合会計基準28）。 ［Q2-12 **1** 参照］ 連結貸借対照表の作成に当たっては、子会社の資産及び負債のすべてを支配獲得日の時価によ	概念的な差異はない。

	IFRS会計基準	日本基準	備考
		り評価する方法（全面時価評価法）による（連結会計基準20）。　　　［Q15-1参照］	
	「公正価値」とは、測定日時点で市場参加者間の秩序ある取引において資産を売却するために受け取るであろう価格又は負債を移転するために支払うであろう価格をいう（IFRS3.付録A、IFRS13.9）。 市場参加者が測定日において当該資産又は負債の特性を価格付けに考慮するものであれば、公正価値を測定する際に考慮に入れる（IFRS13.11）。 公正価値測定は、市場参加者間の秩序ある取引において交換されると仮定する（IFRS13.15）。 非金融資産の公正価値測定には、当該資産の最有効使用を行うこと又は当該資産を最有効使用するであろう他の市場参加者に売却することにより、市場参加者が経済的便益を生み出す能力を考慮に入れる（IFRS13.27）。	「時価」とは、公正な評価額をいう。通常、それは観察可能な市場価格をいい、市場価格が観察できない場合には、合理的に算定された価額をいう（企業結合会計基準14）。 観察可能な市場価格がない場合には、原則として、市場参加者が利用するであろう情報や前提などが入手可能である限り、それらに基礎を置く。そのような情報等が入手できない場合には、利用可能な独自の情報や前提などに基礎を置き、その合理的な基礎に基づき見積る（企業結合会計基準102）。 　　　　　　　　［Q2-12 ■ 参照］ なお、金融商品等については、算定日において市場参加者間で秩序ある取引が行われると想定した場合の、当該取引における資産の売却によって受け取る価格又は負債の移転のために支払う価格とする（時価算定会計基準5）。	公正価値（時価）の考え方について、特段の差異はない。 日本基準では、時価算定会計基準が時価の算定について定めており、その内容はIFRS13号と整合的である。ただし、時価算定会計基準は、金融商品以外の資産及び負債を適用範囲に含めておらず、IFRS13号で求められている「資産の最有効使用」の定めはない。もっとも非金融資産を時価評価する場合には、評価専門家の関与が想定されるため、会計基準の文言にかかわらず、実務上の差異は限定的となる場合も多いと考えられる。
原則に対する例外（例示）	認識／測定に関する原則の例外として、以下の項目が定められている。	認識に対する例外として、企業結合の局面だけに負債計上が求められる「企業結合に係る特定勘定」がある（企業結合会計基準30）。　　　［Q2-11 ■ 参照］ このほか、退職給付引当金（連結財務諸表上は「退職給付に係る負債」）や繰延税金資産・負	

Q17-1 組織再編に関する日本基準と国際会計基準との比較

	IFRS会計基準		日本基準	備考
	認識原則に対する例外	偶発負債（後述参照）	債など、一般に公正妥当と認められる企業会計の基準において示されている算定方法が利用される（適用指針53項）。 〔Q2-12 **1** 参照〕	
	測定原則に対する例外	再取得した権利、株式報酬及び売却目的で保有する資産		
	認識原則及び測定原則双方に対する例外	繰延税金資産・負債、補償資産、従業員給付		
偶発負債の認識	〈取得日の会計処理〉 企業結合で引き受けた偶発負債が、過去の事象から生じた現在の義務であり、公正価値を信頼性をもって測定できる場合には、資源の流出可能性にかかわらず、偶発負債を取得日に認識する（IFRS3.23）。 〈取得日後の会計処理〉 企業結合で認識された偶発債務を、次のいずれか高い方で測定する（IFRS3.56）。 ・IAS37号に従って認識されるであろう金額 ・当初認識した金額		該当する規定はない。	IFRSでは、現在の義務であって、その公正価値が信頼性をもって測定できる場合には、資源の流出可能性にかかわらず負債を認識する。 日本基準では、発生の可能性が高くない限り、偶発損失引当金等の負債計上は認められない。 なお、日本基準では「企業結合に係る特定勘定」の認識要件を満たす場合には、当該負債を計上することになるが、負債計上額やその後の会計処理はIFRSとは異なることになる。
再取得した権利	無形資産として認識する再取得した権利の価値を、関連する契約の残存契約期間に基づいて測定し、認識する（IFRS3.29）。		該当する規定はない。	

	IFRS会計基準	日本基準	備考
補償資産	補償資産を、補償される項目を認識するのと同時に、補償される項目と同じ基準で測定して認識する（IFRS3.27）。	該当する規定はない。	［Q2-5 **3** 参照］
売却目的で保有する資産	取得日に、売却目的保有に分類された取得した非流動資産（又は処分グループ）を、売却コスト控除後の公正価値で測定し、認識する（IFRS3.31）。	該当する規定はない。	
無形資産当初認識（認識要件）	企業結合で取得した識別可能な無形資産は、のれんと別に認識しなければならない。 「識別可能」とは、以下のいずれかに該当する場合である（IAS38.12、IFRS3.B31、33）。 ・分離可能であること（分離可能性規準） 　取得企業に売却、移転、ライセンス供与、賃貸又は交換する意図がなくても、取得企業が何らかの価値のある項目と交換できるのであれば識別可能となる（IFRS3.B33）。 ・契約又はその他の法的な権利に起因するものであること（契約法律規準） 　資産が譲渡可能あるいは被取得企業から分離可能でなくとも識別可能となる（IFRS3.B32）。 企業結合による取得では、認識規準（将来の経済的便益の流入可能性が高く、信頼性のある測定が可能）は、常に満たされているものとみなされる（IAS38.33）。 なお、IFRS3号では、識別可	無形資産に関する包括的な会計基準は存在しない。 　　　　　　［Q2-11 **1** 参照］ 企業結合により受け入れた資産に法律上の権利など分離して譲渡可能な無形資産が含まれる場合には、識別可能なものとして取り扱う（企業結合会計基準28、29）。 企業結合の目的の1つが特定の無形資産の受入れであり、その無形資産の金額が重要になると見込まれる場合（企業結合における対価の算定基礎に含まれている場合）には、当該無形資産は分離して譲渡可能なものとして取り扱い、取得原価を配分する（企業結合会計基準100、適用指針59-2、367-2）。 識別可能かつ独立した価額を合理的に算定できる場合には、当該資産について、企業結合日時点の時価を基礎として取得原価を配分する（企業結合会計基準28、29）（適用指針59、367）。	IFRSでは、のれんは非償却、無形資産は原則として償却となるため、識別要件は厳格である（識別可能な無形資産は常に信頼性をもって測定できるとされ、識別可能資産に関する多くの設例も示されている）。 日本基準では、包括的な無形資産に関する会計基準は存在しないこともあり、企業結合の目的に（分離して譲渡可能な）無形資産の取得が含まれている場合には、その価額は合理的に算定可能と考えられるため、無形資産をのれんとは区別して認識するとされている。 このように、会計基準上、無形資産の識別はIFRSの方が厳

Q17-1 組織再編に関する日本基準と国際会計基準との比較

	IFRS会計基準	日本基準	備考
	能資産に関する設例（IE16～44）が記載されている。		格に定められている。ただし、企業結合の目的に含まれるような重要な無形資産は、IFRSと同様、識別されることになり、また評価専門家の関与も想定されるため、実務上の差異は限定的となる場合も多いと考えられる。
企業結合により取得した仕掛研究開発費	〈取得日の会計処理〉 仕掛中の研究開発プロジェクトが資産の定義を満たし、識別可能である場合（分離可能性規準又は契約法律規準を満たす場合）には、のれんから区別して資産として識別する（IAS38.34）。 〈取得日後の会計処理〉 仕掛研究開発費に関する事後的な支出について、開発費の資産計上要件（IAS38.57の6要件）を満たす場合には、帳簿価額に加算し、その要件を満たさないものは、発生時に費用処理する（IAS38.42、43）。	〈取得日の会計処理〉 分離して譲渡可能な無形資産には、研究開発活動の途中段階の成果（最終段階にあるものに限らない）等についても分離して譲渡可能なものがある（企業結合会計基準101、適用指針367）。 〈取得日後の会計処理〉 仕掛研究開発費に関する事後的な支出については、通常の研究開発費と同様、すべて発生時に費用処理する。 ［Q2-11 **2** 参照］	仕掛研究開発費の取得日の会計処理については、特段の差異はない。 ただし、IFRSでは、一定の要件を満たした開発費の資産計上が求められるため、事後的な支出の会計処理は、異なることになる。
耐用年数、償却期間、償却方法	企業は、無形資産の耐用年数が確定できるのか確定できないのか、確定できる場合にはその耐用年数を判定する（IAS38.88）。 〈耐用年数が確定できるもの〉 資産の耐用年数にわたり規則的に償却される。償却方法は、資産の将来の経済的便益を企業が消費すると見込まれるパターン	日本基準では、耐用年数が確定できない無形資産に関する規定はない。 無形固定資産については、当該資産の取得のために支出した金額から減価償却累計額を控除した価額をもって貸借対照表価額とする（企業会計原則第三 五D）。	日本ではIFRSにおける「耐用年数が確定できない無形資産」のように、無形資産を非償却とすることは、原則として、できないと考える。 日本基準では、減損テスト（頻度、2ス

	IFRS会計基準	日本基準	備考
	を反映する（IAS38.97）。 〈耐用年数が確定できないもの〉 耐用年数が確定できない無形資産とは、企業への正味のキャッシュ・フローをもたらすと期待される期間について予見可能な限度がないものをいう（IAS38.88）。 耐用年数を確定できない無形資産は償却されないが、減損テストを毎年1回、かつ、当該無形資産に減損の兆候がある場合にはいつでも行うことが求められる（IAS38.108）。 なお、IAS38号では、無形資産の耐用年数の判定に関する設例（設例1～9）が記載されている。	耐用年数は、経済的使用可能予測期間に見合ったものでなければならない。法人税法に規定に基づく場合には、企業の状況に照らし、耐用年数又は残存価額に不合理と認められる事情のない限り、当面、監査上妥当なものとして取り扱うことができる（監保実81号「減価償却に関する当面の監査上の取扱い」12、24）。	テップ・アプローチ）など会計処理の枠組みが異なるためである。 また、のれんの償却期間が20年を上限とされている以上、無形資産の耐用年数も、原則として、20年以内になると考える。
非支配持分の認識及び測定			
	のれんとは区別して、被取得企業のすべての非支配持分を認識する（IFRS3.10）。	子会社の資本のうち親会社に帰属しない部分は、非支配株主持分とする（連結会計基準26）。	特段の差異はない。
非支配持分の測定	企業結合ごとに、被取得企業に対する非支配持分を、次のいずれかで測定する（IFRS3.19）。 ・被取得企業の識別可能純資産の認識金額の比例的な取分…購入（部分）のれん方式 ・公正価値…全部のれん方式 なお、取得企業の被取得企業に対する持分の公正価値と、非支配持分の公正価値は、支配プレミアム等の関係により、1株当たりベースで異なる場合がある（IFRS3.B45）。	非支配持分の算定基礎となる「子会社の資本」は全面時価評価法により評価され、それにはのれんが含まれていないため、非支配持分にものれんは含まれない（連結会計基準20、21、26）。　　　　　〔Q15-1参照〕	のれんの当初認識と非支配持分の測定方法について、IFRSでは、企業結合ごとに全部のれん方式と購入のれん方式の選択が認められている。 日本基準では購入のれん方式のみが認められている（全部のれん方式は認められず、非支配持分を時価で評価することはできない）。

Q17-1　組織再編に関する日本基準と国際会計基準との比較

	IFRS会計基準	日本基準	備考
のれん又は割安購入益の認識及び測定			
のれんの認識及び当初測定	〈取得日の会計処理〉 のれんは、以下のa＞bの差額であり、取得日において資産として認識する（IFRS3.32）。 a　以下の合計 ・移転された対価（通常、取得日公正価値で測定） ・被取得企業のすべての非支配持分の金額 ・段階的に達成される企業結合の場合には、取得企業が従来保有していた被取得企業の資本持分の取得日公正価値 b　識別可能な資産及び負債の取得日における正味の金額	のれんは、被取得企業又は取得した事業の取得原価が、取得した資産及び引き受けた負債に配分された純額を超過する額として算定される（企業結合会計基準31）。　　[Q2-15 **1** 参照]	のれんの概念については、重要な差異はない。 ただし、具体的な測定方法については、非支配持分の測定方法について差異が存在するため、算定されるのれんの帳簿価額が異なることがある。
のれんのその後の会計処理	〈取得日後の会計処理〉 のれんは規則的な償却を行わず、減損の兆候が無くても毎期1回、減損の兆候がある場合には、追加で減損テストを実施する（IFRS3.B63(a)、IAS36.88、90）。	のれんは資産に計上し、20年以内のその効果の及ぶ期間にわたって、定額法その他の合理的な方法により規則的に償却する（企業結合会計基準32）。 　　[Q2-15 **3** 参照] のれんに減損の兆候がある場合には、減損損失を認識するかどうかを判定する（減損会計基準二8）。　　[Q2-15 **4** 参照] 連結子会社株式の減損処理後の帳簿価額が当該連結子会社の資本の親会社持分とのれん未償却残高の合計額を下回る場合には、当該下回る金額のうち、のれんの未償却残高に達するまでの金額については、一時償却する（資本連結実務指針32）。 　　[Q2-15 **6** 参照]	IFRSではのれんは非償却であるが、毎期、減損テスト（1ステップ・アプローチ）を実施する。 日本基準では20年以内の効果の及ぶ期間で規則的な償却が義務付けられている。また、のれんの未償却残高に減損の兆候がある場合には、減損テスト（2ステップ・アプローチ）を実施する。

	IFRS会計基準	日本基準	備考
割安購入益（負ののれん）	〈取得日の会計処理〉 上記ののれんの当初測定額がマイナスになる場合、その差額を割安購入益として取得日に純損益に認識する（IFRS3.34）。 割安購入益を認識する前に、すべての資産及び負債を正しく識別しているかどうか、認識及び測定の双方について再検討する（IFRS3.36）。	負ののれんが生じると見込まれる場合には、資産及び負債が網羅的に把握され、取得原価の配分が適切に行われているかどうかを見直す。それでもなお、取得原価が資産及び負債に配分された純額を下回る場合には、負ののれんをその年度の利益とする（企業結合会計基準31、33）。　　　　[Q2-16参照]	割安購入益（負ののれん）の認識、測定及びその手続のレビューの必要性について、特段の差異はない。
測定期間			
測定期間及び暫定金額の修正	〈報告期間の末日までに企業結合の会計処理が完了していない場合〉 会計処理が完了していない項目の暫定的な金額を財務諸表上で報告する（IFRS3.45）。 〈暫定的な金額の遡及修正〉 測定期間（1年以内）中に、取得日時点で存在していた事実や状況に関する新しい情報を入手し、それを知っていたならば取得日時点で追加的な資産又は負債を認識する結果となる場合には、暫定的な金額を企業結合の会計処理が取得日において完了したかのように遡及修正する（必要に応じて、過年度の比較情報を修正する）（IFRS3.45、49）。 〈暫定的な会計処理の対象〉 ・識別可能な資産・負債、被取得企業の非支配持分 ・移転された対価 ・取得企業が従来から保有していた被取得企業の資本持分（段階取得の場合）	取得原価は、識別可能資産及び負債に対して企業結合日以後1年以内に配分する（企業結合会計基準28）。 企業結合日以後の決算において、配分が完了していなかった場合は、その時点で入手可能な合理的な情報等に基づき暫定的な会計処理を行い、その後追加的に入手した情報等に基づき配分額を確定させる。 なお、暫定的な会計処理の確定が企業結合年度の翌年度に行われた場合には、企業結合年度に当該確定が行われたかのように会計処理を行う。また、企業結合年度の翌年度の財務諸表に比較情報を表示するときには、当該比較情報に暫定的な会計処理の見直しによる影響を反映させる（企業結合会計基準（注6））。 　　　　　　[Q2-14参照]	測定期間、暫定金額による財務報告及び暫定的な金額の修正について、特段の差異はない。 なお、日本基準では、暫定的な会計処理の対象は「取得原価の配分」のみであり、「取得原価の算定」は対象外である。

	IFRS会計基準	日本基準	備 考
	・(結果として)のれん又は割安購入益		
	企業結合取引の一部であるかの判定		
企業結合取引に含まれる要素の識別	取得法の適用は、取得企業と被取得企業(又は旧所有者)とが企業結合取引で交換したものを対象としており、被取得企業に移転された対価及び被取得企業から取得した資産と引き受けた負債のみを認識する(IFRS3.12、51)。 企業結合前に、主として被取得企業(又は旧所有者)の便益のためではなく、取得企業や結合後企業の便益のために実行された取引は、企業結合とは別個の取引である可能性が高い。なお、企業結合と別個の取引は、関連するIFRSに従って会計処理する(IFRS3.52)。 取得企業は、被取得企業にとっての交換取引の一部であるのかの決定に当たり、(a)取引の理由、(b)誰が取引を主導したか、(c)取引の時期を考慮する(IFRS3.B50)。 なお、IFRS3号では、従業員又は売却株主に対する条件付支払の契約が条件付対価となるかどうか等の指針が定められており(IFRS3.B54～)、例えば、雇用の終了により自動的に支払いが失効するという条件付契約は、企業結合後の勤務に対する報酬とされている(B55(a))。	該当する規定はない。	IFRSの定めは日本基準の趣旨と同様と考えられ、参考になると考えられる。 [Q2-6参照]

■連結財務諸表

	IFRS会計基準	日本基準	備考
連結範囲			
原則	親会社は、すべての子会社を連結対象とする（IFRS10.4）。ただし、IAS19号「従業員給付」が適用される退職後給付制度等、限定的な例外がある（IFRS10.4A）。注：IFRSにおける「投資企業」（IFRS10.27）や「組成された企業」（IFRS12）と日本基準における一定の要件を満たすベンチャー・キャピタルなどの投資企業（連結範囲適用指針16(4)）や一定の要件を満たす特別目的会社（開示対象特別目的会社）（連結会計基準7-2）との比較は省略する。	親会社は、原則としてすべての子会社を連結の範囲に含める（連結会計基準13）。ただし、以下の子会社は連結範囲に含めない（連結会計基準14）。・支配が一時的であると認められる企業・連結することにより利害関係者の判断を著しく誤らせるおそれのある企業 企業集団の財政状態、経営成績及びキャッシュ・フローの状況に関する合理的な判断を妨げない程度に重要性の乏しいものは、連結の範囲に含めないことができる（連結会計基準（注3））。	IFRSでは「一時的な支配」であっても子会社に該当する場合には、原則として、連結することが必要である。なお、取得のときから売却目的保有に分類される要件を満たす場合（IFRS5号）にも連結する必要があり、IFRS5号に従った会計処理が求められる。日本基準では、子会社であっても一定の場合には連結範囲に含めない場合があり、また連結範囲に関する重要性の取扱いが、会計基準で明記されている。
支配モデル	投資者が次の3要素をすべて有している場合にのみ、投資先を「支配」している（IFRS10.7、B2）。・パワー　投資先に対するパワー・リターン　投資先への関与により生じる変動リターンに対するエクスポージャー又は権利・パワーとリターンとの関係　投資者のリターンの額に影響を及ぼすように投資先に対す	他の企業の財務及び営業又は事業の方針を決定する機関（意思決定機関）を「支配」しているかどうかを判定する。「他の企業の意思決定機関を支配している企業」（親会社）とは、次の企業をいう（連結会計基準7項）。[Q2-2 **2**【参考】参照] (1) 他の企業の議決権（※）の過半数を自己の計算において所有している企業 (2) 他の企業の議決権（※）の100分の40以上、100分の	〈全般的事項〉IFRSでは、「パワー、リターン、パワーとリターンの関連の3つの要件に照らして支配の有無を判断する（特にパワーの要素の検討に当たっては「関連性のある活動」の識別と、その決定方法が重要になる）。日本基準では、意思

Q17-1 組織再編に関する日本基準と国際会計基準との比較

	IFRS会計基準	日本基準	備考
	るパワーを用いる能力	50以下を自己の計算において所有している企業であって、かつ、次のいずれかの要件に該当する企業	決定機関の支配を判断の基礎としている。
全般	上記の決定を行うに当たり、以下の要因の考慮が役立つ（IFRS10.B3）。なお、IFRSでは、これ以外にも詳細な定めがある。 a 投資先の目的及び設計	① 自己の計算において所有している議決権と、緊密な者又は同意している者が所有している議決権とを合わせて、他の企業の議決権の過半数を占めていること	このため、両基準とも「支配」という概念により連結範囲を判断するが、その「支配」判定の枠組みが異なるため、状況によっては連結範囲が異なることもありうる。
パワー	b 関連性のある活動は何か、及び当該活動に関する意思決定がどのように行われるか 投資者は、関連性のある活動（投資先のリターンに重要な影響を及ぼす活動）を指図する現在の能力を与える既存の権利を有している場合には、投資先に対するパワーを有している（IFRS10.10）。 関連性のある活動には、財・サービスの販売・購入、新製品又は工程の研究・開発、資金調達などがあり（IFRS10.B11）、その関連性のある活動の意思決定には、投資先の運営上の主要な意思決定（予算を含む）や投資先の経営幹部等の選任と報酬決定などがある（IFRS10.B12）。	② 役員若しくは使用人である者、又はこれらであった者で自己が他の企業の財務及び営業又は事業の方針の決定に関して影響を与えることができる者が、当該他の企業の取締役会その他これに準ずる機関の構成員の過半数を占めていること ③ 他の企業の重要な財務及び営業又は事業の方針の決定を支配する契約等が存在すること ④ 他の企業の資金調達額の総額の過半について融資を行っていること（緊密な者が行う融資の額を合わせて資金調達額の総額の過半となる場合を含む）	IFRSでは、投資者が議決権の過半数を保有している場合には、原則として、投資者はパワーを有しているとされる。ただし、権利が実質的であるか否か、他の当事者がパワーを有していないか等について検討を求めている。 また、投資者が保有する議決権が過半数に満たなくても、他の議決権保有者との契約上の取決め、事実上の代理人なども
パワー	c 投資者の権利が、関連性のある活動を指図する現在の能力を投資者に与えているかどうか ○議決権の過半数を伴うパワー 投資先の議決権の過半数を有する投資者は、権利が実質的でないなど一定の場合	⑤ その他他の企業の意思決定機関を支配していることが推測される事実が存在すること (3) 自己の計算において所有している議決権（当該議決権を所有していない場合を含む）と、緊密な者及び同意してい	考慮して、支配しているかを検討する。 さらに、投資者又は他の者が保有する潜在的議決権を考慮に入れることが明記さ

753

	IFRS会計基準	日本基準	備　考
	を除いて、次のいずれかの状況ではパワーを有する（IFRS10.B35）。 ・関連性のある活動が、議決権の過半数を保有する者の議決によって指図される。 ・関連性のある活動を指図する統治機関のメンバーの過半数が、議決権の過半数を保有する者の議決権行使によって承認される。 ○議決権の過半数を有していないパワー（事実上の支配） 投資者は、投資先の議決権の過半数を保有していなくても、次のことを通じて、パワーを有する可能性がある（IFRS10.B38）。 ・他の議決権保有者との契約上の取決め 投資者と他の議決権保有者の間の契約上の取決めによって、パワーを得るのに十分な議決権を行使できる権利を投資者が得る可能性がある（IFRS10.B39）。 ・他の契約上の取決めによる権利 契約上の取決めで定められた権利（他の意思決定権）と議決権との組合せにより、関連性のある活動を指図する現在の能力を投資者に与える場合もある（IFRS10.B40）。	る者が所有している議決権とを合わせて、他の企業の議決権（※）の過半数を占めている企業であって、かつ、上記(2)の②から⑤までのいずれかの要件に該当する企業 ※：他の会社の議決権の所有割合は、株主総会において行使し得るものと認められている総株主の議決権の数を基礎として算定する（連結範囲適用指針 4、5）。 〈同意している者〉 自己の意思と同一の内容の議決権を行使することに同意していると認められる者 〈緊密な者〉 自己と出資、人事、資金、技術、取引等において緊密な関係があることにより自己の意思と同一の内容の議決権を行使すると認められる者 （連結範囲適用指針 8） 緊密な者に該当するかどうかは、両者の関係に至った経緯、両者の関係状況の内容、過去の議決権の行使の状況、自己の商号との類似性等を踏まえ、実質的に判断する。 なお、適用指針では、一般的に緊密な者に該当する 7 つのケースを例示しているが、それら以外の者であっても「出資、人事、資金、技術、取引等における両者の関係状況からみて、自己の	れている。 これらの判定では日本基準のような具体的な数値基準は設けられておらず、実質的な判断を行う。 日本基準でも、自己が所有する議決権比率が過半数に満たない場合には、同意している者や緊密な者の存在を踏まえて支配の検討を行う。しかし自己が所有する議決権比率が 40 ％以上となる場合、あるいは自己が所有する議決権と同意している者及び緊密な者が所有する議決権を合わせて過半数を占める場合など、支配には、一定の議決権比率の所有という数値基準が存在する。また、議決権比率以外の一定の要件の判定において潜在的議決権の考慮を求める規定は存在しない。もっとも、左記のように「緊密な者」に該当するかどうか自体の判定には数値基準は存在せず、また議決権比率以外の一定の要件の判定では

Q17-1 組織再編に関する日本基準と国際会計基準との比較

	IFRS会計基準	日本基準	備考
	・投資者の議決権 ・<u>潜在的議決権</u> 　投資者は自らの潜在的議決権と他の者が保有している潜在的議決権とを、その権利が実質的な場合には考慮する（IFRS10.B22、B47）。 ・上記の組合せ	意思と同一の内容の議決権を行使すると認められる者は、「緊密な者」に該当することに留意する必要がある。」とされている（連結範囲適用指針9）。 このほか、連結範囲の取扱いについては、監保実88号「連結財務諸表における子会社及び関連会社の範囲の決定に関する監査上の留意点についてのQ&A」にも留意する必要がある。	「(2)⑤　その他他の企業の意思決定機関を支配していることが推測される事実が存在すること」（連結会計基準7項(2)⑤、(3)）とされている。 これらを踏まえると、「支配」の判定について、会計基準上の枠組みや一定の議決権の所有要件といった差異はあるものの、連結範囲について実際に差異が生じるかどうかは、運用面にも依存すると考えられる。
リターン	d　投資者が、投資先への関与により生じる変動リターンに対するエクスポージャー又は権利を有しているかどうか		
パワーとリターンとの関係	e　投資者が、投資者のリターンの額に影響を及ぼすように投資先に対するパワーを用いる能力を有しているかどうか		
パワーとリターンとの関係	投資先に対する支配の判定に際して、投資者は他の当事者との関係の内容を考慮しなければならない（IFRS10.B4）。 〈他の当事者との関係〉 投資者は、他の当事者との関係の内容と、当該他の当事者が投資者のために行動しているかどうか（「<u>事実上の代理人</u>」であるかどうか）を検討しなければならない。他の当事者が事実上の代理人として行動しているかどうかの決定には、関係の内容だけではなく、それらの当事者間の相互関係及び投資者との相互関係がどのようであるかを考慮する（IFRS10.B73）。		
連結財務諸表の会計処理			
連結手続（全般的事項）			

第17章 日本基準と国際会計基準との比較

	IFRS会計基準	日本基準	備考
会計方針の統一	親会社は、類似の状況における同様の取引及び他の事象に関し、統一された会計方針を用いて、連結財務諸表を作成する（IFRS10.19）。	同一環境下で行われた同一の性質の取引等について、親会社及び子会社が採用する会計方針は、原則として統一する（連結会計基準17）。 当面の間、子会社の財務諸表が、IFRS又は米国基準に準拠して作成されている場合には、それらを利用することができる。ただし、のれんの償却、退職給付会計における数理計算上の差異の費用処理など、特定項目については、連結上修正する必要がある（実務対応報告18号）。	特段の差異はない。なお、日本基準では、当面の取扱いがある。
連結期間	投資者が投資先に対する支配を獲得した日から開始し、投資先に対する支配を喪失した日に終了する（IFRS10.20）。	子会社に対する支配を獲得した場合には、支配獲得日以後の当該子会社の資産・負債及び収益・費用を連結し、また、子会社に対する支配を喪失した場合には、支配喪失日以後の当該会社の資産・負債及び収益・費用を連結から除外する（資本連結実務指針2）。　　[Q2-18参照]	日本基準では、前述のように、みなし取得日又はみなし売却日に関する明示的な定めがある。 IFRSでも、IFRS3号の結論の背景でみなし取得日の記載があり、この考え方は、みなし売却日の場合も同様と考えられる。
子会社の決算日が異なる場合の取扱い	親会社及び子会社の財務諸表は、実務上不可能な場合を除き、同じ報告日とする（IFRS10.B92）。 実務上不可能な場合には、親会社は子会社の直近の財務諸表を用いて連結することになるが、その差異は3カ月を超えてはならない。また、その間に生じる重要な取引又は事象については調整する（IFRS10.B93）。	親会社の連結決算日と子会社の決算日の差異が3カ月を超えない場合には、子会社の財務諸表をそのまま連結することができる。 この場合、子会社の決算日と連結決算日が異なることから生じる連結会社間の取引に係る会計記録の重要な不一致について、必要な整理を行う（連結会計基準（注4））。	親会社及び子会社の報告日について、IFRSでは、実務上不可能な場合を除き、統一しなければならないが、日本基準では決算日の差異が3カ月を超えない場合には、異なる決算日の財務諸表の使用を認めている。

756

Q17-1 組織再編に関する日本基準と国際会計基準との比較

	IFRS会計基準	日本基準	備考
	なお、実務上不可能な場合とは、企業がある要求事項を適用するためにあらゆる合理的な努力を払った後にも、適用することができない場合をいう（IAS8.5）。		また親会社と子会社の報告日に差異がある場合の調整については、IFRSでは、連結グループ会社間の取引のみならず、グループ外との取引や事象の影響も対象としているが、日本基準では、連結会社間の取引に限定している。
非支配持分関係			
子会社の欠損の非支配持分への配分	企業は、たとえ非支配持分が負の残高になるとしても、包括利益の総額を親会社の所有者と非支配持分に帰属させなければならない（IFRS10.B94）。	子会社の欠損のうち、当該子会社に係る非支配株主持分に割り当てられる額が当該非支配株主の負担すべき額を超える場合には、当該超過額は、親会社の持分に負担させる（連結会計基準27）。	子会社に欠損が生じた場合の非支配持分への配分の仕方について、IFRSでは比例配分するが、日本基準は親会社が負担することになる。
非支配持分割合の変動			
支配の喪失を伴わない親会社持分の増減	親会社の子会社に対する所有持分の変動のうち、支配の喪失とならないものは、資本取引として処理する（IFRS10.23）。 企業は、非支配持分の帳簿価額の修正額と支払対価（又は受取対価）の公正価値との差額を、資本に直接認識し、親会社の所有者に帰属させる（IFRS10.B96）。	追加取得時は、その取得原価と減少する非支配株主持分との差額を資本剰余金とする。一部売却時は、その売却価額と減少する親会社持分との差額を資本剰余金とする（連結会計基準28〜30）（事業分離等会計基準48、38、39）。 〔Q15-2、Q15-3参照〕	支配の喪失とならない親会社持分の変動は、資本取引として処理するという点で同じである。
その他の包括利益累計額の再配分	〈親会社持分の減少／非支配持分の増加〉 在外子会社を部分的に処分した場合には、その他の包括利益に認識した為替差額の累計額に対	〈親会社持分の減少／非支配持分の増加〉 「売却した株式に対応する持分」を親会社の持分から減額し、非支配株主持分を増額するとともに	両会計基準とも、子会社に対する持分が変動しても（支配が継続している限り）のれんを含む子会社

	IFRS会計基準	日本基準	備　考
	する比例持分を、非支配持分に改めて帰属させなければならない（IAS21.48C）。上記の取扱いは、その他の包括利益に認識された為替差額の累計額以外の金額についても同様と考えられる。	に、売却による親会社の持分の減少額（「売却持分」）と売却価額との差額は、資本剰余金とする（連結会計基準29、（注9））。「売却した株式に対応する持分」には、子会社に係るその他の包括利益累計額が含まれるが、「売却持分」には、その他の包括利益累計額は含まれない（資本連結実務指針42、66-2）。〔Q15-3 **1**、Q15-6参照〕	の資産及び負債の帳簿価額の変動は認識されない。そのうえでIFRSでは、親会社持分と非支配持分との持分比率が変動した場合、新たな持分比率が反映されるように、その他の包括利益を親会社持分と非支配持分に再配分する。
	〈親会社持分の増加／非支配持分の減少〉親会社が子会社に対する持分を追加取得した場合にも、上記のその他の包括利益の累計額の再配分が必要と考えられる。	〈親会社持分の増加／非支配持分の減少〉「追加取得した株式に対応する持分」を非支配株主持分から減額し、追加取得により増加した親会社の持分（「追加取得持分」）と追加投資額との差額は、資本剰余金とする。「追加取得持分」及び減額する非支配株主持分は、追加取得日の非支配株主持分の額（その他の包括利益累計額が含まれる）により計算する（連結会計基準28、（注8）。なお、外貨建会計実務指針41(1)、金融商品会計Q&A Q74も参照のこと）。	日本基準では、親会社持分が増加した場合には、非支配持分に含まれていたその他の包括利益累計額を再配分せずに資本剰余金で処理することとされている。この結果、子会社に対する支配を喪失したときの損益が異なる場合がある（例えば、子会社とした後に追加取得し、その後支配を喪失した場合）。

〔設例〕Q15-2 **1** 数値例 参照
・親会社は60％子会社を保有している。
・当該完全子会社の純資産は600（うちその他の包括利益累計額（AOCI）300）
・親会社は当該子会社の持分の40％を300で追加取得し、完全子会社とした。

Q17-1 組織再編に関する日本基準と国際会計基準との比較

	IFRS会計基準	日本基準	備考
	IFRS仕訳イメージ	日本基準仕訳イメージ	
	非支配持分 240　　現　金 300 資　　本　 60 資　　本 120　AOCI（※）120	非支配持分 240　　現　金 300 資本剰余金　 60	
	※：120＝300（AOCI）×40％		
	支配の喪失		
子会社に対する支配の喪失	親会社が子会社に対する支配を喪失した場合には、連結B/Sから旧子会社の資産・負債、非支配持分の認識を中止し、受取対価の公正価値と旧子会社に対する（残存）持分を、支配喪失日の公正価値で測定し、差額を損益に計上する。 また、旧子会社に関連してその他の包括利益で認識していたすべての金額を、関連する資産又は負債を親会社が直接売却したとした場合に必要とされるのと同じ基礎により損益又は利益剰余金に直接振り替える（IFRS10.25、B98、B99）。	〈子会社株式の処分により支配を喪失〉 親会社が子会社に対する投資を一部処分した結果、関連会社となる場合には持分法による投資評価額で評価し、関連会社にも該当しなくなる場合（その他有価証券に分類）には個別貸借対照表上の帳簿価額により評価する。残存投資について、連結財務諸表上の従前の帳簿価額との間に生じた差額は「連結除外に伴う利益剰余金の増減高」として処理する（連結会計基準29、資本連結実務指針45、46）。 〈子会社の企業結合の結果とし支配を喪失〉 ＜当該企業結合後に子会社が関連会社となる場合＞ 　連結財務諸表上、残存投資持分は持分法による投資評価額で評価する（事業分離等会計基準38、48⑴①、20⑵、適用指針275など）。 ＜当該企業結合後に子会社が子会社・関連会社以外となる場合＞ 　連結財務諸表上、残存投資持分は個別貸借対照表の帳簿価	IFRSでは、子会社に対する支配の喪失は、投資の性格を大きく変える事象であると捉え、残存投資については、支配喪失時点で売却され、新規投資が行われたものとして会計処理する（投資の清算）。日本基準では、子会社に対する支配を喪失しても、残存投資については基本的には継続していると考え、帳簿価額を基礎とした会計処理が行われる。ただし、子会社が企業結合したことにより支配を喪失し、残存投資が子会社・関連会社以外となる場合には、日本基準もIFRSと同様、残存投資は時価で測定され、差額は損益に計上される。 ［Q5-4参照］

	IFRS会計基準	日本基準	備　考
		額（企業結合日の時価で評価）により評価する（事業分離等会計基準38、48(1)①、23、適用指針276、288(2)など）。 [Q5-2、Q5-3、Q15-4参照]	
	〈段階売却〉 親会社が、複数の取決め（取引）の中で子会社に対する支配を喪失する場合には、状況により単一の取引として会計処理すべき場合があり、例えば、1つの取決めが、別の取決めに左右されるときや、1つの取決めが、それ単独では経済的に正当化されないが、他の契約と一緒に考慮した場合には経済的に正当化される取引は、複数の取決めを単一の取引として会計処理すべきであることを示しているとされている（IFRS10.B97）。	〈段階取得又は段階売却〉 複数の取引が1つの企業結合を構成している場合には、それらを一体として取り扱う。1つの企業結合を構成しているかどうかは状況によって異なるため、当初取引時における当事者間の意図や当該取引の目的等を勘案し、実態に応じて判断することとなる（企業結合会計基準5、66、事業分離等会計基準4、62）。 子会社株式を段階的に取得する場合や売却する場合においても、複数の取引が1つの企業結合等を構成している場合の取扱いについては、当該定めが適用される。複数の取引が行われる場合、通常、取引の手順に従って、それぞれの取引について会計処理が行われるが、事前に契約等により複数の取引が1つの企業結合等を構成しているかどうかなどを踏まえ、取引の実態や状況に応じて判断する（資本連結実務指針7-3）。 [Q1-5参照]	IFRSでは、段階売却に際して、単一の取引として会計処理すべき状況かどうかの検討項目が示されている。これは段階取得においても同様と考えられる。 日本基準では、事前に契約等により複数の取引が1つの企業結合等を構成しているかどうかなどを踏まえ、取引の実態や状況に応じて判断するとされており、IFRSの検討項目は参考になると考えられる。

Q17-1　組織再編に関する日本基準と国際会計基準との比較

■企業結合（共同支配の取決め／企業支配企業の形成）

	IFRS会計基準	日本基準	備　考
共同支配契約の分類	「共同支配の取決め」とは、複数の当事者が共同支配を有する取決めである。 「共同支配」とは、取決めに対する契約上合意された支配の共有であり、<u>関連性のある活動</u>に関する意思決定が、支配を共有している当事者の全員一致合意を必要とする場合のみ存在する。 共同支配の取決めは、共同支配事業又は共同支配企業のいずれかである（IFRS11.4～7）。	「共同支配企業の形成」とは、複数の独立した企業が契約等に基づき、当該共同支配企業を形成する企業結合をいう（企業結合会計基準11）。 「共同支配」とは、複数の独立した企業が契約等に基づき、ある企業を共同で支配することをいう（企業結合会計基準8）。 企業結合のうち、独立企業要件、契約要件（※）、対価要件、その他の支配要件の4要件を満たすものが共同支配企業の形成となる（企業結合会計基準37、適用指針175）。 ※：共同支配企業の経営方針及び財務に係る<u>重要な経営事項</u>の決定は、すべての共同支配投資企業の同意が必要となる。重要な経営事項とは、一般に取締役会及び株主総会の決議事項とされるものをいい、例えば、予算及び事業計画、重要な人事、多額の出資、多額の資金調達・返済、第三者のための保証、株式の譲渡制限、取引上重要な契約、重要資産の取得・処分、事業の拡大又は撤退等をいう（適用指針178(2)）。 [Q3-1参照] なお、任意組合や匿名組合等、投資事業組合、有限責任事業組合も、上記の要件を満たす場合には、共同支配企業の形成に該	IFRSでは、IFRS11「共同支配の取決め」で共同支配の取決めに関する事項を包括的に規定している。また「関連性のある活動」に関する意思決定について全員一致を求めている。 日本基準では、共同支配契約の判定に関する4要件が定められている。特に契約要件では「重要な経営事項」に関する意思決定の全員一致を求めている。 「共同支配の取決め」（共同支配企業の形成）の判定の枠組みが異なるため（4要件の判定の有無、「関連性のある活動」と「重要な経営事項」の範囲など）、判定結果に差異が生じる場合があると考えられる。

	IFRS 会計基準	日本基準	備 考
		当する（企業結合会計基準4、37、実務対応報告20号Q2、実務対応報告21号Q2）。	
共同支配投資企業等の会計処理	〈共同支配企業〉「共同支配企業」とは、取決めに対する共同支配を有する当事者が当該取決めの純資産に対する権利を有している共同支配の取決めである。それらの当事者を「共同支配投資者」という（IFRS11.16）。共同支配投資者は、共同支配企業に対する持分を投資として認識し、持分法で会計処理する（IFRS11.20、24）。〈共同支配事業〉「共同支配事業」とは、取決めに対する共同支配を有する当事者が当該取決めに関する資産に対する権利及び負債に対する義務を有している共同支配の取決めである。それらの当事者を「共同支配事業者」という（IFRS11.15）。共同支配事業者は、共同支配事業に対する自らの資産、負債、収益及び費用に対する持分相当額を認識する。	〈共同支配企業〉「共同支配企業」とは、複数の独立した企業により共同で支配される企業をいう。「共同支配投資企業」とは、共同支配企業を共同で支配する企業をいう（企業結合会計基準12）。共同支配企業に対する投資は、連結財務諸表上、持分法を適用する（企業結合会計基準39(2)）。[Q3-2参照]〈共同支配事業〉共同支配事業について定めた規定はない。なお、個別財務諸表上、任意組合、匿名組合、投資事業組合、有限責任事業組合等への出資の持分相当額の取込みは、原則として、純額法となるが、経済実態に応じて、総額法と折衷法も容認される。連結財務諸表上、投資者が当該出資に持分法を適用する場合には、個別財務諸表を基礎として作成されることから、個別財務諸表の処理をそのまま取り込むこととなる（投資者以外の出資者が負担しない損失についてのみ追加計上する）（金融商品会計実務指針132、金融商品会計Q&A Q71、実務対応報告20号Q6、実務対応報告21号Q2）。	共同支配投資者（共同支配投資企業）の投資について持分法を適用するという点で同じである。ただし、IFRSでは投資に係るのれんを投資の帳簿価額に含めて計上し、償却は行わない（IAS28.32(a)）。日本基準では、投資に係るのれんは20年以内のその効果の及ぶ期間にわって定額法等により規則的に償却する（持分法会計基準12、企業結合会計基準32、33）。日本基準では、共同支配事業について定めた規定はない。

Q17-1 組織再編に関する日本基準と国際会計基準との比較

	IFRS会計基準	日本基準	備　考
		なお、任意組合や匿名組合等も同様と考えられる。	

■資産の減損

	IFRS会計基準	日本基準	備　考
	固定資産（のれん及び非償却無形資産以外）の減損		
減損の兆候／減損テストの頻度・タイミング	企業は、各報告期間の末日現在で、資産が減損している可能性を示す兆候の有無を検討しなければならない。兆候が存在する場合には、企業は回収可能額を見積らなければならない（IAS36.9）。 減損の兆候の有無の検討に当たり、次の兆候を考慮する（IAS36.12）。 ・外部の情報源…資産の価値の著しい低下、企業にとって悪影響のある著しい経営環境変化、資産の使用価値の計算に用いる割引率の上昇による資産の回収可能額の著しい減少の見込み、純資産の帳簿価額＞株式の市場価値となっていること ・内部の情報源…資産の陳腐化や物的損害の証拠等、資産の使用の程度又は方法等に関する変化（事業の廃止、リストラ計画、処分計画等）、資産の経済的成果の悪化を示す内部報告 ・子会社、共同支配企業又は関連会社からの配当…投資者が配当を認識しており、かつ、	減損の兆候がある場合には、当該資産（グループ）について、減損損失を認識するかどうかの判定を行う（減損会計基準二1.参照）。 企業は、通常の企業活動において実務的に入手可能なタイミングにおいて利用可能な情報に基づき、例えば、以下に示されるような減損の兆候がある資産（グループ）を識別する。 ・営業活動から生ずる損益又はキャッシュ・フローが継続してマイナス又は継続してマイナスとなる見込みの場合（おおむね過去２期がマイナス、前期と当期以降の見込みが明らかにマイナスとなる場合） ・使用範囲又は方法について回収可能価額を著しく低下させる変化がある場合 ・経営環境の著しい悪化の場合 ・市場価格の著しい下落の場合（少なくとも市場価格が帳簿価額から50％程度以上下落した場合） 企業は、内部管理目的の損益報告や事業の再編等に関する経営計画などの企業内部の情報及び	〈減損の兆候〉 減損の兆候の有無を把握するという点で差異はない。 〈減損の兆候の例示〉 IFRSでは、例示に数値基準は示されていないが、日本基準では、数値（目安）が示されているものがある（「市場価格の著しい下落」について50％程度以上下落など）。 減損の兆候に関する考慮要素として、IFRSでは以下が明記されている。 ・市場金利（割引率）の上昇、株価の考慮（報告企業の純資産の帳簿価額と株式の市場価格との関係） 〈減損テストの頻度・タイミング〉 IFRSでは、最低でも各報告期間の末日時点では減損の兆候

	IFRS会計基準	日本基準	備　考
	個別上の投資の帳簿価額が連結上の投資先の純資産（のれんを含む）の帳簿価額を超えている又は配当がその期の包括利益の合計を超えている。	経営環境や資産の市場価格などの企業外部の要因に関する情報に基づき、減損の兆候がある資産又は資産グループを識別することとなる。	の有無を検討しなければならない。 日本基準では、減損の兆候がある場合にはいつでも減損テストを実施しなければならないが、報告期間の末日時点での減損テストの実施が明示的には求められていない。
減損プロセス	〈1ステップ・アプローチ〉 資産の回収可能価額が帳簿価額を下回っている場合に、その差額を減損損失として認識する（IAS36.59）。	〈2ステップ・アプローチ〉 ・減損損失の認識の判定 　資産（グループ）から得られる割引前将来キャッシュ・フローの総額が当該資産（グループ）の帳簿価額を下回る場合には、減損損失を認識する。 ・減損損失の測定減損損失を認識すべき場合は、回収可能価額と帳簿価額との差額を減損損失として認識する（減損会計基準二 2.3）。	IFRSでは、1ステップ・アプローチで減損損失を測定する。日本基準では2ステップ・アプローチで減損損失を測定する（最初に割引前将来キャッシュ・フローと資産の帳簿価額の比較を行う）。この結果、日本基準では減損の存在が相当程度確実な場合に減損損失を認識・測定することになる（IFRSは日本基準より早期に減損損失を認識することになる）。
回収可能価額	回収可能価額とは、資産（又は資金生成単位）の公正価値から処分コストを控除した額と使用価値のいずれか高い金額をいう（IAS36.6、18）。	回収可能価額とは、資産（グループ）の正味売却価額と使用価値のいずれか高い方の金額をいう（減損会計基準注解（注1）1）。	特段の差異はない。

Q17-1 組織再編に関する日本基準と国際会計基準との比較

	IFRS会計基準	日本基準	備考
公正価値から処分コストを控除した額／正味売却価額	〈公正価値から処分コストを控除した額〉 公正価値とは、測定日時点で市場参加者間の秩序ある取引において資産を売却するために受け取るであろう価格又は負債を移転するために支払うであろう価格をいう。 処分コストとは、資産の処分に直接起因する増分コスト（金融コスト及び法人所得税費用を除く）をいう（IAS36.6）。	〈正味売却価額〉 正味売却価額とは、資産又は資産グループの時価から処分費用見込額を控除して算定される金額をいう。 時価とは、公正な評価額をいう。通常、それは観察可能な市場価格をいい、市場価格が観察できない場合には合理的に算定された価額をいう（減損会計基準注解（注1）2、3）。	特段の差異はない。 なお、日本基準では、重要性が乏しい不動産等について、合理的に算定された価額の簡便な取扱いが定められている（減損会計適用指針28(2)、90）。
使用価値	使用価値とは、資産（又は資金生成単位）から生じると見込まれる将来キャッシュ・フローの現在価値をいう（IAS36.6）。 将来キャッシュ・フローの見積りには、当該資産の継続的使用及び耐用年数の終了時における資産の処分による正味キャッシュ・フローを含める（IAS36.39）。	使用価値とは、資産（グループ）の継続的使用と使用後の処分によって生ずると見込まれる将来キャッシュ・フローの現在価値をいう（減損会計基準注解（注1）4）。	特段の差異はない。
将来キャッシュ・フローの予測	使用価値の測定に当たって将来キャッシュ・フローを見積る際は、以下の事項を考慮する（IAS36.33） ・キャッシュ・フローの予測は、合理的で裏付け可能な仮定を基礎とする（当該資産の残存耐用年数にわたる経済的状況に関する経営者の最善の見積りを反映）。 ・キャッシュ・フローの予測は、経営者が承認した直近の財務予算・予測を基礎とし、最長でも、原則として、5年間とする。	減損損失を認識するかどうかの判定及び使用価値の算定において見積られる将来キャッシュ・フローを、企業に固有の事業を反映した合理的で説明可能な仮定及び予測に基づいて見積る（減損会計基準二4(1)）。 キャッシュ・フローの見積りに当たっては、以下の事項を考慮しなければならない。 ・資産（グループ）の現在の使用状況や合理的な使用計画等 ・資産（グループ）に関連して間接的に生じる支出の合理的な配分（減損会計基準二4	将来キャッシュ・フローの予測においては、合理的で説明可能な仮定を基礎とするという点において、特段の差異はない。 IFRSでは、使用価値の算定に当たりキャッシュ・フローを予測する際に基礎とする直近の財務予算等について、反証のない限り、5年を上限とする。6年目

	IFRS会計基準	日本基準	備考
	・直近の予算・予測の期間を超えたキャッシュ・フロー予測は、原則として、後続年度に対して一定の又は逓減する成長率を使用する（成長率は、市場の長期平均成長率を超えてはならない）。 ・キャッシュ・フローの見積りには、企業がコミットしていないリストラクチャリング、資産性能の改善・拡張及を含めてはならない。また、財務活動からのキャッシュ・フローや法人所得税の受取又は支払いも含めてはならない（IAS36.33、44、50）。 ・将来キャッシュ・フローの見積りには、現在の状態での資産から生じると見込まれる経済的便益の水準を維持するために必要な将来キャッシュ・アウトフローを含める（IAS36.49）。	(2)(4)) ・経営環境などの外部要因に関する情報や企業の内部の情報と整合的に修正された中長期計画（減損会計適用指針36(1)） ・利息の支払い額並びに法人税等の支払額及び還付額を含めない（減損会計基準二4(5)）。 ・将来キャッシュ・フローを見積る期間は、以下とする。 ＜減損損失の認識の判定＞ 資産の経済的残存使用年数、資産グループ中の主要資産の経済的残存使用年数又はのれんの残存償却年数と、20年のいずれか短い方の年数 ＜使用価値の算定＞ 資産の経済的残存使用年数、資産グループ中の主要資産の経済的残存使用年数又はのれんの残存償却年数（減損会計適用指針37(1)(2)）	以降のキャッシュ・フローの見積りに使用する成長率については、原則として、市場等の長期平均成長率を超えてはならない。 日本基準では、経営計画の使用期間の上限はなく、その後の期間に生じるキャッシュ・フローの見積りに使用する成長率については、一定又は逓減とされているが、市場成長率との関連に関する規定はない。
使用価値の測定に使用される割引率	使用価値の測定に用いられる割引率は、以下を反映した税引前の利率とする（IAS36.55）。 ・貨幣の時間価値 ・当該資産に固有のリスクのうち、将来キャッシュ・フローの見積りを調整していないもの	使用価値の算定に際して用いられる割引率は、貨幣の時間価値を反映した税引前の利率とする。 資産（グループ）に係る将来キャッシュ・フローが、その見積値から乖離するリスクが、将来キャッシュ・フローの見積りに反映されていない場合には、割引率に反映させる（減損会計基準二5）。	特段の差異はない。
減損損失の戻入	一定の状況においては、過去に計上した減損損失の戻入が求められる（IAS36.110、117、	すべての資産について、減損損失の戻入は認められない（減損会計基準三2）。	のれんに係る減損損失の戻入は認められない点はIFRSも日

Q17-1　組織再編に関する日本基準と国際会計基準との比較

	IFRS会計基準	日本基準	備　考
	122)。 ただし、のれんについて減損損失の戻入は認められない（IAS36.124）。		本基準も同じである。 ただし、IFRSでは、一定の状況において、のれん以外の資産については戻入が求められるのに対して、日本基準では禁止されている。
	のれん及び非償却無形資産の減損		
減損テストの頻度	のれんを配分した資金生成単位については、減損テストを毎年、及び減損の兆候がある場合にはいつでも実施し、回収可能価額を算定しなければならない（IAS36.10、90）。 毎年の減損テストは、報告年度のいつの時点で実施することもできるが、毎年同時期に実施しなければならない（異なる資金生成単位／無形資産については、異なる時期に減損テストを実施することは可能）。 ただし、当事業年度中に当初認識した耐用年数を確定できない無形資産や企業結合で取得したのれんについては、その報告期間の末日までに減損テストを実施しなければならない（IAS36.10.96）。	のれん及び（すべての）無形資産について、規則的な償却が行われるが、減損の兆候がある場合、減損会計の対象にもなる（企業結合会計基準32）。 〈企業結合年度におけるのれんの減損の兆候の例〉 以下の場合には、企業結合年度においても減損会計基準の適用上、減損の兆候が存在すると判定される場合もある（企業結合会計基準109）。 ・取得原価のうち、のれんやのれん以外の無形資産に配分された金額が相対的に多額になるとき ・被取得企業の時価総額を超えて多額のプレミアムが支払われた場合 ・取得時に明らかに識別可能なオークション又は入札プロセスが存在していた場合 [Q2-15 ❹ 参照]	IFRSでは、のれんが配分された資金生成単位については、減損の兆候の有無にかかわらず、減損テストを毎年実施することが求められる。日本基準では、（のれんが配分された事業単位であるかどうかにかかわらず）減損の兆候があるときに減損テストの実施が求められる。なお、取得年度においても減損の兆候に該当する可能性のある状況が例示されている。
資金生成単位等へののれんの配分	企業結合により取得したのれんは、企業結合のシナジーから便益を得ると見込まれる取得企業の資金生成単位（又は資金生	取得された事業単位が複数の場合には、のれんの帳簿価額を合理的な基準（取得時の時価比率など）に基づき分割する。	IFRSでは、のれんを企業結合のシナジーから便益を得ると見込まれる取得企

	IFRS会計基準	日本基準	備　考
（減損テストの単位）	成単位のグループ）に配分する。これは、当該資金生成単位（グループ）に被取得企業のその他の資産又は負債が配分されているかどうかを問わない（IAS36.80）。 のれんを配分する資金生成単位（グループ）は、以下の定めによる（IAS36.80）。 ・のれんを内部管理目的で監視している企業内の最小のレベルである。 ・集約前のIFRS8号5項で定義された事業セグメントより大きくない。	当該事業の単位は、取得の対価がおおむね独立して決定され、かつ、取得後も内部管理上独立した業績報告が行われる単位とする（減損会計基準（注9）（注10））。 通常、資産グループよりは大きいが、開示対象セグメントの基礎となる事業区分と同じか小さいこととなる（減損会計適用指針131）。	業の資金生成単位（グループ）に配分する必要があり、その資金生成単位（グループ）の帳簿価額と回収可能価額とを比較する（1ステップ・アプローチ）。 日本基準では、のれんの減損テストは、関連する複数の資産グループにのれんを加えた、より大きな単位で行うことが原則とされている。この場合、減損の兆候の把握・判定等の一連の手続は、2ステップ・アプローチで行う。 なお、のれんの帳簿価額を関連する資産グループに合理的な基準で配分する方法も容認されているが、実務上は、原則法による場合が多いと考えられる。 上記の結果、減損損失を認識するかどうか、また認識する場合の金額について、差異が生じることがある。
減損テストの順序と減損損失の認識	のれんを配分した資金生成単位グループに対する減損テストを行うに際して、のれんを配分する前の個別の資金生成単位について減損テストを行う（IAS36.97）。そのうえでのれんを配分した資金生成単位（グループ）に対して毎期減損テストを実施する（IAS36.90）。 資金生成単位（グループ）の回収可能価額が当該単位の帳簿価額を下回る場合は、当該単位（グループ）について減損損失を認識する。 減損損失は次の順序に従って、当該単位（グループ）の資産の帳簿価額を減額するように配分する（IAS36.104）。 ・最初に当該資金生成単位（グループ）に配分したのれんの帳簿価額を減額 ・次に当該単位（グループ）内	〈分割されたのれんの減損損失の認識の判定〉 <原則法の場合> 　のれんが帰属する事業に関連する複数の資産グループにのれんを加えた、より大きな単位で行う（減損会計基準（注7））。この場合、減損の兆候の把握、認識の判定及び減損損失の測定は、まず、のれんを含まない資産グループごとに行い、その後、のれんを含む、より大きな単位で行う（減損会計意見書四2(8)③）。また、のれんを加えることによって算定される減損損失の増加額は、原則として、のれんに配分する（企業結合会計基準（注11））。 <容認法の場合> 　のれんの帳簿価額を各資産グループに配分し、減損損失の	

768

Q17-1 組織再編に関する日本基準と国際会計基準との比較

	IFRS会計基準	日本基準	備考
	の各資産の帳簿価額に基づく比例按分により、他の資産に配分	認識の判定を行うことができる（のれんの帳簿価額を資産グループに合理的な基準で配分することができる場合）。各資産グループについて認識された減損損失は、のれんに優先的に配分し、残額は、帳簿価額に基づく比例配分等の合理的な方法により、当該資産グループの各構成資産に配分する（減損会計基準二 8）。	
非支配持分が存在する場合ののれんの減損テスト（購入のれん方式）	〈のれんのグロスアップ調整〉減損テストは、「資金生成単位の回収可能価額」と「資金生成単位の帳簿価額」との比較により実施する。企業が購入のれん方式を採用している場合には、非支配持分に帰属するのれんは、関連する「資金生成単位の回収可能価額」に含まれるが、親会社の連結財務諸表では「資金生成単位の帳簿価額」に含まれない。このため、企業はその資金生成単位に配分されたのれんの帳簿価額を、非支配持分に帰属するのれんを含むように増額しなければならない（のれんのグロスアップ調整）。この調整後の帳簿価額が、その資金生成単位が減損しているかどうかの判定基礎となる（IAS36. 付録C3〜C4）。〈減損損失の配分〉のれんのグロスアップ調整を行い、非支配持分に帰属する減損損失が算定されたが、そののれんが（購入のれん方式を採用し	該当する規定はない。	IFRSでは、購入のれん方式を採用しており、非支配持分が存在する場合には、のれんをグロスアップ調整した後に減損テストを実施することとされている（連結財務諸表で認識する減損損失は親会社持分のみ）。日本基準では、購入のれん方式のみが採用されているが、左記のような調整は定められていない。

	IFRS会計基準	日本基準	備考
	ているため）親会社の連結財務諸表で認識されていない場合には、連結財務諸表上、親会社に配分されたのれんに関連した減損損失のみが認識される（IAS36. 付録C8）。		

著者紹介

布施　伸章（ふせ　のぶあき）　公認会計士・中小企業診断士

1987年	サンワ・等松青木監査法人（現 有限責任監査法人トーマツ）入社
2002年	有限責任監査法人トーマツ パートナー（2015年まで）
2003年	企業会計基準委員会に出向（2006年まで）
2016年	合同会社会計・監査リサーチセンター 代表社員
2018年	NFパートナーズ合同会社 代表社員
2020年	株式会社オプティマスグループ取締役（監査等委員）

＜日本公認会計士協会関係＞

2007年	会計制度委員会 委員長
2010年	監査・保証実務委員会 委員長
2013年	理事

＜企業会計基準委員会関係＞

以下の専門委員会の専門委員

企業結合専門委員会、税効果会計専門委員会、四半期会計基準専門委員会、会社法対応専門委員会、自己株式等専門委員会

＜その他＞

2002年	国立学校財務センター（現（独）国立大学財務・経営センター）客員助教授
2005年	「中小企業の会計に関する指針」作成検討委員会 専門委員
2005年	文部科学省国立大学法人評価委員会 専門委員
2007年	早稲田大学商学学術院（大学院会計研究科）非常勤講師
2009年	総務省 地方公営企業会計制度等研究会 専門委員
2012年	金融庁 企業会計審議会 監査部会 専門委員

＜主な著書＞
- 『新しい事業報告・計算書類―日本経団連ひな型を参考に―』（共著、商事法務）
- 『企業再編 法律・会計・税務と評価』（共著、清文社）
- 『自己株式・法定準備金の制度・会計・税務』（中央経済社）
- 『この1冊でキャッシュ・フロー計算書＆経営がわかる→できる』（ビジネス社）　ほか

第5版 詳解 組織再編会計Q&A

2011年3月7日　初版発行	2021年6月10日　第4版発行
2015年2月6日　新版発行	2024年9月17日　第5版発行
2017年6月20日　第3版発行	

著　者　　布施　伸章　ⓒ

発行者　　小泉　定裕

発行所　　株式会社　清文社
東京都文京区小石川1丁目3-25（小石川大国ビル）
〒112-0002　電話03(4332)1375　FAX03(4332)1376
大阪市北区天神橋2丁目北2-6（大和南森町ビル）
〒530-0041　電話06(6135)4050　FAX06(6135)4059
URL https://www.skattsei.co.jp/

印刷：藤原印刷㈱

■著作権法により無断複写複製は禁止されています。落丁本・乱丁本はお取り替えします。
■本書の内容に関するお問い合わせは編集部までFAX（03-4332-1378）又はメール（edit-e@skattsei.co.jp）でお願いします。
■本書の追録情報等は、当社ホームページ（https://www.skattsei.co.jp/）をご覧ください。

ISBN978-4-433-76244-5